TEMAS DE
DIREITO PROCESSUAL
(Quarta Série)

Autor

JOSÉ CARLOS BARBOSA MOREIRA

Professor na Faculdade de Direito da Universidade do Estado do Rio de Janeiro
Desembargador (aposentado) do Tribunal de Justiça do Estado do Rio de Janeiro

Coordenadores

ALUISIO GONÇALVES DE CASTRO MENDES

CARLOS ROBERTO BARBOSA MOREIRA

LUIZ PAULO DA SILVA ARAÚJO FILHO

TEMAS DE DIREITO PROCESSUAL

(Quarta Série)

3ª Edição

Atualizadores

LUIZ PAULO DA SILVA ARAÚJO FILHO

GUILHERME JALES SOKAL

GZ EDITORA
Rio de Janeiro
2024

1ª edição – 1989 - Saraiva
2ª edição – 2023 - Editora GZ
3ª edição – 2024 - Editora GZ

Coordenadores: *Aluisio Gonçalves de Castro Mendes / Carlos Roberto Barbosa Moreira / Luiz Paulo da Silva Araújo Filho*

Atualização: *Luiz Paulo da Silva Araújo Filho / Guilherme Jales Sokal*

Diagramação: *Olga Martins*

CIP-BRASIL. CATALOGAÇÃO NA PUBLICAÇÃO
SINDICATO NACIONAL DOS EDITORES DE LIVROS, RJ

M837t
3. ed.

Moreira, José Carlos Barbosa, 1931-2017
Temas de direito processual : quarta série / José Carlos Barbosa Moreira ; coordenação Aluisio Gonçalves de Castro Mendes, Carlos Roberto Barbosa Moreira, Luiz Paulo da Silva Araújo Filho [atualizador] ; atualizador Guilherme Jales Sokal. - 3. ed. - Rio de Janeiro : GZ, 2024.
602 p. ; 24 cm. (Temas de direito processual ; 4)

Inclui bibliografia e índice
ISBN 978-65-5813-084-0

1. Direito processual civil - Brasil. I. Mendes, Aluisio Gonçalves de Castro. II. Moreira, Carlos Roberto Barbosa. III. Araújo Filho, Luiz Paulo da Silva. IV. Sokal, Guilherme Jales. V. Título. VI. Série.

23-86152 CDU: 347.91/.95(81)

Meri Gleice Rodrigues de Souza - Bibliotecária - CRB-7/6439

16/09/2023 20/09/2023

GZ EDITORA

e-mail: contato@editoragz.com.br
www.editoragz.com.br

Estrada do Capuava, nº 1325 - Box Q - CEP 06715-410
Bairro Barro Branco - Município de Cotia - SP
Tel.: (0XX21) 99585-0737 / 99755-0737

Impresso no Brasil
Printed in Brazil

Aos meus afilhados da turma de bacharéis de 1983 da Faculdade de Direito da Universidade do Estado do Rio de janeiro, como penhor de amizade e gratidão.

APRESENTAÇÃO

Por iniciativa do Instituto Brasileiro de Direito Processual- IBDP, muito bem acolhida pela família do autor e pela Editora GZ, as nove "séries" dos *Temas de Direito Processual*, que José Carlos Barbosa Moreira escreveu ao longo de três décadas, são agora reeditadas, em versão atualizada por estudiosos do direito processual – em sua maioria, ex-alunos e amigos do saudoso mestre. A atualização manteve intacto o texto original do ciclo: ao final de cada estudo, encontram-se as observações dos atualizadores, que fornecem ao leitor dados sobre a evolução do direito brasileiro, na matéria ali versada, até os dias atuais.

Qual a utilidade que o leitor de hoje pode extrair da obra, escrita na vigência do Código de Processo Civil de 1973 e dedicada, em muitos pontos, ao exame de normas e institutos que não foram reproduzidos no diploma que o substituiu?

Em primeiro lugar, vários dos trabalhos de Barbosa Moreira abordaram temas até então *inéditos* (ou, ao menos, pouco explorados) na doutrina brasileira. Para nos limitarmos, aqui e agora, à indicação de um único, mas significativo exemplo, permitimo-nos chamar a atenção do leitor para os estudos sobre *interesses difusos*, um dos quais publicado já no volume inaugural da coleção ("A ação popular do direito brasileiro como instrumento de tutela jurisdicional dos chamados 'interesses difusos'"). A reedição desses e de outros textos, igualmente marcados pelo ineditismo das questões de que o autor se ocupou, permitirá ao processualista da terceira década do século XXI o contato direto com a fonte inspiradora de extensa e fecunda elaboração doutrinária que se seguiu, desenvolvida igualmente por outros autores, e de relevantes inovações na legislação do país.

Em segundo lugar, como bem observou um dos mais destacados processualistas de atual geração, a obra de Barbosa Moreira "versa sobre praticamente todos os grandes temas de Direito Processual".[1] Isso é certo em relação ao conjunto de seus escritos (que inclui, entre outros, suas teses para concursos e seus substanciosos *Comentários* ao Código de 1973, além de seu maior êxito comercial, *O Novo Processo Civil Brasileiro*, o qual teve nada menos de vinte e nove edições, *todas* cuidadosa e verdadeiramente "revistas e atualizadas"), mas também o é no tocante à coleção que ora se reedita, em cujos nove volumes o autor não se furtou a examinar e reexaminar temas "clássicos": coisa julgada, prova, competência, poderes do juiz, pressupostos processuais, causa de pedir, contraditório, classificação das sentenças ... Em qualquer campo da ciência ju-

---

1 DIDIER JUNIOR, Fredie Souza. *Sobre Academia, Memória e Imaginação*: uma vida em processo. Universidade Federal da Bahia, 2021, p. 84. No juízo desse autor, a coleção de *Temas* "está para o Direito Processual Civil brasileiro como o *Tratado de Direito Privado* [de Pontes de Miranda] está para o Direito Privado" (ob. cit., loc. cit.).

rídica, sempre há espaço para um retorno ao que já foi amplamente estudado; e o estudioso de agora e do futuro poderá enxergar mais longe se se dispuser (a imagem pode soar batida, mas é expressiva) a subir nas costas de gigantes do passado.

Em terceiro lugar, o jurista de hoje poderá apreciar as qualidades *didáticas* de Barbosa Moreira. No concurso, realizado em 1979, com o qual o autor conquistou a titularidade na UERJ, um de seus eminentes examinadores reprovou-lhe o emprego, na tese submetida à banca, do adjetivo "didático", por lhe parecer depreciativo do livro (de outro insigne processualista) a que Barbosa Moreira supostamente se referira. Em verdade, o adjetivo, no excerto criticado, qualificava apenas um *exemplo* extraído do livro que Barbosa Moreira citara; porém, como bem observou, em sua resposta, o então candidato, ainda que se tratasse de qualificativo atribuído à obra, que maior elogio se lhe poderia fazer, senão chamá-la didática? Afinal, "didático" qualifica o que é "destinado a instruir", "que facilita a aprendizagem", "que proporciona instrução e informação, assim como prazer e divertimento" (Houaiss). Em qualquer desses sentidos, é possível afirmar que os *Temas* constituem um conjunto extremamente didático – e o processualista da terceira década do século XXI, ao ler qualquer de seus diferentes textos, certamente poderá se beneficiar da clareza expositiva de Barbosa Moreira e, por óbvio, do fato de ter sido ele "senhor absoluto dos meandros e mistérios da nossa tão maltratada última flor do Lácio".[2]

São razões mais que suficientes para justificar a reedição dos *Temas de Direito Processual* – sem prejuízo de muitas outras, que o leitor atento provavelmente encontrará.

Aluisio Gonçalves de Castro Mendes
Carlos Roberto Barbosa Moreira
Luiz Paulo da Silva Araújo Filho

---

2 FABRICIO, Adroaldo Furtado. Apresentação. *In* FABRICIO, Adroaldo Furtado (coord.) *Meio de Impugnação ao Julgado Civil:* estudos em homenagem a José Carlos Barbosa Moreira.1ª ed. Rio de Janeiro: Forense, 2007, p. VIII (destacado no original).

NOTA DOS ATUALIZADORES

Ter sido aluno de José Carlos Barbosa Moreira é uma dádiva, não apenas marcante e fundamental para a formação do conhecimento jurídico e o êxito profissional, assim como pela convivência com o inexcedível exemplo de inteligência, retidão e esmero. O Mestre costumava chamar os alunos de filhos espirituais, e atendia a todos pelo nome, sempre com enorme dedicação, e foi homenageado, como paraninfo ou patrono, por todas as suas turmas, como se depreende, inclusive, da maioria das dedicatórias destes *Temas de Direito Processual*. Aliás, a "turma de bacharéis de 1983 da Faculdade de Direto da UERJ", a quem dedicada esta Quarta Série, foi a turma de formatura do primeiro atualizador.

As aulas e lições do Mestre são inesquecíveis, e sempre tão precisas e didáticas que, além de constituírem o raciocínio correto, protegem seus alunos e leitores de controvérsias, a rigor, às vezes infundadas. O detalhe particular e agradável é que as perfeitas exposições eram formuladas com vivacidade e extremo bom humor, tornando as aulas de Teoria Geral do Processo e Direito Processual Civil genuína fonte de aprendizado e divertimento.

"Como conferencista e examinador em concursos", salientou Alcides de Mendonça Lima, em artigo intitulado Justiça a um Mestre, "revela-se o expositor (por quê não o orador?) elegante, preciso, exato, escorreito, convincente, argumentador, cuja digressão pode ser reduzida a escrito, quase sem necessidade de revisão.[1]

Avançando em uma geração, o segundo atualizador encontrou nas lições do Mestre, em suas obras e conferências e, indiretamente, por uma trajetória acadêmica e profissional povoada por discípulos e amigos que ele vivamente semeou, o motivo e o norte no estudo do direito processual.

A imensa satisfação de reler (mais uma vez) os geniais estudos escritos há tantos anos, além do deleite com o estilo primoroso e a técnica exclusiva do dileto professor, *connaisseur* do Direito e do idioma[2], nosso maior processualista e ícone do direito processual em todo o mundo, traz a certeza de que seus ensinamentos continuam atuais e de que, muitos deles, ainda precisam ser melhor compreendidos para "fazer progredir a nossa ciência e aprimorar o funcionamento da Justiça", valendo-nos de trecho da dedicatória da Nona Séria destes *Temas de Direito Processual*.

---

1 In: *Revista de Direito da Procuradoria-Geral de Justiça*, Rio de Janeiro, nº 11, p. 26-31, espec. p. 29, jan./jun. 1980.

2 Como destacou José de Aguiar Dias.

Aproveitando a oportunidade para expressar nossa satisfação por participar deste valioso projeto, de iniciativa e realização do Instituto Brasileiro de Direito Processual (IBDP), cumpre também registrar nossa profunda gratidão a José Carlos Barbosa Moreira.

Rio de Janeiro, julho de 2022

Os atualizadores

SOBRE OS ATUALIZADORES

LUIZ PAULO DA SILVA ARAÚJO FILHO

Professor de Direito Processual Civil e Teoria Geral do Processo da Universidade do Estado do Rio de Janeiro (UERJ); Desembargador Federal no Tribunal Regional Federal da 2ª Região; Doutor e Mestre em Direito Processual pela Faculdade de Direito da UERJ; Especialista em Direito Processual Civil pela Faculdade de Direito da Universidade de Brasília (UnB); Membro do Instituto Brasileiro de Direito Processual (IBDP) e do Instituto Ibero-americano de Direito Processual (IIDP).

GUILHERME JALES SOKAL

Procurador do Estado do Rio de Janeiro; Mestre em Direito Processual pela Faculdade de Direito da UERJ; Master of Laws (LL.M.) pela Yale Law School (em andamento); Membro do Instituto Brasileiro de Direito Processual (IBDP) e do Instituto Carioca de Processo Civil (ICPC). Ex-assessor de Ministro do Supremo Tribunal Federal.

SUMÁRIO

QUARTA PARTE – APRECIAÇÃO CRÍTICA E DISCUSSÃO DE ALGUNS PROBLEMAS ESPECÍFICOS

I – VISÃO PANORÂMICA DA SITUAÇÃO ATUAL

II – OS "MECANISMOS RESTRITIVOS" DA EXTENSÃO INTERNACIONAL DOS EFEITOS DAS SENTENÇAS

OS TEMAS FUNDAMENTAIS DO DIREITO BRASILEIRO NOS ANOS 80: DIREITO PROCESSUAL CIVIL[1]

1. Em trabalho escrito há cerca de dois anos, pareceu-nos possível resumir em três lemas as "tendências contemporâneas do Direito Processual Civil"[2] captadas numa perspectiva comparatística, abrangente ao menos do conjunto dos ordenamentos que compõem – como o brasileiro – a "família romano-germânica". Pusemos em relevo, antes de tudo, o deslocamento da tônica, nas preocupações da doutrina, da elaboração conceptual e da construção sistemática – predominantes ao longo de um século, desde os albores do movimento de afirmação científica do direito processual como disciplina autônoma, em meados da centúria anterior, até há uma ou duas décadas –, para os problemas relacionados com a melhor realização prática da função do processo, ou, se se preferir, com a "efetividade" deste. Salientamos também a transmigração do direito processual, de uma atmosfera ideologicamente impregnada do liberalismo individualista, sob cujo primado se cumpriu a maior parte do seu próprio processo de maturação como ciência, para um ambiente marcado pela progressiva acentuação das exigências de ordem social, com a consequente necessidade de novas formas de tutela, para o trato de situações mais ou menos distanciadas dos esquemas clássicos de contraposição entre um credor e um devedor, e com a tomada de consciência de que os litígios interindividuais assumem, eles mesmos, quando convertidos em objeto da atividade judicial, uma dimensão que transcende a esfera privada dos litigantes e passa a pôr em jogo interesse e valores peculiares à comunidade. Acentuamos, enfim, o impacto, no mundo processual, da sempre crescente importância das relações internacionais em nosso tempo, a refletir-se em fenômenos como o da facilitação do reconhecimento de sentenças alienígenas e da cooperação entre as Justiças de países diferentes, ou como o da equiparação do direito es-

---

1 Publicado no volume comemorativo do 50º aniversário da Faculdade de Direito da Universidade do Estado do Rio de Janeiro e na *Revista Brasileira de Direito Processual,* v. 47.

2 A expressão aspeada é o título de artigo nosso, destinado ao volume em homenagem a PEDRO CALMON e publicado também na coletânea *Temas de Direito Processual* (Terceira Série), São Paulo, 1984, p. 1 e s., à qual remetemos o leitor.

trangeiro ao brasileiro, no que concerne ao tratamento processual (submissão ao princípio *iura novit curia;* controlabilidade, em termos iguais, da solução dada à *quaestio iuris).* Daí havermos sintetizado as linhas de força nesta tríade: "do abstrato ao concreto"; "do individual ao social"; "do nacional ao internacional".

Caberia *grosso modo* em semelhante esquema, ao nosso ver, a identificação dos temas fundamentais do direito processual civil pátrio nos anos 80. Mas é claro que se fazem necessárias algumas especificações; e, antes de mais nada, uma ressalva capital. Ao que tudo indica, a segunda metade do decênio, ou pelo menos boa parte dela, será assinalada pela reordenação institucional do País. Afigura-se iminente a feitura de nova Carta Política. Não é arriscado vaticinar o advento de mudanças importantes, mas seria temerário conjecturar em que medida elas repercutirão no campo de que estamos cuidando. Bem se concebe que a temática emergente da reforma acarrete uma alteração sensível de perspectivas. Nas atuais circunstâncias, qualquer prognóstico teria valor intuitivamente limitado.

2. A ciência processual brasileira recebeu da Europa continental, em máxima parte, os elementos com que tem projetado e erguido suas construções. Essa marca é visível na doutrina e na legislação dos últimos tempos. Exibe-a, nítida, o Código de 1973[3]. É natural que os trabalhos de elaboração dogmática em nosso país hajam retratado, ao fluir dos anos, várias das principais vicissitudes da processualística europeia – sobretudo, a partir de certa época, da italiana. O próprio fato de valerem para o direito brasileiro as "divisas" em que procuramos condensar as diretrizes da evolução do direito processual, em nossos dias, a bem dizer espelha, em considerável extensão, a constante influência dos modelos estrangeiros, em que é clara a evolução nos termos expostos.

O fenômeno, que provavelmente perdurará, não implica "alienação", nem impede que a doutrina pátria se mantenha atenta à problemática normativa nacional, embora no respectivo trato costume valer-se de subsídios da ciência europeia, o que bem se compreenderá se se tiver em mente que as inovações legislativas vêm resultando, as mais das ve-

3 *Vide,* ao propósito, BARBOSA MOREIRA, Quelques aspects de la procédure civile brésilienne et de ses rapports avec d'autres systemes juridiques, *in Revue Internationale de Droit Comparé,* 1982, n. 4, ou *in Temas (Terceira Série),* cit., p. 15 e s.

zes, de "importações". Como não podia deixar de acontecer, o advento do Código em vigor atraiu o olhar dos estudiosos, de preferência, para os pontos em que o novo modelo se afastou do antigo. Se em alguns casos o interesse parece haver-se esvaído em tempo relativamente pequeno[4], noutros, ao contrário, foi preciso aguardar vários anos para que começassem a amadurecer os frutos da reflexão doutrinária: assim, por exemplo, a despeito da frequência com que a prática judiciária se vê chamada a manejá-los, institutos como a denunciação da lide e o litisconsórcio apenas nesta década chegaram a suscitar monografias de maior peso[5]. O mesmo ocorreu com outra novidade teoricamente importante, mas de escassa aplicação no quotidiano forense: a execução por quantia certa contra devedor insolvente[6].

No confronto entre o Código atual e o precedente, o setor relativo à prova está decerto entre aqueles em que mais forte preocupação se nota de reformular a disciplina, antes de tudo pela concentração, na lei processual, de todo o direito probatório, antes repartido com leis substantivas, notadamente com o Código Civil[7]. Os comentadores e os autores de obras sistemáticas têm sublinhado os principais aspectos dessa reformulação: a problemática, riquíssima, permanece contudo muito longe do aprofundamento que reclama o seu superlativo interesse teórico e prático. Surpreende, por exemplo, que ainda não haja surgido escrito de maior fôlego sobre o tema das chamadas provas atípicas, a que faz expressa menção o art. 332 do Código de 1973: em torno dele se levantam questões variadíssimas, a cujo respeito, noutros países, se têm feito

---

4 O chamado "recurso adesivo", *v.g.*, após ter sido objeto, num primeiro momento, de valiosos trabalhos monográficos (JOSÉ AFONSO DA SILVA, *Do recurso adesivo no processo civil brasileiro,* São Paulo, 1973; 2ª ed., 1977; CARLOS SILVEIRA. NORONHA, *Do recurso adesivo,* Rio de Janeiro, 1974; PAULO CEZAR ARAGÃO, *Recurso adesivo,* São Paulo, 1974), veio a ficar, ultimamente, aos exclusivos cuidados dos comentários e das exposições sistemáticas do nosso processo civil.

5 Sobre a primeira: AROLDO PLÍNIO GONÇALVES, *Da denunciação da lide,* Rio de Janeiro, 1983; MILTON FLAKS, *Denunciação da lide,* Rio de Janeiro, 1984. Acerca do segundo: MATHIAS LAMBAUER, *Do litisconsórcio necessário,* São Paulo, 1982; CÂNDIDO DINAMARCO, *Litisconsórcio,* São Paulo, 1984.

6 HUMBERTO THEODORO JÚNIOR, *A insolvência civil,* Rio de Janeiro, 1ª ed., 1980; 2ª ed., 1984.

7 É de estranhar que o projeto de novo Código Civil (n. 634-B, de 1975), já aprovado pela Câmara dos Deputados, queira dar marcha à ré, incluindo, no Título V do Livro III, uma série de disposições – aliás, fragmentárias e, aqui e ali, positivamente infelizes – a respeito da matéria.

correr rios de tinta – sobremaneira caudalosos, acrescente-se, na área confinante (ou, talvez, comum em parte) dos meios probatórios ilegitimamente adquiridos, assunto entre nós já versado em sede monográfica, num de seus "pontos sensíveis", no campo do processo penal[8], mas que não mereceu, até agora, desvelo análogo por parte da doutrina do processo civil, conquanto de modo nenhum estranho à jurisprudência[9]. Complexa, delicada, multifária, essa temática não será das que mais se prestem a rápido consenso; a julgar pelo que vem acontecendo alhures, fluxos e refluxos se sucederão antes que se atinja o ponto de equilíbrio.

Quase toda a matéria relativa à prova, aliás, tem enorme potencial polêmico, e não constitui imprudência profetizar que, mais cedo ou mais tarde, vários de seus tópicos assomarão ao proscênio doutrinário. Muito há que investigar, por exemplo, sobre a medida em que se pode tornar flexível, em razão de peculiaridades da matéria litigiosa, o regime da distribuição do *onus probandi* estabelecido no art. 333; sobre as funções e o tratamento processual das "regras de experiência" mencionadas no art. 335; sobre o conteúdo e os limites do dever de informação atribuído aos terceiros pelo art. 341, n. I; sobre a eficácia da confissão, e assim por diante – para não falarmos dos próprios princípios fundamentais que inspiram a atividade de instrução, e que em certos ângulos sempre assegurarão espaço livre ao torneio de filosofias contrastantes: tudo indica, *v.g.*, que jamais cessará por completo o debate referente à extensão dos poderes instrutórios exercitáveis *ex officio* pelo juiz, o qual, antes de refletir diferenças de interpretação do *ius positum*, denota verdadeira oposição, dificilmente redutível, de atitudes mentais[10]. É de esperar que,

8 ADA PELLEGRINI GRINOVER, *Liberdades públicas e processo penal – As interceptações telefônicas*, São Paulo, 2ª ed., 1982.

9 Sem excetuar a do Supremo Tribunal Federal: *vide* os acórdãos de 11-11-1977, Recurso Extraordinário n. 85.439, *in Revista Trimestral de Jurisprudência*, v. 84, p. 609, e de 28-6-1984, Recurso Extraordinário n. 100.094, *in Revista Trimestral de Jurisprudência*, v. 110, p. 798.

10 Comprova-o o fato de que, a partir do mesmo texto, se pode chegar a conclusões divergentes: na República Federal da Alemanha, enquanto a maior parte da doutrina permanece fiel à afirmação do primado da *Verhandlungsmaxime* (isto é, do princípio que subordina à iniciativa das partes a utilização dos meios de prova), uma corrente expressiva, conquanto minoritária, entende que, a rigor, a *Zivilprozessordnung*, tal como vigora, já abandonou aquela diretriz: assim, por exemplo, BOMSDORF, *Prozessmaximen und Rechtswirklichkeit*, Berlim, 1971, p. 278 e s.; ZETTEL, *Der Beibringungsgrundsatz*, Berlim, 1977, p. 140 e s.; WASSERMANN, *Der soziale Zivilprozess*, Neuwied-Darmstadt, 1978, p. 97 e s.

mais dia, menos dia, se proceda a novo mapeamento de todo esse vasto e rico território[11].

Outra província em que sobra área para futuras (e imprescindíveis) explorações é a da coisa julgada. Sem dúvida se trata de assunto "clássico", sobre o qual não faltam contribuições na literatura nacional. O Código em vigor, todavia, favoreceu a abertura de perspectivas até aqui deixadas na sombra; e algumas delas vêm ganhando feição extremamente atual por sua estreita correlação com problemas assíduos na ordem do dia. Tópico, *v.g.*, como o dos limites subjetivos da *res iudicata* não é, à evidência, dos que se possam esgotar em comentários ao texto legal ou em artigos de revistas: urge enfrentá-lo em plano mais compatível com sua gravidade[12].

3. Se os temas até agora inventariados, afinal de contas, têm quase todos predominante aspecto "técnico", junto deles se enfileiram outros de fisionomia mais fortemente vincada pela enorme relevância para o atendimento de necessidades práticas que se tornam agudas em nossa época. Aqui encontra lugar de primeiro realce tudo que diz respeito à simplificação e à aceleração da atividade judicial, pré-requisitos essenciais de um processo "efetivo". Não há discutir que a respectiva satisfação depende em grande parte de fatores estranhos à ciência do direito processual e antes relacionados com a organização judiciária, com a infraestrutura administrativa da Justiça e de instituições auxiliares, com o aparelhamento tecnológico de juízos e tribunais, com a preparação técnica e *(last but not least)* a mentalidade de juízes, advogados, membros do Ministério Público, funcionários e serventuários, para não aludirmos aos próprios litigantes, cujo comportamento pessoal tantas vezes influi de modo decisivo no desenrolar do pleito.

---

11 Começara a empreendê-lo, com louvável (ainda que nem sempre inteiramente bem-sucedido) esforço de atualização, AMARAL SANTOS, com a 5ª edição (da qual só se publicaram dois volumes – São Paulo, 1983) de sua alentada obra *Prova judiciária no cível e no comercial.* Seria pena que o óbito do autor pusesse termo definitivo (e prematuro) ao cometimento, que está a exigir continuador.

12 A questão dos limites subjetivos da coisa julgada constitui notoriamente, entre outras coisas, um dos "pontos sensíveis" da problemática da tutela dos denominados "interesses coletivos" ou "difusos", a cujo respeito se falará mais adiante *(infra,* n. 4). Também neste tópico passou à frente a doutrina processual penal, e igualmente por obra de ADA PELLEGRINI GRINOVER, com a monografia *Eficácia e autoridade da sentença penal,* São Paulo, 1978 – valha o registro, independentemente do juízo que cada qual haja de fazer acerca das teses aí sustentadas pela escritora.

Remanesce a quota, que não é pequena, do processo mesmo. Não obstante a carência de estatísticas, que dificulta um levantamento com bases rigorosamente objetivas, há pontos de estrangulamento bem conhecidos. A prova pericial, por exemplo, em regra, é causa de retardamento pouco justificável: consoante se previa, a sistemática do Código, em muitas comarcas, não vem passando de letra morta, em parte por dificuldades óbvias de execução, em parte pela força da inércia que, com certa frequência, faz prevalecer, *contra legem,* a tradição sobre a inovação; assim, na prática, as coisas continuaram a suceder mais ou menos como sucediam sob o Código anterior, com três perícias autônomas e sucessivas, duas a cargo dos assistentes técnicos de cada litigante, a terceira a cargo do perito, designado pelo juiz, e "único" em sentido diferente do que a lei quis consagrar – no sentido de que só ao seu laudo, na imensa maioria dos casos, dá alguma atenção o órgão judicial, degradada a atuação dos assistentes técnicos a puro e simples desperdício de tempo, energia e dinheiro. Eis aí, ao nosso ver, um problema que desafia, com grande urgência, a imaginação dos estudiosos.

Nó que igualmente clama por desate é o procedimento sumaríssimo, para cujo mau êxito, sobretudo nas cidades de mais intenso movimento forense, notoriamente concorrem as sérias imperfeições da disciplina legal e a falta de condições, na realidade judiciária, para a aplicação concreta do próprio modelo, defeituoso embora, que o legislador forjou. Vem o assunto constituindo objeto permanente de preocupações em quase todos os congressos, simpósios, ciclos de estudos, mesas redondas e eventos congêneres, ordenados à avaliação do nosso processo civil; e a esta altura já se conta com sugestões bastante numerosas, e baseadas numa experiência suficientemente larga, para permitir opção segura de reforma. O problema está maduro para passar do plano da cogitação ao da execução; a segunda metade da década não pode deixar de incluí-lo em seu programa prioritário.

Tema conexo é o da criação de órgãos específicos para o julgamento de "pequenas causas", mediante procedimento rápido e informal. Nesse campo não parece fácil promover o consenso: há quem rejeite a ideia mesma da diferenciação, vista como antidemocrática na medida em que entregaria a sorte dos litígios de menor expressão econômica a uma "Justiça de segunda classe". O legislador federal, entretanto, no particular já optou: sobre a matéria dispôs a Lei n. 7.244, de 7-11-1984, cabendo agora às unidades federadas a implementação do sistema, aliás experimentado em algumas, antes mesmo da consagração legislativa, com resultados que se consideram, em boa extensão, positivos. Urge, por outro lado, que a doutrina se debruce sobre as questões que o novo texto suscita, a fim de ministrar orientação correta e segura, nos pontos delicados (e não são poucos), aos aplicadores da lei.

Outro atoleiro tradicional é a execução, sobretudo a de condenação pecuniária, cujo roteiro sinuoso e acidentado sempre constituiu reduto por excelência do tumulto e da chicana. O fato está longe de ser peculiar ao Brasil: não foi por acaso que a Associação Internacional de Direito Processual escolheu o tema para objeto de estudo na sua próxima reunião, a realizar-se em Lund (Suécia), em junho deste ano. Tão baixa é a "efetividade" desse tipo de processo, em regra, que a precisão de recorrer a ele, após a sentença condenatória, reduz não raro a uma autêntica vitória de Pirro o desfecho favorável do processo de conhecimento. A generalização da correção monetária para as dívidas de dinheiro, preconizada como expediente capaz de desestimular injustas resistências por parte de devedores maliciosos, e consagrada pela Lei n. 6.899, de 8-4-1981, terá trazido algum desafogo, mas não parece capaz de dar ao mal solução satisfatória, enquanto, por outro lado, lança às vezes a barra longe demais, tornando irremediáveis situações que, à luz da equidade, mereceriam tratamento menos draconiano. Também os problemas da execução pedem um esforço particularmente intenso da imaginação dos juristas; e, se é mesmo verdade, conforme sugerem dados inequívocos, que as dificuldades, em certa medida, são conaturais a estruturas inalteráveis (ou só insuficientemente alteráveis) dessa figura processual, então que se explorem com maior diligência as possibilidades alternativas, desde as medidas de coerção, ainda timidamente contempladas no *ius positum*, até formas eficazes de tutela preventiva, de que temos exemplares preciosos no campo das relações publicísticas[13], mas franciscana pobreza no dos litígios entre particulares[14].

---

13 Notadamente, no âmbito civil, o mandado de segurança, tema que não surpreende conserve permanente atualidade: *vide*, na literatura processual mais recente, MILTON FLAKS, *Mandado de segurança – Pressupostos da impetração*, Rio de Janeiro, 1980; MOURA ROCHA, *Mandado de segurança – A defesa dos direitos individuais*, Rio de Janeiro, 1982; além das sucessivas reedições de obras anteriores, como a de CELSO AGRÍCOLA BARBI, *Do mandado de segurança*, 4ª ed., Rio de Janeiro, 1984.

14 Ao propósito, BARBOSA MOREIRA, Tutela sancionatória e tutela preventiva, *in Temas de Direito Processual (Segunda Série)*, São Paulo, 1980, p. 21 e s.

A disfunção do processo satisfativo, como é óbvio, faz vicejar uma farmacopeia de emergência, com que se procura acudir a manifestações agudas de carência de tutela. Desde o advento do Código de 1973, que, a despeito de numerosos senões, deu à matéria tratamento condigno, vem-se assistindo entre nós a uma exuberante floração do processo cautelar. O fenômeno, ao nosso ver, é ambivalente: tem algo de crescimento e outro tanto de inchação. Provavelmente não se correria com tamanha afoiteza atrás de medidas cautelares – e em particular das ditas "inominadas" –, se a jurisdição comum se mostrasse apta a ocupar devidamente todos os espaços que, por natureza, lhe competem[15]. Rejubilemo-nos, em todo caso, com os tentos lavrados no domínio científico, dos quais dá testemunho o alto nível dos comentários e de obras especializadas que se têm publicado sobre essa parte do Código, e que já fazem do processo cautelar, sem sombra de dúvida, um dos temas fundamentais do direito processual civil brasileiro nos anos 80[16].

4. A crescente pressão do "social" no mundo do processo impele-o ao reajuste dos instrumentos de tutela, ou ao fabrico de novos, para atender de modo conveniente a interesses, de relevância cada vez maior, que ultrapassam o nível individual para entender com a vida de comunidades às vezes amplíssimas. De alguns anos para cá, vem exercendo atração sobre muitos a problemática referente à proteção jurisdicional desses interesses, ditos "coletivos" ou "difusos"[17], que para nós se caracterizam pela pertinência a uma série indeterminada (e praticamente indeterminável) de sujeitos e pela indivisibilidade do objeto, com a

15 Anomalias semelhantes têm sido denunciadas noutros países: quanto aos *"provvedimenti d'urgenza"*, na Itália, *vide*, recentemente, LIEBMAN, Per un nuovo codice di procedura civile, *in Riv. di dir. proc.*, v. XXXVII, 1982, p. 28. Cf., na doutrina pátria, OVÍDIO A. BAPTISTA DA SILVA, *Comentários ao Código de Processo Civil*, V. XI. Porto Alegre, 1985, p. 7 e s., e, em termos específicos sobre as "cautelares inominadas", p. 95 e s.

16 Para nos cingirmos – fiéis ao título do presente escrito – aos frutos da presente década, mencionem-se: GALENO LACERDA, *Comentários ao Código de Processo Civil*, v. VIII, t. I, 1ª ed., 1980; 2ª ed., 1981; CALMON DE PASSOS, *Comentários ao Código de Processo Civil*, v. X, t. I, São Paulo, 1984; OVÍDIO A. BAPTISTA DA SILVA, ob. cit., na nota anterior.

17 Sobre a terminologia, ainda muito oscilante, *vide* BARBOSA MOREIRA, Tutela jurisdicional dos interesses coletivos ou difusos, *in Temas (Terceira Série.)*, cit., p. 193, nota 1.

consequente comunhão de destino dos titulares, tal que a satisfação de um só implica por força a satisfação de todos, assim como a lesão de um só constitui, *ipso facto*, lesão da inteira coletividade: por exemplo, interesses relacionados com a defesa do meio ambiente, ligados a valores culturais e espirituais, orientados para a "proteção do consumidor"... Institutos não tão recentes, como a ação popular, têm sido revistos e redimensionados à luz dessas ideias; e já atingem a área legislativa os esforços para alargar as possibilidades de tutela, consoante atesta o Projeto de Lei n. 3.034, de 1984, que visa a disciplinar as ações de responsabilidade por danos causados ao meio ambiente ou a valores artísticos, estéticos, históricos, turísticos e paisagísticos, dilatando a legitimação ativa *ad causam* – da qual passarão a gozar, além do Ministério Público, da União, dos Estados, dos Municípios e outras entidades administrativas, as associações civis que, constituídas há pelo menos seis meses, incluam entre seus fins institucionais a proteção dos referidos interesses[18].

Há, porém, outra vertente do fenômeno social no processo, para a qual ainda não se mobilizou, com a desejável intensidade, a atenção dos estudiosos. Aludimos ao problema do acesso à Justiça, e em particular à necessidade de facilitá-lo para as camadas menos favorecidas da população. Que o direito de ação é teoricamente assegurado em termos iguais a todos os membros da comunidade, ninguém o ignora; como tampouco existe quem não se advirta das formidáveis diferenças que os desníveis econômicos, sociais e culturais acarretam quanto às possibilidades práticas do respectivo exercício *in concreto*. A moderna concepção do direito – do processual e de qualquer outro – já não se satisfaz com a garantia da igualdade formal: aponta na direção de uma igualdade, tanto quanto possível, real.

Nessa problemática, embora longe de ser o único, é sem dúvida central o tema da assistência judiciária aos necessitados. Imposição constitucional (Carta da República, art. 153, § 32), nem por isso ela se situa, entre nós, em nível de efetividade condizente com as exigências míni-

18 O projeto está publicado no volume *A tutela dos interesses difusos*, sob a coordenação de ADA PELLEGRINI GRINOVER, São Paulo, 1984, p. 189 e s. Na "Justificação" (p. 192-6), esclarece-se a origem do texto, elaborado pela coordenadora do volume e por outros processualistas (CÂNDIDO DINAMARCO, KAZUO WATANABE, WALDEMAR MARIZ DE OLIVEIRA JÚNIOR), com aproveitamento de sugestões de vária procedência.

mas de uma sociedade que se quer humana. Sob disciplina legal tecnicamente defeituosa (Lei n. 1.060, de 5-2-1950), sem apoio em estruturas fortes, à míngua de recursos financeiros, funcionam quase sempre de modo precário, a despeito da boa vontade e do zelo admirável de tantos, as instituições incumbidas do encargo. Se mesmo hoje o desempenho já fica a larga distância do razoável, só poderá piorar a situação, a não ser que se acorra com presteza, à medida que o progresso da informação jurídica e o abrandamento da carga repressiva na atmosfera política incentivarem uma demanda até agora, em grande parte, contida. Trata-se de desafio que não se pode deixar sem resposta, e urgente.

5. No terreno das relações internacionais, enfim, é de esperar que a pauta dos anos 80 reserve ainda lugar de grande relevo a toda sorte de esforços no sentido de maior aproximação entre os países latino-americanos, mormente se, conforme se espera, produzir frutos duradouros a onda de redemocratização que ora se espraia pela América do Sul. Ao direito processual tocará, em semelhante perspectiva, uma preocupação específica. Subscreveu o Brasil a Convenção Interamericana sobre cartas rogatórias (Panamá, 30-11-1975), com Protocolo Adicional assinado em Montevidéu, em 8-5-1979, e a Convenção Interamericana sobre eficácia extraterritorial das sentenças e laudos arbitrais estrangeiros (Montevidéu, 8-5-1979). Até a presente data, contudo, não foram ratificados esses dois atos, de notável importância, nem se conhecem razões de peso que justifiquem o retardamento.

Permanecerá por muito tempo o País, no particular, em constrangedor atraso perante a comunidade das nações do hemisfério? Eis aí outro tema que certamente merece o nosso cuidado. Aos que nos interessamos pelas coisas do processo incumbe estimular, pelos meios ao nosso alcance, a atuação dos órgãos competentes. De nossa parte, aqui fica o brado de alerta.

Fevereiro de 1985.

COMENTÁRIOS DOS ATUALIZADORES

OS TEMAS FUNDAMENTAIS DO DIREITO BRASILEIRO NOS ANOS 80: DIREITO PROCESSUAL CIVIL

Luiz Paulo da Silva Araújo Filho / Guilherme Jales Sokal

1. Em primeiro lugar, embora óbvio mencionar, "Os temas fundamentais do direito brasileiro nos anos 80: direito processual civil", artigo escrito pelo Mestre em 1985, continuam essenciais e em evolução, enquanto alguns simplesmente ainda não mereceram o devido cuidado.

Como destacado pelo dileto autor, foi a partir das "linhas de força" desenvolvidas no estudo "Tendências contemporâneas do direito processual civil"[19] – ou seja: "do abstrato ao concreto"; "do individual ao social"; "do nacional ao internacional" –, que foram identificados os temas fundamentais do direito processual civil pátrio nos anos 80.

Antes de passar a indicar, *grosso modo*, o estágio atual dos temas fundamentais, convém referir a ressalva feita pelo autor com relação às repercussões e alterações de perspectivas que poderiam resultar da Carta Política que então estava por vir. No entanto, a Constituição Federal de 1988, tal como o Código de Processo Civil de 2015, confirmaram, em boa medida, as tendências examinadas.

Assim, *v. g.*, em ponto básico, a Constituição, ao tratar do direito de ação, não se limita mais a mencionar "qualquer lesão de direito individual", como fazia a Emenda Constitucional n° 1/69 (art. 153, § 4°), mas proclama que "a lei não excluirá da apreciação do Poder Judiciário lesão *ou ameaça a direito*" (art. 5°, XXXV), deixando claro a preocupação com a tutela, até mesmo *preventiva*, de direitos individuais ou coletivos. No que concerne à tutela coletiva de direitos, aliás, a Carta é extensa, como se vê do art. 5°, incisos XXI (entidades associativas), LXX (mandado de segurança coletivo), LXXI (mandado de injunção), LXXIII (ação popular), e artigos 8°, III (sindicatos), 129, III (Ministério Público e ação civil pública), e 134, *caput* (Defensoria Pública e a defesa dos direitos individuais e coletivos dos necessitados), este por força da Emenda Constitucional n° 80/2014.

---

19 *Temas de direito processual*: terceira série. São Paulo: Saraiva, 1984. p. 1-13.

No que se refere ao Código de Processo Civil, a própria exposição de motivos do Anteprojeto, elaborado pela Comissão de Juristas, começa por exaltar a relevância da efetividade do processo, afirmando que um "sistema processual civil que não proporcione à sociedade o reconhecimento e a realização dos direitos, ameaçados ou violados, que têm cada um dos jurisdicionados, não se harmoniza com as garantias constitucionais de um Estado Democrático de Direito", a par de destacar, em significativa síntese, que "[o] novo Código de Processo Civil tem o potencial de gerar um processo mais célere, mais justo, porque mais rente às necessidades sociais e muito menos complexo".

2. A forte influência da Europa continental no direito processual civil brasileiro transparece no Código de Processo Civil, que se baseou no direito europeu para relevantes inovações, como o "incidente de resolução de demandas repetitivas" (IRDR, arts. 976 e s.), proveniente do *Musterverfahren* do direito alemão, bem como a "estabilização da tutela antecipada" (art. 304), de inspiração franco-italiana e com finca no *référé* francês[20] e na chamada *strumentalità attenuata* da Itália.[21-22]

Nas últimas décadas, entretanto, como destacou o próprio autor em outros estudos, vem aumentando no direito processual brasileiro a importância do *common law*, em particular do direito norte-americano, inclusive pela adoção das ações coletivas,[23] tendo o Código vigente

---

20 Cf. arts. 484 a 492 e arts. 834 a 838 do *Code de Procédure Civile*.

21 Reconhecida pela introdução do art. 669-*octies*, *comma* 6, no *codice di procedura civile*, pela *legge 80/2005*.

22 Para análise do art. 700 do c.p.c. italiano (*Dei provvedimenti d'urgenza*), antes da edição da *legge* 80/2005, e das *ordonnances de référé*, com esclarecedor "confronto entre a experiência italiana e a francesa", já destacando a tendência desses países a que, por vezes, "a solução em princípio simplesmente *provisória* do litígio adquire estabilidade equiparável àquela que teria a solução final", bem como enaltecendo a adoção de medida que, em substância, corresponde à "estabilização da tutela antecipada", convém a leitura do estudo Tutela de urgência e efetividade do direito, in *Temas de direito processual*: oitava série. São Paulo: Saraiva, 2004. p. 89-105. Registre-se, porém, que os arts. 808 e 809 do CPC francês, mencionados naquele texto, hoje equivalem, em essência, aos arts. 834 e 835, em razão da alteração posta pelo *Décret* n° 2019-1333 *du 11 décembre 2019,* art. 4.

23 Veja-se a significativa exposição sobre o peso do universo anglo-saxônico no direito brasileiro, antes da vigência do CPC-2015, em O processo civil brasileiro entre dois mundos, in *Temas de direito processual*: oitava série. São Paulo: Saraiva, 2004. p. 41-52.

avançado no sentido da mencionada "aproximação" do *common law* ao ampliar os "precedentes vinculantes" (arg. *ex* art. 927), conquanto respeitadas as peculiaridades ontológicas de cada sistema, e em complemento da tendência que já se desenvolvia entre nós,[24] dispondo sobre a distinção (*distinguishing*) entre o precedente e o caso concreto e a superação (*overruling*) do precedente (cf. arts. 489, § 1º, VI; 966, § 5º; 1.037, § 9º). Bem assim, o CPC estimulou em muito a adoção de métodos alternativos de resolução de conflitos (*Alternative Dispute Resolutions* - ADRs), aludindo à arbitragem, conciliação, mediação e outros métodos de solução consensual de conflitos (*v.* arts. 3º; 139, V; 165; 174; 334; 359; 694); consagrou a atuação genérica do *amicus curiae* (art. 138); estabeleceu que as perguntas serão formuladas pelas partes (*rectius*: por seus advogados) diretamente à testemunha (art. 459: *direct* e *cross-examination*), como já previsto no art. 212 do CPP (alterado pelo art. 1º da Lei nº 11.690/08); instituiu caber ao advogado da parte informar ou intimar a testemunha por ele arrolada do dia, da hora e do local da audiência designada (art. 455)...

A influência do *common law* no direito brasileiro e a evolução do direito inglês e do direito norte-americano, por vezes em amplo cotejo com o direito de outros países, foram objeto de outros preciosos artigos do professor José Carlos Barbosa Moreira, todos enriquecidos por abundantes referências doutrinárias e jurisprudenciais, bem como pela análise crítica primorosa inerente aos seus trabalhos, constituindo leitura fundamental para a boa compreensão da matéria. Assim, devem ser mencionados, exemplificativamente: A Emenda Constitucional nº 45 e o processo; O processo civil contemporâneo: um enfoque comparativo; Correntes e contracorrentes no processo civil contemporâneo; A revolução processual inglesa;[25] O processo penal norte-americano e sua influência; A Suprema Corte norte-americana: um modelo para o mundo?;[26] Notas sobre alguns aspectos do processo (civil e penal) nos países anglo-saxôni-

24 Sobre a tendência à "progressiva exaltação do precedente", antes do CPC-2015, com valiosas observações críticas, confira-se o estudo Súmula, jurisprudência, precedente: uma escalada e seus riscos, in *Temas de direito processual*: nona série. São Paulo: Saraiva, 2007. p. 299-313.

25 Esses estudos estão inseridos nos *Temas de direito processual*: nona série. São Paulo: Saraiva, 2007.

26 In *Temas de direito processual*: oitava série. São Paulo: Saraiva, 2004.

cos; Uma novidade: o código de processo civil inglês; *La transacción penal brasileña y el derecho norteamericano*.[27]

A execução por quantia certa contra devedor insolvente, que ainda se mostra de escassa aplicação no quotidiano forense, continua a ser regulada pelo Livro II, Título IV, do CPC de 1973, até a edição de lei específica, como prevê o art. 1.052 do Código de Processo Civil em vigor.

O Código atual também deu grande atenção à matéria probatória, abordando questões examinadas no estudo em referência, como em relação ao *onus probandi*, que mereceu regras de distribuição dinâmica. Assim, além da norma tradicional de que "[o] ônus da prova incumbe: ao autor, quanto ao fato constitutivo de seu direito; ao réu, quanto à existência de fato impeditivo, modificativo ou extintivo do direito do autor" (art. 373, *caput*), idêntica à do art. 333 do CPC revogado, estabeleceu que "[n]os casos previstos em lei ou diante de peculiaridades da causa relacionadas à impossibilidade ou à excessiva dificuldade de cumprir o encargo nos termos do *caput* ou à maior facilidade de obtenção da prova do fato contrário, poderá o juiz atribuir o ônus da prova de modo diverso, desde que o faça por decisão fundamentada, caso em que deverá dar à parte a oportunidade de se desincumbir do ônus que lhe foi atribuído" (§ 1º), mas ressaltando que "[a] decisão prevista no § 1º deste artigo não pode gerar situação em que a desincumbência do encargo pela parte seja impossível ou excessivamente difícil". Enfim, na linha de reforçar os negócios jurídicos processuais, em redação mais clara, além do disposto no art. 190, conservou a admissão da distribuição do ônus da prova por convenção das partes, salvo quando: "I - recair sobre direito indisponível da parte; II - tornar excessivamente difícil a uma parte o exercício do direito" (§ 3º), esclarecendo que a convenção pode ser celebrada antes ou durante o processo (§ 4º).

O Código dispôs sobre a chamada "prova emprestada", admitindo a sua produção desde que observado o contraditório, como se vê do art. 372: "O juiz poderá admitir a utilização de prova produzida em outro processo, atribuindo-lhe o valor que considerar adequado, observado o contraditório."

Ao cuidar das "regras de experiência", o art. 375 do CPC fez bem em suprimir a enganosa referência restritiva "em falta de normas jurídicas particulares" constante no art. 335 do Código revogado, que su-

27 In *Temas de direito processual*: sétima série. São Paulo: Saraiva, 2001.

geria a aplicação subsidiária dessas regras, apenas na hipótese de não haver norma jurídica particular, quando, em verdade, como destacou Barbosa Moreira: "A utilização da 'regra de experiência' não exclui a aplicação de norma jurídica para a solução do litígio: uma e outra têm aplicação *concorrente*".[28]

Além disso, embora ainda situado o artigo 375 entre as "disposições gerais" do capítulo dedicado a *provas*, as regras (ou máximas) de experiência têm relevância não apenas no âmbito probatório: se, por um lado, são utilizadas na formação das presunções judiciais e na valoração da prova;[29] por outro são fundamentais na fixação de conceitos jurídicos indeterminados e na interpretação das normas jurídicas em geral.[30]

A ideia da concentração na lei processual de todo o direito probatório realmente foi abalada pelo Código Civil hoje em vigor, Lei nº 10.406, de 10/01/2002 (decorrente do mencionado Projeto nº 634-B, de 1975), que dedicou o Título V ("Da Prova", arts. 212 a 232) do Livro III ("Dos Fatos Jurídicos") às provas, em tratamento "assistemático e fragmentário" da matéria.[31]

O CPC de 2015 revogou expressamente o *caput* do art. 227 e os arts. 229 e 230, bem como a Lei nº 13.146, 2015 ("Estatuto da Pessoa com Deficiência") revogou os incisos II e III do art. 228 e alterou a redação dos §§ 1º e 2º do mesmo dispositivo. Mas o Código de Processo Civil poderia ter ido adiante, pois, com ressalva das exigências formais do art. 215 (apesar da superadíssima referência a "prova plena" em seu *caput* e no art. 225, incompatíveis com o art. 371 do CPC) e da relevante inovação dos artigos 231 e 232,[32] a

---

28 As presunções e a prova, in *Temas de direito processual*: primeira série. 2ª ed. São Paulo: Saraiva, 1988, p. 55-71, espec. p. 70 (grifado no original). A singela menção do texto, por óbvio, não é suficiente para resumir a brilhante crítica do autor.

29 *Ibidem, passim*.

30 *Vide* o estudo Regras de experiência e conceitos juridicamente indeterminados, in *Temas de direito processual*: segunda série. São Paulo: Saraiva, 1980, p. 61-72.

31 Cf. O novo Código Civil e o Direito Processual, in *Temas de direito processual*: nona série. São Paulo: Saraiva, 2007, p. 1-20, espec. p. 15.

32 *Vide* O novo Código Civil e o Direito Processual, in *Temas de direito processual*: nona série. São Paulo: Saraiva, 2007. p. 1-20, espec. p. 16 e s. Para análise do Título V do CC, convém consultar o estudo Anotações sobre o Título "Da Prova" do novo Código Civil, in *Temas de direito processual*: nona série. São Paulo: Saraiva, 2007, p. 141-158.

maior parte dos demais dispositivos ficou ociosa pela regulamentação da matéria no CPC.

Com relação aos artigos 231 e 232 do Código Civil, que tratam da negativa da parte a realizar "perícia médica" (*lato sensu*), incluindo "*cualquier examen científico cuya realización envuelva conocimientos biológicos relativos al ser humano*"[33], convém destacar que a Lei nº 12.004/2009 acrescentou o art. 2º-A à Lei 8.560/92, cujo parágrafo único dispõe: "A recusa do réu em se submeter ao exame de código genético - DNA gerará a presunção da paternidade, a ser apreciada em conjunto com o contexto probatório", estabelecendo desnecessária regra especial.

O direito probatório conquistou a atenção da doutrina, como se pode observar dos vários estudos publicados em revistas (inclusive eletrônicas) especializadas, além dos livros editados a respeito; mas as provas atípicas, em princípio admitidas entre nós (cf. art. 369 do CPC), ainda carecem de maior atenção, muito embora tenham sido objeto de substanciosa Comunicação ao XVI Congresso Mexicano de Direito Processual (Guanajuato, 1999), realizada pelo professor José Carlos Barbosa Moreira e intitulada *Observaciones sobre las llamadas pruebas atípicas*.[34]

O novo Código (art. 369) manteve, em essência, a criticada redação do art. 332 do CPC/73, porquanto "*el empleo de la expressión 'bem como' no significa que la ley haya querido referirse a dos categorias distintas (los 'medios legales' y los médios 'moralmente legítimos'); el verdadero sentido es otro: admítense los 'medios' que no sean contrarios ni a la ley ni a la moral*".[35]

---

33 *La negativa de la parte a someterse a una pericia médica (según el nuevo Código Civil brasileño)*, in *Temas...* nona serie, p. 159-166.

34 In *Temas de direito processual*: sétima série. São Paulo: Saraiva, 2001, p. 39-52. "Provas Atípicas" também foram objeto de palestra proferida, em 09.08.93, na Associação dos Magistrados do Estado do Rio de Janeiro, publicada na *Revista de Processo*, nº 76, 1994: 114/126.

35 *Observaciones sobre las llamadas pruebas atípicas*, cit., p. 44. Melhor seria, tecnicamente, manter-se o legislador mais fiel à redação do art. 87 do cpc vaticano: "*Tutti i mezzi atti ad accertare la verità dei fatti dimostrativi del fondamento dell'azione o dell'eccezione*, e che siano legalmente e moralmente leggittimi, *possono essere disposti dall'aurorità giudiziaria, al fine di assicurare una decisione della causa conforme a giustizia*" (g.n.). Cf. *Il codice di procedura civile dello Stato della Città del Vativano come fonte storica del diritto brasiliano*, in *Temas de direito processual*: quinta série. São Paulo: Saraiva, 1994, p. 189-199, espec. p. 194-195.

A Constituição Federal, como se sabe, em termos categóricos, adotou solução radical ao prescrever, no art. 5º, que "são inadmissíveis, no processo, as provas obtidas por meios ilícitos" (inciso LVI). "Apesar disso, é irrealístico pensar que se logre evitar totalmente a conveniência (ou melhor, a necessidade) de temperar a aparente rigidez da norma".[36] E assim, continua a ser muitas vezes aplicado, pelos tribunais, precipuamente na área penal, o chamado princípio da proporcionalidade. Ao tratar da "inadmissibilidade da prova ilícita no processo", em sede doutrinária, afirmou célebre ministro do Supremo Tribunal Federal: "Assume relevo ímpar, nesse contexto, a aplicação do princípio da proporcionalidade, pelo menos como regra de ponderação para superação de eventuais colisões concretas entre interesses constitucionalmente previstos".[37]

O CPC manteve o sistema anterior, prevendo o amplo poder de instrução do juiz na regra geral do art. 370 ("Caberá ao juiz, de ofício ou a requerimento da parte, determinar as provas necessárias ao julgamento do mérito"), além de disposições específicas cuidando da iniciativa *ex officio* do juiz na atividade de instrução. Assim: art. 139, VIII ("comparecimento pessoal das partes, para inquiri-las sobre os fatos da causa"); art. 385, *fine* (depoimento pessoal da parte); art. 396 (ordenar que a parte exiba documento ou coisa que se encontre em seu poder); art. 421 (exibição parcial de livros e documentos); art. 438 (requisitar às repartições públicas certidões e autos de procedimentos administrativos); art. 461, incs. I (oitiva de "testemunhas referidas") e II (acareação de testemunhas ou de alguma delas com a parte); art. 464 (determinar, em substituição à perícia, a produção de prova técnica simplificada); art. 480 ("realização de nova perícia"); art. 481 (inspeção judicial). "As regras particulares a respeito, como a do art. 342 [hoje art. 139, VIII], devem considerar-se meramente explicitantes".[38] Apenas quando a lei exigir requerimento da parte, portanto, como no art. 420 do CPC, haverá restrição à iniciativa oficial.

---

36 BARBOSA MOREIRA, José Carlos. A Constituição e as provas ilicitamente obtidas, in *Temas de direito processual*: sexta série. São Paulo: Saraiva, 1997, p. 107-123, espec. p. 112.

37 MENDES, Gilmar Ferreira; BRANCO, Paulo Gustavo Gonet. *Curso de direito constitucional*. 16ª ed. São Paulo: Saraiva, 2021. p. 623.

38 BARBOSA MOREIRA, José Carlos. *O novo processo civil brasileiro*. 29ª ed. Rio de Janeiro: Forense, 2012. p. 56. No mesmo sentido, neste volume, Os poderes do juiz na direção e na instrução do processo, p. 45-51, espec. p. 50.

Da mesma forma, no que tange ao dever de colaboração do terceiro para a instrução probatória, o Código atual repetiu, em substância, no artigo 380, a norma do Código anterior (art. 341), mas acrescentou, em reforço, salutar parágrafo único: "Poderá o juiz, em caso de descumprimento, determinar, além da imposição de multa, outras medidas indutivas, coercitivas, mandamentais ou sub-rogatórias."

Os limites subjetivos da coisa julgada, ponto sensível da tutela coletiva, receberam tratamento específico no Código de Defesa do Consumidor (CDC), cujas normas relativas à defesa *a título coletivo* dos direitos do consumidor (Título III: Da Defesa do Consumidor em Juízo), em aplicação integrada com as disposições da Lei da Ação Civil Pública (Lei nº 7.347/85), fazem as vezes de um Código de Processo Civil Coletivo, como um ordenamento processual comum para todas as ações coletivas, estabelecendo o art. 103, *grosso modo*, que a sentença fará coisa julgada *erga omnes* nas hipóteses de (inc. I) *direitos difusos*, "exceto se o pedido for julgado improcedente por insuficiência de provas", assim como de (inc. III) *direitos individuais homogêneos*, apenas no caso de procedência do pedido, e *ultra partes* na hipótese de (inc. II) *direitos coletivos*, "salvo improcedência por insuficiência de provas". Instituiu o CDC o princípio geral de que a coisa julgada da ação coletiva não prejudica o litigante individual, salvo quando houver intervindo no processo (art. 103, III, e §§ 1º a 3º, e art. 104),[39] a par de estabelecer que a decisão de procedência do pedido em ações coletivas e a sentença penal condenatória beneficiam os interessados individuais e constituem título para a imediata propositura da ação de liquidação, na qual caberá ao autor provar apenas o nexo de causalidade, seu dano particular e o valor correspondente (§§ 3º, segunda parte, e 4º do art. 103).[40]

O próprio Código de Processo Civil, visando à maior efetividade do processo, inovou substancialmente ao prever, no art. 506, que "[a] sentença faz coisa julgada às partes entre as quais é dada, *não prejudicando* terceiros", com a supressão da clássica menção a "*não beneficiando*, nem prejudicando terceiros" (*v.* art. 472, CPC/73), a fim

---

39 TALAMINI, Eduardo. *Coisa julgada e sua revisão*. São Paulo: Revista dos Tribunais, 2005. p. 124.

40 Quase desnecessário ressaltar que fizemos um resumo básico, mas o estudo da coisa julgada em ações coletivas exigiria muitas outras considerações e a extensa análise dos parágrafos do art. 103, além do exame de toda legislação, o que se mostra absolutamente incompatível com estas breves notas.

de permitir que terceiros possam ser beneficiados pela coisa julgada da decisão proferida em processo *inter alios*.

Com relação aos limites objetivos da coisa julgada, e buscando simplificar a atividade jurisdicional, o Código em vigor trouxe auspiciosa novidade ao eliminar a ação declaratória incidental e estender, excepcionalmente, a autoridade da coisa julgada material à "resolução de questão prejudicial, decidida expressa e incidentemente no processo" (§ 1° do art. 503), desde que "dessa resolução depender o julgamento do mérito", "a seu respeito tiver havido contraditório prévio e efetivo, não se aplicando no caso de revelia", "o juízo tiver competência em razão da matéria e da pessoa para resolvê-la como questão principal" (incisos I a III do § 1°), como não haja "restrições probatórias ou limitações à cognição que impeçam o aprofundamento da análise da questão prejudicial" (§ 2°).

3. No que se refere à prova pericial, o CPC aproveitou progressos advindos da reforma do Código de 73, pela Lei n° 8.455/92, que buscaram atenuar esse ponto de estrangulamento, e conservou a produção de prova técnica simplificada, em substituição à perícia (§§ 2° a 4° do art. 464); o reconhecimento de que os assistentes técnicos são de confiança da parte e não estão sujeitos a impedimento ou suspeição (§ 1° do art. 466), podendo apresentar seus *pareceres* no mesmo prazo comum (15 dias) de que dispõem as partes para se manifestar sobre o *laudo* do perito do juízo (§ 1° do art. 477); e a possibilidade de o juiz "dispensar prova pericial quando as partes, na inicial e na contestação, apresentarem, sobre as questões de fato, pareceres técnicos ou documentos elucidativos que considerar suficientes" (art. 472).

Coube ao novo Código, no entanto, as relevantes iniciativas (*i*) de facultar a realização da *perícia consensual*, permitindo às partes, "de comum acordo, escolher o perito", desde que sejam plenamente capazes e a causa possa ser resolvida por autocomposição" (art. 471 e incs. I e II), a qual "substitui, para todos os efeitos, a que seria realizada por perito nomeado pelo juiz" (§ 3°), (*ii*) de estabelecer requisitos que o laudo pericial deve conter (art. 473 e §§ 1° e 2°) e (*iii*) de exigir que o juiz, ao apreciar a prova pericial, de acordo com o disposto no art. 371, indique na sentença "os motivos que o levaram a considerar ou a deixar de considerar as conclusões do laudo, levando em conta o método utilizado pelo perito" (art. 479), buscando, decerto, evitar laudos inconsistentes e a repetição de perícias.

O "procedimento sumaríssimo", previsto originalmente nos artigos 275 a 281 do CPC de 1973, foi renomeado "procedimento sumário" por força da Lei nº 9.245/95,[41] que promoveu várias alterações,[42] procurando aprimorá-lo e, assim, desatar o nó, mas não obteve muito êxito. O Código em vigor simplesmente abandonou a ideia, contraditória e criticada pela doutrina, de haver um procedimento comum ordinário *ou* sumário (*v.* o art. 272 do CPC-73),[43] e consagrou procedimento efetivamente *comum*, eliminando o segundo.

Os *juizados especiais* (art. 98, inc. I, da CF), porém, floresceram, com ampliação de competência e enfrentando consideráveis problemas de congestionamento.[44] A Lei nº 7.244/84, que dispôs "sobre a criação e o funcionamento do Juizado Especial de Pequenas Causas", foi revogada pela Lei nº 9.099/95, que trata dos Juizados Especiais Cíveis e Criminais. Sobrevieram os Juizados Especiais Cíveis e Criminais no âmbito da Justiça Federal (Lei nº 10.259/01) e os Juizados Especiais da Fazenda Pública (Lei nº 12.153/09). Todos adotando procedimento sumaríssimo.

A execução continua um atoleiro, apesar das reformas postas pelas Leis nºs 11.232/05 e 11.382/06, cujas normas foram em sua maioria mantidas no CPC; os resultados não se mostram suficientemente animadores. Basta ler o *Justiça em números 2021*, que aponta, em meio à análise de variados e interessantes dados, que processos em fase de

---

41 Sumaríssimo, em nosso sistema, coerentemente, é o procedimento que se realiza nos Juizados Especiais Cíveis, previstos na Lei nº 9.099/95, que entrou em vigor pouco antes do advento da Lei 9.245.

42 Também as Leis nºs 10.444/02 e 12.122/09 fizeram modificações no procedimento sumário, embora pontuais.

43 "Conclui-se que, de certo ponto de vista, não obstante o teor do art. 272, *caput*, *comum* é, na verdade, apenas o procedimento ordinário, podendo o sumário, a rigor, incluir-se entre os especiais" (BARBOSA MOREIRA, José Carlos. *O novo processo civil brasileiro*. 29ª ed. Rio de Janeiro: Forense, 2012. p. 4 – grifado no original).

44 Kazuo Watanabe, um dos autores do anteprojeto de lei que deu origem à Lei nº 7.244/84 e eminente estudioso do tema, no *Seminário Digital 25 anos dos Juizados Especiais: diagnósticos e perspectivas*, organizado pelo Conselho Nacional de Justiça, em 13 de agosto de 2020, chegou a afirmar: "Penso que ao lado dos juizados cíveis poderia ser recriado um juizado para causas de pequena expressão para atender os cidadãos mais humildes da nossa sociedade". Disponível em: <https://www.cnj.jus.br/competencias-ampliadas-e-congestionamento-sao-desafios-dos-juizados-especiais>. Acesso em: 19 out. 2020.

execução "constituem grande parte dos casos em trâmite e *etapa de maior morosidade*", assim como: "Ao desconsiderar os processos de execução fiscal, o tempo médio de tramitação do processo baixado na fase de execução passaria de 6 anos e 1 mês para 3 anos, considerando o ano de 2020".[45]

Bem se compreende que não teria lugar nestas simples anotações a menção, superficial que fosse, das modificações legislativas que sofreu a execução nas últimas duas décadas, mas cumpre ao menos registrar, entretanto, que a Lei 11.232 completou a sensível alteração de nosso sistema jurídico que, gradativamente, abandonou a tradicional exigência geral de instauração de *novo processo*, formalmente diferenciado, para a execução dos títulos executivos judiciais, consagrando, de regra, o que se denominou "processo sincrético", no qual, insista-se, "[a] atividade cognitiva e a atividade executiva passaram, assim, a representar *fases* de um único feito".[46]

O CPC manteve, como esperado, de modo geral, o processo sincrético e adotou, de forma ampla, a designação "cumprimento da sentença" para as modalidades de efetivação forçada dos títulos executivos judiciais (Título II, arts. 513 e s.), não obstante as observações críticas de que o termo *cumprimento* sugere a satisfação *voluntária* da prestação (no caso, do *decisum*), inexistindo incompatibilidade entre execução e processo sincrético, desde que superada "a falsa igualação de duas coisas perfeitamente distintas: *execução* e *processo de execução*".[47] Significativa a lição de Cândido Dinamarco, em relação ao julgamento das ações relativas às prestações de fazer, de não fazer e de entregar coisa: "A sentença mandamental é título para a execução *forçada* (cumprimento de sentença), tanto quanto a condenação ordinária – e portanto é também uma *condenação*".[48]

---

45 *Justiça em números 2021*, itens 5.3 e 5.3.1, Gargalos da execução e Execuções fiscais, p. 169-182, espec. p. 169 e 181 – sem grifo no original. Disponível em: <https://www.cnj.jus.br>.

46 BARBOSA MOREIRA, José Carlos. *O novo processo civil brasileiro*. 29ª ed. Rio de Janeiro: Forense, 2012. p. 193 – grifado no original.

47 É fundamental a leitura do artigo "Cumprimento" e "execução" de sentença: necessidade de esclarecimentos conceituais (in *Temas de direito processual*: nona série. São Paulo: Saraiva, 2007, p. 315-332, espec. p. 316 – grifado no original). Saliente-se que vários dos dispositivos do CPC-73 mencionados à p. 327, quanto à utilização dissonante de *cumprir* ou cognatos, subsistem, em essência, com numeração diversa, no Código em vigor.

48 *Instituições de direito processual civil*. 7ª ed. São Paulo: Malheiros, 2017. p. 293 – o destaque em "forçada" não está no original.

No mais, em apertadíssima síntese, apesar de melhorias pontuais e da tentativa de simplificação, o CPC manteve a estrutura básica já existente e não ousou em temas essenciais, indicados por especialistas. A inovação que parece ter despertado maior interesse foi a adoção do chamado princípio da atipicidade dos meios executivos com relação a qualquer ordem judicial, inclusive para tutela de prestação pecuniária, que decorre da regra geral do inciso IV do artigo 139,[49] cuja aplicação, por vezes assumindo feição sancionatória, tem gerado polêmica jurisprudencial, como se vê da ADI 5.941/DF, na qual é questionada a constitucionalidade de "medidas coercitivas, indutivas ou sub-rogatórias consistentes na apreensão de carteira nacional de habilitação e/ou suspensão do direito de dirigir, a apreensão de passaporte, a proibição de participação em concurso público e a proibição de participação em licitação pública"[50].

Considerável avanço, no entanto, ocorreu no que toca à disfunção do processo satisfativo e ao antigo processo cautelar. Com efeito: prosseguindo na evolução que se iniciou com a criação da antecipação dos efeitos da tutela (art. 273 do CPC/73, alterado pela Lei nº 8.952/94) e passou pelo reconhecimento da "fungibilidade entre medidas cautelares e antecipatórias"[51] (§ 7º do art. 273, incluído pela Lei nº 10.444/02), o CPC em vigor eliminou a ação cautelar autônoma, estabelecendo, sob a rubrica "Da Tutela Provisória" (Livro V da Parte Geral), a tutela de urgência ou evidência. Dispôs outrossim que "[a]

49 Encontram-se no Código, ademais, várias normas especiais, como, p. ex., artigos 297; 536 e § 1º; 538, § 3º.

50 Ação direta de inconstitucionalidade proposta, em 11/05/2018, pelo Partido dos Trabalhadores (PT), tendo por objeto os artigos 139, IV; 297, caput; 380, parág. único; 403, parág. único, 536, caput e § 1º; e 773 do Código de Processo Civil, e indicando como parâmetro de controle os artigos 1º, III; 5º, II, XV e LIV; 37, I e XXI; 173, § 3º; e 175, caput, da Constituição Federal. Adotado o rito abreviado previsto no art. 12 da Lei Federal 9.868/1999, pelo relator, Min. Luiz Fux, houve manifestação da PGR "pela procedência do pedido, para que se confira interpretação conforme aos arts. 39-IV, 297, 380, parágrafo único, 403, parágrafo único, 536-caput e §1º, 773 da Lei 13.105/2015, de forma que o juiz possa aplicar, subsidiariamente e de forma fundamentada, medidas atípicas de caráter estritamente patrimonial, excluídas as que importem em restrição às liberdades individuais como, por exemplo, a apreensão de carteira nacional de habilitação, passaporte, suspensão do direito de dirigir, proibição de participação em certames e licitações públicas".

51 DINAMARCO, Cândido Rangel. *Nova era do processo civil.* 4ª ed. São Paulo: Malheiros, 2013. p. 70.

tutela provisória de urgência, cautelar ou antecipada, pode ser concedida em caráter antecedente ou incidental" (art. 294 e parág. único), mas no mesmo processo em que haverá (ou poderia haver) a prestação jurisdicional *definitiva*.

A tutela de urgência *incidental* pode ser requerida no próprio processo, em qualquer fase.[52] No caso da "tutela antecipada requerida em caráter *antecedente*", uma vez concedida a tutela antecipada, o autor deverá aditar a petição inicial, com a complementação de sua argumentação, a juntada de novos documentos e a confirmação do pedido de *tutela final*, em 15 (quinze) dias ou em outro prazo maior que o juiz fixar, prosseguindo o feito no procedimento comum (artigo 303, § 1º, incisos I e II); no caso da "tutela cautelar requerida em caráter *antecedente*", efetivada a tutela cautelar, o *pedido principal* terá de ser formulado pelo autor no prazo de trinta dias, "caso em que será apresentado nos mesmos autos em que deduzido o pedido de tutela cautelar", isso se o autor já não tiver formulado o pedido principal conjuntamente com o pedido de tutela cautelar, observando-se o procedimento comum (art. 308 e §§ 1º a 4º). A fungibilidade é mantida, como se depreende do parágrafo único do art. 305.

4. A tutela jurisdicional coletiva se desenvolveu bastante, alicerçada nas lições pioneiras do Prof. Barbosa Moreira, que estabeleceu suas características elementares e talhou o exato discrímen dos interesses essencialmente coletivos, como resumido no texto em destaque, dos interesses acidentalmente coletivos,[53] base fundamental para o correto tratamento do assunto.[54]

---

52 Cf. CARNEIRO, Paulo Cezar Pinheiro. *O novo processo civil brasileiro*. Rio de Janeiro: Forense, 2019. p. 239.

53 Tutela jurisdicional dos interesses coletivos ou difusos. *In: Temas de Direito Processual*: terceira série. São Paulo: Saraiva, 1984. p. 193/221.

54 A extrema importância da iniciativa de José Carlos Barbosa Moreira para o exame da problemática da tutela dos interesses coletivos foi analisada, por um dos atualizadores, na monografia *Ações coletivas*: a tutela jurisdicional dos direitos individuais homogêneos, Rio de Janeiro: Forense, 2000, p. 49 e s., item 4.1, com indicação dos vários estudos do Mestre a respeito, desde A ação popular do direito brasileiro como instrumento de tutela jurisdicional dos chamados interesses difusos (*Temas de direito processual*: primeira série, 2ª ed., São Paulo: Saraiva, 1988, p. 110-123).

O Projeto de Lei nº 3.034/84, embora aprovado pela Comissão de Constituição e Justiça da Câmara dos Deputados em 08/11/84, foi superado pelo Projeto nº 4.984/85 da Câmara e, depois, nº 20/85 do Senado, que se converteu na Lei nº 7.347/85 (Lei da Ação Civil Pública – LACP). Em 1990, cumprindo dispositivos constitucionais (cf. arts. 5º, XXXII, e 48 do ADCT), adveio a Lei nº 8.078 (Código de Defesa do Consumidor), que promoveu várias alterações na LACP e passou a constituir, como já dissemos, em aplicação interativa com ela, um sistema processual próprio para as ações coletivas, aplicável, no que couber, a todas as ações coletivas.

O CDC, além de prever a defesa coletiva dos interesses ou direitos difusos e coletivos *stricto sensu*, que são essencialmente coletivos (incs. I e II do parág. único do art. 81), instituiu e estruturou a tutela dos interesses ou direitos *individuais homogêneos*, que se caracterizam por serem acidentalmente coletivos (inc. III e arts. 91 e s.), criando vigoroso aparato para a tutela coletiva *lato sensu*.

O Código Modelo de Processos Coletivos para Ibero-América,[55] que se inspirou na legislação brasileira, seguindo orientação que se fortalece na doutrina, cuidou exclusivamente dos interesses ou direitos difusos e dos interesses ou direitos individuais homogêneos (art. 1º, I e II),[56] englobando na definição dos primeiros o conceito dos interesses ou direitos coletivos em sentido estrito e aprimorando a definição dos segundos.

O CPC/2015, embora tenha tratado de institutos reconhecidos como pertencentes ao direito processual coletivo,[57] como o IRDR e os recursos repetitivos, com relação específica a ações coletivas se limitou a dispor que incumbe ao juiz, quando se deparar com diversas demandas individuais repetitivas, oficiar ao Ministério Público, à Defensoria Pública e, na medida do possível, a outros legitimados a que se referem o art. 5º da Lei nº 7.347/85 e o art. 82 da Lei nº 8.078/90, "para, se for o caso, promover a propositura da ação coletiva respectiva" (art. 139, X), bem como, em artigo vetado pela Presidente Dilma Rousseff, sobre

55 Aprovado na XIX Jornadas Iberoamericanas de Derecho Procesal, Caracas, Venezuela (outubro de 2004).

56 Cf. MENDES, Aluisio Gonçalves de Castro. *Ações coletivas*: meios de resolução coletiva de conflitos no direito comparado e nacional. 3ª ed. São Paulo: Revista dos Tribunais, 2012. p. 177

57 A respeito, *vide* MENDES, Aluisio Gonçalves de Castro. *Incidente de resolução de demandas repetitivas*. Rio de Janeiro: Forense, 2017. p. 4.

a "conversão da ação individual em ação coletiva" (art. 333), sem embargo, evidentemente, da atenção da doutrina ao âmbito da incidência subsidiária do CPC (art. 318, parág. único) em temas relevantes como a estabilização da tutela antecipada antecedente (art. 304).

A Constituição Federal cumpriu seu papel no que concerne ao acesso à Justiça das camadas menos favorecidas da população, seja ao determinar, como garantia fundamental, que "o Estado prestará assistência *jurídica* integral [não somente assistência *judiciária*][58] e gratuita aos que comprovarem insuficiência de recursos" (art. 5°, LXXIV), seja ao estabelecer que a Defensoria Pública é instituição permanente, essencial à função jurisdicional do Estado, incumbindo-lhe, como expressão e instrumento do regime democrático, fundamentalmente, a orientação jurídica, a promoção dos direitos humanos e a defesa, em todos os graus, judicial e extrajudicial, dos direitos individuais e coletivos, de forma integral e gratuita, aos necessitados, na forma do inciso LXXIV do art. 5º (art. 134, redação dada pela EC nº 80/14).

O CPC revogou expressamente grande parte dos dispositivos da antiga Lei nº 1.060/50 (art. 1.072, III) e melhorou o sistema, como se vê dos artigos 98 a 102 (sob a rubrica "Da Gratuidade da Justiça"), mas não aproveitou a oportunidade de encerrar por completo a matéria, permanecendo formalmente a Lei 1.060/50, todavia com duvidosa utilidade. O Código previu a presunção (relativa) de veracidade da "alegação de insuficiência deduzida *exclusivamente* por pessoa natural" (art. 99, § 3º), preservando garantia superior à da própria Constituição, que menciona, como visto, "comprovarem insuficiência de recursos",[59] entretanto apenas para pessoas naturais.

Nada obstante o avanço legislativo, ainda não se pode dizer que a assistência jurídica aos hipossuficientes esteja em nível de efetividade condizente com as exigências sociais. De fato, apenas em 2014 houve implantação da Defensoria Pública em todos os estados da federação.[60]

---

58 Cf. BARBOSA MOREIRA, José Carlos. O direito à assistência jurídica: evolução no ordenamento brasileiro de nosso tempo. In: *Temas de direito processual*: quinta série, São Paulo: Saraiva, 1994, p. 49-62, espec. p. 58 e s.

59 Sobre a compatibilidade da ampliação com a Carta de 1988, embora analisando o art. 4º da Lei 1.060, veja-se o estudo mencionado na nota anterior, p. 59 e 60.

60 No Estado do Amapá a completa institucionalização da Defensoria Pública decorreu da Lei Complementar nº 86/2014.

Há déficit de Defensores Públicos nos Estados,[61] havendo atuação em poucas unidades jurisdicionais,[62] e a Defensoria Pública da União atende tão somente a cerca de 27% das Seções e Subseções Judiciárias da Justiça Federal.[63]

5. Por fim, no terreno das relações internacionais, a aproximação entre os países latino-americanos ecoou, ainda na década de 80, na elaboração, pelo Instituto Ibero-Americano de Direito Processual, do Código Processual Civil Modelo para Ibero-América de 1988 e do Código Processual Penal Modelo para Ibero-América de 1989, seguindo-se o já mencionado Código Modelo de Processos Coletivos para Ibero-América de 2004, o Código Modelo de Cooperação Interjurisdicional para Ibero-América de 2008 e o Código Modelo de Processos Administrativos – Judicial e Extrajudicial – para Ibero-América de 2012, todos com a finalidade de servirem, ao menos, de orientação às reformas legislativas a serem promovidas nos países ibero-americanos.

A Convenção Interamericana sobre cartas rogatórias (Panamá, 30.11.1975) e o seu Protocolo Adicional (Montevidéu, 08.05.1979), foram ratificados em 1995 e promulgados pelos Decretos n°s 1.899/96 e 2.022/96, da mesma forma que a Convenção Interamericana sobre eficácia extraterritorial das sentenças e laudos arbitrais estrangeiros foi ratificada em 1995 e promulgada pelo Decerto nº 2.411/97, to-

---

61 Cf. Associação Nacional dos Defensores Públicos (ANADEP); Instituto de Pesquisa Econômica Aplicada (IPEA). *Mapa da Defensoria Pública no Brasil*. Brasília, 2013. Disponível em: <https://www.ipea.gov.br/sites/en-GB/mapadefensoria/deficitdedefensores>.

62 "No Brasil, em 2014, as Defensorias Públicas Estaduais estiveram presentes em, aproximadamente, 13% das unidades jurisdicionais". *IV Diagnóstico da Defensoria Pública no Brasil*. Brasília: Ministério da Justiça, Secretaria de Reforma do Judiciário, 2015. p. 61. Disponível em: <https://www.justica.gov.br/seus-direitos/politicas-de-justica/publicacoes/Biblioteca/ivdiagndefenspublicav9.pdf/>.

63 "[A] DPU ainda está aquém do ideal. São 80 seções e subseções com cobertura da DPU frente a 218 sem cobertura" e tendo por "população alvo até dois salários mínimos" (Assistência jurídica integral e gratuita no Brasil: um panorama da atuação da Defensoria Pública da União. 4ª ed. Brasília: DPU, 2020. p. 65. Disponível em: <https://www.dpu.def.br/images/stories/arquivos/PDF/Panorama_atuacao_DPU.pdf>.

dos, como se vê, com acentuada tardança. Desde a data do estudo em destaque (fevereiro de 1985), contudo, vários tratados, convenções e acordos internacionais, inclusive em matéria de cooperação internacional, em grande parte em matéria penal, foram celebrados, e seria excessivo enumerá-los aqui. Frise-se, porém, que normalmente é apontada como mais importante a Convenção Americana sobre Direitos Humanos (Pacto de São José da Costa Rica), promulgada pelo Decreto nº 678, de 6.11.92, que contém algumas garantias processuais (art. 8º).[64]

A *cooperação internacional*, aliás, mereceu todo um capítulo (II do Título II do Livro II da Parte Geral) do Código de Processo Civil, dispondo, em suma, que a cooperação jurídica internacional será regida por tratado de que o Brasil faz parte (art. 26) ou, na ausência de tratado, com base em reciprocidade, manifestada por via diplomática (§ 1º).[65] O art. 27 descreve o que a cooperação jurídica internacional pode ter por objeto: "I - citação, intimação e notificação judicial e extrajudicial; II - colheita de provas e obtenção de informações; III - homologação e cumprimento de decisão; IV - concessão de medida judicial de urgência; V - assistência jurídica internacional; VI - qualquer outra medida judicial ou extrajudicial não proibida pela lei brasileira." Trata-se, como deixa claro o inciso VI, de rol exemplificativo. Depois, o Código cuida do auxílio direto (arts. 28 a 34) e da carta rogatória (art. 36), além das disposições comuns às três seções anteriores (arts. 37 a 41).

---

64 Cf. ASSIS, Araken de. *Processo civil brasileiro*. 2ª ed. São Paulo: Revista dos Tribunais, 2016. v. I, p. 211; e DINAMARCO, Cândido Rangel. *Instituições de direito processual civil*. 8ª ed. São Paulo: Malheiros, 2016. v. I, p. 142.

65 Ressalte-se que escapou no inciso II do art. 26 menção a "assistência judiciária", que deve naturalmente ser compreendida como assistência jurídica.

SOBRE A MULTIPLICIDADE DE PERSPECTIVAS NO ESTUDO DO PROCESSO[1]

1. O processo foi durante largo tempo (e em boa medida continua a ser) estudado em perspectiva predominantemente, senão exclusivamente, técnico-jurídica. Era um fenômeno inevitável. Para começar, tendo alcançado – em época relativamente recente – a maioridade científica, o direito processual não podia deixar de encarar como tarefa prioritária a construção de edifício dogmático próprio, sobre fundamentos sólidos. Sua maturação, ademais, coincidiu historicamente, em grande parte, com o período de florescimento e dominação do positivismo jurídico, e seria de surpreender que os processualistas, ainda os mais distantes, no plano filosófico, dos postulados positivistas, permanecessem imunes à pressão de uma voga que lhes solicitava a atenção, antes e acima de tudo, para a análise da rede normativa e para a extração de conclusões sistemáticas – operações a serem efetuadas, naturalmente, com o instrumental clássico do conceptualismo.

Importa acrescentar que, vistas as coisas por certo ângulo, as exigências de ordem técnica parecem mais conaturais ao processo que à maioria das outras manifestações da vida do direito. Trata-se, com efeito, de atividade realizada, por assim dizer, *intra muros*, em grande parte a cargo de pessoas nas quais se presumem conhecimentos especializados, e sob a aparência de um ritual capaz de atingir níveis extremos de requinte. O homem comum normalmente se casa, abre contas bancárias, contrai empréstimos, aluga ou compra um imóvel para instalar a família, paga impostos ou tarifas de serviços públicos, sem sentir, a não ser em momentos ou sob circunstâncias muito particulares, a necessidade imperiosa de adquirir previamente tal ou qual habilitação técnica para a prática desses atos jurídicos; participar de um processo, todavia, aparece quase sempre aos seus olhos como empreendimento a que só os "iniciados" podem atrever-se de coração leve.

---

1 Trabalho destinado ao volume do Anuário do Instituto de Direito Comparado da Faculdade de Direito da Universidade de Carabobo (Venezuela), comemorativo do 50º aniversário da morte de CHIOVENDA, e publicado na *Revista Brasileira de Direito Processual*, v. 56, na *Revista de Direito da Defensoria Pública*, v. 1, na *Revista de Direito do Tribunal de Justiça do Estado do Rio de Janeiro*, v. 3, e na *Revista de Processo*, v. 49.

2. A fervorosa aplicação com que a doutrina processual, a partir da segunda metade do século passado, se lançou à tarefa de elaboração dogmática – a princípio, sobretudo na Alemanha, depois também na Itália e, mais recentemente, na generalidade dos países de tradição romano-germânica – produziu resultados de manifesta imponência. Esse ramo da ciência jurídica viu-se dotado de uma estrutura conceptual e sistemática de modo nenhum inferior, em coesão lógica e refinamento, a outras que contavam, por trás de si, com o trabalho acumulado e ininterrupto de séculos.

Semelhante realização teve, em si mesma, valor indiscutível. Na verdade, o processo é e será sempre, de certo ponto de vista, um mecanismo técnico, que só em termos técnicos pode ser explicado. Não há meios, senão os técnicos, de identificar e distinguir com precisão as inúmeras peças que o compõem e de descrever o modo pelo qual se movimentam. Determinado grau de apuro técnico é imprescindível à criação de uma linguagem comum, cujo emprego permita aos estudiosos o entendimento recíproco e a transmissão de experiências, sem a qual não se concebe progresso em setor algum do conhecimento humano. Uma técnica esmerada constitui, em regra, penhor de segurança na condução de qualquer pesquisa científica, e não há supor que o direito processual faça aqui exceção. A necessidade de dominá-la geralmente desencoraja, com mais vigor que alhures, aventureiros despreparados e diletantes frívolos, de cujas incursões têm sido vítimas frequentes, com lamentáveis resultados, outras áreas do universo jurídico.

Nenhum cultor sério do direito processual pode ignorar essas realidades. Nenhum deve menoscabar o instrumento que serviu à edificação da nossa ciência, nem o labor dos que, manejando-o com engenho e arte, nos legaram obra de tão majestosas proporções. Nenhum, a rigor, está sequer autorizado a desinteressar-se *ad futurum* da sorte da técnica: primeiro, porque, conforme revela, infelizmente, a observação do dia a dia forense, mesmo algumas de suas mais elementares imposições parecem não haver sido ainda assimiladas por todos aqueles que, em razão do ofício – juízes, advogados, membro do Ministério Público –, dela se supõe que hajam de fazer uso constante; além disso, porque não existe construção científica que se possa dizer definitivamente concluída, e na do processo há decerto lugar para boa quantidade de retoques e acabamentos, quando não de reformas substanciais ou de restaurações mais ou menos extensas.

3. Dito isso, faz-se mister acrescentar que a realidade do processo – como a de qualquer outro instituto jurídico – está longe de deixar-se apreender de maneira exaustiva por mirada puramente técnica[2]. Antes de mais nada, é incompleto o próprio retrato que esta nos pode fornecer do aparelho processual e de seu movimento. O técnico do direito, ao descrever o processo, vale-se essencialmente de normas, legais *(lato sensu)* ou costumeiras que sejam; ajunta a esses os dados que lhe ministra a jurisprudência sobre questões controvertidas ou controvertíveis; e confronta seus raciocínios e conclusões com os de outros técnicos do direito que se hajam dedicado a igual empresa. Na prática dos juízos, porém, viceja toda uma congérie de praxes, de rotinas burocráticas, de modos de agir, que, sem chegarem a caracterizar-se como manifestações de direito consuetudinário, se insinuam nos interstícios do ordenamento "oficial", complementando-o – ou, às vezes, deformando-o. Muitos deles expressam inclinações pessoais dos sujeitos do processo, notadamente dos juízes, a quem incumbe a respectiva direção, mas também de outros agentes, como certos auxiliares do juízo, cujo papel, mais modesto na aparência, não exclui, olhadas as coisas de perto, o exercício de uma influência nada desprezível. Essas orientações "informais", porque as mais das vezes aceitas sem objeção, não costumam tornar-se objeto de controle específico por parte dos tribunais superiores, e debalde se folhearão os repertórios de jurisprudência no afã de encontrar pronunciamentos que lhes digam respeito. Nem por isso é menor a sua importância: elas imprimem, em alguns casos, marcas muito fortes na fisionomia do pleito. Não há dois órgãos judiciais que processem de modo rigorosamente idêntico, em todos os pormenores, ainda as causas cujas características guardem entre si a mais perfeita analogia, e por maior que seja o empenho dos juízes em observar estrita fidelidade à disciplina legal aplicável. Semelhantes fenômenos escapam, geralmente, à cogitação dos juristas técnicos, que deles nem sempre se advertem, ou preferem desprezá-los, talvez pela resistência que eles opõem aos métodos usuais de sistematização.

Há, em seguida, as disfunções do mecanismo processual. No quotidiano forense, nem sempre as coisas se passam como quer o ordenamento; ou, melhor dizendo, quase nunca se passam com aderência

---

2 À tomada de consciência dessa realidade traz importante contribuição, na recente doutrina pátria, CÂNDIDO DINAMARCO, *A instrumentalidade do processo*, São Paulo, 1987, *passim*.

absoluta ao modelo por ele traçado. O art. 281 do Código de Processo Civil brasileiro determina que, no procedimento sumaríssimo, "todos os atos, desde a propositura da ação até a sentença", se realizem dentro de 90 dias. Mesmo na falta de estatísticas oficiais, não há quem ignore que o prazo só e respeitado numa percentagem ínfima de casos – e talvez essa afirmação ainda peque por excesso de otimismo... A técnica, sozinha, não informa o jurista de tais desvios; e, ainda quando, por notórios, eles se imponham à sua percepção, não lhe é dado, com os métodos próprios da hermenêutica e da dogmática, descobrir-lhes as causas nem atinar com os remédios hábeis para corrigi-los.

Em perspectiva *de lege ferenda,* a técnica sem dúvida tem sua relevância, na medida em que é capaz de revelar no ordenamento vigente a existência de lacunas, de obscuridades, de repetições ou contradições, de dispositivos mal situados ou mal estruturados – enfim, de toda uma série de defeitos que dificultam ou impedem a aplicação profícua das normas –, e bem assim de sugerir formulações mais corretas e mais claras. Não é préstimo de pouca monta; mas está longe de ser tudo. A ambição das reformas legislativas ultrapassa, com frequência, o plano em que se inscrevem melhoramentos do tipo indicado: muitas vezes o que se quer é introduzir modificações substanciais, alterar radicalmente a disciplina desta ou daquela matéria. Uma exigência de racionalidade ordena aqui que não nos demos por satisfeitos, ao contrário do que tem acontecido em tantas hipóteses, com meras "impressões" sobre os motivos por que o regime em vigor não satisfaz, ou sobre as probabilidades de que um ou outro dos que se contemplam como alternativas venha a substituí-lo com proveito. Para isso necessitaremos com certeza de mais dados que os que nos pode ministrar a técnica jurídica: será imperioso, *v.g.,* consultar estatísticas, cotejar vantagens e inconvenientes do ponto de vista econômico, e assim por diante. Os procedimentos dogmáticos, aí, não nos ajudam muito.

4. Outras considerações igualmente óbvias concorrem para a percepção de que o fenômeno processual não se deixa apreender em toda a sua envergadura por uma análise empreendida com o clássico instrumental da técnica jurídica. Antes de mais nada, o processo reclama, para tornar-se possível, uma estrutura orgânica. Não se concebe a atividade processual sem um contingente de pessoas – não somente de juízes, note-se bem: tão necessários quanto estes são os funcionários *(lato sensu)* que respondem pela movimentação da máquina judiciária; e isso dá lugar a toda uma problemática específica, atinente, entre outros tópicos, à maneira de recrutar semelhantes colaboradores, à divisão do trabalho entre eles, à sua distribuição nos planos horizontal e vertical, ao regime disciplinar a que ficam sujeitos...

Boa parte das questões que se põem nessa perspectiva situa-se no âmbito da chamada "organização judiciária", cuja relevância, do ponto de vista processual, seria ocioso salientar. Na verdade, contudo, o problema ultrapassa as fronteiras desse território e nutre-se de dados concernentes às características estruturais e funcionais de organismos que, sem pertencerem à "Justiça", colaboram, deste ou daquele modo, no exercício das funções a ela inerentes: é o caso, entre outros, do Ministério Público, do corpo de advogados, de entidades como a imprensa, a polícia, os correios, as bolsas de valores, para não falar da Administração Pública em geral. Quem quer que perlustre ao acaso o texto do Código de Processo Civil de imediato se adverte da imensa quantidade de normas cujos pressupostos de incidência consistem, total ou parcialmente, em fatos ocorridos nessas diversas áreas. Para ficarmos em alguns exemplos: a existência ou inexistência, na comarca, de "representante judicial de incapazes ou de ausentes" determina o modo de nomeação do "curador especial" (art. 9º, parágrafo único); a supressão de órgão judiciário acarreta modificação da competência (art. 87); a transferência, a promoção ou a aposentadoria do juiz podem excluir a aplicação do princípio da identidade física (art. 132, 1ª parte); a incompetência do oficial público que lavrou o instrumento influi no valor probatório deste (art. 367); a inscrição do corretor de imóveis na entidade oficial da classe é pré-requisito indispensável para que se lhe possa atribuir a intermediação na alienação do imóvel penhorado (art. 700, *caput,* 1ª parte).

Mas, além das pessoas, o fenômeno processual forçosamente exige um receptáculo físico: espaços onde possam instalar-se os órgãos da jurisdição e seus serviços auxiliares (permanentes ou eventuais), com os aparelhamentos de que precisam para funcionar. O movimento do processo, com efeito, pressupõe a existência de coisas como livros de carga de autos (art. 40, § 1º), máquinas de escrever ou tinta "escura e indelével" (art. 169, *caput,* 1ª parte), telegramas, radiogramas ou telefones (art. 205), cartas registradas (art. 223, §§ 2º e 3º), jornais (arts. 232, n. III, 687, 779), salas de audiência suscetíveis de ser fechadas (art. 444), estabelecimentos de crédito (art. 666, n. 1), prisões (arts. 733, § 1º, 904, parágrafo único) – para deixar de lado exemplos tão triviais quanto papéis, cadeiras, mesas; carimbos, relógios e calendários. A lei chega até, por vezes, a requintes dificilmente harmonizáveis com as condições reais da sociedade a que se destina: o art. 686, § 2º, *v.g.*, parece assentar na premissa, bastante discutível, de que em todas as sedes de juízos, no Brasil, se dispõe de um "edifício do fórum" dotado de "átrio"...

Seja como for, o que importa aqui ressaltar é que pessoas e coisas necessárias ao funcionamento da máquina judiciária têm naturalmente de ser administradas; e – inútil acrescentar – a maior ou menor eficiência com que o sejam repercute por força no andamento do processo: basta pensar nas consequências que, em matéria de prazos, gera a demora na publicação de despachos e decisões pelo órgão oficial. O cuidado com o processo implica, pois, necessariamente, o empenho na adoção de métodos administrativos adequados, capazes de assegurar, na medida do possível, a disponibilidade dos recursos humanos e materiais no lugar e no tempo em que haja mister de utilizá-los. Em outras palavras: o processo não pode prescindir dos subsídios da ciência da administração.

5. Não há processo, ademais, sem movimento de dinheiro. A manutenção do aparelho judiciário demanda o emprego de recursos financeiros vultosos. Têm de ser remuneradas as pessoas que o fazem funcionar – ao menos as que disso se ocupam em caráter profissional. Gastos são também imprescindíveis para a aquisição, a conservação e a renovação das coisas que no processo se usam, desde os prédios destinados à instalação dos órgãos judiciais até as folhas de papel em que se escreverão sentenças, ofícios, pautas de julgamento, mandados de citação e termos de audiência. Quando se fala em «justiça gratuita», pura e simplesmente se alude a um regime em que o custeio de tudo isso é suportado pelo Estado – e, portanto, em última análise, pela coletividade dos contribuintes –, em vez de o ser apenas pelos usuários dos serviços da Justiça, em cada caso concreto. *Gratuidade,* no sentido mais exato da palavra, não existe, nem pode existir, em lugar algum. Por outro lado, costumam encontrar-se nas leis disposições que atribuem efeitos processuais a fatos ou situações de relevância primariamente econômica, qual o valor de determinados bens – e, eventualmente, sua variação *(v.g.,* arts. 259, 683, n. II, 684, n. II e III, 685, n. I e II, 748) –, ou remetem a índices econômicos, como o salário mínimo legal *(v.g.,* arts. 161, 196, 233, 275, n. I, 401, 424, parágrafo único, 433, parágrafo único). As vicissitudes da economia refletem-se diretamente, assim, na vida do processo.

Há ainda as normas que impõem o dispêndio de certas quantias, a título de ônus, como o da antecipação das despesas processuais *(art. 19)* ou de dever, como o de reembolso, pela parte vencida, das custas e dos honorários advocatícios à vencedora (art. 20, *caput*). Inclui-se no segundo caso bom número de regras que estabelecem sanções pecuniárias para comportamentos processuais ilícitos (ex.: arts. 30, 538, parágrafo único, 695, *caput*, etc.). Acontecimentos do processo convertem-se destarte, por sua vez, em fatos econômicos.

Nada é preciso ajuntar para pôr em relevo a importância dos adminículos da economia para o perfeito dimensionamento do fenômeno processual. Ela é, aliás, de intuição imediata para quem quer que tenha em mente a necessidade de submeter o serviço da Justiça a avaliações do tipo "custo-benefício", como pressuposto da identificação de providências tendentes a racionalizar-lhe a prestação.

6. Ponto digno de atenção especial é que, realizando-se no âmbito de determinada sociedade, o processo forçosamente se insere no respectivo contexto e representa, afinal de contas, um dos múltiplos episódios em que se lhe manifesta a dinâmica. A mirada do jurista recorta e isola cada uma das variadas cenas, à maneira de fotogramas, e com o auxílio de filtros técnicos lhes reduz o cromatismo às tonalidades jurídicas; as outras cores, que a técnica do direito encobre, nem por isso desaparecem na realidade.

Assim é que, se se esgota o prazo da defesa sem que venha aos autos a contestação do réu, o olho jurídico vê nisso um fenômeno a que chama revelia e ao qual atribui certos efeitos previstos na lei (Código de Processo Civil, arts. 319, 322, 330, n. II). Não lhe interessam outros aspectos do fato, que todavia existem. Quem é esse réu que perdeu o prazo? Foi voluntária a omissão? Se não foi, que lhe terá dado causa: imperfeita compreensão do chamamento a juízo? Problema de saúde? Dificuldade em conseguir os serviços de um advogado? Impossibilidade material de remunerá-los conforme o solicitado? Desconhecimento da existência de órgão apto a prestá-los gratuitamente? Atuação ineficiente de tal órgão, ou do advogado constituído – ou, ainda, de algum funcionário a quem a contestação foi entregue e que deixou de encaminhá-la ou de juntá-la aos autos? Veja-se que amplo leque de indagações se abre a partir daquele acontecimento de aparente (mas enganosa) singeleza. Uma infinidade de aspectos da vida social pode ser questionada com fundamento nele. Entrariam aí, a rigor, temas como o do nível de instrução do povo, o da abundância ou escassez de recursos financeiros, o da disponibilidade de serviços, o da formação profissional, o das condições de trabalho nos órgãos judiciais, e assim por diante.

Suponhamos que se proceda ao confronto de um número ponderável de hipóteses de revelia, comparando, item por item, as características de que eles se revestem. Poderemos aprender que tipo de litigante costuma ficar revel, quais as causas mais comuns do fenômeno, em que categoria(s) de processos ele ocorre com maior frequência... Se ampliarmos um pouco o objeto da pesquisa, chegaremos a determinar o percentual de incidência da revelia na massa geral dos feitos judiciais e em cada um dos setores em que ela comporta divisão, segundo os diferentes critérios eventualmente de interesse: *v.g.*, o procedimento, a matéria litigiosa, o valor da causa, a condição socioeconômica do réu, a forma por que haja ele sido citado etc. É claro que a posse de tais elementos nos permitirá formar imagem bem mais clara e completa do fenômeno e nos ministrará bases bem mais sólidas para avaliar a respectiva disciplina - pressuposto necessário de qualquer juízo seguro sobre se convém modificá-la (e, no caso afirmativo, em que sentido). Mas é igualmente claro que a aquisição de semelhantes dados reclama o uso de instrumentos e métodos de investigação muito distintos daqueles que nos proporciona a técnica jurídica. Impossível ter acesso a eles sem as achegas da sociologia[3].

7. Há mais. O processo é o canal por que se exerce a jurisdição; esta, por sua vez, inclui-se entre as manifestações essenciais do poder estatal. Não pode o processo, por conseguinte, deixar de constituir fenômeno politicamente relevante[4]. As decisões dos juízes são decisões de órgãos do Estado, como as dos legisladores e as dos administradores: concor-

---

3 É abundante, em alguns países, a literatura sociológica atinente a temas relacionados, direta ou indiretamente, com o processo. Veja-se, por exemplo, em GILLES, Der Beitrag der Sozialwissenschaften zur Reform des Prozessrechts, *in Effektivität des Rechtsschutzes und verfassungsmässige Ordnung (Die deutschen Landesberichte zum VII. Internationalen Kongress für Prozessrecht)*, Würzburg, 1983, p. 118 e s., a impressionante enumeração das principais obras do gênero publicadas, nos últimos anos, na República Federal da Alemanha.

4 Dá grande ênfase a tal aspecto CÂNDIDO DINAMARCO, ob. cit., p. 104 e s., especialmente 113 e s.

rem com umas e outras para a definição dos rumos da sociedade politicamente organizada. A diferenciação entre essas categorias nasceu, firmou-se e desenvolveu-se menos como sinal de diversidade ontológica do que como opção de conveniência – inspirada provavelmente, de início, em considerações de ordem prática relacionadas com a necessidade da divisão do trabalho, que a crescente complexidade social gerava, e depois também, nas sociedades que se afastaram do absolutismo, em certa prevenção contra a excessiva concentração do poder, aliada à crença na eficácia de mecanismos de controle recíproco dos órgãos (impropriamente ditos "poderes") do Estado.

De qualquer modo, já se vai recolhendo ao museu dos mitos a ideia da "neutralidade política" do Judiciário, sem que isso signifique por força render tributo às concepções radicais que enxergam na Justiça mero instrumento de dominação de uma sobre outra classe. Nem é sempre unívoco e transparente, aliás, o nexo entre a ideologia oficial e a fisionomia das instituições judiciárias, ou – *a fortiori* – o modo de ser do processo: nesse terreno, como em tantos outros, as ações e reações que traçam o curso da História são muito mais complexas – quase dizíamos misteriosas – do que supõem os monismos de qualquer colorido. A *Zivilprozessordnung* de 1877 – é certo que com várias modificações, algumas das quais importantes – atravessou o período imperial, o da República de Weimar e o "Terceiro *Reich*", e continua a viger sob a República de Bonn, tendo até 1975 vigorado também na Alemanha Oriental; conviveu, pois, com regimes autoritários de tendências opostas e com a democracia liberal (ou, se quiserem, social). O *Codice di procedura civile* italiano de 1942 não constituiu, ao contrário do que às vezes se tem dito, um produto típico do fascismo[5]. No Brasil, leis processuais de feição nitidamente progressista – como a da ação popular (Lei n. 4.717, de 29-6-1965) e a da ação civil pública (Lei n. 7.347, de 24-7-1985) – foram editadas ou preparadas sob governos militares de direita.

Feita essa ressalva, no entanto, permanece indubitável o fato da íntima vinculação entre processo e poder político. A bem dizer, ela adquire relevo particular em época como a nossa, na qual o juiz se vê chamado, com frequência cada vez maior, a "suprir", em sua atividade, omissões

5 Cf. TARUFFO, *La giustizia civile in Italia dal'700 a oggi*, Bolonha. 1980, p. 255, 286-8.

do legislador e do administrador[6], bem como a resolver problemas que, por suas dimensões supraindividuais e seu impacto "de massa", interessam a vastos setores da população, e cuja solução, em alguns casos, pode influenciar de maneira significativa o próprio destino da comunidade nacional. É quanto basta para demonstrar que a visão mais aprofundada do mecanismo judicial e de seu funcionamento implica necessariamente a contemplação de tais realidades à luz da ciência política.

8. A esta altura, o leitor decerto se estará perguntando se todo processualista, para o ser plenamente, além de dominar a técnica jurídica e de acompanhar, com atenção infatigável, o que se passa no dia a dia dos juízos, tem de ser também um experto em ciência da administração, em economia, em sociologia, em ciência política e em quantos ramos do conhecimento humano porventura se refiram a aspectos do fenômeno processual, ainda que não mencionados nas páginas anteriores – alguns deles, como a psicologia judiciária, de intuitiva relevância para a compreensão de boa parte do que acontece ao longo de um processo.

Não há quem não perceba que essa seria, ao menos para o comum dos mortais, uma exigência praticamente impossível de cumprir. Já é difícil, para o processualista, manter-se bem informado da evolução de sua ciência, no país e no mundo, e refletir sobre os muitos problemas que nesse âmbito não cessam de desafiá-lo. Nem seria desejável que o processualista se abalançasse, sem mais aquela, à exploração de territórios tão diversificados. Primeiro, porque teria seguramente de reduzir o tempo e os esforços dedicados ao cultivo de sua própria especialidade; e não é nada provável que semelhante desfalque viesse a ser compensado por qualquer contribuição de economistas, sociólogos ou cientistas políticos... Além disso, é temerário, sem adequada preparação, aventurar-se no domínio de ciências cujo aprendizado normalmente não integra, senão em diminuta medida, a formação cultural do processualista. Quem disponha da qualificação indispensável pode e deve, é claro, exercitá-la, e certamente colherá ótimos frutos; quem não a tenha mostrará prudência se se guardar de improvisações amadorísticas, sempre perigosas[7].

---

6 *Vide* ao propósito, entre outros, DENTI, Crisi della giustizia e crisi della società, *in Riv. di dir. proc.*, v. XXXVIII (1983), p. 585 e s., especialmente 592 e s.

7 Com razão adverte ROTH, Beitrag der Rechtssoziologie zur Reform des Prozessrechts (relatório geral para o VII Congresso Internacional de Direito Processual), no volume *Effektiver Rechtsschutz und verfassungsmässige Ordnung*, ed. por HABSCHEID, Würzburg, 1983, p. 237, contra o *"sozialwissenschaftliche Dilettantismus"*.

Concluir-se-á que ao processualista menos bem equipado para incursões noutras áreas não resta senão encerrar-se na cápsula da técnica e dar de ombros para o que quer que suceda no mundo exterior? Nada mais contrário ao pensamento do autor destas linhas. Não há exigir do processualista que faça, com igual desenvoltura, as vezes do sociólogo, do economista, do cientista político etc. Exige-se dele, porém, antes de tudo, humildade intelectual suficiente para aceitar o fato de que a sua visão de técnico não penetra a inteira realidade do universo processual, e de que a sua palavra de técnico não é a única, nem a última, que merece ser ouvida a respeito dos assuntos da Justiça. Dele se exige, ainda, que mantenha a cada instante uma atitude de disponibilidade mental, capaz de fazê-lo receptivo a "propostas" oriundas de outros quadrantes científicos.

No mundo de hoje existe pouco espaço para o florescimento de individualidades "enciclopédicas"; muitíssimo, todavia, para a colaboração entre cultores de diferentes especialidades. Tem o sabor do óbvio a afirmação de que numerosos problemas só se podem equacionar e analisar de forma adequada mediante pesquisas e projetos interdisciplinares. Os atinentes à Justiça, sem sombra de dúvida, incluem-se nesse rol[8]. Tomar consciência da multiplicidade de perspectivas possíveis no estudo do processo é despertar para a necessidade da conjugação de conhecimentos que até hoje, lamentavelmente, em regra se têm conservado a cerimoniosa distância uns dos outros. Os processualistas, mais talvez do que outros juristas, somos às vezes olhados como excêntricos que se comprazem no culto do hermetismo e num alheamento olímpico a tudo que se passe fora da clássica "torre de marfim". Alguma verdade, turvada por manifesto exagero, haverá no fundo de semelhantes críticas. Bem andaremos se nos dispusermos a encará-la – e a tirar daí as lições cabíveis.

Julho de 1987.

8 Para ilustrar a afirmação, mencione-se o grande projeto florentino de que resultaram seis belos volumes editados por CAPPELLETTI, sob o título *Access to Justice*, Milão-Alphenaandenrijn, 1978-1979.

COMENTÁRIOS DOS ATUALIZADORES

SOBRE A MULTIPLICIDADE DE PERSPECTIVAS NO ESTUDO DO PROCESSO

Luiz Paulo da Silva Araújo Filho / Guilherme Jales Sokal

O artigo em referência não admite atualização, porquanto encerra ideias essenciais, embora por vezes deslembradas, à adequada percepção de algumas perspectivas que devem ser consideradas para o profícuo estudo do processo e do mecanismo processual. Trata-se de lição atemporal que deve ser lida e relida para preservar a conveniente compreensão do tema.

DIMENSIONES SOCIALES DEL PROCESO CIVIL[1]

1. Todo fenómeno jurídico, aún antes de serlo, es un fenómeno social. El proceso no constituye una excepción. Sea cual fuere el fin (o los fines) que uno prefiera atribuirle, será siempre posible discernir en el proceso un complejo de actividades realizadas por órganos estatales y por particulares con miras a una situación intersubjetiva que debe someterse a una regulación, imponible, en principio, por la fuerza de la autoridad pública, y necesaria en vista de la imposibilidad – de hecho o de derecho –, en que se hallan los directamente interesados, de resolver el conflicto que los opone o de alcanzar por sí mismos el resultado común a que aspiran.

El proceso aparece, por consiguiente, en primer término, como un lugar de encuentro entre personas: juez, partes, abogados, terceros que acaso intervengan, testigos, peritos, alguaciles y otros funcionarias, eventualmente postares en la subasta, en suma una cantidad de personajes que asumen, unos frente a los otros, las más distintas posiciones, que actúan y reaccionan bajo el estímulo de variadísimos móviles, que traen – y no pueden dejar de traer – para la escena forense un substrato individual de inclinaciones y disposiciones, de creencias y perjuicios, de potencialidades y limitaciones, susceptibles de influir enérgicamente en el ejercicio de los derechos y facultades, y en el cumplimiento de los deberes y cargas que la ley procesal les otorga a cada uno de ellos. Estas conductas están condicionadas, además, por una larga serie de circunstancias objetivas, relacionadas con la situación económica y política, con las peculiaridades del momento histórico y del ambiente geográfico en que se entabla y se desarrolla el pleito.

De otro lado, es menester considerar que los personajes del proceso no actúan en un palco escénico vacío: precisan, por supuesto, una infraestructura, un punto de apoyo, un receptáculo, una base física, donde se contengan los elementos indispensables a la realización material de los actos procesales. De ahí, probablemente, la necesidad de otras personas, de colaboradores tan invisibles y tan valiosos como aquellos

---

1 Texto de conferência pronunciada em 19-8-1986, no *Colégio de Abogados* do Panamá. Publicado na *Revista de Processo*, v. 45, na *Revista Uruguaya de Derecho Procesal*, n. 4/86, em *El Derecho* (Buenos Aires), t. 120, n. 6.621, e na *Revista del Instituto Colombiano de Derecho Procesal*, n. 6 (1987).

anónimos que, desde los bastidores, controlan la iluminación, producen los ruidos, alzan y bajan el telón, se encargan, en fin de cuentas, de todas esas providencias sin las cuales no se pondría en marcha el espectáculo. Personas, sin duda; pero tambien espacios y, en éstos, cosas, objetos materiales – mesas, sillas, papeles, máquinas de escribir, relojes, campanillas, copiadoras, quizás (en una hipótesis optimista) grabadoras, cintas magnetofónicas, televisores, *videocassettes*, computadores y todo el acervo que la tecnología nos brinda en progresión vertiginosa. Personas y cosas que necesitan estar organizadas, dispuestas en un orden determinado, listas para prestar los servicios que se requieran en el momento adecuado – en una palabra, que necesitan una buena administración.

2. Estas nociones elementales son suficientes para evidenciar que el análisis del proceso comporta diversas perspectivas además de la estrictamente jurídica. Las varias ciencias sociales tienen algo que decir al respecto. El proceso interesa a la economía, a la ciencia de la administración, a la ciencia de la comunicación, a la psicología social, y así en adelante; pero interesa sobre todo a la sociología. Algunos países han asistido en estas últimas décadas a un exhuberante florecimiento de estudios sociológicos sobre temas directamente vinculados al mecanismo procesal. Ya se puede hablar de una sociología de la Justicia, de una sociología del procedimiento, de una sociología de las profesiones jurídicas, de una sociología de los conflictos y de los medios (judiciales y extrajudiciales) de resolverlos. Problemas como el del acceso a la Justicia, de la sobrecarga de los órganos judiciales, de los métodos de trabajo utilizados en los juzgados y tribunales, de la duración de los pleitos y otros igualmente importantes vienen constituyendo el objeto de investigaciones llevadas a cabo, desde el punto de vista sociológico, con rigor metódico y probidad científica[2].

Claro está que, en esa materia, la situación cambia notablemente de un lugar al otro. El desarrollo de ciertos estudios depende mucho, por ejemplo, de que se disponga de datos numricos exactos; péro no

2 V., por ejemplo, en GILLES, Der Beitrag der Sozialwissenschaften zur Reform des Prozessrechts, *in Effektivität des Rechtsschutzes und verfassungsmässige Ordnung (Die deutschen Landesberichte zum VII Intemationalen Kongress für Prozessrecht in Würzburg* 1983), p. 118 y s., la impresionante enumeración de las principales obras de este género publicadas, en los últimos anos, en la República Federal de Alemania.

todos los países han despertado para la importancia de las estadísticas judiciarias: si existen, a veces no se sabe que existen, o que grado de confianza merecen.

De otra parte, incluso allí donde la pesquisa sociológica ha producido ya buenos frutos, el mundo jurídico no demuestra mucha avidez en degustarlos, y menos aún en fertilizar con su jugo el terreno que labra. Los procesalistas mantenemos casi siempre una distancia sospechosa frente a las propuestas sociológicas[3]. Quizás temamos que un aporte extrajurídico ponga en jaque la pureza técnica de nuestra labor dogmática. El resultado es el empobrecimiento de nuestra propia ciencia. Nos daremos cuenta de ello no solo en el momento de reformar la ley procesal, sino aún antes, cuando nos falten los instrumentos adecuados para fundar en las características generales de la vida en sociedad, o en las peculiaridades de alguno de sus aspectos particulares, la simple interpretación de una norma procesal o la sugerencia de aplicarla por analogía a hipótesis no previstas por el legislador.

En materia de reformas legislativas, debería ser obvia para todos la conveniencia, por no decir la necesidad, de buscar en el empleo de métodos sociológicos la base racional de opciones de política jurídica. Supóngase, por ejemplo, que se esté proponiendo una radical abreviación del procedimiento en el caso de rebeldía, con presunción de veracidad para las alegaciones de hecho del actor y consecuente supresión de providencias probatorias. La adopción de tal sistemática, que favorece la rápida terminación del proceso, puede prestar un buen servicio a la justicia en tanto y en cuanto la abstención del demandado refleje la inexistencia de razones serias para impugnar la pretensión del actor; de otro lado, sin embargo, puede también castigar de manera inicua el demandado que no se defienda a raiz de dificultades económicas o de la insuficiente comprensión de su llamamiento a juicio. Tal vez no sea fácil decidir si la reforma vale la pena; empero es indudable que el conocimiento de la empírica realidad forense puede ayudar mucho a resol-

3 En su ponencia general sobre el tema "Contribución de la sociologia para la reforma del derecho procesal", para el VII Congreso Internacional de Derecho Procesal (Würzburg, 1983), ROTH puso de resalto que la relación entre las ciencias sociales y la ciencia del derecho procesal se caracteriza a menudo por un "miedo del contacto" *(Berührungsangst):* v. el volúmen *Effektiver Rechtsschutz und verfassungsmässige Ordnung (Die Generalberichte zum VII. Internationalen Kongress für Prozessrecht),* Bielefeld, 1983, p. 222.

ver el dilema. ¿ Cuál es el porcentaje de incidencia de la rebeldia? ¿ Qué clases de demandados suelen dejar de defenderse? ¿ Qué motivos determinan la abstención? Si disponemos de respuestas exactas para esas y otras preguntas, nuestra decisión será por supuesto más tranquila y capaz de una justificación convincente. Su poder de persuasión se mostrará mucho menor, en contrapartida, si nos dejamos guiar por meras "impresiones" sin apoyo en datas concretos.

Demás está decir que una mayor "apertura" a la posible contribución de las ciencias sociales en general y de la sociología en particular no significa, ni debe significar, para el procesalista, renuncia a la especialidad de su tarea propia, ni estímulo a diletantismos peligrosos en territorios para cuya exploración no le suministra instrumentos adecuados su formación cultural[4]. No se trata de convertir el procesalista en un sociólogo amador. Una cosa es la colaboración, otra muy distinta es la confusión. Pero las razones científicas que tenemos para evitar la confusión no son más numerosas ni mejores que las que tenemos para fomentar la colaboración.

3. La fecundación de lo jurídico por lo social, en el proceso, no se agota en pautas puramente científicas. No basta con reconocer que el fenómeno procesal, como fenómeno social que es, necesariamente depende de la sociedad en que se inserta y no puede ser bien comprendido sin la visión clara de los lazos que lo prenden a ella: es menester asentar que el proceso – el civil al igual que el penal – no constituye un engranage de exclusiva utilidad privada, sino también, y en primer término, un instrumento de realización de la justicia, que es un valor eminentemente social; y por lo tanto debe servir a la sociedad no menos que a los individuas.

3.1. De más de una forma se concibe que el proceso sirva esencialmente a la sociedad. Le servirá, desde luego, siempre que ofrezca medias de tutela adecuados a intereses que, trascendiendo el horizonte de las relaciones entre dos sujetos o dos grupos bien definidos de sujetos, tocan a extensas e indeterminadas colectividades, no obstante la indivisibilidad del objeto, como son en general los intereses relacionados con la preservación del ambiente, con la promoción de valores espirituales y

4 Cfr. la sensata advertencia de ROTH, ob. cit., p. 237.

culturales de la comunidad, con la protección de la masa de los consumidores, y así en adelante. La concepción tradicional de la estructura del proceso, modelada según las características de los litigios puramente interindividuales, condicionaba de manera decisiva el análisis y la solución de varias cuestiones de primera importancia, por ejemplo la de la legitimación para obrar y la de los límites subjetivos de la cosa juzgada. A medida que crece en importancia, en nuestro tiempo, el problema de los llamados intereses "colectivos" o "difusos", el derecho procesal es convocado a revisar el tratamiento de estos y de otros tópicos, en miras a asegurar ahí a la tutela jurisdiccional un nivel de efectividad compatible con las necesidades del mundo contemporáneo. Son ideas que agitan sectores prestigiosos de la doctrina[5], y a las cuales, en ciertos países, ha sido sensible el legislador.

En el Brasil hasta cabe decir que éste, curiosamente, se anticipó a las preocupaciones doctrinales de los últimos anos. Ya en 1965, en efecto, la Ley n. 4.717, al reglamentar una disposición constitucional, abrió a la acción popular - que allí estaba prevista en términos genéricos, para la impugnación, por cualquier ciudadano, de actos daosos al patrimonio de entes públicos - la posibilidad de actuar como instrumento judicial de defensa de bienes y derechos de valor no solamente económico, sino también artístico, estético o histórico[6]. Fue un avance muy significativo, que, en cierta medida, dió al derecho brasileño una posición de vanguardia en este terreno, inclusive por las soluciones inteligentes que se adoptaron para algunos problemas delicados, como el de la extensión subjetiva de los efectos de la sentencia y de la autoridad de la cosa juzgada material[7].

Pero la sistemática de la acción popular no se ha mostrado capaz, en determinados puntos, de satisfacer las necesidades de tutela.

---

5 V., inclusive para otras indicaciones bibliográficas, nuestros trabajos: A proteção jurídica dos interesses coletivos, A legitimação para a defesa dos "interesses difusos" no direito brasileiro, Tutela jurisdicional dos interesses coletivos ou difusos, *in Temas de Direito Processual (Terceira Série)*, São Paulo, 1984 (el segundo, también, en versión castellana de AUGUSTO M. MORELLO, *in XI Congreso Nacional de Derecho Procesal*, La Plata, 1981, t. II, p. 1.228 y s.).

6 La Ley n. 6.513, de 20-12-1977, añadió "turístico".

7 Ley n. 4.711, de 29-6-1965, art. 18: *"A sentença terá eficácia de coisa julgada 'erga omnes', exceto no caso de haver sido a ação julgada improcedente por deficiência de prova; neste caso, qualquer cidadão poderá intentar outra ação com idêntico fundamento, valendo-se de nova prova".* Cfr., al respecto, BARBOSA MOREIRA, *Tutela jurisdicional dos interesses coletivos ou difusos*, ob. cit., p. 216 y s.

En esta materia parece insuficiente, *v.g.*, atribuir la legitimación activa, con exclusividad, al individuo. Como dijimos en otra ocasión[8], la lucha del ciudadano solitario contra los responsables por el acto que lesione o amenace un interés difuso, sobre todo cuando ese acto emane de la Administracion Pública o de una empresa poderosa, corre muchas veces el riesgo de asemejarse a aquélla que trabaría contra el gigante un David desprovisto de su honda. Todo concurre para descorazonarlo: la grandeza de los costos, la complejidad de las cuestiones, la carencia de conocimientos técnicos, la fuerza política y económica de los adversarios. Es comprensible que pocos se animen a aceptar el desafío, confiando sólo en sus propios recursos.

De ahí la conveniencia de pensar en alternativas. La reflexión y la experiencia sugieren una serie de posibilidades, que en rigor no se deben excluir recíprocamente, sino combinarse, de tal manera que se sumen las ventajas de cada una de ellas, con el máximo provecho posible para la tutela. Es así que, en el derecho brasileño, la Ley n. 7.347, de 24-7-1985, al disciplinar "las acciones de responsabilidad por danos causados al ambiente, al consumidor y a bienes y derechos de valor artístico, estético, histórico, turístico y paisajístico", otorgó legitimación en la causa al Ministerio Público, a la Unión Federal, a los Estados-miembros, a los Municipios, a los entes de la llamada Administración indirecta y a las asociaciones civiles que estén constituídas hace al menos un ano e incluyan entre sus fines institucionales la protección del ambiente, del patrimonio artístico, estético, histórico, turístico y paisajístico.

3.2. Es aún demasiado temprano para evaluar los resultados de un movimiento que, en muchos lugares, apenas se esboza, y cuya suerte depende de circunstancias extremamente variables. Que tal movimiento cobra, sin embargo, una profunda significación social, esta se ve a simple vista. Él refleja y, a su vez, favorece tina progresiva toma de conciencia de diferentes sectores de la colectividad respecto a la conveniencia de proteger bienes y valores que, desprovistos de titulares individualmente determinados, no siempre consiguen la debida consideración a lo largo del proceso político-administrativo, cuyas decisiones en general se someten más bien a la influencia de intereses "localizados". Por este cauce se llega a dar expresión adecuada a necesidades y aspiraciones que de otro

8 BARBOSA MOREIRA, *A proteção jurídica dos interesses coletivos,* ob. cit., p. 177-8.

modo posiblemente no lograrían hacerse oir con suficiente intensidad[9]. La consolidación de semejante "apertura" será una victoria significativa contra el dominio de la filosofía del egoísmo en un terreno estratégicamente muy importante.

El éxito de un instrumento de tutela jurisdiccional como la «acción civil pública" brasileña, y otros análogos, requiere naturalmente la actuación eficiente de las entidades legitimadas a intentaría. Pera aquí es dable observar un fenómeno de «circularidad" en el juego de las causas y de los efectos. Al otorgar, por ejemplo, legitimación en la causa a asociaciones civiles, la ley, al fin y al cabo, estimula la creación de entidades de este género; y, al exigir de ellas un plazo mínimo de existencia, condiciona el estímulo a una prueba de viabilidad, excluyendo las aventuras temerarias o inhábiles. Así se fomenta el dinamismo social y se contribuye para la estabilidad de las instituciones democráticas, en tanto y en cuanto se prestigian la multiplicación de grupos intermedios fuertes y activos y su participación en el control de los mecanismos que reglan la vida de la comunidad.

Por otra parte, se puede hasta contar, en cierta medida, con una reanimación de los órganos públicos encargados de actuar en esta materia. El caso del Ministerio Público tiene valor de paradigma. Se trata de una institución tradicionalmente limitada, por lo menos en la mayoría de los países occidentales, a un rol muy discreto en el terreno del proceso civil, en el cual, las más de las veces, le corresponde la función de *custos legis* en procesos concernientes al derecho de familia o a intereses de incapaces. Son asuntos importantes, por supuesto, pero en general ya disecados, en todos sus aspectos, por la doctrina y por la jurisprudencia, lo cual les quita el sabor de novedad que desafía los espíritus científicamente curiosos. No es de extrañar que se observe, por parte de no pocos miembros de la institución, una tendencia al retraimiento, por no decir a la pasividad, que amenaza reducir el ejercicio de su *munus* al mero cumplimiento ritual de una formalidad burocrática. El otorgamiento de nuevas atribuciones es capaz de introducir en un ambiente rutinario una ráfaga de aire fresco, que despierta la imaginación de los menos acomodadizos

9 Cf. DENTI, L'avvocato e la difesa di interessi collettivi, *in Foro Ital.*, v. CI, fasc. 4, 1978, p. 7 de la separata: *"La via giudiziale, infatti, si e dimostrata, in molti casi, l'unico possibile mezzo per dar voce agli interessi di quelle 'maggioranze diffuse che, prive di rappresentanza istituzionale, si trovano la strada sbarrata dalle scelte del potere politico ed economico".*

y libera insospechadas energías. En el esfuerzo para ponerse a la altura de las responsabilidades acrecentadas se puede divisar el punto de partida de una evolucin hacia formas más modernas de organización y métodos más racionales de trabajo. Son visibles en el Brasil algunas señales animadoras de semejante evolución. Si ella se cumple, podrán considerarse superadas, en gran parte, las objeciones que una corriente doctrinal suele formular al reconocimiento de la legitimación del Ministerio Público para la defensa judicial de los intereses colectivos o difusos[10].

4. Nadie ignora que cualquier sociedad será más sólida en tanto y en cuanto sea más homognea: una homogeneidad mayor implica, en efecto, una mayor cantidad de miembros solidarios y dispuestos a la preservación y a la defensa de las estructuras básicas vigentes. La existencia de desniveles tangibles, por el contrario, normalmente conlleva insatisfaciones y resentimientos que no pueden dejar de disminuir la cohesión del todo. Eso hace de la cuestión de la igualdad la cuestión social por excelencia.

4.1. En un escrito que en breve cumplirá sesenta años sin perder casi nada de su actualidad[11], así planteaba un célebre jurista alemán el problema social del proceso: ¿Como actúan en la justicia civil las desigualdades sociales? Algunos preferirán tal vez invertir los términos e indagar como actúa la justicia civil sobre las desigualdades sociales. Hace ya tiempo, en efecto, que se difunde la idea de atribuir al juez un papel de protagonista en la ejecución de reformas igualitarias. Se ha llegado a caracterizar la misión del juez como la de un "médico social" o de un "ingeniero social"[12]. Sin negar las modificaciones substanciales y multi-

10 Así CAPPELLETTI. The Role of the Ministère Public, the Prokuratura, and the Attorney General in Civil Litigation, *in Public. Interest Parties and the Active Role of the Judge in Civil Litigation,* Milano-New York, 1975, p. 32 y s.; Formazioni sociali e interessi di gruppo davanti alla giustizia civile, *in Riv. di Dir. Proc.,* v. XXX, 1975, p. 374 y s.; VIGORITI, *Interessi collettivi e processo,* Milano, 1979, p. 239 y 88.

11 KISCH, Die soziale Bedeutung des Zivilprozesses, *in Judicium, 1928-1929,* p. 19.

12 V. al respecto, en sentido crítico, BAUR, Funktionswandel des Zivilprozesses?, *in Beiträge zur Gerichtsverfassung und zum Zivilprozessrecht,* Tübingen, 1983, p. 192-3; HABSCHEID, Zur Aufgabe der Gerichte im sozialen Rechtsstaat, *in Festkrift till Per Olof Ekelöf,* Stockholm, 1972, p. 283 y s.

formes que los tiempos modernos vienen imponiendo a la concepción tradicional de dicha misión[13], advierten otros que, al menos en el estadio actual del desarrollo histórico de nuestros países, constituir a una vana ilusión el intento de transferir para los órganos judiciales la responsabilidad por la promoción de cambios cuya iniciativa primaria corresponde a los poderes *stricto sensu* políticos del Estado.

El proceso, en realidad, no puede ser el vehículo principal de anhelos reformistas. No le incumbe esencialmente aplanar diferencias entre los litigantes en cuanto a la fortuna, a la posición social, al prestigio, a la cultura, por no hablar de otras que hunden sus raíces en la misma naturaleza. Empero sí le incumbe - y este es su compromiso con la igualdad - arreglar las cosas de tal manera que, cuando dos personas se enfrenten ante el juez, fuera cual fuere la medida de sus diferencias, la marcha y el resultado del pleito no sean determinados por ellas: es decir, que a lo largo del itinerario procesal y sobre todo en el momento culminante de la sentencia, cualquier ventaja que una de las partes logre obtener sobre la otra radique exclusivamente en la superioridad de su derecho. Repítase una vez más lo que no cesan de proclamar los espíritus bien entonados con las aspiraciones de nuestro tiempo: el proceso no se hace para premiar al litigante más acaudalado, al más prestigioso, al más culto, al más hábil, sino para darle razón a quien en verdad la tenga.

4.2. La problemática de la igualdad de las partes en el proceso es compleja y viene constituyendo, en los últimos años, el objeto de un análisis meticuloso desde varios puntos de vista[14]. Se ha puesto de relieve, ante todo, que el principio de igualdad debe ser entendido y observado en un sentido material, habida cuenta de las condiciones concretas, singulares, individuales, bajo las cuales, *hic et nunc,* se ejercerán los derechos y se cumplirán los deberes que los textos legales otorgan a los miembros de la comunidad: ya no basta la garantía, típica del liberalismo ortodoxo, de una igualdad puramente formal. Es en tal perspectiva en la que se deben plantear y resolver las innumerables cuestiones atinentes a los distintos

---

13 Como lo reconoce, entre muchos otros, el mismo BAUR: Sozialer Ausgleich durch Richterspruch, in *Beiträge,* cit., p. 104 y s.; Transformações do processo civil em nosso tempo, trad. port., *in Revista Brasileira de Direito Processual,* v. 7, p. 66-7.

14 De algunos de sus tópicos más salientes nos ocupamos en un escrito titulado *La igualdad de las partes en el proceso civil* y destinado al volúmen de estudios jurídicos en homenaje a HÉCTOR FIX-ZAMUDIO.

aspectos del problema: la igualdad de riesgos, la igualdad de oportunidades y principalmente la igualdad de tratamiento de las partes por el órgano judicial.

Así vistas las cosas, no puede sorprender a nadie que se haya llegado a reconocer la necesidad de crear algo como un "mecanismo compensatorio" de las carencias del litigante más débil. Pera tampoco son sorprendentes las dificultades de toda suerte que se oponen a semejante designio, inclusive cuando se trata de providencias a las cuales, en teoria, nadie objeta. Ello se comprueba, *v.g.*, con la subsistencia, en la mayor a de nuestros países, de una situación ignominiosa en lo que atañe a la facilitación del acceso de los necesitados a la justicia, si bien sea general el consenso acerca de la imposibilidad de tolerar que la escasez de recursos materiales impida a cualquiera de reclamar o defender eficazmente su derecho ante los tribunales.

En ese problema, es cierto, predominan los obstáculos de índole práctica, que, por lo demás, ni siquiera naciones económicamente desarrolladas han podido superar por completo. Otros temas plantean cuestiones respecto a las cuales es acaso menos fácil una convergencía de opiniones. Piénsese, por ejemplo, en las desigualdades sociales y culturales entre las partes. Por vía de principio, debería suplirlas la intermediación de los abogados; empero, aún cuando los litigantes no estén *de iure* autorizados a abstenerse o *de facto* no se abstengan de sus servicios, sería exceso de optimismo suponer que todos puedan contar con la colaboración de profesionales igualmente aptos y diligentes. No queda más, entonces, que la solución consistente en asignar funciones asistenciales a los órganos públicos.

La participación del Ministerio Público en el proceso, en calidad de *custos legis* – si él se dispone a actuar de manera efectiva –, puede sin duda concurrir para nivelar *in concreto* las posiciones de las partes. Sin embargo, al menos en sociedades como las nuestras, no es factible, en definitiva, prescindir de la colaboración del juez. En el mismo trabajo a que poco antes hicimos referencia se lee una exhortación a que el juez ejercite los poderes, que le otorga la ley procesal, de suministrar al litigante más débil la información y el apoyo adecuados, en miras a oponer un contrapeso a la superioridad del adversario[15]. No solo en Alemania, donde se escribieron tales palabras, sino en muchos otros países, su-

15 KISCH, *Die soziale Bedeutung des Zivilprozesses,* cit., p. 22.

cesivas reformas legislativas han acrecentado y siguen acrecentando poderes (o mejor dicho: deberes) de ese género. Se asigna al órgano judicial, *v.g.*, llamar la atención de las partes para las cargas procesales que les correspondan; estimularlas a expresarse sin reservas sobre todos los hechos relevantes, a formular las solicitudes apropiadas y a indicar los medios de prueba; concederles la oportunidad de manifestarse sobre las cuestiones jurídicas de que no se hayan dado cuenta, o a las cuales hayan negado trascendencia[16] – por no hablar de la iniciativa instructoria, que las legislaciones modernas atribuyen con notable amplitud al juez[17], pero que, a pesar de su eventual utilidad en este contexto, no constituye en rigor, de por sí, ejercicio de una "función asistencial", ya que la correcta reconstitución de los hechos, en los límites que la ley establece a la cognición del órgano judicial, se incluye entre las tareas inherentes a la jurisdicción y no se subordina a circunstancias particulares.

Algunos miran con reserva semejante evolución; temen que ella ponga en jaque la imparcialidad del juez, Debe reconocerse la existencia del riesgo, aunque convenga añadir que también la omisión puede a veces favorecer injustamente a uno de los litigantes y, por ende, constituir una manifestación de parcialidad. Sea como fuere, la experiencia demuestra que, por regla general, el juez logra superar el riesgo; y todas las leyes procesales ofrecen a las partes remedios apropiados para los casos excepcionales en que ocurra lo contrario. No parece razonable, al fin de cuentas, a raíz de un temor que normalmente resulta infundado, renunciar a la utilización de una técnica de innegable eficacia en la corrección de muchas desigualdades.

Lo que sí se hace necesario, en contrapartida, es pasar del plan de las declaraciones de principio al de la realización concreta de la idea igualitaria en el proceso civil. No es una transición fácil. A ella se opone una inmensa variedad de carencias materiales. Pero se le opone asimis-

---

16 V. los §§ 139, I, y 278, 3, de la *ZPO* de la República Federal de Alemania; en nivel más modesto, los arts. 284, *caput*, y 285, *fine, del Código de Proceso Civil* brasileño. Cfr., en la doctrina, TARZIA, Le istruzioni del giudice alle parti nel processo civile, *in Riv. di Dir. Proc.*, V. XXXVI, 1981, p. 637 y 55.

17 Por ejemplo: Código Procesal Civil y Comercial de la Nación (argentina), de 1967, art. 36, 2º; Código de Procedimiento Civil colombiano, de 1970, arts. 37, n. 4, y 179, *initio; Código de Processo Civil* brasileño, de 1973, art. 130; *Code de Procédure civile* francés, de 1975, art. 10.

mo, y sobre todo, la resistencia de una mentalidad excesivamente individualista, que todavía predomina en algunos sectores.

De ahí la importancia de las tareas que corresponden a cuantos nos damos cuenta de la urgencia de estos cambios. Es menester, de una parte, denunciar prejuicios, desenmascarar sofismas, aclarar dudas, vencer hesitaciones; de otra parte, luchar por la creación de las condiciones prácticas sin las cuales fracasará toda tentativa de renovación profunda y duradera: entre ellas, quizás en primer término, la adecuada preparación de los jueces para asumir sus acrecentadas responsabilidades.

La hora de la historia ya no tolera ninguna contemporización. El proceso civil social no puede seguir siendo un hermoso espejismo proyectado en el lejano porvenir: nuestra misión es construirio aquí y ahora.

Junho de 1986.

COMENTÁRIOS DOS ATUALIZADORES

DIMENSIONES SOCIALES DEL PROCESO CIVIL

Luiz Paulo da Silva Araújo Filho / Guilherme Jales Sokal

1. A percepção do processo como fenômeno social, em toda sua plenitude, é sempre imprescindível (conquanto nem sempre seja levada suficientemente em consideração). O Mestre retoma e desenvolve a perspectiva de que: "Las varias ciencias sociales tienen algo que decir al respecto. El proceso interesa a la economía, a la ciencia de la administración, a la ciencia de la comunicación, a la psicología social, y así en adelante; pero interesa sobre todo a la sociología".

Sobre a forte influência que o substrato individual dos múltiplos personagens que atuam no processo é suscetível de produzir, e sobre as possíveis condicionantes "relacionadas con la situación económica y política, con las peculiaridades del momento histórico y del ambiente geográfico en que se entabla y se desarrolla el pleito", nada há a atualizar.[18] Mas

18 Registre-se, no entanto, que o CPC fez questão de renovar, em seu art. 8º, a norma do art. 5º da LINDB: "Art. 8º Ao aplicar o ordenamento jurídico, o juiz

sobre a infraestrutura em que atuam os personagens do processo, como é sabido, muita coisa mudou e estamos vivenciando a consagração do processo eletrônico, com suas naturais consequências. Realiza-se o vertiginoso progresso que a tecnologia nos oferece.

Com efeito: adveio a informatização do processo judicial, com o uso de meio eletrônico na tramitação de processos judiciais, comunicação de atos e transmissão de peças processuais, indistintamente, para os processos civil, penal e trabalhista, bem como para os juizados especiais, em qualquer grau de jurisdição (art. 1º e § 1º da Lei nº 11.419/06), estabelecendo o processo eletrônico e alterando alguns dispositivos do CPC-73 (*v.* arts. 8º e s. e 20 da Lei 11.419).

A Emenda Constitucional nº 45, de 2004, como se sabe, incluiu na Constituição Federal, dentre outras normas, o inciso LXXVIII do art. 5º, sobre a garantia da *razoável duração do processo*, e o § 3º do art. 102, sobre a *repercussão geral das questões constitucionais* para a admissibilidade do recurso extraordinário.[19] Visando à celeridade do exame desse novo requisito de admissibilidade, cuja análise é exclusiva do STF, e a permitir, quando for o caso, pronto julgamento do recurso, o Supremo instituiu, por meio da Emenda Regimental nº 21, de 30/04/2007, o Plenário Virtual (arts. 323 e s.), como ficou conhecido.

Depois, a Resolução STF nº 587/2016 passou a permitir o julgamento em plenário virtual dos agravos internos e embargos de declaração, mas foi revogada pela Resolução nº 642/2019, que ampliou as hipóteses. Em seguida, a Resolução nº 669, de 19/03/2020, dispôs que todos os processos de competência do Tribunal poderão, a critério do relator ou do ministro vistor com a concordância do relator, ser submetidos a julgamento em listas de processos em ambiente presencial ou eletrônico, mas serão julgados preferencialmente em ambiente eletrônico agravos inter-

---

atenderá aos fins sociais e às exigências do bem comum, resguardando e promovendo a dignidade da pessoa humana e observando a proporcionalidade, a razoabilidade, a legalidade, a publicidade e a eficiência."

19 A repercussão geral foi regulamentada, originalmente, pela Lei nº 11.418/2006, que inseriu os arts. 543-A e 543-B no CPC-73. Hoje está prevista, especialmente, no art. 1.035 do CPC em vigor. A Emenda Constitucional nº 125 de 14.07.2022, estabeleceu a "relevância das questões de direito federal infraconstitucional discutidas no caso" como novo requisito de admissibilidade do recurso especial, incluindo os §§ 2º e 3º no art. 105.

nos, agravos regimentais e embargos de declaração; medidas cautelares em ações de controle concentrado; referendo de medidas cautelares e de tutelas provisórias; demais classes processuais, inclusive recursos com repercussão geral reconhecida, cuja matéria discutida tenha jurisprudência dominante no âmbito do STF (art. 1° e § 1°).[20]

Embora a Resolução 669 também preveja, como normalmente os normativos dos tribunais sobre sessões virtuais, que não serão julgados em ambiente virtual as listas ou os processos com pedido de destaque feito por qualquer ministro ou por qualquer das partes (art. 4°), o requerimento da parte deve ser "deferido pelo relator" (art. 4°, II), e prevalece o entendimento de que não basta simples requerimento de exclusão da pauta virtual, sendo necessária justificação.

Na esteira do STF, o Superior Tribunal de Justiça estabeleceu o "Julgamento Virtual", por intermédio da Emenda Regimental n° 27/2016, que incluiu no Regimento Interno da Corte o Título III-A da Parte II, Capítulos I e II, arts. 184-A a 184-H. Os restantes tribunais do país seguiram no mesmo sentido, como se vê, por exemplo, do Tribunal de Justiça do Rio de Janeiro (art. 60-A do R.I.) e do Tribunal Regional Federal da 2ª Região (arts. 149-A e 149-B do R.I., "Das Sessões Virtuais")[21].

O Código de Processo Civil dispôs sobre a "prática eletrônica de atos processuais" nos arts. 193 a 199 (Seção II do Capítulo I do Título I do Livro IV, Parte Geral), sobre "documentos eletrônicos" nos arts. 439 a 441 (Seção VIII do Capítulo XII do Título I do Livro I, Parte Especial) e reconheceu a admissibilidade da prática de atos processuais por meio de videoconferência ou outro recurso tecnológico de transmissão de sons e imagens em tempo real (§ 3° do art. 236), além de inúmeras referências, em dispositivos esparsos, a eletrônico(a), como, em especial, no que toca à citação "preferencialmente por meio eletrônico" (art. 246, caput, na redação dada pela Lei n° 14.195, de 26/08/2021), às cartas (art. 163), às intimações (art. 270) e à audiência de conciliação ou de mediação (art. 334, § 7°). Mas o Código tomou o cuidado de prever que as unidades do Poder Judiciário deverão manter gratuitamente, à disposição dos interessados, equipamentos necessários à prática de atos processuais e à consulta e ao acesso ao sistema e aos documentos dele

---

20 No mesmo sentido, o art. 21-B do RISTF, acrescentado pela Emenda regimental n° 53, de 18/03/2020.

21 As Sessões Virtuais de Julgamento de processos judiciais e administrativos no âmbito do Tribunal Regional Federal da 2ª Região estão regulamentadas pela Resolução TRF2 n° 02/2020.

constantes, da mesma forma que será admitida a prática de atos por meio não eletrônico no local onde não estiverem disponibilizados os equipamentos previstos no art. 198 (art. 198 e parág. único).

Entrementes, desde o chamado plenário virtual relativo à repercussão geral até a generalização das sessões ou julgamentos virtuais, o art. 945 do CPC, que nem chegou a entrar em vigor, revogado pela Lei nº 13.256/16 (art. 3º, I), buscava autorizar, a critério do órgão julgador, o julgamento dos recursos e dos processos de competência originária que não admitem sustentação oral por meio eletrônico. A despeito da revogação do dispositivo, a realização de julgamentos virtuais não restou prejudicada, segundo o entendimento predominante e a consagração prática, porquanto não há proibição legal e o próprio sistema do Código não se mostra infenso às audiências e sessões de julgamento eletrônicos, como se vê, por exemplo, dos arts. 193, 194 e 943.[22]

Surgiu então a pandemia da Covid 19, foi reconhecida a ocorrência do estado de calamidade pública no Brasil (Decreto Legislativo nº 06, de 20/03/2020), impôs-se o isolamento social (ou quarentena) e, além dos atos permitidos expressamente por videoconferência,[23] os tribunais institucionalizaram, na linha do art. 1º da Lei 11.419/06 e dos arts. 193 e 236, § 3º, do CPC, as sessões de julgamento por videocon-

22 Antes mesmo da vigência do CPC-2015, o CNJ, ao apreciar a Consulta nº 0001473-60.2014.2.00.0000, formulada pelo Desembargador-Presidente da 5ª Câmara Cível do Tribunal de Justiça do Rio Grande do Sul, em 09/12/2015, por unanimidade, decidiu: Consulta. Julgamentos Colegiados. Sessão Virtual ou Não Presencial. Possibilidade Jurídica. I – Sob o prisma da legalidade, é manifesta a conformação das sessões eletrônicas ou virtuais de julgamentos colegiados com a legislação processual vigente, seja em razão do princípio da instrumentalidade das formas, seja porque o CPC e a Lei n. 11.419/2006 de há muito autorizam a realização de todos os atos e termos do processo por meio eletrônico. II – A realização de sessões virtuais de julgamento já é uma realidade no Poder Judiciário, a teor das informações prestadas nos autos por diversos Tribunais. A própria Suprema Corte, há tempos, adotou o julgamento virtual para as hipóteses de repercussão geral, conforme consagrado no seu Regimento Interno. III – Na atual quadra da história, a busca pelo cumprimento do princípio constitucional da razoável duração do processo passa, forçosamente, pelo uso inteligente e racional da tecnologia da informação. Não há instrumento mais apropriado para aproximar o Judiciário do ideal de eficiência, com a necessária racionalização dos recursos orçamentários. IV – O fomento ao uso dos meios eletrônicos pelo Poder Judiciário, inclusive em sessões não presenciais ou virtuais de julgamento, não pode prescindir de cautelas necessárias à adequação dessa prática às exigências constitucionais e legais. VI – Consulta respondida positivamente.

23 *V.*, p. ex., arts. 385, § 3º, 453, § 1º, 461, § 2º e 937, § 4º, do CPC; e arts. 185, 217 e 222, § 3º do CPP.

ferência,[24] equiparadas aos eventos presenciais comuns,[25] e que não se confundem, portanto, com os julgamentos virtuais, nem se sujeitam às suas limitações, como a impossibilidade de sustentação oral.

Firmaram-se, igualmente, pelo menos durante o estado de calamidade pública, inclusive em processos penais e de execução penal, as audiências por videoconferência, que mereceram regulamentação, até mesmo específica, do Conselho Nacional de Justiça.[26]

Passados alguns meses desde a implantação do trabalho remoto integral no Poder Judiciário, mercê da "suspensão do trabalho presencial de magistrados, servidores, estagiários e colaboradores nas unidades judiciárias, assegurada a manutenção dos serviços essenciais em cada Tribunal", prevista no art. 2º da Resolução CNJ nº 313/2020,[27] foram observadas a redução de despesas e a crescente produtividade jurisdicional,[28] o que reforça a tendência, já constatada, à incrementação do teletrabalho e dos eventos por videoconferência, assimilados aos presenciais, sem embargo, evidentemente, da continuidade dos julgamentos virtuais inaugurados em relação à análise da repercussão geral.

Poucos dias após sua posse como Presidente do Conselho Nacional de Justiça, aliás, o Min. Luiz Fux apresentou seus "Projetos de Gestão: 5 Eixos da Justiça",[29] sendo *Eixo 4 Justiça 4.0 e Promoção do Acesso à Justiça Digital*, com a criação do *Juízo 100% Digital*. Em consequência,

---

24 A Lei nº 10.259/01 já previa, porém, em relação à uniformização de interpretação de lei federal, que "[a] reunião de juízes domiciliados em cidades diversas será feita pela via eletrônica" (art. 14, § 3º).

25 Cf., p. ex., Resolução nº 672, de 26/03/2020, do STF e Resoluções nºs 09, de 17/04/2020, e 19, de 27/08/2020, do STJ.

26 Vejam-se as Resoluções nºs 314, 322, 329 e 330, todas de 2020.

27 Houve previsão de retomada dos serviços jurisdicionais presenciais, de forma gradual e sistematizada, pelo CNJ (*v.* Resolução 322/20), mas a iniciativa foi suplantada pela chegada da "segunda onda da covid 19".

28 Quanto à produtividade, informa a Associação dos Magistrados Brasileiros (AMB), que desde o início da pandemia até o dia 17 de dezembro, o total de movimentos processuais realizados chega a 695,5 milhões. São 21,5 milhões de sentenças e acórdãos, 32,5 milhões de decisões e 55,9 milhões de despachos (Disponível em: <https://www.amb.com.br/campanhas/confira-produtividade-do-poder-judiciario-durante-pandemia/>. Acesso em 24 dez. 2020). Veja-se também o painel Produtividade Semanal – COVID 19, do CNJ (Disponível em: <https://www.cnj.jus.br/pesquisas-judiciarias/paineis-cnj/>. Acesso em: 24 dez. 2020).

29 Projetos de Gestão do Ministro Luiz Fux, 22 de setembro de 2020, Gestão - 2020/2022. Disponível em: <5-Eixos-da-Justiça-Ministro-Luiz-Fux-22.09.2020.pdf (cnj.jus.br)>. Acesso em: 25 dez. 2020.

veio a lume a Resolução CNJ nº 345, de 09/10/2020, depois modificada pelas Resoluções ns. 372/2021 e 378, de 09/03/2021, que autoriza "a adoção, pelos tribunais, das medidas necessárias à implementação do 'Juízo 100% Digital' no Poder Judiciário" e prevê: "No âmbito do 'Juízo 100% Digital', todos os atos processuais serão *exclusivamente* praticados por meio eletrônico e remoto por intermédio da rede mundial de computadores" (art. 1º e § 1º – g.n.).[30]

De início, a escolha pelo Juízo 100% Digital será facultativa e exercida pelo demandante no momento da distribuição do feito, podendo o demandado opor-se à escolha até o momento da contestação" (art. 3º da Res. 345).

2. No Brasil, por outro lado, mesmo que ainda seja precipitado mencionar o florescimento de estudos sociológicos sobre temas diretamente vinculados ao mecanismo processual, já se observa progressiva atenção de cientistas sociais, como se depreende, para nos limitarmos a único, mas significativo, exemplo, dos importantes trabalhos e pesquisas da Professora Maria Tereza Aina Sadek.

Merece destaque, entretanto, em particular, a preocupação atual no Brasil com a formação humanística dos magistrados. A Resolução CNJ nº 75, de 12/05/2009, que "[d]ispõe sobre os concursos públicos para ingresso na carreira da magistratura em todos os ramos do Poder Judiciário nacional", após mencionar especificamente a relação mínima de disciplinas do concurso para provimento de cargos de juiz substituto para toda a estrutura Judiciária pátria (Anexos I a V), acrescenta no Anexo VI, para todos os concursos, "Noções Gerais de Direito e Formação Humanística", abrangendo, com vários subitens: A) Sociologia do Direito. B) Psicologia Judiciária. C) Ética e Estatuto Jurídico da Magistratura Nacional. D) Filosofia do Direito. E) Teoria Geral do Direito e da Política.

A própria Escola Nacional de Formação e Aperfeiçoamento de Magistrados (ENFAM) tem como finalidade "contribuir para a formação e desenvolvimento profissional do magistrado por meio da proposta de

30 Com relação ao Eixo Justiça 4.0, é mencionada a estrutura normativa formada pelas Resoluções nº 335 (Plataforma Digital do Poder Judiciário/PDPJ), nº 345 (Juízo 100% Digital) e nº 354 (Cumprimento Digital de Ato Processual e de Ordem Judicial).

formação humanista, integral e interdisciplinar voltada para a prática jurisdicional".[31]

Hoje já dispomos no País de dados numéricos e estatísticas judiciais graças, basicamente, à atuação do CNJ, que instituiu o "Justiça em Números" desde 2004 e vem desenvolvendo sua aplicação, bem como a Base Nacional de Dados do Poder Judiciário – DataJud como fonte primária de dados do Sistemas de Estatística do Poder Judiciário - SIESPJ[32], além da existência de outros painéis, como o Módulo de Produtividade Mensal, o Banco Nacional de Demandas Repetitivas e Precedentes Obrigatórios (art. 979 do CPC), o Monitoramento da Política Judiciária Nacional de Enfrentamento à Violência contra as Mulheres[33] e o Plano de Logística Sustentável do Poder Judiciário.

Nada obstante, o art. 1.069 do CPC estabeleceu que o Conselho Nacional de Justiça promoverá, periodicamente, pesquisas estatísticas para avaliação da efetividade das normas previstas no Código, tarefa que está a exigir ainda mais, bem mais, do CNJ.

3. Na perspectiva do processo como instrumento de realização da justiça, que deve servir também à sociedade, já tivemos oportunidade de ressaltar, em notas anteriores,[34] o desenvolvimento e o protagonismo de nosso sistema jurídico no que concerne às ações coletivas em sentido amplo, aptas à tutela de interesses caríssimos à sociedade, como se percebe, por exemplo, do art. 14, § 1°, da Lei n° 6.938/81 (Política Nacional do Meio Ambiente); arts. 1° da Lei nº 7.347/85 e 129, III, da CF (Ação Civil Pública); arts. 81 e s. da Lei nº 8.078/90 (Defesa do Consumidor); arts. 1°, § 1°, da Lei nº 4.717/65 e 5°, LXXIII, da CF (Ação Popular); arts. 2°, parág. único, e 3° da Lei nº 7.853/89 (Integração da Pessoa Portadora de Deficiência); art. 1° da Lei nº 7.913/89 (danos a investidores no Mercado de Valores Mobiliários); arts. 201, IV, 208 e § 1° da Lei nº 8.069/90 (Estatuto da Criança e do Adolescente); arts. 74,

---

31 Cf. Ensino » Enfam. Acesso em: 26 dez. 2020. https://www.enfam.jus.br/ensino/

32 Atualmente regulado pela Resolução-CNJ n. 331, de 20/08/2020.

33 A Resolução nº 284, de 05/06/2019, que instituiu o Formulário Nacional de Avaliação de Risco para a prevenção e o enfrentamento de crimes e demais atos praticados no contexto de violência doméstica e familiar contra a mulher.

34 *V.* as notas ao primeiro estudo, Os Temas Fundamentais do Direito Brasileiro nos Anos 80: Direito Processual Civil.

I, 79 e parág. único da Lei nº 10.741/03 (Estatuto do Idoso); arts. 1º, parág. único, e 15, V, da Lei nº 12.529/11 (Defesa da Concorrência); art. 40 da Lei nº 10.671/03 (Defesa do Torcedor); arts. 1º, parág. único, da Lei nº 10.257/01 c/c. 1º, VI, da Lei 7.347 e arts. 10 e 12 da Lei 10.257 (Estatuto da Cidade).

Em nível internacional, nas últimas décadas, também se constata significativa ampliação da tutela coletiva. Na Europa, inclusive, por intermédio da União Europeia, com destaque para a proteção dos consumidores e do meio ambiente, como se pode observar na consagrada monografia de Aluisio Gonçalves de Castro Mendes.[35]

No Brasil, a evolução do âmbito de atuação do Ministério Público sobressai pela própria ampliação de suas atribuições prevista na Constituição da República, como se vê do art. 129 e sua expressiva regra de encerramento: inciso "IX - exercer outras funções que lhe forem conferidas, desde que compatíveis com sua finalidade, sendo-lhe vedada a representação judicial e a consultoria jurídica de entidades públicas."

O Ministério Público é o principal autor de ações coletivas na Justiça brasileira,[36] "sendo também elas [ações coletivas] mais bem sucedidas que as propostas pelos demais [legitimados]",[37] e agora, a partir dos artigos 5º, inc. II, da Lei nº 7.347/85 e 134 da CF (com a redação dada pela EC nº 80/2014), vem se avolumando a propositura de ações coletivas pela Defensoria Pública, o que parece realmente superar as críticas formuladas por significativa corrente doutrinária. Assim: "[...] Cappelletti (1977)[38] enfatiza as limitações de um modelo estritamente público para a tutela dos interesses difusos, críticas que também estão presentes em seu trabalho em coautoria com Garth (1988)[39]: - aos

35 Ações coletivas e meios de resolução coletiva de conflitos no direito comparado e nacional. 4ª ed. São Paulo: Revista dos Tribunais, 2019.

36 Notícias CNJ, 15/01/2018. Disponível em: <Ministério Público é o principal autor de ações coletivas na Justiça - Portal CNJ>. Acesso em: 28 dez. 2020.

37 Ações Coletivas no Brasil: temas, atores e desafios da tutela coletiva. Sociedade Brasileira de Direito Público/CNJ, 2018. p. 13. Disponível em: <http://www.sbdp.org.br/wp/wp-content/uploads/2018/01/07-acoes-coletivas-no-brasil-cnj-relatorio-final-pos-nota-tecnica.pdf>. Acesso em: 28 dez. 2020.

38 CAPPELLETTI, Mauro (1977). "Formações sociais e interesses coletivos diante da justiça civil." Publicado em *Revista de Processo*. São Paulo, nº. 5, jan./mar. de 1977.

39 CAPPELLETTI, Mauro; GARTH, Briant. Trad. Ellen Gracie Northfleet. *Acesso à Justiça*. Porto Alegre: Fabris, 1988. p. 51 e 52.

setores públicos, sobretudo aqueles ligados ao Judiciário, como o Ministério Público, faltaria o dinamismo necessário à defesa dos interesses difusos; - a proximidade dos órgãos do Estado com o Poder Executivo poderia comprometer sua independência para proteger interesses por vezes violados pelo próprio Estado; - aos funcionários públicos faltaria muitas vezes, principalmente àqueles cuja formação é estritamente jurídica, o conhecimento técnico necessário para compreender os problemas relacionados aos interesses difusos em áreas específicas"[40].

A atuação francamente preponderante do Ministério Público em ações coletivas e a crescente atuação da Defensoria Pública parecem realmente superar, em nosso país, as objeções doutrinárias, muito embora insinuem certa fragilidade democrática, carente de participação mais eloquente da sociedade civil.[41]

4. Com relação à justiça civil e às desigualdades sociais, a consideração de que, ao menos no estágio atual de nosso desenvolvimento histórico, constituiria vã ilusão a intenção de transferir aos órgãos judiciais a responsabilidade de promover mudanças cuja iniciativa primária corresponde aos poderes políticos *stricto sensu* do Estado, hoje alcança a questão talvez mais debatida entre nós, os limites de atuação do Poder Judiciário no que tange à instituição, implementação ou adequação de políticas públicas, em razão da larga alusão a direitos sociais na Constituição Federal de 1988.

A perspectiva adotada pelo Mestre no trabalho em referência decerto não abrange a posterior Constituição Federal de 1988 nem a imensa quantidade de ações que vêm sendo propostas depois dela, pleiteando, por exemplo, tratamentos de saúde, medicamentos e internações hospitalares,[42] até mesmo sob pena de bloqueio ou sequestro de

---

40 Ações Coletivas no Brasil, op. cit., p. 5.

41 Cf. MANCUSO, Rodolfo de Camargo. *Ação civil pública*. 12ª ed. São Paulo: Revista dos Tribunais, 2011. Item 6.3.1, p. 120 e s. O CPC, aliás, estimula a tutela coletiva seja pela atuação do Ministério Público e da Defensoria Pública, seja, na medida do possível, pela atuação de outros legitimados a que se referem o art. 5º da Lei nº 7.347/85 e o art. 82 da Lei nº 8.078/90 (art. 139, X).

42 Cf. STJ, Recurso Especial Repetitivo nº 1.657.156/RJ, Tema 106; STF, Tema 6: "Dever do Estado de fornecer medicamento de alto custo a portador de doença grave que não possui condições financeiras para comprá-lo", RE 566.471 RG/

verbas do Estado;[43] obras ou reformas de creches, escolas[44], delegacias de polícia e hospitais; funcionamento de delegacias de polícia, escolas e hospitais;[45] determinação de obrigações de fazer ao Estado, consistentes na realização de concursos públicos, contratação de servidores e execução de obras que atendam ao direito social da saúde;[46] reserva de vagas em creches, pré-escolas[47] e escolas;[48] designação e lotação de médicos, policiais,[49] defensores públicos, para certos órgãos em determinadas localidades etc.

Mas a ideia central permanece e seria utópico imaginar, se nos é permitida a opinião, que os gravíssimos problemas sociais do Brasil, em que a desigualdade atinge níveis constantes e desmedidos, poderiam ser resolvidos por intermédio de ações judiciais (sempre específicas) e atuação do Poder Judiciário, independentemente da análise global de receitas orçamentárias e despesas, bem como a imprescindível escolha de prioridades, a cargo dos poderes políticos *stricto sensu* do Estado. Afigura-se atemporal, portanto, ao nosso ver, a afirmação de que "o processo, na realidade, não pode ser o principal veículo dos anseios reformistas".

RN, repercussão geral reconhecida em 03/12/2007, julgamento iniciado em 15/09/2016, mas ainda não concluído; Tema 500: "Dever do Estado de fornecer medicamento não registrado pela ANVISA", RE 657.718 RG/MG.

---

43 Cf. Recurso Especial Repetitivo nº 1.069.810/RS, Tema 84.

44 *V.* p. ex., STF, 1ª Turma: ARE 1.071.070 AgR/DF, Rel. Min. Luiz Fux; ARE 1.041.301 AgR/DF, Rel. Min. Rosa Weber; ARE 942.573 AgR/PB, Rel. Min. Edson Fachin; 2ª Turma: ARE 928.654 AgR/DF, Rel. Min. Ricardo Lewandowski; ARE 958.246/PB, Rel. Min. Celso de Mello; ARE 908.680 AgR/PB, Rel. Min. Dias Toffoli.

45 STF, 2ª Turma, ARE 669.635/SC, Rel. Min. Dias Toffoli.

46 STF, Tema 698: "Limites do Poder Judiciário para determinar obrigações de fazer ao Estado, consistentes na realização de concursos públicos, contratação de servidores e execução de obras que atendam o direito social da saúde, ao qual a Constituição da República garante especial proteção", RE 684.612 RG/RJ. Repercussão geral reconhecida em 07.02.2014, julgamento iniciado, mas ainda não concluído.

47 STF, 2ª Turma, Recurso Extraordinário com Agravo nº 639.337/SP.

48 STF, 2ª Turma, AgReg. no RE nº 595.595/SC, Rel. Min. Eros Grau.

49 STF, 1ª Turma, AI 810.410 AgR/GO, Rel. Min. Dias Toffoli, ARE 878.411 AgR/AM, Rel. Min. Gilmar Mendes.

No que concerne à igualdade, não apenas formal, no processo, a fim de que o seu andamento e resultado não sejam determinados pelas condições pessoais dos litigantes, mas radiquem exclusivamente na superioridade de seu direito, o CPC vigente consagra normas auspiciosas. Com efeito: nos termos do art. 139, inciso I (embasado no art. 5º da CF), o juiz dirigirá o processo conforme as disposições do Código, incumbindo-lhe "assegurar às partes igualdade de tratamento".

Segundo valiosa lição doutrinária, "[...] a fórmula verbal empregada no art. 139, I, do NCPC comporta [...] faceta mais interessante. Em sua função dinâmica, ou material, o direito fundamental à igualdade arma o órgão judiciário de um poder imenso, permitindo-lhe intervir no curso do processo para corrigir assimetrias subjetivas que lhe comprometam o desfecho justo e equilibrado".[50]

O art. 7º do CPC, por sua vez, complementa: "É assegurada às partes paridade de tratamento em relação ao exercício de direitos e faculdades processuais, aos meios de defesa, aos ônus, aos deveres e à aplicação de sanções processuais, competindo ao juiz zelar pelo efetivo contraditório", estabelecendo especificamente, em norma de reforço, a própria igualdade de oportunidades ou paridade de armas, forte no "efetivo contraditório".[51]

Bem assim, o CPC adotou, como normas fundamentais, os princípios da boa-fé e da cooperação, dispondo que todo aquele que de qualquer forma participa do processo deve comportar-se de acordo com a boa-fé (art. 5º) e que "[t]odos os sujeitos do processo devem cooperar entre si para que se obtenha, em tempo razoável, decisão de mérito justa e efetiva" (art. 6º).

Em Portugal, o CPC de 1961 (art. 266), desde as profundas alterações introduzidas pelos Decretos-leis nºs 329-A/95 e 180/96, previa o "princípio da cooperação", da mesma forma que hoje prevê, em norma

50 ASSIS, Araken de. Processo civil brasileiro. 2ª ed. São Paulo: Revista dos Tribunais, 2016. v. I, p. 454.

51 "A igualdade material, promovida pelo órgão judiciário no caso concreto, assegura a paridade de armas (*Waffengleicheit*) [...]. Para alguns, a igualdade de armas compreende o próprio contraditório e consiste em oportunidades iguais para apresentar razões de fato e razões de direito através de representante técnico. É mais próximo do uso efetivo dos meios de ataque e dos meios de defesa que do contraditório" (*Ibid*. p. 455).

simílima, o art. 7º do CPC português de 2013[52], e a doutrina brasileira perfilhou, como base, ao menos em parte, as lições de Miguel Teixeira de Sousa para identificar quatro poderes-deveres essenciais do tribunal, derivados da cooperação: esclarecimento, prevenção, consulta e auxílio às partes.[53] O *dever de esclarecimento* consiste no "dever de o tribunal se esclarecer junto das partes quanto às dúvidas que tenha sobre as suas alegações, pedidos ou posições em juízo [...], de molde a evitar que a sua decisão tenha por base a falta de informação e não a verdade apurada";[54] o *dever de prevenção* exige que o tribunal previna "as partes sobre eventuais deficiências ou insuficiências das suas alegações ou pedidos"; o *dever de consulta* consiste em "consultar as partes, sempre que [o tribunal] pretenda conhecer de matéria de facto ou de direito sobre a qual aquelas não tenham tido a possibilidade de se pronunciarem";[55] e o *dever de auxílio* às partes corresponde à incumbência de o tribunal remover "dificuldades ao exercício dos seus direitos ou faculdades ou no cumprimento de ónus ou deveres processuais".[56]

---

52 "Art. 7° - Princípio da cooperação: 1 - Na condução e intervenção no processo, devem os magistrados, os mandatários judiciais e as próprias partes cooperar entre si, concorrendo para se obter, com brevidade e eficácia, a justa composição do litígio. 2 - O juiz pode, em qualquer altura do processo, ouvir as partes, seus representantes ou mandatários judiciais, convidando-os a fornecer os esclarecimentos sobre a matéria de facto ou de direito que se afigurem pertinentes e dando-se conhecimento à outra parte dos resultados da diligência. 3 - As pessoas referidas no número anterior são obrigadas a comparecer sempre que para isso forem notificadas e a prestar os esclarecimentos que lhes forem pedidos, sem prejuízo do disposto no nº 3 do artigo 417º. 4 - Sempre que alguma das partes alegue justificadamente dificuldade séria em obter documento ou informação que condicione o eficaz exercício de faculdade ou o cumprimento de ónus ou dever processual, deve o juiz, sempre que possível, providenciar pela remoção do obstáculo."

53 Aspectos do novo processo civil português. *Revista de Processo*, São Paulo, nº 86, p. 174-184, abr./jun. 1997; *Estudos sobre o novo processo civil*. 2ª ed. Lisboa: Lex, 1997.

54 Esclarece o autor, no entanto, que "o dever de esclarecimento implica um dever recíproco do tribunal perante as partes e destas perante aquele órgão: o tribunal tem o dever de se esclarecer junto das partes e estas têm o dever de o esclarecer" (Aspectos do novo processo civil português. *RePro*. p. 176).

55 Cf. artigos 9º e 10 do CPC brasileiro.

56 SOUSA, Miguel Teixeira de. Aspectos do novo processo civil português. *Revista de Processo*, São Paulo, nº 86, p. 174-184, abr./jun. 1997, espec. p. 176 e 177. *Aliter*, negando "a existência deste dever [de auxílio às partes] no direito processual brasileiro", ressalvadas hipóteses em "que haja *deveres típicos de auxilio*, por

Miguel Teixeira de Sousa menciona que o "dever de prevenção é um dever do tribunal perante as partes com uma finalidade assistencial", bem como que o "dever de consulta é um dever de caráter assistencial do tribunal perante as partes".[57] Entre nós, Humberto Theodoro Júnior se refere à "assistência judicial" às partes, em mais de uma oportunidade, como se vê, p. ex., ao aludir à "*ativização* do juiz" ou ao examinar o contraditório efetivo: "a igualdade de tratamento não pode se dar apenas formalmente. Se os litigantes se acham em condições econômicas e técnicas desniveladas, o tratamento igualitário dependerá de assistência judicial para, primeiro, colocar ambas as partes em situação paritária de armas e meios processuais de defesa. [...] E, afinal, somente em função dessas medidas de *assistência* judicial ao litigante hipossuficiente, ou carente de adequada tutela técnica, é que o contraditório terá condições de se apresentar como *efetivo*, como garante o art. 7º do CPC."[58]

Ao tratar da "iniciativa da prova pelo juiz", e mencionando a *paridade em armas* (CPC, art. 139, inc. I), ensina Cândido Dinamarco: "Onde há uma parte mais frágil que a outra, ou mais vulnerável aos azares de um processo mal conduzido ou deficientemente instruído, deve o juiz atuar no sentido de promover uma *compensação* dessa fragilidade ou vulnerabilidade, por todos os meios lícitos a seu alcance".[59] No mesmo

expressa previsão legal", porque "[a] tarefa de auxiliar as partes é do seu representante judicial", Fredie Didier Jr. Registre-se, porém, que o douto autor chega a essa conclusão após citar a seguinte hipótese: "Para cumprir este dever [de auxílio], poderia o órgão julgador, *por exemplo*, sugerir a alteração do pedido, para torná-lo mais conforme o entendimento jurisprudencial para casos como aquele" (*Curso de direito processual civil*. 17ª ed. Salvador: JusPodivm, 2015. v. 1. p. 131 – grifado no original). O exemplo realmente é exagerado, mas outras hipóteses são concebíveis que não seriam incompatíveis com nosso sistema. Ademais, a atuação do magistrado normalmente se faz necessária pela insuficiência técnica ou indiligência do representante judicial.

57 SOUSA, Miguel Teixeira de, loc. cit.

58 *Curso de direito processual civil*. 61ª ed. Rio de Janeiro: Forense, 2020. v. I, p. 69 e 86 – grifado no original.

59 *Instituições de direito processual civil*. 7ª ed. São paulo: Malheiros, 2017. v. III, p. 58 – sem grifo no original. Veja-se, ainda, em obra conjunta, salientando o indispensável dever primário de o juiz "neutralizar desigualdades", Cândido R. Dinamarco e Bruno Vasconcelos Carrilho Lopes. *Teoria geral do novo processo civil*. São Paulo: Malheiros, 2016. p. 59.

sentido, afirmando que a postura ativa do juiz se justifica "ainda mais num país com tantas desigualdades como o Brasil", Leonardo Greco.[60]

Assim, e em atenção à igualdade material, deve agora o juiz, conforme os exemplos mencionados no estudo em referência, chamar a atenção das partes para os ônus processuais que lhes correspondem; estimulá-las a se expressarem sem reservas sobre todos os fatos relevantes, a formular os requerimentos (*solicitudes*) apropriados[61] e a indicar os meios de prova[62]. Conceder às partes a oportunidade de se manifestarem sobre questões jurídicas das quais não tinham conhecimento ou para as quais negaram importância, é expressamente exigido pelo art. 10 do CPC, que complementa o art. 9º.

Merecem destaque, outrossim, no que tange a eventuais medidas compensatórios, no sistema do CPC, por exemplo, com relação à direção do processo, os incisos IV, VI, VIII e IX do artigo 139, bem como o saneamento e organização do processo (art. 357), quando o juiz deverá "delimitar as questões de fato sobre as quais recairá a atividade probatória, especificando os meios de prova admitidos", "definir a distribuição do ônus da prova, observado o art. 373" (e, em particular, o seu § 1º), "delimitar as questões de direito relevantes para a decisão do mérito" (incs. II a IV), além de "designar audiência para que o saneamento seja feito *em cooperação* com as partes", se a causa apresentar complexidade em matéria de fato ou de direito, oportunidade em que o juiz, se for o caso, convidará as partes a integrar ou esclarecer suas

60 *Instituições de processo civil*. 3ª ed. Rio de Janeiro: Forense, 2015. v. II, p. 120. *Aliter*: "Mesmo sob a perspectiva de atuação subsidiária do juiz, há quem sustente a opinião (de que não comungamos), segundo a qual a prova será determinada *ex officio* quando uma das partes for hipossuficiente" (ALVIM, Arruda. *Manual de direito processual civil*. 19ª ed. São Paulo: Revista dos Tribunais, 2020. p. 921, nota 8.

61 Preferimos aqui, traduzir *solicitudes* (solicitações) por requerimentos, porque o termo abrange pedidos e requerimentos, e nos parece que a atuação do juiz, *de lege lata*, com relação aos *pedidos* ainda se mostra limitada. Assim, p. ex., o CPC em vigor, alterando a redação restritiva do art. 293 do Código revogado, prevê expressamente que "[a] interpretação do pedido considerará o conjunto da postulação e observará o princípio da boa-fé" (art. 322, § 2º), o que permite, em certa medida, a superação de deficiências da petição inicial (e, por extensão, de atos postulatórios).

62 Para a petição inicial existe a regra específica do art. 321 do CPC, mas a menção vai além desta hipótese, para compreender pronunciamentos posteriores, quando for o caso.

alegações" (art. 357, § 3º). Vejam-se ainda o § 1º do art. 319 e o inciso III do art. 772.

A facilitação do acesso dos necessitados à Justiça, no Brasil, se bem que pareça uma conquista em termos legislativos, mercê dos artigos 5º, LXXIV, e 134 da CF, assim como dos artigos 98 e s. do CPC, na realidade, como já mencionamos em notas anteriores,[63] ainda carece de considerável empenho, tendo em vista a necessidade de incremento das Defensorias Públicas federal e estaduais, e o flagrante déficit de Defensores Públicos, o que representa atuação em poucas unidades jurisdicionais,[64] sendo que a Defensoria Pública da União atende somente a cerca de 27% das Seções e Subseções Judiciárias da Justiça Federal.[65]

A participação do Ministério Público no processo, como *custos legis* (ou "fiscal da ordem jurídica", na dicção do CPC), enfim, pode efetivamente concorrer para nivelar *in concreto* as posições das partes, mas sobressai a precisa advertência do Mestre: se ele estiver disposto a atuar de maneira efetiva. Às vezes – acrescente-se –, ao intervir como *custos legis*, o Ministério Público deixa de produzir provas e de requerer medidas processuais que lhe pareçam pertinentes, a despeito do art. 179, II, do CPC, limitando-se a solicitar que a parte o faça, o que pode significar o agravamento da situação do litigante mais fraco.

---

63 *V.* notas de atualização ao estudo Os Temas Fundamentais do Direito Brasileiro nos Anos 80: Direito Processual Civil.

64 "No Brasil, em 2014, as Defensorias Públicas Estaduais estiveram presentes em, aproximadamente, 13% das unidades jurisdicionais". *IV Diagnóstico da Defensoria Pública no Brasil*. Brasília: Ministério da Justiça, Secretaria de Reforma do Judiciário, 2015. p. 61. Disponível em: <https://www.justica.gov.br/seus-direitos/politicas-de-justica/publicacoes/Biblioteca/ivdiagndefenspublicav9.pdf/>.

65 "[A] DPU ainda está aquém do ideal. São 80 seções e subseções com cobertura da DPU frente a 218 sem cobertura" e tendo por "população alvo até dois salários mínimos" (*Assistência jurídica integral e gratuita no Brasil*: um panorama da atuação da Defensoria Pública da União. 4ª ed. Brasília: DPU, 2020. p. 65. Disponível em: <https://www.dpu.def.br/images/stories/arquivos/PDF/Panorama_atuacao_DPU.pdf>.

O PROBLEMA DA "DIVISÃO DO TRABALHO" ENTRE JUIZ E PARTES: ASPECTOS TERMINOLÓGICOS*

1. A "divisão do trabalho", no processo, entre juiz e partes constitui problema cujo tratamento, à evidência, pode e costuma variar no tempo e no espaço, sob a influência de numerosos fatores. Com relação a cada um dos tópicos em que se desdobra a matéria, é concebível – e tem de fato acontecido – que ora se dê maior relevo ao papel do órgão judicial, ora ao dos litigantes. Admite a disciplina uma série de matizes e combinações, sendo raras – se alguma jamais existiu – as soluções "quimicamente puras".

Recordem-se os mais importantes "pontos sensíveis" da problemática: iniciativa da instauração do feito; delimitação do objeto do litígio e do julgamento; impulso processual; formação do material de fato e de direito a ser utilizado na motivação da sentença; extinção do processo por ato dispositivo. Em cada um desses momentos, conforme a opção de política jurídica que se faça, pode ser decisiva a vontade do(s) litigante(s) ou a atuação do juiz, ou podem ambas influir em variável medida. Entre o "monopólio" das partes ou do órgão judicial e a atribuição das tarefas e responsabilidades em doses iguais a este e àquelas, medeia extensa gama de modelos que se oferecem à escolha dos teóricos, dos legisladores e dos aplicadores das leis processuais.

Uma vertente do pensamento jurídico ocidental, amplamente refletida em obras doutrinárias, em codificações e na prática do foro, propende a reservar às partes, com menor ou maior ênfase, o papel dominante nesse campo, reduzindo ao mínimo, ou até excluindo às vezes por completo, a interferência do juiz. Na linguagem processual brasileira, tal como na de outros países latinos, é habitual falar de "princípio dispositivo" para designar a ideia que estaria na base de semelhante tendência, sem que se tenha, em regra, a preocupação de estabelecer distinções: usa-se a denominação à guisa de rótulo genérico, indiferentemente aplicável a qualquer aspecto da temática em foco[1].

---

1 Um exemplo colhido em fonte recente e autorizadíssima: JOSÉ FREDERICO MARQUES, *Manual de Direito Processual Civil*, v. I, 8ª ed., São Paulo, 1981, p. 381, alude a "princípio dispositivo" a propósito da vedação, ao juiz, de iniciar o processo, do

2. A palavra "dispositivo", por sua origem, sugere relação imediata com o âmbito das relações jurídicas disponíveis, dos direitos de que os respectivos titulares podem dispor com liberdade, a seu próprio alvedrio. A quem ouça ou leia a expressão e atente na estrutura do adjetivo, é pois natural que ocorra a suposição da coincidência entre o conjunto desses direitos e o das hipóteses submetidas às diversas manifestações do princípio que assim se nomeia. Este se justificaria como projeção lógica e necessária, no campo processual, daquela disponibilidade; os seus múltiplos desdobramentos nada mais seriam, em substância, que corolários de uma proposição fundamental: o que é disponível fora do processo continua a sê-lo no processo.

Em semelhante óptica, pareceria razoável a expectativa de que, entre o domínio das relações jurídicas disponíveis e o das relações jurídicas indisponíveis, se pudesse estabelecer nítida contraposição, em tudo que se relacionasse com as diretrizes inspiradas no "princípio dispositivo". Tais diretrizes presumivelmente se aplicariam, com exclusividade, aos processos em que se litigasse sobre relações jurídicas da primeira espécie. É o que faz crer, de modo intuitivo, a ideia de um nexo de antecedente a consequente entre a índole da relação jurídica e o regime processual adequado. Uma vez que neste o predomínio da vontade particular constitui reflexo da disponibilidade do direito, aquela deveria predominar onde quer que se cuidasse de direito disponível, e somente aí.

3. A observação da realidade, entretanto, não confirma a expectativa. Fácil evidenciá-lo, desde logo, no que tange à iniciativa da instauração do processo. Será verdade que, ao excluir para o órgão judicial a possibilidade de proceder *ex officio,* está a lei obedecendo a uma sorte de imposição lógica resultante do caráter disponível da relação jurídica material? Não parece: na lei brasileira, como em muitas leis estrangeiras, dificilmente se descobrirá semelhante vinculação entre uma coisa e outra.

Senão, vejamos. Reza o art. 262, *princípio,* do nosso estatuto processual que "o processo civil começa por iniciativa da parte". A incidência da regra de modo algum se restringe ao território dos direitos disponí-

poder das partes de pôr fim a este mediante atos bilaterais ou unilaterais, e da proibição de julgamento *ultra petita;* no v. II, 6ª ed., São Paulo, 1981, p. 251-2, acrescenta, sempre sob o mesmo título, considerações sobre a limitação dos poderes judiciais em matéria de prova.

veis. No ordenamento pátrio – e não apenas nele – vale indiferentemente para o juiz a proibição de instaurar por si mesmo o processo, quer se cogite de uma classe de direitos, quer de outra. Os direitos da personalidade, por exemplo (direito à vida, à integridade pessoal, à liberdade, ao nome, à própria imagem, à honra etc.), são normalmente indisponíveis[2]: seguir-se-á que, estando em jogo a proteção de um deles, fica o órgão judicial autorizado a iniciar o processo? Indisponíveis são, em princípio, os direitos do fisco; mas, se este se omite na cobrança de tributo devido, cabe porventura ao juiz suprir-lhe a omissão? Ninguém, é óbvio, dará resposta afirmativa a qualquer dessas indagações.

Por outro lado, o art. 989 do mesmo Código prevê a abertura *ex officio* do inventário, pelo órgão judicial, se nenhuma das pessoas legitimadas a requer em determinado prazo. O legislador de 1973, recorde-se, incluiu o inventário entre os procedimentos especiais de jurisdição contenciosa. E não sofre dúvida que são em máxima parte disponíveis os direitos de que nele se trata. Também o é o direito do proprietário ou possuidor da área, em face do titular da autorização, à percepção de renda e à indenização de prejuízos resultantes da pesquisa mineral. Contudo, não havendo acordo entre os interessados, incumbe ao juiz da comarca, onde se situa a jazida, cientificado pelo órgão administrativo competente, mandar proceder de ofício à avaliação da renda e da indenização, assim como, após o julgamento, intimar o titular da autorização a depositar quantia equivalente ao valor bienal da primeira e a prestar caução pela segunda (Dec.-Lei n. 227, de 28-2-1967, art. 27, incs. VI e s.).

Conclui-se que o normal monopólio da parte da instauração do processo não comporta explicação cabal só pela índole disponível da relação jurídica substantiva. Se assim fosse, nem se compreenderia que ele prevalecesse, em geral, mesmo no âmbito dos direitos indisponíveis, nem que pudesse deixar de viger em tais ou quais hipóteses de direitos disponíveis.

4. O que ficou dito para a questão da iniciativa do processo vale igualmente para outras. Atente-se na da correlação entre o julgamento e o

---

2 MITTEIS-LIEBERICH, *Deutsches Privatrecht,* 5ª ed., Munique, 1968, p. 44; DE CUPIS, *I diritti della personalità,* Milão, 1973 (reimpr.), t. I, p. 81 e s.; PONTES DE MIRANDA, *Tratado de Direito Privado;* t. VII, Rio de Janeiro, 1955, p. 8. Cf. o art. 11 do projeto do novo Código Civil brasileiro (Projeto de lei n. 634-B, de 1975): "Com exceção dos casos previstos em lei, os direitos da personalidade são intransmissíveis e irrenunciáveis, não podendo o seu exercício sofrer limitação voluntária".

pedido. A regra constante, no ordenamento pátrio (Código de Processo Civil, art. 460) e em tantos outros, é a de que o juiz não pode julgar fora nem além dos limites do pedido. Mas essa regra é aplicável, sem qualquer diferença, estejam em causa relações jurídicas disponíveis ou indisponíveis. E as poucas exceções que a lei prevê não têm como razão de ser a indisponibilidade: são em princípio disponíveis, *v.g.*, o direito aos juros e o direito ao reembolso das custas processuais e da verba honorária, prestações no entanto suscetíveis entre nós, todas elas, de concessão na sentença, independentemente de pedido (arts. 293, *fine*, e 20, *caput*, respectivamente). O mesmo se dirá da indenização prevista no art. 20 do Decreto-lei n. 7.661, de 21-6-1945 (Lei de Falências). Também não se prende necessariamente ao caráter disponível do direito em jogo, por conseguinte, a proibição do julgamento *extra vel ultra petita partium*.

Considerações análogas podem fazer-se quanto à iniciativa em matéria de prova. Se bem que às vezes se insinue em obras doutrinárias[3] e na jurisprudência, não acha ponto de apoio na lei, ao menos em nosso país, a ideia de que varie a amplitude da iniciativa judicial, aí, conforme a relação jurídica litigiosa se sujeite ou não ao poder de disposição das partes. Dos textos do Código de Processo Civil relacionados com o tema, nenhum consagra, de modo explícito ou implícito, distinção dessa espécie[4]. Certamente não se encontrará nada que com isso se pareça no art. 130, nem no art. 342, nem no art. 355, nem no art. 382, nem no art. 418, nem no art. 440, nem em qualquer outro que se refira aos poderes instrutórios do juiz. A quem sustente, portanto, a existência de restrições à iniciativa deste, no particular, não bastará, quando nada no plano do direito positivo, argumentar com a suposta disponibilidade dos direitos em causa.

---

3 *V.g.*, AMARAL SANTOS, *Primeiras linhas de Direito Processual Civil*, 2º v., 7ª ed., São Paulo, 1982, p. 79.

4 Já salientamos o ponto no ensaio "A garantia do contraditório na atividade de instrução", *in Temas de Direito Processual (Terceira Série)*, São Paulo, 1984, p. 74-5. Em vão se objetará com a atribuição de poderes de iniciativa instrutória ao Ministério Público (art. 83, n. 11): não está dito que com ela seja incompatível a do órgão judicial, que deva esta, por força, apagar-se onde caiba aquela, nem há – obviamente – supor que o juiz, ao contrário, deva atuar *mais* (ou só) onde também atue o Ministério Público.

5. Como se sabe, remonta à doutrina alemã do começo do século XIX a preocupação de compendiar em "princípios" (ou "máximas") as diretrizes político-jurídicas que se podem acolher na ordenação do processo. É curioso que, embora a inspiração inicial estivesse ligada à noção da disponibilidade dos direitos, esse vínculo não se haja refletido na nomenclatura adotada. Para designar a diretriz que subordinava a atividade do juiz à iniciativa da parte, cunhou-se o termo *Verhandlungsmaxime,* que ao pé da letra significa "máxima (ou princípio) do debate", e estaria possivelmente a indicar a limitação do material utilizável no julgamento àquilo que os litigantes mesmos cuidem de trazer à discussão em juízo[5].

Não surpreende que se tenha considerado inexpressiva a denominação, e imprópria como veículo da ideia que se pretendia sugerir; nem que, algumas décadas mais tarde, se propusesse outra, *Dispositionsmaxime,* em que era evidente a sugestão[6]. Todavia, o nome primitivo não foi abandonado. Em vez disso, ganhou terreno, pouco a pouco, na doutrina, a tendência a distinguir duas classes de problemas: uma relacionada com a liberdade do titular do direito de utilizar ou não o instrumento do processo para a respectiva vindicação, outra com o modo de funcionar do mecanismo processual no tocante aos fatos e à prova destes. Muitos autores passaram a reservar para o âmbito do segundo grupo de fenômenos o emprego do binômio *Verhandlungsmaxime - Untersuchungsmaxime* e a usar de preferência, com relação ao primeiro grupo, as expressões *Dispositionsmaxime* e *Offizialmaxime*[7].

Na literatura mais moderna prevalece amplamente a diferenciação. Para esclarecê-la, diz-se que a *Dispositionsmaxime* respeita ao poder de decidir sobre a instauração do processo, sobre a respectiva subsistência e sobre a delimitação do litígio, ao passo que a *Verhandlungsmaxime*

---

5 A autoria da fórmula é atribuída a GÖNNER (*vide,* ao propósito, BOMSDORF, *Prozessmaximen und Rechtswirklichkeit,* Berlim, 1971, p. 119 e s.; BRÜGGEMANN, *Judex statutor und judex investigator,* Bielefeld, 1968, p. 107, com sintéticas mas interessantes observações sobre a estrutura do vocábulo). À *Verhandlungsmaxime* contrapunha-se a *Untersuchungsmaxime,* expressão traduzível por "máxima (ou princípio) da investigação" - isto é, da livre investigação pelo órgão judicial.

6 Segundo BOMSDORF, ob. cit., p. 161, foi o termo criado em 1858 por ORTLOFF, que, para batizar o princípio oposto, cunhou a denominação *Offizialmaxime.*

7 Deve-se a distinção, sobretudo, a VON CANSTEIN: *vide* ainda BOMSDORF, ob. cit., p. 175 e s. Sobre a evolução do tratamento da matéria na literatura alemã, consultar-se-á com proveito CARNACINI, Tutela giurisdizionale e tecnica del processo, *in Studi* in *onore di Enrico Redenti,* Milão, 1951, v. II, p. 716 e s.

entende com o poder de introduzir no processo a matéria de fato, de decidir sobre a necessidade da respectiva verificação e de tomar a iniciativa desta[8]. Alguns autores vão além e empregam ainda uma terceira expressão, *Parteibetrieb,* para designar a iniciativa da parte de instaurar o processo e mantê-lo em movimento (impulso processual), restringindo o conceito da *Dispositionsmaxime* exclusivamente ao poder de dispor do objeto de processo já pendente[9].

Não é preciso que nos alonguemos nesta exposição. Convém frisar, no entanto, que já quase não se aponta na noção de disponibilidade razão suficiente para fundamentar a *Verhandlungsmaxime:* em vez disso, prefere-se invocar em favor desta considerações de ordem técnica e prática, motivos de conveniência[10]. Com relação à *Dispositionsmaxime* é que se persiste na justificação clássica[11].

---

8 Assim, resumidamente, BRÜGGEMANN, ob. cit., p. 100. No mesmo sentido, em substância, cf., entre as obras mais recentes, ARENS, *Zivilprozessrecht,* Munique, 1978, p. 4 e s.; WOLF, *Gerichtliches Verfahrensrecht,* Reinbeck bei Hamburg, 1978, p. 36-7; JAUERNIG, *Zivilprozessrecht,* 19ª ed., Munique, 1981, p. 64 e s.; BAUR, *Zivilprozessrecht,* 4ª ed., Frankfurt am Main, 1982, p. 44 e s.; SCHLOSSER, *Zivilprozessrecht I,* Munique, 1983, p. 77-8; DAMRAU, *Die Entwicklung einzelner Prozessmaximen seit der Reichszivilprozessordnung von* 1877, Paderborn, 1975, p. 32. Em vez de *Verhandlungsmaxime* e de *Untersuchungsmaxime* também se usam, respectivamente, os termos *Verhandlungsgrundsatz* e *Untersuchungsgrundsatz.* Há quem proponha substituir *Verhandlungsmaxime* (ou *Verhandlungsgrundsatz)* por *Beibringungsg-undsatz:* ZETTEL, *Der Beibringungsgrundsatz,* Berlim, 1977.

9 Estão nesse caso, *v.g.,* ROSENBERG-SCHWAB, *Zivilprozessrecht,* 13ª ed., Munique, 1981, p. 431-2, 444; THIERE, *Die Wahrung überindividueller Interessen im Zivilprozess,* Bielefeld, 1980, p. 148, nota 108.

10 ROSENBERG-SCHWAB, ob. cit., p. 434; THIERE, ob. cit., p. 170; WOLF, ob. cit., p. 197 e s. (esse autor, porém, reconhece ainda certa significação, aqui, à ideia da autonomia da vontade, ao lado de aspectos como o da limitação das despesas processuais e da duração do processo e o da necessidade de preservar a imparcialidade do juiz); WEYERS, Über Sinn und Grenzen der Verhandlungsmaxime im Zivilprozess, *in Dogmatik und Methode, Josef Esser zum* 65. *Geburtstag,* Kronberg, 1975, p. 199 e s.

11 *"Die Dispositionsmaxime ist das prozessuale Seitenstück zur Privatautonomie",* escreve ARENS, ob. cit., p. 5, onde se pode estranhar que a afirmação se insira em contexto referente à iniciativa da instauração do processo: não porque aí se inclua este tópico na problemática da *Dispositionsmaxime* – o que é frequente –, mas porque a disponibilidade no plano material decerto *não* explica de maneira satisfatória a proibição, para o órgão judicial, de proceder *ex officio (vide, supra,* item n. 3).

6. Também na Itália tem dado azo a dissensões o assunto de que nos estamos ocupando. Grande parte da doutrina usou e usa indiscriminadamente a expressão *princípio dispositivo,* a respeito das várias questões acima referidas. Não falta, entretanto, quem distinga, ainda que a distinção nem sempre se inspire no mesmo critério.

Assim é que se tem às vezes reservado aquela denominação para a diretriz limitadora da iniciativa do órgão judicial em matéria instrutória, empregando-se outra expressão - *principio della domanda* - para aludir ao poder exclusivo da parte na instauração do processo[12]. Em tal esquema, o nome *princípio dispositivo* designa aquilo que os alemães, nos tempos modernos, soem rotular de *Verhandlungsmaxime.* Mas existe quem objete à equiparação e só admita falar de um *princípio dispositivo* em sentido processual (ou *impróprio)* como correlato da *Verhandlungsmaxime,* ao passo que, no sentido *material* (ou *próprio),* o *princípio dispositivo* indicaria o que na Alemanha se denomina *Dispositionsmaxime*[13].

Por outro lado, apesar dessas divergências de terminologia, um traço é constante na literatura peninsular contemporânea: ela se abstém de invocar genericamente o poder de disposição do titular do direito para fundamentar as várias modalidades de limitação da iniciativa do órgão judicial. Coloca-se a tônica de preferência, alhures; frequentemente, na necessidade de preservar a imparcialidade do juiz[14]. O descrédito da

12 Nesse sentido LIEBMAN, no importante ensaio Fondamento del principio dispositivo, *in Problemi del processo civile,* Nápoles, s. d., p. 3 e s.; *id., Manuale di diritto processuale civile,* 4ª ed., Milão, v. I, 1980, p. 127 e s., e v. II, 1981, p. 83 e s. (na última obra, em termos explícitos, o autor inclui no âmbito do *principio della domanda,* além da exclusividade no poder de iniciar o processo, outras faculdades privativas da parte, como a de fixar o objeto do julgamento: v. I, p. 128). Cf. ANDRIOLI, *Diritto processuale civile,* v. I, Nápoles, 1979, p. 227, 235, 238.

13 Assim CAPPELLETTI, *La testimonianza della parte nel sistema dell'oralità,* Milão, 1962 (reimpr.), t. I, p. 303 e s., especialmente 357-8.

14 LIEBMAN, que no ensaio citado na nota 12, *supra,* punha em relevo esse aspecto sobretudo para explicar o *princípio dispositivo,* segundo a terminologia adotada pelo autor (isto é, o correspectivo da *Verhandlungsmaxime),* no *Manuale,* v. I, p. 128-9, estendeu a mesma explicação ao *principio della domanda,* sem deixar, quanto a este, de aludir também à *"libera determinazione"* do titular do direito subjetivo. Exclusivamente à exigência de imparcialidade do órgão judicial, como *ratio* do *principio della domanda,* refere-se PROTO PISANI, *in Commentario del codice di procedura civile,* dirigido por ALLORIO, v. I, t. 11, Turim, 1973, p. 1051, com remissão a ensinamentos de CALAMANDREI. MANDRIOLI, *Corso di diritto processuale civile,* v. I, Turim, 1973, p. 68-9, atribui, ao contrário, relevo preponderante à ideia

explicação baseada na índole da relação jurídica material é sensível, de modo particular, no tocante à questão dos poderes instrutórios do juiz[15].

7. Pode-se compreender que o jurista, diante de cada uma das questões em que se desdobra o problema da "divisão do trabalho" entre o órgão judicial e as partes, se incline para tal ou qual orientação, prefira ver acentuadas as possibilidades de atuação do juiz ou, ao contrário, vinculadas à vontade dos litigantes. A justificação da escolha, contudo, submete-se inevitavelmente ao escrutínio da crítica, já pelo ângulo da aderência à realidade, já do ponto de vista da coerência lógica.

Quando alguém, por exemplo, invoca o princípio dispositivo a propósito da regra *ne procedat iudex ex officio,* e o relaciona com o poder de disposição do autor sobre seu suposto direito, uma de duas: ou se pronuncia *de lege lata,* isto é, expõe como se passam as coisas em determinado ordenamento processual, ou *de lege ferenda,* isto é, sugere como se devem passar as coisas, em sua opinião, num ordenamento processual bem constituído. No primeiro caso, sujeita-se a invocação ao contraste com as normas do *ius positum;* e muito perderá em credibilidade se se averiguar que a vedação prevalece, de maneira geral, também para as hipóteses de direitos indisponíveis, e pode cessar, embora a título excepcional, para algumas hipóteses de direitos disponíveis. No segundo caso, se não se recomendar a adoção da regra oposta para as hipóteses de indisponibilidade, ter-se-á pelo menos de dar, com relação a estas, explicação diversa, capaz de justificar a igualdade de tratamento; ora, se essa explicação for comum à outra classe de direitos, e também quanto a ela suficiente em si mesma, correr-se-á o risco de ver objetar que com isso se torna supérflua, afinal de contas, a invocação do princípio dispositivo...

Não é nosso propósito analisar aqui as diversas manifestações doutrinárias na matéria, para verificar se passam incólumes por tais provas. Situa-se em nível mais modesto a preocupação que ora nos move. Ela

da disponibilidade no plano material, para justificar o *principio della domanda (aliter,* em termos expressos, quanto ao *principio dispositivo,* no sentido de *Verhandlungsmaxime:* p. 76-7).

15 No dizer de VERDE, *Profili del processo civile,* Nápoles, 1978, p. 83, por exemplo, trata-se de *"un problema di mera tecnica processuale, da risolvere sulla base di ragioni di convenienza o di opportunità".*

se concentra no aspecto terminológico da questão: se a ideia da disponibilidade da relação jurídica material, como ficou demonstrado, não se presta a ministrar a razão suficiente das várias limitações impostas à iniciativa do juiz, será aconselhável continuar a usar, e com alcance genérico, uma expressão – princípio dispositivo – tão propícia a evocar aquela ideia e, por conseguinte, a pôr em falsa pista quem quer que a leia ou a ouça com mente aberta às sugestões da etimologia?

A rigor, a denominação poderia reputar-se adequada a um único tópico: o dos atos de disposição que as partes pratiquem no curso do processo. Com efeito, afigura-se lógico referir à disponibilidade da relação litigiosa, no particular, a vinculação do órgão judicial, que sem dúvida aprecia a matéria pelo prisma da validade – verificando, justamente, se o direito era mesmo disponível –, mas não pode pronunciar-se sobre o conteúdo do ato praticado, sob pena de indevido cerceamento da autonomia da vontade dos litigantes. Aí está, na verdade, fenômeno que faz sentido ligar a um princípio chamado "dispositivo". Quanto aos outros que se costumam mencionar neste contexto, parece-nos altamente duvidosa, para dizer o menos, a propriedade da correlação.

8. A doutrina brasileira não tem dedicado atenção maior a essas questões. Como se disse de início, costumam os autores reportar-se, pura e simplesmente, ao princípio dispositivo, quando querem aludir a qualquer das manifestações da subordinação do juiz à iniciativa da parte. Por outro lado, é escasso o empenho que se mostra em fundamentar, seja como for, a preferência pelas soluções obedientes a essa diretriz.

Há sinais, sobretudo em obras recentes, de que se começa a tomar consciência do problema. Atestam-no, antes de mais nada, certas tentativas de diversificação terminológica. Tem-se proposto, *v.g.*, adotar denominação específica para a proibição, a que se submete o órgão judicial, de instaurar *ex officio* o processo[16]. Já se sugeriu, também, o

16 CELSO AGRÍCOLA BARBI, *Comentários ao Código de Processo Civil*, v. I, 3ª ed., Rio de Janeiro, 1983, p. 21-2, fala em "princípio da demanda", expressão de origem obviamente italiana, e cuida de afirmá-lo distinto do princípio dispositivo, bem como de incluir-lhe no âmbito de incidência a vedação do julgamento *ultra petita*. ANTÔNIO CARLOS DE ARAÚJO CINTRA; ADA PELLEGRINI GRINOVER; CÂNDIDO R. DINAMARCO, *Teoria Geral do Processo*, 4ª ed., São Paulo, 1984, p. 26, aludem a "princípio da ação" ou "princípio do pedido", que igualmente diferenciam do princípio dispositivo, reservada esta expressão para o tema da iniciativa de alegações e provas (p. 32 e s.).

uso de expressões diferentes para designar os princípios que a moderna doutrina alemã distingue sob os nomes de *Verhandlungsmaxime* e *Dispositionsmaxime*[17]. Deve-se reconhecer, no entanto, a fraca repercussão, até agora, de semelhantes alvitres.

Igualmente ambíguo é o *status quaestionis* no que concerne à fundamentação. Muitas vezes, como já se frisou, ela não vem explicitada. Uma ou outra referência à disponibilidade do direito material surge a propósito da regra *ne procedat iudex ex officio,* dos atos de disposição praticados pelas partes, da proibição do julgamento *ultra petita*[18]. Acerca da limitação da atividade oficial em tema de prova, prefere-se invocar o argumento concernente à imparcialidade do juiz[19]; não deixa de ser paradoxal que precisamente nesse contexto se guarde maior fidelidade à denominação "princípio dispositivo".

O panorama denota insuficiente reflexão sobre o assunto. Bem se sabe quão difícil é contrariar usos inveterados, em terminologia como em tudo mais. Em determinados casos, porém, vale a pena tentar. A invocação do princípio dispositivo ameaça às vezes, entre nós, converter-se em *slogan* cômodo, capaz de dar solução rápida a uma série de questões, que se tende a supor análogas com facilidade tanto maior quanto menor o tempo, ou a vontade, de investigar se a suposição verdadeiramente se justifica. É uma simplificação perigosa; entre outros motivos, pelas falsas correlações de ideias que pode ocasionar ou favorecer.

---

17 "Princípio de controvérsia" e "princípio dispositivo", respectivamente: PONTES DE MIRANDA, *Comentários ao Código de Processo Civil,* t. II, 2ª ed., Rio de Janeiro, 1979, p. 526.

18 JOSÉ FREDERICO MARQUES, ob. cit., v. I, p. 381 (onde também se invoca, a propósito da primeira regra, "o objetivo de garantir a imparcialidade do órgão judiciário"). Em A. C. DE ARAÚJO CINTRA; ADA PELLEGRINI GRINOVER-CÂNDIDO R. DINAMARCO, ob. cit., p. 29, encontra-se menção a um "princípio da disponibilidade processual", cujo alcance não fica muito claro: ele parece, de um lado, aproximar-se do "princípio da ação", na medida em que respeita à possibilidade, para os titulares dos direitos, "de apresentarem ou não sua lide em juízo"; de outro, entender com os atos dispositivos das partes - aspecto pelo qual se justificaria, sem dúvida, a menção à "natureza do direito material que se visa a atuar".

19 JOSÉ FREDERICO MARQUES, ob. cit., v. 11, p. 252; AMARAL SANTOS, ob. e lug. cit.; MONIZ DE ARAGÃO, *Exegese do Código de Processo Civil,* v. IV, t. I, Rio de Janeiro, s.d., p. 59; HUMBERTO THEODORO JÚNIOR., *Processo de conhecimento,* 3ª ed., Rio de Janeiro, 1984, p. 28, 453; A. C. ARAÚJO CINTRA; ADA PELLEGRINI GRINOVER; CÂNDIDO R. DINAMARCO, ob. cit., p. 33.

Se despertássemos para o risco, decerto nos persuadiríamos da conveniência de usar a expressão com maior parcimônia. E é bem provável que acabássemos por tirar outras conclusões. A partir da análise terminológica, talvez chegássemos a redimensionar – como urge – todo o fenômeno subjacente.

Fevereiro de 1985.

COMENTÁRIOS DOS ATUALIZADORES

O PROBLEMA DA "DIVISÃO DO TRABALHO" ENTRE JUIZ E PARTES: ASPECTOS TERMINOLÓGICOS

Luiz Paulo da Silva Araújo Filho / Guilherme Jales Sokal

1. Embora o Professor José Carlos Barbosa Moreira tenha se dedicado, no estudo em relevo, aos aspectos terminológicos da questão, vale mencionar desde logo que alguns doutrinadores, mesmo admitindo que não há modelo processual totalmente dispositivo ou inquisitivo – "soluções 'quimicamente puras'", no dizer do Mestre –, afirmam que o modelo brasileiro é o *cooperativo*, consoante o princípio agora expressamente consagrado no art. 6º do CPC.[20] Bem assim, tornou-se comum a referência a "divisão de trabalho" ou "comunidade de trabalho" especificamente no estudo da "cooperação processual", como, aliás, em essência, sempre ensinou o Mestre.[21]

Na verdade, a adequada atenção ao princípio do contraditório, mormente à luz do inciso LV do artigo 5º da Constituição Federal, como se depreende da lição de Barbosa Moreira, seria suficiente para fixar as bases da cooperação processual:

> *L'art. 5, nº LV, de la nouvelle Constitution assure aux plaideurs la garantie du contradictoire et de l'"ample défense, avec les*

20 Cf., por todos, DIDIER JR., Fredie. *Curso de direito processual civil.* 17ª ed. Salvador: JusPodivum, 2015. v. 1, item 2.12, p. 120 e s. Antes do CPC-2015, do mesmo autor: Os três modelos de direito processual: inquisitivo, dispositivo e cooperativo. *Revista de Processo*, São Paulo, n. 198, p. 213-226, ago. 2011.

21 Só neste volume, além deste estudo, vejam-se os próximos três ensaios.

> *moyens et les recours qui lui sont inhérents". La garantie du contradictoire signifie essentiellement que le demandeur et le défendeur doivent jouir tous les deux de la possibilité effective de participer au déroulement du proces, d'exposer leurs raisons au juge, d'apporter les preuves de leurs allégations, de présenter leurs observations sur les arguments de l'adversaire et sur les preuves apportées par celui-ci ou ordonnées d'office. Elle implique pour le juge l'interdiction de prendre des mesures sans en avertir les parties et d'appuyer ses décisions sur des faits et des résultats de l'instruction au sujet desquels elles n'auraient pu s'exprimer.*[22]

Nada obstante, fez bem o Código de Processo Civil em prescrever, entre suas normas fundamentais, que: "Todos os sujeitos do processo devem cooperar entre si para que se obtenha, em tempo razoável, decisão de mérito justa e efetiva" (art. 6º).[23]

2. No que tange à suposta ideia de um nexo de antecedente a consequente entre relações jurídicas disponíveis e o regime processual adequado ao princípio dispositivo, a observação da realidade continua a não confirmar a expectativa, nos termos basicamente postos no estudo em destaque.

---

22 BARBOSA MOREIRA, José Carlos. *Les principes fondamentaux de la procédure civile dans la nouvelle Constitution brésilienne*. In: *Temas de direito processual*: quinta série. São Paulo: Saraiva, 1994. p. 39-47, espec. p. 42: "O art. 5º, nº LV, da nova Constituição assegura aos litigantes a garantia do contraditório e da 'ampla defesa, com os meios e recursos que lhes são inerentes'. A garantia do contraditório significa essencialmente que o autor e o réu devem gozar da efetiva possibilidade de participar do desenvolvimento do julgamento, de expor ao juiz as suas razões, de produzir provas das suas alegações, de apresentar as suas observações sobre os argumentos do adversário e sobre as provas apresentadas por ele ou determinadas de ofício. Ela implica para o juiz a proibição de tomar medidas sem advertir as partes e de basear suas decisões em fatos e resultados da instrução sobre os quais não tenham podido se manifestar as partes" (tradução livre).

23 Para um panorama da cooperação no direito europeu contemporâneo, conferir, principalmente, as Regras 2 a 4 das Regras-Modelo de Processo Civil para a Europa ELI/UNIDROIT. O documento se propõe a servir de consolidação teórica para um modelo de processo civil a nortear a harmonização nas legislações nacionais.

3. Quanto à iniciativa da instauração do processo subsiste a regra *ne procedat iudex ex officio*, como se vê, agora, do art. 2°, *principio*, do CPC, mas o dispositivo se aplica a todo e qualquer processo, quer trate de relação jurídica disponível ou indisponível, permanecendo exatas as colocações do dileto autor.[24]

O art. 989 do CPC de 1973 foi revogado, não havendo norma similar no Código de Processo Civil de 2015, mas o Código em vigor passou a admitir que o juiz, de ofício, promova a restauração de autos (art. 712), qualquer que seja a natureza do direito objeto do processo. O art. 27, incisos VI e s., do Decreto-lei n° 227, de 28.02.1967, continua em vigor, incumbindo ainda "ao juiz da comarca, onde se situa a jazida, cientificado pelo órgão administrativo competente, mandar proceder de ofício à avaliação da renda e da indenização, assim como, após o julgamento, intimar o titular da autorização a depositar quantia equivalente ao valor bienal da primeira e a prestar caução pela segunda".

O procedimento estabelecido nos incisos VI e seguintes do supracitado art. 27, no entanto, precisa agora ser interpretado à luz da Constituição Federal de 1988, sendo imprescindível assegurar, *ab initio*, a participação do proprietário ou possuidor da área no feito, já para acompanhar a avaliação. Prevaleceu no Superior Tribunal de Justiça o entendimento de que: "A avaliação da indenização devida ao proprietário do solo, em razão de alvará de pesquisa mineral, é processada no Juízo Estadual da situação do imóvel" (verbete n° 238 da *Súmula*), porquanto, em suma: "Procedimento previsto no interesse de particulares, sem qualquer reflexo em bens ou interesses da União" (Primeira Seção, CC n° 19.914/DF, Rel. Min. Ari Pargendler, julg. em 10.09.1997).

4. No que concerne à correlação entre o julgamento e o pedido, a regra do art. 460 do CPC/73 foi mantida, em substância, no art. 492 do Código atual, perseverando as poucas exceções dos juros legais e das verbas de sucumbência, inclusive honorários advocatícios, mas agora com acréscimo da "correção monetária" (art. 322, § 1°, CPC; *v.* também

24 O art. 11 do então projeto do novo Código Civil brasileiro (Projeto de lei n. 634-B, de 1975) permanece no Código Civil: "Art. 11. Com exceção dos casos previstos em lei, os direitos da personalidade são intransmissíveis e irrenunciáveis, não podendo o seu exercício sofrer limitação voluntária".

os arts. 82, § 2º, 85, *caput*). O Decreto-lei nº 7.661, de 21.06.1945 (Lei de Falências), foi revogado pela Lei nº 11.101, de 09.02.2005 (Lei de Recuperação Judicial e Extrajudicial e de Falência), entretanto o art. 101 desta conservou, em essência, a regra do art. 20 da anterior,[25] além de prever a convolação da recuperação judicial em falência pelo juiz (arts. 73 e 74).

Mesmo não havendo, ainda, em nosso país, "ponto de apoio na lei", progride na doutrina[26] certa diferenciação na amplitude da iniciativa judicial em matéria de prova conforme a relação jurídica litigiosa seja ou não disponível.[27] Os artigos do CPC de 1973 citados em seguida no texto original, no sentido de que neles não se encontrará nada que com ponto de apoio se pareça, assumiram redação simílima ou idêntica nos correspondentes dispositivos do CPC em vigor, como se vê do art. 370, *caput* (então art. 130), do art. 139, VIII (*idem* 342), do art. 396 (*id.* 355), do art. 421 (*id.* 382), do art. 461 (*id.* 418) ou do art. 481 (então art. 440).

5. Na Alemanha, basicamente, continua a doutrina preponderante a referir-se à *Dispositionsmaxime* como – *grosso modo* – o princípio do controle das partes sobre a ação (*cause of action*), sendo as partes que determinam o objeto e o alcance das questões do processo, se e quando é iniciado e se deve ser voluntariamente encerrado, já à *Verhandlungsmaxime* (ou *Beibringungsgrundsatz*) como – ainda sem pormenores – "o princípio do controle pelas partes dos fatos e dos meios de prova", ao qual se opõe o *Untersuchungsmaxime*, ou princípio da investigação pelo tribunal.[28]

---

25 Art. 101. Quem por dolo requerer a falência de outrem será condenado, na sentença que julgar improcedente o pedido, a indenizar o devedor, apurando-se as perdas e danos em liquidação de sentença.

26 Vejam-se, p. ex., GRECO, Leonardo. *Instituições de processo civil.* 3ª ed. Rio de Janeiro: Forense, 2015. v. II, p. 119: o próprio autor reconhece que o art. 370 do CPC "não faz qualquer distinção"; e DIDIER JR., Fredie; BRAGA, Paula Sarno; OLIVEIRA, Rafael Alexandria de. *Curso de direito processual civil.* 10ª ed. Salvador: JusPodivum, 2015. v. 2, item 13.1, p. 82 e s.

27 Menciona também a doutrina, como fator a ser considerado, as condições das partes, ou seja, eventual vulnerabilidade "(econômica ou técnica)" (*v.* DIDIER JR., Fredie; BRAGA, Paula Sarno; OLIVEIRA, Rafael Alexandria de. *Curso de direito processual civil.* 10ª ed. Salvador: JusPodivum, 2015. v. 2, p. 90).

28 MURRAY, Peter L.; STÜRNER, Rolf. *German Civil Justice*. Carolina Academic Press: Durham, North Carolina, 2004. p. 156 e s., espec. p. 156 e 158-159.

Também Jauernig, em edição mais recente da obra *Zivilprozessrecht*, menciona "princípio dispositivo" em relação à vedação ao tribunal de dar início, por si, a um processo cível, deixando-se ao critério do indivíduo a iniciativa de accionar.[29] O "princípio da instrução por iniciativa das partes (também chamado princípio da apresentação das provas)" significa que "as *partes* têm de garantir os fundamentos de facto da sentença (inclusivamente os meios de prova)".[30]

6. Com relação à Itália, vale mencionar que, mantendo a mesma linha da citada no estudo,[31] Andrea Proto Pisani, em trabalho posterior, ao cuidar do *principio della domanda*,[32] afirma que este constitui, *de iure condito*, apenas um limite e uma condição da jurisdição, e que "a sua *ratio* reside na exigência de *terzietà*[33] e imparcialidade (art. 111, § 2, da Const.) do órgão julgador".[34]

Interessante é observar, notadamente, que Comoglio, Ferri e Taruffo salientam, ao tratar do *principio della domanda e poteri del giudice*,[35] que o princípio da demanda sujeita o exercício da função jurisdicional a um "estímulo externo", proveniente do interessado ou, nos casos referidos no art. 69 c.p.c., também do Ministério Público (art. 2907, § 1°, c.c.), objetivando assim garantir a *imparcialidade* do órgão julgador, que deve sempre estar em rigorosa posição de "terceiro" ("*terzietà*") em relação às partes e à controvérsia entre eles surgida. Da mesma forma, salientam que "o mesmo princípio [*della domanda*],

---

29 E complementa: "Quem se decida a instaurar uma ação, com isso determina ao mesmo tempo o objeto do processo" (JAUERNIG, Othmar. *Direito processual civil*. Tradução de F. Silveira Ramos. 25ª ed. Coimbra: Almedina, 2002. p. 132.

30 Ibid. p. 136 – grifado no original.

31 O Problema da "Divisão do Trabalho"... p. 41, nota 14.

32 Aludindo à subordinação do exercício da jurisdição à demanda de pessoa alheia à própria atividade jurisdicional e à correspondência entre o pedido e a sentença.

33 A *terzietà* por vezes é mencionada pelos neologismos "terceiridade" ou "impartialidade".

34 *Lezioni di diritto processuale civile*. 4. ed. Napoli: Jovene, 2002. p. 190-191.

35 Registram os autores: "*Le principali norme di riferimento sono*:" o art. 2907 c.c. (*Attività giurisdizionale*), o art. 99 c.p.c. (*Principio della domanda*) e o art. 112 c.p.c. (*Corrispondenza trai il chiesto e il pronunciato*). (COMOGLIO, Luigi Paolo; FERRI, Corrado; TARUFFO, Michele. *Lezioni sul processo civile*. 2. ed. Bologna: Mulino, 1998. p. 235-236).

sendo expressão de uma *disponibilidade* fundamental dos meios judiciais de tutela, é frequentemente considerado como a projeção lógica da *disponibilidade* dos direitos ou relações substanciais em disputa, reconhecidos exclusivamente (em nível privado) àqueles que afirmam ser os titulares; mas o argumento não é inteiramente correto, pois o princípio também inclui a ação judicial do Ministério Público, exercida principalmente para proteger interesses supraindividuais e indisponíveis (art. 69) [...]".[36]

Em seguida, na rubrica *Definizione conciliativa*, concluem: "– em qualquer caso, a *disponibilidade* do direito e do meio de tutela, aos quais o princípio da demanda está ligado, encontra sua expressão mais completa nas várias formas de *resolução antecipada* do litígio (transação, desistência do processo, renúncia ao direito e à demanda etc.), que no curso do processo implicam uma *disposição negocial* da ação ou da própria *res litigiosa*".[37]

Como se vê, o descompasso terminológico não passou despercebido aos eminentes processualistas italianos, que apresentam – embora com a ideia de definição conciliatória – conceito semelhante ao proposto no texto em referência.

---

36 COMOGLIO, Luigi Paolo; FERRI, Corrado; TARUFFO, Michele. *Lezioni sul processo civile*. 2. ed. Bologna: Mulino, 1998. p. 236. Tradução livre. No original: *"– il medesimo principio, quale espressione di una fondamentale* disponibilità *del mezzo giudiziario di tutela, è spesso considerato come la logica proiezione della* disponibilità *dei diritti o dei rapporti sostanziali controversi, riconosciuta* in esclusiva *(sul piano privatistico) a chi se ne affermi titolare; ma l'argomentazione non è del tutto esatta, inquanto il principio comprende anche l'azione giudiziaria del pubblico ministero, esercitata perlopiù a tutela di interessi superindividuali e indisponibili (art. 69);*[...];" (grifo dos autores).

37 COMOGLIO, FERRI, TARUFFO, loc. cit. Tradução livre. No original: "– *in ogni caso, la* disponibilità *del diritto e del mezzo di tutela, cui il principio della domanda è collegato, trova la sua più compiuta espressione nelle diverse forme di* definizione anticipata *della lite (conciliazione transattiva, rinunzia agli atti, rinunzia al diritto e alla domanda, ecc.), che nel corso del giudizio implicano una* disposizione negoziale *dell'azione o della stessa* res litigiosa" (grifo dos autores). Frise-se que "*rinunzia agli atti*" representa "*rinunzia agli atti del giudizio*" (art. 306 do c.p.c. italiano), que equivale à nossa desistência da ação (ou do processo), mas não se confunde com a "*rinuncia alla domanda o all'azione*", que importa renúncia ao direito material (*v.*, nas próprias *Lezioni...*, p. 750 e s.) – ou renúncia à pretensão, como dito entre nós (cf. art. 487, III, *c*, do CPC).

7. Como afirmou o Mestre, para não pôr o leitor ou ouvinte em falsa pista, a rigor, a denominação "princípio dispositivo" poderia reputar-se adequada a um único tópico: "o dos atos de disposição que as partes pratiquem no curso do processo..."

A perfeita concepção, a nosso ver, não é substancialmente abalada pela admissão, hoje em voga, da autocomposição como evento não absolutamente restrito à disponibilidade (cf. art. 334, § 4º, II, do CPC), sendo aceita, embora com condicionantes, em relação – como costuma afirmar a doutrina – a certos direitos indisponíveis,[38] porquanto, ainda que controvertidos os limites em que admissível, é certo que ela não se submete, neste caso, à livre autonomia da vontade, sendo necessário o exame valorativo – em maior ou menor grau, conforme a hipótese – do *conteúdo do ato* pelo juiz.[39]

Nada obstante a autocomposição, em verdade, e apesar de referências a transação,[40] não pode haver disposição – sem jogo de palavras – do núcleo indisponível do direito ou, quando menos, o ato jurídico (*lato sensu*) se submete a critérios e requisitos especiais, como se vê, por exemplo, das Leis nº 9.469/1997 e nº 13.988/2020.[41]

---

38 No que concerne, em gênero, ao interesse público, vale registrar precisa observação: "Atualmente [...] predomina o entendimento de que os conflitos envolvendo interesses públicos *podem ser negociados*. Embora *não seja possível renunciar* ao interesse público em si, é possível *ajustar os modos de atingi-lo com maior qualidade, eficácia e eficiência*" (ALVIM, Teresa Arruda et al. *Primeiros comentários ao Código de Processo Civil*. 3ª ed. rev. atual. e ampl. São Paulo: Revista dos Tribunais, 2020. p. 643 – grifado no original).

39 Subsistem, porém, diplomas ainda fiéis, ao menos literalmente, ao norte da disponibilidade do direito para a delimitação do alcance de métodos adequados de resolução de conflitos, como a Lei de Arbitragem (Lei nº 9.307/96, art. 1º, *caput* e § 1º) e a nova Lei de Licitações e Contratos Administrativos (Lei nº 14.133/21, art. 151, parág. único). *Vide*, respectivamente: PINHO, Humberto Dalla Bernardina de; MAZZOLA, Marcelo. *Manual de mediação e arbitragem*. 2ª ed. São Paulo: Saraiva, 2021. p. 295 e s.; e JUSTEN FILHO, Marçal. *Comentários à Lei de Licitações e Contratações Administrativas*: nova Lei 14.133/21021. São Paulo: Revista dos Tribunais, 2021. p. 1.579 e s.

40 Cf., p. ex., Lei nº 13.988/2020 (*passim*); Lei nº 13.140/2015, art. 3º; Lei nº 9.469/97, art. 1º, §§ 4º e 5º; Lei nº 12.153/2009, art. 8º.

41 Veja-se o interessante ensaio de TALAMINI, Eduardo. A (in)disponibilidade do interesse público: consequências processuais (composições em juízo, prerrogativas processuais, arbitragem e ação monitória) – versão atualizada para o CPC/2015. *Revista de Processo*, São Paulo, n. 264, p. 83-107, fev. 2017. O eminente autor indica "limites e condicionantes à composição" com a Administração (item 8,

Seja num acordo de alimentos em que fixado valor irrisório, representativo da própria renúncia ao direito (art. 1.707 do CC), seja num termo de ajustamento de conduta (TAC)[42] em que tolerada, ainda que de forma reduzida, a subsistência da poluição (cf. art. 3º, III, da Lei 6.938/81),[43] ou seja num acordo firmado pela União, sem observar os critérios e graves requisitos previstos na Lei nº 9.469/97, o negócio jurídico é nulo e seu conteúdo deve ser controlado pelo juiz, para além da autonomia da vontade e, portanto, da disponibilidade.

No que se refere aos negócios jurídicos processuais atípicos (art. 190 do CPC),[44] a despeito das fortes polêmicas existentes sobre o tema,

p. 93-94), além da necessária autorização legislativa, quando as composições envolvam abdicação, "se e quando couberem" (p. 95).

42 Ou "compromisso de ajustamento de conduta" (CAC), como às vezes denominado na legislação (cf., p. ex., § 6º do art. 5º da Lei 7.347/85). Apesar da dissensão doutrinária sobre a natureza jurídica do TAC, não parece haver dúvida de que de autocomposição se trata: um dos projetos de nova lei da ação civil pública (PL 4.441/20), aliás, menciona que "[o] compromisso de ajustamento de conduta é instrumento de garantia e proteção dos direitos difusos [e] coletivos, com natureza de negócio jurídico, e tem por finalidade a adequação da conduta do compromissário às exigências normativas" (§ 1º do art. 29). Sobre a natureza jurídica do TAC consulte-se o resumo de Humberto Dalla Bernadina de Pinho. *Jurisdição e pacificação*: limites e possibilidades do uso dos meios consensuais de resolução de conflitos na tutela dos direitos transindividuais e pluri-individuais. Curitiba: CRV, 2017. p. 175 e s.

43 Consoante o § 6º do art. 5º da Lei 7.347, o TAC destina-se ao *cumprimento* das "exigências legais", *mediante cominações*, e não se sujeita a autênticas concessões mútuas, típicas da transação (arts. 840 e 841 do CC), ainda que às vezes haja menção à "transação especial". Observa Antonio do Passo Cabral: "A possibilidade de disposição sobre direitos coletivos existe, mas é restrita, pois o próprio direito coletivo não é transacionável. Não obstante, alguns instrumentos legais permitem uma margem de negociação no que se refere ao tempo e modo de cumprimento dos deveres legais, como o termo de ajustamento de conduta [...], o termo de compromisso (art. 11 §5º da Lei nº 6.385/76; art. 14 da Lei nº 13.506/2017), o acordo de leniência (art. 86 da Lei nº 12.529/2011; art. 16 e 17 da Lei nº 12.846/2013), o compromisso de cessação (art. 85 da Lei nº 12.529/2011), os acordos administrativos em processo de supervisão conduzidos pelo BACEN (art. 30 da Lei nº 13.506/2017), e o compromisso de certificação do art. 26 da Lei de Introdução às Normas do Direito Brasileiro, inserido pela Lei 13.655/2018" (*Convenções Processuais*: teoria geral dos negócios jurídicos processuais. 3ª ed. Salvador: JusPodivm, 2020. p. 197-198). O autor cita, em a nota 102, p. 197, opiniões que têm "relevado a indisponibilidade dos interesses e direitos coletivos".

44 Veja-se, sobre o tema, por todos, CABRAL, Antonio do Passo. *Convenções Processuais*: teoria geral dos negócios jurídicos processuais. 3ª ed. Salvador: JusPo-

que nem sequer superficialmente caberia mencionar em simples notas de atualização, também não se afigura incompatível, em si, a concepção lançada no texto em destaque, pois esses negócios, da mesma forma, não admitem livre disposição, referindo-se a doutrina – em linhas gerais – a não ser "admissível que as partes, no âmbito de determinado negócio jurídico processual, tratem ou negociem aspectos que escapem à sua esfera de disponibilidade".[45] Por outro aspecto, assevera Humberto Theodoro Júnior: "Entre as hipóteses de útil aplicação do negócio jurídico processual, arrola-se o caso das intervenções atípicas de terceiros, como, por exemplo, a ampliação das hipóteses de assistência e da permissão para denunciação da lide, sucessiva e *per saltum*, que, embora não autorizadas pelo Código, podem ser negociadas entre as partes, maiores e capazes, quando litiguem sobre direitos disponíveis".[46]

Rigorosamente, portanto, o impedimento de o juiz pronunciar-se sobre o conteúdo do ato praticado, sob pena de indevido cerceamento da autonomia da vontade dos litigantes, é próprio das hipóteses em que estejam em jogo faculdades e interesses exclusivos das partes,[47] ou seja, disponíveis, reservando-se a expressão "princípio dispositivo" àquilo de que real e efetivamente é possível dispor...[48]

divm, 2020. Registre-se que as opiniões do autor não coincidem necessariamente com as ideias gerais a seguir desenvolvidas no texto.

45 ALVIM, Teresa Arruda et al. *Primeiros comentários ao Código de Processo Civil.* 3ª ed. rev. atual. e ampl. São Paulo: Revista dos Tribunais, 2020. p. 417.

46 *Curso de direito processual civil.* 61ª ed. Rio de Janeiro: Forense, 2020. v. 1, p. 487.

47 "Quando se acham em jogo faculdades e interesses exclusivos das partes, o juiz não interfere no mérito do negócio processual, a não ser para verificar sua legalidade extrínseca" (THEODORO JÚNIOR, Humberto. *Curso de direito processual civil.* 61ª ed. Rio de Janeiro: Forense, 2020. v. 1, p. 488).

48 Registre-se, *a latere*, que os arts. 976, § 1º, e 998, parág. único, do CPC, dispõem que a desistência do processo ou do recurso não impede "o exame de mérito do incidente" nem "a análise de questão cuja repercussão geral já tenha sido reconhecida e daquela objeto de julgamento de recursos extraordinários ou especiais repetitivos", mas isso não tolhe os efeitos *in concreto* e intrínsecos do ato dispositivo, não obstando, destarte, "a desistência ou abandono da causa individual" tampouco "o trânsito em julgado da decisão antes atacada [...]. Não deixa de ser curioso, a parte que possibilitou a fixação da tese ficará alheia ao julgamento" (GAJARDONI, Fernando da Fonseca et al. *Comentários ao Código de Processo Civil.* 4ª ed. Rio de Janeiro: Forense, 2021. p. 1.414 e 1.476).

A preocupação com o apuro terminológico, dessa forma, mostra-se agora ainda mais importante.

8. Na doutrina brasileira, em termos gerais, ganhou corpo a tendência, com relação à proibição de instauração do processo por órgão judicial (art. 2º do CPC), à menção a "princípio da demanda",[49] com referências também a "princípio da ação", "princípio da inércia"[50] ou "princípio da iniciativa das partes",[51] como necessários – consoante asserção fre-

49 Os professores Antônio Carlos de Araújo Cintra, Ada Pellegrini Grinover e Cândido Rangel Dinamarco, mantiveram, em essência, a linhas básicas traçadas no estudo em relevo, mencionando "princípio da ação, ou da *demanda*" como "a atribuição à parte da iniciativa de provocar o exercício da função jurisdicional", necessário para evitar o inconveniente da "ausência de imparcialidade do juiz", constante no denominado "processo inquisitivo" (item 21); aludindo ao "*princípio da disponibilidade processual*" quando tratam dos "princípios da disponibilidade e da indisponibilidade", em sentido agora expressamente próximo ao "princípio da ação", bem como às limitações que sofre dito princípio "quando o próprio direito material é de natureza indisponível, por prevalecer o interesse público sobre o privado" (item 22); e afirmando – ao cuidar do "princípio dispositivo e princípio da livre investigação das provas" (item 23) – que "o mais sólido fundamento do princípio dispositivo parece ser a necessidade de salvaguardar a imparcialidade do juiz" (*Teoria geral do processo*. 29ª ed. São Paulo: Malheiros, 2013. p. 66 e 67, 69 e 73 – grifado no original). Não há mais referência, no entanto, a "princípio do pedido". Na última edição do livro, atualmente de autoria de Cândido Dinamarco, Gustavo Badaró e Bruno Carrilho Lopes, foram preservadas em substância essas orientações, mas com alusão apenas a "princípio da demanda" e referência a "chamado princípio dispositivo", além de alguns acréscimos (*Teoria Geral do Processo*. 32ª ed. São Paulo: Malheiros, 2020. Itens 39, 40 e 41, p. 109 s., espec. p. 109 e 116).

50 Ao comentar o art. 2º, afirma Paulo Cezar Pinheiro Carneiro: "O artigo trata do princípio dispositivo – também denominado de princípio da inércia ou da demanda", "importante para assegurar a imparcialidade do juiz" (ALVIM, Teresa Arruda et al. (Coord.). *Breves comentários ao novo Código de Processo Civil*. São Paulo: Revista dos Tribunais, 2015. p. 59 e 60). Cassio Scarpinella Bueno refere-se a "princípio da inércia jurisdicional" como garantia da "imparcialidade do juízo", mas afirma que o "art. 2º dá ensejo à construção do consagrado 'princípio dispositivo' ou da 'inércia jurisdicional'" (*Curso sistematizado de direito processual civil*. 11ª ed. São Paulo: Saraiva, 2021. v. 1, p. 275-276 e 409).

51 Leonardo Greco alude a princípio da *iniciativa das partes* ou princípio da *inércia da jurisdição*, também chamado de *princípio da demanda*, que se exterioriza nos brocardos *nemo iudex sine actore, ne procedat iudex ex officio* e *ne eat iudex ultra petita partitum*, como "princípio fundamental do processo, pois constitui uma garantia do respeito do Estado à liberdade individual" e "garantia da impar-

quente – para garantir a *imparcialidade do juiz*,[52] às vezes sem alusão ao princípio dispositivo,[53] outras com menção não motivada, como se fosse sinônimo,[54] e extensivos à delimitação do objeto do litígio e do julgamento, sendo "vedado ao juiz proferir decisão de natureza diversa da pedida, bem como condenar a parte em quantidade superior ou em objeto diverso do que lhe foi demandado" (art. 492), assim como decidir "com fundamentos de fato diversos dos que a parte invocou ou para partes diferentes (art. 141)".[55]

Embora normalmente reconhecido o amplo poder de instrução do juiz no direito brasileiro, a preocupação com a imparcialidade do juiz também é invocada, às vezes, como motivo para certa limitação da atuação *ex officio* do magistrado em matéria de prova.[56]

Alguns doutrinadores, entre nós, reservam a locução *princípio dispositivo* para a regra da iniciativa probatória de parte,[57] em sentido diverso à ideia prevalecente na Alemanha, onde, como visto, emprega-se

cialidade do juiz" (*Instituições de processo civil*. 5ª ed. Rio de Janeiro: Forense, 2015. v. I, p. 511 e 512 – grifado no original). Humberto Dalla Bernardina de Pinho trata dos princípios da iniciativa das partes e da inércia, garantias da imparcialidade, como princípios estritamente relacionados (*Direito processual civil contemporâneo*. 5ª ed. São Paulo: Saraiva, 2018. v. 2, p. 55).

52 Assim, p. ex., Cândido Rangel Dinamarco, que também menciona "*disponibilidade da tutela jurisdicional*" (*Instituições de direito processual civil*. 8ª ed. São Paulo: Malheiros, 2016. v. I, p. 363; e *Instituições...* 7ª ed. São Paulo: Malheiros, 2017. v. II, p. 46).

53 Cf. CÂMARA, Alexandre Freitas. *O novo processo civil brasileiro*. São Paulo: Atlas, 2015. p. 173.

54 Cf. WAMBIER, Luiz Rodrigues; TALAMINI, Eduardo. *Curso avançado de processo civil*. 15ª ed. São Paulo: Revista dos Tribunais, 2015. v. 1, p. 85 e 395.

55 DINAMARCO. *Instituições...*, v. II, p. 160 e 278.

56 *Vide*, p. ex., ASSIS, Araken de. *Processo civil brasileiro*. 2ª ed. São Paulo: Revista dos Tribunais, 2016. v. II, t. I, p. 927; GRECO, Leonardo. *Instituições de processo civil*. 3ª ed. Rio de Janeiro: Forense, 2015. v. II, 119.

57 "Na doutrina contemporânea reserva-se a locução *princípio dispositivo* [...] para a regra da iniciativa probatória de parte" (CINTRA, Antônio Carlos de Araújo; GRINOVER, Ada Pellegrini; DINAMARCO, Cândido Rangel. 29ª ed. São Paulo: Saraiva, 2013. p. 73). "O princípio da iniciativa das partes diz respeito à inércia do juiz quanto às questões de direito material, enquanto o princípio dispositivo se refere à iniciativa relativa aos fatos e às provas" (GRECO, Leonardo. *Instituições de processo civil*. 5ª ed. Rio de Janeiro: Forense, 2015. v. I, p. 519).

o termo *Verhandlungsmaxime*, ou "máxima (ou princípio) do debate", com relação ao modo de funcionar do mecanismo processual no tocante aos fatos e à prova destes, enquanto a *Dispositionsmaxime* está relacionada com a liberdade do titular do direito de utilizar ou não o instrumento do processo para a respectiva vindicação.

Fala-se ainda, para agravar a diversidade, por influência italiana, em "princípio dispositivo material (ou próprio)"[58] e "princípio dispositivo processual (ou impróprio)", o primeiro relativo à iniciativa do processo, o segundo concernente ao desenvolvimento interno do processo e à iniciativa da produção das provas.

Por fim, José Roberto dos Santos Bedaque, em monografia consagrada, após salientar a grande dificuldade em determinar o "exato significado da expressão 'princípio dispositivo'", "termo altamente equívoco, pois a doutrina processual costuma empregá-lo com o objetivo de expressar coisas diversas",[59] seguindo a "conclusão, oportuníssima, [...] de Barbosa Moreira", como ele mesmo cita, afirmou ser "preferível que a denominação 'princípio dispositivo' seja reservada tão somente aos reflexos que a relação de direito material disponível possa produzir no processo. [...] Assim, tratando-se de direito disponível, as partes têm ampla liberdade para dele dispor, através de atos processuais (renúncia, desistência, reconhecimento do pedido). E não pode o juiz opor-se à prática de tais atos, exatamente em virtude da natureza do direito material em questão. Essa sim corresponde à verdadeira e adequada manifestação do princípio dispositivo".[60]

---

58 "No processo civil, o princípio da liberdade no que tange à possibilidade de *propositura da ação* e da *delimitação do mérito da causa* ganha o nome de *princípio da demanda* (também conhecido como "*principio dispositivo in senso sostanziale*" e como "*Dispositionsgrundsatz*")" (MARINONI, Luiz Guilherme; ARENHART, Sérgio Cruz; MITIDIERO, Daniel. *Novo curso de processo civil*. São Paulo: Revista dos Tribunais, 2015. v. 1, p. 270).

59 *Poderes instrutórios do juiz*. 5ª ed. São Paulo: Revista dos Tribunais, 2011. p. 94. Nas páginas seguintes, o autor expõe as divergências doutrinárias na utilização das expressões "princípio dispositivo" e "princípio da demanda", bem como "*Dispositionsmaxime*" e "*Verhandlungsmaxime*".

60 *Poderes instrutórios do juiz*. 5ª ed. São Paulo: Revista dos Tribunais, 2011. p. 98 e nota 55. Assevera o autor, ao final do parágrafo: "Trata-se de um princípio relativo à relação material, não à processual", mas sendo relativo a ato praticado no processo, pelas partes (do processo), sob controle ou homologação do juiz, e para produzir efeitos também no processo... trata-se de ato processual.

OS PODERES DO JUIZ NA DIREÇÃO E NA INSTRUÇÃO DO PROCESSO[1]

1. Falar dos poderes do juiz importa enfrentar problema central de política jurídica, a cujo respeito todo sistema processual é chamado a definir-se: o problema da "divisão do trabalho" entre o órgão judicial e as partes. Uma tradição cultivada ao longo de quase todo o século XIX confiava às partes, de preferência, a sorte do processo. Da vontade particular fazia-se depender não apenas a existência deste, mas, em larga medida, o seu desenvolvimento. Na própria fixação do itinerário e no ritmo da marcha influía, de maneira decisiva, o ânimo dos litigantes, reservado ao juiz o papel de observador distante e impassível da luta entre eles, simples fiscal incumbido de vigiar-lhes o comportamento, para assegurar a observância das "regras do jogo" e, no fim, proclamar o vencedor.

À sustentação teórica de semelhante modelo não basta, nem bastou jamais, a noção da disponibilidade dos direitos que se postulam perante a justiça civil. Não bastaria, mesmo que na verdade sempre se tratasse, aí, de direitos disponíveis – o que está notoriamente longe de ser exato, inclusive para os ordenamentos (e não é o caso do brasileiro) que destinem o processo civil, em termos de exclusividade, à composição de litígios privados, também eles suscetíveis, em muitas e bem conhecidas hipóteses, de gravitar em torno de relações jurídicas imunes ao poder de disposição dos titulares. E não bastaria, ainda que se fizesse repousar sobre o respeito à autonomia da vontade a generalizada proibição, imposta aos juízes, de proceder *ex officio.*

Aceita a premissa de que ao titular do direito, em princípio, toca livremente resolver se ele deve ou não ser defendido em juízo, daí não se extrairá, sem manifesto salto lógico, que lhe assista idêntica liberdade de influir na maneira por que, uma vez submetida a lide ao órgão estatal, deva este atuar com o fim de estabelecer a norma jurídica concreta aplicável à espécie. Se cabe ver no litígio uma como enfermidade social, a cuja cura se ordena o processo, antes parece lícito raciocinar analogicamente a partir do fato de que o enfermo, no sentido físico da palavra, livre em-

---

1 Texto da conferência pronunciada em 14-9-1984, no V Simpósio de Direito Comparado Luso-Brasileiro (Rio de Janeiro), e publicada na *Revista de Direito Comparado Luso-Brasileiro,* v. 4, e na *Revista Brasileira de Direito Processual,* v. 48.

bora de resolver se vai ou não internar-se em hospital, tem de sujeitar--se, desde que opte pela internação, às disposições do regulamento: não pode impor a seu bel-prazer horários de refeições e de visitas, nem será razoável que se lhe permita controlar a atividade do médico no uso dos meios de investigação indispensáveis ao diagnóstico, ou na prescrição dos remédios adequados. Não lhe agradando o tratamento, resta-lhe decerto, a qualquer tempo, a possibilidade de retirar-se, mesmo sem alta, para tentar curar-se por outros métodos; enquanto, porém, queira utilizar os serviços do estabelecimento, há de respeitar-lhes a disciplina, que tem suas exigências próprias de racionalidade.

2. As legislações modernas acentuam o papel preponderante do juiz na direção do processo. Continua-lhe em regra vedado, como é da tradição, pôr em movimento, por iniciativa sua, a máquina judiciária; mas, uma vez instaurado, desenvolve-se o feito, para usar a dicção do art. 262 do Código brasileiro, "por impulso oficial". O Código português, que no art. 264, n. 1, literalmente sugere orientação contrária, logo em seguida se apressa, no art. 266, a cometer ao órgão judicial as atribuições de "remover os obstáculos que se oponham ao andamento regular da causa" e de ordenar o que "se mostre necessário para o seguimento do processo": o alcance da disposição não é muito diverso do que possui o art. 125, n. II, do diploma pátrio, onde se consagra, para o juiz, o dever de "velar pela rápida solução do litígio".

Ainda na lei brasileira, constituem manifestações importantes do poder do órgão judicial de dirigir formalmente o processo, em atuação *ex officio:* a possibilidade de determinar a reunião de ações propostas em separado, quando entre elas haja conexão ou continência (art. 105); a de sobrestar no andamento do feito, até que se pronuncie o juízo penal, se a decisão da lide depender da verificação de fato delituoso (art. 110, *caput);* a de declarar a própria incompetência, quando absoluta, remetendo os autos ao órgão competente (art. 112, § *2º);* a de prorrogar os prazos, no máximo por sessenta dias, nas comarcas onde for difícil o transporte (art. 182, *caput,* 2ª parte); a de extinguir o processo sem exame do mérito, ordenando o arquivamento dos autos, se aquele ficar paralisado durante mais de um ano, por negligência das partes, e estas, pessoalmente intimadas, não lhe derem movimento (art. 267, n. II, e § 1º); e assim por diante. Menos explícito na matéria, não deixa porém o texto português de contemplar em termos expressos hipóteses de atuação oficial do juiz na direção do feito, como evidenciam, *v.g.*, o art. 317, relativo a diligências necessárias para a determinação do valor da causa, e o art. 508, n. 1 e 3, atinente à marcação de audiências de discussão.

Cumpre observar que as partes de modo nenhum ficam totalmente impossibilitadas de influir na configuração do *iter* processual. Para limitar os exemplos, desta vez, ao diploma brasileiro, a elas se faculta, sob determinadas restrições, reduzir ou prorrogar por avença os prazos dilatórios (art. 181); renunciar aos estabelecidos exclusivamente em seu favor (art. 186); suspender convencionalmente o processo, por tempo não superior a seis meses (art. 265, n. II, e § 3º); fazer adiar, também por convenção, e uma só vez, a audiência de instrução e julgamento (art. 453, n. I); escolher, sempre mediante acordo, o arbitramento como forma de liquidação da sentença (art. 606, n. I, *fine)* etc. Relevante é a margem de disponibilidade reconhecida às partes no tocante à competência em razão do valor ou do território: não só lhes permite a lei, em princípio, fixar foro convencional (art. 111), mas também abre ao réu - salvo quando excepcionalmente absoluta a incompetência (art. 95, 2ª parte) - a de dar causa à prorrogação, para o que lhe basta deixar de oferecer no prazo legal a exceção cabível (arts. 112 e 114).

3. Em matéria de instrução, prevalece igualmente nas leis contemporâneas a tendência a confiar papel ativo ao juiz, deferindo-lhe ampla iniciativa na verificação dos fatos relevantes para a solução do litígio, tal como submetido a sua cognição, isto é, nos limites do pedido e da causa de pedir. Nada mais natural: é intuitivo, em linha de princípio, que um bom julgamento descansa na correta aplicação da norma a fatos reconstituídos com a maior exatidão possível; e julgar bem é preocupação que não pode ser estranha ao órgão judicial. Nessa perspectiva, ao contrário do que insinuam certas fórmulas tradicionais, recusar-lhe a possibilidade de comprovar espontaneamente os fatos parece tão pouco razoável, afinal de contas, quanto negar-lhe a de procurar por si mesmo a norma aplicável: o conhecimento daqueles não lhe é menos necessário que o desta para cumprir sua função essencial de modo satisfatório.

Quase supérfluo ressalvar, por óbvio, que de ordinário o conhecimento dos fatos será proporcionado ao juiz, principalmente, por meio de provas carreadas para os autos pelos próprios litigantes, que sabem ou devem saber melhor em que consistem elas e onde se encontram. Dessa, que é uma regra de experiência, não se tira contudo preceito capaz de gerar para o órgão judicial, no exercício de seus poderes oficiais, escrúpulos e temores não justificados por qualquer texto ou pela sistemática do ordenamento.

O uso das faculdades instrutórias legais não é incompatível com a preservação da imparcialidade do juiz. Tal expressão, bem compreendida, não exclui no órgão judicial a vontade de decidir com justiça, e portanto a de dar ganho de causa à parte que tenha razão. A realização da prova pode ajudá-lo a descobrir qual delas a tem, e esse não é resultado que o direito haja de ver com maus olhos. De mais a mais, no momento em que determina uma diligência, não é dado ao juiz adivinhar-lhe o êxito, que tanto poderá sorrir a este litigante como àquele. E, se é exato que um dos dois se beneficiará com o esclarecimento do ponto antes obscuro, também o é que a subsistência da obscuridade logicamente beneficiaria o outro. Olhadas as coisas por semelhante prisma, teria de concluir-se que o juiz não é menos parcial quando deixa de tomá-la do que quando toma a iniciativa instrutória, pois, seja qual for a sua opção, acabará por favorecer uma das partes. Bem se percebe quão impróprio é um modo de equacionar o problema, que condena o órgão judicial, em qualquer caso, a incorrer na pecha de parcialidade...

Menos fundada ainda se mostra a ideia de que a apuração oficial da verdade dos fatos constitua, no âmbito judicial, expressão de autoritarismo político, suscetível de comprimir insuportavelmente, ou até de aniquilar, a autonomia da vontade. A premissa consiste em que, ao omitir-se na prova da alegação, estaria a parte tacitamente renunciando ao direito emergente do fato alegado mas não provado, e ao juiz não seria lícito contrariar essa renúncia, ou inutilizá-la. Mesmo, porém, no campo das relações jurídicas disponíveis – o único em que o raciocínio poderia nutrir alguma pretensão de seriedade –, afigura-se temerário, ao menos no sistema da obrigatória representação por advogado, presumir, da mera omissão na atividade instrutória, a vontade de renunciar, sem sequer indagar se o advogado, que bem pode haver sido o único omisso, se achava habilitado a manifestá-la pelo litigante.

Por outro lado, o incremento dos poderes oficiais na instrução do processo está longe de constituir peculiaridade de ordenamentos processuais modelados sob diretrizes políticas autoritárias. A história e o direito comparado não permitem, na matéria, enunciar regra constante: têm-se visto, e veem-se hoje, as mais diversas combinações. A ampla iniciativa judicial pode conviver com o autoritarismo e com o liberalismo político, do mesmo modo que com um e outro pode conviver a tendência a restringi- la ou a nulificá-la. O que cabe afirmar com segurança, isso sim, é que a consagração de semelhante iniciativa acompanha a transição do Estado absenteísta, dominado pela obsessão do *laisser faire*, para o Estado com preocupações sociais, empenhado em avançar da igualdade puramente formal até algo que se aproxime, tanto quanto possível, de uma igualdade substancial. Daí a falar de autoritarismo vai distância que não se transpõe sem grave risco de equívoco. Não há descobrir inspiração autoritária, *v.g.*, no art. 37 da lei suíça sobre o processo civil federal, de 1947, segundo o qual *"le juge n'est pas lié par les offres de preuves des parties"* e *"peut ordonner des preuves que les parties n'ont pas offertes"*. Nem rendeu tributo a qualquer forma de autoritarismo político o legislador francês, quando estatuiu, no art. 10 do novo *Code de procédure civile*, de 1975, que *"le juge a le pouvoir d'ordonner d'office toutes les mesures d'instruction légalement admissibles"*. Inútil multiplicar os exemplos: esses bastam para remeter a increpação ao arquivo da mitologia jurídica.

É claro que a mais larga atribuição de poderes exercitáveis de ofício, na instrução do feito, de modo algum dispensa o órgão judicial de respeitar, na realização de quaisquer diligências, a garantia do contraditório, indispensável à salvaguarda dos direitos da defesa. Menos ainda o exonera do dever de motivar a sentença, mediante a análise dos elementos probatórios colhidos e a justificação do valor atribuído a cada qual. No controle da observância dessas imposições legais, e não no cerceamento da iniciativa do juiz, é que consiste o melhor antídoto contra as eventuais tentações de parcialidade.

4. O Código brasileiro e o português empregam técnica essencialmente igual no tratamento desta matéria: ambos contêm disposições de princípio, que legitimam, em termos genéricos, a atuação oficial, e regras específicas, que a disciplinam com referência a determinados meios de prova. As disposições de princípio são: no texto pátrio, o art. 130 ("Caberá ao juiz, de ofício ou a requerimento da parte, determinar as provas necessárias à instrução do processo..."); no luso, o art. 264, n. 3 ("O juiz tem o poder de realizar ou ordenar oficiosamente as diligências que considere necessárias para o apuramento da verdade, quanto aos fatos de que lhe é lícito conhecer"). Exemplos de regras específicas ministram, no direito brasileiro, as relativas à determinação do comparecimento pessoal das partes para depor (arts. 342 e 343, *principio)*; à ordem de exibição de documento em poder de uma delas (art. 355); à requisição de certidões e procedimentos administrativos (art. 399); à inquirição de testemunhas referidas e à acareação de dois ou mais depoentes (art. 418); à inspeção judicial de pessoas ou coisas (art. 440); no português, as concernentes à requisição de informações, pareceres técnicos, plantas, fotografias, desenhos, objetos ou outros documentos necessários ao esclarecimento da verdade (art. 535, n. 1); à determinação *ex officio* do arbitramento (art. 576, n. 2); à inspeção de coisas ou pessoas (art. 612, n. 1); à acareação (art. 642); à inquirição de pessoa não oferecida como testemunha (art. 645).

A essas normas específicas deve reconhecer-se a função de explicitar o poder de iniciativa conferido ao órgão judicial e regular por miúdo o modo de exercê-lo; não a de restringi-lo aos casos expressamente indicados, que aliás – diga-se de passagem – são a imensa maioria dos concebíveis. Nem vale objetar que assim se tornam supérfluas as disposições específicas: o argumento é faca de dois gumes, porque com facilidade se objetaria à opinião contrária que ela, por sua vez, torna supérfluas as normas genéricas. A verdade é que a existência das disposições específicas se justifica pelo *plus* que geralmente contêm, com relação ao momento, à maneira de proceder e a outros condicionamentos da atuação do juiz.

Revela a experiência brasileira – e no mesmo sentido apontam, quanto a Portugal, depoimentos autorizados – que é pouco frequente, na prática, o uso *ex officio* dos poderes instrutórios. Dos vários motivos que para tanto concorrem, o mais óbvio é a sobrecarga de serviço que de modo geral onera os órgãos de primeiro grau, tão agravada pelos defeitos às vezes escandalosos da organização judiciária e pela insuficiente racionalização dos métodos de trabalho, quase sempre teimosa e estranhamente refratários, além de tudo, ao emprego dos recursos da moderna tecnologia. Haverá outras razões de abstenção, porventura menos justificadas. O que positivamente não parece necessário é reforçá-las com exortações à cautela e à moderação. O risco, neste campo, não é o da hiperatividade, mas o da inércia. Aos juízes deve, pois, aconselhar-se a utilização, com escrupuloso respeito do contraditório, das possibilidades que a lei lhes concede, sempre que preciso para a formação segura do convencimento acerca dos fatos relevantes.

Nem há temer que o progresso nessa direção redunde em amesquinhamento do papel das partes, como se se tratasse de uma espécie de gangorra, em que à subida de um lado corresponde por força a descida do outro. Com atuar de modo mais intenso não estará o órgão judicial, necessariamente, relegando os litigantes a posição passiva. Não se trata, é evidentíssimo, de competição ou disputa, em que cada participante se tenha de preocupar em passar à frente do outro e em evitar que o outro lhe passe à frente. Ninguém preconiza o absurdo de cercear-se a iniciativa das partes, para deixar-se tudo, ou quase tudo, por conta do juiz. Como já tivemos ocasião de dizer alhures, o lema do processo "social" não é o da *contraposição* entre juiz e partes, e menos ainda o da *opressão* destas por aquele: apenas pode ser o da *colaboração* entre um e outras.

5. Cuidar da acentuação de poderes, no entanto, é cuidar também, e forçosamente, de acentuação da responsabilidade. Quem se investe de poderes responde pela omissão em exercê-los na medida necessária, e responde de igual modo pelo exercício abusivo ou simplesmente inepto.

A responsabilidade civil, penal e administrativa dos juízes é objeto de normas expressas; de ordinário, porém, jaz nos textos como letra morta. Para isso contribui, sobretudo no plano disciplinar, um mal compreendido *esprit de corps* que costuma inibir os órgãos competentes para a respectiva apuração e eventual imposição de sanções. No tratamento da delicada questão, cumpre não perder de vista a necessidade de preservar a independência do magistrado. A censura do conteúdo das decisões, *v.g.*, é inconcebível fora do jogo normal dos recursos e outros remédios legalmente previstos. Não suscita escrúpulos da mesma ordem, todavia, o controle da atuação do juiz no que tange à condução do processo. Nenhum princípio se infringirá, por exemplo, se se reconhecer que, em hipótese de anulação do feito, decorrente de inequívoco *error in procedendo,* deveria imputar-se ao mau condutor, pelo menos, o acréscimo de custas correspondente à renovação dos atos invalidados.

É claro, por outro lado, que não nos podemos dar por satisfeitos com a aplicação mais rigorosa, nem com a exasperação, em certos casos aconselhável, de providências puramente repressivas. Tem o problema, à evidência, dimensão muito maior. Explorá-la toda importaria refletir, entre outros pontos, sobre as notórias imperfeições na preparação e na seleção dos magistrados, e sobre as condições manifestamente desfavoráveis em que tantos deles exercem suas funções, incluídas aí, em muitos casos, as distorções relacionadas com a defeituosa organização judiciária e, quase sempre, a carência de meios materiais que retém a atividade dos juízes, mesmo a dos mais conscienciosos, em nível de eficiência dolorosamente incompatível com o espetacular progresso tecnológico de nosso tempo. Mas a reflexão decerto nos levaria longe demais: temos aqui de contentar-nos, à guisa de fecho, em repetir uma advertência que muitas vozes já fizeram antes da nossa, mas que poucos ouvidos parecem dispostos a escutar.

Agosto de 1984.

COMENTÁRIOS DOS ATUALIZADORES

OS PODERES DO JUIZ NA DIREÇÃO E NA INSTRUÇÃO DO PROCESSO

Luiz Paulo da Silva Araújo Filho / Guilherme Jales Sokal

Subsiste no direito brasileiro, como se sabe, a regra de que "o processo começa por iniciativa da parte e se desenvolve por impulso oficial, salvo as exceções previstas em lei" (art. 2º do CPC),[2] mas tanto no Brasil como em Portugal houve avanços principalmente no que concerne aos poderes do juiz na condução do processo, com regimes em muitos pontos semelhantes.

O Código de Processo Civil português (CPCp) em vigor, aprovado pela Lei nº 41/2013, de 26 de junho (que já sofreu várias alterações), prosseguindo a evolução iniciada com a reforma de 1995-1996,[3] reformulou o sistema,[4] prevendo agora, para começar: "Artigo 6º (Dever de

2 No CPC português: "art. 3º (Necessidade do pedido e da contradição) 1 - O tribunal não pode resolver o conflito de interesses que a ação pressupõe sem que a resolução lhe seja pedida por uma das partes e a outra seja devidamente chamada para deduzir oposição."

3 Decorrente dos Decretos-Leis nº 329-A/95 e nº 180/96. Para uma consulta objetiva das alterações legislativas do CPC/1961 até o Código/2013, veja-se o Índice Comparativo do Conselho de Estudos Judiciários, disponível em: <http://www.cej.mj.pt/cej/recursos/ebooks/ProcessoCivil/Indice_comparativo_CPC_1961_CPC_2013.pdf>. Acesso em: 19 jun. 2021.

4 Eis as normas citadas no estudo original (CPCp de 1961): "Artigo 264º. (Princípio dispositivo. Poder inquisitório do juiz) 1. A iniciativa e o impulso processual incumbem às partes..."; "Artigo 266º. (Poderes do juiz para tornar pronta a justiça) Cumpre ao juiz remover os obstáculos que se oponham ao andamento regular da causa, quer recusando o que for impertinente ou meramente dilatório, quer

gestão processual) 1 - Cumpre ao juiz, sem prejuízo do ónus de impulso especialmente imposto pela lei às partes, dirigir ativamente o processo e providenciar pelo seu andamento célere, promovendo oficiosamente as diligências necessárias ao normal prosseguimento da ação, recusando o que for impertinente ou meramente dilatório e, ouvidas as partes, adotando mecanismos de simplificação e agilização processual que garantam a justa composição do litígio em prazo razoável. 2 - O juiz providencia oficiosamente pelo suprimento da falta de pressupostos processuais suscetíveis de sanação, determinando a realização dos atos necessários à regularização da instância ou, quando a sanação dependa de ato que deva ser praticado pelas partes, convidando estas a praticá-lo."

Embora "inicialmente qualificado como '*princípio* da gestão processual', elencado entre outros 'princípios fundamentais', foi erigido como '*dever*', cujo destinatário principal é o juiz",[5] como se vê da própria epígrafe do dispositivo.

Mas não apenas o art. 6º do CPCp é invocado quando se cuida dos poderes do juiz na direção do processo; pelo contrário: o próprio art. 6º, aliás, disposto no Título I ("Das disposições e dos princípios fundamentais") do Livro I, é acompanhado por regras relativas à(ao) "Proibição de autodefesa" (art. 1º), "Garantia de acesso aos tribunais" (art. 2º), "Necessidade do pedido e da contradição" (art. 3º), "Igualdade das partes" (art. 4º), "Ónus de alegação das partes e poderes de cognição do tribunal" (art. 5º), "Princípio da cooperação" (art. 7º), "Dever de boa-fé processual" (art. 8º), "Dever de recíproca correção" (art. 9º) e "Princípio da utilização de linguagem simples e clara" (art. 9º-A)[6], todas sensíveis ao tema.[7]

---

ordenando o que, sem prejuízo do disposto no n.º 1 do artigo 264.º, se mostre necessário para o seguimento do processo."

---

5 NETO, Abílio. *Novo Código de Processo Civil Anotado*. 2ª ed. Lisboa: Ediforum, 2014. p. 29 – grifado no original.

6 Este incluído pelo Decreto-Lei nº 97/2019, de 26 de julho.

7 Sobressai a semelhança com dispositivos do Capítulo I ("Das Normas Fundamentais do Processo Civil) da Parte Geral de nosso CPC.

Mencionam-se ainda, em especial, o art. 547 (Adequação formal)[8], bem como os artigos 590 (Gestão inicial do processo), 591 (Audiência prévia), 593 (Dispensa da audiência prévia), 595 (Despacho saneador) e 602 (Poderes do juiz) todos do CPCp.

Segundo ensinamento consagrado, mercê da adequação formal, deve o juiz, oficiosamente, "quando a forma legal não for a que *melhor* se adeque às especificidades do caso concreto, adaptar a tramitação abstratamente prevista na lei, designadamente determinando a prática dos atos que melhor se ajustem ao fim do processo".[9]

A doutrina lusitana costuma reconhecer a integração entre os princípios da adequação formal e da gestão processual,[10] afirmando inclusive que "a *adequação formal,* em todos os seus possíveis sentidos, é, diríamos, *pura gestão processual*".[11] Segundo Miguel Teixeira de Sousa: "A gestão processual visa diminuir os custos, o tempo e a complexidade do procedimento. Esta gestão pressupõe um juiz empenhado na resolução célere e justa da causa e traduz-se num aspecto substancial – a condução do processo – e num aspecto instrumental – a adequação formal (cf. art. 547.º)".[12]

Neste ponto, por vezes ressalta a doutrina que ao juiz compete, de ordinário, a *direção formal do processo,* nos seus aspectos técnicos e de estrutura interna,[13] mas ganha força a concepção de que, ao referir-se "a justa composição do litígio" (al. 1), o art. 6º do CPCp compreende também a direção material do processo, ou, na lição de Miguel

8 "Artigo 547.º O juiz deve adotar a tramitação processual adequada às especificidades da causa e adaptar o conteúdo e a forma dos atos processuais ao fim que visam atingir, assegurando um processo equitativo."

9 FREITAS, José Lebre de. *Introdução ao processo civil*: conceito e princípios gerais à luz do novo código. 3ª ed. Coimbra: Coimbra, 2013. p. 228-229 – grifado no original.

10 Ibidem p. 229.

11 MESQUITA, Miguel, Princípio da Gestão Processual: O "Santo Graal" do Novo Processo Civil? *Revista de Legislação e de Jurisprudência,* Ano 145, nº 3995, nov./dez. 2015, p. 84-85 – grifado no original.

12 Apontamento sobre o princípio da gestão processual no novo Código de Processo Civil (10.2013). *Cadernos de Direito Privado,* nº 43, 2013.) Disponível em: <https://www.academia.edu/5187428/TEIXEIRA_DE_SOUSA_M_Apontamento_sobre_o_princ%C3%ADpio_da_gest%C3%A3o_processual_no_novo_C%C3%B3digo_de_Processo_Civil_10_2013>. Acesso em: 15 out. 2021.

13 FREITAS, José Lebre de. *Introdução ao processo civil*. p. 226 e 228.

Mesquita: "Esta 'justa composição do litígio' significa que a gestão tem uma dimensão material. Quer dizer, o juiz – num processo assente numa ideia de *cooperação* – deve interferir no processo, a fim de alcançar não apenas a *celeridade,* mas uma *composição materialmente justa dos interesses conflituantes*".[14]

Todavia, o princípio da adequação formal não é "aplicado frequentemente pelos tribunais portugueses".[15]

No Brasil, antes mesmo do Código de 2015, e apesar do cotejo com o art. 265-A da revisão do CPC luso de 1995-1996,[16] sobreveio certa ambiguidade no que tange à expressão "princípio da adequação", havendo menção a *princípio da adequação formal* em sentido similar ao utilizado em Portugal,[17] bem como distinção entre *princípio da adequação,* dirigido ao legislador quanto à elaboração "de modelos procedimentais aptos para a tutela especial de certas partes ou do direito material", e *princípio da adaptabilidade* (ou da elasticidade processual), "para designar a atividade de flexibilizar o procedimento inadequado ou de reduzida utilidade para atendimento das peculiaridades de causa".[18] Hoje, encontra-se re-

14 MESQUITA, Miguel, Princípio da Gestão Processual: O "Santo Graal" do Novo Processo Civil? *Revista de Legislação e de Jurisprudência,* Ano 145, nº 3995, nov./dez. 2015, p. 83 – grifado no original.

15 Cf. GOMES, Guilherme Brandão Salazar Loureiro; PINHO, Humberto Dalla Bernardina de. Breves notas sobre a adequação da tramitação processual no Brasil e em Portugal: os artigos 190º do Código de Processo Civil brasileiro de 2015 e 547º do Código de Processo Civil português de 2013. *Revista Eletrônica de Direito Processual* – REDP. Rio de Janeiro, ano 13, vol. 20, nº 1, jan./abr. 2019. Patrono: José Carlos Barbosa Moreira (*in mem.*). p. 216-240, espec. p. 225. Disponível em: <https://www.e-publicacoes.uerj.br/index.php/redp/article/view/42209>. Acesso em: 12 jun. 2021.

16 O CPC de 1961, que sofreu diversas modificações ao longo dos anos, mereceu grande reforma em 1995-1996, por meio dos Decretos-Leis nº 329-A/95 e 180/96, sendo adicionado, consoante redação deste último, o "art. 265º-A (Princípio da adequação formal) Quando a tramitação processual prevista na lei não se adequar às especificidades da causa, deve o juiz oficiosamente, ouvidas as partes, determinar a prática dos actos que melhor se ajustem ao fim do processo, bem como as necessárias adaptações."

17 OLIVEIRA, Carlos Alberto Alvaro de. Efetividade e processo de conhecimento. *Revista de Processo,* São Paulo, ano 24, nº 96, p. 59-69, espec. p. 66, out./dez. 1999.

18 Cf. GAJARDONI, Fernando da Fonseca. *Flexibilidade procedimental*: um novo enfoque para o estudo do procedimento em matéria processual. São Paulo: Atlas, 2008. p. 134-135.

ferência conciliadora de que o *princípio da adequação* pode ser visualizado em três dimensões: a) *legislativa*, como informador da produção legislativa; b) *jurisdicional*, permitindo ao juiz adaptar o procedimento; c) *negocial*, o procedimento é adequado pelas próprias partes.[19] "No segundo e no terceiro casos, a adequação é feita *in concreto*, em um determinado processo; há quem prefira, assim, designar o fenômeno de *adaptabilidade*, *flexibilidade* ou *elasticidades do processo*".[20]

O nosso Código de Processo Civil de 2015, igualmente, como já mencionado, trouxe novidades, como se vê, de início, de seu substancioso art. 139: O juiz dirigirá o processo conforme as disposições deste Código, incumbindo-lhe: I - assegurar às partes igualdade de tratamento; II - velar pela duração razoável do processo; III - prevenir ou reprimir qualquer ato contrário à dignidade da justiça e indeferir postulações meramente protelatórias; IV - determinar todas as medidas indutivas, coercitivas, mandamentais ou sub-rogatórias necessárias para assegurar o cumprimento de ordem judicial, inclusive nas ações que tenham por objeto prestação pecuniária; V - promover, a qualquer tempo, a autocomposição, preferencialmente com auxílio de conciliadores e mediadores judiciais; VI - dilatar os prazos processuais e alterar a ordem de produção dos meios de prova, adequando-os às necessidades do conflito de modo a conferir maior efetividade à tutela do direito; VII - exercer o poder de polícia...; VIII - determinar, a qualquer tempo, o comparecimento pessoal das partes, para inquiri-las sobre os fatos da causa, hipótese em que não incidirá a pena de confesso; IX - determinar o suprimento de pressupostos processuais e o saneamento de outros vícios processuais; X - quando se deparar com diversas demandas individuais repetitivas, oficiar o Ministério Público, a Defensoria Pública e, na medida do possível, outros legitimados a que se referem o art. 5º da Lei nº 7.347/1985, e o art. 82 da Lei nº 8.078/1990, para, se for o caso, promover a propositura da ação coletiva respectiva.[21]

Apesar da amplitude desse dispositivo, vale salientar que, como observou enfaticamente ilustre processualista portuguesa, no art. 107, V, do Anteprojeto elaborado pela Comissão de Juristas, estava

---

19 DIDIER JR., Fredie. *Curso de direito processual civil*. 17ª ed. Salvador: JusPodivm, 2015. v. 1, p. 114 – grifado no original.

20 DIDIER JR. loc. cit.

21 "Parágrafo único. A dilação de prazos prevista no inciso VI somente pode ser determinada antes de encerrado o prazo regular".

previsto que "[o] juiz dirigirá o processo conforme as disposições deste Código, incumbindo-lhe: [...] V - adequar as fases e os atos processuais às especificações do conflito, de modo a conferir maior efetividade à tutela do bem jurídico, respeitando sempre o contraditório e a ampla defesa",[22] norma bem mais abrangente que a do inciso VI do art. 139,[23] que "visava consagrar um *princípio de gestão processual em sentido forte*", inspirado nos *case management powers* do processo civil inglês.[24]

No Senado, entretanto, houve a supressão do amplo poder, sob a justificativa de que, tal como posto, permitiria ao juiz alterar, de acordo com seu entendimento, qualquer fase do processo, o que poderia gerar insegurança jurídica.[25] Assim, como justificou o relator, "no substitutivo, a flexibilização procedimental fica limitada a duas hipóteses: aumento de prazos e a inversão da produção dos meios de prova".[26]

A rigor, contudo, vale relembrar, ainda que afastada a regra geral proposta no art. 107, nº V, do Anteprojeto, que consagraria ampla flexibilização do procedimento,[27] o CPC prevê várias hipóteses específicas

---

22 E no art. 151, § 1º, do mesmo anteprojeto: "Quando o procedimento ou os atos a serem realizados se revelarem inadequados às peculiaridades da causa, deverá o juiz, ouvidas as partes e observados o contraditório e a ampla defesa, promover o necessário ajuste."

23 Aliás, o art. 361 do CPC já prevê que: "As provas orais serão produzidas em audiência, ouvindo-se nesta ordem, *preferencialmente*..." E não em ordem absoluta. Com relação ao "prazo para manifestação sobre a prova documental", o § 2º do art. 437 dispõe que o juiz poderá, a requerimento da parte, dilatá-lo.

24 SILVA, Paula Costa e. Legalidade das formas de processo e gestão processual ou as duas faces de JANUS, *Revista de Informação Legislativa*, Brasília, ano 48, nº 190, abr./jun. 2011, p. 137-149, espec. p. 148 – grifo nosso. Disponível em: <https://www2.senado.leg.br/bdsf/bitstream/handle/id/242924/000929312.pdf?sequence=3>. Acesso em: 2 jun. 2021.

25 O argumento é falho, pois desconsiderou por completo que o juiz *deveria*, antes de qualquer alteração, ouvir as partes, até mesmo porque o Anteprojeto do Novo Código de Processo Civil, elaborado pela douta Comissão de Juristas, já previa a vedação a decisões-surpresa (*v.* art. 10 do Anteprojeto).

26 Como bem lamentou a Prof. Paula Costa e Silva: "O juiz deixa de ter poderes de gestão processual em sentido forte, detendo, apenas, o poder de dilatar prazos processuais e o poder de alterar a ordem de produção dos meios de prova" (loc. cit.).

27 Na reconhecida classificação de GAJARDONI, seria a "flexibilização legal genérica". (*Flexibilidade procedimental*. São Paulo: Atlas, 2008. *passim*).

de adaptação, como se vê, por exemplo, no mais relevante, em hipóteses relativas às providências preliminares (arts. 348, 350, 351 e 352), ao saneamento e organização do processo (art. 357) e ao denominado "julgamento conforme o estado do processo" (arts. 354, 355 e 356), além de dispor, com relação ao processo, sobre a inversão *ope iudicis* do ônus da prova (art. 373, § 1º).

É interessante, no entanto, mudando um pouco a perspectiva, que se o Senado Federal, por um lado, temeu consagrar o "princípio de gestão processual em sentido forte", foi o Projeto Substitutivo aprovado na Câmara dos Deputados (Projeto de Lei nº 8.046/2010) que provocou grande inovação relativamente à flexibilização procedimental por ato das partes, em seu art. 191, *caput*, simílimo ao art. 190, *caput*, do CPC que entrou em vigor.[28]

Assim, *de lege lata*, versando o processo sobre direitos que admitam autocomposição, é lícito às partes plenamente capazes estipular mudanças no procedimento para ajustá-lo às especificidades da causa, além de poderem convencionar sobre os seus ônus, poderes, faculdades e deveres processuais, antes ou durante o processo (art. 190).

Cuida o dispositivo, portanto, de convenções relativas ao *procedimento* e às *situações jurídicas processuais* (ônus, poderes,[29] faculdades e deveres). As convenções sobre *deveres* processuais, em linha geral, normalmente são admitidas apenas para "criá-los ou majorá-los, não para extingui-los ou reduzi-los".[30]

Nos termos do parágrafo único do art. 190, por sua parte, "[d]e ofício ou a requerimento, o juiz controlará a validade das convenções previstas neste artigo, recusando-lhes aplicação somente nos casos de nulidade ou de inserção abusiva em contrato de adesão ou em que alguma parte se encontre em manifesta situação de vulnerabilidade."

28 DIDIER JR. afirma que os arts. 190 e 200 do CPC "são o núcleo de microssistema e devem ser interpretados conjuntamente" (*Curso de direito processual civil*. 17ª ed. Salvador: JusPodivm, 2015. v. 1, p. 382).

29 "'Poderes', neste caso, significa qualquer situação jurídica ativa, o que inclui direitos subjetivos, direitos potestativos e poderes propriamente ditos" (DIDIER JR., Fredie. *Curso de direito processual civil*. 17ª ed. Salvador: JusPodivm, 2015. v. 1, p. 380).

30 ALVIM, Teresa Arruda et al. *Primeiros comentários ao Código de Processo Civil*. 3ª ed. São Paulo: Revista dos Tribunais, 2020. p. 412 e 416. No mesmo sentido: CABRAL, Antonio do Passo. *Convenções Processuais*: teoria geral dos negócios jurídicos processuais. 3ª ed. Salvador: JusPodivm, 2020. p. 360-361

Os negócios processuais atípicos despertam muitas divergências doutrinárias e levantam inúmeras questões, e não teria lugar examiná-las nestas simples notas de atualização, mas convêm algumas observações sucintas.

No que se refere aos temas essenciais, a doutrina seguiu, basicamente, ao interpretar a cláusula geral do art. 190 do CPC, os conceitos postos por José Carlos Barbosa Moreira, em seu clássico estudo Convenções das Partes sobre Matéria Processual,[31] cuja leitura é fundamental para compreender melhor questões hoje longamente suscitadas.

O dispositivo legal sugere, especificamente, como requisitos das convenções processuais tratar-se de a) direitos que admitam autocomposição; b) celebração por partes plenamente capazes;[32] c) respeito ao equilíbrio entre as partes e à paridade de armas; e d) preservação dos princípios e garantias fundamentais do processo.[33] Demais, o acordo deve ser celebrado antes ou durante o processo, com relação, por óbvio, a atos ainda não realizados.

Em termos genéricos, porém, "[c]omo os atos jurídicos em geral, os acordos processuais podem ser analisados em três planos: existência, validade e eficácia",[34] e, como qualquer negócio jurídico, "passam pelo plano da validade dos atos jurídicos",[35] podendo, além de nulos, ser anuláveis,[36] submetendo-se, destarte, aos regimes jurídicos perti-

---

31 In: *Temas de direito processual*: terceira série. São Paulo: Saraiva, 1984. p. 87-98.

32 *Aliter*, Fredie Didier Jr.: "*Incapazes não podem celebrar negócios processuais sozinhos.* Mas se estiver devidamente representado, não há qualquer impedimento para que o incapaz celebre um negócio processual" (*Curso de direito processual civil*. 17ª ed. Salvador: JusPodivm, 2015. v. 1, p. 385 – grifado no original); CABRAL, Antonio do Passo. *Convenções Processuais*. 3ª ed. Salvador: JusPodivm, 2020. p. 341.

33 GRECO, Leonardo. *Instituições de processo civil*. 5ª ed. Rio de Janeiro: Forense, 2015. v. I, p. 61-62.

34 CABRAL, Antonio do Passo. *Convenções Processuais*. 3ª ed. Salvador: JusPodivm, 2020. p. 314. No Indispensável estudo Citação de Pessoa Falecida, José Carlos Barbosa Moreira analisa didaticamente a questão com referência aos atos processuais em geral, e indica os seus elementos essenciais genéricos, distinguindo-os dos requisitos de validade (In: *Temas de direito processual*: quinta série. São Paulo: Saraiva, 1994. p. 77-84).

35 DIDIER JR., Fredie. *Curso de direito processual civil*. 17ª ed. Salvador: JusPodivm, 2015. v. 1, p. 384.

36 Ibid. p.390. "Entendimento encampado no enunciado nº 132 do Fórum Permanente de Processualistas Civil: 'Além dos defeitos processuais, os vícios da von-

nentes.[37] Incidem, portanto, em princípio, os artigos 104, 166, 167 e 171 do Código Civil.[38]

Antonio do Passo Cabral menciona que "deve haver uma *corregulação entre normas materiais e processuais*, que se combinam na normatização dos acordos processuais",[39] e o Mestre se referia, em seu estudo primordial, "a um regime jurídico *misto*, em que se entrelaçam normas de direito processual e normas de direito material".[40] "[Q]uando incidem estas e quando incidem aquelas – feita abstração, naturalmente, dos pontos regulados *expressis verbis* no Código de Processo Civil, em relação aos quais nenhuma dúvida é cabível", prossegue, em lição ainda atual, Barbosa Moreira, "o problema não se afigura tão complexo quanto à primeira vista poderia parecer. É que não são muito numerosas, no direito brasileiro, as diferenças entre a disciplina pro-

---

tade e os vícios sociais podem dar ensejo à invalidação dos negócios jurídicos atípicos do art. 190'" (nota 64). No mesmo sentido, CABRAL, Antonio do Passo. *Convenções Processuais*. 3ª ed. Salvador: JusPodivm, 2020. p. 349 e s.

---

37 Referindo-se aos "conceitos de nulidade e de anulabilidade, pertencentes à teoria geral do direito", e a "convenções meramente anuláveis", com seu absoluto poder de síntese e perfeita exposição, José Carlos Barbosa Moreira aborda pontos sensíveis da matéria e de seus regimes específicos (*v.* Convenções das partes sobre matéria processual. In: *Temas de direito processual*: terceira série. São paulo: Saraiva, 1984. p. 87-98, espec. item 7, p. 95 e 96). Veja-se também Flávio Luiz Yarshell, Convenção das partes em matéria processual: rumo a uma nova era? In: *Negócios processuais*. CABRAL, Antonio do Passo; NOGUEIRA, Antonio Henrique (Coord.). Salvador: JusPodivm, 2015. p. 63-80, espec. p. 77 e 78, item 16.

38 Aludindo aos arts. 104 e 166 do CC, *v.* CABRAL, Antonio do Passo. *Convenções Processuais*. 3ª ed. Salvador: JusPodivm, 2020. p. 330. Nessa linha, embora mencionando o Código Civil de 1916: "A exigência da licitude e da possibilidade do objeto, expressa no Código Civil (arts. 82 e 145, nº II), deve reputar-se implícita no ordenamento processual" (BARBOSA MOREIRA, José Carlos. Convenções das partes sobre matéria processual. In: *Temas de direito processual*: terceira série. São paulo: Saraiva, 1984. p. 87-98, espec. p. 94).

39 *Convenções Processuais*. 3ª ed. Salvador: JusPodivm, 2020. p. 311 – grifado no original. Como ressalta CABRAL, "embora aplicáveis *em tese*, nem todas as regras de direito material da teoria dos negócios jurídicos poderão ser sempre e sem restrições transpostas para o direito processual".

40 BARBOSA MOREIRA, José Carlos. Convenções das partes sobre matéria processual. In: *Temas de direito processual*: terceira série. São paulo: Saraiva, 1984. p. 87-98, espec. p. 93 – grifado no original.

cessual dos atos de parte (*aliter*, para os atos *do órgão judicial*!) e a disciplina dos atos jurídicos civis".[41]

Ao analisar a questão, em relação a tema importante em que não coincidem a disciplina estabelecida pelo direito processual civil com a prevista no direito civil "para os atos jurídicos privados", Barbosa Moreira sustentou que "[p]ara a celebração válida de convenção sobre matéria processual [...] bastará a capacidade para ser parte [...], salvo restrição que decorra de alguma regra jurídica especial",[42] abrangendo, por conseguinte, as "pessoas formais", que possuem apenas a chamada "personalidade judiciária". Antonio do Passo Cabral refere-se também a "capacidade de estar em juízo",[43] que se poderia considerar implícita no estudo de José Carlos Barbosa Moreira.

No que concerne à forma, apesar do princípio geral comum: "a forma é livre, a menos que a lei a predetermine" (CPC, art. 188, primeira parte; CC, art. 107), o direito processual é menos rigoroso que o civil "acerca das consequências da postergação de requisitos formais".[44] Por isso, e de modo geral, parece correto entender que, em linha de princípio, o controle da validade dos negócios processuais "deve obedecer ao sistema das invalidades processuais [...], o que significa dizer que não haverá nulidade sem prejuízo".[45]

Matéria delicada e que carece de atenção e estudos, como lembra Cassio Scarpinella Bueno, diz respeito à dificuldade em saber os

---

41 Ibid. p. 93 e 94 – grifado no original.

42 Ibid. p. 92 e 94.

43 CABRAL, Antonio do Passo. *Convenções Processuais*. 3ª ed. Salvador: JusPodivm, 2020. p. 340 e s. Não fica clara, porém, diante das circunstâncias, diga-se entre parênteses, a menção do emérito autor no sentido de que "Barbosa Moreira [...] tent[ou] resumir a análise das convenções processuais à capacidade da pessoa" (p. 337).

44 BARBOSA MOREIRA mencionou os artigos 154 do CPC/73 e 129 do CC/1916, com redação substancialmente correspondentes aos artigos 188 e 107 (Convenções das partes sobre matéria processual. In: *Temas de direito processual*: terceira série. São paulo: Saraiva, 1984. p. 87-98, espec. p. 94). Da mesma forma, citando os arts. 104, III, 107 e 166, IV e V, do Código Civil, e os arts. 188 e 277 do CPC, CABRAL, Antonio do Passo. *Convenções Processuais*. 3ª ed. Salvador: JusPodivm, 2020. p. 354.

45 DIDIER JR., Fredie. *Curso de direito processual civil*. 17ª ed. Salvador: JusPodivm, 2015. v. 1, p. 384. No mesmo sentido, CABRAL, Antonio do Passo. *Convenções Processuais*. 3ª ed. Salvador: JusPodivm, 2020. p. 314: "A pedra de toque deve ser a regra de que não se deve pronunciar nulidade sem prejuízo (arts. 282, § 2º, e 283, parágrafo único, ambos do CPC/2015)."

limites dos negócios processuais "quando as regras relativas ao *procedimento* são de competência dos Estados e do Distrito Federal, consoante estabelece o absolutamente ignorado, inclusive pelo Código de Processo Civil como um todo e pelo dispositivo agora em foco [art. 190], inciso XI do art. 24 da Constituição Federal".[46]

Além da denominada cláusula geral da negociação processual (art. 190), como é sabido, o CPC prevê vários negócios processuais típicos, como o inovador "calendário para a prática dos atos processuais" do art. 191. Assim, podem o juiz e as partes, de comum acordo, "fixar calendário para a prática dos atos processuais, quando for o caso", e o calendário vincula as partes e o juiz, sendo dispensada a intimação daquelas para a prática dos atos processuais ou para a realização de audiência cujas datas tiverem sido designadas no respectivo calendário. Os prazos previstos somente serão modificados em casos excepcionais, devidamente justificados, rezam o art. 191 e §§ 1º e 2º do Código de Processo Civil.

Mas se o juiz seria *parte* na calendarização processual ou apenas exerceria o *controle* do negócio processual, diverge a doutrina. Em outras palavras, como habitualmente é colocado: a convenção seria *plurilateral* ou *bilateral*. Adotam a segunda teoria, no sentido de que o juiz *não é* parte na convenção, p. ex., Flávio Luiz Yarshell[47-48] e Eduardo José da Fonseca Costa.[49] Em sentido contrário, dentre

---

46 *Curso sistematizado de direito processual civil*. 11ª ed. São Paulo: Saraiva, 2021. v. 1, p. 644 (*v.* também, em geral, p. 259 e s.). Antes do CPC/2015, com relação à flexibilização procedimental, *vide* GAJARDONI, Fernando da Fonseca. *Flexibilidade procedimental*. São Paulo: Atlas, 2008. p. 27 e s.

47 Convenção das partes em matéria processual: rumo a uma nova era? In: *Negócios processuais*. CABRAL, Antonio do Passo; NOGUEIRA, Antonio Henrique (Coord.). Salvador: JusPodivm, 2015. p. 63-80, espec. p. 79.

48 Antonio do Passo Cabral, embora sustente que o "calendário processual" (art. 191) seja "ato conjunto das partes", cita a posição de Yarshell quanto ao calendário em reforço de sua afirmação no sentido de que o juiz "exerce função de controle sobre a validade das convenções, função que seria incompatível com a tomada de posição a favor de interesses, fossem interesses das partes ou do próprio Estado", e assevera: "pensamos que o magistrado não pode ser considerado parte nas convenções processuais" (*Convenções Processuais*. 3ª ed. Salvador: JusPodivm, 2020. p. 275 (e nota 29) e 277).

49 Calendarização processual. In: *Negócios processuais*. CABRAL, Antonio do Passo; NOGUEIRA, Antonio Henrique (Coord.). Salvador: JusPodivm, 2015. p. 353-369, espec. p. 361.

outros, Leonardo Carneiro da Cunha,[50] Fredie Didier Jr.[51] e Alexandre Freitas Câmara.[52]

Como salientou Flávio Luiz Yarshell, no trabalho dedicado a Barbosa Moreira, todavia, "discussão dessa natureza, que talvez possa ter relevância acadêmica, é relativa em termos pragmáticos".[53] Com efeito: ninguém nega, em termos gerais, a "vinculação do juiz" aos "acordos celebrados pelas partes".[54] O fundamental é que "o calendário vincula as partes e o juiz" (*ex vi* do § 1° do art. 191), ficam dispensadas as intimações, estabelecido o cronograma e agilizada, em princípio, a prestação jurisdicional, ou seja, operam-se as consequências proveitosas da convenção, quer se entenda que a alusão a "de comum acordo"[55] significa que o Estado-juiz também emite vontade para a constituição (ou integração) do negócio jurídico (que então seria *administrativo-processual*); quer se entenda que o juiz *admite* (ou *aprova*) a convenção das partes (que pode até ser pré-processual) para que produza efeitos... De resto, o juiz estar vinculado às decisões proferidas e aos atos válidos das partes (cf. art. 200, CPC) é fenômeno rotineiro, ressalvadas hipóteses excepcionais.

Além disso, de qualquer modo, os prazos para o juiz são *impróprios* e o respectivo descumprimento não gera efeitos processuais (pre-

---

50 Negócios jurídicos processuais no processo civil brasileiro. In: *Negócios processuais*. CABRAL, Antonio do Passo; NOGUEIRA, Antonio Henrique (Coord.). Salvador: JusPodivm, 2015. p. 27-62, espec. p. 53.

51 *Curso de direito processual civil*. 17ª ed. Salvador: JusPodivm, 2015. v. 1, p. 378.

52 *O novo processo civil brasileiro*. São Paulo: Atlas, 2015. p. 128.

53 YARSHELL, loc. cit. Em termos mais severos, a nosso ver apropriados: "A distinção entre as posições tem pouquíssima relevância prática" (GAJARDONI, Fernando da Fonseca et al. *Comentários ao Código de Processo Civil*. 4ª ed. Rio de janeiro: Forense, 2021. p. 305).

54 Pedro Henrique Nogueira, p. ex., que afirma que o "calendário processual [...] bem se enquadra na categoria dos negócios jurídicos processuais plurilaterais", pouco antes, ao comentar o art. 190, no item 6, com epígrafe "Vinculação do juiz", assevera: "O juiz se vincula aos acordos celebrados pelas partes, seja os relacionados ao procedimento, seja os relacionados a ônus, poderes e deveres processuais..." (ALVIM, Teresa Arruda et al. (Coord.). *Breves comentários ao Código de Processo Civil*. São Paulo: Revista dos Tribunais, 2015. p. 595 e 592).

55 Que pode ser interpretada no sentido de "com assentimento de todos" (Houaiss) ou "com aprovação de todos", em acepção própria para o juiz.

clusão).[56] Por isso: "A violação do calendário processual pelo juiz não acarreta consequências processuais, mas a falta com o seu dever certamente deve ser levada em consideração para efeitos administrativos..."[57]

Visão atenta à realidade, aliás, percebe que a vinculação do Estado-juiz, a efetividade do calendário e a rigidez do cronograma são relativos, pois "[i]números imprevistos podem acontecer: atraso na entrega do laudo, morte da parte ou do advogado, não comparecimento à audiência de instrução por motivos de força maior, greve nos serviços judiciários, decisões de tribunal determinando a suspensão do processo (p. ex., atribuição de efeito suspensivo a agravo de instrumento, concessão de medida liminar em ação de controle abstrato de constitucionalidade...)" etc.[58]

Marcelo Abelha, mencionando "o excesso de euforia da doutrina", traz à baila questão relevante, mas que não vem sendo comumente levada em consideração, ao destacar o cuidado necessário que se deve ter "em relação à validação das cláusulas, para que o encurtamento de um itinerário processual não represente o sacrifício do rito de outros processos, ou seja, *v. g.*, ao convencionar sobre a ampliação do tempo da sustentação oral, é possível que possa comprometer a pauta de trabalho do tribunal, e, assim prejudicar o andamento normal dos trabalhos restantes, ou ainda, por exemplo, se inúmeras partes fixarem um calendário processual em processos que tramitam numa mesma vara cível, certamente que poderá haver baralhamento

56 Para o estudo sobre a classificação e natureza dos prazos processuais, veja-se o genial ensaio Sobre Prazos Peremptórios e Dilatórios (BARBOSA MOREIRA, José Carlos. In: *Temas de direito processual*: segunda série. São Paulo: Saraiva, 1980. pp. 49-60), que infelizmente não foi inteiramente seguido pela doutrina e pelo CPC/2015.

57 MARINONI, Luiz Guilherme; ARENHART, Sergio Cruz; MITIDIERO, Daniel. *Novo Código de Processo Civil comentado*. 3ª ed. São Paulo: Revista dos Tribunais, 2017. p. 321. "Descumpridos os prazos pelas partes, ocorre a preclusão (art. 223, CPC). Descumpridos pelo juiz (*v.g.*, que não sentenciou na data agendada), em virtude da natureza imprópria do prazo, não há propriamente sanção processual, mas pode haver na esfera correicional" (GAJARDONI, Fernando da Fonseca et al. *Comentários ao Código de Processo Civil*. 4ª ed. Rio de Janeiro: Forense, 2021. p. 307).

58 COSTA, Eduardo José da Fonseca. Calendarização processual (In: *Negócios processuais*. CABRAL, Antonio do Passo; NOGUEIRA, Antonio Henrique (Coord.). Salvador: JusPodivm, 2015. p. 353-369, espec. p. 357-358.

do procedimento padrão dos serventuários em relação ao curso dos feitos etc."[59]

Vale dizer: a responsabilidade que se impõe precipuamente ao Judiciário com a prestação jurisdicional (como um todo!). As garantias constitucionais processuais, como a garantia da duração razoável do processo (art. 5º, LXXVIII, da CF), caracterizam-se pela universalidade e devem ser asseguradas a todas as pessoas e a todos os processos. Para o assentimento ou aprovação do juízo, por conseguinte, não bastaria observar os requisitos legais da convenção-calendário, mas ainda sua compatibilidade e sincronia com os agendamentos e calendário do próprio juízo, para evitar que o ajuste de um itinerário processual provoque postergação gratuita aos demais,[60] incidindo outrossim o art. 8º do CPC.

Lembre-se que o "calendário processual" não pode servir de burla ao art. 12 do CPC e à observância, "preferencialmente, da ordem cronológica de conclusão para proferir sentença".[61] O advérbio *preferencialmente* deixa claro que a ordem cronológica de conclusão somente admitiria desequiparação legítima, valendo-nos de consagrado ensinamento de Luís Roberto Barroso, "fundada e logicamente subordinada a um elemento discriminatório objetivamente aferível, que prestigie, com proporcionalidade, valores abrigados no Texto Constitucional".[62] Não parece que o calendário processual, por si só, tenha tamanha vocação.[63]

---

59 ABELHA, Marcelo. *Manual de direito processual civil*. 6ª ed. Rio de Janeiro: Forense, 2016. p. 333.

60 Mencionando que "o órgão judiciário, ao acordar sobre calendarização, deve considerar a estrutura da unidade, eis que o efeito disso pode gerar dificuldades na rotina administrativa do órgão jurisdicional", vejam-se GAJARDONI, Fernando da Fonseca et al. *Comentários ao Código de Processo Civil*. 4ª ed. Rio de janeiro: Forense, 2021. p. 306; e THEODORO JÚNIOR, Humberto; NUNES, Dierle; BAHIA, Alexandre Melo Franco; PEDRON, Flávio Quinaud. *Novo CPC*: fundamentos e sistematização. São Paulo: Forense, 2015. p. 256.

61 Cf. ALVIM, Teresa Arruda et al. *Primeiros comentários ao Código de Processo Civil*. 3ª ed. São Paulo: Revista dos Tribunais, 2020. p. 420).

62 A igualdade perante a lei; algumas reflexões, *Revista de Direito da Procuradoria Geral do Estado do Rio de Janeiro*. Rio de Janeiro: Imprensa Oficial, n. 38, p. 64-80, espec. p. 68, 1986. Fredie Didier Jr. chega a exigir *motivação* para que o órgão julgador possa "decidir em desconformidade com a ordem de conclusão" (CABRAL, Antonio do Passo; CRAMER, Ronaldo. *Comentários ao novo Código de Processo Civil*. 2ª ed. Rio de Janeiro: Forense, 2016. p. 40).

63 É preciso, portanto, com a máxima vênia, ter cuidado com a tese de que poderia ser estabelecido no calendário "que a sentença será proferida em audiência espe-

Prosseguindo, além do calendário processual, constituem importantes inovações do CPC/2015, quanto a convenções típicas, a escolha pelas partes do conciliador, do mediador ou da câmara privada de conciliação e de mediação (art. 168); o saneamento e organização consensual do processo (art. 357, § 2º); a escolha do perito pelas partes (art. 471).

No mais, o CPC manteve, ao menos em substância, às vezes com algumas variações, as disposições do CPC/73 mencionadas no ensaio em relevo como "manifestações importantes do poder do órgão judicial de dirigir formalmente o processo, em atuação *ex officio*". Assim: a possibilidade de determinar a reunião de ações propostas em separado, conquanto estendida aos "processos que possam gerar risco de prolação de decisões conflitantes ou contraditórias caso decididos separadamente, mesmo sem conexão entre eles" (§ 3º do art. 55), persiste quando entre elas houver conexão (art. 55, § 1º), bem como, agora especificamente, quando houver continência e a ação contida tiver sido proposta anteriormente (arts. 56 e 57, *fine*); a de suspender o processo até que se pronuncie a justiça criminal, se o conhecimento do mérito depender da verificação da existência de fato delituoso (art. 315, *caput*); a de declarar a própria incompetência absoluta (art. 64, § 1º, *fine*); a de prorrogar os prazos por até dois meses, na comarca, seção ou subseção judiciária onde for difícil o transporte, bem como, podendo ser excedido esse limite, em caso de calamidade pública (art. 222, *caput* e § 2º); a de extinguir o processo sem resolução do mérito, se ele ficar paralisado durante mais de um ano, por negligência das partes, e estas, pessoalmente intimadas, não lhe derem movimento (art. 485, nº II, e § 1º); e assim por diante.

O CPC português, embora ainda seja menos explícito na matéria, experimentou consideráveis avanços, como se depreende da exposição anteriormente realizada, havendo hoje alguns preceitos que determinam ao juiz atuar oficiosamente, podendo, além do já citado art. 6º, p.

cificamente designada para tanto, com sua data já fixada no próprio calendário", pois "a sentença proferida em audiência exclui-se da ordem cronológica (NCPC, art. 12, § 2º, I)" (CUNHA, Leonardo Carneiro da. Negócios jurídicos processuais no processo civil brasileiro. In: *Negócios processuais*. CABRAL, Antonio do Passo; NOGUEIRA, Antonio Henrique (Coord.). Salvador: JusPodivm, 2015. p. 27-62, espec. p. 53), uma vez que muitas vezes também há fila para designação de audiências, ou não seria legítimo designar audiência, a rigor desnecessária, para antecipar a prolação de sentença.

ex., sobrestar na decisão até que o tribunal competente se pronuncie, se o conhecimento do objeto da ação depender da decisão de uma questão que seja da competência do tribunal criminal ou do tribunal administrativo (art. 92º) ou fixar o valor da causa, sem prejuízo do dever de indicação que impende sobre as partes (art. 306º).

Com relação à possibilidade de *as partes* influírem na configuração do *iter* processual, o art. 181 do CPC/73 não tem correspondente no Código atual,[64] mas subsistem, *grosso modo*, a renúncia "ao prazo estabelecido exclusivamente em seu favor, *desde que o faça de maneira expressa*" (art. 225, que acrescentou o trecho em itálico); a suspensão convencional do processo, por tempo não superior a seis meses (art. 313, nº II, e § 4º, *fine*); o adiamento, também por convenção, da audiência de instrução e julgamento (art. 362, nº I, que suprimiu a restrição "caso em que só será admissível uma vez"); a convenção sobre o arbitramento como forma de liquidação da sentença (art. 509, nº I); bem como, ressaltando "a margem de disponibilidade reconhecida às partes no tocante à competência em razão do valor ou do território", a eleição de foro (art. 63) e a prorrogação da "competência relativa se o réu não alegar a incompetência em preliminar de contestação" (art. 65)

O Código de Processo Civil brasileiro de 2015 e o português de 2013 mantiveram igualmente a técnica de conter "disposições de princípio, que legitimam, em termos genéricos, a atuação oficial" em matéria de instrução processual, "e regras específicas, que a disciplinam com referência a determinados meios de prova". As disposições de princípio estão agora previstas no art. 370, *caput* ("Caberá ao juiz, de ofício ou a requerimento da parte, determinar as provas necessárias ao julgamento do mérito") do CPC e no art. 411 ("Princípio do inquisitório. Incumbe ao juiz realizar ou ordenar, mesmo oficiosamente, todas as diligências necessárias ao apuramento da verdade e à justa composição do litígio, quanto aos factos de que lhe é lícito conhecer") do CPCp.

Persistem como exemplos de regras específicas no direito brasileiro o art. 139, VIII ("comparecimento pessoal das partes, para inquiri-las sobre os fatos da causa"); art. 385, *fine* (depoimento pessoal da parte); art. 396 (ordem para que a parte exiba documento ou coisa que se

---

64 Que trata, no entanto, como já citado, de o *juiz* "dilatar os prazos processuais", desde que "antes de encerrado o prazo regular" (art. 139, VI e parág. único), e da vedação de "reduzir prazos peremptórios sem anuência das partes" (art. 222, § 1º).

encontre em seu poder); art. 421 (exibição parcial de livros e documentos); art. 438 (requisitar às repartições públicas certidões e autos de procedimentos administrativos); art. 461, incisos I (oitiva de "testemunhas referidas") e II (acareação de testemunhas ou de alguma delas com a parte); art. 464, § 2º (determinar, em substituição à perícia, a produção de prova técnica simplificada); art. 480 ("realização de nova perícia"); art. 481 (inspeção judicial). No direito português, *v. g.*, art. 436, nº 1 (requisição de informações, pareceres técnicos, plantas, fotografias, desenhos, objetos ou outros documentos necessários ao esclarecimento da verdade); art. 477 (perícia); art. 490, nº 1 ("inspeção de coisas ou pessoas); art. 523 (acareação das pessoas em contradição); art. 526 (inquirição de pessoa não oferecida como testemunha).

Feita essa atualização basicamente de dispositivos, cabe salientar, neste ponto, o enorme proveito de ser retomada a leitura do texto original modelar do Professor José Carlos Barbosa Moreira, para bem compreender a correta interpretação e finalidade da coexistência da norma geral e normas específicas, nos sistemas brasileiro e português, com relação aos poderes instrutórios do juiz.

Por outro lado, atualíssima a observação de que tanto a experiência brasileira quanto a portuguesa apontam que não é frequente, na prática, a utilização *ex officio* dos poderes instrutórios, e fundamental a advertência de que: "Aos juízes deve, pois, aconselhar-se a utilização, com escrupuloso respeito do contraditório, das possibilidades que a lei lhes concede, sempre que preciso para a formação segura do convencimento acerca dos fatos relevantes".

No que concerne à necessidade de, ao cuidar da acentuação de poderes, cuidar também, e forçosamente, de acentuação de responsabilidade, assim como ao "mal compreendido *esprit de corps* que costuma inibir os órgãos competentes para a respectiva apuração e eventual imposição de sanções" aos magistrados, a Emenda Constitucional nº 45, de 30.12.2004, criou o Conselho Nacional de Justiça (art. 92, I-A, da CF), composto pelo Presidente do Supremo Tribunal Federal, um Ministro do Superior Tribunal de Justiça, um Ministro do Tribunal Superior do Trabalho, um desembargador de Tribunal de Justiça, um juiz estadual, um juiz de Tribunal Regional Federal, um juiz federal, um juiz de Tribunal Regional do Trabalho, um juiz do trabalho, um membro do Ministério Público da União, um membro do Ministério Público estadual, dois advogados e dois cidadãos, de notável saber jurídico e reputação ilibada (art. 103-B, I a XIII, CF), ao qual compete, em absoluto resumo, "o controle da atuação administrativa e financeira do Poder Judiciário e do cumprimento dos deveres funcionais dos juízes" (art. 103-B, § 4º), sendo que a atividade disciplinar e correcional vem se destacando positivamente.

Quanto à preparação e seleção dos magistrados, a EC nº 45/2004 criou, outrossim, a "Escola Nacional de Formação e Aperfeiçoamento de Magistrados [ENFAM], cabendo-lhe, dentre outras funções, regulamentar os cursos oficiais para o ingresso e promoção na carreira", que funciona junto ao Superior Tribunal de Justiça (art. 105, parág. único, nº I), sendo que o art. 93 da Constituição é expresso no sentido da observância, pelo Estatuto da Magistratura, dentre outros, do seguinte princípio: "previsão de cursos oficiais de preparação, aperfeiçoamento e promoção de magistrados, constituindo etapa obrigatória do processo de vitaliciamento a participação em curso oficial ou reconhecido por escola nacional de formação e aperfeiçoamento de magistrados" (inciso IV).

SOBRE A "PARTICIPAÇÃO" DO JUIZ NO PROCESSO CIVIL[1]

1. Falar de "participação", com referência ao processo, pode sugerir um rumo de investigação que se dirija a fenômenos situados, total ou parcialmente, fora do âmbito estrito da atividade realizada em juízo. A conotação mais evidente aponta no sentido das relações entre o processo e a sociedade que lhe serve de moldura. Tratar-se-á, em tal perspectiva, de examinar se os indivíduos e os grupos existentes nessa sociedade, conquanto não diretamente envolvidos, de maneira necessária, naquela atividade, assumem também (ou devem assumir), diante dela, papel ativo, que se traduza em alguma espécie de interferência; e, no caso afirmativo, de averiguar que formas e que extensão essa interferência reveste (ou deve revestir). O olhar do observador estará voltado, aí, para os possíveis aportes exteriores, capazes de atuar – de modo benéfico ou maléfico, observe-se de passagem – sobre a realidade processual, que não constitui, nem pode constituir, um recinto isolado, hermético, impermeável ao ambiente em que se insere.

Esse é um gênero de pesquisa cuja importância tem sido, com razão, posta em realce nos últimos tempos. A disposição de prestigiá-lo integra-se em vasto e notório movimento de ideias tendente a enfatizar as ligações entre o processo e os fenômenos políticos, econômicos, culturais, próprios do universo que o circunda, a cuja influência ele naturalmente se sujeita e sobre os quais, por sua vez, reage. O autor destas linhas acredita haver podido, modestamente embora, concorrer, em mais de uma ocasião[2], para a indispensável tomada de consciência quanto à necessidade de levarmos em conta, em nossa própria elaboração jurídica – sem menosprezo das exigências da técnica, nem esquecimento das limitações óbvias que se põem ao trabalho do jurista enquanto tal – os dados que nos ministra a contemplação de semelhantes interações.

---

1 Comunicação ao encontro sobre *Participação e processo*, São Paulo, 30-6-1987. Publicada também nos *Arquivos dos Tribunais de Alçada* – ATA 9 (1988).

2 *Vide*, ainda recentemente, a conferência pronunciada no Panamá, em 18-8-1986, sob o título *Dimensiones sociales del proceso civil*, e publicada na *Revista Uruguaya de Derecho Procesal*, n. 4/86, e em *El Derecho* (Buenos Aires), t. 120, n. 6.621.

2. Não é menos útil, porém, volver novamente os olhos, de vez em quando, para a paisagem *interior* do processo, que está longe de esgotar-se como objeto de análise e de reflexão. Nem é difícil perceber que, pelo ângulo mesmo da "participação", muito ainda existe que vale a pena dizer, ou redizer, acerca dos próprios sujeitos principais da chamada relação jurídica processual. Assim como se pode (e se deve) levantar e enfrentar, a respeito do processo, a problemática da participação dos outros membros da comunidade social, dos denominados "grupos intermédios" dos diferentes órgãos estatais, dos vários setores daquilo a que se convencionou chamar a "sociedade civil", há e continuará a haver espaço - provavelmente enquanto durar a história da humanidade - para aprofundar o exame das formas e da medida em que participam da atividade processual as pessoas mesmas sem as quais nem sequer se concebe a existência de um feito: o juiz e as partes.

Dir-se-á que, em relação a elas, o problema se coloca, de saída, em termos radicalmente diversos, já que a imensa maioria dos atos que compõem o processo ou provêm do órgão judicial ou se praticam em nome de um ou de outro litigante. A respectiva participação na atividade processual estaria assim, *ab initio,* posta como dado inquestionável. Essa, porém, é visão que se detém na epiderme da realidade. O que se cuida de saber é exatamente se a mera condição jurídica de sujeitos dos atos processuais, ou da maior porção deles, basta como garantia de "participação", usada a palavra em seu sentido mais forte, e encarado pelo prisma da efetividade - que é, aqui, o que nos interessa - o fenômeno que ela pretende designar.

3. No que tange às partes, a dúvida aparece desde logo manifestamente justificada, pelo menos em sistema que, como o brasileiro, impõe em regra a representação obrigatória dos litigantes por advogado[3]. Conforme bem se sabe, são em pequeno número os atos processuais em que qualquer das partes figura por si mesma: a citação, de ordinário (Código de Processo Civil, art. 215), a intimação para dar andamento ao feito (art. 267, § 1º), o interrogatório informal (art. 342), o depoimento pessoal (arts. 343 e s.), a inspeção que numa delas acaso se realize (arts. 340, n. II, e 440 e s.), possivelmente a tentativa de conciliação (arts. 447 e 448),

3 No "Juizado Especial de Pequenas Causas", tal representação é facultativa (art. 9º, *caput),* salvo no procedimento recursal (art. 41, § 2º).

este ou aquele incidente da execução – é o próprio devedor de alimentos, e não seu advogado, que vai preso quando não paga nem se escusa (art. 733, § 1º)... Outros exemplos poderão ser colhidos aqui e ali; mas serão quase sempre, à semelhança dos acima indicados, atos em que o litigante é menos *agente* que *paciente.* Continua portanto a ser exato que, quando a parte *age,* ela o faz, com irrelevantes exceções, por meio do advogado.

Não nos preocupa, no momento, a valoração de tal sistema. Quer se goste dele, quer não se goste, o inegável é que, as mais das vezes, o litigante só tem contacto com o processo por aquilo que o advogado lhe narra do respectivo andamento, ou pelo que, eventualmente, lhe seja dado captar de algum ato a que porventura assista *(v.g.,* julgamento de recurso). E, embora juridicamente seja verdade que as manifestações do advogado valem como manifestações da parte que ele representa, não é menos verdade que, vistas as coisas na substância, as expressões e o tom usados nas petições e nos arrazoados do procurador só excepcionalmente coincidirão com as expressões e o tom que o próprio litigante usaria, ainda quando se trate da mera descrição de fatos. Em tais condições, ou nos conformamos em atribuir ao termo "participação" significado estritamente formal, sem qualquer compromisso com a realidade subjacente às fórmulas técnicas, ou então somos forçados a reconhecer que é mínima a participação dos litigantes no processo.

4. Desloquemos agora a nossa atenção, das partes para o juiz. À primeira vista, parece que o panorama se modifica de maneira radical. Para começar, o juiz, ao menos *de iure,* pratica *pessoalmente* os atos que lhe competem: decerto não lhe é lícito fazer-se representar, seja por quem for, no exame de petição inicial, ou numa audiência de instrução e julgamento[4]. Ademais, elevado como é o número desses atos, o órgão judicial intervém, por assim dizer, a cada passo do itinerário do feito, que praticamente não se move sem que ele, de algum modo, concorra para

4 No direito argentino, embora o art. 125 *bis* do *Código Procesal Civil y Comercial de la Nación* estabeleça, na 1ª alínea, que *"las audiencias de posiciones serán tomadas personalmente por el juez, bajo sanción de nulidad",* a própria lei admite, na 3ª alínea, que o tribunal, a requerimento do juiz, o dispense da exigência, *"cuando circunstancias derivadas del cúmulo de tareas lo hicieren necesario".* Entre nós, em quaisquer circunstâncias, é flagrantemente ilegal a realização de audiência sem a presença do juiz, e nenhuma validade se pode reconhecer aos atos porventura assim praticados.

tal movimento. A impressão que disso pode resultar é a de um contacto intenso e permanente entre o juiz e o processo.

Dois corolários defluem naturalmente de tal suposição. O primeiro é que o juiz deve ter do processo conhecimento minucioso, capaz de habilitá-lo a fundamentar com segurança qualquer decisão que lhe caiba proferir, sobre a *res in iudicium deducta* ou sobre questão incidente. O segundo é que ele estará em condições de imprimir ao feito marcha constante e expedita, conduzindo-o com mão firme por entre eventuais escolhos, impedindo ou neutralizando prontamente manobras procrastinatórias, mantendo a cada instante domínio pleno da situação, em ordem a evitar desvios de rota e turbulências desnecessárias. Em que medida se aproximará dessa imagem a que nos proporciona a observação do dia a dia forense?

5. As disfunções do mecanismo judiciário têm sido criticadas com tal frequência, por ângulos e em níveis tão diversificados, que a rigor nada há que acrescentar a um libelo acusatório cujos pontos básicos, a esta altura, ninguém ignora. Vamos limitar-nos a recapitular aqui, em termos sintéticos, alguns tópicos, mais diretamente relacionados com a problemática da atuação do juiz, que a nossa experiência sugere pôr em relevo. Defeitos desse tipo, como é intuitivo, podem referir-se, de modo mais direto, à condução do processo ou à solução do litígio. Tratemos, pois, de distribuir *grosso modo* por essas duas vertentes os itens do nosso inventário crítico.

5.1. No tocante à condução do processo, afiguram-se dignas de particular atenção:

a) a sobrevivência de feitos manifestamente inviáveis até etapas avançadas do *iter* processual, em vez do respectivo trancamento no próprio nascedouro (pelo indeferimento da petição inicial) ou em ponto tão próximo daquele quanto possível;

b) a sobrevivência, nos feitos viáveis, ou não manifestamente inviáveis, de questões em princípio destinadas a solução rápida, em estádio pouco avançado do procedimento *(v.g.,* regularidade da citação; competência do órgão processante; representação das partes; retificação do valor da causa, *ex officio* ou mediante impugnação; integração do contraditório; nomeação de curador especial; concessão ou denegação do benefício da gratuidade; concorrência das "condições da ação"), e que, não liquidadas no momento justo, constituem fonte permanente de tumulto processual, dando ensejo a incidentes capazes de retardar o julgamento, dispersar a atenção do juiz e, não raro, acarretar a anulação do processo, ou de parte dele, inclusive em grau de recurso, com desperdício de tempo, energias e recursos financeiros;

c) a inobservância, sem motivo justificado, de prazos para a prática de atos, quer pelo próprio juiz, quer por auxiliares da justiça (funcionários ou serventuários de cartório, oficiais de justiça, peritos);

d) a omissão de atos ou formalidades essenciais (por exemplo, abertura de vista à outra parte, para falar sobre documento de que uma delas requeira a juntada);

e) a falta de fiscalização do cumprimento de encargos atribuídos aos órgãos auxiliares *(v.g.:* certificação, nos autos, da realização de atos processuais e/ou da respectiva publicação no jornal oficial; traslado das peças que obrigatoriamente devem compor o instrumento do agravo etc.).

5.2. Relativamente à solução do litígio, cumpre ressaltar:

a) a escassez de iniciativas instrutórias oficiais[5], ainda quando manifesta a conveniência de esclarecer questões de fato relevantes, a cujo respeito se mostram insuficientes os elementos de prova trazidos pelas partes;

b) a pouca (ou nenhuma) familiaridade do juiz com os aspectos básicos da controvérsia, por ocasião da audiência de instrução e julgamento, com a consequente baixa do rendimento da atividade nela realizada – em razão, por exemplo, da incapacidade do juiz de avaliar a relevância de perguntas que se requer sejam formuladas às partes ou às testemunhas (o que pode conduzi-lo a indeferir perguntas importantes, ou a permitir que o depoimento "inche" com declarações absolutamente inúteis), e *a fortiori* de formular, ele mesmo, indagações complementares;

c) a motivação superficial ou lacunosa da decisão, sobretudo no que concerne à valoração da prova e à solução das *quaestiones facti* –

5 Não se trata de peculiaridade do foro brasileiro: *vide* observações análogas, quanto a Portugal, em ARTUR ANSELMO DE CASTRO, *Direito Processual Civil declaratório,* v. 111, Coimbra, 1982, p. 163; com referência à Áustria, FASCHING, *Lehrbuch des österreichischen Zivilprozessrechts,* Viena, 1984, p. 315; cf., no que concerne à Itália, os resultados de uma pesquisa dirigida por DENTI, no volume *Le prove nel processo civile,* Milão, 1973, p. 13 e s.

defeitos que obviamente se articulam com os indicados nas letras *a* e *b, supra;*

d) a falta de congruência entre o teor da decisão e os limites em que a lide se submetera à apreciação judicial (julgamento *ultra, extra* ou *cifra petita,* prolação de sentença ilíquida apesar de líquido o pedido).

6. Por esses e outros desconcertos da justiça civil, só em pequena porção se pode imputar a responsabilidade à lei processual. O Código de 1973, sem dúvida, tem seus defeitos, alguns graves, que a experiência pôs a descoberto – confirmando aliás, aqui e ali, as previsões pessimistas da doutrina: exemplo notório é o caso do procedimento sumaríssimo. Feitas todas as contas, porém, tais imperfeições não bastam para explicar o que se observa na prática do foro.

Disciplina o Código em pormenor o tratamento da petição inicial (arts. 284, 285, 295); não há como culpá-lo, se os juízes, tantas vezes, pura e simplesmente se abstêm de lê-la e cingem-se a lançar sobre ela um burocrático "Cite-se". (A observação aplica-se aos relatores de processos da competência originária de tribunais: segundo a experiência do autor deste trabalho, em boa percentagem das ações rescisórias, por exemplo, a mera leitura atenta da inicial põe de manifesto a inviabilidade do feito.) O art. 284, inteligentemente manejado, pode funcionar como instrumento hábil para ensejar correções suscetíveis de salvar postulações mal formuladas; não parece, contudo, que esteja sendo utilizado com grande frequência, nem – a julgar pelas hipóteses compiladas nos repertórios de jurisprudência – com criatividade merecedora de registro.

Na sistemática do procedimento ordinário, conforme ressalta dos arts. 329 a 331, em princípio não deve ultrapassar sem solução a fase de saneamento qualquer das questões capazes de levar à extinção do processo sem julgamento do mérito, nem as de que tratam os incs. II a V do art. 269 – salvo, é, claro, quando supervenientes, o que aliás nem sempre se concebe. Seria de desejar que jamais se relegasse a ocasião posterior o exame dessas questões. Lamentavelmente, não é raro que elas se vejam "remetidas" para outro momento, sob os mais variados pretextos. A regra do art. 267, § 3º, que, de acordo com a jurisprudência e com a doutrina prevalecente[6], descarta a possibilidade de preclusão

6 *V.g.:* Supremo Tribunal Federal, 15-1-1984, Ag. Reg. na Ação Cív. Orig. n. 268, in *Rev. Trim. de Jur.,* v. 101, p. 901: 28-4-1982, Ag. Reg. no Rec. Extr. n. 95.837, *ibid.,* v. 112,

com referência aos "pressupostos processuais" e às "condições da ação", não deveria servir de escusa cômoda para protelações.

Contempla a lei providências destinadas a coibir a inobservância de prazos sem motivo justo, por auxiliar da justiça ou pelo próprio juiz (arts. 193, 194, 198, 199). Também aqui não é sua a culpa, se tantas vezes uma condescendência que raia pela cumplicidade ou um mal compreendido *esprit de corps* fazem abortar qualquer tentativa de apuração de responsabilidades. Discurso análogo caberia, de resto, em grande parte, para as faltas funcionais de índole diversa.

No que respeita à atividade instrutória, leituras exacerbadamente "dispositivísticas" do Código podem reforçar os já numerosos fatores que contribuem para conter em níveis modestíssimos, na prática do foro, as iniciativas oficiais. Reconheça-se que as indicações literais nem sempre são unívocas, e que se sente falta, aqui e ali, de maior explicitude. Mas é necessária boa dose de alheamento ao texto para desprezar uma norma como a do art. 130, *principio,* e – vale acrescentar – boa dose de prevenção para teimar em reduzir-lhe o alcance a um resíduo inexpressivo de hipóteses acadêmicas[7].

Que o juiz, na audiência de instrução e julgamento, não tem como limitar-se a uma postura de estátua, indica-o com toda a clareza uma série de disposições do Código (arts. 446, 451, 413, 416, 344...). Quanto ao mais, são igualmente nítidas as regras dos arts. 128, 458, 459 e 460, que balizam em termos categóricos a construção formal e substancial da sentença.

7. Têm índole variada, naturalmente, as causas da insuficiente participação do juiz no processo. Segundo bem se compreende, a identificação exata de todas elas e, sobretudo, a determinação do peso que se há de atribuir a cada qual pressuporiam a existência de pesquisas empíricas, realizadas com rigor metodológico e traduzidas, nos seus

p. 1164; AMARAL SANTOS. *Primeiras linhas de Direito Processual Civil,* 2º v., 7ª ed., São Paulo, 1982, p. 265 e s.; MONIZ DE ARAGÃO, *Exegese do Código de Processo Civil,* v. IV, t. I, Rio de Janeiro, s.d., p. 20-1; HUMBERTO THEODORO JÚNIOR, *Curso de Direito Processual Civil,* 2ª ed., Rio de Janeiro, 1986, v. I, p. 444; ERNANE FIDÉLIS Dos SANTOS, *Manual de Direito Processual Civil,* v. 2, São Paulo, 1986, p. 74.

7 Como faz, por exemplo, ARRUDA ALVIM. *Código de Processo Civil comentado,* v. V, São Paulo, 1979, p. 214-5.

resultados, em estatísticas dignas de confiança. Não são coisas que abundem neste país. Temos de deixar-nos guiar pelo senso comum e pelos dados da experiência que o trato frequente da matéria proporciona.

O esquema talvez não deva diferir muito do que se segue:

a) causas pessoais – É decerto insuscetível de eliminação o coeficiente relacionado com a personalidade do juiz, com suas aptidões físicas e mentais, com sua disposição para o trabalho, com sua atenção e sua memória, com sua variável propensão para interessar-se pelos problemas que lhe são submetidos, com os métodos que emprega, com suas convicções doutrinárias ou preconceitos, enfim, com tudo aquilo que faz da sua uma pessoa diferente de todas as outras – e teríamos de ajuntar as mudanças de humor, o cansaço eventual ou crônico, a disponibilidade de tempo, as perturbações da saúde, a maior ou menor estabilidade da vida privada, em suma, *"the heart-ache and the thousand natural shocks that flesh is heir to"*[8].

b) causas legais – Sem ser aqui, repita-se, a grande vilã, nem por isso deixa a lei de colaborar no quadro com algumas pinceladas sombrias. Por "lei" entendemos, no presente contexto, não só o Código de Processo Civil e outros diplomas de teor especificamente processual, mas também – quiçá principalmente – o conjunto das normas que regem a organização judiciária, no plano federal e no estadual. É talvez nesse terreno *que* residem os mais graves defeitos: basta pensar na distribuição, em regra pouco racional, da competência, máxime em primeiro grau de jurisdição, do que resulta para alguns injusta sobrecarga de trabalho, com todo o seu cortejo de indesejáveis consequências: juiz onerado com excesso de serviço é juiz que por força estudará os autos com menor profundidade, que mais facilmente se resignará ao papel de mero subscritor de despachos e decisões redigidos por mão alheia, que se absterá de iniciativas instrutórias, que se inclinará a adotar, sem exame crítico, soluções já "prontas" para as questões de direito (e, por conseguinte, quase nunca contribuirá para a abertura de novos caminhos na jurisprudência)[9].

Paradoxalmente, o grande número de atos que se esperam do juiz, ao longo do itinerário processual, em vez de concorrer para familiarizá-lo

---

8 A citação é de SHAKESPEARE, *Hamlet,* 3º ato, cena I.

9 Acerca da influência multiforme que o volume excessivo de trabalho exerce nos vários aspectos da atividade do juiz, na condução do processo e no julgamento, *vide* WASSERMANN, *Der soziale Zivilprozess,* Neuwied-Darmstadt, 1978, p. 178 e s.

com o feito, acaba por produzir efeito oposto. Se os autos lhe voltam à mesa a cada momento, a propósito de tudo, ou sem nenhum propósito, o tormento das pilhas que se reerguem sem cessar – nova modalidade do suplício imposto a Sísifo – não pode provocar no juiz senão enfado e impaciência, e ele inevitavelmente tenderá a livrar-se da maçada pelo modo mais "fácil", igualando no mesmo tratamento rotineiro casos de importância muito diversa. Essa é uma observação que só em parte se dirige à lei. Não estamos convencidos de que o Código de Processo Civil exija do juiz, na verdade, toda a série de "despachos de expediente" que ele tradicionalmente se vê solicitado a proferir: se, em determinado ponto do procedimento, o único possível destino dos autos é a remessa ao contador, ou ao partidor, ou a outro qualquer auxiliar da justiça, não parece haver necessidade de despacho que se limitará a chover no molhado, ocupando inutilmente o tempo e a atenção reclamados por outros assuntos.

c) causas administrativas – Aqui há uma extensa gama de mazelas, cuja enumeração completa encheria vários volumes. Vamos resumir.

Mudanças sucessivas de direção, no curso do processo, em geral afastam qualquer perspectiva de conhecimento profundo da causa e, portanto, de "participação" autêntica. Se o juiz sabe que só vai presidir o feito por breve tempo, é natural que se interesse pouco pela respectiva sorte e o trate como algo que, no fundo, não lhe diz respeito. Os autos convertem-se em mero trambolho, a arredar seja como for, sem qualquer preocupação pelo que lhes acontecerá depois: isso será da conta de outro. E aquele que os recebe, afinal, para dar remate ao procedimento, não se sentindo responsável pelo que até então se passou, fica tentado a concluir de qualquer maneira uma obra predominantemente alheia, para não dizer anônima. Nenhuma esperança séria se pode alimentar, ao nosso ver, de maior "participação" do juiz no processo, enquanto a regra for (como é em tantos casos) o rodízio contínuo.

Muitos juízes exercem sua atividade sob condições bastante desfavoráveis. Não queremos referir-nos especificamente à questão da remuneração; o problema é bem mais extenso e desdobra-se em tópicos como o do ambiente de trabalho, o da infraestrutura administrativa, o dos recursos de pessoal e de material, o do aparelhamento tecnológico, e assim por diante. Coisas na aparência tão insignificantes como a apresentação dos autos e a disposição das respectivas peças, ou a nitidez gráfica dos documentos que neles se inserem, são capazes de predispor positiva ou negativamente o juiz que se dedique a lê-los, facilitando-lhe a apreensão ou, ao contrário, dificultando-a ao ponto de, por vezes, gerar verdadeiro bloqueio. O calor excessivo ou a interferência de ruídos exteriores podem sabidamente prejudicar em grau notável o rendimento de uma audiência em que se estejam interrogando as partes ou testemunhas. A falta de regularidade na publicação dos atos judiciais ou no funcionamento do serviço postal acarreta às vezes transtornos graves na rotina de trabalho do órgão e afrouxa o comando do juiz sobre a marcha do feito. São exemplos corriqueiros, a que muitos outros com facilidade se acrescentariam; mas não cremos que seja preciso alongar a lista.

8. Sendo tão díspares as causas, igualmente diversificados hão de ser os remédios, dos quais – ocioso ressalvar – tampouco se pretende levantar aqui um receituário completo. Diga-se desde logo que nenhum produzirá efeito sensível sem o empenho integral do próprio juiz. Isso depende, é óbvio, do grau – em alguns casos necessariamente heroico – em que existam, nele, determinadas qualidades e aptidões; tem muito que ver, por conseguinte, com os métodos de preparação e seleção dos candidatos à magistratura. Tem que ver, também, com o tipo de tratamento que o juiz recebe depois de investido no cargo: virtudes podem florescer ou fenecer, conforme as circunstâncias; e não é difícil adivinhar o rumo mais provável dos acontecimentos, se o magistrado inexperiente, designado em regra para servir em lugar distante, onde talvez não lhe seja fácil o acesso a obras doutrinárias e a repertórios de jurisprudência, a participação em eventos culturais, ou quando nada a simples troca de ideias com colegas de maior tirocínio, se vê, por assim dizer, abandonado à sua própria sorte, sem apoio ou incentivo de qualquer espécie. No mesmo contexto insere-se o problema das promoções por merecimento, nas quais se deveriam observar critérios bem mais objetivos que os geralmente adotados, com o notório risco, que nem sempre se evita, de preterições desestimulantes.

Por sobre tudo isso há a influência de certa mentalidade que, sob colar de zelo em preservar a imparcialidade do juiz, preconiza uma espécie de "distanciamento" capaz de confundir-se, sem grande dificuldade, com a mais gélida indiferença pelo curso e pelo resultado do pleito. Para refutar semelhante tese, no que contenha de sincera convicção doutrinária, bastará pôr em evidência a distinção entre dois fenômenos. Uma coisa, com efeito, é proceder o juiz, movido por interesses ou sentimentos peso soais, de tal modo que se beneficie o litigante cuja vitória se lhe afigura desejável: outra coisa é proceder o juiz, movido pela consciência de sua responsabilidade, de tal modo que o desfecho do pleito corresponda àquilo que é o direito no caso concreto. A primeira atitude obviamente repugna ao ordenamento jurídico; a segunda só pode ser bem vista por ele. Ora, não há diferença, para o juiz, entre querer que o processo conduza a resultado justo e querer que vença a parte (seja qual for) que tenha razão[10]. Em tal sentido, nem sequer é exato dizer que o juiz deve ser "neutro", porque não é próprio identificar-lhe a imagem na de um espectador frio, para quem "tanto faz" que se realize ou não se realize justiça, quando, bem ao contrário, esse é um cuidado que há de estar presente, do primeiro momento ao último, em seu espírito.

9. Quanto ao mais, o leitor que se dispuser a recapitular o que ficou dito no item 7, *supra,* compreenderá com facilidade que as possíveis providências corretivas ora terão de partir dos próprios órgãos do Poder Judiciário, ora implicarão por força uma colaboração vinda de fora. Muito pode e deve ser feito no âmbito interno da Justiça: ela dispõe de meios para melhorar, em certa medida, as condições de trabalho dos juízes, e para incentivá-los ao contínuo aperfeiçoamento profissional; dispõe também, por outro lado, de instrumentos hábeis para apurar responsabilidades e aplicar sanções, quando for o caso. Bem andará se não trepidar em valer-se de uns e de outros.

A contribuição do Poder Legislativo será naturalmente indispensável toda vez que se imponha a modificação de texto legal; a do Poder Executivo, quando lhe seja reservada a iniciativa da lei, e bem assim nas hipóteses - de número nada desprezível - em que a solução do problema dependa exclusivamente de tal ou qual medida administrativa. Mas é óbvio que não se há de esperar cooperação apenas dos poderes públicos. Todos os setores da sociedade têm aqui um papel a desempenhar, pois a todos eles, afinal de contas, interessa que os serviços judiciários subam de qualidade, e disso é *conditio sine qua non* a maior "participação" do juiz no processo. Neste ponto fica à mostra a articulação entre o tema central deste trabalho e os tópicos a que se aludiu no item 1, *supra:* a

10 Cf. BARBOSA MOREIRA, Breves reflexiones sobre la iniciativa oficial en materia de prueba, *in Libro homenaje c Jaime Guasp,* Granada, 1984, p. 156-7, ou *in Temas de Direito Processual (Terceira Série),* São Pauto, 1984, p. 81.

verdade é que todos os fios da problemática terminam por entrelaçar-se de alguma forma, e portanto não há o que estranhar se se invoca a participação da sociedade em geral a propósito de questão que à primeira vista parecia conter-se no âmbito dos *interna corporis.*

À sociedade assiste o direito de cobrar do juiz uma participação mais efetiva no processo; corre-lhe, em contrapartida, o dever de colaborar, pelas vias ao seu alcance, para facilitá-la e estimulá-la. Não seria demais, por exemplo, que se canalizasse para a exigência de melhor aparelhamento da Justiça uma parte da energia que se vê aplicada em movimentos reivindicatórios de toda sorte. Assumem aqui particular responsabilidade os órgãos que concorrem para formar e dirigir a chamada opinião pública: partidos políticos, sindicatos, igrejas, associações científicas e culturais – e, com relevo todo particular, os meios de comunicação social, aos quais, infelizmente, não se pode deixar de debitar a difusão, em tantas ocasiões, de uma imagem distorcida de fatos judiciais.

Referência especial, sem dúvida, merece a universidade. Juízes são necessariamente bacharéis em Direito, e a marca da formação universitária, com suas luzes e suas sombras – estas, força é convir, em geral bem mais visíveis do que aquelas –, decerto os acompanha, em larga medida, pelos anos afora. Juízes lecionam, aliás, em não poucas Faculdades de Direito, e não se pode esquecer a importância das impressões que a personalidade de cada qual deixará gravada na mente dos alunos, alguns destinados com certeza, por sua vez, a tornar-se também juízes. Mas acerca da universidade, e das relações entre os seus problemas e os da Justiça, seria impossível discorrer aqui com a indispensável seriedade: fique apenas este ligeiro registro, voltado para aspecto particularíssimo de um tema, a rigor, inesgotável.

10. Volvamos de novo os olhos, ainda, para o interior do espaço processual. O fenômeno da participação do juiz no processo, bem se entende, não deixa de sofrer a influência do comportamento dos outros personagens que com ele contracenam. São muitos; mas nem todos, é claro, têm igual importância. Vamos limitar-nos a algumas observações atinentes aos principais, e com elas encerraremos este discurso, que já vai longo. Poderíamos formulá-las com referência às partes, como tantas vezes se faz em casos análogos. Preferimos, todavia, relacioná-las com os advogados, por meio dos quais, com as ressalvas de praxe, os litigantes atuam em juízo.

Os advogados são peças fundamentais no sistema de informações que irriga o processo. É por eles, normalmente, que o juiz recebe a maior parte dos elementos com os quais formará sua convicção não apenas sobre a substância do litígio, mas também sobre numerosas questões de outro teor, postas à sua apreciação e decisão. Corretos que sejam tais elementos e desimpedido o respectivo fluxo, ter-se-ão criado condições para facilitar ao juiz a aquisição de conhecimentos, e, *ipso facto,* para tornar mais efetiva a sua participação no processo. Ao contrário, se os dados são inexatos, ou a comunicação padece de "ruídos", só se pode esperar resultado oposto. São noções demasiado óbvias, aliás, para que se precise ainda insistir.

Ao advogado corre, à evidência, o dever de comunicar ao juiz, em tempo oportuno, e com toda a exatidão de que for capaz, os elementos favoráveis à parte que representa: a esse respeito não há dúvida possível. Quanto aos elementos capazes de beneficiar a parte contrária, ainda que se exclua o dever positivo da comunicação[11], permanece incontestável que o advogado deve abster-se de falseá-los, e bem assim de impedir ou perturbar a ciência que deles possa ter o juiz por outra via.

O descumprimento de qualquer desses deveres - positivos ou negativos - estorva, às vezes de modo funesto, a participação do juiz no processo. Há casos extremos, como o da destruição ou adulteração de documentos, o da coação ou suborno de testemunha, para que não deponha, ou preste depoimento falso: esses, que podem ter até relevância penal, são felizmente raros na prática do foro. Outros existem, menos ostensivos, mas, sob certas circunstâncias, talvez não menos perniciosos. Os exemplos são numerosos e variados.

Demorar a atender, sem justo motivo, a despacho que determina a juntada de documento ou a prestação de informação é comportamento intuitivamente prejudicial. Também o é trazer, a pretexto de cumprir o despacho, uma penca de documentos sem relação (ou de relação apenas remota) com o ponto que se queria ver esclarecido: ainda que, entre eles, venha algum relevante, menor proveito vai proporcionar, com toda

11 No texto originário do Código de Processo Civil, o art. 17, n. III, reputava litigante de má-fé aquele que omitisse intencionalmente "fatos essenciais ao julgamento da causa". Com isso criava, de modo inequívoco, um dever de comunicação dos fatos (essenciais) desfavoráveis: não faria sentido supor que a cominação visasse o silêncio da parte *(rectius:* do advogado) sobre fatos suscetíveis de beneficiá-la. Entretanto, a Lei n. 6.771, de 27-3-1980, suprimiu o inc. III.

a certeza, dada a dispersão que sofrerá a atenção do juiz e a repercussão negativa que terá em sua receptividade mental a maçada da leitura de um chorrilho de peças inúteis. A observação aplica-se igualmente aos arrazoados que, sem necessidade, se alongam demais, misturando argumentos pertinentes e impertinentes, invocando dezenas de disposições legais sem importância para a hipótese, citando extensas passagens doutrinárias e torrentes de decisões judiciais sobre todos os assuntos possíveis e imagináveis (incluído, ou não, o de que se trata). Particularmente perturbador é o vezo de multiplicar petições juntando-as a breves intervalos, uma aqui, outra ali, acompanhadas ou não de documentos. A esse tipo de atuação não seria impróprio chamar "método do conta-gotas"; e, justiça se lhe faça, poucas coisas conseguem ser tão exasperantes, seja esse ou não o propósito deliberado daquele que o emprega. Só quem, por dever de ofício, lê autos judiciais sabe quão penosa – e às vezes quão "despistante" – pode mostrar-se a leitura de volumes artificialmente engrossados e convertidos em labirintos pela anexação tumultuária de papelada supérflua.

Outra atitude condenável é a adoção de tom dúbio, vago, reticente, no atendimento de algum pedido de informação do juiz. Nada mais desconcertante, em determinados casos, do que uma resposta que ladeia o assunto, que evita definir-se, que confunde em vez de esclarecer. Certa vez, encontrando dificuldade em identificar, à vista da petição inicial, redigida sem clareza, os fundamentos em que se apoiava pedido de rescisão de acórdão, determinamos ao autor, com base no art. 284, que os discriminasse em termos precisos; o "esclarecimento" que sobreveio foi a relação completa dos incisos do art. 485 – algo assim como se o demandante, por seu advogado, dissesse: "Aí estão os fundamentos legalmente admissíveis; V. Exa. que escolha!".

Ocioso prosseguir: a casuística é interminável. Episódios haverá, sem dúvida, que unicamente revelam má preparação técnica para o exercício da atividade profissional; outros constituem inequívocas manifestações da velha e conhecida chicana. A lei processual ministra diversos instrumentos de combate a esse terrível mal: incumbe aos juízes utilizá-los sem hesitação, sempre que for o caso, evitando porém imprimir à reação tom demasiadamente vivo, ou incorrer, por sua vez, em qualquer outro excesso – com o que se arriscariam a fornecer pretexto para aquilo que talvez esteja na intenção de quem provocou o incidente: uma exceção de suspeição ou uma arguição de nulidade por cerceamento de defesa...

O juiz não se escusa de "participar" insuficientemente do processo criticando por inepta ou por maliciosa a atuação do advogado. Há um terreno de responsabilidade sua, intransferível, em que não lhe é lícito invocar, como causa justificativa, qualquer comportamento alheio. Ele espera, no entanto – e nada mais razoável – que os outros figurantes o auxiliem, cada qual na medida de suas possibilidades; ou, na pior hipótese, que se abstenham de atrapalhá-lo... Advogados diligentes e leais são colaboradores preciosos; em feito onde se possa contar com eles, a participação do juiz, apesar dos pesares, tende a ser mais efetiva. Com alguma ajuda das circunstâncias, pode-se começar a divisar aí o advento do reinado – que em geral parece ainda tão longínquo – daquele "princípio da cooperação" que, de acordo com a vanguarda da doutrina, está fadado a resolver, em acorde harmonioso, a tradicional contraposição entre o modelo "dispositivo" e o modelo "inquisitivo" do processo civil[12].

Abril de 1987.

COMENTÁRIOS DOS ATUALIZADORES

SOBRE A "PARTICIPAÇÃO" DO JUIZ NO PROCESSO CIVIL

Luiz Paulo da Silva Araújo Filho / Guilherme Jales Sokal

O estudo em referência permanece atualíssimo, e ainda precursor. Após analisar várias posturas e práticas até hoje constantes e carecedoras dos acertos mencionados, termina aludindo à possibilidade de se começar "a divisar aí o advento do reinado – que em geral parece ainda tão longínquo – daquele 'princípio da cooperação' que, de acordo com a vanguarda da doutrina, está fadado a resolver, em acorde harmonioso, a tradicional contraposição entre o modelo 'dispositivo' e o mode-

12 *Vide* HAHN, *Kooperationsmaxime im Zivilprozess?*, Colônia-Berlim-Bonn-Munique, 1983, *passim;* WASSERMANN, ob. cit., p. 97 e s.; GILLES, Rechtsmittelbegründung, Rechtsmittelbegründung und nachtragliche Parteidispositionen über das Rechtsmittel, *in Archiv für die civilistische Praxis,* v. 177, 1977, p. 204, nota 39.

lo 'inquisitivo' do processo civil".[13] À guisa de atualização, portanto, cabem apenas algumas lembranças sobre a situação legislativa.

No que tange ao mencionado papel ativo que pode ter a sociedade e "que se traduza em alguma espécie de interferência" sobre a realidade processual, chama atenção, para começar, a evolução legislativa que culminou com a previsão no CPC (no Livro III, do Título III, Capítulo V, da Parte Geral) "Do *Amicus Curiae*",[14] no sentido de que: "Art. 138. O juiz ou o relator, considerando a relevância da matéria, a especificidade do tema objeto da demanda ou a repercussão social da controvérsia, poderá, por decisão irrecorrível, de ofício ou a requerimento das partes ou de quem pretenda manifestar-se, solicitar ou admitir a participação de pessoa natural ou jurídica, órgão ou entidade especializada, com representatividade adequada, no prazo de 15 (quinze) dias de sua intimação."[15]

Além dessa hipótese geral, o próprio Código admite, de modo específico, mesmo sem nominar, que o relator poderá (*i*) admitir, por despacho irrecorrível, a manifestação de outros órgãos ou entidades, considerando a relevância da matéria e a representatividade dos postulantes, no incidente de arguição de inconstitucionalidade (art. 950, § 3º); (*ii*) ouvir "as partes e os demais interessados, *inclusive pessoas, órgãos e entidades com interesse na controvérsia*, que, no prazo comum de 15 (quinze) dias, poderão requerer a juntada de documentos,

---

13 Como se vê em a nota 11 (p. 66), a doutrina citada foi a germânica, e até hoje, como a experiência forense demonstra, ainda estamos muito longe de alcançar as condutas exortadas por José Carlos Barbosa Moreira, apesar da regra do art. 6º do CPC/2015.

14 Na legislação extravagante, destacam-se como hipóteses mais recentes de intervenção de *amici curiae*, mesmo sem a específica denominação, o art. 7º, § 2º, da Lei 9.868/99 (processo e julgamento da ação direta de inconstitucionalidade e da ação declaratória de constitucionalidade); art. 6º, § 2º, da Lei 9.882/99 (processo e julgamento da arguição de descumprimento de preceito fundamental); art. 14, § 7º, *fine*, da Lei 10.259/01 (Juizados Especiais Cíveis e Criminais Federais); art. 3º, § 2º, da Lei 11.417/06 (edição, revisão ou cancelamento de enunciado da súmula vinculante); art. 118 da Lei 12.529/11 (Lei do CADE).

15 Preveem os §§ do art. 138: "§ 1º A intervenção de que trata o *caput* não implica alteração de competência nem autoriza a interposição de recursos, ressalvadas a oposição de embargos de declaração e a hipótese do § 3º. § 2º Caberá ao juiz ou ao relator, na decisão que solicitar ou admitir a intervenção, definir os poderes do *amicus curiae*. § 3º O *amicus curiae* pode recorrer da decisão que julgar o incidente de resolução de demandas repetitivas."

bem como as diligências necessárias para a elucidação da questão de direito controvertida", no incidente de resolução de demandas repetitivas (art. 983, *caput*, g.n.); (*iii*) "solicitar ou admitir manifestação de pessoas, órgãos ou entidades com interesse na controvérsia, considerando a relevância da matéria e consoante dispuser o regimento interno", no caso de julgamento dos recursos extraordinário e especial repetitivos (art. 1.038, I).

Destaca-se também, a par da admissão de manifestações de pessoas, órgãos e entidades interessados, a possibilidade de o relator designar, para instrução do feito, data para, em *audiência pública*, ouvir depoimentos de pessoas com experiência e conhecimento na matéria, tanto no incidente de resolução de demandas repetitivas (art. 983, § 1º) como no incidente de julgamento dos recursos extraordinário e especial repetitivos (art. 1.038, II). Antes mesmo do CPC/2015, porém, na perspectiva da participação da sociedade civil e da abertura democrática do processo, as audiências públicas já eram previstas nos artigos 9º, § 1º, e 20, § 1º, da Lei nº 9.868/99 e no art. 6º, § 1º, da Lei nº 9.882/99.[16]

Em relação à participação das partes no processo, cabe reconhecer o incremento da preocupação doutrinária e jurisprudencial com o princípio do contraditório, ou, melhor, com a busca da realização de contraditório ao máximo efetivo, inclusive em razão da extensão da garantia constitucional (art. 5º, LV) e a previsão expressa, no Código de Processo Civil, do princípio da cooperação (art. 6º), da excepcionalidade de decisões *inaudita altera parte* (art. 9º) e do chamado "princípio da não surpresa" (arts. 10 e 933). Bem assim, prescreve o art. 7º do CPC: "É assegurada às partes paridade de tratamento em relação ao exercício de direitos e faculdades processuais, aos meios de defesa, aos ônus, aos deveres e à aplicação de sanções processuais, competindo ao juiz zelar pelo efetivo contraditório."

Nada obstante, subsiste íntegra a regra geral da representação obrigatória dos litigantes por advogado, ou "em causa própria" quando tiverem habilitação legal (art. 103 e parág. único do CPC), salvo algu-

---

16 Vejam-se, com a redação dada pela Emenda Regimental nº 29, de 18.02.2009, os artigos 13, XVII, 21, XVII, e 154, parág. único, III, V e VI, do RISTF. Para análise das 33 audiências públicas realizadas até 14.06.2021 pelo STF, *v.* <http://portal.stf.jus.br/audienciapublica/audienciaPublica.asp?tipo=realizada&pagina=1>. Acesso em: 3 jul. 2021.

mas exceções,[17] e continuam em pequeno número os atos processuais em que as partes figuram por si mesmas, mantidas no CPC atual as mesmas regras, em substância, do anterior, com alteração numérica dos dispositivos,[18] mas, como salientou o Mestre, quase sempre atos em que o litigante é menos *agente* que *paciente*.

No que se refere às mencionadas críticas à condução do processo e à solução do litígio, se as imperfeições do CPC de 1973 não bastavam para explicá-las, menos ainda em relação ao Código atual, que até procurou solucionar algumas questões. Com efeito: as disposições para o devido controle da petição inicial permanecem nos artigos 320, 321 e 330, mas a tendência a simplesmente lançar um burocrático "Cite-se" continua forte, inclusive em ações rescisórias.

Na sistemática do procedimento comum, para reforçar a observância dos artigos 354 e 355 (correspondentes, em essência, aos arts. 329 e 330 do CPC/73), ao cuidar do saneamento e da organização do processo, o art. 357 estabelece que o juiz *deverá* "resolver as questões processuais pendentes, se houver" (I), bem como, para facilitar o futuro julgamento do mérito, delimitar as questões de fato sobre as quais recairá a atividade probatória, especificando os meios de prova admitidos (II); definir a distribuição do ônus da prova, observado o art. 373 (III); delimitar as questões de direito relevantes para a decisão do mérito (IV); designar, se necessário, audiência de instrução e julgamento (V), em decisão que, transcorrido o prazo para as partes pedirem esclarecimentos ou solicitarem ajustes, "se torna estável" (§ 1).

Em verdade, "[o] art. 357, proveniente do Projeto da Câmara dos Deputados, vai muito além do tímido art. 331 do CPC de 1973, saben-

---

17 Assim, p. ex., nos Juizado Especiais Cíveis, previstos na Lei nº 9.099/95, a representação por advogado é facultativa nas causas de valor até vinte salários-mínimos (art. 9º, *caput),* salvo no procedimento recursal (art. 41, § 2º). Nos Juizados Especiais Federais não há a precitada limitação a "causas de valor até vinte salários-mínimos" (Lei nº 10.259/01, art. 10, *caput*), mas no procedimento recursal é obrigatória a representação por advogado (Lei 10.259, ar. 1º c/c. art. 41, § 2º, da Lei 9.099). Nos Juizados Especiais da Fazenda Pública prevalece o entendimento de que deve ser aplicado o regime dos Juizados Especiais Federais (Lei nº 12.153/11, art. 27). Na ADI nº 1.127-8/DF o STF entendeu que: "O advogado é indispensável à administração da Justiça. Sua presença, contudo, pode ser dispensada em certos atos jurisdicionais" (item I da Ementa).

18 Vejam-se os artigos 242; 485, § 1º; 139, VIII; 385 e s.; 379, II; 481; 334, § 8 (cf. § 10); 528, § 3º; todos do CPC.

do conservar o que de importante constava daquele dispositivo sobre a *ordenação* do processo, e propondo a prática de diversos atos no sentido de racionalizar a atividade jurisdicional incentivando a cooperação entre os variados sujeitos processuais (art. 6º), inclusive a depender da complexidade do caso, em audiência especialmente designada para tanto (§ 3º)",[19] afora permitir que as partes apresentem para homologação a "delimitação consensual das questões de fato e de direito a que se referem os incisos II e IV, a qual, se homologada, vincula as partes e o juiz" (§ 2º). Quase supérfluo relembrar, na linha da escorreita lição de José Carlos Barbosa Moreira, que o art. 485, § 3º, do CPC (similar ao art. 267, § 3º, do CPC/73) "não deveria servir de escusa cômoda para protelações" na apreciação dos temas que menciona.

O CPC/2015, em relação à verificação dos prazos de servidores e juízes (arts. 233 e 235), passou a prever, quanto aos primeiros, que "qualquer das partes, o Ministério Público ou a Defensoria Pública poderá representar ao juiz contra o serventuário que injustificadamente exceder os prazos previstos em lei" (art. 233, § 2º). No que concerne aos juízes, com a criação do Conselho Nacional de Justiça (CNJ) pela EC nº 45/2004, hoje qualquer parte, o Ministério Público ou a Defensoria Pública poderá representar ao *corregedor do tribunal* ou *ao CNJ* contra *juiz* ou *relator* que injustificadamente exceder os prazos previstos em lei, regulamento ou regimento interno (art. 235, *caput*), sendo que, além da referência específica a eventual instauração de procedimento para apuração da responsabilidade (§ 1º), os §§ 2º e 3º do art. 235 inovam ao prever que, sem prejuízo das sanções administrativas cabíveis, em até 48 horas após a apresentação ou não da justificativa pelo juiz representado, se for o caso, "o corregedor do tribunal ou o relator no Conselho Nacional de Justiça determinará a intimação do representado por meio eletrônico para que, em 10 (dez) dias, pratique o ato", bem como: "§ 3º Mantida a inércia, os autos serão remetidos ao substituto legal do juiz ou do relator contra o qual se representou para decisão em 10 (dez) dias".

Dessa forma, mais do que contemplar medidas destinadas a coibir a inobservância de prazos pelo juiz ou relator, o Código de Processo Civil estabeleceu mecanismo apto a propiciar que a decisão seja proferida pelo "substituto legal" do magistrado moroso.

---

19 BUENO, Cassio Scarpinella. *Curso sistematizado de direito processual civil*. 8ª ed. São Paulo: Saraiva, 2019. v. 2, p. 192-193 – grifado no original.

No que tange às pesquisas empíricas e estatísticas dignas de confiança, convém recordar que o Conselho Nacional de Justiça vem dedicando atenção a programas de pesquisa e gestão da Justiça,[20] como se percebe dos Painéis CNJ: *Justiça em Números, Módulo de Produtividade Mensal, Demandas Repetitivas, Violência Doméstica* e *Socioambiental*.[21] No Justiça em Números,[22] além do Relatório anual editado desde 2004,[23] sendo o último de 2021 (ano-base 2020), encontram-se os *Painéis interativos*: *Justiça em Números Digital* e *Módulo de Produtividade Mensal*, cada qual com vários campos detalhados de pesquisa,[24] até mesmo por Justiça, tribunal, unidade da federação, unidade judiciária, competência, município sede, município abrangido etc. Os dados são informados pelos tribunais.

Na perspectiva das mencionadas *causas legais* da insuficiente participação do juiz no processo, mesmo que, a rigor, como salientou o Mestre, o CPC/73 não exigisse "do juiz, na verdade, toda a série de 'despachos de expediente' que ele tradicionalmente se vê solicitado a proferir", certo é que, desde a reforma de 1994 (Lei nº 8.952/94),[25]

20 Disponível em: <https://www.cnj.jus.br/>. Acesso em: 9 jul. 2021.

21 Disponível em: <https://paineis.cnj.jus.br/QvAJAXZfc/opendoc.htm?document=-qvw_l%2FPainelCNJ.qvw&host=QVS%40neodimio03&anonymous=true&sheet=shResumoDespFT>. Acesso em: 8 jul. 2021.

22 "Principal fonte das estatísticas oficiais do Poder Judiciário, anualmente, desde 2004, o Relatório Justiça em Números divulga a realidade dos tribunais brasileiros, com muitos detalhamentos da estrutura e litigiosidade, além dos indicadores e das análises essenciais para subsidiar a Gestão Judiciária brasileira." Disponível em: <https://www.cnj.jus.br/pesquisas-judiciarias/justica-em-numeros/>. Acesso em 9 mar. 2022.

23 O *Relatório Justiça em Números* é regido pela Resolução CNJ nº 76, de 12.05.2009, e compõe o Sistema de Estatísticas do Poder Judiciário (SIESPJ).

24 *V. g.*: *Justiça em Números Digital*: Resumo (Despesas e Força de Trabalho, Gestão Judiciária, Indicadores e IPC-Jus); Tempo; Demandas por classe e assunto; Gráficos Customizados; Comparativo de cenários. Disponível em:<https://paineis.cnj.jus.br/QvAJAXZfc/opendoc.htm?document=qvw_l%2FPainelCNJ.qvw&host=QVS%40neodimio03&anonymous=true&sheet=shResumoDespFT>. *Módulo de Produtividade Mensal*: Mapa; Produtividade de Serventias; Produtividade de Magistrados; Gráficos Customizados; Comparativo. Demandas Repetitivas (Gráficos, Tempos, Pesquisa Textual, Processos Sobrestados). Disponível em: <https://paineis.cnj.jus.br/QvAJAXZfc/opendoc.htm?document=qvw_l%2FPainelCNJ.qvw&host=QVS%40neodimio03&anonymous=true&sheet=shPDPrincipal>. Acessos em: 9 jul. 2021.

25 Depois, a EC 45/2004 incluiu o inciso XIV do art. 93 da Constituição, estabelecendo que "os servidores receberão delegação para a prática de atos de administração e atos de mero expediente sem caráter decisório".

foi acrescentado àquele Código o § 4º do art. 162, agora repetido no CPC/2015 (art. 203): "§ 4º Os atos meramente ordinatórios, como a juntada e a vista obrigatória, independem de despacho, devendo ser praticados de ofício pelo servidor e revistos pelo juiz quando necessário." O § 1º do art. 152, contudo, contraditoriamente, prescreve que "[o] juiz titular editará ato a fim de regulamentar" a prática, de ofício, dos atos meramente ordinatórios pelo escrivão ou chefe de secretaria.

Apesar da iniciativa, no entanto, a experiência demonstra que, muitas vezes, a despeito desse dispositivo, juízes continuam se vendo solicitados a proferir toda série de atos meramente ordinatórios.[26] "Não há, rigorosamente", como ensina Leonardo Carneiro da Cunha, "diferença entre despacho e ato meramente ordinatório. Em ambos, não há carga decisória, não havendo, consequentemente, carga lesiva".[27]

Quanto aos métodos de preparação e seleção dos candidatos à magistratura, como já mencionado em nota anterior, a Emenda Constitucional nº 45, de 30.12.2004, criou a Escola Nacional de Formação e Aperfeiçoamento de Magistrados (ENFAM), que funcio-

---

26 A excessiva centralização dos atos de movimentação nas mãos do juiz, ensina Leonardo Greco, "é uma questão de cunho predominantemente cultural e, portanto, não é facilmente alterada com a simples mudança da lei" (*Instituições de processo civil*. 5ª ed. Rio de Janeiro: Forense, 2015. v. I, p. 274).

27 *Comentários ao novo Código de Processo Civil*. Coord. CABRAL, Antonio do Passo; CRAMER, Ronaldo. 2ª ed. Rio de Janeiro: Forense, 2016. p. 344. Humberto Theodoro Júnior, após citar a EC 45/2004, conclui: "Com isso, os *despachos* a que alude o art. 203, § 4º, do CPC, passaram, em regra, a ser substituídos por atos de rotina das próprias secretarias judiciais" (*Curso de direito processual civil*. 61ª ed. Rio de Janeiro: Forense, 2020. v. I, p. 510 – grifado no original). No mesmo sentido, ao que parece, afirmando que "despachos, ou *despachos de mero expediente*, são pronunciamentos judiciais *sem qualquer conteúdo decisório* e destinados à organização do processo, com seu encaminhamento rumo ao ato final que será a sentença" (DINAMARCO, Cândido Rangel; BADARÓ, Gustavo Henrique Righi Ivahy; LOPES, Bruno Vasconcelos Carrilho. *Teoria Geral do Processo*. 32ª ed. São Paulo: Malheiros, 2020. p. 397-398 – grifado no original). *Aliter*, entre outros, mencionando atos "que não *chegam a ser decisão interlocutória*, mas têm *algum cunho decisório* e que, no regime atual, *não devem ficar a cargo do serventuário da justiça* (ALVIM, Teresa Arruda et. al. *Primeiros Comentários ao Código de Processo Civil*. 3ª ed. São Paulo: Revista dos Tribunais, 2020. p. 434 – grifado no original). Para a crítica de entendimento similar a este último, sustentado à luz do CPC/73, veja-se BARBOSA MOREIRA, José Carlos. *Comentários ao Código de Processo Civil*: Lei nº 5.869, de 11 de janeiro de 1973. 16ª ed. Rio de Janeiro: Forense, 2011. v. V, p. 242 e s.).

na junto ao Superior Tribunal de Justiça, "cabendo-lhe, dentre outras funções, regulamentar os cursos oficiais para o ingresso e promoção na carreira" (art. 105, parág. único, inc. I, da CF). Destarte, são previstos, para a "formação inicial" o *Curso oficial para ingresso na magistratura*, que constitui etapa final *facultativa* do concurso público para seleção de magistrados (Resolução ENFAM nº 3, de 04.12.2013), e o *Curso de formação inicial*, realizado logo após a finalização do concurso e dirigido aos magistrados recém-empossados;[28] e para a "formação continuada" os *Cursos de aperfeiçoamento para o vitaliciamento* e os *Cursos de aperfeiçoamento para a promoção*.[29] Bem assim, são promovidos *Cursos de Formação de Formadores*, que visam "ao desenvolvimento de competências de magistrados e servidores que atuam no planejamento e execução de ações de formação e aperfeiçoamento dos juízes".[30]

Também a EC nº 45, dita da "reforma do Judiciário", alterou a redação do inciso IV do artigo 93 para determinar a "previsão de cursos oficiais de preparação, aperfeiçoamento e *promoção de magistrados*, constituindo etapa obrigatória do processo de vitaliciamento a participação em curso oficial ou reconhecido por escola nacional de formação e aperfeiçoamento de magistrados".

De conseguinte, a Resolução CNJ nº 106, de 06.04.2010,[31] "Dispõe sobre os critérios objetivos para aferição do merecimento para promoção de magistrados e acesso aos Tribunais de 2º grau", e prevê que "[a]s promoções por merecimento de magistrados em 1º grau e o acesso para o 2º grau serão realizadas em sessão pública, em votação nominal, aberta e fundamentada, observadas as prescrições legais e as normas internas não conflitantes com esta resolução, iniciando-se pelo magistrado votante mais antigo" (art. 1º). Em vários dispositivos, a Resolução busca traçar detalhadamente requisitos para a avaliação, *fundamentada*, dos juízes candidatos à promoção, como se vê dos artigos 4º a 10, e define pontuações no artigo 11.

---

28 Cf.<https://www.enfam.jus.br/ensino/programas-de-fomacao/formacao-inicial/>. Acesso em: 10 jul. 2021.

29 *V.*<https://www.enfam.jus.br/ensino/programas-de-fomacao/formacao-continuada/>. Acesso em: 10 jul. 2021.

30 Cf.<https://www.enfam.jus.br/ensino/programas-de-fomacao/formacao-de-formadores/>. Acesso em: 10 jul. 2021.

31 Com as alterações recentemente estabelecidas pela Resolução CNJ nº 426, de 08/10/2021.

Evidente que não cabe aqui nem sequer um exame superficial da minuciosa e complexa Resolução 106, mas vale um destaque. O art. 4º fixa como critérios básicos a serem utilizados (sempre de forma fundamentada e com menção individualizada) pelos membros votantes do Tribunal: "I - desempenho (aspecto qualitativo da prestação jurisdicional); II - produtividade (aspecto quantitativo da prestação jurisdicional); III - presteza no exercício das funções; IV - aperfeiçoamento técnico;[32] e estabelece o sistema de pontuação no art. 11: "I - desempenho - 20 pontos; II - produtividade - 30 pontos; III - presteza - 25 pontos; IV - aperfeiçoamento técnico - 25 pontos". Conquanto a "presteza no exercício das funções" tenha ampla dimensão na definição de seus elementos avaliativos,[33] compondo mais do que simples instrumento da "produtividade", desperta atenção a opção feita pelo CNJ de valorizar a pontuação do "aspecto *quantitativo*" em relação ao "aspecto *qualitativo*", pois o artigo 11 (mesmo com a redação determinada pela Resolução 426/2021) estabelece a nota máxima de 30 pontos para "produtividade" e de 20 pontos para "desempenho", bem como 25 pontos para "presteza" e (agora) 25 pontos para aperfeiçoamento técnico, perfazendo 45 pontos para desempenho e aperfeiçoamento técnico e 55 pontos para produtividade e presteza, merecendo o "desempenho (aspecto qualitativo da prestação jurisdicional)" a menor pontuação, 20 pontos (art. 4º, I, c/c. art. 11, I).[34]

O CPC/2015 não avançou nos instrumentos de combate à chicana processual e, de certo modo, até retrocedeu. Em sistema como o nosso, em que a representação do litigante por advogado é quase sempre obrigatória, como acima examinado, não é natural que o Código preveja apenas a punição *das partes* por litigância de má-fé (arts. 80 a 81 do CPC)[35], e imponha salvo-conduto para advogados públicos ou privados

---

32 Cada um desses itens é contemplado, depois, pelos artigos seguintes, com inúmeros subitens (art. 5º a 9º).

33 *Vide* o art. 7º da Resolução 106/2010.

34 Antes, na redação original da Res. 106, eram desempenho - 20 pontos e aperfeiçoamento técnico - 10 pontos, totalizando apenas 30 pontos.

35 "Um dos grandes problemas para a aplicação da litigância de má-fé no Brasil é que a responsabilidade pela sua prática só alcança as partes, e não seus advogados, responsáveis, em várias situações – como detentores de conhecimento técnico –, pelo comportamento ímprobo. O CPC cedeu a interesses de classe e, apesar da presente advertência ser ordinariamente feita pela doutrina especializada [...], sequer aceitou discutir a questão. Assim, os juízes acabam evitando a aplicação

e membros da Defensoria Pública e do Ministério Público com relação à sanção processual por atos atentatórios à dignidade da justiça (art. 77, § 6º). Nesses casos, de maneira absolutamente insuficiente e provavelmente utópica, sanciona-se a parte ou o Estado que poderá, regressivamente, "responsabilizar o profissional pelo inadequado exercício de seu mister".[36]

Por outro lado, entretanto, o CPC passou a dispor, *ad instar* do CPP (art. 256), que será ilegítima a alegação de suspeição [do juiz] quando houver sido provocada por quem a alega (art. 145, § 2º, inc. I).

dos arts. 80 e 81 do CPC [...] com vistas a evitar o apenamento de quem não deu diretamente causa à improbidade processual" (GAJARDONI, Fernando da Fonseca et al. *Comentários ao Código de Processo Civil*. 4ª ed. Rio de Janeiro: Forense, 2021. p.127).

36 Ibidem p. 121 e 127.

LA IGUALDAD DE LAS PARTES EN EL PROCESO CIVIL[1]

1. A lo largo de los siglos mucho se ha discutido sobre la igualdad. El tema interesa a los filósofos, a los sociólogos, a los cientistas políticos, a doctrinadores de toda especie. La religión misma tiene algo que decir al respecto. No pueden olvidado, por supuesto, los juristas – los procesalistas no más que los otros, sobre todo si el ordenamiento adopta, en términos explícitos o implícitos, una regla como la del art. 125, I, del *Código de Processo Civil* brasileño, según la cual le corresponde al juez "asegurar a las partes igualdad de tratamiento", o si se considera que tal deber radica en el principio constitucional de la igualdad ante la ley.

La igualdad fué el *Leitmotiv* de varios movimientos de transformación de las estructuras sociales – y, por consiguiente, de las estructuras jurídicas. No el único, es cierto; pero sí uno de los más sobresalientes, o por lo menos uno de los más a menudo invocados como tales, con sinceridad o sin ella. En las modernas "declaraciones de derechos" se le reserva casi siempre un lugar de relieve.

Sin embargo, la experiencia histórica ensena cuan ilusoria suele mostrarse la solemne proclamación de la igualdad *in abstracto.* Es hoy en día una verdad de Perogrullo la distinción entre la igualdad *formal,* que se da por satisfecha con la pura identidad de derechos y deberes otorgados por los textos legales a los miembros de la comunidad, y la igualdad *material,* que tiene en cuenta las condiciones concretas bajo las cuales, *hic et nunc,* se ejercen los derechos y se cumplen los deberes. En muchas leyes modernas, el designio de promover la igualdad material se sirve exactamente de derogaciones impuestas a la igualdad formal. Ello es evidente en algunas normas notoriamente destinadas a proteger ciertos intereses de personas que, a raiz de su inferior posición económica o social, corren el riesgo de sufrir un tratamiento injusto (obreros, inquilinos etc.).

Cabe observar que, aún en tales sectores, el mecanismo de la ley no siempre logra, por sí solo, compensar de modo satisfactorio las de-

---

1 Trabalho destinado ao volume de estudos em homenagem a HÉCTOR FIX-ZAMUDIO. Publicado também na *Revista del Instituto Colombiano de Derecho Procesal,* v. 5 (1986), na *Revista Uruguaya de Derecho Procesal,* n. 2/87, e na *Revista de Processo,* v. 44.

sigualdades substanciales. La deficiencia de información jurídica, *v.g.*, tan frecuente entre los menos acaudalados, puede ser causa de que se vean privados de la adquisición o del goce de un derecho, al omitir esta o aquella providencia cuya necesidad ignoraban, al dejar vencer un plazo del cual no estaban advertidos, y así en adelante. Si se afia de que el intento de protección se manifiesta en un número limitado de materias, mientras en muchas otras las normas vigentes, en el Brasil y en tantos otros países, suelen disponer sobre la conducta de los miembros de la comunidad como si la respectiva imposición produjera para todos ellos consecuencias equiparables, no es sorprendente que, en la hipótesis de someterse al juez un conflicto de intereses, las partes se hallen en una situación de flagrante desigualdad substancial, ya en el momento mismo de la iniciación del proceso. Sin embargo, tal fenómeno interesa más bien al derecho material, y de él no nos ocuparemos en este trabajo.

2. Eso no quiere decir que ningún problema de igualdad se plantee *in limine litis,* desde el punto de vista procesal, con respecto a la situación de las partes. AI contrario: la credibilidad del proceso como instrumento de solución de conflictos de intereses depende esencialmente de su capacidad para ofrecer a los respectivos titulares una perspectiva de ecuanimidad. Es indispensable, ante todo, que ambos litigantes puedan nutrir alguna esperanza de vencer; y, más aún, que puedan confiar en la ventaja práctica de la victoria. La igualdad de las partes se traduce aquí, en primer término, por igualdad *de riesgos*[2].

Imagínese, en efecto, un ordenamiento en que el resultado del proceso se tornara inmutable unicamente en el caso de rechazarse la demanda: vencido, el actor no podría jamás volver a intentar la acción; vencedor, quedaría sujeto a ver de nuevo puesta en duda la existencia de su derecho, tantas veces cuantas le ocurriese al adversario contestaria. Valdría la pena, bajo tales condiciones, la iniciativa de presentar una demanda? Muchos pensarían que no, y con buenas razones. Inviértase ahora la hipótesis, y luego se comprenderá que muy pocos demandados aceptarían gustosamente la idea de participar en un proceso cuya conclusión sería definitiva si favoreciera al actor, pero sólo provisoria en el

2 Cfr. BÖTTICHER. Die Gleichheit vor dem Richter, *in Gleichbehandlung und Waffengleichheit - Überlegungen zum Gleichheitssatz,* Heidelberg-Hamburg-Karlsruhe, 1979, p. 16-7; LAUMEN, *Das Rechtsgespräclz im Zivilprozess,* Köln - Berlin - Bonn - München, 1984, p. 122.

caso contrario. Es cierto que se pueden sealar exemplos de la subordinación de la cosa juzgada material al *eventum litis;* pero se trata de un fenómeno excepcional, que debe estar siempre cabalmente justificado por graves motivos de política jurídica.

La exigencia de la igualdad de riesgos tiene corolarios de gran realce en lo que atae a la carga de la prueba. Según las ideas modernamente predominantes, la importancia esencial de este problema consiste en el criterio que su solución suministra al juez para fallar en la hipótesis de permanecer dudosa la existencia de algun hecho relevante[3]. El órgano judicial necesita saber a cual de los litigantes debe atribuir las consecuencias perjudiciales de la incertidumbre. Ahora bien: constituiría manifiesta iniquidad que semejantes consecuencias tuviera que sufrirlas, en cualquier caso, sólo el actor, o sólo el demandado; es decir, que el uno o el otro soportara siempre el riesgo del fracaso de la actividad de instrucción. De ahí que las leyes (o, en su silencio, la doctrina y la jurisprudencia) cuiden de establecer una división de la carga, imputándola al actor respecto a una parte de los hechos y al demandado en cuanto a otra parte[4].

La sistemática adoptada suele revestir, por supuesto, cierta flexibilidad. La ley misma puede contemplar excepciones, invertiendo la carga o permitiendo a las partes invertirla consensualmente. Con respecto a las inversiones legales, derivadas en algunos casos de presunciones *iuris tantum*[5], importa subrayar que frecuentemente se inspiran en consideraciones de equidad, y así en definitiva tienden a hacer prevalecer la

---

3 Cfr., en la literatura latino-americana. PALACIO. *Derecho Procesal Civil,* t. IV, Buenos Aires, p. 362-3; DEVIS ECHANDÍA, *Compendio de Derecho Procesal,* t. II, 4ª ed., Bogotá, 1975, p. 140-1; FÁBREGA, *Teoría General de la Prueba.* Panamá, 1978, p. 159.

4 *V.g.:* Código mexicano de Procedimientos Civiles para el Distrito Federal, art. 281; Código Procesal Civil y Comercial de la Nación (Argentina), art. 377; *Código de Processo Civil* brasileño, art. 333, *caput;* Código de Procedimiento Civil boliviano, art. 375. La legislación de la República Federal de Alemania no contiene reglas sobre la repartición de la carga de la prueba, si bien que las consagrara el proyecto primitivo del Código Civil *(BGB):* v. MUSIELAK, Die *Grundlagen der Beweislast im Zivilprozess,* Berlin-New York, 1975, p. 277-8, donde se puede leer el texto respectivo.

5 Sobre la relación entre ambos fenómenos, v. BARBOSA MOREIRA, Las presunciones y la prueba, *in Estudios en honor de* EDUARDO J. COUTURE *(Revista de la Facultad de Derecho* y *Ciencias Sociales,* ano XXIV, n. 2, t. I), Montevideo, 1980, p. 302; o, en portugués, As presunções e a prova, *in Temas de Direito Processual,* São Paulo, 1977, p. 60-1.

igualdad material sobre la igualdad formal. Por otra parte, muchos miran con sospecha a la admisión de la inversión convencional, en la que veen una ocasión de peligro para la igualdad material, ante la eventualidad de que el contratante económicamente más fuerte imponga al más débil una regulación capaz de privarlo de todas o casi todas sus posibilidades prácticas de defensa. Les leyes que admiten tales convenciones buscan eliminar o atenuar ese inconveniente negándoles validez cuando tornen excesivamente difícil a cualquiera de las partes el ejercicio de su derecho[6].

3. En el desarrollo de la actividad procesal, la tónica de nuestra problemática recae sobre la igualdad *de oportunidades*[7]. Hay que asegurar a ambas partes el poder de influir igualmente en la marcha y en el resultado del pleito. Por ende, ambas deben tener las mismas posibilidades de actuar y también quedar sujetas a las mismas limitaciones[8].

Cuando otorga a los litigantes derechos y faculdades, o cuando les impone deberes y cargas, la ley, por vía de principio, no hace distinción entre el actor y el demandado. Sería totalmente incompatible con la exigencia de igualdad, por ejemplo, reservar para uno de ellos, con exclusividad, la utilización de determinados medios de prueba o la interposición de recursos. Va de suyo que algunas diferencias de régimen derivan necesariamente de la diferencia de posiciones: es natural, por ejemplo, que la carga de impulsar el proceso sea más intensa para el actor, cuyo interés en la continuidad de la marcha procesal es mayor, por regla, que el del demandado. Así se justifica la existencia del art. 267, n. III, del Código brasileño – que prevee la extinción del proceso en virtud de la omisión del actor, por más de trinta días, en realizar un acto o pro-

6 Así, *v.g.*, el Código Civil italiano, art. 2.698 (v. al respecto FERRUCCI, in NATOLI-FERRUCCI, Della tutela del diritti, libro VI, t. I, del *Commentario del codice civile*, Torino, 1962, p. 289-90; DE LIRE, Delle prove, libro VI del *Commentario teorico-pratico al codice civile* dirigido por DE MARTINO, Roma, 1971, p. 101), y el art. 333, párrafo único, del *Código de Processo Civil* brasileño, que lo imita (v. en el comentario de MONIZ DE ARAGÃO, *Exegese do Código de Processo Civil*, v. IV, t. II, Rio de Janeiro, p. 102, la referencia expresa al *"princípio da igualdade")*.

7 A veces se le liam a "igualdad de armas": en Alemania, por ejemplo, se habla de la *Waffengleichheit* (BÖTTICHER, ob. cit., p. 11). La expresión, a nuestro juicio, denota con demasiada fuerza una concepción "duelística" del proceso.

8 *"Paridade de direitos, deveres, faculdades e encargos"*, dice HÉLIO TORNAGHI, *Comentários ao Código de Processo Civil*, v. I, São Paulo, 1974, p. 382.

mover una diligencia que le corresponda –, sin la contrapartida de una disposición análoga respecto al demandado.

El principio de la igualdad de oportunidades orienta la interpretación de la ley procesal en puntos dudosos y su integración en el caso de lagunas. Según el art. 508 del Código brasileño, el plazo para la interposición de un recurso (con dos excepciones expresas) y para responder a él es siempre de quince días; ambas partes, por lo tanto, disponen de plazos iguales. Sin embargo, en la hipótesis de vencimiento recíproco, si uno sólo de los litigantes recurre en el plazo normal, tiene el otro dez días para adherirse al recurso (art. 500). Ahora bien: la ley nada dice sobre el plazo para responder a la adhesión. De aplicarse la regla del art. 508, la otra parte dispondría, para la respuesta, de un plazo más largo. La preservación de la igualdad impone que se le concedan solamente los mismos diez dias[9].

A ciertas entidades, en cuanto partes, a veces se aplica una disciplina especial en algunos aspectos: *v.g.,* las personas jurídicas de derecho público y el Ministerio Público disponen, en el derecho brasileño, de plazos más largos que los concedidos a los otros litigantes *(Código de Processo Civil,* art. 188). Se considera que tales privilegios están justificados por la complejidad de las cuestiones que los órganos públicos tienen que discutir y por la dificultad que suelen tener sus representantes en colegir los datos y elementos de prueba que necesitan. También aquí, por consiguiente, se trataría de sobreponer la igualdad material a la igualdad formal[10].

4. Para garantizar la observancia de los principios enunciados, es imprescindible que se asegure a los litigantes la igualdad *de tratamiento* por el órgano judicial. Esto exige, ante todo, que la conformación de procedimiento no quede sujeta al arbítrio del juez, sino que se ajuste al modelo previamente instituído por la ley para los procesos en general. Una

9 Así falló el *Supremo Tribunal Federal en* 12-12-1978, *Recurso Extraordinário n.* 89.566, *in Diário da Justiça* de 19-12-1979, p. 1.064. Cfr., en la doctrina, BARBOSA MOREIRA, *Comentários ao Código de Processo* Civil, v. V, 5ª ed., Rio de Janeiro, 1985, p. 365-6 (con otras indicaciones en la nota 546).

10 Sobre la extensión y los límites en que se debe reconocer legitimidad a estos "privilegios procesales", v. ADA PELLEGRINI GRINOVER. *Os princípios constitucionais e o Código de Processo Civil,* São Paulo, 1975, p. 30 y s., cuyas observaciones, en su mayor parte, merecen adhesión.

dosis razonable de "formalismo" es necesaria como condición del justo equilíbrio entre el poder del órgano judicial y los derechos de las partes, y asimismo de la uniforme aplicación del derecho material[11].

Los sentimientos y emociones que naturalmente acometen el juez, en cuanto ser humano, pueden inducirlo a favorecer un litigante en desmedro del otro. A los efectos de prevenir el riesgo, la ley impone al órgano judicial el deber de abstención y otorga a las partes el derecho a la recusación, si las circunstancias hacen presumir que el juez dificilmente resistirá a la presión de sus propios intereses y deseos. La técnica más difundida consiste en la enumeración taxativa de los supuestos, si bien que algunos ordenamientos prefieran adoptar una fórmula genérica, susceptible de abarcar la casi infinita variedad de la casuística[12].

A diferencia de lo que sugiere una larga tradición, alimentada con las ideas típicas del liberalismo clásico, refractario a cualquier intervención del Estado en el juego de la "libre concurrencia", imparcialidad no significa indiferencia del juez respecto al resultado del proceso. El juez no puede dejar de tener interés en que su sentencia sea justa y, por consiguiente, en que la actividad procesal le suministre, cuanto posible, los medios necesarios para decidir bien. No sería razonable acusarlo de parcial por el solo hecho de que, ejercendo los poderes otorgados por la ley, y respetando las garantías de la defensa, tome las iniciativas que le parezcan indispensables en miras a la aclaración de los hechos, aunque el éxito de las providencias de instrucción por él ordenadas venga a beneficiar, en definitiva, uno de los litigantes. De lo contrario, también la abstención del órgano judicial, al fin y al cabo, comprometería su imparcialidad, en tanto y encuanto resultaría benéfica para la *otra* parte. Lo que se opondrá a la exigencia de igualdad es que el juez se ciña a tomar la iniciativa unicamente cuando existan razones objetivas serias para suponer que la prueba favorezca a *una* de ellas.

---

11 BAUR, Funktionswandel des Zivilprozesses?, *in Beiträge zur Gerichtsverfassung und zum Zivilprozessrecht,* Tübingen, 1983, p. 186-7.

12 Así, por ejemplo, la *ZPO* de la República Federal de Alemania, § 42, 11: *"wenn ein Grund vorliegt, der geeignet ist, Misstrauen gegen die Unparteilichkeit eines Richters zu rechtfertigen* (si existe motivo capaz de justificar la desconfianza en cuanto a la imparcialidad de un juez)". Aun la técnica enumerativa no prescinde de la utilización de "conceptos jurídicos indeterminados", como los de "interés directo o indirecto" y "relación de intimidad" (Código mexicano de Procedimientos Civiles para el Distrito Federal, art. 170, n. I y III), o los de *"amigo íntimo"* e *"inimigo capital" (Código de Processo Civil* brasileño, art. 135, n. I).

5. Si el actor y el demandado tuvieran siempre las mismas posibilidades prácticas de utilizar eficazmente las oportunidades que la ley les concede en el proceso y de soportar sin dificultad los inconvenientes que éste ocasiona, bastaría la aplicación escrupulosa de los principios expuestos para resolver el problema de la igualdad. Pero varias circunstancias concurren a menudo para desequilibrar las fuerzas de los litigantes; y, cuando ello acaece, la observancia misma de las reglas formales de igualdad se convierte en manancial de privilegio para el uno y de desmedro para el otro.

El factor más frecuente (y quizás el más grave) de disparidad entre las partes es, sin lugar a dudas, el económico. Cuando no le quita simplemente a uno la disposición para iniciar un proceso, por el temor de los gastos, la carencia de medios significa fonnidable inferioridad frente a un adversario más acaudalado, en muchísimas situaciones: piénsese, por ejemplo, en la contratación de un abogado, en la necesidad de recurrir a los servicios de un detective particular o a otras fuentes de información para obtener pruebas, en la reproducción de documentos, en las diligencias para contactar testigos residentes en lugar ignorado o de difícil acceso... La duración – casi siempre demasiado larga – del proceso ya constituye, de por sí, una gravísima desventaja para el litigante más pobre, y no pocas veces lo induce a un acuerdo que, normalmente, él no se inclinaría a aceptar.

Importan asimismo los desniveles sociales y culturales, con mucha frecuencia asociados a los económicos. Si una de las partes es más desenvuelta, se mueve con mayor naturalidad en el ambiente judicial, se expresa con mayor facilidad y precisión, su deposición producirá en el espíritu del juez, por regla, una impresión más favorable que la del adversario intimidado, perplejo, tartamudo. La ignorancia de la "jarga forense" puede representar un temible *handicap*[13]; aún peor es la del idioma en que se realizan los actos procesales.

En este órden de ideas, cabe aludir a la diferencia entre las personas que suelen demandar o ser demandadas con frecuencia *(v.g.,* empresas industriales y comerciales, sociedades aseguradoras, bancos, la Administración Pública) y aquéllas que solo casualmente, en ocasiones fortuitas, por no decir excepcionales, asumen la posición de parte en

13 V. al respecto, extensamente, WASSERMANN, *Der soziale Zivilprozess,* Neuwied--Darmstadt, 1978, p. 158 y s.

un proceso. Los "litigantes habituales"gozan, sobre los "litigantes eventuales"[14], de todas las ventajas inherentes a la organización: disponen de personal especializado, recogen la experiencia de procesos anteriores, mantienen en sus registros datos actualizados de doctrina y de jurisprudencia, y así en adelante.

Ahora bien: la suerte del pleito no debe depender de circunstancias extrajurídicas. El proceso no se hace para premiar al litigante más rico, más instruído, más inteligente, ni al que puede contar con los servidos del abogado más competente y más diligente, sino al que tenga por sí el derecho. En la medida en que es susceptible de desviar el itinerario procesal de su meta auténtica, la desigualdad material entre las partes introduce en el aparato de la justicia una deformación contra la cual el ordenamiento tiene que reaccionar con energía. Por consiguiente, es un deber del legislador crear mecanismos compensatorios, destinados, cuando necesario, a equilibrar las posibilidades concretas de las partes; y es un deber del juez hacerlos actuar, en su caso, tan eficazmente como pueda.

6. La faceta económica de esta problemática plantea la tormentosa cuestión del costo del proceso. Desde el punto de vista del usuario, la solución ideal sería naturalmente la gratuidad del servicio de justícia. Pero entonces los gastos indispensables para asegurar su funcionamiento tendrán que ser suportados por los miembros de la comunidad en general – lo que, bajo ciertas circunstancias, les someterá a una carga excesiva e injusta. Además, la exención universal de pago estimularía tal vez la litigación impensada, aumentando sin justo motivo el número de pleitos y perjudicando la calidad del servicio. Se entiende que deban contribuir para costearlo los litigantes que disponen de recursos, aunque no se pueda dejar de tener en cuenta la conveniencia de establecer límites razonables a las exigencias de este género.

Sin embargo, en la perspectiva de la igualdad, el gran problema es siempre el de asegurar a los desprovistos de medios el goce de los derechos relativos a la defensa *(lato sensu)* en juicio. Se trata de una garantía otorgada con frecuencia por disposiciones legales expresas y hasta por

14 Así nos parece posible traducir, respectivamente, las expresiones alemanas *"Mehrfachprozessierer"* (o *"Vielfachprozessierer")* y *"Einmalprozessierer"*, que emplean autores como LAUMEN, ob. cit., p. 124-5.

preceptos constitucionales[15], pero escasamente operativa en la práctica, sobre todo en los países subdesarrollados. Las leyes conceden a los necesitados, bajo ciertas condiciones, exención de las costas judiciales, mas el *punctum pruriens* es la obtención de servicios de abogado: nadie ignora los inconvenientes del sistema tradicional de su prestación gratuita por los profesionales[16]; las instituciones públicas creadas con tal fin no funcionan, por regla general, de modo satisfactorio; la normal imposibilidad de una elección personal debilita la relación de confianza que debe existir entre la parte y su apoderado.

Distintas soluciones han sido propuestas y experimentadas en los últimos tiempos[17]. De un lado se hacen esfuerzos para perfeccionar los procedimientos clásicos de asistencía a los litigantes pobres[18]; de otro lado, se va difundiendo en esta materia, por lo menos en algunos países, la utilización del seguro, que hasta se ha sugerido tornar obligatorio[19]. Pero ni siquiera en las sociedades más desarrolladas es probable que se alcance pronto el *optimum,* ni mucho menos.

Las leyes a veces subordinan la realización de algún acto procesal al previo depósito, por la parte interesada, de uma suma de dinero, a titulo de caución. La exigencia puede aplicarse o no a quienes hayan obtenido el beneficio de litigar sin gastos, según la extensión que a éste se atribuya. De todos modos, aun cuando no se trate de litigantes necesitados, dicha clase de disposiciones puede actuar en un sentido opuesto a la regla de igualdad material: la parte menos rica, en efecto, tendrá mayor

15 Por ejemplo: art. 153, § 32, de la Constitución de la República Federativa del Brasil.

16 Cfr., entre otros, CAPPELLETTI, Povertà e giustizia, in *Giustizia e società,* Milano, 1972, p. 237 y s.

17 Para la exposición y el análisis de las principales, v. CAPPELLETTI-GORDLEY--JOHNSON, Jr., *Toward Equal Justice,* Milano-Dobbs Ferry, 1975; BAUMGÄRTEL, *Gleicher Zugang zum Recht für alle,* Köln-Berlin-Bonn-München, 1976, p. 128 y s.; DENTI, "L'evoluzione del legai aid nel mondo contemporaneo" y "Patrocinio del non abbienti e acesso alla giustizia: problemi e prospettive di riforma", *in Un progetto per la giustizia civile,* Bologna, 1982, p. 133 y s., 161 y s.

18 Entre las más recientes reformas legislativas, cabe mencionar la francesa (Ley n. 72-11, de 3-1-1972), la alemana (Ley de 13-6-1980, que ha modificado los §§ 114 y s. de la *ZPO),* la austríaca *(Zivilverfahrens – Novelle* de 1983, que a su vez ha modificado los §§ 63 y s. de la *ZPO).*

19 BAUR, Armenrecht und Rechtschutzversicherung, *in Studi in memoria di Carlo Furna,* Milano, 1973, p. 89 y s., o *in Beiträge,* cit., p. 285 Y 55. V. la discusión de la sugerencia en BÄUMGARTEL, ob. cit., p. 140 y s.

dificultad en satisfacer el requisito y hasta podrá verse privada, en definitiva, del ejercicio de un derecho que al adversario no costará mucho ejercer[20].

Consideraciones hasta cierto punto análogas tienen cabida respecto a las conminaciones pecuniarias (añádase: de derecho procesal o de derecho material). Es una verdad de Perogrullo que ellas pueden carecer de todo valor intimidativo, sea en cuanto a los muy acaudalados, sea em relación a los desprovistos de medios: para aquéllos, la amenaza será insuficiente; para éstes, inútil... Los únicos verdaderamente amenazados serán los litigantes de recursos medianos, para los cuales pagar es una posibilidad, pera también un sacrificio. Quizás no sea factible prescindir de este género de conminaciones, mas hay que tener conciencia de la iniquidad que su utilización inevitablemente conlleva.

7. Volviendo ahora la mirada a los aspectos sociales y culturales, hay que tener en consideración que la mayor parte de las desigualdades en este ámbito debería ser suplida por la intermediación de los abogados, particularmente allí donde la ley impone que los litigantes sean representados por ellos. Al abogado le corresponde la función de "intérprete entre el ciudadano y el juez"[21]; si la cumple cabalmente, puede sin duda atenuar en buena medida las barreras que aquél suele enfrentar en sus incursiones por el universo judicial.

Sin embargo, el pleito es un fenómeno esencialmente bilateral; y no podemos estar seguros de que ambas partes dispongan de apoderados competentes y diligentes: creer que esta séa la regla general constituirá un manifiesto exceso de optimismo... Ahora bien: si no todos los profesionales prestan servicios de igual calidad, y si la parte más rica o más poderosa tiene mejor probabilidad, de acuerdo con la normal experiencia, de contar con la colaboración de los más hábiles y prestigiosos,

---

20 En algunos países se observa una clara tendencia a la abolición de las imposiciones referidas en el texto: así, por ejemplo, en Italia, la Ley n. 793, de 18-10-1977, suprimió la exigencia del deposito para la admisibilidad del *ricorso per cassazione* y de la *revocazione* (arts. 264 y 398, n. 3, del *codice di procedura* civile, respectivamente).

21 BAUMGÄRTEL, ob. cit., p. 115. Cfr., entre outros, SCHÖNFELD, *Zur Verhandlungsmaxime im Zivilprozess und in den übrigen Verfahrensarten,* Frankfurt am Main-Bern, 1981, p. 122: en muchos casos, la actuación del abogado compensa en la parte el déficit de educación, de conocimiento jurídico, de desenvoltura.

entonces la mediación del abogado a veces producirá más bien el efecto de agravar que el de ablandar el desequilíbrio. Además, siempre existirán momentos de confrontación *directa* entre el litigante y el juez, en los cuales la asistencia del abogado, aunque psicológicamente confortadora, no basta para prevenir o remediar todas las posibles dificultades de comprensión y de expresión - los "ruídos", según la terminología técnica - en la comunicación entre ambos.

8. Algunos ordenamientos modernos, aún para los casos de representación obrigatoria por abogado, vienen otorgando al propio órgano judicial, en cierta medida, atribuciones "asistenciales" que configurarían, en la opiniãn de muchos, un verdadero "deber de protección" de la parte más débil - entendiéndose como tal no necesariamente y siempre la que pertenezca a una clase económicamente o socialmente más humilde, sino la que se halle *in concreto* en una situación de inferioridad en el proceso, no fundada en razones estrictamente jurídicas[22]. La asunción de semejante rol por el juez está justificada, por vía de principio, toda vez que la interpretación de las reglas sobre igualdad sobreponga el aspecto material de ésta a su aspecto formal; pero no dejará de plantear problemas - y algunos de difícil solución - en cuanto a los límites que tendrá que observar la actuación del órgano judicial para no incurrir en la tacha de parcialidad.

La función asistencial se ejercita, las más de las veces, por media de comunicaciones del juez a las partes, acerca de las cargas que les corresponden y de las eventuales consecuencias de su incumplimiento. Queda en claro que no se trata de una *presión* sobre el litigante: el órgano judicial no puede constreñirlo, ni mucho menos, a actuar, mas sólo ponerlo en condiciones de resolver libremente si actuará o no, con plena conciencia de los corolarios de su opción, que en definitiva será respetada.

En la República Federal de Alemania, por ejemplo, el juez debe estimular las partes a expresarse sin reservas sobre todos los hechos relevantes, a formular las solicitudes apropiadas y a indicar los medios de prueba; para tal fin, cuanto sea necesario, le toca discutir con ellas

22 Como subraya ZETTEL, *Der Beibringungsgrundsatz,* Berlin, 1977, p. 178, *"wer jeweils der Schwächere ist, ist nur* und *ausschiesslich aus der jeweiligen Prozesssiluation heraus zu beurleilen* (sólo de la situación procesal específica se puede inferir quien es en cada caso el más débil)"; cfr. SCHÖNFELD, ob. cit., p. 120; LAUMEN, ob. cit., p. 131.

las cuestiones de hecho y de derecho de la controversia. De otro lado, su decisión solo podrá fundarse en un dato jurídico del cual una de las partes no se haya dado cuenta, o al cual haya negado trascendencia, si él le concede la oportunidad de manifestarse sobre la cuestión[23].

La iniciativa oficial en la actividad de instrucción - a la que ya hicimos referencia - no constituye de por sí una manifestación auténtica del ejercicio de dicha "función asistencial"; cuando el órgano judicial actúa para establecer la verdad sobre los hechos relevantes, alegados por las partes o susceptibles de consideración *ex officio,* simplemente busca adquirir conocimientos que le permitan resolver correctamente las *quaestiones facti* (y, en consecuencia, fallar con justicia) - lo cual no tiene cabida *unicamente* allí donde se plantee *in concreto* el problema de la desigualdad. Pero es obvio que la actividad *ex officio del* juez en esta materia puede indirectamente servir a la corrección de desequilíbrios debidos a la escasa diligencia del apoderado de una parte. Debe quedar en claro, sin embargo, que no se trata aquí de una actividad "substitutiva", con la cual el órgano judicial asumiría el papel - que le es evidentemente extrano - de abogado[24]. El juez no investiga *por el litigante* ni *para el litigante,* sino *por sí mismo* y *para el proceso,* y éso no lo cambia para nada la circunstancia de que el resultado de su actuación pueda ocasionar un beneficio a la parte más veraz.

Otra posibilidad digna de referencia consiste en otorgar funciones asistenciales al Ministerio Público. En el proceso civil, este órgano suele actuar sobre todo en calidad de *custos legis,* en pleitos concemientes a relaciones jurídicas indisponibles o afectadas de un interés público. Su participación en la actividad procesal - si no se cine, como a veces hay razenes para temer que suceda, al cumplimiento ritual de una formalidad puede sin duda concurrir para mitigar la desigualdad material entre los litigantes.

9. La situación "clásica" de disparidad de fuerzas en el proceso es la que contrapone un individuo (persona física) a un adversario que disfruta

23 *ZPO,* §§ 139, 1, y 278,3. V. al respecto STÜRNER, *Die richterliche Aufklärung im Zivilprozess,* Tübingen, 1982; ZETTEL, ob. cit., p. 128 y s.; WASSERMANN, ob. cit., p. 110 y s.; SCHÖNFELD, ob. cit., p. 158 y s.; LAUMEN, ob. cit., p. 157 y s.

24 Lo pusimos de resalto en más de un trabajo anterior: V., por ejemplo, BARBOSA MOREIRA, Breves reflexiones sobre la iniciativa oficial en materia de prueba, *in Libro Homenaje a* JAIME GUASP, Granada, 1984, p. 158, o *in Temas de Direito Processual (Terceira Série),* São Paulo, 1984, p. 83-4.

las ventajas de la organización unidas a la superioridad de recursos económicos o a la influencia política. Es este caso están, por ejemplo, las grandes empresas y la Administración Pública.

Es difícil remediar el desequilibrio en un proceso así estructurado. Empero a veces se puede flanquear el problema abriendo al proceso la posibilidad de estructurarse de modo distinto. Eso se consigue introduciendo cierta dósis de flexibilidad en los criterios tradicionales de la legitimación para obrar, a los efectos de permitir que, en lugar del individuo, asuma la posición de parte, intentando acciones, una entidad capaz de equipararse al adversario (o de aproximarse más de él) en organización y en poder econômico o político.

La utilización de esta técnica tiene cabida, desde luego, cuando el individuo pertenece a un grupo bien definido de personas con intereses comunes *(v.g.,* obreros de una misma categoría, funcionarios públicos, miembros de una clase profesional), y existe una asociación legalmente incumbida de la defensa de tales intereses *(v.g.,* un sindicato). Mas hay también lugar para élla en el ámbito de los llamados "intereses difusos", caracterizados por la indeterminación de los titulares y por la indivisibilidad del objeto: así, por ejemplo, la "acción civil pública" del derecho brasileño, destinada a promover la responsabilidad por daños al ambiente, a los intereses del consumidor, a los bienes y derechos de valor artístico, estético, histórico, turístico y paisagístico, puede ser intentada por cualquier asociación que esté constituída por lo menos hace un afio e incluya la protección a dichos intereses entre sus fines institucionales[25].

10. La realización perfecta del ideal de igualdad – en el proceso y fuera de él – es y será siempre una utopía. Pero semejante convicción no ofrece una disculpa válida a quienes, pudiendo actuar en el sentido de promoveria, prefieren omitirse. Si es cierto que no se logrará jamás eliminar completamente la desigualdad material entre las partes, también es cierto que no estamos autorizados a conformarnos pasivamente con la perversa desfiguración que ella imprime en el funcionamiento del mecanismo judicial.

La conciencia ético-jurídica de nuestro tiempo exige la superación de esquemas puramente formales. Aun en el universo anglosajón, tan apegado al *adversary system,* despunta en los espíritus menos rutinarios

---

25 Ley n. 7.347, de 24-8-1985, art. 5º, *caput, fine.*

la idea de que un proceso es algo distinto de una competición deportiva y no debe ser regido por principios idénticos[26]; en otras palabras, que, para asegurar el buen resultado, no basta con poner los litigantes cara a cara y dejarlos luchar con las armas que tengan, bajo la fiscalización de un juez preocupado exclusivamente en prevenir o reprimir las eventuales infracciones de las reglas del juego.

A los juristas del sistema romano-germânico, al cual se afilían los ordenamientos del occidente continental europeo y de Latinoamérica, desde hace mucho tiempo son familiares estas nociones. Sin embargo, una cosa es la enunciación solemne de principias, otra muy diferente es la respectiva aplicación *in concreto.* En la mayoría de nuestros países, una distancia inmensa separa lo que hacemos en el proceso de lo que sabemos que se debería hacer en él.

Muchos factores, como nadie ignora, contribuyen para tan melancólica situación. La carencia de recursos financieros está, por supuesto, entre los más sensibles: no hace falta destacar su parcela de responsabilidad por las deficiencias de los servicios oficiales de asistencia jurídica a los necesitados. Hasta los países más desarrollados se dan cuenta de la imposibilidad de proporcionar a las personas desprovistas de medios, con toda la amplitud deseable, el beneficio de la defensa judicial gratuita[27].

Creemos haber dejado en claro, a lo largo de nuestra exposición, que no se logrará jamás suprimir o reducir la desigualdad material de las partes sin que el órgano judicial asuma decididamente un papel más activo en el proceso. Casi todos, en los tiempos modernos, se declaran de acuerdo, a propósito de este y de otros temas, en reconocer semejante necesidad; la paradoja consiste en que, a pesar de ello, las más de las veces, las cosas siguen pasando, en la práctica de los juzgados, como si aún viviéramos en otra atmósfera cultural. Basta, por ejemplo, una mirada a la actividad de instrucción: es un fenómeno universal, por decirlo así, la escasez de iniciativas probatorias oficiales [28].

---

26 V., por ejemplo, FRANK, *Courts on Trial.* Princeton, 1973, p. 80 y s. Una magnífica exposición crítica de los presupuestos ideológicos del *adversary system* puede leerse im TARUFFO, *Il processo civile "adversary" nell'esperienza americana,* Pádova, 1979, p. 259 y s.

27 Cfr. DENTI, I procedimenti non giudiziali di conciliazione come istituzioni alternative, in *Riv. di dir. proc.,* v. XXXV (1980), p. 424.

28 V., en cuanto a Italia, los resultados de la pesquisa realizada bajo la dirección de DENTI, *in Le prove nel processo civile,* Milano, 1973, p. 13 y s. Cfr., respecto a la

En ciertos casos, la abstención está justificada por un exceso de trabajo que apenas le permite al órgano judicial cumplir - muy imperfectamente - lo mínimo indispensable al avance de los procesos. Otras circunstancias desfavorables pueden quitarle al juez el estímulo hacia una conducta más emprendedora. No se debe ignorar, por lo demás, el coeficiente personal: los jueces son seres humanos, sujetos, en cuanto tales, a mecanismos inhibitorios de toda suerte, desde el temor exagerado de parecer parcial hasta la sencilla y vulgar pereza.

Advertir esa multiplicidad de obstáculos no constituye una manifestación de pesimismo la lucha por la igualdad, como toda lucha, requiere una estrategia; y no hay estrategia posible sin la identificación de las fuerzas adversas. Va de suyo que aquí no podríamos aventurarnos a un inventario completo, ni mucho menos. Sólo quisimos atraer la atención de nuestros lectores para algunos puntos salientes de la problemática. En pocas ocasiones, hasta ahora, se trató de profundizar la investigación en este campo. Pero los tiempos parecen maduros para tina tentativa consistente. La causa de la igualdad es digna del esfuerzo.

Fevereiro de 1986.

COMENTÁRIOS DOS ATUALIZADORES

LA IGUALDAD DE LAS PARTES EN EL PROCESO CIVIL

Luiz Paulo da Silva Araújo Filho / Guilherme Jales Sokal

A partir do ensaio conceitual e das exatas proposições do Professor José Carlos Barbosa Moreira, cabe apenas mencionar, em suma, a situação legislativa do País sobre os assuntos estudados. Neste aspecto, possuímos considerável acervo normativo, inclusive em nível constitucional. Com efeito: encontram-se na Constituição da República as garantias da igualdade perante a lei (art. 5º, *caput*), da inafastabilidade

República Federal de Alemania, ZETTEL, ob. cit., p. 181; en 10 que hace a Austria, FASCHING, *Zivilprozessrecht*, Wien, 1984, p. 315.

do controle jurisdicional (art. 5º, XXXV),[29] do contraditório e da ampla defesa (art. 5º, LV) e da assistência jurídica integral e gratuita aos que comprovarem insuficiência de recursos (art. 5º, LXXIV), além de estabelecer a Carta que "[c]onstituem objetivos fundamentais da República Federativa do Brasil" (art. 3º), dentre outros, "erradicar a pobreza e a marginalização e reduzir as desigualdades sociais e regionais" (III) e "promover o bem de todos, sem preconceitos de origem, raça, sexo, cor, idade e quaisquer outras formas de discriminação" (IV). E a própria Lei Maior funda a Defensoria Pública, "instituição permanente, essencial à função jurisdicional do Estado, incumbindo-lhe, como expressão e instrumento do regime democrático, fundamentalmente, a orientação jurídica, a promoção dos direitos humanos e a defesa, em todos os graus, judicial e extrajudicial, dos direitos individuais e coletivos, de forma integral e gratuita, aos necessitados, na forma do inciso LXXIV do art. 5º desta Constituição Federal" (art. 134). A referência a "assistência jurídica integral" deixa claro que não apenas a assistência em juízo (ou "assistência judiciária", como mencionavam Cartas anteriores) é garantida, mas a plena orientação jurídica, em termos gerais, visando a permitir que todos tenham oportunidade de conhecer (e defender ou cumprir) seus direitos, deveres e obrigações.[30]

Mais do que isso, a Constituição prevê a legitimidade das entidades associativas para representar seus filiados judicial ou extraju-

---

29 Cândido Rangel Dinamarco refere-se a "óbices *perversos*, residentes às vezes na própria lei, em sua interpretação apegada a valores do passado e principalmente em certas realidades sociais, econômicas ou culturais estranhas à ordem processual – como a pobreza, a ignorância, o temor reverencial *etc*." (*Instituições de direito processual civil*. 8ª ed. São Paulo: Malheiros, 2016. v. I, p. 329 – grifado no original).

30 "Os necessitados fazem jus agora à dispensa de pagamentos e à prestação de serviços não apenas na esfera judicial, mas em todo o campo dos atos jurídicos. Incluem-se também na franquia: a instauração e movimentação de processos administrativos, perante quaisquer órgãos públicos, em todos os níveis; os atos notariais e quaisquer outros de natureza jurídica, praticados extrajudicialmente; a prestação de serviços de consultoria, ou seja, de informação e aconselhamento em assuntos jurídicos" (BARBOSA MOREIRA, José Carlos. O direito à assistência jurídica: evolução no ordenamento brasileiro de nosso tempo. In: *Temas de direito processual*: quinta série, São Paulo: Saraiva, 1994, p. 49-62, espec. p. 59).

dicialmente (art. 5º, XXI) e dos sindicatos para "defesa dos direitos e interesses coletivos ou individuais da categoria, inclusive em questões judiciais ou administrativas" (art. 8º, III), da mesma forma que estabelece a legitimidade do Ministério Público (art. 129, III) para a denominada ação civil pública.

Na verdade, a Lei da Ação Civil Pública (Lei nº 7.347/85) e o chamado Código de Defesa do Consumidor (Lei nº 8.078/90), que formam a disciplina básica das ações coletivas, estenderam bastante a legitimidade para as "ações civis públicas" e para as ações coletivas, como se vê dos artigos 5º daquela e 82 deste, efetivo esteio para a tutela de direitos em face de grandes empresas e da Administração Pública.

O Código de Processo Civil, por sua vez, além de dispor que incumbe ao juiz, na direção do processo, "assegurar às partes igualdade de tratamento" (art. 139, I),[31] ao tratar das *normas fundamentais do processo civil*, mencionou o dever de cooperação (art. 6º) e prescreveu, com relação à "igualdade *de oportunidades*", que "[é] assegurada às partes paridade de tratamento em relação ao exercício de direitos e faculdades processuais, aos meios de defesa, aos ônus, aos deveres e à aplicação de sanções processuais, competindo ao juiz zelar pelo efetivo contraditório" (art. 7º).[32] Prevalece no Brasil a denominação "paridade ou igualdade de armas",[33] a despeito de denotar, como ressaltou o Mestre, "con demasiada fuerza una concepción 'duelística' del proceso".

31 Também se referindo à igualdade: "Art. 26. A cooperação jurídica internacional será regida por tratado de que o Brasil faz parte e observará: [...] II - a igualdade de tratamento entre nacionais e estrangeiros, residentes ou não no Brasil, em relação ao acesso à justiça e à tramitação dos processos, assegurando-se assistência judiciária aos necessitados [...]".

32 "Isonomia e contraditório caminham politicamente juntos, embora cada qual tenha sua própria individualidade conceitual independente. *Contraditório equilibrado é contraditório com igualdade*" (DINAMARCO, Cândido Rangel. *Instituições de direito processual civil*. 8ª ed. São Paulo: Malheiros, 2016. v. I, p. 339 – grifado no original).

33 Cf., p. ex., DIDIER JR., Fredie. *Curso de direito processual civil*. 17ª ed. Salvador JusPodivm, 2015. v. 1, p. 97 e s.; BUENO, Cassio Scarpinella. *Curso sistematizado de direito processual civil*. 11ª ed. São Paulo: Saraiva, 2021. v. 1, p. 154; CÂMARA, Alexandre Freitas. *O novo processo civil brasileiro*. São Paulo: Atlas, 2015. p. 12; e *Manual de direito processual civil*. Barueri (SP): Atlas, 2022, p. 49.

Também reverentes ao princípio da isonomia, determinam o art. 12 do CPC que juízes e tribunais "atenderão, preferencialmente, à ordem cronológica de conclusão para proferir sentença ou acórdão",[34] prevendo critérios e exceções, e o art. 153 que "[o] escrivão ou o chefe de secretaria atenderá, preferencialmente, à ordem cronológica de recebimento para publicação e efetivação dos pronunciamentos judiciais".

Bem assim, é destacado que "[os] tribunais devem uniformizar sua jurisprudência e mantê-la estável, íntegra e coerente" (art. 926) e salientada a observância "dos precedentes"[35] (art. 927, incisos I a V)[36-37], em especial dos precedentes vinculantes (art. 927, incs. I a III, c./c.

---

34 Humberto Theodoro Júnior menciona: "Princípio da isonomia e repulsa ao tratamento privilegiado (art. 12)" (*Curso de direito processual civil.* 61ª ed. Rio de Janeiro: Forense, 2020. v. I, p. 101, item 56).

35 *Referimo-nos a "precedentes" aqui no sentido do "sistema de precedentes" adotado pelo CPC, como faz usualmente a doutrina, embora, a rigor, o art. 927 aluda a decisões, enunciados de súmula e teses jurídicas.*

36 Aludindo ao art. 927 e seus cinco incisos como vinculantes, vejam-se BERMUDES, Sergio (*CPC de 2015*: inovações. Rio de Janeiro: GZ, 2018. p. 309); DIDIER JR., Fredie (*Curso de direito processual civil.* 10ª ed. Salvador: JusPodivm, 2015. v. 2, p. 455 e s.); ZANETI JR., Hermes (CABRAL, Antonio do Passo; CRAMER, Ronaldo (Coord.). *Comentários ao novo Código de Processo Civil.* 2ª ed. Rio de Janeiro: Forense, 2016. p. 1.328 e s.); DUARTE, Zulmar (GAJARDONI, Fernando da Fonseca *et al.* (Coord.). *Comentários ao Código de Processo Civil.* 4ª ed. Rio de Janeiro: Forense, 2021. p. 1.302).

37 Embora aludindo aos cinco incisos, MARINONI, Luiz Guilherme, ARENHART, Sérgio Cruz; MITIDIERO, Daniel. *Novo Código de Processo Civil comentado.* 2ª ed. São Paulo: Revista dos Tribunais, 2016. p. 988 e 991, ressalvam: "O novo Código imagina, porém, que os precedentes são oriundos apenas de súmulas (art. 927, II e IV, CPC), recursos repetitivos, assunção de competência (art. 927, III, CPC) e orientações de plenário ou órgão especial (art. 927, I e V, CPC). Os precedentes, porém, não são exclusivamente formais e quantitativos – inclusive muitas vezes sequer são quantitativos. São também materiais e qualitativos. Por essa razão, por exemplo, acaso um julgamento de recursos repetitivos não contenha razões determinantes e suficientes claramente identificáveis, não formará precedente, nada obstante oriundo da forma indicada no novo Código. O mesmo vale para as súmulas e para os julgamentos mediante incidente de assunção de competência. Daí que os arts. 926 e 927, CPC, fornecem apenas pistas – algumas delas falsas – a respeito de como os precedentes devem ser tratados na ordem jurídica brasileira" (p. 989). *Idem. Novo curso de processo civil.* São Paulo: Revista dos Tribunais, 2015. v. 2, p. 611.

arts. 102, § 2º, e 103-A da CF;[38] e arts. 947, § 3º, 928, 985 e 1.040 do CPC)[39-40].

Voltados a permitir a garantia da igualdade material, demais disso, o CPC cuida, p. ex., da concessão da gratuidade da justiça (art. 98 e s.) e da inversão do ônus da prova (art. 373, § 1º), bem como prevê tratamentos específicos, *v. g.*, ao fixar o foro de domicílio do réu como regra geral de competência (art. 46), ao estabelecer regras próprias de competência territorial por condições pessoais (art. 53, I, *a* e *d*, II, III, *e*), ao dispor sobre a nomeação de curador especial (art. 72), ao prever a intimação pessoal e o prazo em dobro para manifestação do Ministério Público (art. 180), dos entes públicos (art. 183) e da Defensoria Pública (art. 186 e § 1º),[41] salvo quando a lei estabelecer, de forma expressa, prazo próprio para eles (§ 2º dos arts. 180 e 183; § 4º do art. 186), ao assegurar acesso gratuito a equipamentos necessários à prática eletrônica de atos processuais (art. 198), dedicando ainda especial atenção,

---

38 Negando "a viabilidade de efeitos *vinculantes* a *quaisquer decisões judiciais* fora dos casos" "expressamente previstos nos arts. 102, § 2º, e 103-A, *caput*, da Constituição Federal", BUENO, Cassio Scarpinella. *Curso sistematizado de direito processual civil*. 8ª ed. São Paulo: Saraiva, 2019. v. 2, p. 382 – grifado no original). No mesmo sentido, em essência, exigindo "previsão constitucional" para que possa ser atribuída a decisões do STF e do STJ "*função vinculante*", ABELHA, Marcelo. *Manual de direito processual civil*. 6ª ed. Rio de Janeiro: Forense, 2016. p. 1.258 – grifado no original); NERY JUNIOR, Nelson, e NERY, Rosa Maria de Andrade. *Comentários ao Código de Processo Civil*. São Paulo: Revista dos Tribunais. 2015. p. 1.836 e s.

39 No sentido do texto, exigindo norma constitucional *ou legal* que atribua expressamente a "eficácia vinculante": "Assim é que têm eficácia vinculante as decisões e enunciados sumulares indicados nos incisos I a III do art. 927; e são meramente argumentativas as decisões e verbetes sumulares de que tratam os incisos IV e V do mesmo artigo", CÂMARA, Alexandre Freitas. *O novo processo civil brasileiro*. São Paulo: Atlas, 2015. p. 434). Bem assim: THEODORO JÚNIOR, Humberto. *Curso de direito processual civil*. 47ª ed. Rio de Janeiro: Forense, 2016. v. III, p. 798 e 799.

40 ALVIM, Teresa Arruda et al. referem-se a "obrigatoriedade *forte*" (art. 927, I, II e III), "obrigatoriedade *média*" (art. 927, IV) e "obrigatoriedade *fraca*" (art. 927, V). *Primeiros comentários ao Código de Processo Civil*. 3ª ed. São Paulo: Revista dos Tribunais, 2020. p. 1.403 e s.

41 "O disposto no *caput* aplica-se aos escritórios de prática jurídica das faculdades de Direito reconhecidas na forma da lei e às entidades que prestam assistência jurídica gratuita em razão de convênios firmados com a Defensoria Pública" (§ 3º do art. 186, CPC).

nesse tema, aos portadores de deficiência (art. 199) e ao determinar a prioridade de tramitação dos procedimentos judiciais em que figure como parte ou interessado idoso ou portador de doença grave (art. 1.048).

Quanto à gratuidade da justiça, convém destacar que, apesar da referência do inciso LXXIV do artigo 5º da Constituição a *comprovarem* insuficiência de recursos, o Código de Processo Civil, como já fazia a Lei nº 1.060/50 (art. 4º, § 1º, com a redação dada pela Lei nº 7.510/86), manteve a presunção *iuris tantum* de veracidade da alegação de insuficiência de recursos,[42] mas exclusivamente para pessoa natural (§ 3º do art. 99), consoante o entendimento anteriormente consagrado no enunciado nº 481 da *Súmula da Jurisprudência Predominante do Superior Tribunal de Justiça*.[43]

Embora o panorama legislativo se mostre, de certo modo, animador, a realidade ainda deixa muito a desejar, e por diversos motivos. Como já mencionado em notas de atualização anteriores, as Defensorias Públicas estaduais e a Defensoria Pública da União são francamente deficitárias e, muitas vezes, incipientes e mal organizadas;[44] não é comum a iniciativa oficial na atividade de instrução (art. 370 do CPC),[45] menos ainda a preocupação específica com a "paridade de armas" (art. 7º, CPC); a atuação do Ministério Público, nesse ponto, quando não se faz efetiva, cumprindo o inciso II do art. 179 do CPC, nada contribui para a igualdade material no processo;[46] e assim por diante.

---

42 Sobre a compatibilidade da ampliação com a Carta de 1988, embora analisando o art. 4º da Lei 1.060, veja-se BARBOSA MOREIRA, José Carlos. O direito à assistência jurídica: evolução no ordenamento brasileiro de nosso tempo. In: *Temas de direito processual*: quinta série, São Paulo: Saraiva, 1994, p. 49-62, espec. p. 60.

43 "Faz jus ao benefício da justiça gratuita a pessoa jurídica com ou sem fins lucrativos que demonstrar sua impossibilidade de arcar com os encargos processuais" (verbete 481, Corte Especial, julgado em 28/06/2012, DJe 01/08/2012).

44 Cf. Notas aos estudos "Os temas fundamentais do direito brasileiro nos anos 80: direito processual civil" e "Dimensiones sociales del proceso civil", em especial os itens 4.

45 Relembre-se, no entanto, que o Mestre ressalvou, como normalmente o faz, atento à realidade, que: "*En ciertos casos, la abstención está justificada por un exceso de trabajo que apenas le permite al órgano judicial cumplir – muy imperfectamente – lo mínimo indispensable al avance de los processos*".

46 V. Notas de atualização ao estudo "Dimensiones sociales del proceso civil".

SOBRE PRESSUPOSTOS PROCESSUAIS[1]

1. Não emprega o nosso Código de Processo Civil a expressão «pressupostos processuais». Preferiu o legislador de 1973, no art. 267, n. IV, a locução mais analítica «pressupostos de constituição e de desenvolvimento válido e regular do processo», a que a doutrina tende a atribuir igual acepção[2]. No inc. VI do mesmo dispositivo, alude o texto às "condições da ação, como a possibilidade jurídica, a legitimidade das partes e o interesse processual". Com isso desde logo se manifesta a adoção de uma técnica que firma distinção entre as duas categorias. Na perspectiva da lei brasileira, são dois os planos preliminares que a cognição judicial tem de atravessar para atingir seu alvo final, o mérito da causa. E pode-se considerar definitivamente incorporada à nossa tradição doutrinária essa distribuição, em três patamares sucessivos, da matéria sujeita ao exame do juiz[3].

Tal sistematização é de corte italiano[4]. Na processualística alemã, que o engendrou, o conceito de "pressupostos processuais" *(Prozessvoraussetzungen)* tem maior amplitude e abrange os requisitos a que entre nós se costuma dar o nome de "condições da ação": assim é, por exemplo, que no rol dos *Prozessvoraussetzungen* se vê incluída a legitimação para a causa *(Prozessführungsbefugnis)*[5].

---

1 Publicado na *Revista Forense,* v. 288, e na *Revista do Curso de Direito da Universidade Federal de Uberlândia,* v. 14, n. 2.

2 Assim, à evidência, HÉLIO TORNAGHI, *Comentários ao Código de Processo Civil,* v. II, 2ª ed., São Paulo, 1978, p. 333; MONIZ DE ARAGÃO, *Comentários ao Código de Processo Civil,* v. II, 4ª ed., Rio de Janeiro, p. 509-10. *Vide,* porém, a esquematização diferente de JOSÉ FREDERICO MARQUES na nota 11, *infra.*

3 Ao "trimônio" já aludia, há mais de trinta anos, MACHADO GUIMARÃES, Carência de ação, in *Estudos de Direito Processual Civil.* Rio de Janeiro-São Paulo, 1969, p. 99-100. O ensaio é de 1953; no mesmo ano, HÉLIO TORNAGHI intitulava "Processo, ação e mérito" o primeiro capítulo de seu *Processo penal,* Rio de Janeiro (cf. agora, desse autor, *Comentários ao Código de Processo Civil,* cit., v. 11, p. 326-7).

4 *Vide* LIEBMAN, *Manuale di diritto processuale civile,* v. I, 4ª ed., Milão, 1980, p. 155-6, cuja construção – de tamanha influência no Brasil – já em 1949 achara expressão acabada, em substância, no importante estudo "L'azione nella teoria del processo civile" (republicado *in Problemi del processo civile,* Nápoles, s. d., p. 22 e s.).

5 *V.g.,* ROSENBERG-SCHWAB, *Zivilprozessrecht,* 13ª ed., Munique, 1981, p. 547. Para a distinção entre a *Prozessführungsbefugnis* e a *Sachlegitimation* (que, apesar da similitude estrutural da denominação, difere da nossa legitimidade e concerne à pretensão de direito material), *vide* a p. 240 da mesma obra.

2. É notória a origem do conceito. Sua formulação liga-se historicamente à identificação, como entidade autônoma, da chamada relação jurídica processual[6]. Proposta uma ação, estabelecem-se entre as partes e o órgão judicial vínculos juridicamente disciplinados. O conjunto desses vínculos forma uma relação jurídica, inconfundível com a outra, em regra de direito material, a cujo respeito discutem os litigantes. Assim, porém, como o reconhecimento desta pressupõe a verificação de certos fatos, sem os quais ela não nasceria, também o surgimento da relação jurídica processual, analogamente, depende da presença de determinados elementos, que lhe condicionam, em termos globais, a existência[7]. Tais seriam os pressupostos processuais.

Iria o conceito, na doutrina subsequente, ser alvo de calorosos debates e sofrer importantes reajustes. Encontraria até opositores radicais[8]. Mostrou, contudo, vitalidade suficiente para subsistir a sucessivas críticas.

Dentre estas, uma de alcance, à primeira vista, puramente terminológico acabou por induzir a doutrina a precisar melhor a própria ideia. Observou-se, com efeito, que ocorre *no processo mesmo* a apuração da existência ou da inexistência dos elementos aludidos, de sorte que, ainda na hipótese de dar-se pela falta de algum, terá existido relação jurídica processual. Não seria adequado considerar *pressuposto* do processo aquilo que já constitui *objeto* da atividade cognitiva nele cumprida. De certo modo, antes se deveriam inverter os termos da proposição: o processo é que seria o pressuposto[9]. A preocupação de superar semelhante dificuldade explica certas atitudes da doutrina mais moderna, que ora restringe o conceito, vendo nos pressupostos processuais simples pré-requisitos da discussão sobre o *meritum causae*, ou pelo menos do res-

---

6 Empresa, conforme se sabe, sobretudo de BÜLOW, *Die Lehre von den Prozesseinreden und die Prozessvoraussetzungen*, Aalen, 1969 (reimpr. da ed. de Giessen, 1868), p. 1 e s.

7 BÜLOW, ob. cit., p. 6, onde se conceituam os pressupostos processuais como *"die Vorbedingungen für das Zustandekommen des ganzen Prozessverhältnisses* (as precondições da realização de toda a relação processual)".

8 Por exemplo, GOLDSCHMIDT, *Der Prozess ais Rechtslage*, Aalen, 1962 (reimpr. da ed. de Berlim, 1925), p. 4 e s.; *Zivilprozessrecht*, Aalen, 1969 (reimpr. da 2ª ed., Berlim, 1932); p. 4-5.

9 Cf. ROSENBERG-SCHWAB, ob. cit., p. 546.

pectivo julgamento[10], ora propõe uma distinção entre "pressupostos de existência" e "pressupostos de validade", com a qual provavelmente se relaciona a dicção do art. 267, n. IV, do Código pátrio, onde é perceptível a sugestão de uma dicotomia: pressupostos "de constituição" do processo e pressupostos do seu "desenvolvimento válido e regular".

3. Não há uniformidade na enumeração e na classificação desses pressupostos. Se na própria doutrina alemã nem sempre coincidem os esquemas adotados pelos vários autores, nada de admirar em que outro tanto ocorra no Brasil, onde, além do mais, a opção – hoje encampada pelo direito positivo – de estremar as categorias dos pressupostos processuais e das condições da ação gera problema suplementar de qualificação, ainda não pacificamente resolvido no tocante a algumas figuras, que ora se veem incluídas nesta, ora naquela classe.

Ao propósito, é interessante notar que o próprio Código de 1973 preferiu abster-se de tomar posição em certos casos notoriamente duvidosos, como o da existência de coisa julgada, a impedir novo pronunciamento judicial sobre o mesmo litígio já composto[11]. Essa e as hipóteses análogas de perempção e de litispendência ficaram destacadas no inc. V do art. 267, entre o concernente aos "pressupostos de constituição e de desenvolvimento válido e regular do processo" e o relativo às "condições

---

10 As fórmulas variam: maior amplitude, por exemplo, em ROSENBERG-SCHWAB, ob. e lug. cit. na nota anterior (pressupostos da decisão e da discussão); menor em GULDENER, *Schweizeriches Zivilprozessrecht,* 3ª ed., Zurique, 1979, p. 220, o qual parece limitar o conceito ao de pressupostos da admissibilidade só da sentença de mérito *("für die Zulässigkeit des Sachurteils»).* Adiante se mostrará que, noutras concepções, os *Prozessvoraussetzungen* se veem convertidos em pressupostos *do acolhimento do pedido: vide,* abaixo, n. 6.

11 Já no direito anterior era controvertida a questão. No sentido de tratar-se de pressuposto processual (negativo), *vide,* por exemplo, LOPES DA COSTA, *Direito Processual Civil brasileiro,* 2ª ed., Rio de Janeiro, 1959, v. I, p. 201; CELSO NEVES, *Contribuição ao estudo da coisa julgada civil,* São Paulo, 1970, p. 492, 505; ARRUDA ALVIM. *Curso de Direito Processual Civil.* São Paulo, 1971, v. I, p. 476-7. Pela consideração do caso como de condição (negativa) da ação, MACHADO GUIMARÃES. Preclusão, coisa julgada, efeito preclusivo, *in Estudos,* cit., p. 16, nota 29; ELIEZER ROSA, Do despacho saneador como sentença interlocutória, *in Leituras de processo civil,* Rio de Janeiro, 1970, p. 96, 99; PEDRO PAULO CRISTOFARO, verbete Pressupostos processuais, in *Repertório Enciclopédico do Direito Brasileiro,* v. 39, p. 126. Ao segundo entendimento manifestamos, de passagem, nossa adesão em *Litisconsórcio unitário,* Rio de Janeiro, 1972, p. 181, nota 110.

da ação", como se formassem terceira categoria, inassimilável a qualquer das duas tradicionais[12].

Consoante assinalado, propõe-se em doutrina uma distinção entre pressupostos de existência do processo e pressupostos de sua validade. De acordo com lição autorizada, aqueles seriam o pedido, a jurisdição e as partes: estes, a capacidade das partes, a competência e a insuspeição do juiz e a inexistência de litispendência e de coisa julgada[13].

4. O esquema alvitrado suscita desde logo algumas indagações. Será exato, em primeiro lugar, que a existência do processo pressuponha a de ambas as partes? Não há dúvida de que um réu "existente" se faz necessário à complementação da relação processual, na sua estrutura plena: ela não se completa, é óbvio, quando por engano se promove a citação de pessoa física já falecida, ou de pessoa jurídica já extinta. Mas processo existe desde que o autor ajuíza a petição inicial, conforme ressalta do fato de que o juiz tem o dever de despachá-la, ainda que para indeferi-la; e se a indefere, no dizer do art. 267, n. I, *extingue* o processo: ora, seria absurdo cogitar da *extinção* de algo que *não existisse.* Não se afigura mais preciso, por outro lado, em vez de aludir à "jurisdição", em si, falar de um órgão investido dela?[14] E dizer "demanda", no lugar de "pedido"?[15]

---

12 Para JOSÉ FREDERICO MARQUES, *Manual de Direito Processual Civil,* v. 11, 6ª ed., São Paulo, 1981, p. 130, 145, a inexistência de perempção, a de litispendência e a de coisa julgada, se bem que classificáveis como pressupostos processuais, diferenciam-se dos previstos no inc. IV porque não dizem respeito à constituição e ao desenvolvimento válido e regular do processo, mas ao litígio; cuidar-se-ia de duas espécies do mesmo gênero.

13 HÉLIO TORNAGHI, *Comentários ao Código de Processo Civil,* cit., v. 11, p. 335. A enumeração dos pressupostos de existência remontaria a BETH, *Diritto Processuale* Civile *italiano,* Roma, 1936, p. 112; a rigor, porém, o escritor peninsular não se refere aí, a "partes", no plural, senão apenas ao autor, quando fala de alguém que *"si presenti come soggetto di diritto, ancorche incapace o meramente apparente",* além da propositura da ação perante órgão dotado de jurisdição, explicando que basta esse *"minimo di elementi"* para que exista uma relação processual, ao menos entre o autor e o juiz. Vejam-se as considerações críticas feitas, a seguir, em nosso texto.

14 A exemplo de BETTI, ob. e lug. cit. na nota anterior.

15 Parece conveniente assinalar terminologicamente a distinção entre *o que se pede* (pedido) e o *ato de pedir,* reservando para este o *nomen iuris* "demanda", cujo emprego se vai difundindo, em nossa mais recente literatura, na acepção indicada: *vide,* por exemplo, CELSO AGRÍCOLA BARBI, *Comentários ao Código de Processo Civil,* v. I, 3ª ed., Rio de Janeiro, 1983, p. 21; CÂNDIDO DINAMARCO, *Litisconsórcio,*

No que tange, agora, à segunda classe de pressupostos – e deixando de lado a controvérsia sobre o melhor enquadramento da inexistência de litispendência e de coisa julgada –, ocorre perguntar: a validade do processo depende mesmo de que seja competente e insuspeito o juiz processante? A incompetência, ainda quando absoluta, pela disposição expressa do art. 113, § 2º só acarreta a nulidade dos atos decisórios: todos os outros valem como se proferidos por órgão competente. E a suspeição, essa, uma vez declarada *ex officio* ou reconhecida por provocação da parte, tem como consequência única o afastamento, daí em diante, do juiz suspeito, mas em nada atinge a validade de qualquer dos atos por ele até então praticados, conquanto já existente a respectiva causa, a não ser quando descumprido o preceito do art. 306[16].

A verdade é que não se afigura fácil construir, nesta matéria, esquema logicamente rígido, de perfeita coerência. No compreensível afã de "salvar" atos processuais, para evitar, tanto quanto possível, o desperdício da atividade jurisdicional, atenua a lei a gravidade de sanções, recusando-se a extrair de teorias arquitetonicamente sedutoras corolários menos convenientes do ponto de vista prático. Os sistemas doutrinários têm de levar em conta esse dado e renunciar, por mais que lhes custe, a uma pureza de linhas que não encontra apoio na realidade normativa.

5. Cabem aqui duas ou três palavras sobre o tratamento processual dos requisitos de que estamos cuidando. Na doutrina alemã é corrente a distinção entre *Prozessvoraussetzungen* e *Prozesshindernisse,* baseada no fato de submeterem-se aqueles ao controle judicial *ex officio,* enquanto estes dependem, para ser considerados, de provocação da parte[17]. O exemplo mais comum da segunda classe é a existência de compromisso

São Paulo, 1984, p. 44; BARBOSA MOREIRA, *O novo processo civil brasileiro,* 6ª ed., Rio de Janeiro, 1984, p. 11.

16 *Aliter,* no processo penal (Código de Processo Penal, art. 564, n. 1). HÉLIO TORNAGHI, *Comentários ao Código de Processo Civil,* cit., v. I, p. 425-6, critica o estatuto processual civil por silenciar sobre o ponto. Parece-nos que a única ilação possível do silêncio é a exposta em nosso texto.

17 *Vide,* entre outros, ROSENBERG-SCHWAB, ob, cit., p. 549; JAUERNIG, *Zivilprozessrecht,* 19ª ed., Munique, 1981, p. 104; ARENS, *Zivilprozessrecht,* Munique, 1978, p. 94. A nota característica dos *Prozesshindernisse* é a disponibilidade: ao interessado fica livre fazê-los valer ou não.

arbitral. Tal diferenciação já vai repercutindo na literatura brasileira, onde se alude a "pressupostos" e a "impedimentos processuais" para designar, respectivamente, as categorias a que se atribuem as contrastantes características há pouco referidas[18].

A disciplina da matéria no Código de Processo Civil abona o discrime. À luz do disposto no art. 267, § 3º, sujeitam-se ao controle oficial os "pressupostos de constituição e de desenvolvimento válido e regular do processo", mas tal não se dá com o compromisso arbitral; a existência de um duplo regime é corroborada pelo art. 301, § 4º. De acordo com o entendimento predominante, a que aderimos, a incompetência relativa não é declarável de ofício, senão apenas mediante exceção (arts. 112 e 304) [19].

A controlabilidade *ex officio* implica, para o juiz, a possibilidade de reconhecer a falta do pressuposto processual, sempre que lhe pareça haver nos autos elementos que a revele, independentemente da iniciativa – não excluída, é claro – de qualquer das partes. Não implica a necessidade de que, em todo processo, se preocupe ele em averiguar se ficou categoricamente demonstrada a existência do pressuposto. Conforme observação pitoresca de autor alemão[20], seria pouco razoável que o órgão judicial devesse exigir sempre a prova de que as partes são maiores e não se acham interditadas... Se, porém, algo de concreto lhe despertar suspeita da incapacidade, então se tornará necessária a comprovação.

Podendo obviamente acontecer que a dúvida afinal subsista, põe-se aqui também o problema de saber que decisão há de tomar o juiz, quando não se logre esclarecer a questão. Sabe-se que, no tocante ao *meritum causae,* a dificuldade é contornada mediante aplicação das regras sobre distribuição do ônus da prova: a parte onerada *in casu* suporta as consequências desfavoráveis da lacuna probatória. Entretanto, o art. 333 do Código, que regula a matéria, foi redigido pelo legislador, à evidência, com os olhos fitos na questão de mérito: a respeito dela, com efeito, é que se fala propriamente de fatos constitutivos, impeditivos, modificativos e extintivos. E o princípio subjacente ao texto implica a fácil e segura identificação, entre os litigantes, daquele a quem a falta da prova causa

18 Assim, JOSÉ FREDERICO MARQUES, ob. e v. cit., p. 130, 132.

19 Contra: HÉLIO TORNAGHI, *Comentários ao Código de Processo Civil,* cit., v. I, p. 360; MONIZ DE ARAGÃO, ob. e v. cit., p. 196-8, 345, 474, nota 15. No sentido do texto a jurisprudência: *vide* os acórdãos citados por ALEXANDRE DE PAULA, *O processo civil à luz da jurisprudência,* v. 11, Rio de Janeiro, 1982, n. 3.198 a 3.204, p. 142-4.

20 JAUERNIG, ob. cit., p. 103.

prejuízo ou, ao contrário, proveito. No que concerne aos pressupostos processuais, é mais problemática a valoração dos interesses em jogo. Nem sempre será exato que a preexclusão do julgamento do mérito favoreça mais o réu do que o autor, consoante parece supor a doutrina que atribui a este, em regra, o *onus probandi*[21]. Se o fosse, não se compreenderia a *ratio* de normas como a do nosso art. 267, § 4º, que reclama o consentimento do réu para a desistência da ação, depois de vencido o prazo da defesa. Pode o problema, assim, revelar-se mais complexo do que à primeira vista se afigura. O ponto essencial, porém, ao nosso ver é firme: subsistindo, apesar de tudo, razão séria para duvidar da presença de algum pressuposto processual, deve o juiz extinguir o feito sem apreciação do mérito.

6. No que se acaba de dizer, implicitamente se reconhece aos pressupostos processuais a função que lhe assina longa e venerável tradição doutrinária: a de constituir um filtro – ou, em certa perspectiva, o filtro – capaz de reter postulações inviáveis do ponto de vista formal. O controle de tais pressupostos teria por finalidade precípua barrar o acesso de espécimes processuais gravemente defeituosos à superior região em que se resolve o destino das partes quanto à substância do litígio. A semelhante desfecho ficaria impedido de chegar o processo que não exibisse, por assim dizer, passaporte em ordem.

O criador da teoria julgou até encontrar no direito romano clássico apoio para sua concepção[22]. A existência de duas fases distintas do procedimento – *in iure* e *apud iudicem* – refletiria precisamente a necessidade, que se teria sentido, de antepor ao processo propriamente dito, destinado à solução da lide, uma investigação sobre a idoneidade do caso para ensejar decisão sobre a *res in iudicium deducta.* Não cabe discutir aqui a exatidão ou inexatidão histórica dessas ideias. O fato é que lançou fundas raízes no pensamento jurídico a noção de uma indispensável ordem lógica no desenvolvimento da atividade cognitiva, convocada a examinar, antes de mais nada, os pressupostos processuais, e só autorizada a voltar-se para o mérito se convencida da presença de

---

21 Posição dominante na Alemanha Federal: *v.g.*, ROSENBERG-SCHWAB, ob. cit., p. 549; JAUERNIG, ob. cit., p. 103. Abrem-se exceções para os casos dos §§ 306 (renúncia) e 330 (sentença contumacial requerida pelo réu) da *ZPO.*

22 BÜLOW, ob. cit., p. 7-8, 285 e s., especialmente p. 285-92.

todos eles - bem como, nos sistemas que consagram esse ulterior desdobramento, da satisfação integral das chamadas "condições da ação".

O caráter forçoso de tal sequência foi posto em dúvida por um setor da moderna doutrina alemã[23]. Negam alguns autores a obrigatória prioridade do juízo sobre os pressupostos processuais em relação ao juízo de mérito. Continua pacífico que ao órgão judicial não é lícito acolher o pedido se não concorrerem aqueles; mas a rejeição poderia basear-se indiferentemente na falta de qualquer pressuposto processual ou na inexistência de fundamento material para a pretensão deduzida, sem necessidade de subordinar-se a apuração desta inexistência à prévia negação daquela falta. Em resumo: pressupostos processuais e fundamentos de direito material formariam, em conjunto, uma classe única, a dos pré-requisitos do acolhimento do pedido, a serem examinados sem qualquer preocupação de ordem.

Semelhante concepção não tem reflexo no direito brasileiro. O julgamento do mérito, em sentido favorável ou desfavorável ao autor, postula sempre a concorrência dos pressupostos processuais. É firme, na doutrina e na prática, a noção de que a ausência de qualquer deles inibe o órgão judicial de lançar-se à análise do litígio. Com isso não se diz que o processo haja por força de extinguir-se sem exame do *meritum causae:* reconhecida, por exemplo, a incompetência, remetem-se os autos ao órgão competente, perante o qual prosseguirá sua marcha *o mesmo* feito, com perspectiva de conclusão normal. É evidente, contudo, que a impossibilidade de julgar-se o mérito enquanto subsista o defeito necessariamente condiciona a ordem da atividade cognitiva. Toda questão referente a pressuposto processual é, em qualquer caso, preliminar àquele julgamento[24].

7. Ao longo dos parágrafos anteriores já se fizeram observações esparsas acerca das consequências da falta de pressupostos processuais. É tempo de repassar o assunto sob enfoque mais sistemático.

---

23 *Vide,* sobretudo, RIMMELSPACHER, *Zür Prüfung von Amts wegen* im *Zivilprozess,* Göttingen, 1966, p. 109 e s., seguido em parte por GRUNSKY, *Grundlagen des Verfahrensrechts.* 2ª ed., Bielefeld, 1974, p. 323-4. Uma extensa crítica da teoria de RIMMELSPACHER em MARTIN, *Prozessvoraussetzungen und Revision,* Colônia--Berlim- Bonn-Munique, 1974, p. 32-4.

24 Sobre o conceito de "questão preliminar", BARBOSA MOREIRA. *Comentários ao Código de Processo Civil,* v. V, 4ª ed., Rio de Janeiro, 1981, p. 765, e os outros trabalhos aí citados.

Comecemos pelos denominados "pressupostos de existência". Se não há órgão dotado de jurisdição, afigura-se claro que tampouco há processo, no sentido jurídico do termo. Ninguém tomará por tal o "processo simulado" que se realiza para fins didáticos, sob a "presidência" do professor, como ninguém se equivocará diante do "processo" instaurado perante oficial de justiça, ou de outros exemplos de sabor igualmente acadêmico. Menos abstrata é a eventualidade de atuar pessoa ainda não regularmente investida no cargo judiciário, ou dele já desligada (*v.g.*, pela aposentadoria, de cujo decreto passou despercebida a publicação no jornal oficial). Mas o corolário é sempre o mesmo: nada do que se faça, em semelhantes condições, existe juridicamente. O "órgão" não pode sequer proclamar sua própria carência de jurisdição: a proclamação seria tão inócua como qualquer outro ato que ele pratique.

Já não se reveste de tanta simplicidade a questão, na hipótese de inexistência de parte, seja do autor (por exemplo: o advogado, munido de procuração, ajuíza a inicial sem ter notícia de que o outorgante viera a falecer), seja do réu (por exemplo: cita-se por edital pessoa que depois se verifica estar morta desde data anterior). Aí haverá lugar, sem dúvida, para um pronunciamento do órgão judicial, quando se advirta do problema; e é quanto basta para que se tenha de reconhecer que *algo,* no processo, *existe,* e até *vale:* negar ao juiz a possibilidade de pôr termo *validamente* à atividade processual, em semelhante emergência, seria tornar insolúvel o problema![25] Considerações análogas caberiam no tocante à falta de demanda, isto é, ao processo ilegitimamente instaurado *ex officio.*

Ainda mais matizadas se tornam as cores quando se passa aos chamados "pressupostos de validade". A incapacidade da parte, cabendo ao autor a providência corretiva, e não a tomando ele no prazo marcado

25 Outra questão, que não enfrentaremos aqui, é a da condição jurídica da sentença eventualmente proferida na errônea suposição de que não faltasse o pressuposto, ou apesar de conhecida a falta, mas sem levá-la em conta. A doutrina alemã reputa-a *"wirkungslos"* (ao pé da letra, ineficaz): ROSENBERG-SCHWAB, ob. cit., p. 214, 350; JAUERNIG, *Das fehlerhalte Zivilurteil,* Frankfurt am Main, 1958, p. 173-4 (com outras referências na nota 120). Entre nós, em estudo ainda recente, intitulado "Nulidade, inexistência e rescindibilidade da sentença", in *A nova lei de execução fiscal,* São Paulo, 1982, p. 188, HUMBERTO THEODORO JÚNIOR arrola entre os casos de "nulidade absoluta" aquele em que, "falecida a parte e comunicada a ocorrência ao juiz, este ignora o óbito e dá sequência ao processo sem convocar os sucessores para a habilitação incidente".

pelo juiz, acarreta a nulidade do feito (Código de Processo Civil, art. 13, n. 1). Se competir a medida ao próprio órgão judicial (art. 9º, n. I), e este deixar de tomá-la, a consequência será igualmente a nulidade, que poderá, todavia, não atingir o processo inteiro, mas só os atos praticados com inobservância do dispositivo[26]. Em qualquer caso, aqui também se tem de admitir que ao menos a decretação da nulidade possa ser válida.

A incompetência nunca faz nulo o processo: consoante já se recordou, mesmo a absoluta invalida unicamente os atos decisórios (art. 113, § 2º). A suspeição, repita-se, não afeta a validade de ato algum. Tal como a seu respeito, não traça o Código regra expressa a respeito do impedimento, pelo ângulo aqui considerado; note-se, entretanto, que é rescindível a sentença de mérito proferida por juiz impedido (art. 485, n. II), e essa circunstância autoriza a conclusão de existir nulidade antes do trânsito em julgado[27].

8. De quanto ficou dito extraem-se elementos para uma nova revisão crítica, em parte já sugerida nos itens anteriores. A quem leia o *caput* e o § 3º do art. 267 do Código de Processo Civil, ocorrerá naturalmente supor dois traços básicos no regime dos pressupostos processuais: primeiro, a falta de qualquer deles produziria a extinção do processo sem julgamento do mérito; segundo, o defeito seria passível de conhecimento *ex officio* pelo juiz. Vai-se testar, à luz de outros dispositivos, a verdade dessa suposição, no tocante a cada um dos requisitos em geral catalogados pela doutrina entre os pressupostos processuais, e obtêm-se resultados variáveis. A disciplina aplicável aos diversos casos nem sempre coincide com o padrão do art. 267; e nem sequer existe coincidência entre a disciplina aplicável a um caso e a aplicável a outro. Em nenhuma das hipóteses de ausência de pressuposto relativo ao órgão é exato que o

26 Cf. PONTES DE MIRANDA, *Comentários ao Código de Processo Civil,* t. I, 2ª ed., Rio de Janeiro, 1979, p. 357.

27 No mesmo sentido, ARRUDA ALVIM, *Código de Processo Civil comentado,* v, VI, São Paulo, 1981, p, 30, que estende a inferência a todos os atos decisórios. Longe demais vai HÉLIO TORNAGHI, *Comentários ao Código de Processo* Civil, cit., v. I, p. 418, onde se averba de "inexistente" qualquer ato praticado pelo juiz impedido, "a não ser para declinar". Se o impedimento tornasse inexistente a sentença, não se compreenderia a inclusão da hipótese entre as de rescindibilidade: sentença inexistente não transita em julgado, nem pode constituir objeto de rescisão (não se rescinde o nada).

processo se extinga sem julgamento do mérito: se falta jurisdição, não há processo a ser extinto; se falta competência ou imparcialidade, o mérito não pode ser julgado por *aquele* juiz, mas o corolário não é a extinção, e sim a substituição do juiz incompetente ou parcial por outro que não o seja, uma vez reconhecido o defeito. Por outro lado, a incompetência absoluta é declarável de ofício; a relativa, não. E assim por diante.

Tudo isso toma muito esbatida, ao nosso ver, a significação dos pressupostos processuais como categoria jurídica. A utilidade prática da reunião de várias figuras sob o mesmo rótulo consiste em permitir o tratamento conjunto: o que se disser de substancial acerca de qualquer delas poderá dizer-se de todas. Subsistirão, é óbvio, as diferenças específicas, de alcance, contudo, acidental; nos pontos mais importantes, haverá necessariamente comunhão. Destarte, fixado o regime genérico, bastará afirmar, de tal ou qual espécie, que pertence ao gênero, para que desde logo se saiba a disciplina a que ela se sujeita.

Quando se diz, porém, que determinado requisito é um pressuposto processual, a rigor é pouquíssimo o que se fica sabendo a seu respeito. Que se cuida de matéria referente ao processo, a ser apreciada preliminarmente ao mérito – e só. Quem se acreditar habilitado a extrair mais aos dizeres do art. 267 estará assumindo o risco de comer gato por lebre: o regime do suposto gênero apenas se ajusta a número reduzido de "espécies". Sempre se poderá objetar, evidentemente, que se trata de exceções ou argumentar que é normal fenômeno o da prevalência das regras especiais sobre a geral. Se, todavia, as exceções são tantas, e tão importantes, que pouco espaço resta à margem delas, alguma desconfiança parece justificar-se.

O caso da competência é exemplar, porque o requisito consta de todas as enumerações doutrinárias: nenhum autor que se ocupe de pressupostos processuais deixa de incluí-lo no rol. E, no entanto, só à custa de notável dose de alheamento aos dados do direito positivo se ousará sustentar que a validade *do processo* depende realmente dele.

Acrescente-se a isso a percepção das divergências entre os vários regimes "específicos", e ter-se-ão boas razões para encarar com um grão de cepticismo a entronização de categoria tão heterogênea e de tão escassa coesão interna. É cômodo, sem dúvida, falar de "pressupostos processuais", nos esquemas didáticos; e não apresenta maior inconveniente, desde que se tome o cuidado de pôr os pingos nos is. Menos razoável afigura-se ornar o conceito de notas constantes que a preocupação da simetria inculca a certa arquitetura doutrinária, mas que nenhuma confirmação encontram na realidade do *ius positum*. Confrontado com essa realidade, o conceito revela-se pobre em compreensão. Aceitemo-lo pelo que vale: estaremos a prestar-lhe, na justa medida, a homenagem que merece.

Novembro de 1984.

COMENTÁRIOS DOS ATUALIZADORES

SOBRE PRESSUPOSTOS PROCESSUAIS

Luiz Paulo da Silva Araújo Filho / Guilherme Jales Sokal

1. No plano textual, houve, no CPC/2015, dois movimentos que atingem o panorama com que o Mestre inaugura seu estudo: menciona-se agora a expressão "pressupostos processuais" no art. 139, IX, ao cuidar o Código do poder-dever do juiz de determinar-lhes o suprimento, ao mesmo tempo em que se suprimiu, no art. 485, VI (correspondente ao revogado art. 267, VI), a referência a "condições da ação". No entanto, o impacto, quando muito, é mais simbólico do que transformador, sem que se possa enxergar em tais mudanças – especialmente na segunda – efetiva alteração da dogmática que abrange essas duas categorias próximas.[28]

Com efeito: a partir do Projeto de Código de Processo Civil que traçou, no ponto, as linhas ora consagradas no CPC, Fredie Didier Jr. escreveu artigo denominado "Será o fim da categoria 'condição da ação'? Um elogio ao projeto de novo Código de Processo Civil",[29] pronta-

---

28 Próximas porque, há muito tempo, se refere a doutrina a "condições de admissibilidade do julgamento da lide", no sentido de *meritum causae*, de forma geral, para compreender tanto a *constituição e o desenvolvimento válido e regular do processo* como as *condições de admissibilidade da ação* (*v.*, *e.g.*, BUZAID, Alfredo. *Do agravo de petição no sistema do Código de Processo Civil*, 2ª ed. São Paulo: Saraiva, 1956, p. 115 e s).

29 *Revista de Processo*. São Paulo: Revista dos Tribunais, v. 197, p. 255-260, jul.2011.

mente respondido, com precisão, por Alexandre Freitas Câmara.[30] Em seguida, Leonardo Carneiro da Cunha perfilhou a "opinião do Prof. Fredie Didier Junior".[31]

É que o CPC em vigor se refere, como sabido, ao *interesse* e à *legitimidade* para postular em juízo (art. 17), bem como ao cuidar do indeferimento da petição inicial (art. 330, II e III), ao mencionar as preliminares que devem ser alegadas na contestação (art. 337, XI) e, enfim, ao fixar quando o juiz está impedido de resolver o mérito (art. 485, VI), sem qualquer alusão à *possibilidade jurídica do pedido* nem, genericamente, a *condições da ação*, como fazia o Código revogado.[32]

Aprovado e sancionado o CPC, Fredie Didier, seguindo a orientação acima apontada, sustenta, em resumo, que: "Não há mais razão para o uso, pela ciência do processo brasileira, do conceito 'condição da ação'"; que: "A legitimidade e o interesse passarão, então, a constar da exposição sistemática dos pressupostos processuais de validade: o interesse, como pressuposto de validade objetivo extrínseco; a legitimidade, como pressuposto de validade subjetivo relativo às partes"; e que: "Sepulta-se um conceito que, embora prenhe de defeitos, estava amplamente disseminado no pensamento jurídico brasileiro".[33] Quanto à possibilidade do pedido, assevera, no artigo supracitado: "não há mais menção 'à possibilidade jurídica do pedido' como hi-

---

30 Será o fim da categoria "condição da ação"? Uma resposta a Fredie Didier Junior. *Revista de Processo*. São Paulo: Revista dos Tribunais, v. 197, p. 261-269, jul./2011.

31 Será o fim da categoria "condição da ação"? Uma intromissão no debate travado entre Fredie Didier Jr. e Alexandre Freitas Câmara. *Revista de Processo*. São Paulo: Revista dos Tribunais, v. 198, p. 227-236, ago./2011.

32 O CPC de 1973, em relação às condições da ação, adotou a teoria de Liebman, com as três condições genéricas por ele originariamente indicadas, estabelecendo: "Extingue-se o processo, sem resolução de mérito: [...] quando não concorrer qualquer das condições da ação, como a *possibilidade jurídica*, a *legitimidade das partes* e o *interesse processual*" (art. 267, VI), além de aludir, para o indeferimento da petição inicial, a "quando a parte for manifestamente ilegítima", "quando o autor carecer de interesse processual" e quando "o pedido for juridicamente impossível" (art. 295, II e III, e parág. único, III), a par da típica referência à "carência de ação" no art. 301, nº X.

33 *Curso de Direito Processual Civil*. 17. ed. Salvador: JusPodivum, 2015. v. 1. p. 304-307, espec. p. 306. *Aliter*, afirmando: "Aí confundem-se os conceitos..." TESHEINER, José Maria Rosa; THAMAY, Rennan Faria Krüger (*Teoria geral do processo*. 4ª ed. 2ª tir. São Paulo: Saraiva, 2019. p. 209).

pótese que leva a uma decisão de inadmissibilidade do processo. Consagra-se o entendimento, praticamente unânime até então, de que a impossibilidade jurídica do pedido é causa de decisão de mérito e não de inadmissibilidade".[34]

Mas não é bem assim e, a rigor, muitas questões podem ser levantadas e mereceriam ser mais aprofundadas. Para começar, como salienta o Mestre no estudo em relevo, ao "trinômio" [pressupostos processuais, condições da ação e mérito] já aludia, há mais de trinta anos, Machado Guimarães, em ensaio de 1953,[35] mesmo ano em que Hélio Tornaghi intitulava "Processo, ação e mérito" o primeiro capítulo de seu *Processo penal*, "[e] pode-se considerar definitivamente incorporada à nossa tradição doutrinária essa distribuição, em três patamares sucessivos, da matéria sujeita ao exame do juiz".[36]

Sem falar que, além do sobredito trinômio, é tranquila entre nós a ideia de que o "direito processual é construído sobre uma estrutura composta por três institutos fundamentais: processo, jurisdição e ação"[37], havendo renomados autores que se referem, há algum tempo,

---

34 Será o fim da categoria "condição da ação"? Um elogio ao projeto de novo Código de Processo Civil. *Revista de Processo*. São Paulo: Revista dos Tribunais, v. 197, p. 255-260, jul.2011. espec. p. 258. Em seu precitado *Curso*, DIDIER afirma que "a ausência de 'possibilidade jurídica do pedido' passa a ser examinada como de *improcedência liminar do pedido*, no capítulo respectivo" (p. 307 – grifado no original).

35 GUIMARÃES, Luiz Machado. Carência de ação. In: *Estudos de direito processual civil*. Rio de Janeiro: Jurídica e Universitária, 1969. p. 93-107. Antes mesmo, em sua tese de concurso à docência-livre de Direito Judiciário Civil da Faculdade Nacional de Direito, em 1939, Luiz Machado Guimarães examinou, em Capítulo próprio, "Pressupostos Processuais e Condições da Ação" (A instância e a relação processual. In: *Estudos de direito processual civil*. Rio de Janeiro: Jurídica e Universitária, 1969. p. 33-75. espec. p. 70-74 (Capítulo IX)).

36 Sobre pressupostos processuais, p. 83 e nota 2. DINAMARCO, Cândido Rangel ainda hoje fala em "postura inerente à cultura processualística brasileira desde há muitas décadas" (*Instituições de direito processual civil*. 7ª ed. São Paulo: Malheiros, 2017. v. II, p. 351-352), embora mencione, depois, sem demonstração, ser "tendência moderna o agrupamento de todos [pressupostos do julgamento do mérito] na categoria dos pressupostos do julgamento (ou *pressupostos processuais*, como está na lei e doutrina dos alemães...)" (*Instituições de direito processual civil*. 7ª ed. São Paulo: Malheiros, 2017. v. III, p. 150).

37 CÂMARA, Alexandre Freitas. *O novo processo civil brasileiro*. São Paulo: Atlas, 2015. p. 23.

a "jurisdição, ação, defesa e processo",[38] realçando a magnitude do direito de defesa.[39]

O fato de o Código vigente não mencionar mais o gênero condições da ação,[40] "não significa, todavia, que tal categoria esteja banida do processo civil brasileiro ou de sua ciência. Com ou sem uma especificação na lei, ao estudioso do processo é imperioso fazer esse enquadramento sistemático..."[41]

Assim, a despeito da omissão do CPC, a categoria continua a ser mencionada e quase sempre prestigiada pela doutrina, ainda que agora, as mais das vezes, com alusão apenas à legitimidade *ad causam* e ao interesse processual, mas diferençando-as normalmente dos pressupostos processuais.[42]

---

38 CINTRA, Antônio Carlos de Araújo; GRINOVER, Ada Pellegrini; DINAMARCO, Cândido Rangel. *Teoria geral do processo*. 29ª ed. São Paulo: Malheiros, 2013. p. 57. DINAMARCO, Cândido Rangel; BADARÓ, Gustavo Henrique Righi Ivahy; LOPES, Bruno Vasconcelos Carrilho. *Teoria geral do processo*. 32ª ed. São Paulo: Malheiros, 2020. p. 77.

39 A famosa trilogia (ou quadrilogia) estruturante do direito processual.

40 O CPC omitiu as referências a possibilidade jurídica do pedido, a "condições da ação" e a "carência de ação", mas repete as alusões à quando "a parte for manifestamente ilegítima" e quando "o autor *carecer* de interesse processual" (art. 330, II e III). O Código de Processo Penal, a seu turno, refere-se à rejeição da denúncia ou queixa quando "faltar pressuposto processual ou condição para o exercício da ação penal" (art. 395, II, incluído pela Lei 11.719/08).

41 DINAMARCO, Cândido Rangel. *Instituições de direito processual civil*. 7ª ed. São Paulo: Malheiros, 2017. v. II, p. 351-352.

42 Vejam-se também, p. ex.: FUX, Luiz. *Teoria geral do processo* civil. 2ª ed. Rio de Janeiro: Forense, 2016. p. 145 e s.; TESHEINER, José Maria Rosa; THAMAY, Rennan Faria Krüger. *Teoria geral do processo*. 4ª ed. 2ª tir. São Paulo: Saraiva, 2019. p. 207 e s.; DINAMARCO, Cândido Rangel; BADARÓ, Gustavo Henrique Righi Ivahy; LOPES, Bruno Vasconcelos Carrilho. *Teoria geral do processo*. 32ª ed. São Paulo: Malheiros, 2020. p. 318 e s.; CÂMARA, Alexandre Freitas. *O novo processo civil brasileiro*. São Paulo: Atlas, 2015. p. 35 e s.; CARNEIRO, Paulo Cezar Pinheiro. *O novo processo civil brasileiro*. 2ª ed. Rio de Janeiro: Forense, 2021. p. 50; THEODORO JÚNIOR, Humberto. *Curso de direito processual civil*. 61ª ed. Rio de Janeiro: Forense, 2020. v. I, p. 95 e s.; GRECO, Leonardo. *Instituições de processo civil*. 5ª ed. Rio de Janeiro: Forense, 2015. v. I, p. 213 e s.; ABELHA, Marcelo. *Manual de direito processual civil*. 6ª ed. Rio de Janeiro: Forense, 2016. p. 106 e s.; PINHO, Humberto Dalla Bernardina de. *Direito processual civil contemporâneo*. 8ª ed. São Paulo: Saraiva, 2018. v. 1, p. 231 e s.; ASSIS, Araken de. *Processo civil brasileiro*. 2ª ed. São Paulo: Revista dos Tribunais, 2016. v. I, p. 650 e s., espec. p. 655-656; ALVIM, Teresa Arruda *et al*. *Primeiros comentários*

No que se refere à possibilidade jurídica do pedido, o entendimento ora predominante em nosso país, segundo forte doutrina, parece algo precipitado. Com efeito: é certo que Liebman, sem justificação expressa, ao lançar a 3ª edição do seu *Manuale di Diritto Processuale Civile*, deixou de incluir a possibilidade jurídica entre as condições da ação, passando a mencionar apenas o *interesse de agir* e a *legitimação para agir*. Não obstante, ao se referir ao *interesse* salientou que: "Seria uma inutilidade proceder ao exame do pedido para conceder (ou negar) o provimento postulado [...] quando ele não pudesse ser proferido, porque não admitido pela lei (p. ex., a prisão por dívidas)."[43]

Nesse contexto, embora suprimido o *nomen iuris*, a possibilidade jurídica subsistiria no conceito do interesse processual, como mencionado por Alexandre Câmara: "É que, a meu juízo, a ausência de possibilidade jurídica é, na verdade, um caso de falta de interesse de agir. Afinal, aquele que vai a juízo em busca de algo proibido aprioristicamente pelo ordenamento jurídico postula, a rigor, uma providência jurisdicional que não lhe pode trazer qualquer utilidade".[44] No mesmo

ao Código de Processo Civil. 3ª ed. São Paulo: Revista dos Tribunais, 2020. p. 95 e 671; ALVIM, Arruda. *Manual de direito processual civil*. 19ª ed. São Paulo: Revista dos Tribunais, 2020. p. 148-149, com várias citações doutrinárias, algumas não contidas aqui, em a nota 30.

43 LIEBMAN, Enrico Tullio. *Manual de direito processual civil*. Trad. e Notas Cândido Rangel Dinamarco. 2ª ed. Rio de Janeiro: Forense, 1985. v. 1, p. 155; *Manuale di diritto processuale civile*: principi. 5ª ed. Milano: Giuffrè. 1992. p. 145-146; *Manuale di diritto processuale civile*: principi. Atual. Vittorio Colesanti, Elena Merlin e Edoardo F. Ricci. 8ª ed. Milano: Giuffrè, 2012. p. 147. Segundo Zulmar Duarte de Oliveira Jr., Liebman "excluiu a possibilidade jurídica do pedido do elenco das condições da ação, alargando o conceito de interesse de agir" (GAJARDONI, Fernando da Fonseca et al. *Comentários ao Código de processo Civil*. 4ª ed. Rio de Janeiro: Forense, 2021. p. 47).

44 Será o fim da categoria "condição da ação"? Uma resposta a Fredie Didier Junior. *Revista de Processo*. São Paulo: Revista dos Tribunais, v. 197, p. 261-269, jul./2011. p. 263. Frise-se, porém, que o ilustre autor não se manifesta a propósito em sua obra atual: *O novo processo civil brasileiro*. São Paulo: Atlas, 2015. p. 35 e s.

sentido manifestam-se, por exemplo, Leonardo Greco,[45] Arruda Alvim[46] e Leonardo Faria Schenk.[47]

Na Itália, aliás, a doutrina que trata das *condizioni dell'azione* faz referências ainda, por vezes, à possibilidade jurídica do pedido,[48] mesmo que nem sempre para adotá-la como espécie

45 "A meu ver, o silêncio do Código de 2015 sobre a possibilidade jurídica do pedido não significa que ela tenha deixado de existir. Ela sobrevive na condição da ação do interesse de agir. Se o pedido é ilícito, o autor não tem necessidade nem utilidade a extrair da pretensão de acolhimento do seu pedido, porque o juiz não poderá acolhê-lo..." (*Instituições de processo civil*. 5ª ed. Rio de Janeiro: Forense, 2015. v. I, p. 216).

46 "Por possibilidade jurídica do pedido, portanto, enquanto condição da ação, entendíamos que ninguém pode intentar uma ação sem que peça providência que esteja, em tese, prevista, ou que não encontre óbice no ordenamento jurídico material. Ocorre que o mesmo se pode dizer em relação ao *interesse*, que é intimamente vinculado à existência de previsão legal para o que se pede em juízo. Assim, se o autor objetiva, pela ação, uma providência jurisdicional para a qual não existe previsão no ordenamento jurídico positivo, podemos dizer não haver *interesse jurídico* processual para o pedido realizado. A exclusão da 'possibilidade jurídica do pedido' não invalida a conclusão de que uma tal demanda pode (e deve) ser extinta *in limine*, por carência de ação" (*Manual de direito processual civil*. 19ª ed. São Paulo: Revista dos Tribunais, 2020. p. 150-151, com exemplos e citações doutrinárias em as notas 31 a 33 – grifado no original).

47 "No interesse de agir sobrevive, embora não mais prevista de modo expresso no CPC, a possibilidade jurídica do pedido como uma das condições da ação" (*Breves Comentários ao novo Código de Processo* Civil. (Coord.) ALVIM, Teresa Arruda et al. São Paulo: Revista dos Tribunais, 2015. p. 100).

48 Cf. VERDE, Giovanni que alude às "*c.d. condizioni dell'azione*" e analisa A) *L'interesse ad agire*, B) *La legittimazione ad agire*, C) *La possibilità del provvedimento richiesto e l'esistenza del diritto*, afirmando: "*Su queste condizioni non occorre spendere molte parole. Secondo la teoria dell'azione come diritto a un provvedimento di merito qualsiasi, in tanto è possibile agire in giudizio in quanto il provvedimento rientri in uno dei tipi previsti dall'ordinamento. In caso contrario, il giudice deve dichiarare l'improponibilità assoluta della domanda. Secondo la teoria dell'azione come diritto a un provvedimento favorevole, è evidente che il giudice rigettando la domanda nel merito finisce anche con il dichiarare inesistente l'azione.*" (*Profili del Processo Civile*: parte generale. 7ª ed. Napoli: Jovene, 2008. p. 151 e s., espec. p. 155).

das condições genéricas da ação,[49] distinguindo-as dos pressupostos processuais.[50]

Como lembra Cassio Scarpinella Bueno, ademais, "não consta que tenha havido alguma preocupação em estudar mais a fundo o que os atualizadores das edições mais recentes do *Manuale* de Liebman passaram a tratar a título de *possibile oggeto dell'azione*", embora preservando – como compreensível – "a exposição de apenas duas condições da ação (interesse e legitimidade)".[51] Realmente, no recém adicionado item "*73-bis. Possibile oggetto dell'azione*", após mencionar que o direito de ação existe, todavia, somente na presença de um objeto idôneo, caso contrário a ação é inadmissível,[52] afirmam os atualizadores, dentre outros exemplos, que "não é possível pedir à autoridade judiciária a declaração de meros fatos",[53] mesma hipótese figurada por Arruda Alvim: "Assim, ilustrativamente, é o exemplo da falta de possibilidade jurídica do pedido a ação declaratória para declarar meros (puros) fatos".[54]

---

49 *Vide* COMOGLIO, Luigi Paolo; FERRI, Corrado; TARUFFO Michele: "*Abitualmente, le predette* condizioni *si riducono a due:* interesse ad agire e legittimazione ad agire. [...] *Ma se ne aggiunge, da taluno, una terza: la c.d.* possibilità giuridica..." (*Lezioni sul Processo Civile*. 2ª ed. Bologna: Mulino, 1998. p. 245 – grifado no original). FERRUCCIO, Tommaseo, cuidando das *condizioni di esistenza dell'azione*, refere-se à *legitimazione ad agire* e ao *interesse ad agire* (*Appunti di diritto processuale civile*. 3ª ed. Torino: G. Giappichelli, 1995. p. 205 e s.)

50 Como destaca Alexandre Câmara, citando COMOGLIO, FERRI e TARUFFO (Será o fim da categoria "condição da ação"? Uma resposta a Fredie Didier Junior. *Revista de Processo*. São Paulo: Revista dos Tribunais, v. 197, p. 261-269, jul./2011, espec. p. 268). No original: "*Non si tratta, ovviamente, di una mera* pronunzia di rito, *come accade con la verifica negativa dei 'presuposti processuali', ma si tratta di una decisione avente per oggetto ciò che i pratici definiscono* merito in senso lato, *ricollegandosi comunque all'*intrinseco *della domanda* (*o, se si preferisce, al* modo *in cui viene in essa* prospettato *quanto in essa si chiede*)" (*Lezioni sul Processo Civile*. 2ª ed. Bologna: Mulino, 1998. p. 244 – grifado no original).

51 *Curso sistematizado de direito processual civil*. 11ª ed. São Paulo: Saraiva, 2021. v. 1, p. 301.

52 No original: "*Il diritto di azione esiste tuttavia soltanto in presenza di un oggetto idoneo. In caso diverso, l'azione è inammissibile*" (LIEBMAN, Enrico Tullio. *Manuale di diritto processuale civile*: principi. Atual. Vittorio Colesanti, Elena Merlin e Edoardo F. Ricci. 8ª ed. Milano: Giuffrè, 2012. p. 144.

53 Ibidem p. 145.

54 *Manual de direito processual civil*. 19ª ed. São Paulo: Revista dos Tribunais, 2020. p. 150, nota 31. Ressalvadas, porém, por óbvio, as exceções previstas em lei (cf.

2. No mais, o quadro legislativo brasileiro acerca dos pressupostos processuais se conserva basicamente o mesmo, com pequenas alterações. Assim, além da locução mais analítica "pressupostos de constituição e de desenvolvimento válido e regular do processo", contida no art. 485, IV, o Código menciona, como já dissemos, a expressão "pressupostos processuais" no art. 139, IX.

Como extensamente analisado no item anterior, mostra-se ainda perfeitamente adequada, ao nosso ver, a afirmação do Mestre de que: "Na perspectiva da lei brasileira, são dois os planos preliminares que a cognição judicial tem de atravessar para atingir seu alvo final, o mérito da causa", quais sejam: os pressupostos processuais e as condições da ação.

Aliás, o Código em vigor, do mesmo modo que o de 1973, preferiu não tomar posição nos casos controvertidos da coisa julgada, litispendência e perempção, mencionando-as separadamente no inciso V do art. 485.[55]

3. O CPC, à semelhança do inc. I do revogado art. 267, continua a se referir a "indeferir a petição inicial" (art. 485, I), porém o *caput* do art. 485 deixou de prescrever que *se extingue o processo*, em tese pela adoção do chamado "processo sincrético", ou em *fases*, como mencionado por Barbosa Moreira, no qual se conjugam, normalmente,[56] num mesmo processo, as atividades de conhecimento (ou cognitiva) e de "cumprimento da sentença" (ou execução),[57] bem como, agora,

art. 19, II, do CPC e art. 78, *caput*, da Lei nº 8.213/91), inclusive na Itália, como mencionam os próprios atualizadores: art. 216 e s. e art. 221 e s. cod. proc. civ. (Ibid. p. 145-146).

55 Embora prevaleça entre nós a classificação das três como pressupostos processuais negativos, registre-se a importante lição de Paulo Cezar Pinheiro Carneiro, ao abordar a extinção do processo sem a resolução do mérito: "falta de uma ou mais condições da ação, positivas – legitimidade ou interesse em agir – (inciso VI) ou negativas – [in]existência de perempção, de litispendência ou de coisa julgada (inciso V) ou de convenção de arbitragem (inciso VII)" (*O novo processo civil brasileiro*. 2ª ed. Rio de Janeiro: Forense, 2021. p. 50).

56 Há exceções. Cf., *v. g.*, art. 515, VI a IX, do CPC e art. 103, §§ 3º (*fine*) e 4º, do CDC.

57 *O novo processo civil brasileiro*. 29ª ed. Rio de Janeiro: Forense, 2012. p. 3. Convém consultar, ainda, o estudo "Cumprimento" e "execução" da sentença:

a atividade cautelar. Mas continua a haver no art. 485 casos, relativos a pressupostos de desenvolvimento válido e regular do processo, que não levam ao fim da fase cognitiva do procedimento comum nem extinguem a execução, tampouco geram, em princípio, nulidade, como as hipóteses de incompetência, impedimento ou suspeição, que apenas provocam (também em princípio) a remessa do feito ao juiz competente ou ao substituto legal (arts. 64, § 3º, e 146, § 1º, CPC), por decisão interlocutória[58] (cf. art. 203, §§ 1º e 2º), na linha das explicações do ensaio em epígrafe.

Na verdade, as observações do Mestre sobre a *validade* do processo foram em parte reforçadas pelo CPC, pois atualmente na incompetência, mesmo absoluta, conservar-se-ão os efeitos de decisão proferida pelo juízo incompetente, salvo decisão judicial em sentido contrário, até que outra seja proferida, se for o caso, pelo juízo competente (art. 64, § 4º), não havendo mais, portanto, alusão à nulidade das decisões proferidas por juízo absolutamente incompetente, mas apenas menção à possibilidade de revisão – se for o caso – pelo juízo competente.[59] "É a chamada *translatio iudicii*. Caso não exista pronunciamento do novel juízo acerca de decisões proferidas pelo juízo tido por incompetente, estas persistirão".[60]

necessidade de esclarecimentos conceituais. In: *Temas de direito processual*: nona série. São Paulo: Saraiva, 2007. p. 315-331, no qual, examinando a Lei 11.232/2005 e o CPC, em apertadíssima síntese, além de esclarecer "a falsa igualação de duas coisas perfeitamente distintas: *execução* e *processo de execução*", e criticar o emprego da expressão "cumprimento", o Mestre demonstra que não há motivo para proscrever o *nomen iuris execução* (*passim* – grifos no original). Para outras observações, vejam-se nossas notas de atualização ao ensaio "Os temas fundamentais do direito brasileiro nos anos 80: direito processual civil".

58 Cf. ALVIM, Teresa Arruda *et al. Primeiros comentários ao Código de Processo Civil*. 3ª ed. São Paulo: Revista dos Tribunais, 2020. p. 874. BEDAQUE, José Roberto dos Santos. *Breves Comentários ao novo Código de Processo* Civil. (Coord.) ALVIM, Teresa Arruda *et al.* São Paulo: Revista dos Tribunais, 2015. p. 1.210.

59 Ressalvado, no entanto, o regime das decisões de mérito, que se sujeitam à ação rescisória quando proferidas "por juiz impedido ou por juízo absolutamente incompetente" (art. 966, II, do CPC).

60 ALVIM, Teresa Arruda *et al. Primeiros comentários ao Código de Processo Civil*. 3ª ed. São Paulo: Revista dos Tribunais, 2020. p. 161. Consoante boa parte da doutrina, "a manutenção, ou não, das decisões anteriores pressupõe o proferimento de *nova* decisão em um ou outro sentido" (BUENO, Cassio Scarpinella. *Curso sistematizado de direito processual civil*. 11ª ed. São Paulo: Saraiva, 2021.

Relembre-se que o CPC de 2015, de forma salutar, aboliu as exceções processuais,[61] dispondo que as incompetências absoluta e (agora também) relativa devem ser alegadas como preliminares da contestação (arts. 64 e 337, II), a qual "poderá ser protocolada no foro de domicílio do réu, fato que será imediatamente comunicado ao juiz da causa, preferencialmente por meio eletrônico" (art. 340), assim como o impedimento e a suspeição serão alegados pela parte em simples petição específica dirigida ao juiz da causa (art. 146, *caput*).

Em relação à suspensão do processo, demais, houve alteração do sistema, que não corresponde mais àquele decorrente dos artigos 265, III, e 306 do CPC de 1973. Deveras, embora o art. 313, III, do CPC preveja que a "*arguição* de impedimento ou de suspeição" suspende o processo,[62] incide o § 2º da art. 146, que determina ao relator, não havendo o reconhecimento pelo juiz e a remessa do feito ao substituto legal (art. 146, § 1º), declarar os efeitos em que é recebido o incidente, na verdade declarar se subsistirá ou não o efeito suspensivo decorrente da apresentação da arguição, podendo assim tramitar com ou sem efeito suspensivo (incisos I e II do § 2º).[63] Além disso, reconhecido o impedimento ou a suspeição, "o tribunal fixará o momento a partir do qual o juiz não poderia ter atuado", bem como "decretará a nulidade dos atos

v. 1, p. 487 – grifado no original). Com a máxima vênia, conquanto a declinação da competência motive, quase sempre, requerimento da parte prejudicada ou não inteiramente satisfeita, a rigor, se não houver nova decisão, *ex vi* do § 4º do art. 64, "conservar-se-ão os efeitos de decisão proferida pelo juízo incompetente".

61 Na realidade, aboliu as formalidades especiais para arguição da incompetência relativa, do impedimento e da suspeição, como mencionava o art. 304 do CPC/73, embora subsista, em teoria e na doutrina, a distinção, não respeitada pelo Código revogado, entre exceções e objeções processuais. *Vide, v. g.*, ASSIS, Araken de. *Processo civil brasileiro*. 2ª ed. São Paulo: Revista dos Tribunais, 2016. v. I, p. 870; e, referindo-se também às exceções substanciais, DIDIER JR., Fredie. *Curso de direito processual civil*. 17ª ed. Salvador: JusPodivm, 2015. v. 1, p. 633 e s. As remissões não significam, entretanto, total concordância com o teor das exposições.

62 *Parcialmente*, pois o incidente respectivo, evidentemente, será tramitado.

63 Consoante, a mais, o § 3º do art. 146: "Enquanto não for declarado o efeito em que é recebido o incidente ou quando este for recebido com efeito suspensivo, a tutela de urgência será requerida *ao substituto legal*", e não, como no Código anterior, ao próprio juiz da causa, como se depreende também do art. 314, *in fine*, do CPC, mas, de qualquer forma, é vedada a prática de outros atos processuais durante a suspensão.

do juiz, se praticados quando já presente o motivo de impedimento ou de suspeição" (§§ 6º e 7º do art. 146).

Nessa nova dimensão, conquanto pouco significativas as modificações, devem ser compreendidas as afirmações do estudo concernentes à suspeição, à validade dos atos e ao descumprimento do preceito do então art. 306 do Código de 1973,[64] mas permanece difícil, como mencionou o Mestre, "construir, nesta matéria, esquema logicamente rígido, de perfeita coerência".

No que tange à suspensão decorrente da incompetência, sem caber enfrentar aqui a *vexata quaestio*, decorrente da disciplina assaz tortuosa, que talvez não admita solução única, convém citar o resumo de André Roque: "O protocolo da contestação com alegação de incompetência absoluta ou relativa acarretará a suspensão da audiência de conciliação ou mediação (art. 340) designada, desde que não haja tempo hábil para resolver a questão da competência. Naturalmente, isso apenas ocorrerá se o réu se antecipar ao prazo da contestação, protocolando-a antes de seu termo inicial (art. 335, I), possibilidade assegurada pelo art. 218, § 4º, com o objetivo de evitar se deslocar até a sede do juízo em que o processo se encontra, local em que se realizará a audiência. Depois de resolvida a questão da competência, o juízo definido como competente designará nova data para a audiência de conciliação ou de mediação, intimando as partes",[65] exceto, é certo, nas hipóteses do § 4º do art. 334.

4. Entre nós a distinção germânica entre *Prozessvoraussetzungen* (pressupostos processuais) e *Prozesshindernisse* (impedimentos processuais)[66] não ganhou maior dimensão, prevalecendo a diferenciação, apesar de referente a pressupostos processuais, entre *objeções processuais* e *exceções processuais*, na medida em que, em essência, a matéria *admita* ou *não* controle judicial *ex officio*.[67]

A disciplina da matéria no Código de Processo Civil em vigor continua a abonar, até com certa superioridade, os discrímenes, como se

---

64 Sobre pressupostos processuais, item 4, p. 87.

65 *Comentários ao Código de Processo Civil*. GAJARDONI, Fernando da Fonseca *et al*. 4ª ed. Rio de Janeiro: Forense, 2021. p. 520, item 3).

66 A expressão é aquela utilizada por Frederico Marques (cf. nota 17 do texto original).

67 Vejam-se, dentre outras, as obras citadas em a nota 61, *supra*.

vê dos arts. 63, §§ 3º e 4º, 64, § 1º, 337, § 5º (agora expresso, quanto à incompetência relativa), e 485, § 3º, em confronto com os arts. 267, § 3º, e 301, § 4, do Código anterior.

5. No que concerne à inexistência de parte, cumpre salientar que o próprio Prof. Barbosa Moreira, em estudo posterior, intitulado "Citação de pessoa falecida",[68] retoma a questão para, depois de esclarecer sobre a *existência*, *validade* e *eficácia* dos atos jurídicos, assim como indicar os elementos essenciais genéricos com referência aos atos processuais: *sujeito(s)*, *objeto*, *conteúdo* e *forma*, destacar que se trata de "citação *inexistente*", por falta de *sujeito passivo*, e concluir: "A matéria é suscetível de conhecimento oficioso e, a qualquer tempo. Caso o juiz, por si mesmo ou mediante provocação de outrem (*v. g.*, do Ministério Público, se participa do feito), tome ciência do ocorrido, à luz de peça constante dos autos, o que lhe cumpre fazer é extinguir o processo, sem julgamento do mérito, nos termos do art. 267, nº IV [agora 485, IV]. Será nula a sentença de mérito que, por inadvertência, se venha a proferir".[69]

Quanto à sanabilidade de vícios processuais e ao aproveitamento de seus atos, como se sabe, foi significativa a atenção dedicada pelo CPC atual,[70] estabelecendo o chamado "princípio da primazia do julgamento de mérito" (art. 4º)[71]. Nessa linha se insere o art. 76, que alterou um pouco a matéria relativa à incapacidade processual e à irregularidade da representação da parte, outrora regida pelo art. 13. Realmente, verificado algum desses vícios, o juiz suspenderá o processo e designará prazo razoável para que seja sanado, mas a consequência para a eventualidade de não haver sanação agora varia conforme o processo esteja na primeira instância ("instância originária") ou em fase recursal perante tribunal de justiça, tribunal regional federal ou tribunal superior.

Na primeira hipótese, se a providência couber ao autor, "o processo será extinto" (o que era a consequência da "nulidade" mencionada

---

68 In: *Temas de direito processual*: quinta série. São Paulo: Saraiva, 1994. p. 77-84.

69 Ibid. p. 82 e 84.

70 Vejam-se, e. g., os arts. 139, IX; 277; 279, § 2º; 282, § 1º; 283 e parág. único; 317; 352; 932, parág. único; 938, §§ 1º e 2º; 1.007, §§ 2º, 4º e 7º; 1.017, § 3º e 1.029, § 3º.

71 *Vide*, ainda, em especial, os arts. 282, § 2º, e 488 do CPC, que permitem o julgamento do mérito, apesar do vício, a favor da parte a quem aproveitaria o seu reconhecimento.

no inc. I do art. 13, por força do art. 267, IV, ambos do CPC/73)[72], se couber ao réu, "será considerado revel", e se couber ao terceiro, será ele "considerado revel ou excluído do processo, dependendo do polo em que se encontre" (art. 76, § 1°, I a III); entretanto, descumprida a determinação em fase recursal, o relator "não conhecerá do recurso, se a providência couber ao recorrente" ou "determinará o desentranhamento das contrarrazões, se a providência couber ao recorrido" (art. 76, § 2°, I e II).[73]

Nada obstante, desviando um pouco do tema, o CPC esparge regras específicas para as hipóteses de postular o advogado, sem procuração, para evitar preclusão, decadência ou prescrição, ou para praticar ato considerado urgente (art. 104), quando deverá "exibir a procuração no prazo de 15 (quinze) dias, prorrogável por igual período por despacho do juiz" (§ 1ª), sendo considerado ineficaz o "ato não ratificado" (§ 2º), bem como "de morte do procurador de qualquer das partes", ocasião em que "o juiz determinará que a parte constitua novo mandatário, no prazo de 15 (quinze) dias, ao final do qual extinguirá o processo sem resolução de mérito, se o autor não nomear novo mandatário, ou ordenará o prosseguimento do processo à revelia do réu, se falecido o procurador deste" (art. 313, § 3º).

Enfim, se a medida corretiva da incapacidade da parte competir ao órgão judicial, e este deixar de tomá-la, voltando ao assunto, subsiste no art. 72, I, do CPC regra simílima à do art. 9º, I, do Código anterior, permanecendo a mesma consequência indicada no estudo em referência.

---

72 Cf. BARBI, Celso Agrícola. *Comentários ao Código de Processo Civil*. 14ª ed. Rio de Janeiro: Forense, 2010. v. I, p. 117.

73 À vista da alteração legislativa, com menção expressa a "tribunal superior", a doutrina passou a sustentar a superação do enunciado nº 115 da *Súmula da Jurisprudência Dominante* do STJ, mas a Corte, em vez de cancelar o verbete, preferiu entender que: "Intimada a regularizar a sua representação processual, nos termos do art. 932, parágrafo único, do CPC vigente, a parte que deixa de proceder à juntada no prazo de 5 (cinco) dias, faz incidir ao caso a Súmula 115/STJ" (3ª Turma, AgInt no AgInt no AREsp 1.053.466/MS, DJe 13/08/2018). Nesta linha, invocando o enunciado embora exigindo intimação prévia, frequentemente com citação também do art. 76, § 2º: Corte Especial, AgRg no RE no AgRg no AREsp 1.368.364/PE, DJe 07/12/2020; 2ª Seção, AgInt no CC 126.356/MG, DJe 18/12/2020; 1ª turma, AgInt nos EDcl no AREsp 1.798.572/SP, DJe 23/06/2021; 2ª Turma, AgInt nos EDcl no REsp 1.833.651/BA, DJe 01/07/2021; 3ª Turma, AgInt no AREsp 1823566 / RJ, DJe 21/06/2021; 4ª Turma, AgInt no AREsp 1.835.579/SP, DJe 01/07/2021; 6ª Turma, AgRg no AREsp 1.807.531/SC, DJe 16/06/2021.

A COMPETÊNCIA COMO QUESTÃO PRELIMINAR E COMO QUESTÃO DE MÉRITO[1]

1. Um órgão judicial pode ter de resolver questão de competência em relação a si mesmo ou em relação a outro(s) órgão(s). No primeiro caso, ele examinará a questão para verificar se a prática de determinado(s) ato(s) se inclui na esfera de suas atribuições. Em princípio, como é intuitivo, a verificação há de ser prévia; e, sendo assim, o órgão só passará a deliberar se *deve* ou não praticar o(s) ato(s) em causa *após* assentar que *pode* praticá-lo(s). No segundo caso, o que lhe cumpre é decidir se a prática do(s) ato(s) se inclui na esfera das atribuições do outro órgão, ou de algum dos outros órgãos. É possível que lhe incumba tomar tal decisão *a posteriori,* no momento em que houver de proceder ao reexame do que fez outro órgão – *ex vi legis* ou em virtude de impugnação, mediante recurso ou ação autônoma, de decisão proferida pelo outro órgão; mas não se exclui que a questão seja suscitada e tenha de resolver-se *no curso* de uma série de atos, com o fim precípuo de determinar a *que* órgão cabe nela prosseguir (conflito de competência ou de «jurisdição»).

Costuma-se dizer que a questão da competência é uma preliminar[2]. A afirmação, contudo, precisa ser temperada com o clássico grão de sal. Na primeira das hipóteses acima indicadas, geralmente o órgão judicial em verdade não resolve a questão como objeto *principal* de sua atividade cognitiva, senão como etapa de cujo êxito depende a possibilidade mesma de passar ao respectivo exame. Com efeito, apenas se responder positivamente à indagação sobre sua competência é que o órgão terá acesso àquele objeto principal; a questão da competência funciona como porta que, se não se abrir, impede o órgão judicial de ir adiante. Em casos tais, ressalta a índole preliminar da questão. Já na segunda hipótese (e, às vezes, na primeira: *vide, infra,* o n. 5 e, aí, a nota 5), a questão da competência constitui (no todo ou em parte) *o próprio objeto principal* da atividade cognitiva do órgão, que não a resolve em caráter *instrumental,* para saber se lhe é lícito decidir outra matéria,

---

1 Trabalho publicado no volume n. 7-1988 da *Revista do Tribunal Regional do Trabalho* da 5ª Região, dedicado à memória do Ministro COQUEIJO COSTA.

2 Sobre o conceito de questão preliminar, *vide* BARBOSA MOREIRA, Questões prejudiciais e questões preliminares, in *Direito Processual Civil (Ensaios e pareceres),* Rio de Janeiro, 1971, p. 73 e s., especialmente 87-8.

mas em caráter *final* - embora não necessariamente exaustivo, conforme adiante se explicará.

A diferença entre essas situações, flagrante do ponto de vista lógico, nem sempre se reflete com a desejável clareza na prática do foro. Não atentar nela, contudo, é causa de erros graves, suscetíveis de comprometer de modo radical a correção de julgamentos.

2. A questão da competência *como preliminar* é, em regra, a primeira a merecer a atenção do órgão judicial. Se este se tem por incompetente, deve abster-se de continuar a exercer atividade cognitiva; logo, toca-lhe averiguar, de início, se o é.

Ao contrário do que parece, tal regra não é absoluta. Pode acontecer que, por esta ou aquela razão de política legislativa, o ordenamento imponha ao órgão judicial um "compasso de espera": em vez de pôr a si mesmo, desde logo, a questão, ele deve aguardar certo prazo, para ver se alguém a suscita. Se houver suscitação tempestiva, a questão será examinada, com prioridade sobre quaisquer outras; se não houver, ficará preclusa, de sorte que daí em diante já não será lícito apreciá-la: ainda que o órgão fosse incompetente, estará sanado o defeito, *prorrogando-se* a sua competência para abranger o(s) ato(s) que, sob circunstâncias normais, incumbiria(m) a outro órgão. É o sistema consagrado no Código de Processo Civil para a denominada incompetência relativa (arts. 112 e 114)[3]. Importa aqui frisar que, enquanto não sobrevenha a alegação - cujo veículo, ninguém o ignora, é a "exceção de incompetência" (arts. 304 e 307 e ss.) -, o juiz atuará com plena desenvoltura, praticando todos os atos previstos na lei, como se competente fosse; e portanto lhe caberá, eventualmente, resolver questões que, alhures, só se resolveriam *depois* do exame (com resultado positivo) da competência.

Feita essa ressalva, convém reafirmar a regra; e afigura-se oportuna uma observação acerca da lista contida no art. 301, onde o estatuto processual enumera as matérias alegáveis pelo réu, na contestação, antes

---

3 Assim têm interpretado esses dispositivos a doutrina e a jurisprudência largamente predominantes. Isoladas as opiniões de HÉLIO TORNAGHI, *Comentários ao Código de Processo Civil*, v. I, São Paulo, 1974, p. 360 - para quem o juiz pode sempre examinar a questão e declarar *ex officio* sua própria incompetência, ainda que relativa -, e de MONIZ DE ARAGÃO, *Comentários ao Código de Processo Civil*, v. 11, 5ª ed., Rio de Janeiro, 1987, p. 199-201 e 484-5 - em cujo entendimento é dado ao juiz fazê-lo ao despachar a petição inicial (não em momento posterior).

de discutir o mérito. A incompetência absoluta figura aí em *segundo* lugar, após a inexistência ou nulidade da citação; semelhante ordem, porém, não parece a melhor, nem se deve entender que prevaleça *para o juiz:* ao contrário, este somente poderá resolver a questão da inexistência ou da nulidade do ato citatório se não for incompetente; assim, antes de mais nada, cumpre-lhe certificar-se de que não ocorre a hipótese do art. 301, n. II[4].

A competência dos tribunais de grau superior, no processo civil, é improrrogável, salvo se fixada em razão do valor (arg. *ex* art. 102). Em relação a eles não surge o problema a que acima se aludiu, quanto aos casos de incompetência relativa de órgão de primeiro grau. O exame da questão da competência, pois, precederá normalmente ao de qualquer outra. Nesse sentido costuma haver disposições expressas em regimentos internos *(v.g.,* art. 68 do Regimento Interno do Tribunal de Justiça do Rio de Janeiro). Apenas em hipóteses excepcionais se concebe que alguma questão deva ser resolvida ainda antes: por exemplo, a que porventura se suscite com referência à regularidade do funcionamento do órgão, ou à respectiva composição. Não havendo dúvida de que o tribunal está em condições de deliberar naquela ocasião, daquela forma, e com a participação daqueles juízes, nenhuma outra questão prefere à da competência.

O tribunal examina sua competência *ex officio,* por iniciativa de qualquer dos juízes. Não é necessária, conquanto naturalmente possível, provocação da parte, ou do Ministério Público em função de *custos legis.*

3. No exame da preliminar, o órgão judicial há de ter em vista as características da causa ou do recurso tais como na realidade se lhe deparam, e não como, em seu entendimento, deveriam ser. É uma consequência direta da prioridade que se reconhece a essa preliminar: se ela tem de ser resolvida *antes* de qualquer outra, fica evidente que sua solução não pode *subordinar-se* à de qualquer outra. Formulemos alguns exemplos.

---

4 Com razão AMARAL SANTOS, *Primeiras linhas de Direito Processual Civil,* 2º v., 7ª ed., São Paulo, 1982, p. 206, e CALMON DE PASSOS, *Comentários ao Código de Processo Civil,* v. III, 5ª ed., Rio de Janeiro, 1988, p. 302. Inaceitável a lição de PONTES DE MIRANDA, *Comentários ao Código de Processo Civil,* t. IV, 2ª ed., Rio de Janeiro, 1979, p. 166, *verbis:* "Se a incompetência do juiz é absoluta, cabe-lhe decretar de ofício a nulidade do despacho e da citação": ao nosso ver, ao juiz absolutamente incompetente *nada mais* cabe do que declarar-se tal e remeter os autos ao que lhe pareça competente.

a) Distribui-se a determinado juiz a petição inicial de ação intentada como reivindicatória. Lendo a peça, ele se convence de que o redator da petição se equivocou: no caso, deveria ter postulado proteção possessória. A supor-se que o juiz, competente para as ações de reivindicação, não o seja para as possessórias, andará mal se se declarar incompetente e atribuir a competência ao órgão julgador das possessórias. Igualmente errará se, intentada a ação como possessória, aceitar processá-la, por estar convencido de que na verdade o autor deveria ter pleiteado reivindicação. Numa e noutra hipótese, estará o órgão judicial praticando inadmissível inversão da ordem a que tem de obedecer sua atividade cognitiva – e violando, acrescente-se, a regra que lhe impõe respeitar os limites em que o autor deduziu em juízo a lide (art. 128).

b) Vai o órgão X julgar mandado de segurança impetrado contra a autoridade A, cujos atos, segundo a lei, se sujeitam perante ele a essa modalidade de impugnação. Percebem os membros do colégio, porém, que o impetrante endereçou incorretamente a postulação: devia ter requerido a ordem em face da autoridade B, para o exame de cujos atos, em mandado de segurança, a lei designa o órgão Y. Não é lícito a X declinar de sua competência para Y; caso o faça, estará decidindo a questão da competência, que é a primeira, à luz da solução que lhe parece correta para outra questão, a da legitimidade passiva *ad causam,* só examinável se (e depois que) X se afirmasse competente.

c) Apela-se, para tribunal estadual, de sentença proferida por juiz do mesmo Estado, e alguém alega que para a causa seria competente a Justiça federal. Errará o tribunal estadual se declinar de sua competência para o órgão federal de segundo grau. Apelações contra sentenças de juízes estaduais não podem ser julgadas por tribunal que não seja do Estado. Nada importa, ao propósito, que a ação devesse ter sido proposta perante a Justiça federal de primeiro grau e por ela julgada: o certo é que não o foi. O que ao tribunal estadual caberá fazer, no julgamento da apelação, uma vez reconhecido o vício, é anular a sentença e determinar a remessa dos autos à Justiça Federal, para que atue o respectivo órgão *de primeiro grau,* caso se reconheça competente. Isso, no entanto, o tribunal estadual fará depois de rejeitar a preliminar de *sua* incompetência para julgar a apelação.

d) Propôs-se ação rescisória para desconstituir a sentença S, e a causa é distribuída ao órgão X, indicado pela lei como o competente para hipóteses do gênero. Aos juízes de X, todavia, parece que, em vez de pedir a rescisão de S, deveria o autor haver pleiteado a rescisão do acórdão A, que substituíra S em virtude do julgamento de apelação (art. 512). Para a ação rescisória de A, entretanto, a competência não pertenceria a X, e sim a Y. Nem por isso X há de declarar-se incompetente: se o que se pleiteia é a rescisão de S, não é lícito a X aventurar-se ao exame de questão referente à propriedade dos termos em que se formulou o pedido, *antes* de decidir a preliminar atinente à competência - que, para a rescisória de S, a lei lhe defere[5].

Escusado ajuntar que, no trato de semelhante matéria, não deve o órgão judicial apegar-se, formalisticamente, ao teor *literal* das petições das partes. Como quaisquer textos, comportam elas interpretação; e serão interpretadas, de preferência, no sentido que permita dar-lhes utilidade prática, pois não se presume que alguém queira postular em vão. Destarte, para aproveitarmos o quarto exemplo, se a inicial, por ambígua, não deixa ver com nitidez qual das duas decisões - a sentença S ou o acórdão A - constitui o autêntico objeto do pedido de rescisão, é óbvio que o órgão judicial a tomará como se estivesse correta, isto é, como dirigida à rescisão de A, tirando daí os corolários devidos no tocante à competência. Oportuna aplicação pode encontrar também, na matéria, a regra do art. 284 do Código de Processo Civil.

4. Como toda decisão, tem de ser fundamentada a que se profira acerca da preliminar. Pode acontecer, no entanto, que ninguém suscite a questão, e o órgão entre logo a apreciar a matéria restante, sem demorar-se na aferição de sua competência. Entende-se que implicitamente a reconheceu. Nesse caso, e só nesse, é manifesto que não se exige fundamentação.

Mencionemos brevemente - o ponto não oferece dificuldade - os efeitos da resolução sobre a preliminar. Se o órgão se declarou competente, prosseguirá na atividade cognitiva, passando ao exame das demais questões - das outras eventuais preliminares e, a não existir óbice, das questões de mérito. Se o órgão se declarou incompetente, remeterá os autos àquele a que, no seu entendimento, pertence a competência. É o que preceitua o Código de Processo Civil, no art. 113, § 2º, *fine,* para a incompetência absoluta, e no art. 311 para a incompetência relativa, julgada procedente a exceção.

5 Cf., sobre o ponto, BARBOSA MOREIRA, Ação rescisória: o objeto do pedido de rescisão, *in Temas de Direito Processual (Terceira Série),* São Paulo, 1984, p. 143.

O órgão que se declarou incompetente não deve pronunciar-se, sob pretexto algum, a respeito de outra questão, que só se lhe tornaria possível apreciar se competente fosse. Há que prevenir a todo custo acréscimos de qualquer teor. Aberra da técnica mais elementar, por exemplo, dizer: "Este órgão é incompetente e, ainda que não o fosse, não conheceria do recurso, ou não lhe daria provimento" - e assim por diante. O presidente do órgão colegiado precisa fiscalizar a votação com o máximo cuidado, para evitar que se registrem votos do tipo "Acolho a preliminar de incompetência e adianto que, no mérito, votaria neste ou naquele sentido". É erro imperdoável misturar, na mesma votação, pronunciamentos acerca de objetos distintos: não se somam quantidades heterogêneas. Submetida a votação a preliminar relativa à competência - ou qualquer outra preliminar - unicamente sobre ela é que se podem colher votos.

A decisão da preliminar, seja qual for o sentido em que se tome, nunca ficará coberta pela autoridade da coisa julgada no sentido material. O que pode operar-se a seu respeito, se não se admitir impugnação alguma, ou não se formular a que se mostrava admissível, é a preclusão, com alcance puramente intraprocessual. Noutro processo, ainda sobre matéria idêntica - o que se concebe, em regra, quando o primeiro se haja extinguido sem julgamento do mérito -, a questão da competência será livremente examinável pelo órgão judicial (o mesmo ou qualquer outro), que a resolverá conforme entender de direito, sem qualquer vinculação.

5. Vejamos agora de que maneira se passam as coisas, quando a competência é apreciada como questão *principal.* Na maioria dos casos, o órgão judicial assim a aprecia com referência a *outro(s)* órgão(s); mais raramente, quanto a si mesmo: por exemplo, no julgamento, que porventura lhe caiba, de recurso ou de ação impugnativa autônoma contra decisão sua[6].

Em hipóteses tais, a questão da competência é de mérito, conquanto possa ocorrer que haja de ser resolvida antes de outra questão, também integrante do mérito, e nesse sentido não seja impróprio qualificá-la de

---

6 Os tribunais superiores são competentes para as ações rescisórias de seus próprios acórdãos: assim, *v.g.*, o Supremo Tribunal Federal e o Tribunal Federal de Recursos (Constituição da República, art. 119, n. I, letra m, e art. 122, n. I, letra *a*, respectivamente).

preliminar *em relação a essa outra.* Não há contradição, recorde-se, em dizer que determinada questão é de mérito e qualificá-la de preliminar: os conceitos não são reciprocamente excludentes, e a existência de preliminares *que já integram o mérito* recebe ilustração ofuscante com o exemplo da prescrição (Código de Processo Civil, art. 269, n. IV).

Aqui, todavia, faz-se necessário um esclarecimento. À pergunta sobre se tal ou qual questão é de mérito nem sempre se responderá do mesmo modo, consoante ela se refira *à causa* ou *ao recurso*[7]. O mérito do recurso não se identifica necessariamente com o mérito da causa: se alguém, *v.g.*, agrava de instrumento contra decisão interlocutória, pela qual se resolveu mero incidente do processo, a questão resolvida, estranha ao *meritum causae,* constituirá no entanto o mérito *do agravo.* Ainda quando se impugne sentença definitiva, pode suceder que na apelação entre a fazer parte do mérito (do próprio recurso, é claro!) matéria que não integra o mérito da causa: assim, por exemplo, se o apelante pleiteia a anulação da sentença, alegando, precisamente, que o juiz *a quo* era incompetente para julgar a lide. É atécnica, se bem que não muito rara na prática, a alusão pura e simples a "preliminar" em casos do gênero[8], como se se cuidasse de algo que o órgão *ad quem* precisasse examinar *antes* de pronunciar-se sobre a pretensão do recorrente – e só para averiguar se lhe incumbia mesmo pronunciar-se a respeito dela.

Não fica excluída, obviamente, a possibilidade de defrontar-se o tribunal, no julgamento do recurso, com *genuína* preliminar, relativa à *sua* competência para julgá-lo. É uma situação em que ressalta a diferença funcional entre as duas questões: uma a ser examinada em caráter instrumental, para que o órgão saiba se lhe toca ou não decidir sobre a pretensão do recorrente; outra a ser resolvida em caráter principal, para que o órgão saiba se deve dar ou negar provimento ao recurso.

O que acima se disse é aplicável, *mutatis mutandis,* aos casos de

---

7 Expressivamente, PONTES DE MIRANDA, ob. cit., t. VIII, Rio de Janeiro, 1975, p. 195: "O ser preliminar não é qualidade que não mude. O conceito de *preliminar* é, por vezes, interior à instância. Assim, as *quaestiones iuris* processuais que se levantam nos recursos são mérito do recurso; preliminar do recurso é *a)* se caberia, *b)* se foi tempestivo e c) se houve legitimação ativa recursal. O que se deduziu, para se corrigir, é, mérito do recurso" (grifos do original). *Vide* também, ao propósito, BARBOSA MOREIRA, *Comentários ao Código de Processo Civil,* v. V, 5ª ed., Rio de Janeiro, 1985, p. 256 e 261-2.

8 Cf. CÂNDIDO DINAMARCO. Conceito de mérito em processo civil, in *Fundamentos do processo civil moderno,* 2ª ed., São Paulo, 1987, p. 209-10.

reexame obrigatório em segundo grau, previstos no art. 475 do Código de Processo Civil e em disposições de leis extravagantes. Assim, por exemplo, será preliminar, *sic et simpliciter,* a questão atinente à competência do órgão superior ao qual se remeteram os autos, para o reexame; será de mérito, em compensação, a questão concernente à competência do juiz que julgou a causa em grau inferior - muito embora, por ter de resolver-se antes de qualquer das outras questões de mérito, se ponha como preliminar *relativamente a essas outras questões.*

6. Importa determinar os pressupostos do exame da questão, nas hipóteses de que agora se cuida. Aqui são imprescindíveis certas distinções.

Começando pelo caso da cognição em sede *recursal,* deixe-se claro, antes de mais nada, que a apreciação da competência do órgão *a quo* necessariamente pressupõe o conhecimento do recurso e fica desde logo preexcluída se faltar a este qualquer dos requisitos de admissibilidade. Dois outros fatores têm de levar-se em conta: o âmbito do recurso e o caráter absoluto ou relativo da incompetência atribuída ao órgão *a quo.* É manifesto, por exemplo, que, no julgamento de embargos de declaração - cujos fins se restringem aos discriminados na lei - só há cogitar da matéria se porventura o órgão deveria ter-se pronunciado *(ex officio* ou não) sobre ela na decisão embargada, e o embargante persegue justamente o suprimento da omissão. Por outro lado, relativa que seja a alegada incompetência do órgão *a quo,* constituindo a exceção o meio próprio para argui-la (Código de Processo Civil, art. 112), apenas se concebe que o órgão *ad quem* venha a ocupar-se do tema no julgamento de recurso que alguém interponha contra a decisão proferida na exceção. Nenhum recurso diverso ensejará a apreciação da incompetência relativa do órgão *a quo* pelo órgão *ad quem,* seja de ofício, seja a requerimento de outro sujeito do processo. Já a incompetência absoluta do órgão *a quo* pode e deve ser declarada pelo órgão *ad quem,* independentemente de provocação, nos limites em que conheça do recurso.

Também essas observações aplicam-se, com as alterações cabíveis, ao reexame necessário em segundo grau. Assim, por exemplo, o órgão superior só examinará a competência do inferior na medida em que se haja operado a devolução *ex vi legis.*

Em se tratando de ação impugnativa autônoma *(v.g.,* rescisória), a possível incompetência do outro órgão - ou do mesmo, quando lhe incumba o julgamento (cf. *supra,* n. 5 e, aí, nota 5) - só comporta exame enquanto constitua causa de pedir, conforme ocorrerá se o pedido de rescisão se fundar na hipótese do art. 485, n. II, *fine,* do estatuto processual. Fora daí, a matéria escapa ao controle do órgão julgador. Se o autor não invocou esse fundamento, jamais será dado ao órgão julgador, por mais patente que se lhe afigure o defeito, basear na incompetência sua decisão: estaria infringindo abertamente o dever, que lhe impõe o art. 128, de respeitar os limites em que a lide foi deduzida[9].

Escusado acrescentar que, aqui como alhures, a apreciação do mérito (em que se situa, no caso, a questão da competência) fica subordinada à concorrência dos pressupostos processuais e das "condições da ação" - na rescisória, especificamente, dos requisitos de admissibilidade. Antes parece conveniente sublinhar que a matéria de mérito pode abranger *outras* questões, de modo que, se o órgão julgador negar o vício da incompetência, nem por isso rejeitará logo o pedido, encerrando sua atividade cognitiva, mas nela prosseguirá, para examinar os outros eventuais fundamentos alegados pelo autor.

Para o conflito de competência (ou de "jurisdição") valem, *mutatis mutandis,* as considerações acima. O órgão julgador somente se pronunciará sobre a competência na medida em que se houver suscitado o conflito: essa é a medida de sua cognição, no mérito. A sua própria competência para decidir o conflito é que será examinada em caráter preliminar, com os corolários de praxe.

7. Prevalece, obviamente, a exigência da fundamentação expressa, para as hipóteses em que o órgão judicial enfrenta a questão da competência como questão de mérito - quer se cogite do mérito de algum recurso, quer do mérito da causa, quer do mérito do conflito. Nada importa que se resolva a questão num sentido ou noutro: a decisão tem de ser sempre fundamentada. Se, todavia, no julgamento de recurso (ou em reexame necessário), ninguém suscita dúvida sobre a competência do órgão *a quo,* não chegou a haver *questão,* e seria fora de propósito querer que o órgão *ad quem* explicitasse na motivação do acórdão as razões pelas quais entendeu inexistir vício de incompetência na decisão recorrida ou sujeita *ex vi legis* à revisão.

Como é natural, variam os efeitos de acordo com o caso. Tratando-se de recurso, de reexame necessário ou de ação autônoma de impugnação,

9 *Vide* BARBOSA MOREIRA, ob. e v. cit. na nota 6, p. 154, e o Acórdão do Supremo Tribunal Federal de 3-5-1984, na Ação Rescisória n. 1.037, *in Diário da Justiça* de 22-8-1986, p. 14.519.

se o tribunal reconhecer o vício, anulará ou rescindirá a decisão, ordenando que outra seja proferida pelo órgão competente[10]. Se não o reconhecer, passará ao exame da restante matéria submetida à sua cognição; não havendo outra, negará provimento ao recurso, ou confirmará a sentença, ou julgará improcedente o pedido na ação impugnativa autônoma.

Esgotados os recursos porventura cabíveis, ocorrerá mera preclusão, quando a questão da competência houver sido apreciada à maneira de simples questão incidente; ou poderá formar-se coisa julgada, se a decisão sobre a matéria encerrar o processo. Ter-se-á coisa julgada formal, caso não examinado o mérito da causa (ainda que apreciado o *do recurso!):* por exemplo, se o tribunal se houver cingido a anular a sentença por entender incompetente *a Justiça brasileira.* Ter-se-á coisa julgada material, se a questão da competência formar o próprio *meritum causae: v.g.,* na ação rescisória fundada no art. 485, n. II, *fine,* do Código de Processo Civil. Nesse caso, fica excluída nova apreciação da questão inclusive em *outro* processo, sobre a mesma lide ou sobre lide subordinada.

No conflito de competência (ou de "jurisdição"), o tribunal decidirá a qual dos órgãos pertence a competência, podendo ter eventualmente de pronunciar-se sobre a validade do(s) ato(s) praticado(s) pelo reconhecido como incompetente (art. 122, *caput, fine).* Os autos do processo em que se manifestou o conflito serão remetidos ao órgão declarado competente (art. 122, parágrafo único)[11]. A decisão só tem eficácia intraprocessual: se o feito vier a extinguir-se sem julgamento do mérito, e a ação for proposta de novo, nenhum óbice existirá a que se volte a apreciar livremente a questão[12].

Março de 1988.

---

10 Essa é uma das hipóteses em que, por exceção, ao julgamento de procedência no *iudicium rescindens* não se segue, ato contínuo, o *iudicium rescissorium: vide* ainda BARBOSA MOREIRA, ob. e v. cit. na nota 6, p. 205.

11 Para a interpretação do dispositivo, que não é muito claro, consulte-se CELSO AGRÍCOLA BARBI, *Comentários ao Código de Processo Civil,* v. I, 4ª ed., Rio de Janeiro, 1986, p. 507-8.

12 Substancialmente correto, embora menos preciso na terminologia, o Acórdão do Tribunal de Justiça de São Paulo de 11-6-1974, no Conflito de Jurisdição n. 233.222, in ALEXANDRE DE PAULA, *O processo civil à luz da jurisprudência,* v. II, Rio de Janeiro, 1982, n. 3.289, p. 160. Diferente, no particular, o direito italiano, quanto às decisões da *Corte di Cassazione* no *regolamento di competenza: vide* o art. 310, 2ª alínea, do *Codice di procedura civile* (e, na doutrina, sobre os importantes problemas correlatos, BONGIORNO. *Il regolamento di competenza,* Milão, 1970, p. 277 e 5.).

COMENTÁRIOS DOS ATUALIZADORES

A COMPETÊNCIA COMO QUESTÃO PRELIMINAR E COMO QUESTÃO DE MÉRITO

Luiz Paulo da Silva Araújo Filho / Guilherme Jales Sokal

1. O Código de Processo Civil em vigor, como já mencionado nas notas de atualização ao estudo anterior, aboliu a necessidade de arguição da incompetência relativa por meio de exceção formal, ou melhor, deixou de exigir a observância de formalidades especiais para sua alegação,[13] como previam os artigos 112, 304 e 307 *et seq.* do Código de 1973, dispondo agora que a incompetência relativa, da mesma forma que a absoluta, "será alegada como questão preliminar de contestação" (art. 64). Mas permanece o "compasso de espera" para o órgão judicial, pois o art. 65 do CPC prescreve (*ad instar* do art. 114 revogado) que se prorroga a competência relativa "se o réu não alegar a incompetência em preliminar de contestação", sendo vedado ao juiz conhecer de ofício da incompetência relativa (art. 337, § 5º, CPC)[14], ressalvada, contudo, a possibilidade excepcional de o juiz reconhecer, de ofício, "antes da citação" do réu,[15] a ineficácia de cláusula de eleição de foro abusiva, determinando "a remessa dos autos ao juízo do foro de domicílio do réu" (art. 63, §§ 3º e 4º).[16]

---

13 Em teoria, a distinção, não observada pelo Código revogado, entre *exceções* e *objeções* processuais, subsiste. *Vide*, p. ex., ASSIS, Araken de. *Processo civil brasileiro*. 2ª ed. São Paulo: Revista dos Tribunais, 2016. v. I, p. 870; e, referindo-se também às exceções substanciais, DIDIER JR., Fredie. *Curso de direito processual civil*. 17ª ed. Salvador: JusPodivm, 2015. v. 1, p. 633 e s. As remissões não significam, porém, total concordância com o teor das exposições.

14 Nesse sentido, já proclamava o enunciado nº 33 da *Súmula da Jurisprudência Predominante* do Superior Tribunal de Justiça: "A incompetência relativa não pode ser declarada de ofício."

15 Embora com relação apenas à apreciação da ineficácia jurídica da cláusula de eleição do foro, o CPC adotou o entendimento de MONIZ DE ARAGÃO, mencionado no texto original (nota 2), no sentido de que o juiz somente poderia declarar *ex officio* a sua incompetência relativa "ao despachar a petição inicial (não em momento posterior)" (cf. *Comentários ao Código de Processo Civil*: Lei nº 5.869, de 11 de janeiro de 1973. 10ª ed. Rio de Janeiro: Forense, 2004. v. II, p. 168).

16 O parág. único do art. 112 do CPC-73, incluído pela Lei nº 11.280/2006, em norma similar, inspirada no art. 51, IV, do CDC, mencionava nulidade "em contrato de adesão", de forma mais restritiva.

Continua o CPC a enumerar, em segundo lugar, dentre as matérias alegáveis pelo réu antes de discutir o mérito, a "incompetência absoluta" e, atualmente também, a incompetência "relativa" (art. 337, II). Isso não afeta, porém, quase supérfluo mencionar, a crítica e conclusão do Mestre no sentido de que o juiz "somente poderá resolver a questão da inexistência ou da nulidade do ato citatório se não for incompetente". Assim, arguida que seja a incompetência relativa, antes de mais nada, cumpre ao juiz certificar-se de que não ocorre a hipótese do art. 337, nº II.

No que concerne à competência dos tribunais, tratada no ensaio em relevo, cabe registrar que o citado art. 102 corresponde hoje ao art. 54, que não mais se refere a competência "em razão do valor e do território" (art. 102), mas sim a "competência relativa" (art. 54), que abrange, em princípio, exatamente a "competência em razão do valor e do território",[17] como se depreende do art. 63 do próprio estatuto processual em vigor. Destarte, a modificação redacional não influi nas colocações do texto original.[18]

2. Com relação às hipóteses figuradas no item três do estudo, mera modificação legislativa nota-se na letra *a*, na qual ao art. 128 equivale agora, em substância, o art. 141 do CPC.

No que diz respeito, entretanto, ao mandado de segurança (letra *b*), cumpre destacar a "particular mecânica da teoria da encampação" [19] consagrada no verbete nº 628 da *Súmula da Jurisprudência*

---

17 Em princípio porque, embora em menos hipóteses, pode haver competência em razão do valor (ex.: art. 3º, § 3º, da Lei nº 10.259/2001) e do território (exs.: art. 47, § 1º, segunda parte, e § 2º, do CPC; e art. 2º da Lei nº 7.347/1985) *absoluta*. Para bem compreender as agruras por que passa, às vezes, a "competência territorial absoluta" entre nós, por influência italiana, veja-se o estudo "A expressão 'competência funcional' no art. 2º da Lei da Ação Civil Pública" (BARBOSA MOREIRA, José Carlos. In: *Temas de direito processual*: nona série. São Paulo: Saraiva, 2007. p. 353-365).

18 O Regimento Interno do Tribunal de Justiça do Rio de Janeiro agora dispõe sobre o assunto nos artigos 67 e 68.

19 Para uma análise crítica dessa orientação, em especial em relação ao "exercício efetivo da garantia fundamental do contraditório participativo pelo polo passivo do processo", *vide* SOKAL, Guilherme Jales. O STJ e a teoria da encampação no mandado de segurança. In: GALLOTTI, Isabel; DANTAS, Bruno; FREIRE, Alexandre; GAJARDONI, Fernando da Fonseca; MEDINA, José Miguel Garcia (Coord.). *O papel da jurisprudência no STJ*. São Paulo: Revista dos Tribunais, 2014. p. 409-

Predominante do Superior Tribunal de Justiça: "A teoria da encampação é aplicada no mandado de segurança quando presentes, cumulativamente, os seguintes requisitos: a) existência de vínculo hierárquico entre a autoridade que prestou informações e a que ordenou a prática do ato impugnado; b) manifestação a respeito do mérito nas informações prestadas; e c) ausência de modificação de competência estabelecida na Constituição Federal".

Na hipótese *c*, reconhecido o vício da incompetência pelo tribunal estadual e (*ipso facto*) anulada a sentença, com remessa dos autos à Justiça Federal, para que atue o respectivo órgão de primeiro grau, parece não haver mais dúvida, à luz do hodierno art. 64, § 4º, de que apenas a sentença é, em princípio, invalidada.

Na hipótese *d*, convém não apenas salientar que o art. 512 corresponde ao art. 1.008 do CPC atual, bem como mencionar a alteração decorrente do § 5º do art. 968, já que o novo dispositivo prevê, uma vez reconhecida a incompetência do tribunal para julgar a ação rescisória, em vez da extinção do processo, como à luz do CPC/1973, a intimação do autor para emendar a petição inicial, adequando o objeto da ação, "quando a decisão apontada como rescindenda (I) não tiver apreciado o mérito e não se enquadrar na situação prevista no § 2º do art. 966, (II) tiver sido substituída por decisão posterior".[20-21] Contudo,

---

445. Frise-se, *en passant*, que a solução sugerida no mencionado ensaio, à luz do CPC/1973, hoje parece reforçada, *mutatis mutandis*, pela sistemática adotada pelos arts. 338 e 339 do Código em vigor.

---

20 E conclui o § 6º do art. 968: "Na hipótese do § 5º, após a emenda da petição inicial, será permitido ao réu complementar os fundamentos de defesa, e, em seguida, os autos serão remetidos ao tribunal competente."

21 Este inciso II ressumbra antiga deficiência dos tribunais superiores em bem distinguir as hipóteses em que "não conhecem" ou "negam provimento" a recursos, que originou inclusive o enunciado nº 249 da *Súmula* do STF: "É competente o Supremo Tribunal Federal para a ação rescisória, quando, embora não tendo conhecido do recurso extraordinário, ou havendo negado provimento ao agravo, tiver apreciado a questão federal controvertida", mas se *apreciou* a questão controvertida é porque *conheceu* do recurso. A erronia ensejou alguns artigos do Prof. Barbosa Moreira, como: Juízo de admissibilidade e juízo de mérito no julgamento do recurso especial (In: *Temas de direito processual*: quinta série. São Paulo: Saraiva, 1994. p. 131-138); Que significa "não conhecer" de um recurso (In: *Temas*... sexta série, 1997. p. 125-143); Julgamento do recurso especial *ex* art. 105, III, *a*, da Constituição da República: sinais de uma evolução auspiciosa (In: *Temas*... sétima série,

consoante respeitável entendimento, "essa possibilidade de emenda relativa à competência não ocorrerá em qualquer caso, mas somente quando de fato existir a dúvida quanto à competência. É dizer, descabe essa correção e remessa dos autos da AR no caso de erro grosseiro..."[22]

Nessa linha, no que tange ao recurso especial e ao recurso extraordinário, advieram no CPC/2015 os artigos 1.032 e 1.033, dispondo que, no Superior Tribunal de Justiça, se o relator "entender que o recurso especial versa sobre questão constitucional, deverá conceder prazo de 15 (quinze) dias para que o recorrente demonstre a existência de repercussão geral e se manifeste sobre a questão constitucional", encaminhando o recurso ao Supremo Tribunal Federal, acaso cumprida a diligência, "que, em juízo de admissibilidade, poderá devolvê-lo ao Superior Tribunal de Justiça" (art. 1.032 e parág. único). Bem assim: "Se o Supremo Tribunal Federal considerar como reflexa a ofensa à Constituição afirmada no recurso extraordinário, por pressupor a revisão da interpretação de lei federal ou de tratado, remetê-lo-á ao Superior Tribunal de Justiça para julgamento como recurso especial" (art. 1.033).

3. Caso a alegação de incompetência, absoluta ou relativa, seja acolhida, consoante o § 3º do artigo 64 do estatuto processual, "os autos serão remetidos ao juízo competente", como determinavam os artigos 113, § 2º, *fine*, e 311 do CPC/1973.

4. Já avançando para a apreciação da competência como questão *principal* (ou *de mérito*), o item cinco do texto em referência esclarece que, embora de mérito, poderá ocorrer "que haja de ser resolvida antes de outra questão, também integrante do mérito, e nesse sentido não seja impróprio qualificá-la de preliminar *em relação a essa outra*", exemplificando com a prescrição (Código de Processo Civil, art. 269, nº IV; hoje art. 487, nº II), em lição fundamental – diga-se entre parêntesis – para deixar ainda mais claro por que a prescrição, *em relação às outras*

2001. p. 95-105); Questões de técnica de julgamento nos tribunais (In: *Temas...* nona série, 2007. p. 283-297, espec. item 4, p. 290-293).

22 DELLORE, Luiz. In: GAJARDONI, Fernando da Fonseca. *Comentários ao Código de Processo Civil*. 4ª ed. Rio de Janeiro: Forense, 2021. p. 1.395.

questões de mérito, porventura suscitadas, é questão *preliminar*, e não questão prejudicial, como muitas vezes confundido.[23]

5. A distinção feita no item seis sobre o caráter absoluto ou relativo da incompetência atribuída ao órgão *a quo*, merece agora ajuste à nova sistemática do CPC, que, como supramencionado, não mais trata da "exceção de incompetência relativa", à que se referia o art. 112 do Código anterior. Com efeito: já foi visto que o art. 64, *caput*, do CPC/2015 estabelece que a incompetência, absoluta ou relativa, será alegada como questão preliminar de contestação. Nada obstante, é certo que o conhecimento da matéria pelo tribunal exige a interposição de recurso, pois a incompetência relativa não pode ser conhecida *ex officio* (cf. arts. 65 e 337, § 5º, CPC).[24]

Com relação ao recurso, todavia, a modificação do regime pelo CPC atual foi significativa, surgindo dissensão doutrinária e, posteriormente, "solução" genérica em precedente vinculante. O Código, como se sabe, extinguiu o agravo retido e restabeleceu o sistema de enumeração casuística das hipóteses em que é cabível o agravo de instrumento,[25] pelo menos na fase de conhecimento do processo, como se vê no art. 1.015 e parág. único. Fora da lista do mencionado dispositivo, que é taxativo para a maioria dos autores,[26] ou de outros casos expressa-

---

23 *Vide* ainda, em exame completo do tema, o clássico Questões prejudiciais e questões preliminares (In: *Direito processual civil*: ensaios e pareceres. Rio de Janeiro: Borsoi, 1971. p. 73-93).

24 Relembrem-se, porém, as observações feitas em relação aos §§ 3º e 4º do art. 63 do CPC, no item 1, *supra*.

25 Cf. até as reformas do CPC/73, o breve, mas substancial, "escorço histórico" de BARBOSA MOREIRA, José Carlos. *Comentários ao Código de Processo Civil*: Lei nº 5.869, de 11 de janeiro de 1973. 16ª ed. Rio de Janeiro: Forense, 2011. v. V, p. 482 e s.

26 Na lição de Barbosa Moreira sobre a ação rescisória, aplicável aos incisos do art. 1.015, ao nosso ver, são fundamentos "*taxativos*. Não é possível cogitar-se de outras [hipóteses] quaisquer, nem mediante recurso à analogia. Lícita, porém, a interpretação extensiva, que se limita a revelar o verdadeiro alcance da norma, quando a lei *minus dixit quam voluit*..." (*Comentários ao Código de Processo Civil*: Lei nº 5.869, de 11 de janeiro de 1973. 16ª ed. Rio de Janeiro: Forense, 2011. v. V, p. 153 – grifado no original). Nesse sentido, admitindo a interpretação extensiva, mas não a analogia, no que tange ao agravo de instrumento, veja-se, por todos, ALVIM, Arruda. *Manual de direito processual civil*. 19ª ed. São Paulo: Revista dos Tribunais, 2020. p. 1.418, com ampla análise das posições doutrinárias nas páginas 1.405 e s.

mente referidos no próprio CPC[27] ou em lei (art. 1.015, XIII), a decisão interlocutória (art. 203, § 2º) que "não comportar agravo de instrumento", não será coberta pela preclusão e poderá ser suscitada em preliminar de apelação, eventualmente interposta contra a decisão final, ou nas contrarrazões (§§ 1º e 2º do art. 1.009, CPC).[28] Vale dizer, "o sistema abarca o *princípio da irrecorribilidade em separado das interlocutórias* como regra. Não se trata de irrecorribilidade da interlocutória que não se encontra no rol do CPC 1015, mas de *recorribilidade diferida*, exercitável em futura e eventual apelação (razões ou contrarrazões)".[29]

O art. 1.015, no entanto, mereceu críticas de boa parte da doutrina, sob alegação de que hipóteses relevantes, que também mereceriam *pronta* recorribilidade, previstas algumas no Projeto da Câmara dos Deputados,[30] permaneceram excluídas do texto que entrou em vigor. Dentre as decisões que, para muitos, fariam jus ao agravo de instrumento estavam as que versassem sobre competência, relativa ou absoluta, e autorizadas opiniões defenderam a aplicação extensiva do inciso III do artigo 1.015, concernente à "rejeição da alegação de convenção de arbitragem", que seria "decisão que trata de competência".[31] Nada obstante, a ideia não prevaleceu.[32]

---

27 Cf. arts. 354, parág. único, e 1.037, § 13, I.

28 Como ressalva o § 3º do art. 1.009: "O disposto no *caput* deste artigo aplica-se mesmo quando as questões mencionadas no art. 1.015 integrarem capítulo da sentença."

29 NERY JUNIOR, Nelson; NERY, Rosa Maria de Andrade. *Comentários ao Código de Processo Civil*. São Paulo: Revista dos Tribunais, 2015. p. 2.078 – grifado no original).

30 O Projeto da Câmara (PL nº 8.046/2010) previa, de modo bem mais amplo, no art. 1.028, o cabimento do agravo de instrumento "contra decisão interlocutória que [...] X – versar sobre competência" (*v.* BUENO, Cassio Scarpinella. *Projetos de novo Código de Processo Civil comparados e anotados*. São Paulo: Saraiva, 2014. p. 486-487; *Curso sistematizado de direito processual civil*. 8ª ed. São Paulo: Saraiva, 2019. v. 2, p. 617, nota 2).

31 DIDIER JR., Fredie; CUNHA, Leonardo Carneiro da. *Curso de direito processual civil*. 13ª ed. Salvador: JusPodivm, 2016. v. 3, p. 216.

32 Cf., *v. g.*, BUENO, Cassio Scarpinella. *Curso sistematizado de direito processual civil*. 8ª ed. São Paulo: Saraiva, 2019. v. 2, p. 621; NEVES, Daniel Amorim Assumpção. *Novo Código de Processo Civil comentado*. 3ª ed. Salvador: JusPodivm, 2018. p. 1.754 e 1.756; FARIA, Juliana Cordeiro de; NETO, Edgard Audomar Marx; FÉRES, Marcelo Andrade. Agravo de instrumento em perspectiva: reflexões em torno da natureza do rol do art. 1.015 do CPC. In: LUCON, Paulo Henrique

O Superior Tribunal de Justiça sinalizou no sentido da adoção da supracitada interpretação extensiva, referindo-se, aliás, a "interpretação analógica ou extensiva da norma contida no inciso III do art. 1.015 do CPC/2015".[33] Logo depois, todavia, a 2ª Turma decidiu de modo diverso, forte em que "a interpretação do art. 1.015 do Novo CPC deve ser restritiva, para entender que não é possível o alargamento das hipóteses para contemplar situações não previstas taxativamente na lista estabelecida para o cabimento do Agravo de Instrumento", bem como que "não é a melhor interpretação possível a tentativa de equiparação da hipótese contida no inciso III (rejeição da alegação de convenção de arbitragem) à discussão em torno da competência do juízo".[34]

Sobreveio então o julgamento, pela Corte Especial, dos Recursos Especiais nºs 1.696.396/MT e 1.704.520/MT, de relatoria da douta Ministra Nancy Andrighi, afetados ao regime dos recursos repetitivos (art. 1.036 do CPC), tema 988.[35] O STJ, no entanto, ao invés de fixar, caso a caso, as hipóteses que, embora não relacionadas no art. 1.015, mereceriam a admissão do agravo de instrumento, firmou a seguinte tese geral: "O rol do art. 1.015 do CPC é de taxatividade mitigada, por isso admite a interposição de agravo de instrumento quando verificada

---

dos Santos *et al.* (Org.) *Processo civil contemporâneo*: homenagem aos 80 anos do professor Humberto Theodoro Júnior. Rio de Janeiro: Forense, 2018. p. 784-801, espec. p. 799.

---

33 4ª Turma, REsp 1.679.909/RS, Rel. Min. Luis Felipe Salomão, unân., DJe 01/02/2018 (ainda da 4ª Turma, REsp nº 1.711.953/MG, AgInt nos EDcl no REsp 1.731.330/CE e AgInt no AREsp 1.309.300/SP, Rel. Des. Conv. Lázaro Guimarães, DJe 10/08/2018, DJe 27/08/2018 e DJe 27/09/2018). Substanciosa crítica ao primeiro aresto é feita por FARIA, Juliana Cordeiro de; NETO, Edgard Audomar Marx; FÉRES, Marcelo Andrade. Agravo de instrumento em perspectiva: reflexões em torno da natureza do rol do art. 1.015 do CPC. In: *Processo civil contemporâneo*: homenagem aos 80 anos do professor Humberto Theodoro Júnior. (Org.) LUCON, Paulo Henrique dos Santos *et al.* Rio de Janeiro: Forense, 2018. p. 784-801, espec. p. 799 e 800.

34 2ª Turma, REsp 1.700.308/PB, Rel. Min. Herman Benjamin, unân., DJe 23/05/2018. Na mesma linha, também da 2ª Turma, REsp 1.730.436/SP, Rel. Min. Herman Benjamin, unân., DJe 19/11/2018. Entretanto, no REsp 1.707.652/RJ, Rel. Min. Herman Benjamin, DJe 21/11/2018, a 2ª Turma seguiu, sem qualquer justificativa, a orientação contrária e anteriormente criticada da 4ª Turma.

35 A decisão foi por apertada maioria (7x5), DJe 19/12/2018.

a urgência decorrente da inutilidade do julgamento da questão no recurso de apelação."[36]

Conquanto a tese da "taxatividade mitigada", como ficou conhecida, não seja específica e a "inutilidade do julgamento da questão no recurso de apelação", em termos rígidos, seja de ocorrência limitadíssima, como os recursos representativos da controvérsia abrangiam questão de (in)competência, e foi dado provimento parcial aos recursos para que o TJMT "conheça e dê regular prosseguimento ao agravo de instrumento no que se refere à competência", não há dúvida de que o precedente abarca hipóteses relativas ao ponto.[37]

De qualquer forma, a tese jurídica firmada pelo Superior Tribunal de Justiça, como ele mesmo admite, reconhece "que o rol do art. 1.015 do CPC possui uma singular espécie de taxatividade mitigada *por uma cláusula adicional de cabimento*, sem a qual haveria desrespeito às normas fundamentais do próprio CPC e grave prejuízo às partes ou ao próprio processo".[38] Mas será que havia tamanho ultraje ao "modelo constitucional de processo e [às] normas fundamentais previstas no CPC/15" que justificassem a criação pelo Judiciário de "uma cláusula adicional de cabimento" do recurso de agravo de instrumento, em oposição ao sistema implantado pelo Código, quando parece tranquilo que "não houve lapsos por parte do legislador na elaboração do rol do art. 1.015, mas silêncio eloquente..."? [39]

---

36 O amplo voto da eminente Ministra Relatora aborda as três correntes básicas que se formaram diante do art. 1.015, citando abundantes fontes doutrinárias em relação às três: A) O rol do art. 1.015 do CPC é absolutamente taxativo e deve ser interpretado restritivamente; B) O rol do art. 1.015 é taxativo, mas admite interpretações extensivas ou analógicas; C) O rol do art. 1.015 é exemplificativo, admitindo-se o recurso fora das hipóteses de cabimento previstas no dispositivo.

37 Mas a teoria da incidência do inciso III foi expressamente recusada: "não se pode concordar com essa premissa, pois a hipótese tipificada trata de discussão relacionada a abdicação da jurisdição estatal para que a controvérsia seja conhecida pela jurisdição arbitral, situação que é ontologicamente diferente da competência, em que é disciplinada a organização interna da própria jurisdição estatal."

38 Página 48 do voto da ilustre relatora, sem grifo no original.

39 SÁ, Carla Teresa Bonfadini de. Primeiras considerações sobre a disciplina dos recursos de apelação, agravo e embargos de declaração no novo Código de Processo Civil. In: CARNEIRO, Paulo Cezar Pinheiro; GRECO, Leonardo; PINHO, Humberto Dalla Bernardina de (Coord.). *Inovações do Código de Processo Civil de 2015*. Rio de Janeiro: GZ, 2016. p. 381-415, espec. p. 401. A respeito, colhe-se no voto da insigne relatora: "Não há que se falar, destaque-se, em desrespeito

De acordo com abalizada lição de Paulo Cezar Pinheiro Carneiro, parece que não. Após salientar que o legislador conferiu poderes para o tribunal julgar, desde logo, o mérito nas hipóteses de acolhimento de praticamente todas as questões relativas a decisões interlocutórias suscitáveis como preliminares da apelação, se o processo estiver em condições para isso (art. 1.013, § 3º, I a IV e § 4º), examinando a competência destaca: "Aliás, mesmo no caso de nulidades, como pode ocorrer com a questão da incompetência, ainda que absoluta, que não fica preclusa, pode ser solucionada sem maiores prejuízos. O tribunal ainda que entenda, por exemplo, que a competência não era do juízo da vara empresarial, mas, sim, da vara cível, poderá, se o processo estiver em condições para tal (em regra a especialidade do juízo não comprometeu o julgamento), prosseguir no julgamento, sem que esse fato cause qualquer tipo de problema quanto à justiça da decisão ou, se for o caso, remeter o processo para que a apelação seja julgada por eventual câmara ou turma especializada".[40]

Lembre-se que o Código de Processo Civil estabelece que o tribunal, se o processo estiver em condições, "deve decidir desde logo o mérito" até mesmo quando "decretar a nulidade de sentença por falta de fundamentação" (1.013, § 3º, IV), nulidade cominada pela Constituição da República (art. 93, IX).

Seja como for, o precedente existe e deve ser observado (art. 927, III, do CPC), com a ressalva óbvia de ser eventualmente alterada, de futuro, a tese jurídica firmada (§§ 2º a 4º do art. 927).

No que concerne à ação rescisória, como acima referido, hoje o Código cuida da decisão de mérito "proferida por juiz impedido ou por juízo *absolutamente incompetente*" no inciso II do art. 966, e o dever "de respeitar os limites em que a lide foi deduzida" está previsto no art. 141, agora nos seguintes termos: "O juiz decidirá o mérito nos limites propostos pelas partes, sendo-lhe vedado conhecer de questões não suscitadas a cujo respeito a lei exige iniciativa da parte."

---

a consciente escolha político-legislativa de restringir o cabimento do agravo de instrumento, mas, sim, de interpretar o dispositivo em conformidade com a vontade do legislador e que é subjacente à norma jurídica, qual seja, o recurso de agravo de instrumento é sempre cabível para as 'situações que, realmente, não podem aguardar rediscussão futura em eventual recurso de apelação', nos termos do Parecer nº 956 de 2014, de relatoria do Senador Vital do Rego."

40 *O novo processo civil brasileiro*. 2ª ed. Rio de Janeiro: Forense, 2021. p. 97 e 98.

6. Enfim, com relação ao conflito de competência, cabe ressaltar que o Código em vigor praticamente repetiu no art. 957 o texto do anterior (art. 122),[41] embora tenha havido relevante alteração do sistema pela adoção da *translatio iudicii*. Com efeito: não há mais previsão de nulidade dos atos decisórios quando declarada a incompetência absoluta, como dispunha o CPC/1973. Atualmente, em qualquer caso, seja de incompetência relativa ou absoluta, prescreve o § 4º do art. 64 que "salvo decisão judicial em sentido contrário, conservar-se-ão os efeitos de decisão proferida pelo juízo incompetente até que outra seja proferida, se for o caso, pelo juízo competente".

Dessa forma, a interpretação do *caput* do art. 957, ao mencionar que o tribunal, ao decidir o conflito, "declarará qual o juízo competente, *pronunciando-se também sobre a validade dos atos do juízo incompetente*", deve ser feita em consonância com o precitado § 4º do art. 64. Assim, em nossa opinião, parece agora possível concluir – em síntese – que, em princípio, o órgão julgador do tribunal deve ser especialmente contido ao reconhecer eventual invalidade, salvo casos extremos, permitindo ao juiz competente, que tem a função, definida no conflito, de julgar o *meritum causae*,[42] exercer plenamente o poder de proferir, se for o caso, outra decisão (§ 4º do art. 64).

41 O *caput* do art. 957 apenas substituiu as referências a "juiz" do antigo art. 122 por "juízo", mantendo-se idênticos os parágrafos únicos de ambos os dispositivos.

42 Na didática observação de Araken de Assis, "reza o art. 957, *caput*, o tribunal declarará qual o órgão judicante competente. Fundamentalmente, porém, o órgão superior manda que um dos órgãos assuma a competência do(s) processo(s)" (*Processo civil brasileiro*. 2ª ed. São Paulo: Revista dos Tribunais, 2016. v. I, p. 1.228).

SANEAMENTO DO PROCESSO E AUDIÊNCIA PRELIMINAR[1]

PARTE I

APRESENTAÇÃO DO PROBLEMA

1. O procedimento-padrão e sua complexidade. **2.** Considera-ções de política legislativa sugeridas pelo problema. **3.** Deli-mitação do campo deste trabalho.

1. O procedimento-padrão e sua complexidade

A atividade cumprida no processo de conhecimento encontra sua consumação normal na emissão de uma sentença de mérito, em que o órgão jurisdicional formula a norma jurídica concreta tendente a disciplinar a situação litigiosa submetida à sua apreciação. Função essencial do juiz, nesse processo, é a de julgar o litígio, e todos os atos que aí se praticam têm, em última análise, papel *instrumental* com relação a tal julgamento.

A lei costuma traçar itinerários diversos para a persecução de semelhante meta. Na generalidade das legislações processuais existe um procedimento-padrão, que se adotará sempre que nenhuma disposição legal indique outro, e uma série, mais ou menos numerosa, de procedimentos especiais, instituídos segundo critérios variáveis e desenhados em linhas que passam a maior ou a menor distância do modelo básico.

---

1 Relatório para as IX Jornadas do Instituto Ibero-Americano de Direito Processual, realizadas em Madri, em junho de 1985. Publicado na *Revista de* Processo, v. 40, e (em tradução castelhana de VICTOR FAIRÉN GUILLÉN) na *Revista de Derecho Procesal,* v. I e II de 1986.

Sempre em termos genéricos, pode-se acrescentar que o perfil do procedimento-padrão tende a caracterizar-se por certa complexidade, que o torna longo e difícil de realizar em breve tempo e sem considerável dispêndio de energias e de recursos financeiros. Mostra-se compreensível o fenômeno, ao menos na medida em que se queira assegurar aos litigantes determinado rol de garantias sugeridas pela preocupação de criar condições para que o processo, quanto possível, conduza a resultado justo. É indispensável que cada uma das partes tenha ampla oportunidade de expor suas pretensões e os argumentos que, a seu ver, as sustentam, assim como de discutir as pretensões e os argumentos do adversário; é também indispensável, as mais das vezes, que se proceda à colheita de provas, a cuja luz possa o juiz formar convicção sólida acerca da veracidade das alegações, em regra contrapostas, dos litigantes. É grande o número de incidentes que podem concorrer para complicar e retardar a marcha do processo: *v.g.*, a intervenção de terceiro, a dificuldade de localizar pessoa cujo comparecimento seja imprescindível, a necessidade de resolver dúvida suscitada sobre a competência do órgão judicial, a eventual irregularidade na prática de algum ato, que precise por isso ser repetido, e assim por diante. Ainda onde o processo não sofra a disfunção crônica que o onera em tantos países – e não só no mundo ibero-americano –, parece temerário imaginar que se consiga um dia reduzir de maneira drástica a duração e o custo do procedimento-padrão, em sua versão completa, com todas as garantias que hoje se prezam, e com o relativo formalismo que delas constitui, pelo menos em parte, ineliminável consectário.

2. Considerações de política legislativa sugeridas pelo problema

A consciência de tal realidade sugere uma reflexão. Se o procedimento-padrão, em certa medida, é inevitavelmente complexo, demorado e dispendioso, nem sempre valerá a pena compelir os pleitos que devem observá-lo a percorrer por inteiro o itinerário característico. A tramitação completa segundo o esquema legal só se justifica quando seja *útil* e *necessária:* útil, por não se afigurar provável que algo venha a impedir o julgamento do mérito; necessária, por não se poder dispor, sem a complementação do trajeto, da totalidade dos elementos de que precisa o juiz para proferir semelhante decisão.

São hipóteses típicas de inutilidade do prosseguimento do processo as de falta insuprível de pressuposto de validade deste, ou de condição legal de admissibilidade da ação. Típicos de *desnecessidade* do prosseguimento são os casos em que, mesmo sem a colheita de *qualquer* prova *(v.g.,* os fatos são incontroversos, e a decisão da causa depende exclusivamente da solução de puras *quaestiones iuris),* ou sem a colheita de *algumas* provas, que reclamariam diligências mais demoradas *(v.g.,* exame pericial, depoimentos das partes ou de testemunhas), já se pode chegar a juízo seguro acerca dos fatos relevantes. Também se mostra desnecessário o prosseguimento, quando se põe fim ao litígio por ato unilateral (renúncia à pretensão, reconhecimento do pedido) ou bilateral (transação) de autocomposição, praticado espontaneamente ou resultante de tentativa de conciliação feita pelo órgão judicial.

Configurada a inutilidade ou a desnecessidade do prosseguimento, o processo deve obviamente ter abreviado seu curso: na primeira hipótese, para extinguir-se sem apreciação do mérito; na segunda, para desde logo ser proferida a sentença definitiva. Por outro lado, sendo útil e necessário o prosseguimento, importa cuidar em que ele se dê sob as condições mais favoráveis ao êxito da atividade processual. Tanto quanto possível, deve prevenir-se o risco de que ela venha a frustrar-se em razão do acolhimento de preliminares, ou simplesmente complicar-se e prolongar-se além da justa medida por causa de incidentes. Parece preferível que, na derradeira etapa de sua atividade cognitiva, o juiz se encontre liberado de dificuldades desse gênero e apto a concentrar sua atenção, por inteiro, no exame da lide. É de desejar, ademais, que esta se ache claramente definida em seus contornos, sem que subsista dúvida alguma sobre o teor do(s) pedido(s) e da(s) causa(s) de pedir, vale dizer: sobre os lindes nos quais, normalmente, se terá de conter a decisão. Importa, enfim, que a instrução remanescente abranja todas as provas necessárias, e somente estas, em ordem a conseguir-se o máximo de proveito com o mínimo de esforço – o que postula, intuitivamente, a prévia determinação das diligências que, em princípio, se hão de realizar, do objeto preciso de cada qual, e assim por diante.

3. Delimitação do campo deste trabalho

A problemática exposta nas páginas anteriores tem naturalmente acudido à imaginação dos legisladores processuais. É compreensível que, assim como variam as estruturas básicas do procedimento, variem também as soluções experimentadas. De resto, as influências são recíprocas, pois as preocupações acima indicadas soem desaguar na adoção de providências que imprimem nos esquemas procedimentais marcas às vezes profundas.

Seria vã a pretensão de intentar aqui o inventário exaustivo das fórmulas empregadas nos ordenamentos processuais de todos os tempos e lugares. Exequível que fosse, decerto acabaria semelhante pesquisa por produzir resultados pouco compensadores. Muitas experiências de que se tem notícia, por maior interesse que possam revestir para o historiador do direito, revelam-se de tal maneira ligadas a peculiaridades, não reproduzíveis alhures, da estrutura política, da organização judiciária, da própria concepção vigente a respeito da função jurisdicional, que dificilmente se achariam boas razões para dedicar-lhes, *hic et nunc,* atenção maior do que a que merecem as peças, admiráveis embora, de um museu. Considerações análogas cabem, ao menos em parte, com referência a figuras e institutos nascidos e desenvolvidos em sistemas processuais muito diferentes dos nossos: as semelhanças que se possam detectar, quando não se resolvam em meros frutos de uma ilusão de óptica, terminam por mostrar-se, a mais cuidadosa análise, algo superficiais, mal ocultando a substancial diversidade da inspiração que palpita por sob revestimentos formais parecidos. Vamos cingir-nos, por isso, a examinar alguns modelos "domésticos", identificados na experiência jurídica de ordenamentos pertencentes à chamada "família romano-germânica", a que se filia a generalidade dos sistemas processuais ibero-americanos.

PARTE II

POSSIBILIDADES DE SOLUÇÃO

1. Dois modos de tratar o problema: o método "Concentrado" e o método "difuso". **2.** O método "difuso". **3.** O método "concentrado"; generalidades. **4.** As técnicas do método "concentrado": escrita e oral.

1. Dois modos de tratar o problema: o método "concentrado" e o método "difuso"

Dentro do campo acima delimitado, entendemos cabível estabelecer de início distinção fundamental entre dois modos de tratar o problema: um modo "concentrado" e um modo "difuso". A diferença essencial entre um e outro reside no fato de que o tratamento "concentrado" destaca um momento (ou uma fase) do procedimento para a prática de atos relativos aos vários tópicos oportunamente mencionados (solução de preliminares, esclarecimento de pontos obscuros, determinação de provas a ser ainda produzidas etc.), às vezes com a eventualidade alternativa de julgar-se desde logo o *meritum causae;* enquanto o tratamento "difuso" se abstém de proceder a semelhante destaque, preferindo deixar que a atividade a que estamos aludindo se exerça de maneira descontínua, para não dizer "diluída", ao longo do *iter* processual, sem prejuízo, é claro, da fixação de oportunidades específicas para a apreciação de determinadas matérias.

A oposição entre os dois métodos não deve ser superestimada. Como bem se compreende, os critérios do legislador não costumam apresentar rigidez absoluta: assim, num ordenamento que opte pelo sistema "concentrado", não ficará de todo excluída, em geral, a possibilidade de que se pratiquem atos do gênero de que estamos cogitando, eventualmente, fora do momento (ou da fase) que em princípio se reserva para tal fim. Feita essa ressalva, parece-nos legítimo e útil insistir na distinção, relevante por mais de um aspecto.

2. O método "difuso"

O método a que chamamos "difuso" predomina na maioria dos ordenamentos processuais ibero-americanos. As leis sem dúvida regulam o cumprimento de certas atividades preparatórias, indicando o momento ou a fase do *iter* processual em que hão de realizar-se. Técnica muito difundida nos países de linhagem hispânica é, por exemplo, a de agrupar algumas questões preliminares sob a denominação de "exceções" (às vezes qualificadas de "prévias"), que devem ser apreciadas, em regra, mediante decisão específica[2]. As matérias examinadas com maior frequência por tal meio dizem respeito ao órgão judicial (falta de jurisdição ou de competência), às partes (falta de capacidade ou de representação), ao descumprimento de pré-requisitos ou a defeitos formais da demanda. Mas não é raro que também se possam suscitar pela mesma via alegações como a de coisa julgada, de transação, de compromisso, de prescrição e outras que, na hipótese de acolhimento, dão lugar à extinção do processo. O julgamento das exceções pode implicar a realização de audiência, notadamente quando o reclame a necessidade de colher prova: assim, *v.g.*, no sistema do código nacional argentino (art. 351).

Pode observar-se igualmente a existência de um ato específico em que o juiz determina as provas que se hão de produzir. Sirvam de exemplo o art. 404 do código colombiano e o art. 381 do boliviano. Interessante registrar que, neste, há outro ato específico, anterior, em que o órgão judicial fixa os pontos de fato que constituirão objeto da prova (art. 371).

Quanto à conciliação das partes, as leis que atribuem ao juiz, em termos expressos, o poder ou o dever de tentar promovê-la não tratam, em geral, de designar para tal finalidade um ponto determinado do itinerário processual. O Código chileno, *v.g.*, autoriza a tentativa, de modo explícito, *"en cualquier estado de la causa"* (art. 262). Disposições semelhantes deparam-se no Código guatemalteco (art. 67, 1ª alínea), no paraguaio (art. 65), no venezuelano (art. 198, 1ª alínea) e noutros. Em síntese, pode afirmar-se que é estranha à maior parte dos sistemas ibero-americanos a ideia de *concentrar* num momento ou numa fase do procedimento as providências relacionadas com os vários tópicos a

---

2 *V.g.:* Argentina: CPCCN, arts. 346 e s.; Bolívia: CPC arts. 336 e s.; Chile, CPC, arts. 303 e s.; Colômbia, CPC, arts. 97 e s.; Guatemala: CPCM, arts. 116, 120, 121; Paraguai: CPMCC, arts. 84 e s.; Peru: CPC, arts. 312 e s.; Uruguai: CPC, arts. 244 e s., 590 e s.; Venezuela: CPC, arts. 248 e s. (o projeto venezuelano de 1975, redigido por uma comissão de que fizeram parte ARÍSTIDES RENGEL ROMBERG, LEOPOLDO MÁRQUEZ ÁÑEZ, JOSÉ ANDRÉS FUENMAYOR e Luís MAURI C., constitui, nos arts. 346 e s., louvável tentativa de elevar o emprego desse método a mais alto nível sistemático). Também o direito brasileiro, sem prejuízo do que se vai expor oportunamente (*infra*, n. 5), conhece a figura das "exceções", com suspensão do processo e julgamento em decisão específica: CPC, arts. 304 e s.

que se fez alusão. Falta, em outras palavras, uma concepção *unitária* de semelhantes providências, que se reflita na consagração de mecanismo destinado a assegurar-lhes atuação *conjunta e articulada.*

3. O método "concentrado": generalidades

A existência de semelhante mecanismo caracteriza, ao contrário, outros ordenamentos. A certa altura do *iter* processual, obrigatoriamente se realiza, por assim dizer, um *balanço* do processo, no que tange à expectativa de sua consumação normal e eficaz. Esse balanço tem uma dimensão retrospectiva e outra prospectiva. Avalia-se, de um lado, a atividade até aí realizada, tal como o foi, para verificar se apresenta irregularidades e deficiências suscetíveis de comprometer o êxito do empreendimento. De tal avaliação pode resultar a identificação de falhas sanáveis, a cujo respeito, então, se tomarão as adequadas medidas corretivas, ou de defeitos insanáveis, com a consequência de trancar-se o curso do processo, reconhecido como incapaz de produzir bons frutos. De outro lado, uma vez admitida a aptidão do processo para chegar a resultado profícuo, cuida-se de assegurar-lhe as melhores condições de desenvolvimento, eliminando-se, na medida do possível, os fatores de perturbação. Consoante já se referiu, pode até acontecer que, estando presentes todos os elementos necessários, desde logo se encontre o juiz habilitado ao julgamento do mérito, com observância de formalidades suplementares ou independentemente delas.

4. As técnicas do método "concentrado": escrita e oral

Duas técnicas têm sido empregadas na aplicação do método "concentrado". Para atingir os fins a que se visa, pode a lei prever um ato (ou uma série de atos) praticado(s) por escrito; ou pode ordenar a realização de uma audiência especial. A primeira técnica acha expressão vigorosa – sem prejuízo do que se vai expor no item subsequente sobre a evolução do direito português – no modelo normativo luso-brasileiro, conhecido principalmente pelo *nomen iuris* "despacho saneador", com que a tradição já larga, e em certa medida indiferente a objeções de índole terminológica, designa uma das figuras de pronunciamentos judiciais passíveis de emissão nesse contexto. A outra, que tem na *"erste Tagsatzung"* do direito austríaco sua mais conhecida versão, acaba de ver-se assimilada pelo ordenamento espanhol. Tracemos em linhas esquemáticas o perfil de cada um desses institutos.

PARTE III

EXAME DE ALGUNS MODELOS CONCRETOS:

a) Técnica escrita

1. Direito português. **2.** Direito brasileiro. **3.** Confronto entre os dois ordenamentos. **4.** O projeto paraguaio.

1. Direito português

Em Portugal, o Decreto n. 3, de 29-5-1907, consagrou, no chamado "processo sumário", um ato judicial destinado essencialmente à apreciação de nulidades, após o encerramento da fase postulatória, e ao qual doutrina e jurisprudência atribuíram a denominação de "despacho regulador"[3]. Aí está o germe de longa evolução, que se caracteriza, de um lado, pela progressiva dilatação do *objeto* do ato e, de outro lado, pela ampliação do respectivo *âmbito de incidência,* estendido que foi, nos anos subsequentes, ao processo de despejo, e depois incorporado à reforma geral do processo civil, promovida por meio de sucessivos decretos, a partir do de n. 12.353, de 22-9-1926[4].

---

3 Assim rezava, na parte que interessa, o texto do art. 9º do Decreto n. 3: "Em seguida à última resposta das partes ou à última nomeação e impugnação dos peritos, e dentro de cinco dias, o juiz proferirá despacho para os fins seguintes: 1º Conhecer de quaisquer nulidades insupríveis e das supríveis que as partes hajam devidamente arguido; mas neste caso só anulará o processado ou mandará suprir a irregularidade, quando a nulidade puder influir no exame da decisão da causa".

4 Esse diploma assim contemplava a matéria no art. 24: "Findos os articulados, o processo será concluso imediatamente ao juiz, que dentro de quinze dias proferirá despacho para os fins seguintes: 1º) Conhecer de quaisquer nulidades insupríveis e das supríveis que tenham sido arguidas; 2º) Apreciar se as partes têm legitimidade para a causa e se estão devidamente representadas em juízo; 3º) Resolver quaisquer questões que possam obstar à apreciação do mérito da causa, quer as partes as tenham levantado, quer entenda dever supri-las *ex officio,* de forma que não se inicie a produção das provas senão quando haja segurança de que se conhecerá do objeto da ação". Novo alargamento do objeto do ato resultou do Decreto n. 18.552, de 3-7-1930, que permitiu ao juiz resolver, na mesma oportunidade, todas as outras questões para cuja decisão o processo lhe fornecesse os elementos necessários. Tal disposição passou ao art. 102 do Decreto n. 21.287, de 26-5-1932.

Daí em diante é que se passou a usar a locução "despacho saneador"[5].

Até certa época, a significação do ato em geral se esgotava na alternativa de preparar o processo para o julgamento do mérito ou encerrá-lo sem este. Mais um passo à frente se deu com o Código de Processo Civil português de 1939, cujo art. 514, 3º, tornou possível a apreciação do próprio pedido, na ocasião do despacho saneador, se não houvesse necessidade de outros elementos além dos já constantes dos autos[6].

Essa mesma lei sancionou, por outro lado, importante inovação: em dois casos – no de haver sido deduzida alguma exceção, salvo a de nulidade do processo, e no de entender o juiz que o estado da causa o habilita a julgar o mérito –, passou o despacho saneador a ser precedido de uma "audiência preparatória", na qual, de início, toca ao órgão judicial tentar conciliar as partes, se disponível a relação jurídica litigiosa; frustrada a tentativa, ou não cabendo, abre-se aos litigantes a oportunidade de discutir as questões que se hão de resolver naquele pronunciamento[7].

---

5 Escrevia JOSÉ ALBERTO DOS REIS. *Breve estudo sobre a reforma do processo civil e comercial,* 2ª ed., Coimbra, 1929, p. 150, a propósito do Decreto n. 12.353: "O despacho do art. 24º não é 'um despacho meramente *regulador* do processo: melhor lhe cabe, a nosso ver, a designação de despacho *saneador* ou *expurgador,* visto destinar-se a limpar o processo das questões que podem obstar ao conhecimento do *mérito* da causa" (grifos do original). Prevaleceu, como é notório, a primeira das denominações sugeridas.

6 Eis o texto do art. 514º: "Concluída a discussão, dentro de dez dias será proferido despacho para os fins seguintes: 1º Conhecer, pela ordem designada no art. 293º, das exceções que podem conduzir à absolvição da instância, assim como das nulidades, ainda que não tenham por efeito anular todo o processo; 2º Decidir se procede alguma exceção peremptória; 3º Conhecer do pedido, se a questão de mérito for unicamente de direito e puder ser decidida neste momento com perfeita segurança, ou se, sendo a questão de direito e de fato, ou só de fato, o processo contiver todos os elementos necessários para uma decisão conscienciosa". Alguns aspectos relacionados com o mérito, convém notar, já eram objeto de exame, desde o Decreto n. 18.552, e mesmo antes, por construção jurisprudencial: *vide* JOSÉ ALBERTO DOS REIS, ob. cit., p. 180-2.

7 Arts. 512º e 513º. Segundo informa JOSÉ ALBERTO DOS REIS, *Código de Processo Civil anotado,* v. III. Coimbra, 1950, p. 167, a instituição da audiência preparatória decorreu de proposta apresentada à Comissão Revisora do projeto por BARBOSA DE MAGALHÃES.

De 1939 em diante, e até os nossos dias[8], o ordenamento português adota na verdade uma técnica *mista,* em que se combinam o modelo da audiência e o do ato escrito, conferida à primeira a função de ensejar o debate da matéria a ser apreciada neste, e com isso, presumivelmente, proporcionar ao juiz melhores condições para decidir de modo correto.

2. Direito brasileiro

A influência das reformas portuguesas fez sentir-se no Brasil ainda sob o domínio da primeira Constituição republicana (de 1891), que estatuía dupla competência para legislar sobre direito processual: da União, quanto à Justiça Federal; dos Estados-membros, quanto às suas próprias Justiças. Em 1928, com efeito, elaborou-se no Estado de Mato Grosso um projeto de Código, que contemplava um despacho saneador à feição do art. 24 do citado Decreto n. 12.353, mas não chegou a converter-se em lei. Outra tentativa frustrada de introduzir o instituto no direito brasileiro, sob a designação de "despacho ordenador", ocorreu em 1934, com anteprojeto relativo à Justiça Federal[9].

Veio ele a ser consagrado, afinal, embora sem denominação específica, no Decreto-lei n. 960, de 17-12-1938, que regulou o processo de cobrança judicial dos créditos do Fisco, e passa por ser a primeira lei brasileira que se esforçou por aplicar os princípios – então apregoados pela doutrina – da oralidade, da concentração e outros correlatos. Aí se previa, inclusive, a possibilidade do julgamento imediato do mérito, se o réu houvesse permanecido revelou (o que substancialmente dava na mesma) tivesse oferecido a defesa fora do prazo[10]. A disciplina da maté-

8 No particular, a sistemática do Código de 1939 foi mantida, em substância, pela reforma de 1961: arts. 508º (que, porém, tornou facultativa a audiência, a critério do juiz, na hipótese de ter sido arguida exceção, limitando-lhe a obrigatoriedade à de entender-se possível o imediato julgamento, total ou parcial, do mérito) e 509º. As reformas subsequentes não alteraram a disciplina da matéria.

9 O projeto mato-grossense era da autoria de FERREIRA DE VASCONCELOS: o anteprojeto de 1934, de PEREIRA BRAGA e PHILADELPHO AZEVEDO. Parecem arbitrárias as sugestões de fazer remontar a supostos antecedentes mais remotos a história do despacho saneador no Brasil.

10 Assim dispunha o art. 19, *caput,* do Decreto-lei n. 960: "Com a defesa e a impugnação, se houver, o escrivão fará os autos conclusos ao juiz, o qual, ordenando

ria mostrava-se avançada até em confronto com a da legislação portuguesa, que nesse momento ainda não acolhera a possibilidade do exame do pedido no despacho saneador. O Decreto-lei n. 960 atribuía ao ato funções atinentes à regulação do processo, à instrução e, em certa medida, conforme se viu, função decisória.

Os trabalhos de reforma do processo civil, tendentes à decretação de um código unitário para todo o país, assinalaram curioso retrocesso no particular. Conquanto publicado após a entrada em vigor do Decreto-lei n. 960, o anteprojeto do Código nacional comprimia o despacho saneador em molde bem mais acanhado, destinando-o somente a providências reguladoras do processo, bem como, se possível, à designação da audiência final e, sendo o caso, à nomeação de perito[11]. E o Código de Processo Civil de 1939, embora desse ao ato mais amplos contornos[12],

o processo, e depois de verificar se as partes são legítimas e estão legalmente representadas, proferirá despacho, dentro de dez dias, para: I. Mandar suprir as irregularidades ou nulidades, dentre estas decretando as que forem insanáveis; II. Decidir qualquer matéria estranha ao mérito da causa, mas cujo conhecimento ponha termo ao processo; III. Ordenar, de ofício ou a requerimento das partes, os exames, vistorias, diligências e outras provas indispensáveis à instrução da causa; IV. Conhecer do mérito da causa se o réu for revel ou a defesa tiver sido apresentada fora dó prazo legal". E acrescentava o art. 20: "Ao proferir o despacho a que se refere o artigo anterior, o juiz poderá, cominando pena de desobediência: I. Ordenar o comparecimento pessoal do réu, testemunhas e peritos à audiência de instrução e julgamento; II. Ordenar a produção ou o exame de documentos que se achem em poder do réu ou de terceiros; III. Requisitar quaisquer esclarecimentos ou informações a repartições públicas ou a particulares".

11 Transcrevem-se aqui os arts. 364 e 365 do anteprojeto, cujo autor foi PEDRO BATISTA MARTINS: "Art. 364. Contestada a ação, ou impugnada a reconvenção ou a defesa, no caso previsto no artigo anterior, o escrivão, nas 24 horas seguintes, fará os autos conclusos, para que o juiz, no prazo de 5 dias, profira o despacho saneador, mandando, em prazo razoável, integrar a representação dos incapazes e corrigir a petição inicial, quando inepta, suprindo todas as nulidades arguidas ou pronunciando as insanáveis. Art. 365. Saneado o processo, os autos voltarão conclusos ao juiz, que designará dia e hora para a audiência, na qual serão produzidas as provas, processados os debates orais e proferido o julgamento, de acordo com o disposto nos arts. 267 a 270, § 1º A designação de que trata este artigo será feita no próprio despacho saneador, quando o processo estiver em termos. § 2º No caso do § 1º, o juiz, no próprio despacho, saneador, nomeará perito, se as controvérsias tiverem versado sobre questões que dependam de conhecimentos técnicos especializados".

12 Tratavam da matéria os arts. 293 a 296, que, na redação definitiva (com as alterações dos Decs.-leis n. 4.565, de 11-8-1942, e 8.570, de 8-1-1946, no art. 294),

tampouco chegou a consagrar em termos expressos a possibilidade do julgamento do pedido por ocasião do despacho saneador, ainda que parte da doutrina, a despeito do silêncio do texto, a sustentasse, com argumentos sobretudo de ordem prática[13]. Ficou assim de novo a legislação brasileira em atraso com relação à portuguesa, que no mesmo ano, conforme se registrou, completava o seu ciclo evolutivo naquele sentido.

A situação modificou-se com o advento do novo Código de Processo Civil, de 1973, que deu à matéria tratamento diverso. No procedimento ordinário, a regulação do processo passou a fazer-se, após o encerramento da fase postulatória, por meio das chamadas "providências preliminares", das quais os tipos mais frequentes consistem na abertura de oportunidade para que fale o autor (para espe-

assim estatuíam: "Art. 293. Decorrido o prazo para contestação, ou reconvenção, se houver, serão os autos conclusos, para que o juiz profira o despacho saneador dentro de dez dias. Art. 294. No despacho saneador, o juiz: I. decidirá sobre a legitimidade das partes e de sua representação, ordenando, quando for o caso, a citação dos litisconsortes necessários e do órgão do Ministério Público; II. mandará ouvir o autor, dentro em três dias, permitindo-lhe que junte prova contrária, quando na contestação. reconhecido o fato em que se fundou, outro se lhe opuser, extintivo do pedido; III. examinará se concorre o requisito do legítimo interesse econômico ou moral; IV. pronunciará as nulidades insanáveis, ou mandará suprir as sanáveis, bem como as irregularidades; V. determinará, *ex officio* ou a requerimento das partes, exames, vistorias e outras quaisquer diligências, na forma do art. 295, ordenando que os interessados se louvem dentro de 24 horas em peritos; caso já não hajam feito, indicando o terceiro desempatador, como prescreve o art. 129. Parágrafo único. As providências referidas nos n. I e II serão determinadas nos três primeiros dias do prazo a que se refere o artigo anterior. Art. 295. Para o suprimento de nulidades ou irregularidades e a realização de diligências, o juiz marcará prazos não superiores a quinze ou trinta dias, conforme a realização do ato seja dentro ou fora da jurisdição. Findos os prazos, serão os autos conclusos para que o juiz, dentro de 48 horas, proceda na forma dos n. I e II do artigo seguinte. Art. 296. Não sendo necessária nenhuma das providências indicadas no art. 294, o juiz, no próprio despacho saneador: I. designará audiência de instrução e julgamento para um dos quinze dias seguintes; II. ordenará, quando necessário, o comparecimento à audiência, das partes, testemunhas e perito". Para o estudo do ato no sistema do Código de 1939 é fundamental a monografia de GALENO LACERDA, *Despacho saneador*, Porto Alegre, 1953.

13 *Vide*, em CELSO AGRÍCOLA BARBI, *Despacho saneador e julgamento do mérito*, Belo Horizonte, 1969, ampla resenha das manifestações favoráveis e desfavoráveis. Como assinalava o autor, integrado na primeira corrente, predominou a segunda, inclusive na jurisprudência.

cificar as provas que pretende produzir na audiência: art. 324; para requerer incidentemente a declaração de relação jurídica prejudicial: art. 325; para dizer sobre a alegação de fato impeditivo, modificativo ou extintivo: art. 326; ou para rebater preliminar arguida na contestação: art. 327, *princípio)* e na determinação a qualquer das partes de suprir irregularidades ou nulidades sanáveis (art. 327, *fine)*. Cumpridas (ou desnecessárias) que sejam tais providências, profere o juiz "julgamento conforme o estado do processo", denominação genérica que cobre três possíveis modalidades: *a)* a extinção do feito *sem* julgamento do mérito, se ocorrer alguma das hipóteses do art. 267 *(v.g.,* se se verificar a ausência de qualquer dos "pressupostos de constituição e de desenvolvimento válido e regular do processo" ou de qualquer das "condições da ação, como a possibilidade jurídica, a legitimidade das partes e o interesse processual"); *b)* a extinção do feito *com* julgamento do mérito, nos casos do art. 269, n. II a V (os quais, a rigor, são de autocomposição da lide, por ato unilateral ou bilateral das partes, salvo o do n. IV, que concerne ao reconhecimento da decadência ou de prescrição), e bem assim quando, por não haver (ou já não haver) dúvida sobre questão de fato, que exija a produção de prova em audiência, possa o órgão judicial, desde logo, apreciar o pedido - o que, em regra, acontece na hipótese de revelia, visto o seu efeito característico de fazer reputar verdadeiros os fatos afirmados pelo autor (art. 319); *c)* a declaração de estar saneado o processo, por ato em que o juiz decide sobre a realização de exame pericial, designa a audiência de instrução e julgamento e determina as provas que nela se produzirão[14]. No último caso é que se continua a falar de "despacho saneador".

3. Confronto entre os dois ordenamentos

Rápido confronto entre a legislação portuguesa e a brasileira, no estado atual, põe de manifesto semelhanças e diferenças. Entre estas, avultam as seguintes: quanto à forma, em Portugal, o ato escrito *pode* (e, sob certas circunstâncias, *deve)* ser precedido de uma audiência, ao passo que no Brasil tudo se faz por escrito, inclusive as providências preparatórias (ou, como diz o texto, "preliminares"), quando cabíveis;

14 Reza o art. 329, sob a rubrica "Da extinção do processo": "Ocorrendo qualquer das hipóteses previstas nos arts. 267 e 269, n. II a V, o juiz declarará extinto o

no tocante ao objeto, o despacho saneador português, na hipótese de prosseguir o feito, incluirá a especificação, pelo juiz, dos fatos já assentes e a quesitação dos controvertidos, que devam constituir objeto de prova (art. 511º, n. 1), providência estranha ao ordenamento brasileiro, no qual, em compensação, já no despacho saneador, em princípio, se determinam as provas a ser produzidas e se designa a audiência de instrução e julgamento (art. 331). A leitura dos textos faz supor outra disparidade referente ao objeto, na medida em que o Código português alude ao conhecimento de "exceções" (art. 514º, n. 1, letras *a* e *b)*, que no processo brasileiro não são julgadas nessa oportunidade; mas a desarmonia é só aparente, porque as alegações suscitáveis em Portugal pela via da exceção (arts. 494º e 496º) se incluem entre as matérias sujeitas no Brasil à apreciação no "julgamento conforme o estado do processo", com ressalva da incompetência relativa, que em *ambos* os países é examinada noutro ensejo; ao passo que as restantes "exceções" do direito brasileiro (impedimento e suspeição) não são contempladas como tais no Código português, nem decididas, em qualquer dos dois sistemas, na ocasião de que se está tratando.

As semelhanças são mais significativas, mormente do ponto de vista funcional. Tanto em Portugal como no Brasil, com efeito, a lei atribui ao ato, com toda a clareza, funções de regulação do processo e de preparação do julgamento final, em alternativa com a eventual função decisória atinente ao mérito, sob pressupostos substancialmente iguais. Ressalve-se o caso da revelia, que no direito português se submete a outro regime (arts. 483º e 484º) e com a qual não se relaciona nele o despacho saneador.

processo". O art. 330, sob a rubrica "Do julgamento antecipado da lide", dispõe: "O juiz conhecerá diretamente do pedido, proferindo sentença: I - quando a questão de mérito for unicamente de direito, ou, sendo de direito e de fato, não houver necessidade de produzir prova em audiência; II - quando ocorrer a revelia (art. 319)". Finalmente, sob a rubrica "Do saneamento do processo", diz o art. 331: "Se não se verificar nenhuma das hipóteses previstas nas seções precedentes, o juiz, ao declarar saneado o processo: I - decidirá sobre a realização de exame pericial, nomeando o perito e facultando às partes a indicação dos respectivos assistentes técnicos; II - designará a audiência de instrução e julgamento, deferindo as provas que nela hão de produzir-se". Sobre o assunto, além dos comentários ao Código e das obras de exposição sistemática, *vide* a monografia de ROGÉRIO LAURIA TUCCI, *Do julgamento conforme o estado do processo*, 2ª ed., São Paulo, 1982.

4. O projeto paraguaio

Na "Exposição de Motivos" do projeto paraguaio de *Código Procesal Civil,* elaborado pela *Comisión Nacional de Codificación* e apresentado em 1973, encontra-se referência, na parte em que se apontam as inovações consagradas nos diversos livros, ao "despacho saneador" do direito português e brasileiro, "de tão fecundos resultados", que se estaria introduzindo, embora sob diversa forma, por meio da disposição do art. 16, n. 6º, letra *b*[15]. Em verdade, a inovação a que se alude tinha alcance bem mais modesto. O art. 16 do projeto enumera os deveres dos juízes, e o 6º inciso cuida dos relativos à direção do processo; entre estes, a letra *b* incluía a de *"señalar, antes de dar trámite a cualquier petición, los defectos u omisiones de que adolezca, ordenando que se subsanen dentro del plazo que fije, y disponer de oficio toda diligencia que fuere necesaria para evitar nulidades".* Tratava-se, como é fácil perceber, de atribuir ao órgão judicial um poder-dever *genérico* de saneamento, a ser exercitado ao longo do processo. Não se caracterizaria um ato específico, a ser praticado em determinado ponto do *iter* processual, conforme acontece com o modelo invocado. Também o objeto se mostrava mais limitado, relacionando-se unicamente com a regulação formal do processo. De resto, o texto projetado reproduzia *ipsis litteris* o art. 34, n. 5º, letra *b,* do Código nacional argentino de 1967, o que torna puramente ornamental a invocação dos antecedentes luso-brasileiros.

Um traço poderia aproximar os institutos: a iniciativa oficial na correção de irregularidades. A esse ponto, aliás, referia-se a "Exposição de Motivos", frisando a vantagem de permitir-se que o juiz *"no se vea obligado a mantener una actitud pasiva cuando advierta defectos que desembocarán en nulidades* – con *pérdida de tiempo, energía* y *a alto costo las más de las veces* –; *lo que comunmente constituye el arma predilecta de los litigantes maliciosos"*[16]. Pois justamente tal característica é que dificultou a aceitação do alvitre. Uma das objeções feitas pelo Congresso ao projeto foi a de que conferia poderes excessivos aos juízes. A Comissão, que está encarregada de revê-lo, suprimiu o dispositivo[17].

---

15 *Proyecto de Código Procesal Civil y Exposición de Motivos,* Asunción, 1973. p. 68.

16 *Proyecto de Código Procesal Civil* y *Exposición de Motivos,* Asunción. 1973, p. 68.

17 Informação dada ao relator pelo Prof. HUGO ALLEN, de Asunción.

PARTE IV

EXAME DE ALGUNS MODELOS CONCRETOS:

b) Técnica oral

1. Direito austríaco. **2.** Direito alemão. **3.** Projetos latinos. **4.** A reforma argentina. **5.** A reforma espanhola.

1. Direito austríaco

Remonta a época anterior à das reformas portuguesas o emprego da técnica consistente em reservar uma audiência especial à suscitação e exame de questões prévias e a outras providências correlatas. Aponta-se como antecedente conspícuo, na primeira metade do século XIX, o § 551 do *Regolamento Legislativo e Giudiziario per gli Affari Civili,* baixado para o Estado Pontifício em 10-11-1834, pelo Papa Gregório XVI. A versão mais significativa do instituto, porém, surgiu na Áustria, de início, ao que se diz[18], como criação da praxe judiciária, sem base legal, e no fim da centúria mediante consagração expressa na *Zivilprozessordnung* de 1895, em vigor a partir de 1898.

A *erste Tagsatzung* ("primeira audiência") do direito austríaco está disciplinada essencialmente nos §§ 239 a 242 ZPO[19] para o procedimen-

---

18 POLLAK, *System des Österreichischen Zivilprozessrechtes,* 2ª ed., Viena, 1932, p. 705.

19 Eis os textos, na redação atual, inclusive com as modificações resultantes da Novela de 1983: "§ 239. (1) Die erste Tagsatzung findet vor dem Vorsitzenden des Senates oder vor einem von diesem beauftragten Mitglied des Senates statt. (2) Die erste Tagsatzung ist zur Vornahme eines Vergleichsversuchs, zur Anmeldung der Einreden der Unzulässigkeit des Rechtsweges, der Unzustädigkeit des Gerichtes, der Streitanhängigkeit und der rechtskräftig entschiedenen Streitsache, sowie zur Entgegennahme der Erkärung des benannten Auktors bestimmt. Bei der ersten Tagsatzung ist ferner der Antrag auf Sicherheitslastung für die Prozesskosten zu stellen; auch kann bei der ersten Tagsatzung die Streitsache auf Grund eines Anerkenntnisses oder Verzichtes oder infolge Versäumnis durch Urteil erledigt oder vom Kläger der Antrag auf Bewilligung der Änderung der Klage angebracht werden. (3) Über den Antrag auf Sicherheitslastung für die Prozesskosten oder auf Gestattung der Klagsänderung, sowie über den bei der ersten Tagsatzung von einer Partei wegen der Prozessunfähigkeit eines der Streitteile

to perante os *Gerichtshöfe (Landesgerichte* e *Kreisgerichte);* mas também importa o disposto nos §§ 440 e 441 com respeito ao procedimento perante os *Bezirksgerichte,* no qual, em regra, a primeira audiência já pode destinar-se à discussão do mérito. Com essa ressalva, a instituição da primeira audiência visa, antes de mais nada, a permitir que se divida desde logo a massa dos processos em duas classes: a dos que podem e a dos que não podem ser decididos sem o debate contraditório do *meritum causae,* de tal modo que o órgão judicial desde logo se desembarace daqueles, para concentrar nestes sua atenção. Note-se que a *erste Tagsatzung* se realiza *antes* da abertura de oportunidade ao réu para defender-se, isto é, num momento em que ainda não se sabe se haverá resistência de sua parte à pretensão do autor. A primeira audiência serve destarte, de modo precípuo, à economia processual, com a função bási-

oder wegen mangelnder Berechtigung der als Vertreter einschreitenden Person gestellten Antrag auf Zurückweisung der Klage ist sogleich bei der ersten Tagsatzung zu verhandeln und zu entscheiden. Auch von Amts wegen kann eine Erörterung über die letzteren Punkte oder über eine durch ausdrückliche Vereinbarung der Parteien nicht zu beseitigende Unzuständigkeit des Gerichtes bei der ersten Tagsatzung eingeleitet und auf Grund dessen ein Beschluss über die Einstellung des Verfahrens gefasst werden. (4) Alles andere Anbringen und jede andere Entscheidung ist, unbeschadet der Bestimmungen des § 261 Abs 6 von der ersten Tagsatzung ausgeschlossen. § 240. (1) Die Einrede der Unzuständigkeit des Gerichtes muss bei der ersten Tagsatzung angemeldet werden. (2) Nach Abhaltung der ersten Tagsatzung kann die Unzuständigkeit des Gerichtes nur noch berücksichtigt werden, wenn das Gericht auch durch ausdrückliche Vereinbarung der Parteien nicht zustandig gemacht werden könnte (§ 104 Abs 1 und 2 JN) und die Unzuständigkeit noch nicht geheilt ist (§ 104 Abs 3 JN). (3) Die Unzulässigkeit des Rechtsweges, die Streitanhängigkeit und die Rechtskraft eines die Streitsache betreffenden Urteiles sind jederzeit von Amts wegen zu berücksichtigen. § 241. Wenn bei der ersten Tagsatzung infolge der vom benannten Auktor abgegebenen Erklärung eine Einigung der Beteiligten in Ansehung der Übernahme des Prozesses durch den Auktor zu stande kommt, so hat der Vorsitzende oder der mit der Abhaltung der ersten Tagsatzung beauftragte Richter auf entsprechenden Antrag gleich bei der Tagsatzung den Bekiagten durch Beschluss von der Klage zu entbinden. § 242. (1) Erfolgt die Erstrekkung der ersten Tagsatzung wegen eines Umstandes, der sich dem rechtzeitigen Erscheinen des Beklagten entgegenstellt oder diesen daran hindert, bei der Tagsatzung die Einreden anzumelden und die Anträge zu stellen, zu deren Anbringung die erste Tagsatzung bestimmt ist, so finden die Bestimmungen über die erste Tagsatzung auch auf die erstreckte Tagsatzung Anwendung. (2) Diese findet gleichfalls vor dem Vorsitzenden des Senates oder vor dem von diesem beauftragten Mitgliede des Senates statt".

ca de descarregar os tribunais[20]. Naturalmente, a par disso, cabem-lhe funções relevantes de saneamento do processo e, em certa medida, de preparação do debate sobre o mérito.

O conteúdo da *erste Tagsatzung* abrange, esquematicamente: *a)* da parte dos litigantes: suscitação, pelo réu, de preliminares, ditas "exceções processuais *(Prozesseinreden)*", de incompetência do juízo, inadmissibilidade da ação, falta de capacidade processual, defeito de representação, litispendência e coisa julgada; requerimentos do autor (de consentimento na mudança do pedido, de remessa do processo a outro órgão), do réu (de caução às custas, de desligamento do processo em virtude de nomeação à autoria) ou de qualquer dos dois (de recusa do juiz por impedimento ou suspeição); atos de disposição, unilaterais (desistência, renúncia, reconhecimento do pedido) ou bilaterais (transação); *b)* da parte do juiz: tentativa de conciliação; decisão sobre os requerimentos de mudança do pedido, de remessa do processo a outro órgão, de caução às custas, de desligamento do processo no caso de nomeação à autoria, e bem assim sobre preliminares, *ex officio* ou na apreciação de "exceções processuais", conforme o caso; prolação de sentença, nas hipóteses de reconhecimento do pedido, renúncia e revelia; eventual fixação de prazo para a resposta do réu[21].

Nessa sistemática introduziu relevante modificação a reforma de 1983. Acrescentou-se ao § 243 ZPO uma 4ª alínea, de acordo com a qual, se o teor da petição inicial e dos documentos a ela juntos faz presumir que o réu discutirá o mérito, pode o órgão judicial limitar-se a ordenar que se apresente contestação escrita, sem designar a *erste Tagsatzung*. Em tal caso, as exceções e requerimentos que nesta se deveriam formular terão de ser incluídos na contestação. Os outros atos processuais que se praticariam na *erste Tagsatzung* ficarão diferidos para o início da audiência que se vier a marcar para o debate oral.

---

20 A doutrina austríaca sublinha esse aspecto: KLEIN-ENGEL, *Der Zivilprozess Österreichs,* Aalen, 1970 (reimpr. da ed. de Mannheim, 1927), p. 260-1; POLLAK, ob. cit., p. 705-6; WOLFF, *Grundriss des österreichischen Zivilprozessrechts.* 2ª ed., Viena, 1947, p. 285; HOLZHAMMER. *Österreichisches Zivilprozessrecht.* 2ª ed., Viena-Nova Iorque, 1976, p. 199-200.

21 Nosso resumo baseia-se nos esquemas elaborados por FASCHING, *Kommentar zu den Zivilprozessgesetzen,* v. III, Viena, 1966, p. 157, e por HOLZHAMMER, ob. cit., p. 200-1, os quais apresentam ligeiras divergências em pontos secundários.

A mudança de disciplina naturalmente reflete certa insatisfação com o estado de coisas até então existente. Nem sempre se afigurava compensadora a realização da *erste Tagsatzung:* era grande o risco da ausência das partes e, quando elas compareciam, a atividade na audiência reduzia-se, as mais das vezes, à fixação do prazo para contestar. Essas e outras circunstâncias fizeram aparecer como supérflua, não raro, a *erste Tagsatzung,* e como preferível, sob determinadas condições, o emprego do procedimento escrito na preparação da audiência de discussão da causa[22].

Sublinhe-se que a reforma só tornou facultativa a *erste Tagsatzung;* não a suprimiu. Fica à discrição do órgão judicial marcá-la ou não. A lei, porém, traça-lhe um critério: ele se baseará no que conste da petição inicial e dos documentos que a instruem. À vista desses elementos, há de fazer um juízo de probabilidade acerca da maneira como se comportará o réu. Entende-se que a *erste Tagsatzung* deve continuar a realizar-se sempre que seja de esperar a suscitação de questões tipicamente enquadráveis no respectivo programa; noutras palavras: sempre que, à luz dos dados fornecidos pelo próprio autor, haja ela de presumir-se útil.

2. Direito alemão

Algo de semelhante à primeira audiência do direito austríaco foi consagrado, em época recente, na Alemanha Federal. O procedimento regulado pela ZPO alemã previa, em princípio, o debate e o julgamento de toda a matéria litigiosa numa única audiência; na prática, entretanto, a atividade que a lei queria concentrada não raro se fragmentava numa série de audiências, com sucessivos adiamentos. Dentre as causas do fenômeno, considerou-se particularmente relevante a falta de uma preparação adequada da audiência, com o corolário de tornar impraticável, nesta, o alcançamento dos fins colimados[23].

A reforma operada pela *Vereinfachungsnovelle,* de 1976, e parcialmente inspirada em experiências judiciais sem apoio textual ex-

22 *Vide,* ao propósito, FASCHING, Die Zivilverfahrensnovelle 1981, *in Juristische Blätter,* v. 104, n. 3-4, p. 126.

23 *Vide,* ao propósito, BAUR, *Wege zu einer Konzentration der mündlichen Verhandlung* im *Prozess,* Berlim, 1966, p. 10 e s.

presso[24], procurou corrigir tal defeito sancionando um procedimento preparatório que, nos termos do § 272 ZPO, comporta duas modalidades, à escolha do órgão judicial; uma de forma escrita, outra consistente na realização de uma "pré-audiência" - ou, segundo a dicção legal, de uma "primeira audiência anterior" *(früher erster Termin*[25], cujo principal traço distintivo, em confronto com a *erste Tagsatzung* austríaca, reside em que naquela não ficam o órgão judicial e as partes limitados, como (em regra) nesta, a questões estranhas à apreciação do pedido; ao contrário: estando a causa "madura" para a decisão de mérito - *v.g.*, por haver controvérsia apenas sobre questões de direito -, o processo não deverá ultrapassar a primeira audiência. Outras possibilidades de encerramento do feito em semelhante ensejo decorrem da contumácia de qualquer das partes, da prática de ato unilateral ou bilateral de autocomposição (desistência, renúncia, reconhecimento do pedido, transação), da declaração de haver cessado o litígio *(Erledigung der Hauptsache).* Caso não se extinga o processo, deve o órgão judicial ado-

---

24 Sobre o principal antecedente da reforma, popularizado sob a denominação de "modelo de Stuttgart", *vide* GRUNSKY. II cosidetto "modello di Stoccarda" e l'accelerazione del processo civile tedesco, in *Rev. di Dir. Proc.*, v; XXVI, 1971, p. 354 e s.; L'acceleramento del processo civile tedesco, *in Annali della Facoltà di Giurisprudenza dell'Università di Perugia*, n. 5, 1976, p. 204 e s.

25 Reza o § 275, que trata especificamente da matéria: "§ 275. (1) Zur Vorbereitung des frühen ersten Termins zur mündlichen Verhandlung kann der Vorsitzende oder ein von ihm bestimmtes Mitglied des Prozessgerichts dem Belclagten eine Frist zur schriftlichen Klageerwiderung selzen. Andernfalls ist der Beklagte aufzufordern, etwa vorzubringende VerteidigitngsmitteJ unverzüglich durch den zu bestellenden Rechtsanwalt in einem Schriflsatz dem Gericht mitzuteilen. (2) Wird das Verfahren in dem frühen ersten Termin zur mündlichen Verhandlung nicht abgeschlossen, so trifft das Gericht alle Anordnungen, die zur Vorbereitung des Haupttermins noch erforderlich sind. (3) Das Gericht setzt in dem Termin eine Frist zur schriftlichen Klageerwiderung wenn der Beklagte noch nicht oder nicht ausreichend auf die Kläge erwidert hat und ihm noch keine Frist nach Absatz 1 Satz 1 gesetzt war. (4) Das Gericht kann dem Kläger in dem Termin oder nach Eingang der Klageerwiderung eine Frist zur schriftlichen Stellungnahme auf die Klageerwiderung setzen". A significação integral da "pré-audiência", porém, só pode ser captada mediante a conjugação desse texto com vários outros, notadamente o § 137 (atinente à exposição das pretensões das partes na audiência), o § 300, n. 1 (referente à prolação de sentença final quando a causa está "madura" para tanto), os § § 269, 306 e 307 (relativos à desistência, à renúncia e ao reconhecimento do pedido, respectivamente), os §§ 330 e 331 (concernentes à emissão da *Versäumnisurteil,* respectivamente contra o autor e contra o réu), e outros.

tar todas as medidas preparatórias ainda necessárias para a audiência principal *(Haupttermin)*, de sorte que nesta se possa chegar a resultado conclusivo[26].

3. Projetos latinos

Também no mundo jurídico latino vem achando eco a ideia de uma audiência a realizar-se na fase inicial do processo, para trancá-lo desde logo, sendo o caso, ou expungi-lo de defeitos suscetíveis de perturbar-lhe a marcha. No Brasil, durante os trabalhos preparatórios do Código de 1973, proposta do autor do presente relatório, acolhida pela maioria da Comissão Revisora, instituía no procedimento ordinário a "audiência preliminar", a ser convocada pelo juiz quando deferisse a petição inicial, com estas finalidades: tentativa de conciliação das partes, sendo disponível a relação jurídica litigiosa; suscitação, discussão e, se possível, decisão de preliminares (nulidade da citação, incompetência, impedimento ou suspeição. inépcia da inicial, litispendência, coisa julgada, conexão, incapacidade de parte, defeito de representação ou falta de autorização, compromisso arbitral inexistência de interesse processual, ilegitimidade de parte, falta de caução ou de outra prestação exigida como preliminar, erro ou omissão na atribuição de valor à causa). Alternativamente, sugeriu-se a instituição de audiência preliminar mais singela, destinada apenas à tentativa de conciliação. O alvitre, contudo, não foi acolhido, sob qualquer das duas formas, na redação do projeto definitivo. Se o tivesse sido, mantendo-se o despacho saneador, em momento mais avançado do *iter* processual, adotaria o direito brasileiro, na matéria, uma técnica "mista" (em parte, oral, e, em parte, escrita), mas com características diversas das que reveste o ordenamento português.

Na Itália, a comissão incumbida de projetar a reforma do *Codice di procedura civile* incluiu igualmente, no trabalho apresentado em 1977, uma *"udienza preliminare"*, a realizar-se depois da fase postulatória, com a função "de preparar a audiência principal de instrução e debate, limpando o terreno das eventuais questões preliminares ou de nulidade dos atos e admitindo os meios de prova propostos pelas partes ou determináveis de ofício", reservada ao juiz a possibilidade de, sendo desneces-

26 Especialmente claro o resumo do conteúdo da primeira audiência feito por JAUERNIG, *Zivilprozessrecht*, 19ª ed., Munique, 1981, p. 61.

sária a produção de provas, convidar desde logo as partes à discussão da causa e proferir em seguida a sentença[27]. Acrescente-se que o ato comportaria ainda, se o consentisse a natureza da lide, uma tentativa de conciliação (art. 173, última alínea).

A audiência preliminar figura também no projeto de Código-tipo elaborado pelo Instituto Ibero-Americano de Direito Processual, como trâmite subsequente à contestação. Nela têm lugar as seguintes atividades: esclarecimento de pontos obscuros nos atos postulatórios; tentativa de conciliação; determinação do objeto da prova e dos meios probatórios a serem utilizados; discussão e, se possível, julgamento imediato de "exceções prévias"; colheita da prova, quando viável, ou designação de audiência complementar para tal fim. Não havendo necessidade desta, seguir-se-á a decisão do órgão judicial, depois de ouvidas as partes[28].

---

27 O passo entre aspas é a tradução de trecho do relatório da comissão, presidida por LIEBMAN. *Vide* o texto original in *Riv. di Dir. Proc.*, v. XXXII, 1977, p. 455 e s. O lanço traduzido está na p. 457; os dispositivos referentes à matéria (arts. 171 e s.), nas p. 464-6.

28 Eis os textos: "Art. 296 (Audiencia preliminar) - 296.1. La audiencia preliminar abarcará las siguientes actividades: 1º) Aclarar los extremos de las pretensiones o defensas que resultaren oscuros a juicio del Tribunal o de alguna de las partes; 2º) Tentar la conciliación respecto a todos o alguno de los puntos controvertidos; 3º) Determinar el objeto de la prueba y los medios probatorios conducentes, dentro de los solicitados por Ias partes; 4º) Diligenciar la referida prueba, así como aquella que las partes hubieran propuesto en los casos previstos en los arts. 111-3, 114-2 y 121. - 296.2. Si se hubieren opuesto excepciones previas (dilatorias o mixtas), se oirá sobre ellas al actor y, seguidamente, si se trata de excepciones de litispendencia, defecto legal en el modo de preparar la demanda, falta de personería del representante u otras de puro derecho, el Tribunal, sin más prueba que la que surja de autos o de la Que juzgue oportuno disponer para mejor proveer, dictará auto interlocutorio resolviéndolas. Si se trata de excepciones que requieran ser probadas y las pruebas solicitadas exigieran diligenciamiento, se seguirá el procedimiento incidental. Todas las cuestiones previas serán decididas en un solo auto interlocutorio; pero si entre ellas se halla la de incompetencia y el Tribunal la declara fundada, las restantes se fallarán, por el Tribunal a quien corresponda conocer, luego de que quede ejecutoriado lo resuelto sobre la materia de la incompetencia. Si el auto ejecutoriado fuera apelado, el Superior se pronunciará sobre todas las cuestiones previas que se hubieren decidido. Si debiera pronunciarse sobre la incompetencia y la declarase fundada, se abstendrá de pronunciarse sobre las restantes y dispondrá la continuación del juicio por el Tribunal que declare competente. - 296.3. Resueltas, en definitiva, las cuestiones previas, o si éstas no se hubieren opuesto, se pasará a recibir la prueba o a disponer una audiencia complementaria, a esos efectos y si ello fuere necesario. - 296.4. Si todo el trámite se realizare en la audiencia, se oirá a las partes brevemente en conclusión de la

Merece ainda referência o recente projeto de novo *Código de Procedimiento Civil* para o Uruguai, redigido em 1984 por uma comissão designada pelo Ministério da Justiça. Nele se prevê, igualmente, a realização de uma audiência após a fase postulatória, com a finalidade de tentar a conciliação total ou parcial dos litigantes, e com a eventualidade alternativa de julgar-se desde logo o mérito, ou, não sendo isso possível, dispor-se acerca da prova, ou até colhê-la na mesma ocasião[29].

---

causa".

---

29 Por nímia gentileza do Prof. Luís TORELLO, que integra a comissão, tivemos conhecimento do texto do projeto, que conserva a sistemática do elaborado por COUTURE. Transcrevemos adiante os dispositivos mencionados, nas partes que interessam: "Art. 92º - *Examen preliminar.* Recebido el escrito a que se refiere el art. 86, el juez examinará en forma preliminar las distintas cuestiones que en él se plantean y fijará la audiencia de los artículos 69 y 70. Si al término de ésta o del cumplimiento de las medidas que en ella se dictaren, subsisten cuestiones de hecho o de derecho, se procederá a su respecto como se sigue: 1. Si el demandado sólo opuso excepciones perentorias, y éstas son de puro derecho, cl juez, sin más trámite, declarará conclusa la causa, citando para sentencia. 2. Si el juez se estima suficientemente instruído, podrá prescindir de la citación y dictar sentencia de inmediato en la propia audiencia, debiendo extender por escrito el fallo completo dentro de los diez días siguientes, so pena de nulidad absoluta y de la responsabilidad consiguiente. Dicho fallo será notificado a las partes en la forma legalmente prevista, contándose los plazos para deduzir los recursos que correspondan, desde el día siguiente a esa notificación. 3. Si subsistiere controversia sobre los hechos, el juez, también sin más trámite, decretará la apertura de la causa a prueba y dispondrá el modo y oportunidad del diligenciamiento de las mismas, aplicando los principios de inmediación y concentración; cuando fuera posible, recibirá la prueba que exista, en dicha audiencia o en otra inmediata que disponga. 4. Si no se hubieran resuelto las excepciones previas, se procederá en la forma establecida en los artículos siguientes. Si una de las partes no concurre sin justificarlo debidamente, el juez podrá tener por ciertas las afirmaciones de hecho de la parte contraria. Si fuera el actor el que no concurriera, se le tendrá por desistido de la instancia si así lo pidiere el demandado. Esta norma es aplicable a toda ulterior convocatoria a conciliación. Art. 69º - *Conciliación por ei Juez de la causa.* El juez de la causa podrá, siempre que lo juzgue conveniente y cualquiera sea el estado de los procedimientos, llamar a las partes a su despacho para procurar fórmulas de conciliación. Éstas pueden consistir entre otras: I. En rectificar errores materiales en que se hubiere incorrido. 2. En la posibilidad de aumentar el número de hechos admitidos y en fijar el objeto de la prueba. 3. En simplificar las cuestiones litigiosas. 4. En la limitación del número de testigos o peritos. 5. En cualquiera otra solución parcial que facilite la más pronta solución del juicio, a cuyos efectos podrá ordenar la presentación o producción de toda prueba que estime conveniente (...). Art. 70º - *Audiencia de concilíación.* Si ambos interesados concurren a la audiencia

4. A reforma argentina

Na Argentina, em 1981, a Lei n. 22.434 modificou alguns dispositivos do *Código Procesal Civil y Comercial.* Uma dessas alterações consistiu na introdução do art. 125 *bis,* que trata das *"audiencias de absolución de posiciones".* A segunda alínea do novo artigo prevê o exercício, pelo juiz, nessa oportunidade, das atribuições que lhe conferem os arts. 34, 5º, *b,* 36, 2º, e 415, dos quais o primeiro se refere ao dever de assinalar defeitos ou omissões de petições, fixando prazo para que se sanem, e de ordenar *ex officio* diligências para evitar nulidades; os outros dois, à tentativa de conciliação (art. 36, 2º, *a)* e a iniciativas em matéria de prova. Ademais, sempre de acordo com o art. 125 *bis,* poderá o órgão judicial convidar as partes, se couber, a reajustar suas pretensões, e bem assim a desistir da prova que resultar desnecessária por inexistência de controvérsia sobre o ponto[30].

A inovação lembra, por certas características, o perfil de uma audiência de função saneadora e preparatória da discussão do mérito. Outros aspectos, no entanto, afastam-na dos modelos conhecidos: o ato já se insere na fase da produção da prova e, além disso, vinculado que está a uma espécie de prova (depoimento pessoal das partes), nem sequer tem lugar quando dela não se cogite; pior ainda, desfigura-o a possibilidade de que ele se realize sem a presença do juiz. Critica-se a

---

señalada el juez procederá a escuchar las razones que expongano de inmediato propondrá la fórmula o las fórmulas de conciliación que indique su prudente arbítrio; podrá disponer, si lo estima oportuno, la suspensión de la audiencia por un plazo no mayor de una semana. Si la fórmula de conciliación fuere aceptada, se dará por terminada la audiencia y se labrará acta. Si la proposición no fuere aceptada, el acta deberá consignar igualmente las fórmulas propuestas y cual de las partes no prestó su conformidad, respectivamente. (...)".

30 Reza o dispositivo: "Art. 125 *bis – Audiencias de absolución de posiciones. Atribuciones del juez* – Las audiencias de posiciones serán tomadas personalmente por el juez, bajo sanción de nulidad. En dicho acto, además de ejercer los deberes y las facultades que le otorgan los artículos 34 inciso 5º *b),* 36 inciso 2º *a)* y 415, podrá invitar las partes a reajustar sus pretensiones, si correspondiere; si hubiere acuerdo sobre este punto o sobre determinados hechos les requirirá que desistan de la prueba que resultare innecesaria, sin perjuicio de la atribución conferida al juez por el art. 364. Cuando circunstancias derivadas del cúmulo de tareas lo hicieren necesario, a pedido del juez, la cámara respectiva podrá eximirlo de la exigencia prescripta en el primer párrafo de este artículo. En cada caso se dejará constancia, en el acta de audiencia, de la resolución del Tribunal de Alzada que lo autorice".

reforma, em doutrina, como menos adequada do que tentativas anteriores de regular a matéria no direito argentino, *v.g.*, a da Lei n. 7.861, de 1972, que introduziu o procedimento oral no Código da Província de Buenos Aires, e ainda antes (embora frustrada na prática) a da Lei n. 14.237, que reformou o ordenamento processual civil da Capital Federal[31].

5. A reforma espanhola

Em data mais recente, autêntica audiência preliminar, conquanto sem denominação especial, foi consagrada no direito espanhol, pela Lei n. 34, de 6-8-1984, que, entre outras matérias, reformulou o *"juicio de menor cuantía"*, convertido em procedimento prototípico, graças à elevação dos limites de valor entre os quais se torna cabível o respectivo emprego. Na verdade, o art. 691 da *Ley de Enjuiciamiento Civil* já previa, após a fase postulatória, se não houvesse controvérsia sobre os fatos, o comparecimento das partes, por ordem do juiz, que as ouviria, bem como a seus procuradores, antes de proferir a sentença. A nova redação do capítulo, entretanto, dá outra dimensão a esse ato.

Conforme se lê na "Exposição de Motivos", o primeiro objetivo a que se visa é o de promover o acordo dos litigantes; não sendo isso possível, busca-se corrigir eventuais defeitos nos escritos das partes ou nos pressupostos do processo, delimitar as questões de fato em que haja conformidade ou discrepância e definir com clareza, para fins de prova, as posições em conflito[32]. A leitura dos textos mostra que a audiência tem objeto amplo, em que se incluem: o exame de questões como a da possível inadequação do *"juicio de menor cuantía"* e as relativas à irregularidade de atos ou à falta de pressupostos ou requisitos do processo (com a eventualidade de extinguir-se este em virtude de defeito insanável); o convite às partes para que esclareçam e precisem os termos do contraditório; a solicitação dos litigantes no sentido de produzir-se prova e o pronunciamento do

31 *Vide*, ao propósito, MORELLO-SOSA-BERIZONCE, *Códigos procesales en lo civil y comercial de la Provincia de Buenos Aires y de la Nación*, 2ª ed., t. I, La Plata, 1982, p. 590 e s., 599 e s., 613 e s.; PALACIO, *Derecho Procesal Civil*, t. 1, 2ª ed., 2ª reimpr., Buenos Aires, 1983, p. 290-1.

32 *BOE* n. 188, de 7-8-1981, p. 22.917.

órgão judicial a esse respeito. A audiência pode conduzir à prolação de sentença de mérito nos cinco dias subsequentes, se a controvérsia se reduzir à questão de direito ou nenhuma das partes requerer a produção de prova; pode também, por outro lado, acarretar de imediato a extinção do feito sem apreciação do mérito, caso nenhum dos litigantes compareça[33].

---

33 Eis os dispositivos pertinentes: "Art. 691. Si estuviese algún demandado personado en el procedimiento, una vez contestada la demanda y, en su caso, la reconvención, o transcurrido el plazo para hacerlo, el Juez, dentro del tercer día, convocará a una comparecencia que habrá de tener lugar antes de transcurrir seis días. A la comparecencia serán citados los propios litigantes que habrán de estar presentes por si mismos o representados por su Procurador para que la comparecencia se tenga por celebrada. La incomparecencia de los Abogados no determinará la suspensión del acto. Si no concurriere a la comparecencia ninguna de las partes, se levantará acta haciéndolo constar, y el Juez, sin más trámite, dictará auto de sobreseimiento del proceso, ordenando el archivo de los autos. Si no concurrieren todas las partes, se oirá a la que asista y continuará la tramitación del juicio. Art. 692. Comparecidas todas las partes, el Juez declarará abierto el acto y, en primer término, exhortará Ias partes para que lleguen a un acuerdo. En caso afirmativo el acuerdo se hará constar en el acta, que firmará el Juez, los intervinientes y el Secretario. Lo acordado por las partes en el acto de la comparecencia, que habrá de ajustarse a las normas generales para la validez de los contratos, asi como a las reguladoras de la renuncia y la transación, si las hubiere, se nevará a efecto por los trámites para la ejecución de las sentencias. Art. 693. De no lograrse el acuerdo a que se refiere el artículo anterior, la comparecencia proseguirá con el objeto establecido en las siguientes reglas: 1ª Oir a las partes sobre la clase de juicio si hubiere sido suscitada, en la contestación a la demanda, la inadecuación del juicio de menor cuantía. Si no fuera posible ei acuerdo sobre este extremo y la diferencia consistiera en que por no existir los datos expresados en las reglas del artículo 489 cada parte estima de distinto modo el valor de la demanda, se elegirá en el acto al Perito o Peritos a que se refiere el artículo 493 y se suspenderá la comparecencia hasta que se sustancie la cuestión dentro de los dos días siguientes al de la declaración de los Peritos; si la diferencia fuera otra, el Juez resolverá en el acto. Contra el auto declarando la improcedencia del juicio de menor cuantía se dará el recurso de apelación en ambos efectos. Contra el auto declarando la pertinencia del juicio de menor cuantía, que ordenará además la reanudación de la comparecencia prevista en el artículo 691, só lo se dará el recurso de nulidad. Este recurso deberá interponerse a la vez que el de apelación de la sentencia que decida el pleito, si bien ba de hacerse la oportuna protesta al reanudarse la comparecencia. 2ª Oir al demandante y al demandado e invitarlos para que, sin alterar lo sustentado en sus escritos con caráter sustancial, concreten los hechos, fijen aquellos en que no exista disconformidad y puntualicen, aclaren y rectifiquen cuanto sea preciso para delimitar los términos deI debate. 3ª Subsanar o corregir, si fuese posibIe, los defectos de que pudieran adolecer los correspondientes escritos expositivos, o salvar la falta de algún pre-

PARTE V

APRECIAÇÃO CRÍTICA

1. Tendência moderna ao predomínio do método "concentrado". **2.** As funções do ato específico (ou da série de atos específicos). **3.** Significação do ato específico (ou da série de atos específicos) à luz de alguns princípios processuais. **4.** Confronto entre os dois modelos básicos (o oral e o escrito) do método "concentrado". **5.** Condições do funcionamento eficaz do método "concentrado". 6. Como criar essas condições.

1. Tendência moderna ao predomínio do método "concentrado"

Os dados dos tópicos anteriores revelam claramente uma tendência, em nossos dias, ao predomínio do método "concentrado". A maioria das reformas legislativas dos últimos anos, bem como a dos projetos recentes, consagra, sob esta ou aquela forma, um (ou mais de um) ato específico, do gênero dos que se têm em vista no presen-

supuesto o requisito del proceso que se haya aducido por las partes o se aprecie de oficio por el Juez; y cuando la subsanación no pudiera llevarse a efecto en el propio acto, conceder un plazo no superior a diez días, suspendiéndose entretanto la comparecencia. 4ª Si el defecto o la falta fuera insubsanable o no se hubiera corregido en el plazo concedido se dará por terminado el acto y en el mismo día o al siguiente se dictará auto de sobreseimiento del proceso, ordenando el archivo del mismo con imposición de costas. Si el defecto o la falta afectare a la personación del demandado o a su contestación se declarará la rebeldía o se tendrá por no formulada aquella. Si interesa al derecho de las partes el recibimiento a prueba del pleito, habrán de solicitarlo en el acto de la comparecencia. De la comparecencia se extenderá acta en la que se hará constar sucintamente el contenido de lo actuado y la firmarán el Juez las partes y el Secretario. Cuando resulte de la comparecencia que las partes están conformes en los hechos y que la discrepancia queda reducida estrictamente a una cuestión de derecho, o si ninguna de ellas hubiera solicitado el recibimiento a prueba, el Juez dictará sentencia dentro de los cinco días a partir del siguiente al de la terminación de la comparecencia. Si las partes no estuvieren conformes en los hechos, y al menos una de ellas hubiere instado el recibimiento a prueba, así se acordará, previniéndoles para que en el plazo de ocho días proponga cada una toda la que les interese. Transcurrido dicho plazo no se podrá proponer prueba ni adicionar la propuesta, a excepción de lo previsto en el artículo 612 para la prueba pericial".

te relatório. Por outro lado, nenhum dos ordenamentos em que ele já existe há mais tempo se mostra inclinado a abandoná-lo em favor do tratamento "difuso" da matéria: as modernas reformas desses ordenamentos têm preservado a sistemática, ou até procurado reforçá-la, como aconteceu no Brasil, onde o "julgamento conforme o estado do processo" do Código de 1973 se caracteriza por certa ampliação de perspectivas em cotejo com o "despacho saneador" do Código de 1939. A consagração de um ato específico (ou de uma série de atos específicos conjugados) naturalmente não significa que seja absoluta a concentração, nesse ato ou nessa série de atos, de todas as atividades aí exercitáveis.

Insere-se o ato ou a série de atos na parte inicial do procedimento-padrão, seja depois de praticados pelas partes os atos postulatórios básicos, em que elas expõem suas pretensões, seja até em momento não posterior àquele em que se abre ao réu o ensejo de defender-se. Há em geral a possibilidade de que o processo venha desde logo a extinguir-se, com abreviação mais ou menos sensível do itinerário previsto.

A realização do ato (ou da série de atos) não se subordina à iniciativa das partes, mas compete *ex officio* ao juiz. Ademais, também *ex officio* cumpre o órgão judicial a generalidade das funções que aí lhe tocam; e tendem a ser menos numerosas as matérias cujo exame depende da provocação dos litigantes.

Quanto à forma, é perceptível a preferência pela oral. Se o legislador brasileiro de 1973 resolveu manter a pura técnica escrita, o português, já há várias décadas, combina ambas, fazendo preceder da audiência preparatória o despacho saneador; e é igualmente pela consagração de uma audiência especial que optam as reformas argentina (de 1981) e espanhola (de 1984), bem como os projetos italiano, uruguaio e de Código-tipo para os países ibero-americanos. Posição original assumiu a *Vereinfachungsnovelle* alemã de 1976, que dispõe em alternativa sobre a preparação da audiência principal, facultando ao órgão judicial a escolha entre um procedimento escrito (no qual não se prevê ato específico da natureza dos que estamos analisando) e a realização de uma primeira audiência *(früher erster Termin)*. Opção análoga, mais recentemente, embora a partir de situação diversa, toma o direito austríaco, com a reforma de 1983.

2. As funções do ato específico (ou da série de atos específicos)

Assim se podem resumir as funções comumente atribuídas ao ato específico (ou à série de atos específicos):

a) pôr o processo nas melhores condições possíveis de prosseguir, em direção ao julgamento final, por meio:

a.1) da respectiva regularização formal - correção de defeitos capazes de acarretar nulidade ou perturbar, de qualquer maneira, o andamento *(função saneadora* em sentido estrito, na qual se pode incluir a solução em separado de quaisquer questões suscetíveis de distrair a atenção do juiz da matéria referente ao *meritum causae);*

a.2) da elucidação de dúvidas, relativas ao objeto do litígio, aos pedidos das partes, à identificação dos pontos controvertidos etc. (função *esclarecedora);*

a.3) da determinação dos fatos que devem constituir objeto da restante atividade de instrução e dos meios de prova a serem ainda utilizados; eventualmente, na medida do possível, da colheita imediata de provas, ou da adoção de providências que a preparem (função *instrutória);*

b) conduzir o processo à extinção, em momento anterior ao ordinariamente previsto (função *abreviadora):*

b.1) em razão da *inutilidade* do prosseguimento, pela existência de obstáculo irremovível à apreciação do mérito (nulidade insanável, falta de condição necessária ao legítimo exercício da ação);

b.2) em razão da *desnecessidade* do prosseguimento:

b.2.1) pela autocomposição do litígio, mediante ato unilateral (renúncia, reconhecimento do pedido) ou bilateral (transação) das partes, praticado espontaneamente ou em consequência de tentativa de conciliação feita pelo juiz;

b.2.2) pela cessação do litígio, decorrente de outra causa (ex.: confusão, perecimento do objeto);

b.2.3) pela possibilidade de ser imediatamente julgado o mérito da causa, graças à presença de todos os elementos para a fundamentação da sentença: "causa madura" (controvérsia limitada a questões de direito, ou suficiência das provas já produzidas para a solução da controvérsia atinente a questões de fato); ou à ocorrência de hipótese legalmente equiparada a essa *(v.g.,* revelia).

3. Significação do ato específico (ou da série de atos específicos) à luz de alguns princípios processuais

Avulta, à primeira vista, a importância do instituto sob exame do ponto de vista da *economia processual*, entendida a expressão no mais amplo sentido, como conjunto de técnicas ordenadas a permitir que o processo produza o melhor resultado com o menor esforço, ou, em outras palavras, atinja o máximo de rendimento com o mínimo de custo. A persecução de semelhante meta postula a "racionalização do trabalho", o que quer dizer, antes de mais nada, supressão de atividades inúteis ou desnecessárias e criação de condições para que as indispensáveis se realizem no mais alto nível de eficiência que se possa alcançar. Servem precipuamente a esse objetivo a abreviação do *iter* processual, nos vários casos acima indicados, e bem assim - quando o feito haja de prosseguir - o "expurgo" das matérias estranhas ao mérito, para que neste se concentre, de maneira desembaraçada, a atenção do órgão judicial; a precisa delimitação, em tempo hábil, dos termos do litígio, do objeto da prova e dos meios probatórios a serem empregados; a colheita, tão pronta quão possível, da própria prova.

O predomínio do método "concentrado", em qualquer de suas modalidades, liga-se, na evolução do direito processual, à progressiva atenuação de certas tendências de política jurídica em geral agrupadas sob o rótulo bastante equívoco de "princípio dispositivo". É clara, quando menos, a correlação entre aquele método e a atribuição ao juiz de um papel mais "ativo". Isso ressalta de modo extremamente óbvio no que tange à "direção formal" do processo: o órgão judicial toma a iniciativa de praticar ou mandar praticar um ato (ou uma série de atos) destinado(s), entre outros fins, à apreciação de determinadas questões, em vez de esperar que os litigantes as suscitem; mas o fenômeno pode interessar também a "direção material", na medida em que se abra ao juiz, quando nada por meio de esclarecimentos, informações ou até sugestões dirigidas às partes, certa margem de interferência no concernente à determinação dos termos do litígio[34]. Muito particularmente na

34 *V.g.:* art. 125 *bis* do Código nacional argentino, *verbis:* "invitar las partes a reajustar sus pretensiones, siempre que correspondiere"; art. 693, 2ª, da *Ley de Enjuiciamiento Civil* espanhola, *verbis:* "invitarlos para que, sin alterar lo sustentado en sus escritos con carácter sustancial, concreten los hechos, fijen aquellos en que no exista disconformidad y puntualicen, aclaren y rectifiquen cuanto sea preciso para delimitar los términos del debate".

modalidade oral, o método "concentrado" afigura-se propício à atuação prática da diretriz de "cooperação" entre juiz e litigantes, que com razão se costuma incluir entre os postulados básicos do "processo social"[35].

Não parece que surjam problemas insolúveis na perspectiva da harmonização entre o método "concentrado" - ainda sob o modelo escrito - e o princípio da oralidade, *no que tem de essencial* e que se relaciona, a nosso ver, com as manifestas vantagens do contacto pessoal e direto entre o juiz e as pessoas de cujas declarações ele tem de medir a força persuasiva[36]. O cerne irredutível da oralidade é a imediação na colheita das chamadas "provas orais"; esse aspecto, longe de representar mero corolário, constitui a verdadeira base do princípio[37]. Deixa-o incólume, em tal medida, a possibilidade de decidir-se o mérito sem a realização de audiência - consoante se dá no "julgamento antecipado da lide" do atual Código brasileiro -, se inexiste necessidade das referidas provas; e quem quer que haja tido alguma experiência da sistemática anterior dificilmente lamentará a abolição do tributo hipócrita que se rendia, com os grotescos simulacros de "audiência", característicos do procedimento ordinário sob a vigência do Código de 1939, a uma "oralidade" convertida em puro mito e incapaz de justificar os cuidados com que uma opinião autorizada, mas excessiva, se empenhava em salvaguardá-la[38]. Adotada que seja a técnica oral - ou a mista, típica do direito português desde 1939 -, a realização da audiência permite que o princípio atue inclusive em ângulos que, sem lhe integrarem a essência, podem concorrer decerto para compor-lhe o perfil global; voltaremos ao ponto quando procedermos ao confronto entre os dois modelos fundamentais do método "concentrado".

Alguma compressão é suscetível de sofrer o princípio do contraditório, naquilo em que envolve a imposição de assegurar a ambas as par-

---

35 Cf. WASSERMANN, *Der soziale Zivilprozess,* Neuwied-Darmstadt, 1978, p. 97 e s., especialmente p. 109.

36 *Vide,* por todos, CAPPELLETTI, *La testimonianza della parte nel sistema dell'oralità,* Milão, 1962, v. I, p. 103 e s.

37 Com boas razões dizia SENTÍS MELENDO, *La prueba - Los grandes temas del derecho probatorio.* Buenos Aires, 1958, p. 476: *"Soy inmediacionista antes o más que ora lista".* Cf. BARBOSA MOREIRA, Problemas de la inmediación en el proceso civil, *in Temas de Direito Processual (Terceira Série),* São Paulo, 1984, p. 58.

38 Assim LIEBMAN, O despacho saneador e o julgamento do mérito, in *Estudos sobre o processo civil brasileiro,* 2ª ed., São Paulo, 1976, p. 97 e s., especialmente p. 108 e s.

tes a oportunidade de buscar influir na formação do convencimento do juiz. Essa eventualidade poderá decorrer de uma atitude demasiado restritiva, por parte do órgão judicial, quando houver de resolver se ainda é ou não necessária a produção de provas, e portanto se o processo deve continuar ou encerrar-se desde logo; poderá também manifestar-se em relação ao revel, se o ordenamento inclui a revelia entre as hipóteses de extinção Imediata do feito, com dispensa de ulterior atividade de instrução. A bem dizer, todavia, nenhuma das duas possibilidades é *conatural* ao método " concentrado": a primeira resolve-se em má aplicação da lei processual, autêntico *errar in procedendo;* a segunda depende da adoção de uma particular disciplina para a revelia, que não está em relação de necessária dependência lógica para com a instituição do ato específico (ou da série de atos específicos) de que cogitamos, mas só acidentalmente a acompanha, e cujos inconvenientes são neutralizáveis, em certa extensão, pelo abrandamento, na prática judiciária, do rigor literal da norma, consoante vem acontecendo, no Brasil, com o art. 319 do Código de 1973, que ordena ao juiz reputar verdadeiros os fatos afirmados pelo autor, se o réu não oferecer contestação.

4. Confronto entre os dois modelos básicos (o oral e o escrito) do método "concentrado"

É natural que se pense em proceder à comparação entre o modelo oral e o modelo escrito, para averiguar se um deles, e qual, se mostra superior ao outro. Um confronto *em tese* possui valor obviamente limitado: atribuem-se a cada figura vantagens e inconvenientes inferidos de características abstratas, que podem não refletir fielmente o modo como se passam as coisas na realidade forense, ao passo que esta é capaz de fazer emergir outros traços, relevantes para um juízo de valor, mas inapreensíveis por quem se cinja a considerar os fenômenos em perspectiva puramente teórica. É concebível, e até sucede com relativa frequência, que um sistema visto *a priori* como melhor que outro funcione praticamente pior, por um sem-número de razões de vária natureza. A opção por um ou por outro tem de levar em conta as circunstâncias peculiares ao meio em que se vai aplicar o sistema. De qualquer maneira, cabem aqui algumas observações genéricas, com as ressalvas de praxe.

A técnica da audiência, bem manejada, pode revelar-se superior, por mais de um prisma, à do procedimento escrito. Antes de mais nada, ela permite que se estenda o objeto da atividade realizável a aspectos naturalmente excluídos do outro modelo. Deixando de lado, por demasiado óbvio, o exemplo da tentativa de conciliação, mencione-se o da colheita de provas que só oralmente se possam produzir. Fácil compreender que isso abre perspectivas mais amplas na direção do eventual julgamento "antecipado" do mérito, com manifesto proveito pelo ângulo da economia processual.

Por outro lado, conquanto não seja essencial, segundo já se assinalou, à salvaguarda do princípio da oralidade, afigura-se mais conveniente, de certo ponto de vista, que se suscitem e se discutam de viva voz, na presença do juiz, as próprias questões de direito ou relativas a documentos e, sobretudo, as preliminares. É certo que a técnica escrita favorece aqui a reflexão e, com ela, a precisão e o aprofundamento. Em compensação, alegações inconsistentes e argumentos frívolos utilizam-se com menores escrúpulos em peças escritas do que em exposição oral, sujeita à réplica imediata do adversário e ao controle direto do próprio órgão judicial – pressupostos neste, à evidência, os poderes necessários e a disposição para exercê-los. De muitas preliminares absolutamente infundadas, que se costumam suscitar por escrito nos autos, é lícito duvidar que chegassem a formular-se, caso o interessado tivesse de expor-se, para fazê-lo, a incômodos pedidos de esclarecimento ou ao risco de uma refutação arrasadora in *faciem.*

A audiência propicia igualmente ao juiz contacto mais intenso com a causa e com os respectivos protagonistas, cujas reações se lhe abre a possibilidade de observar desde esse instante, mais cedo que de ordinário, o que presumivelmente lhe ministrará úteis elementos de avaliação. Claro está que semelhante vantagem se reduz bastante quando à audiência comparecem unicamente advogados, não as próprias partes, e se extingue de todo, se o juiz que a preside não se mantém na direção do processo até o julgamento.

Pode a técnica oral surtir melhores resultados que a escrita, em se tratando de esclarecer pontos obscuros nas postulações dos litigantes. O diálogo oral, ensejando manifestações sucessivas das pessoas envolvidas, até que se faça a necessária luz, permite que se atinja o alvo em muito menor tempo e com segurança muito maior. Respostas escritas – sem falar na desvantagem do alongamento do feito – serão com frequência insatisfatórias, máxime quando no fundo interesse ao litigante entrincheirar-se em declarações intencionalmente imprecisas. Aliás, de modo geral, e por intuitivas razões, tudo que implique cooperação entre juiz e partes encontrará na audiência, em princípio, terreno mais propício do que no procedimento escrito.

Mas a medalha tem seu reverso. Para que logre êxito o emprego da técnica oral, é preciso que a atividade processual se realize sob circunstâncias particularmente favoráveis. Ela exige mais do órgão judicial e dos litigantes (ou de seus advogados) que o procedimento escrito. Requer, por isso mesmo, uma situação de normalidade, ou quase normalidade, do movimento forense. A sobrecarga de trabalho, principalmente dos juízes, é funesta à técnica oral. Se a audiência só pode ser marcada para data longínqua, por escassez de dias e horas livres nas pautas, de tal maneira que o procedimento escrito passa à frente em rapidez, cessa boa parte dos motivos que justificariam a preferência pela primeira; e se o juiz, mesmo zeloso, não tem possibilidade prática, em razão do acúmulo de serviço, de preparar-se conforme cumpre para o ato, então aqueles motivos desaparecem por completo.

A utilização inadequada da técnica oral pode oferecer maiores perigos do que todo o conjunto de aspectos negativos da técnica escrita. Em última análise, a uma audiência mal realizada é preferível nenhuma. Aqui como alhures, *corruptio optimi pessima.* Adiante retomaremos o assunto, quando falarmos sobre alguns pressupostos do bom funcionamento do método "concentrado".

Acrescente-se que, ainda a fazer-se abstração de tais emergências, a adoção da técnica oral, por sua própria natureza, é capaz de provocar maior dispêndio de energias e recursos, pela mobilização, que implica, de várias pessoas, que se veem forçadas a deslocar-se para concorrer num mesmo lugar e momento. Há sempre o risco suplementar de que uma ausência inevitável, talvez sem culpa de ninguém, frustre o ato e imponha nova convocação, duplicando o inconveniente. Este será, de resto, tanto mais grave quanto maiores as distâncias que se houverem de cobrir, quanto mais precários os meios de comunicação e de transporte etc., o que torna bastante variáveis, não só de país para país, mas também de região para região, e até no interior de determinada circunscrição judiciária, as probabilidades de êxito do sistema.

Outros aspectos eventualmente negativos de que se poderia cogitar menos se prendem à técnica oral em si mesma do que a erros ou defeitos de execução. Assim, por exemplo, o perigo de pressões excessivas por parte do juiz, *v.g.*, para induzir os litigantes a um acordo; o de certa ligeireza ou açodamento na discussão e na solução de questões; o do sacrifício de garantias processuais pela ânsia de fazer terminar rapidamente o processo "a todo custo"; *last but not least,* o do florescimento de uma insidiosa "oratória forense" em que há ainda quem suponha consistir a quinta-essência da oralidade.

Seja como for, uma coisa é certa: a consciência de existirem prós e contras vem sugerindo, aqui e ali, a preferência por uma disciplina em *alternativa,* que permita, no particular, conforme as peculiaridades do caso concreto, a opção entre o procedimento oral e o escrito. Como oportunamente se recordou, para esse ponto de convergência marcharam, por diferentes itinerários evolutivos, o direito alemão e o austríaco[39].

5. Condições do funcionamento eficaz do método "concentrado"

A primeira condição do funcionamento eficaz do método "concentrado", em qualquer de suas modalidades, expressa-se num truísmo: é preciso que a técnica legal seja *realmente utilizada,* isto é, que, por ocasião do ato específico (ou da série de atos específicos), se cumpra, com aplicação e discernimento, tudo que esteja incluído no roteiro legal. A este propósito seria possível, em tese, cogitar de uma deturpação *por excesso:* a tendência a hipertrofiar o ato (ou a série de atos), ultrapassando nele os limites previstos, será capaz, em alguns casos, de acarretar inconvenientes sérios, embora não fique excluído que possa dar lugar, noutros, a uma evolução vista como positiva: em Portugal, segundo oportunamente se registrou *(supra,* Parte III, n. 1, nota 5), a ampliação do âmbito do despacho saneador representou um movimento da jurisprudência antes de ser consagrado nos textos.

Mais fácil de ocorrer, e sem dúvida mais pernicioso, é o perigo oposto: o de que se amesquinhem, na prática, as dimensões da atividade programada pelo ordenamento. No Brasil, desde a vigência do Código de

39 Na Espanha, durante a preparação da reforma de 1984, sugeriu a adoção de sistemática análoga, com a atribuição de caráter *facultativo* à audiência preliminar, FAIRÉN GUILLÉN, Estudio de la «comparecencia» en el juicio de menor cuantía del «Proyecto de Ley de Enjuiciamiento Civil, de 31 de mayo de 1983», in *Estudios de derecho procesal civil, penal y constitucional,* t. II, Madri, 1984, p. 301 e s., especialmente p. 303, 314, 324, 341.

1939, sempre foi sensível a inclinação de muitos juízes a relegar para a sentença final o exame de questões que, de acordo com o sistema da lei, não devem sobreviver, pelo menos em princípio, ao despacho saneador. Semelhante retraimento, as mais das vezes injustificável, respondeu pela desnecessária e nociva dilatação de grande número de processos, fadados à frustração pela existência de óbice irremovível à apreciação do mérito. O fenômeno subsiste no regime atual, em desarmonia com o teor do art. 331, *principio*, do Código de 1973, à luz do qual o juiz só declarará saneado o feito e o impelirá em direção à audiência de instrução e julgamento "se não se verificar nenhuma das hipóteses previstas nas seções precedentes", isto é, se não ocorrer qualquer dos fatos conducentes à respectiva extinção nos termos do art. 329, nem concorrerem os pressupostos da emissão imediata da sentença de mérito, conforme o art. 330 – o que implica para o órgão judicial, logicamente, o dever de investigar previamente todas essas possibilidades, e portanto de examinar todas as questões relevantes. O vezo de protelar a decisão acerca de matérias que o ordenamento quer rapidamente liquidadas transmuda o ato em formalidade oca. Em tal perspectiva, a técnica oral pode oferecer uma vantagem a mais, na medida em que faculta aos interessados, na audiência, reclamar de imediato do órgão judicial que se manifeste sobre ponto até aí esquecido, conquanto se possa, por outro lado, alegar em favor do procedimento escrito que, concedendo maior vagar ao juiz para, no silêncio e na reflexão, estudar os autos, diminui o risco de omissões imputáveis à pressa e ao bulício a que nem sempre ficam imunes as audiências.

Se o ordenamento adota a técnica oral, é absolutamente imprescindível que a audiência seja presidida, ao longo de toda a sua realização, pelo juiz. Essa é uma verdade lapalissiana, mas em que parece ainda necessário insistir, a julgar por certas informações relativas à situação de países ibero-americanos e mesmo à vista de determinados textos legais[40]. Realizar uma audiência do tipo da que estamos analisando (ou de qualquer outro tipo) sem a presença do juiz é, em nosso entendimento, pouco menos que encenar uma farsa. As leis e os órgãos incumbidos de fiscalizar-lhes a aplicação deveriam assumir, no particular, atitude de ri-

40 *Vide*, quanto à Argentina, PALACIO, ob. e t. cit., p. 292-3, e o art. 125 *bis*, 3ª alínea, do Código nacional, que, embora a título de exceção, prevê a dispensa, para o juiz, de presidir pessoalmente as audiências, *"cuando circunstancias derivadas del cúmulo de tareas lo hicieren necesario"*.

gor inflexível e procurar outros meios de contornar as dificuldades práticas, sem abrir mão, em caso algum, dessa exigência.

Não basta, contudo, que o juiz esteja presente: cumpre que ele atue. O método "concentrado", muito especialmente na modalidade oral, é fenômeno correlato ao da "ativação" do órgão judicial. Basta lançar os olhos aos textos de leis e projetos que cuidam da matéria: não só se verão inseridos no objeto do ato específico (ou da série de atos específicos), com impressionante constância, tópicos naturalmente ligados à iniciativa oficial – como é o caso, *v.g.*, da tentativa de conciliação, do esclarecimento de pontos obscuros nas postulações das partes, da determinação dos fatos que precisam ser provados e dos meios probatórios utilizáveis –, senão também se observará, no concernente a outras matérias (por exemplo: vícios capazes de produzir nulidade), o primado da cognição *ex officio* sobre a vinculação do órgão judicial à iniciativa das partes.

Como a esta altura deveria ser óbvio, juiz atuante não é sinônimo de juiz prepotente ou mesmo de juiz autoritário. Que ao órgão judicial caiba um papel ativo não quer dizer que lhe toque impor aos litigantes o modo de efetuar as operações que a lei defere a estes. Toca-lhe, sim, estimulá-los a optar, com toda a clareza necessária, deixando-os porém inteiramente livres quanto ao sentido da opção. Isso é especialmente importante na tentativa de conciliação, que não deve degenerar em constrangimento a acordo indesejado; mas também o é no que respeita à dissipação de obscuridades, para determinação precisa dos termos do litígio, e a outros temas. "Ativar" o juiz, repita-se ainda uma vez, é induzi-lo à maior colaboração possível ein obra comum, e não substituir pelo seu o antigo monopólio das partes. "Juiz ativo" não significa necessariamente "litigantes passivos".

Todavia, para atuar bem, o órgão judicial precisa estar preparado; e uma preparação adequada, só pode ministrá-la a prévia e atenta leitura dos autos. É estranha à nossa mentalidade a ideia anglo-saxônica de que o contacto antecipado do juiz com os elementos da causa o fazem tender para um dos lados e lhe comprometem a imparcialidade. Nos ordenamentos da família romano-germânica, quanto mais cedo se familiarize o órgão judicial com os dados do processo, tanto melhor. Ocorre naturalmente ponderar que a obtenção do máximo proveito, nessa perspectiva, se condicionaria à permanência do mesmo juiz na direção do pleito, do primeiro ao último instante; dificuldades de ordem prática podem opor-se à concretização desse ideal, mas não se deve perder de vista que, máxime onde se adote a técnica oral, substituições intercorrentes são suscetíveis de influenciar de modo muito desfavorável o funcionamento do mecanismo.

Igualmente importante é a atuação dos advogados e, no sistema oral, a das partes. A presença pessoal destas pode ter relevância capital para o êxito de lances como a tentativa de conciliação, e alguma utilidade por outros aspectos, posto que não seja desprezível a hipótese de que, sob determinadas circunstâncias, constitua antes fator de perturbação. Quanto aos advogados, muito certamente depende de sua competência, aplicação, habilidade e, sobretudo, disposição sincera de concorrer para que o ato específico (ou a série de atos específicos) tenha o melhor rendimento possível – nada omitindo do que se subordine à iniciativa particular e alertando o órgão judicial, se for o caso, para os pontos que, embora passíveis de conhecimento *ex officio,* corram o risco, por esta ou aquela razão, de passar despercebidos.

6. Como criar essas condições

Para criar as condições do funcionamento eficaz do método "concentrado", das quais arrolamos acima as que nos parecem mais importantes, há que conjugar fatores objetivos e subjetivos. Os primeiros abrangem aspectos de ordem normativa e aspectos de ordem administrativa.

Do ponto de vista normativo, é mister, antes de tudo, que a disciplina da matéria estimule fortemente os participantes do ato específico (ou da série de atos específicos) a não deixar de realizar, em toda a plenitude, as atividades próprias desse momento ou fase do procedimento. É de desejar que fique bem clara, nos textos legais, a índole obrigatória, e não apenas facultativa, de exercício dos poderes conferidos ao órgão judicial no particular. Algumas leis têm cuidado de salientar a existência de tal dever: assim, por exemplo, o Código português, em o n. 2 do art. 510º, relativamente às questões mencionadas no n. 1, letra *a* (exceções capazes de levar à "absolvição da instância" e nulidades), estatui que "só podem deixar de ser resolvidas no despacho (saneador) se o estado do processo impossibilitar o juiz de se pronunciar sobre elas, devendo neste caso justificar a sua abstenção". Como é natural, o descumprimento do dever há de acarretar, para o juiz infrator, alguma forma de responsabilidade: quando menos, administrativa; eventualmente, civil, para com a parte prejudicada, *v.g.*, pelo desnecessário prolongamento do feito, e a qual, na pior hipótese, seria justo reembolsar das custas processuais correspondentes aos atos superfluamente praticados. O controle de atuação do órgão de primeiro grau far-se-á pela via própria dos recursos cabíveis. A matéria suscita mais grave problemática no caso de prosseguimento do processo, pela alternativa, que gera, de admitir-se um recurso de efeito suspensivo, aceitando o inconveniente da paralisação do pleito, ou de efeito meramente devolutivo, com a onerosa possibilidade de ver-se afinal desperdiçada, no todo ou em parte, a atividade processual intercorrente; trata-se, porém, de dificuldades comuns às decisões interlocutórias em geral, embora talvez agravadas aqui pela importância do ato em foco.

Técnica de utilização frequente para evitar protraimentos na suscitação e na solução de questões é, conforme se sabe, a da preclusão. Em princípio, crescerá a eficiência do método "concentrado" na medida em que o ato específico (ou a série de atos específicos) assinale a liquidação definitiva das questões compreendidas em seu objeto, com a óbvia ressalva das hipóteses de superveniência. Menor será, pelo contrário, a significação desse momento processual, se mesmo depois continuarem elas irrestritamente suscitáveis. Em tal perspectiva, pode cogitar-se de atribuir ao ato específico uma eficácia preclusiva ampla, de modo que, ainda na ausência de pronunciamento explícito do órgão judicial, se deva considerar preexcluída, daí em diante, a relevância de qualquer questão passível de exame naquela oportunidade, condicionando-se a possibilidade de reapreciação à interposição do recurso cabível, pelo interessado. A esse respeito fala-se às vezes, com discutível propriedade, de "julgamento implícito". Os ordenamentos em geral, mesmo quando se valem da técnica da preclusão, hesitam em levá-la às últimas consequências e dispõem, em termos expressos, que determinadas questões se podem suscitar ou conhecer de ofício a qualquer tempo. Costuma despertar resistências a ideia de que o juiz, a partir de certo instante, fique impedido de reexaminar problemas relacionados. *V.g.*, com a validade do processo ou a admissibilidade da ação; assim, quando os textos não são cristalinos, a diversidade de tendências infalivelmente provoca dissensões na doutrina e na jurisprudência[41]. É aconselhável que a lei regule o

41 Sirva de exemplo o Código de Processo Civil brasileiro: à cláusula inicial do art. 331, mencionada acima (nota 39), que sugere atribuição de eficácia preclusiva ao despacho saneador, parece contrapor-se (ou abrir exceção, quanto às hipóte-

ponto, mas preferível que não use excesso de rigor e deixe ao órgão judicial tal ou qual margem de discrição, para levar em conta, no tratamento do problema, as peculiaridades do caso concreto.

Que o juiz possa desempenhar de maneira adequada as funções que lhe competem no ato específico, mormente se tem a forma de audiência, é coisa que depende em boa parte de não estar ele intoleravelmente sobrecarregado de trabalho. Em outras palavras, impende que existam juízes em número suficiente e que a organização judiciária assegure uma distribuição equitativa do serviço.

Do ponto de vista administrativo, há uma série de requisitos em cuja importância seria ocioso insistir, sobretudo no que diz respeito à modalidade oral do método "concentrado". Para o êxito da audiência importa muito que ela se realize em ambiente tranquilo e agradável, que permita aos interessados sentir-se à vontade e os predisponha à colaboração. Não raro o fator ambiental é decisivo para o resultado de uma tentativa de conciliação. Relevante será também a existência de uma infraestrutura bem equipada, com pessoal competente e material adequado. A moderna tecnologia oferece recursos de que não se deveria privar a administração da Justiça.

No mais, é claro que nada se consegue sem que juízes, advogados e eventualmente as próprias partes queiram e possam cooperar de modo eficiente. Quanto a juízes e a advogados, volta aqui à tona a problemática da preparação, sempre presente quando se cuida de avaliar as perspectivas de qualquer mecanismo processual, já que nenhum se destina a ser movido por abstrações, mas pelo esforço mental e físico de homens de carne e osso. Não há progresso possível, no mundo do processo ou fora dele, se não se dispõe de elemento humano de qualificação ao menos

---

ses que arrola), o art. 267, § 3º, concernente aos "pressupostos de constituição e de desenvolvimento válido e regular do processo", à perempção, à litispendência, à coisa julgada e às "condições da ação". Com variáveis matizes, *vide*, para uma interpretação tendente a conciliar as regras sem sacrificar a preclusão, JOSÉ FREDERICO MARQUES, *Manual de Direito Processual Civil*, v. II, 6ª ed., São Paulo, 1981, p. 176-7; CALMON DE PASSOS, *Comentários ao Código de Processo Civil*, v. III, 4ª ed., Rio de Janeiro, 1983, p. 486 e s.; ROGÉRIO LAURIA TUCCI, ob. cit., p. 292 e s.; em sentido oposto, AMARAL SANTOS, *Primeiras linhas de Direito Processual Civil*, 2º v., 7ª ed., São Paulo, 1982, p. 265 e s.; MONIZ DE ARAGÃO, *Exegese do Código de Processo Civil*, v. IV, t. I, Rio de Janeiro, s.d., p. 20-1; Supremo Tribunal Federal, 15-5-1984, Ação Cível Originária n. 268, *in Revista Trimestral de Jurisprudência*, v. 101, p. 901.

razoável. Mas não se trata só de formação técnica, senão também, quiçá principalmente, de uma questão de mentalidade – e esta exigência estende-se aos litigantes. O método "concentrado", para vingar, reclama um oxigênio espiritual. A falta de atmosfera favorável pode asfixiá-lo, por mais requintada que seja a respectiva disciplina nos textos legais.

Torna-se evidente quão arbitrário seria, nesta matéria, qualquer prognóstico, ou mesmo qualquer juízo de valor, emitido com pretensão de validade universal. O destino de um instituto processual depende necessariamente do contexto social, político, econômico e cultural em que ele é convocado a atuar. Não constitui o processo – perdoe-se-nos o truísmo – um universo hermético, subtraído ao influxo das vicissitudes históricas e sujeito a mecanismos de pura técnica. Nessa perspectiva, modificá-lo é operação cuja álea supera infinitamente a da mais arriscada experiência de laboratório. Tomar consciência disso não deve levar-nos a desistir das modificações que se afigurem necessárias: ao contrário; mas certamente nos prevenirá contra a ilusão de supor que, para assegurar-lhes o êxito, baste a simples consagração, no texto legal, de um ou outro dispositivo inovador, otimamente concebido e redigido que seja. Bem mais profundas são as camadas que se precisam revolver para transformar, modestamente embora, a realidade judiciária.

Março de 1985.

COMENTÁRIOS DOS ATUALIZADORES

SANEAMENTO DO PROCESSO E AUDIÊNCIA PRELIMINAR

Luiz Paulo da Silva Araújo Filho / Guilherme Jales Sokal

I – O tema no sistema do CPC/15

O CPC/15 aprimorou a disciplina do saneamento e da organização do processo e das hipóteses em que este se submete à extinção prematura. As mudanças resultam, em grande parte, da ênfase dada aos princípios do contraditório e da cooperação, aliadas a novas técnicas para orientar a busca por informações seguras sobre as alegações de fato e para atender à economia processual e à celeridade, tônicas que marcam o profundo panorama de direito comparado traçado por Barbosa Moreira[42].

O procedimento-padrão, no CPC/15, é denominado procedimento comum (art. 318 e segs.), abolindo-se a subdivisão em sumário e, então com alguma redundância, ordinário[43]. Mesmo nele, cuidou o legislador de dedicar inovadores espaços para a flexibilização do *iter* procedimental, capazes de casuisticamente torná-lo, por assim dizer, *menos padrão*. Esse desvio pode ocorrer, em primeiro lugar, por iniciativa do juiz, a exemplo do art. 139, VI, limitado à dilatação de prazos processuais e à alteração da ordem de produção dos meios de prova, e do art. 327, § 2º, que, diante do cúmulo de pedidos submetidos a ritos diversos, autoriza o emprego de técnicas processuais diferenciadas previstas nos procedimentos especiais, se compatíveis com o procedimento comum[44]. Em segundo lugar, franqueia-se à vontade das partes o poder de flexibilizar o procedimento no largo e controvertido campo dos negócios jurídicos processuais (arts. 190 e, em menor extensão, dentre outros, 191)[45]. E de flexibilização do rito ainda se pode cogitar, de modo indireto, nas aberturas do sistema para atos judiciais atípicos, de que são exemplos a atipicidade dos atos executórios (art. 139, IV) e

---

42 As presentes Notas de Atualização serão centradas no exame do direito brasileiro hoje em vigor. Para um panorama mais recente de direito comparado, v. BARBOSA MOREIRA, José Carlos. Vicissitudes da audiência preliminar, In: *Temas de direito processual*: nona série, São Paulo: Ed. Saraiva, 2007, especialmente às p. 133-136; e GOMES, Gustavo Gonçalves. *O novo saneamento do processo*, São Paulo: ed. Thomson Reuters Brasil, 2020, p. 160-189.

43 As repercussões de direito intertemporal decorrentes do fim do procedimento comum sumário são reguladas pelo art. 1.046, § 1º, que confere ultratividade às normas do CPC/73 para as demandas propostas e não sentenciadas quando da entrada em vigor do novo diploma. O art. 1.049, parágrafo único, dispõe que remissões ao procedimento sumário, na legislação especial, passam a ser compreendidas como ao procedimento comum.

44 Afirmando o "livre trânsito das técnicas especiais entre os procedimentos" com base no art. 327, § 2º, v. DIDIER JR, Fredie; CABRAL, Antônio do Passo; CUNHA, Leonardo Carneiro da. *Por uma nova teoria dos procedimentos especiais: dos procedimentos às técnicas*, Salvador: Ed. Juspodivm, 2018, p. 69-75.

45 Sobre o tema das convenções processuais, conferir GRECO, Leonardo. Convenções processuais *versus* poderes do juiz, In: *Reflexões sobre o novo Código de Processo Civil*, Carlos Roberto Jatahy, Diogo Assumpção Rezende de Almeida, Luiz Roberto Ayoub (coords.), Rio de Janeiro: FGV Editora, 2016, p. 135-148; e, mais amplamente, CABRAL, Antonio do Passo. *Convenções processuais: teoria geral dos negócios jurídicos processuais*, Salvador: Juspodivm, 2020.

de cooperação judiciária (art. 69, *caput* e, especialmente, § 2º), porque ao juiz que lhes delineia o conteúdo cabe, naturalmente, ditar a forma e as etapas a serem percorridas em cada caso.

Mirando na sequência legal do procedimento comum, seguiu o legislador de 2015 a tendência, apontada por Barbosa Moreira, do método concentrado, formatando o rito para nele dedicar momento ao controle pelo juiz da validade dos atos processuais praticados e para bem prover, se for o caso, quanto à instrução futura, ou para que se ponha fim abreviado no todo ou em parte à demanda. A isso se destina, após a fase postulatória e as providências preliminares, o *julgamento conforme o estado do processo* (arts. 354 a 357), Capítulo que reúne a disciplina da extinção do processo (Seção I), do julgamento antecipado integral ou parcial do mérito (Seções II e III) e do saneamento e da organização do processo (Seção IV).

De concentrarem-se aí essas atividades não significa sejam elas desse momento exclusivas. Demonstram-no os termos amplos do art. 139, IX, ao prever o poder do juiz de "determinar o suprimento de pressupostos processuais e o saneamento de outros vícios processuais", e bem ainda o disposto nos arts. 352, nas providências preliminares, e 485, § 3º, nas disposições gerais sobre a sentença e a coisa julgada. Dois outros exemplos de atividades esparsas se situam no limiar do procedimento, antes da citação do réu. O Código de 2015, no cotejo com seu antecessor, avançou para separar a extinção do processo em tal momento conforme seja sem ou com resolução do mérito, reservando à primeira a epígrafe do indeferimento da petição inicial (art. 330 e 331) e à segunda a de improcedência liminar do pedido (art. 332). Em especial, no controle dos requisitos da petição inicial (arts. 319 e 320), o legislador, inspirado no princípio da cooperação na vertente do *dever de prevenção*[46], inova ao densificar a oportunidade de emenda pelo autor, condicionada à indicação "com precisão", pelo juiz, "[d]

---

46 Sobre os quatro poderes-deveres de *esclarecimento, prevenção, consulta* e *auxílio* derivados do princípio da cooperação, v. SOUZA, Miguel Teixeira de. *Aspectos do novo processo civil português*. Revista de Processo, São Paulo, nº 86, p. 174-184, abr./jun. 1997; *Estudos sobre o novo processo civil*. 2ª ed. Lisboa: Lex, 1997. Na literatura brasileira, já sob o CPC/15, MITIDIERO, Daniel. *Colaboração no processo civil: pressupostos sociais, lógicos e éticos*, São Paulo: Ed. Revista dos Tribunas, 2015; e FARIA, Márcio Carvalho. *A lealdade processual na prestação jurisdicional: em busca de um modelo de juiz leal*, São Paulo: Ed. Revista dos Tribunais, 2017. Os demais deveres serão retomados adiante, no texto.

o que deve ser corrigido ou completado" (art. 321, parte final). Já sob o Capítulo da improcedência liminar do pedido, duas vertentes são postas para a abreviação por razões de mérito: a fundada em prescrição ou decadência (art. 332, § 1º) ou quando a postulação do autor, sendo desnecessária fase instrutória, revelar-se desde logo contrária a pronunciamentos vinculantes arrolados nos incisos I a IV do art. 332, expressão da força da jurisprudência sediada no art. 927.

Se considerarmos as quatros Seções em que se subdivide, no Código de 2015, o julgamento conforme o estado do processo, as principais inovações dizem respeito (i) ao julgamento antecipado parcial de mérito e (ii) ao saneamento e à organização do processo. De menor expressão foi a alteração no julgamento antecipado – integral – do mérito, previsto no art. 355, cujo inc. II agora explicita, atendendo ao que já propunha a doutrina[47], que a revelia não é, por si só, suficiente para desencadeá-lo; só caberá se presente o efeito material de se presumirem verdadeiras as alegações de fato (arts. 344 e 345) e, ainda, se o revel não requerer oportunamente a produção de provas (art. 349, em harmonia com a Súmula nº 231 do STF), a denotar que, ao fim e ao cabo, está no inc. I do art. 355 o real norte para a delimitação do instituto. É tênue, por sinal, a separação entre essa abreviação do procedimento e aquela regulada pelo art. 354, de extinção do processo: embora clara se verificada a inviabilidade de resolução do mérito (art. 485)[48], a verdade é que o art. 354 não se limita a isso, abarcando também a resolução do mérito pelos incs. II e III do art. 487[49].

47 Por todos, BARBOSA MOREIRA, José Carlos. *O novo processo civil brasileiro: exposição sistemática do procedimento*, Rio de Janeiro: ed. Forense, 2012, p. 97-98.

48 No Código de 2015, a decisão que tem por inviável a resolução do mérito pressupõe, em primeiro lugar, a concessão à parte de oportunidade para sanar o vício processual, como de forma geral enuncia o art. 317. Se não sanado o vício ou se desde a origem insanável, ainda assim deve o juiz aferir, em segundo lugar, se o mérito pode ser julgado a favor da parte a quem aproveitaria a pronúncia de inadmissibilidade, em atenção ao art. 488 e ao princípio da instrumentalidade das formas. Somente então, se superadas essas duas etapas, cabe a extinção do processo sem resolução do mérito, sem prejuízo do art. 10 do CPC/15.

49 O discrímen, ao que parece, consiste na cognição que o juiz dedica às questões de mérito, presente largamente no inc. I do art. 487 mas limitada, no inc. II, às preliminares de mérito ali retratadas e reduzidíssima, quanto à profundidade, no inc. III, ambos também do art. 487.

II – O julgamento antecipado parcial de mérito

O Código de 2015 expressamente permite, no art. 356, que o julgamento do mérito seja cindido pelo juiz[50], apreciando desde logo um dos pedidos cumulados, ou parcela de objeto decomponível[51], e deixando-se para o encerramento da fase instrutória o exame do remanescente, na medida em que a prova seja para este indispensável. A técnica atende à efetividade da tutela jurisdicional e à razoável duração do processo (CF88, art. 5º, XXXV e LXXVIII)[52], generalizando para o procedimento comum aquilo que reformas processuais haviam

---

50 Negando, com apoio na "teoria da unidade estrutural da sentença", a existência de sentenças parciais de mérito sob o revogado art. 162, § 1º, do Código de 1973, v. STJ, REsp nº 1.281.978-RS, Rel. Min. Ricardo Villas Bôas Cueva, Terceira Turma, julgado em 5/5/2015, DJe 20/5/2015. Ao final do voto do Min. Relator noticia-se que seria diversa a solução à luz do art. 356 do CPC/15, embora inaplicável em atenção ao direito intertemporal. Sob o CPC/73, admitindo a cisão para julgamento do pedido formulado em reconvenção, BARBOSA MOREIRA, José Carlos. *A Conexão de Causas como Pressuposto da Reconvenção*. São Paulo: Saraiva, 1979, p. 180. Atualmente, autorização similar à do vigente art. 356 consta da Regra 65, especialmente (2) (b), das Regras-Modelo de Processo Civil para a Europa ELI/UNIDROIT ("*Rule 65. Early Final Judgments. (1) The court, on its own motion or on the application of a party, may give an early final judgment upon simplified proceedings. (2) In an early final judgment the court may (a) determine that it lacks jurisdiction or competence to adjudicate the dispute or whether the claim is inadmissible due to a failure to comply with other procedural requirements; or (b) give a final judgment or a judgment on part of the claim for relief by only deciding questions of law based on non-contested facts, or on the basis that there has been a failure by the parties to assert necessary and relevant facts timeously, or there has been a failure to proffer necessary means of evidence timeously; or (c) give a judgment upon the withdrawal of a claim, whether that was permitted or consented to, or upon an admission by the defendant*").

51 Isto é, quando o pedido mediato é formulado "em unidades possíveis de serem separadas (p.ex., dinheiro)" (DINAMARCO, Cândido Rangel. *Capítulos de sentença*, São Paulo: Ed. Malheiros, 2021, p.74 e segs.). Aplicando o conceito, sob o CPC/15, também para a decisão que define a data da separação de fato do casal quando pedida a partilha de bens, STJ, REsp nº 1.798.975/SP, Rel. Min. Nancy Andrighi, Terceira Turma, julgado em 02/04/2019, DJe 04/04/2019.

52 E, se presentes os pressupostos legais, é de especial utilidade em processos suspensos para aguardar a formação de precedentes vinculantes (art. 927), como revela o Enunciado nº 126 das Jornadas de Direito Processual Civil do CJF ("*Enunciado 126 - O juiz pode resolver parcialmente o mérito, em relação à matéria não afetada para julgamento, nos processos suspensos em razão de recursos repetitivos, repercussão geral, incidente de resolução de demandas repetitivas ou incidente de assunção de competência*").

contemplado, v.g., para a consignação em pagamento (CPC/73, art. 899, §1º) e, então com mais amplitude, mas com questionável técnica legislativa, para a antecipação de tutela na hipótese do § 6º do art. 273 do CPC/73[53].

São duas as hipóteses versadas no art. 356. Na primeira (inc. I), o demandado resiste apenas parcialmente ao(s) pedido(s), assim entendido tanto o réu, o autor reconvindo ou aquele contra a qual se volta pedido em intervenção de terceiros ampliativa do objeto litigioso. A controvérsia, assim, remanesce apenas sobre parte da pretensão formulada[54], aproximando-se a nova regra do pressuposto – mas, como se verá, não no regime – do revogado o art. 273, § 6º. Já na segunda hipótese a resistência do réu é total (art. 356, II), e o que motiva o legislador a abreviar o procedimento é a suficiência das provas já produzidas para o exame de uma parte do(s) pedido(s), reputada "em condições de imediato julgamento". É, nesse último caso, o mesmo pressuposto do julgamento antecipado – integral – do mérito (art. 355), mas incidente em menor extensão.

Em ambos os casos, trata-se de decisão interlocutória que aprecia, em definitivo, parcela do objeto litigioso, com as mesmas extensão e

53 Sobre o tema, v. o histórico traçado por SCHENK, Leonardo Faria. *O julgamento conforme o estado do processo no novo Código de Processo Civil*, Revista Eletrônica de Direito Processual – REDP, vol. XIV, jul/dez 2014, p. 263 e segs. Como aponta o autor, foram muitas as polêmicas que cercaram a antecipação de tutela por parcela incontroversa da demanda, decorrentes do fato de a Lei nº 10.444/02 ter introduzido, no § 6º do art. 273 do CPC/73, hipótese com essência e pressupostos muito distantes daquelas previstas nos incs. I e II do *caput* sob o qual se inseria. Por isso, as opiniões divergiam sobre se o § 6º se submeteria, e em qual extensão, ao mesmo regime da antecipação de tutela fundada no *caput*, notadamente quanto à profundidade da cognição exercida pelo juiz e à inaptidão à formação de coisa julgada material. Na jurisprudência, tomando por exauriente a cognição fundada no art. 273, § 6º, do CPC/73, mas, apesar disso, rejeitando-lhe a aptidão à coisa julgada material, v. STJ, REsp nº 1.234.887/RJ, Rel. Min. Ricardo Villas Bôas Cueva, Terceira Turma, julgado em 19/09/2013, DJe 02/10/2013; e, com referências apenas à provisoriedade da decisão, STJ, AgInt no REsp nº 990.785/MT, Rel. Min. Nefi Cordeiro, Sexta Turma, julgado em 15/08/2017, DJe 31/08/2017.

54 Logo, o adjetivo "incontroverso" empregado no inc. I do art. 356 mira diretamente em parcela do pedido, no que se poderia chamar de *parcial reconhecimento da procedência* (art. 487, III, 'a'), diversamente do que ocorre no art. 374, III, em que o mesmo adjetivo qualifica alegações de fato para o fim de delimitar o campo de incidência das provas. Nesse sentido, THEODORO JÚNIOR, Humberto. *Curso de direito processual civil*, v. I, Rio de Janeiro: Forense, 2021, p. 709.

profundidade da cognição que o juiz exerceria se formulado em ação autônoma e julgado por sentença[55]. No rigor dos termos, não cabe falar, no ponto, em sentença parcial[56]; cuida-se de pronunciamento judicial que se amolda ao critério residual de definição de decisão interlocutória eleito pelo art. 203, § 2º. E sendo definitiva, e não provisória, a tutela jurisdicional assim concedida[57], sequer cabe cogitar da nota da reversibilidade ou de confirmação ao tempo da sentença sobre a pretensão remanescente. As duas parcelas do mérito, a de exame antecipado e a relegada para após a instrução, são tratadas de forma autônoma pela lei processual: se não impugnada a decisão do art. 356 pelo recurso próprio, o agravo de instrumento (arts. 356, § 5º, e 1.015, II)[58], opera-se a coisa julgada material (art. 356, § 3º, c/c arts. 502, com menção agora a "decisão", não mais sentença, 520, *caput, a contrario sensu*, e 523), e, se condenatório o pedido assim julgado, o cumprimento de sentença que a ele se siga, ou, quando necessária, a liquidação (art. 356, § 1º), não fica a depender daquilo a ser decidido por sentença (art. 356, §§ 2º, primeira parte, e 4º).

Um amplo leque de questões, porém, surge da interação sistemática da nova técnica com outros domínios do CPC/15. A primeira reside no cumprimento provisório. É que vigora, para o cumprimento provisório *de sentença*, a exigência de caução idônea e suficiente para a prática de atos satisfativos ou dos quais possa resultar grave dano ao

---

55 Uma cognição plena e exauriente, portanto, como é geralmente próprio ao procedimento comum. No entanto, como não se descarta a aplicabilidade do art. 356 a procedimentos especiais, não parece correto tomar a afirmação como absoluta. Admitindo a aplicação do art. 356 também em julgamento de apelação, STJ, REsp nº 1.845.542/PR, Rel. Min. Nancy Andrighi, Terceira Turma, j. em 11/05/2021, DJe 14/05/2021.

56 Expressão que consta, ao contrário, do art. 23, § 1º, da Lei de Arbitragem (Lei nº 9.307/96), com a redação que lhe deu a Lei nº 13.129/15.

57 Com acerto o legislador de 2015 se distanciou do criticável caminho da reforma de 2002 ao CPC/73, porque, ao contrário do revogado art. 273, § 6º, não inseriu o art. 356 no Livro V da Parte Geral do Código. Nesse sentido, frisando que "seu regime é o da tutela *definitiva*", THEODORO JÚNIOR, Humberto. *Curso de direito processual civil*, v. I, Rio de Janeiro: Forense, 2021, p. 710 (grifos no original).

58 Entendeu a Terceira Turma do STJ que o cabimento do agravo de instrumento fundado nos arts. 356, § 5º, e 1.015, II, não se estende à decisão que *indefere* o julgamento antecipado parcial do mérito por reputar necessária prova para o exame de todos os pedidos (AgInt no AREsp nº 1.411.485/SP, Rel. Min. Marco Aurélio Bellizze, Terceira Turma, julgado em 01/07/2019, DJe 06/08/2019).

executado (art. 520, IV), medida de contracautela a serviço da eventual reversão do título em grau de recurso, ressalvado o art. 521. No entanto, se atentarmos para a parte final do art. 356, § 2º, que dispõe sobre a execução da decisão que antecipa parcialmente o mérito "ainda que haja recurso contra essa interposto" – isto é, o cumprimento provisório do art. 356 –, salta aos olhos que ali o caminho se abre ao exequente "independentemente de caução". Não parece haver razão a justificar tamanha diversidade de regimes, protegendo mais o executado quando o título do cumprimento provisório é uma sentença e menos se fundado em interlocutória. Se antecipada parte do mérito porque "em condições de imediato julgamento" (inc. II do art. 356), a dispensa, mais do que simples exceção ao art. 520, IV[59], parece caminhar em descompasso com a isonomia (CF, art. 5º, *caput*): se a pretensão constasse de ação autônoma e fosse apreciada em sentença a desnecessidade de instrução não afastaria a caução, porque nada a esse respeito prevê o art. 355, e a simples contingência de o autor ter cumulado pedidos não deveria ter peso na proteção a ser dedicada ao réu[60].

---

59 Enxergando no art. 356, § 2º, mera regra especial na comparação com a regra geral do art. 520, IV, v. BUENO, Cássio Scarpinella. Comentários ao art. 357, In: *Comentários ao novo Código de Processo Civil*, Antonio do Passo Cabral e Ronaldo Cramer (coords.), Rio de Janeiro: ed. Forense, 2015, p. 560. Em linha similar, falando em justificativa para a dispensa de caução "pelas circunstâncias especiais em que ocorre o julgamento antecipado parcial do mérito", THEODORO JÚNIOR, Humberto. *Curso de direito processual civil*, v. I, Rio de Janeiro: Forense, 2021, p. 710.

60 A crítica não se abranda mesmo diante do duplo cabimento do julgamento antecipado parcial no CPC/15, que abarca a parcela incontroversa da demanda (art. 356, I). Sob o CPC/73, já era firme a jurisprudência do STJ ao dispensar a caução para o levantamento de quantia no cumprimento provisório da antecipação de tutela fundada no art. 273, § 6º: se concordes autor e réu, nada haveria a acautelar, afastando-se nesse ponto a remissão do § 3º do dispositivo então vigente ao regime da execução provisória, aplicável apenas "no que couber" (STJ, AgInt no AREsp 699.898/PA, Rel. Min. Paulo de Tarso Sanseverino, Terceira Turma, julgado em 13/06/2017, DJe 21/06/2017; STJ, AgRg no AREsp 25.824/SP, Rel. Min. Maria Isabel Gallotti, Quarta Turma, julgado em 07/06/2016, DJe 15/06/2016; e STJ, AgRg no AREsp 740.102/RJ, Rel. Min. Ricardo Villas Bôas Cueva, Terceira Turma, julgado em 13/10/2015, DJe 19/10/2015). A orientação, conquanto correta, não é suficiente para explicar nem mesmo em parte o texto do § 2º do art. 356 do CPC/15. É que o *caput* do art. 523 do CPC/15 trata como *definitivo* o cumprimento "de decisão de parcela incontroversa", do que decorre *ipso facto* o afastamento da caução para a hipótese do inc. I do art. 356. Logo, para que não vingue a distinção arbitrária a que se aludiu no texto, ou bem se

No campo dos recursos há outros pontos sensíveis. Não prevê o Código sustentação oral em agravo de instrumento contra a interlocutória de julgamento antecipado parcial do mérito. No rol do art. 937, a única hipótese de agravo de instrumento é a referida no inc. VIII, de interlocutórias que versem sobre tutela provisória. Ora, nada justifica, do ponto de vista lógico ou sistemático, conceder a oportunidade de fala quando a decisão recorrida se funda em cognição sumária e ainda há de ser confirmada em sentença, por sua vez passível de apelação com sustentação (art. 937, I), e negar igual prerrogativa no agravo em que examinada em definitivo parcela do conflito (art. 356)[61].

O legislador tampouco se atentou para o art. 356 ao fixar a recorribilidade diferida prevista no art. 1.009, § 1°. Segundo a regra, as interlocutórias não imediatamente agraváveis comportam impugnação ao final da fase de conhecimento, em preliminar de apelação ou contrarrazões. Imaginemos então que, em processo com dois pedidos cumulados (A e B), o juiz rejeite prematuramente preliminar de falta de interesse do autor quanto ao pedido A e, em momento posterior, aplique o art. 356 julgando desde logo o pedido A, mas deixando para sentença a apreciação do pedido B. A segunda interlocutória, de aplicação do art. 356 quanto ao pedido A, é, sim, agravável, mas a primeira, de rejeição da preliminar quanto ao pedido A, não se amolda ao rol do art. 1.015. Pela literalidade do art. 1.009, § 1°, natural seria a conclusão, mas de todo indesejada, de subordinar o exame da

---

procede à redução teleológica do art. 356, § 2°, parte final, para abarcar apenas o inc. I do *caput,* no que apenas repetiria o que já decorre do art. 523, ou se lhe dá interpretação conforme a Constituição para que, em atenção à isonomia, a expressão "independentemente de caução" só se aplique, quando em jogo o inc. II, se configuradas as exceções do art. 521.

---

61 Defendendo, por conta disso, a interpretação ampliativa do art. 937, VIII, para abarcar também o agravo de instrumento fundado no art. 1.015, II, v. SOKAL, Guilherme Jales. *A nova ordem dos processos no Tribunal: colegialidade e garantias no CPC/15*, Revista de Processo, v. 272, 2017, p. 260, em problema que se estende também ao art. 354, parágrafo único. Na mesma linha é o teor do Enunciado n° 61 das Jornadas de Direito Processual Civil do CJF (*"Enunciado 61 – Deve ser franqueado às partes sustentar oralmente as suas razões, na forma e pelo prazo previsto no art. 937, caput, do CPC, no agravo de instrumento que impugne decisão de resolução parcial de mérito (art. 356, § 5°, do CPC)"*).

primeira interlocutória à interposição de *apelação* contra a sentença, apesar de a matéria, no exemplo dado, não guardar relação com o pedido B, único relegado à sentença, mas sim *exclusivamente* com o pedido A, julgado na forma do art. 356. Parece adequado, portanto, interpretando-se teleologicamente o art. 1.009, § 1º, e conjugando a regra com a menção a "trânsito em julgado" no § 3º do art. 356, que a insurgência contra a primeira interlocutória tenha por referência o recurso contra a decisão do art. 356, não a apelação, competindo à parte suscitar o reexame em preliminar ao *agravo de instrumento* ou em contrarrazões a este[62].

Por fim, problema similar atinge o prazo para a ação rescisória. No Código de 2015, essa ação autônoma de impugnação, cabível contra decisão – não mais, *textualmente*, apenas sentença – de mérito (art. 966, *caput*) e ainda nas hipóteses do § 2º do art. 966, permanece submetida, como regra, ao prazo decadencial de dois anos, agora "contados do trânsito em julgado da *última decisão* proferida no processo" (art. 975)[63]. Tal termo inicial, porém, se em jogo a interlocutória fundada no art. 356, dá margem a acesa polêmica. Literalmente interpretado, cumpriria deslocar para a sentença – *rectius*: a preclusão desta – o referencial para o prazo de decadência, ainda que na rescisória se impugne parcela do mérito com total independência do conteúdo daquela[64]. Mais uma vez, parece lícito tomar teleologicamente a expressão "última decisão proferida no processo" para preservar a autonomia que marca a técnica do art. 356, a fim de que a rescisão de capítulos de mérito julgados antecipadamente se subordine ao prazo contado da

62 Nessa linha é o Enunciado nª 611 do FPPC ("*Enunciado nº 611. (arts. 1.015, II; 1.009, §§ 1º e 2º; 354, parágrafo único; 356, §5º; 485; 487). Na hipótese de decisão parcial com fundamento no art. 485 ou no art. 487, as questões exclusivamente a ela relacionadas e resolvidas anteriormente, quando não recorríveis de imediato, devem ser impugnadas em preliminar do agravo de instrumento ou nas contrarrazões. (Grupo: Recursos (menos os repetitivos) e reclamação)*".

63 Incorporou-se, portanto, a Súmula nº 401 do STJ ("*O prazo decadencial da ação rescisória só se inicia quando não for cabível qualquer recurso do último pronunciamento judicial*"). Sobre o tema, v. BARBOSA MOREIRA, José Carlos. *Sentença objetivamente complexa, trânsito em julgado e rescindibilidade*, Revista de Processo, v. 31, nº 141, nov. 2006, p. 07-19.

64 A favor dessa interpretação, BUENO, Cássio Scarpinella. Comentários ao art. 357, In: *Comentários ao novo Código de Processo Civil*, Antonio do Passo Cabral e Ronaldo Cramer (coords.), Rio de Janeiro: ed. Forense, 2015, p. 561.

preclusão *dessa decisão interlocutória*, que para esse efeito é final, não da sentença[65].

III – A decisão de saneamento e organização do processo

As mudanças no saneamento e na organização do processo, no extenso art. 357, foram ainda mais profundas. Quatro princípios lhes serviram de eixo: contraditório, cooperação, economia processual e celeridade, em franca sintonia com as ideias lançadas por Barbosa Moreira no presente estudo.

Para o Mestre, no núcleo da garantia do contraditório (CF, art. 5º, LV) está o propósito de "assegurar a ambas as partes a oportunidade de buscar influir na formação do convencimento do juiz". A formulação é expressamente encampada no art. 369, uma regra dedicada à atipicidade dos meios de prova, mas em cuja parte final reside a mais feliz síntese da garantia do contraditório em todo o sistema do novo Código, ao proclamar o direito de "influir eficazmente na convicção do juiz". E é curioso que, ao assim fazer, optou o legislador por situar o *geral* na Parte Especial e o *específico* na Parte Geral, pois as três faces do princípio do contraditório proclamadas no Capítulo "Das normas fundamentais do processo civil" – i.e., paridade de armas (art. 7º), audiência bilateral (art. 9º) e não surpresa (art. 10) – no fundo são emanações que se reconduzem àquela síntese do direito de influência[66].

De outro lado, desdobramentos do princípio da cooperação ressaltados pelo autor ao longo do texto se tornaram, hoje, lei expressa.

65 Nessa linha, SCHENK, Leonardo Faria. *O julgamento conforme o estado do processo no novo Código de Processo Civil*, Revista Eletrônica de Direito Processual – REDP, vol. XIV, jul/dez 2014, p. 281. Em reforço, já decidiu o STJ que o prazo para a anulação de sentenças arbitrais parciais (art. 33 da Lei de Arbitragem) flui autonomamente, sem se condicionar à "sentença final arbitral" (STJ, REsp nº 1.543.564/SP, Rel. Min. Marco Aurélio Bellizze, Terceira Turma, j. em 25/09/2018, DJe 01/10/2018).

66 Em outras palavras, assegura-se a paridade de armas (art. 7º) para que haja igual oportunidade de influir eficazmente na convicção do juiz; preserva-se a oitiva da parte contrária antes de se proferir decisão (art. 9º) para que também ela possa influir eficazmente na convicção do juiz; e, por fim, são vedadas decisões-surpresa em atenção ao dever de advertência (art. 10) para que todos os pontos relevantes sobre os quais o juiz há de formar convicção, na motivação, possam ser submetidos à efetiva influência das partes.

A enunciação geral figura no art. 6º e vincula todos os sujeitos do processo, que devem agir em colaboração para assegurar que a relação jurídica processual atinja seus fins. E a postura mais ativa do juiz na determinação dos termos do litígio é exemplificada pelo art. 139, VIII, regra que o coloca em patamar de igualdade no diálogo com as partes impulsionado pelo *dever de esclarecimento* quanto ao conteúdo dos atos postulatórios[67], além do já referido *dever de prevenção* e do *dever de auxílio*, este último aplicado à petição inicial pelo art. 319, § 1º.

Por fim, nos arts. 4º e 8º o Código alça à condição de normas fundamentais do processo os princípios da celeridade e da eficiência ou economia processual, que conjugadas levam à busca de máximo rendimento na atividade jurisdicional com o mínimo de custos materiais e de tempo. Um estado ideal que só se pode alcançar, como apontado pelo autor, com a racionalização do trabalho dos sujeitos do processo.

É sob esse pano de fundo que deve ser enxergada a disciplina do art. 357. O dispositivo demarca com nitidez duas funções desempenhadas pela decisão interlocutória que a tradição nomeou de "despacho saneador": a função de saneamento e a função de organização do processo. Com a primeira, essencialmente retrospectiva[68], debruça-se o juiz sobre a validade dos atos processuais já praticados, apreciando as questões processuais porventura pendentes (inc. I), seja para quanto a elas aplicar os arts. 352 e 354, se tais providenciais até então não tiverem sido tomadas e se presente vício, seja para resolvê-las dando por saneado o feito. Já a função de organização do processo, à qual se dedicam os incs. II a V do art. 357, ressai verdadeiramente aprimorada com o CPC/15. Nesses quatro incisos[69], como se verá, a tônica de

67 Sobre o ponto, remete-se, nesta obra, às Notas de Atualização ao texto *Alguns problemas atuais da prova civil*.

68 MITIDIERO, Daniel. *Colaboração no processo civil: pressupostos sociais, lógicos e éticos*, São Paulo: Ed. Revista dos Tribunas, 2015, p. 124.

69 Pontuando que o rol do art. 357 não é taxativo, mas exemplificativo, DIDIER JÚNIOR, Fredie. *Curso de direito processual civil: introdução ao direito processual civil, parte geral e processo de conhecimento*, v. 1, Salvador: ed. Juspodivm, 2021, p. 859-860 e 864. Para o autor, seriam matérias também passíveis de inclusão na decisão de saneamento e organização do processo: i) a delimitação dos poderes do *amicus curiae* (art. 138, § 2º), ii) a calendarização do processo por acordo com as partes (art. 191) e iii) a delimitação dos beneficiados em litígios coletivos, neste último ponto em alinhamento com a Recomendação nº 76/2020 do Conselho Nacional de Justiça (arts. 4º e 6º). Em relação ao art. 191 do CPC/15,

racionalização se materializa pelo (i) planejamento da instrução e pela (ii) estipulação de nortes ao exercício do contraditório.

III.1 – O conteúdo da organização do processo

Cabe ao juiz, na organização do processo, "delimitar as questões de fato sobre as quais recairá a atividade probatória, especificando os meios de prova admitidos" (inc. II). Na primeira parte do dispositivo, de delimitação de questões de fato, a regra alcança cada ponto controvertido identificado do cotejo entre as postulações de autor e réu (arts. 319, VI, e 336), que devem ser traduzidos na interlocutória do art. 357 sob a forma de enunciados fáticos[70]. Para esse fim, não se distinguem fatos principais ou jurígenos, de um lado, e fatos simples ou secundários, de outro[71]; todos, se pertinentes e relevantes (art. 370) e carentes de prova (art. 374), devem ser delimitados nesse momento. E, por imperativo lógico, deve o juiz ainda explicitar, fundamentadamente, as questões de fato sobre as quais *não* recairá a atividade probatória, aí incluídos os fatos notórios (art. 374, I), porque mesmo essa qualificação não pode servir de surpresa às partes no julgamento de mérito (art. 10)[72].

---

a Regra 61 (3) das Regras-Modelo de Processo Civil para a Europa ELI/UNIDROIT também considera a audiência de *case management* como momento ideal para a calendarização do processo ("*Rule 61. Case management hearings to prepare for the final hearing and determination. (...) (3) In or immediately after a case management hearing, the court should, upon consultation with the parties: set a timetable or procedural calendar with deadlines for parties to complete their procedural obligations; set the timetable for a final hearing; and, the possible date by which judgment will be given*").

---

70 Sobre os conceitos de enunciados fáticos e narrativas processuais, v. TARUFFO, Michele. *Uma simples verdade: o juiz e a construção dos fatos*, Marcial Pons: Madri-Barcelona-Buenos Aires-São Paulo, 2016; e, mais recentemente, na literatura nacional, AUBERT, Eduardo Henrik. *A impugnação especificada dos fatos no processo civil: retórica, história, dogmática*, São Paulo: Ed. Thomson Reuters Brasil, 2020, p. 193 e segs.

71 Sobre a distinção, v. BARBOSA MOREIRA, José Carlos. As presunções e a prova, In: *Temas de direito processual:* primeira série, São Paulo: Saraiva, 1977, p. 55-71; e, na literatura recente, TARUFFO, Michele. Aspetti logici della valutazione della prova, In: *Verso la decisone giusta*, Torino: G. Giappichelli Editore, 2020, p. 205.

72 Nesse sentido, MONTESANO, Luigi. *La garanzia costituzionale del contraddittorio e i giudizi civili di 'terza via'*, Rivista di diritto processuale, v. 55, n. 4, out.-dez./2000, p. 935 e 941; e PISANI, Andrea Proto. *Lezioni di diritto processuale civile*, Napoli: Jovene Editore, 2014, p. 416.

Por força da segunda parte do inc. II do art. 357, incumbe ao juiz também estabelecer um liame entre o fato probando enunciado como controvertido e cada meio de prova admitido. Mais do que mera admissão, a *especificação* dos meios de prova é reforçada pelos §§ 6º e 7º do art. 357, que tratam, respectivamente, da restrição do número de testemunhas arroladas pelas partes, não superior, no total, a dez, sendo três "para a prova *de cada fato*", e das testemunhas admitidas pelo juiz, limitável levando em conta "a complexidade da causa e dos *fatos individualmente considerados*"[73]. E essa imposição se reflete nas partes, porque o requerimento de produção de meio de prova, ao invés de genérico ou imotivado, há de demonstrar precisamente qual a alegação de fato cuja veracidade tende a ser com ele esclarecida, sob pena de indeferimento. É o que decorre do princípio da cooperação (art. 6º) e do dever de esclarecimento que dele é corolário, mas sobretudo do art. 382: a regra, embora situada na produção antecipada de provas, parece explicitar uma diretriz geral do sistema, ao dispor que a parte que a requerer "mencionará com precisão os fatos sobre os quais a prova há de recair". Em suma, sob o CPC/15, não há espaço quer para requerimentos genéricos, quer para admissões genéricas de prova.

O art. 357 avança, nesse ponto, para balizar os primeiros passos do procedimento probatório. Ali se prevê, por exemplo, a fixação pelo juiz de prazo comum não superior a quinze dias para a apresentação de rol de testemunhas (art. 357, § 4º), ressalvada a hipótese, que se verá ser excepcional, de ter sido a decisão tomada em audiência (§ 3º), quando então nela mesma tem de ser apresentado o rol (§ 5º). Para a prova pericial, de igual forma, dispõe o § 8º ser a decisão de saneamento e organização o ato próprio para a nomeação do perito judicial, desencadeando as demais etapas do art. 465, com o acréscimo da exortação dirigida ao juiz para que, "se possível", estabeleça desde

73 Afirmando que, à luz do art. 357, § 7º, o juiz pode limitar e *ampliar* o número de testemunha, DIDIER JÚNIOR, Fredie. *Curso de direito processual civil: introdução ao direito processual civil, parte geral e processo de conhecimento*, v. 1, Salvador: ed. Juspodivm, 2021, p. 858. Sobre a temática das regras legais de limitações probatórias, passíveis de superação em atenção ao direito fundamental à prova, v., nesta obra, o estudo *Alguns problemas atuais da prova civil*, com as Notas de Atualização que a ele se seguem, bem como GRECO, Leonardo. *Limitações probatórias no processo civil*, Revista Eletrônica de Direito Processual – REDP, Rio de Janeiro, v.4, n.4, jul.-dez./2009, p. 04-28.

logo calendário de conclusão[74]. Cabe ao juiz designar, por fim, a audiência de instrução e julgamento (art. 357, V), se necessária a produção de prova oral (art. 361), atentando para o intervalo mínimo que o §9º idilicamente proclama.

No inciso seguinte do art. 357, o legislador sepultou controvérsia que por décadas povoou o CPC/73 – e o Código de Defesa do Consumidor, em especial. O dispositivo assenta competir ao juiz, nesse momento, "definir a distribuição do ônus da prova, observado o art. 373" (inc. III). Logo, quanto à matéria de fato, a organização do processo é tripartite, porque além i) da formulação dos enunciados fáticos e ii) da especificação dos meios de prova a eles relacionados também contempla iii) a definição de a quem prejudicará a incerteza ao final da instrução. Com isso, o Código de 2015 reconheceu que o ônus da prova serve de guia para o comportamento das partes, que planejam o exercício do contraditório ao longo do procedimento levando em conta os riscos que sobre elas recaem, e nessa medida devem ter efetivo conhecimento dessas consequências antes de sofrerem-nas. Daí decorre importante calibragem para a chamada distribuição dinâmica do ônus da prova, ampliada em seu campo de incidência pelo art. 373, § 1º, do Código de 2015. Essa redistribuição, se satisfeitos os requisitos legais[75], deve ser feita na decisão de organização do processo, porque é nesse momento em que preferencialmente se dá "à parte a oportunidade de se desincumbir do ônus que lhe foi atribuído" (art. 373, § 1º, parte final)[76].

---

74 Deve ser também preferencialmente nesse momento aplicado, se for o caso, o art. 139, VI, de modo a harmonizar essa adaptação do procedimento com a exigência de previsibilidade que decorre da garantia do contraditório, como aponta GRECO, Leonardo. Saneamento do processo, estabilidade e coisa julgada, In: *Coisa julgada e outras estabilidades processuais*, Fredie Didier Jr. e Antônio do Passo Cabral (Coords.), Salvador: Ed. Juspodivm, 2018, p. 628.

75 Sobre os pressupostos e os limites para a redistribuição dinâmica do ônus da prova sob o CPC/15, remete-se, nesta obra, à Nota de Atualização ao texto *Alguns problemas atuais da prova civil*. A abordagem aqui feita se limita ao momento adequado, no procedimento, para que o ponto seja decidido.

76 Assim se consolidou a jurisprudência do STJ sob o CPC/73, reputando que a aplicação do art. 6º, VIII, do CDC deveria "ocorrer preferencialmente na fase de saneamento do processo ou, pelo menos, assegurando-se à parte a quem não incumbia inicialmente o encargo, a reabertura de oportunidade para apresentação de provas" (STJ, REsp nº 802.832/MG, Rel. Min. Paulo de Tarso Sanseverino, Segunda Seção, julgado em 13/04/2011, DJe 21/09/2011).

O texto do inc. III do art. 357, entretanto, não parece se restringir à distribuição dinâmica. Também o ônus da prova regido pelo *caput* do art. 373, isto é, pela distribuição estática, pode dar margem a insegurança jurídica e prejuízo ao contraditório, porque muitas vezes apenas um olhar sobre a natureza abstrata do fato alegado (constitutivo, impeditivo, modificativo ou extintivo) não é suficiente à previsibilidade[77]. Exemplificam-no o ônus da prova (i) nas ações declaratórias negativas, em que a organização lógica do art. 373, I e II, não corresponde à alocação dos interesses das partes, (ii) quando em jogo a por vezes sutil diferença entre ônus de alegar e ônus de provar[78] ou, ainda, (iii) sempre que alegada cadeia mais complexa de fatos reciprocamente considerados, como a coação incidente sobre reconhecimento de dívida capaz de interromper a prescrição. Em todas essas hipóteses, soaria arbitrário desconsiderar a incerteza que mesmo os incs. I e II do art. 373 são capazes de gerar, realçando-a apenas quando em jogo o § 1°. E tanto assim que nem mesmo o texto do art. 357, III, abona a interpretação restritiva, dada a referência que lá consta sem qualquer ressalva ao art. 373[79].

O último conteúdo da organização do processo figura no inc. IV do art. 357: a delimitação das "questões de direito relevantes para a decisão do mérito" (inc. IV). A regra assegura o contraditório sobre a integralidade do *thema decidendum*, dando-se pleno e prévio conhecimento às partes de cada etapa do percurso lógico que o juiz terá de percorrer na motivação da sentença. E nisso se incluem as questões de direito, porque o papel da interlocutória do art. 357 de um verdadeiro plano para o desenrolar da instrução e do contraditório só é capaz de inspirar confiança se for abrangente.

A disposição incide sobre dois tipos de questões de direito: as já suscitadas pelas partes e as que o juiz repute, de ofício, relevantes para

---

77 Para um aprofundamento, v. PISANI, Andrea Proto. *Lezioni di diritto processuale civile*, Napoli: Jovene Editore, 2014, p. 444-6.

78 Sobre o ponto, v. RICCI, Gian Franco. *Principi di diritto processuale generale*, Torino: G. Giappichelli Editore, 2012, p. 358-361.

79 Por sinal, na comparação entre os arts. 357, III, e 373, nenhuma univocidade há no emprego do substantivo "distribuição" ou dos verbos "atribuir", "definir" e "incumbir". Também no sentido exposto no texto, SICA, Heitor Vitor Mendonça. *Evolução legislativa da fase de saneamento e organização do processo*, Revista de Processo, vol. 255, maio/2016, p. 435-60 (versão digital, p. 16).

o mérito; assim, conforme se trate de uma ou de outra, serve a organização do processo ou para *catalisar* ou para *instaurar* o contraditório sobre a matéria. Há, nesse segundo campo, clara conexão entre o inc. IV do art. 357 e o art. 10, que proclama como norma fundamental a vedação às decisões-surpresa[80]. Daí não se extrai tenha o Código de 2015 abandonado, para o exame do mérito, o tradicional brocardo *iura novit curia*, por força do qual o juiz não está adstrito a julgar o conflito à luz do enquadramento jurídico dado pelas partes aos fatos. Para fazê-lo, passa a ser necessária a separação de dois momentos: o de constatar a questão de direito de ofício, dando-a por pertinente, e o de decidi-la, resolvendo-a com a atribuição de significado ao texto normativo, para que entre ambos se insira a etapa de abertura à prévia manifestação das partes. E enxergar aí "pré-julgamento"[81] é, no mínimo, um erro lógico, pois se assim fosse do mesmo vício padeceria a fixação de pontos controvertidos de fato: tanto no inc. II quanto no inc. IV do art. 357, a mera explicitação de tais questões na organização do processo nada diz quanto ao sentido em que o juiz as resolverá ao tempo da sentença.

III.2 – As técnicas escrita e oral no CPC/15

Quanto ao modo de serem realizados o saneamento e a organização do processo, o Código de 2015 reserva espaços distintos às técnicas escrita e oral, em um esquema que se guia por variações no nível e no momento da participação cooperativa das partes no conteúdo da decisão. São três os modelos que a lei contempla.

---

80 Como o campo de incidência do art. 10 é evidentemente mais amplo, a interseção entre os dois dispositivo reside, a rigor, apenas nas questões de direito *pertinentes ao mérito* sob o *procedimento comum*. Referindo à decisão de saneamento e organização do processo como o momento propício para o juiz, em primeiro grau, concretizar o art. 10, v. DIDIER JÚNIOR, Fredie. *Curso de direito processual civil: introdução ao direito processual civil, parte geral e processo de conhecimento*, v. 1, Salvador: ed. Juspodivm, 2021, p. 859, frisando também a importância da identificação, nessa oportunidade, de questões prejudiciais para o fim do art. 503, § 1º.

81 Foi, por exemplo, o que entendeu o STJ no julgamento do EDcl no REsp nº 1.280.825/RJ, Rel. Min. Maira Isabel Gallotti, Quarta Turma, julgado em 27/06/2017, DJe 01/08/2017, para afastar a alegada violação ao art. 10 quando rejeitada a arguição de prescrição à luz do prazo de dez anos (CC/02, art. 205), apesar de até então apenas debatida pelas partes segundo o prazo de três anos (CC/02, art. 206, § 3º, V).

A regra geral consiste na decisão tomada por escrito pelo juiz (art. 357, § 1°, primeira parte, e § 3°, *a contrario sensu*). Isso se deve à separação dos propósitos que antes cercavam a revogada audiência preliminar[82]. À tentativa de acordo dedica-se, agora, a audiência do art. 334 do CPC/15, situada no limiar do procedimento para causas que admitem autocomposição (art. 334, § 4°, II), preferencialmente conduzida por mediadores ou conciliadores (art. 334, § 1°), só após a qual, se não atingido o consenso, tem início, como regra, o prazo para defesa (art. 335). Pressupondo a frustração da audiência do art. 334, o art. 357 passa a ter como missão própria a racionalização da instrução e do debate vindouros, mas sem prejuízo do poder-dever geral atribuído ao juiz de "promover, a qualquer tempo, a autocomposição (...)" (art. 139, V)[83].

Nessa primeira modalidade de saneamento e organização do processo, a forma da decisão é escrita e seu conteúdo é submetido à cooperação das partes apenas *a posteriori*, nos termos do art. 357, § 1°, parte final. A regra contempla a oportunidade de autor e réu[84] formularem o chamado "pedido de esclarecimentos e ajustes" sobre o ato judicial, no prazo comum de cinco dias. Pressupõe-se, aí, que o teor inicial da decisão levado ao conhecimento das partes seja provisório, um *projeto* de saneamento e organização, a se perfazer somente após essa etapa de diálogo. Tal pedido assume a forma de simples petição[85],

---

82 Sobre a trajetória do art. 331 do CPC/73, v. BARBOSA MOREIRA, José Carlos. Vicissitudes da audiência preliminar, In: *Temas de direito processual*: nona série, São Paulo: Ed. Saraiva, 2007, p. 129-140.

83 O direito português, no atual art. 591 do CPC de 2013, continua a incluir o promoção da autocomposição como objeto da chamada audiência prévia. A Regra 10 (1), segunda parte, das Regras-Modelo de Processo Civil para a Europa ELI/UNIDROIT prevê o dever do órgão judicial de submeter a perspectiva de acordo à consideração da partes nas audiências preparatórias e de *case management* ("*Rule 10. Role of the Court. (1) The court must facilitate settlement at any stage of the proceedings. Particularly, it must ensure that the parties consider settlement in the preparatory stage of proceedings and at case management conferences. If necessary for furthering the settlement process, it may order the parties to appear before it in person*").

84 Também o assistente simples e o *amicus curiae*, como afirma o Enunciado n° 675 do FPPC ("*675. (art. 357, §1°) O assistente e o amicus curiae têm direito de pedir esclarecimentos ou solicitar ajustes na decisão de saneamento e organização do processo, nos limites dos seus poderes e interesse processual. (Grupo: Litisconsórcio e Intervenção de Terceiros)*").

85 CÂMARA, Alexandre Freitas. *O novo processo civil brasileiro*, São Paulo: Atlas, 2021, p. 221; e DIDIER JÚNIOR, Fredie. *Curso de direito processual civil: intro-*

não de recurso, e tem cabimento amplo, sem que a vagueza das palavras escolhidas pela lei recomende interpretação restritiva[86].

A segunda modalidade de decisão do art. 357 não se altera quanto à forma, que é também escrita, mas quanto à interferência das partes na definição do seu conteúdo. Prevê-se agora a possibilidade de autor e réu consensualmente definirem as "questões de fato e de direito a que se referem os incisos II e IV", em um negócio processual típico que, se homologado, "vincula as partes e o juiz" (art. 357, § 2º). A vontade das partes passa a ser a força motriz da qual se origina a organização do processo, com o poder de moldar a cognição judicial sobre as questões de mérito[87]. Natural que, com tamanho potencial transformador, a disposição seja hoje alvo de larga controvérsia na doutrina, em par-

---

dução ao direito processual civil, parte geral e processo de conhecimento, v. 1, Salvador: ed. Juspodivm, 2021, p. 860 ("não se devem exigir maiores formalidades").

---

86 Nessa linha, WAMBIER, Luiz Rodrigues; TALAMINI, Eduardo. *Curso avançado de processo civil: cognição jurisdicional (processo comum de conhecimento e tutela provisória)*, v. 2, São Paulo: Ed. Revista dos Tribunais, 2016, p. 213. Admitindo a complementação de requerimentos de prova, fundada no art. 357, § 1º, após terem as partes conhecimento dos pontos controvertidos fixados pelo juiz, SICA, Heitor Vitor Mendonça. *Evolução legislativa da fase de saneamento e organização do processo*, Revista de Processo, vol. 255, maio/2016, p. 435-60 (versão digital, p. 06).

87 Também assim, mais recentemente, a Regra 26 (3) das Regras-Modelo de Processo Civil para a Europa ELI/UNIDROIT ("*Rule 26. Applicable law. (...) (3) Where parties are free to dispose of their rights, they may agree on the legal basis of the claim or on specific issues in the claim. Such an agreement must be explicit and must, even if it was made before commencement of the proceedings, be set out in the pleadings. The agreement binds the court*"), por sua vez complementada pela Regra 57 ("*Rule 57. Contents of the joint application. (1) A joint application is a statement of claim in which parties jointly may submit to the court their agreement according to Rule 26, their respective claims and defences, the issues on which they disagree and which are to be determined by the court, and their respective arguments on those disputed issues. (2) In order to be admissible, the joint application must contain: (a) the designation of the parties; (b) the designation of the court before which the proceedings are brought; (c) the relief sought, including the monetary amount or the specified terms of any other remedy sought; and (d) the relevant facts and the legal grounds, on which the action is based. (3) A joint application must describe the available means of evidence to be offered in support of factual allegations. Whenever possible, such evidence must be attached to the application. (4) It must be signed and dated by the parties*").

te comungando das incertezas que cercam o novel art. 190, notadamente quanto a seus requisitos[88] e ao controle pelo juiz ao tempo da homologação[89].

Por fim, o espaço dedicado à técnica oral consiste no § 3º do art. 357. Contempla-se, ali, o saneamento e a organização do processo em audiência, a ser designada pelo juiz "se a causa apresentar complexidade em matéria de fato ou de direito"[90]. Ao invés de posterior ou prévia, nessa terceira modalidade a influência das partes é concomitante à tomada de decisão pelo juiz ("...para que o saneamento seja feito em cooperação com as partes"), de maneira que o conteúdo do art. 357 – não só, literalmente, o saneamento (inc. I) – seja construído em diálogo. A parte final do dispositivo revela a tônica paritária com o simbólico emprego do verbo "convidar", ao referir à exortação que, se for o

88 *V.g*, afirmando que o art. 357, § 2º, só é aplicável a causas que envolvam direitos disponíveis, mais do que a mera possibilidade de autocomposição, THEODORO JÚNIOR, Humberto. *Curso de direito processual civil*, v. I, Rio de Janeiro: Forense, 2021, p. 716; e WAMBIER, Luiz Rodrigues; TALAMINI, Eduardo. *Curso avançado de processo civil: teoria geral do processo*, v. 1, São Paulo: Ed. Revista dos Tribunais, 2016, p. 523.

89 *V.g.*, admitindo a recusa à homologação se constatada a ausência de verossimilhança nos fatos consensualmente havidos como ocorridos, DIDIER JÚNIOR, Fredie. *Curso de direito processual civil: introdução ao direito processual civil, parte geral e processo de conhecimento*, v. 1, Salvador: ed. Juspodivm, 2021, p. 863. Por sua vez, o Enunciado nº 127 das Jornadas de Direito Processual Civil do CJF considera cabível a homologação apenas parcial do negócio ("*Enunciado 127 – O juiz pode homologar parcialmente a delimitação consensual das questões de fato e de direito, após consulta às partes, na forma do art. 10 do CPC*").

90 Na doutrina, flexibilizando o requisito com apoio no princípio da adequação para admitir a audiência mesmo em causas desprovidas de complexidade, v. CÂMARA, Alexandre Freitas. *O novo processo civil brasileiro*, São Paulo: Atlas, 2021, p. 222; e DIDIER JÚNIOR, Fredie. *Curso de direito processual civil: introdução ao direito processual civil, parte geral e processo de conhecimento*, v. 1, Salvador: ed. Juspodivm, 2021, p. 862. Também nessa linha é o Enunciado nº 298 do FPPC ("*298. (art. 357, § 3º) A audiência de saneamento e organização do processo em cooperação com as partes poderá ocorrer independentemente de a causa ser complexa. (Grupo: Petição inicial, resposta do réu e saneamento)*"). Para GRECO, Leonardo. Saneamento do processo, estabilidade e coisa julgada, In: *Coisa julgada e outras estabilidades processuais*, Fredie Didier Jr. e Antônio do Passo Cabral (Coords.), Salvador: Ed. Juspodivm, 2018, p. 624, "basta que uma das partes o requeira, alegando motivo justificável, para que o juiz deva designá-la, desde que avalie positivamente o proveito que a presença das partes possa trazer para a melhor qualidade da decisão de saneamento".

caso, pode o juiz dirigir às partes para esclarecerem ou integrarem suas alegações na oportunidade[91], no que se alinha com a interação mais franca e espontânea que é, idealmente, a marca da comunicação oral[92].

III.3 – Desafios ainda pendentes

À semelhança do narrado pelo Mestre, subsistem muitos desafios na prática judiciária de hoje, mesmo após o CPC/15, para a efetividade da decisão de saneamento e organização. Na base do fenômeno, combinam-se razões que vão desde o excesso de trabalho dos órgãos judiciais até o simples despreparo dos sujeitos processuais que para essa tarefa deveriam contribuir – não só o juiz, frise-se. É ainda comum a burla ao conteúdo e ao momento no procedimento próprios ao art. 357, com os condenáveis hábitos de postergar o exame de vícios processuais para a sentença ou de atentar contra a lógica, deferindo-se

---

91 Na linha do que prevê o § 139 da ZPO alemã, conforme apontam CHASE, Oscar G.; et alli. *Civil litigation in comparative context*, Oscar G. Chase e Helen Hershkoff, Thomson/West, 2007, p. 196. Mais recentemente, diretriz similar foi encampada pelas Regras-Modelo de Processo Civil para a Europa ELI/UNIDROIT: quanto às alegações de fato, na Regra 24 (1) ("*Rule 24. Facts. (1) The parties must put forward such facts as support their claim or defence. The court may invite the parties to clarify or supplement these facts*"); e, quanto aos requerimentos de prova, na Regra 25 (3) ("*Rule 25. Evidence. (...) (3) In so far as appropriate the court may invite the parties to supplement their offers of evidence. Exceptionally, it may take evidence on its own motion*").

92 É controvertida, na doutrina, a harmonização dos §§ 1° e 3° do art. 357. Para alguns, se aplicável o § 3°, não caberia cogitar do prazo subsequente de cinco dias para o pedido, pelas partes, de esclarecimento ou ajustes sobre o ato judicial, a ser formulado oralmente somente até o final da própria audiência. Nesse sentido, v. DIDIER JÚNIOR, Fredie. *Curso de direito processual civil: introdução ao direito processual civil, parte geral e processo de conhecimento*, v. 1, Salvador: ed. Juspodivm, 2021, p. 861). Contra, entendendo que a presença na audiência não afasta o prazo de cinco dias previsto no § 1° do art. 357, GRECO, Leonardo. Saneamento do processo, estabilidade e coisa julgada, In: *Coisa julgada e outras estabilidades processuais*, Fredie Didier Jr. e Antônio do Passo Cabral (Coords.), Salvador: Ed. Juspodivm, 2018, p. 617; FERREIRA, William Santos; LECCIOLLI, Willian. *Audiência de saneamento e organização instrutória comparticipativa* (Case management), Revista de Processo, vol. 305, jul./2020, p. 111 - 137 (versão digital, p. 13); e ROCHA, Henrique de Moraes Fleury da. *A estabilidade da decisão de saneamento e organização do processo: impactos para as partes*, Revista de Processo, vol. 320, out./2021, p. 125-141 (versão digital, p. 03).

provas sem antes fixar pontos controvertidos de fato[93]. Como resultado, perdem-se os ganhos que um processo verdadeiramente *bifásico* poderia aportar à economia processual e à racionalização dos trabalhos, que reclama dois contatos mais profundos do juiz para conhecimento do litígio: um, ao final, naturalmente para julgar o mérito, mas também outro para bem sanear e organizar após a fase postulatória[94]. Sem isso, as virtudes do art. 357 tendem a se converter em letra morta.

Nos caminhos cogitados para superar esse diagnóstico, o art. 1.069 do Código, em tese, até poderia contribuir para novas abordagens de incremento da responsabilidade das partes e do juiz ou de controle quantitativo de processos que, com ou sem razão, é corriqueiramente apontado como entrave. Não se tem notícia até o momento, porém, de que o Conselho Nacional de Justiça tenha promovido "pesquisas estatísticas para a avaliação da efetividade" do art. 357[95].

---

93 Além das passagens do estudo ora em referência, o autor retomou a crítica, sob o CPC/73, em BARBOSA MOREIRA, José Carlos. Vicissitudes da audiência preliminar, In: *Temas de direito processual*: nona série, São Paulo: Ed. Saraiva, 2007, p. 132. Recusando, sob o CPC/15, a possibilidade de o juiz "relegar questões formais ou preliminares (...) para exame na sentença final", THEODORO JÚNIOR, Humberto. *Curso de direito processual civil*, v. I, Rio de Janeiro: Forense, 2021, p. 713. Em adição, afirmando que os tribunais "costumam fazer 'vista grossa' ao reiterado descumprimento do dever (...) [de] fixação de pontos controvertidos", SICA, Heitor Vitor Mendonça. *Evolução legislativa da fase de saneamento e organização do processo*, Revista de Processo, vol. 255, maio/2016, p. 435-60 (versão digital, p. 04). Também em tom crítico quanto à "relegação (...) para a sentença final ou pior, embora real, a absoluta omissão" do exame das matérias elencadas no art. 357, GRECO, Leonardo. Saneamento do processo, estabilidade e coisa julgada, In: *Coisa julgada e outras estabilidades processuais*, Fredie Didier Jr. e Antônio do Passo Cabral (Coords.), Salvador: Ed. Juspodivm, 2018, p. 604.

94 Nas palavras do Mestre, "só pode ministrá-la [uma preparação adequada para o método concentrado] a prévia e atenta leitura dos autos". Na doutrina mais recente, para um análise teórica dos ganhos epistêmicos do chamado processo bifásico, v. ARAÚJO, José Aurélio de. *Cognição sumária, cognição exaustiva e coisa julgada*, São Paulo: Ed. Revista dos Tribunais, 2017, em especial às p. 113 e segs.

95 O órgão tem publicado anualmente, desde 2004, o chamado relatório *Justiça em números* (https://www.cnj.jus.br/pesquisas-judiciarias/justica-em-numeros/; acesso em 07/11/2021). Os dados globais que ali figuram, no entanto, não parecem esgotar a importante missão proclamada no art. 1.069 do CPC/15.

Já a via de reforçar a preclusão para incrementar a importância da técnica concentrada[96] recebeu, agora, um ingrediente novo. Superada a fase do pedido de esclarecimentos e ajustes, o legislador atribui, na parte final do § 1º do art. 357, uma nova qualidade à decisão de saneamento e organização do processo: a aptidão a se tornar "estável". O termo é vago e ainda conta com o desafio de ter sido empregado em domínios (e, ao que tudo indica, com significados) distintos ao longo do Código[97], passando a gravitar, ao lado da preclusão e da coisa julgada, em torno do princípio da segurança jurídica no processo.

Se mirarmos, em primeiro lugar, na função de saneamento no art. 357, não parece seja ele suficiente a pôr fim à classifica polêmica sobre a eficácia preclusiva do exame positivo ou negativo, ou da falta dele, que o juiz nesse momento realize quanto às condições da ação e aos pressupostos processuais: na ausência de uma tomada de posição clara pelo legislador, permanecem como ingredientes na equação os arts. 485, § 3º, e 505, invocados respectivamente contra e a favor da preclusão[98]. Já para os incs. II, III, IV e V do art. 357 parece tomar corpo

---

96 Frisando também o ponto, na literatura recente, DIDIER JÚNIOR, Fredie. *Curso de direito processual civil: introdução ao direito processual civil, parte geral e processo de conhecimento*, v. 1, Salvador: ed. Juspodivm, 2021, p. 870.

97 Além de no art. 357, § 1º, o adjetivo "estável" também qualifica a tutela antecipada antecedente se ausente insurgência do réu (art. 304) e serve de norte para a jurisprudência (art. 926). Para uma tentativa de sistematização, v. CABRAL, Antônio do Passo. As estabilidades processuais como categoria incorporada ao sistema do CPC, In: *Coisa julgada e outras estabilidades processuais*, Fredie Didier Jr. e Antônio do Passo Cabral (Coords.), Salvador: Ed. Juspodivm, 2018, p. 25-60.

98 Na vigência do CPC/73, BARBOSA MOREIRA, José Carlos. *O novo processo civil brasileiro: exposição sistemática do procedimento*, Rio de Janeiro: ed. Forense, 2012, p. 53: "A decisão de saneamento produz a preclusão: *a)* de todas as questões decididas, *ex officio* ou mediante provocação da parte, pelo juiz, com ressalva da possibilidade, que sempre lhe fica, de determinar a realização de prova indeferida mas que lhe venha a parecer, mais tarde, necessária à instrução do feito (art. 130); e também *b)* das questões não decididas – desde que antes suscitadas ou simplesmente suscitáveis, ou apreciáveis de ofício – cuja solução cabia na decisão de saneamento, excetuadas apenas aquelas que, à luz de regra legal específica ou do sistema do Código, possam ser resolvidas posteriormente: assim, *v.g.*, a da incompetência absoluta (art. 113, *caput*), a relativa a alguma nulidade que a parte prove não ter alegado antes em virtude de 'legítimo impedimento' (art. 245, parágrafo único, *fine*)". Sob o Código de 2015, afirmando a impossibilidade de alteração do decidido pelo juiz com base no art. 357, I, v. CÂMARA,

a orientação por enxergar na estabilidade uma diretriz de organização "tendencialmente definitiva" do processo[99], que sirva, sim, como norte às partes, mas não com excessiva rigidez. Aprofundado o conhecimento da causa com o desenrolar da instrução e dos debates, se revelado o desacerto da organização então fixada, devem ser admitidas modificações nas questões de fato ou de direito ou mesmo na distribuição do ônus da prova definidos anteriormente, desde que respeitada a boa-fé de autor e réu, que depositaram confiança na decisão do art. 357 para o planejamento de suas defesas[100]. O ponto é especialmente sensível

Alexandre Freitas. *O novo processo civil brasileiro*, São Paulo: Atlas, 2021, p. 221 e 306; DIDIER JÚNIOR, Fredie. *Curso de direito processual civil: introdução ao direito processual civil, parte geral e processo de conhecimento*, v. 1, Salvador: ed. Juspodivm, 2021, p. 866-72; e, em termos, SICA, Heitor Vitor Mendonça. *Evolução legislativa da fase de saneamento e organização do processo*, Revista de Processo, vol. 255, maio/2016, p. 435-60 (versão digital, p. 07-08), para quem a estabilidade significou aumento da carga preclusiva a impedir a reapreciação de questões processuais resolvidas pelo juiz, mas ainda considerando que os vícios rescisórios (art. 966) mitigariam essa rigidez. Contra, rejeitando a preclusão de questão de ordem pública apreciada nesse momento, THEODORO JÚNIOR, Humberto. *Curso de direito processual civil*, v. I, Rio de Janeiro: Forense, 2021, p. 718. Para GRECO, Leonardo. Saneamento do processo, estabilidade e coisa julgada, In: *Coisa julgada e outras estabilidades processuais*, Fredie Didier Jr. e Antônio do Passo Cabral (Coords.), Salvador: Ed. Juspodivm, 2018, p. 600-603, a revisão do decidido com base no art. 357, I, "ressalvadas as decisões de mérito e as de extinção parcial do processo, em que o juiz esgotou a sua jurisdição", exige fundamentação relevante, ponderação dos interesses em jogo, prévia oitiva e preservação da boa-fé das partes, respeito à paridade de armas e nova possibilidade de proposição de alegações e provas em relação às novas questões emergentes da modificação. Na jurisprudência, recente sinalização em prol da preclusão de matérias de ordem pública "se já tiverem sido objeto de anterior manifestação jurisdicional" consta de STJ, REsp nº 1.637.515/AM, Rel. Min. Marco Buzzi, Quarta Turma, j. em 25/08/2020, DJe 27/10/2020.

99 Falando em "fixação tendencialmente definitiva" do *thema decidendum* e do *thema probandum* com a primeira audiência de *trattazione* do art. 183 do CPC italiano, v. PISANI, Andrea Proto. *Lezioni di diritto processuale civile*, Napoli: Jovene Editore, 2014, p. 91.

100 GRECO, Leonardo. Saneamento do processo, estabilidade e coisa julgada, In: *Coisa julgada e outras estabilidades processuais*, Fredie Didier Jr. e Antônio do Passo Cabral (Coords.), Salvador: Ed. Juspodivm, 2018, p. 598-599 e 606, reputando aplicáveis à hipótese as mesmas exigências para a alteração do saneamento do processo, mencionadas logo acima neste texto. Em linha similar, rejeitando a rigidez na organização do processo à luz da estabilidade, SICA, Heitor Vitor Mendonça. *Evolução legislativa da fase de saneamento e organização do pro-*

em relação à produção de provas, com propostas contemporâneas para um novo olhar sobre as diferenças tradicionalmente afirmadas entre as limitações temporais às iniciativas probatórias das partes e do juiz[101] e sobre as balizas para o poder do juiz de reconsiderar provas já deferidas[102].

Por fim, as matérias apreciadas na decisão interlocutória do art. 357 se submetem a regimes distintos de recorribilidade. Se inseridas no

---

cesso, Revista de Processo, vol. 255, maio/2016, p. 435-60 (versão digital, p. 08). Aparentemente em sentido contrário, CÂMARA, Alexandre Freitas. *O novo processo civil brasileiro*, São Paulo: Atlas, 2021, p. 220-1 e 306, para quem a estabilidade significa "vincula[r] o juízo de primeiro grau a ela [refere-se à decisão do art. 357] de forma absoluta", mas frisando as exceções de fatos supervenientes (art. 493) e de "questão nova, daquelas que podem ser suscitadas a qualquer tempo (e que ainda não tivesse sido suscitada)".

---

101 Reputando que apenas um processo civil autoritário permitiria flexibilizar para o juiz a preclusão temporal em matéria probatória, sem permitir o mesmo para as partes, v. MONTELEONE, Girolamo. *Preclusioni e giusto processo: due concetti incompatibili*, Il giusto processo civile, nº 1/2006, p. 34. Nessa linha, no direito brasileiro, THEODORO JÚNIOR, Humberto. *Curso de direito processual civil*, v. I, Rio de Janeiro: Forense, 2021, p. 718; e GRECO, Leonardo. Saneamento do processo, estabilidade e coisa julgada, In: *Coisa julgada e outras estabilidades processuais*, Fredie Didier Jr. e Antônio do Passo Cabral (Coords.), Salvador: Ed. Juspodivm, 2018, p. 599-600.

102 Na jurisprudência do STJ, permitiu-se, por um lado, a reconsideração de prova testemunhal cuja oitiva dependia de carta rogatória, porque, como "prova meramente útil, esclarecedora ou complementar, não deve obstar o curso regular do processo" (STJ, REsp nº 1.132.818/SP, Rel. Min. Nancy Andrighi, Terceira Turma, j. em 03/05/2012, DJe 10/05/2012). Em sentido contrário, porém, reputou-se que, se inconclusiva perícia por insuficiência de material biológico do suposto pai, falecido, para exame de DNA, não se poderia indeferir a segunda perícia após a obtenção do material faltante, porque gerada expectativa para as partes na pertinência e relevância da prova (STJ, REsp nº 1.229.905/MS, Rel. Min. Luis Felipe Salomão, Quarta Turma, j. em 05/08/2014, DJe 02/09/2014; recentemente, nessa mesma linha, STJ, AgInt no REsp nº 1.686.433/RS, Rel. Min. Marco Aurélio Bellizze, Terceira Turma, j. em 20/03/2018, DJe 02/04/2018). Na doutrina, defendendo a proteção da legítima expectativa das partes após o deferimento inicial da prova, GRECO, Leonardo. Saneamento do processo, estabilidade e coisa julgada, In: *Coisa julgada e outras estabilidades processuais*, Fredie Didier Jr. e Antônio do Passo Cabral (Coords.), Salvador: Ed. Juspodivm, 2018, p. 611.

rol[103] do art. 1.015 do Código[104], comportam agravo de instrumento[105], com o mais expressivo exemplo da redistribuição do ônus da prova (art. 1.015, XI). Não sendo este o caso, a impugnação rege-se pelo art. 1.009, § 1º, diferida para a interposição de apelação ou a apresentação de contrarrazões.

103 Entendendo que "o rol do art. 1.015 do CPC é de taxatividade mitigada, por isso admite a interposição de agravo de instrumento quando verificada a urgência decorrente da inutilidade do julgamento da questão no recurso de apelação", STJ, REsp nº 1.696.396/MT, Rel. Min. Nancy Andrighi, Corte Especial, j. em 05/12/2018, DJe 19/12/2018.

104 Ou em outras disposições esparsas de cabimento do agravo de instrumento, como os arts. 354, parágrafo único, e 1.037, § 13, I.

105 Afirmando que o prazo para a interposição de agravo de instrumento não se condiciona ou se altera pela oportunidade de formular pedido de esclarecimentos ou ajustes (art. 357, § 1º), v. GRECO, Leonardo. Saneamento do processo, estabilidade e coisa julgada, In: *Coisa julgada e outras estabilidades processuais*, Fredie Didier Jr. e Antônio do Passo Cabral (Coords.), Salvador: Ed. Juspodivm, 2018, p. 616; e DIDIER JÚNIOR, Fredie. *Curso de direito processual civil: introdução ao direito processual civil, parte geral e processo de conhecimento*, v. 1, Salvador: ed. Juspodivm, 2021, p. 860.

ALGUNS PROBLEMAS ATUAIS DA PROVA CIVIL[1]

1. O julgamento da maior parte dos litígios, ninguém o ignora, implica necessariamente a solução de questões de fato: as partes apresentam, em regra, versões não coincidentes dos acontecimentos que deram origem ao pleito, e o órgão judicial, para aplicar as normas de modo correto, precisa averiguar como foi que realmente se passaram as coisas. Se parece impróprio enxergar na descoberta da verdade o fim último do processo, é sobretudo porque, em relação ao ato de julgar, ela desempenha papel instrumental[2]: a função cognitiva do juiz não se esgota com a exposição daquilo que, a seu ver, aconteceu, mas vai além, para determinar as respectivas consequências jurídicas – ou, de acordo com fórmula clássica, enunciar a "regra jurídica concreta" que deve disciplinar aquela determinada situação[3]. Reconhecê-lo de modo algum importa relegar a plano secundário, na atividade jurisdicional, o momento da apuração da realidade fática[4].

Leve-se em conta que, com poucas exceções, só por meio das provas tem o juiz acesso ao conhecimento dos fatos, e facilmente se concluirá que, ao menos em princípio, a probabilidade de atingir-se uma decisão justa cresce na razão direta do rendimento dos mecanismos probatórios. Quanto mais abundantes e mais seguros subsídios se puderem obter das provas, tanto menor a margem de erro a que ficará sujeito o órgão judi-

---

1 Texto de conferência pronunciada no Rio de Janeiro, em 27-5-1988, por ocasião das XI Jornadas Ibero-americanas de Direito Processual. Acrescentaram-se as notas. Publicado na *Revista de Crítica Judiciária,* v. 4.

2 Expressivamente, LAUMEN, *Das Rechtsgespräch* im *Zivilprozess,* Colônia-Berlim-Bonn-Munique, 1984, p. 80: *"Die Wahrheitsfindung kann immer nur ein Mittel im Dienste anderer Prozesszwecke. Sie geschieht nicht um ihrer selbst willen, sondern dienst allein dazu, eine richtige, d. h. am wahren Sachverhalt orientierte Entscheidung zu ermöglichen* (A descoberta da verdade só pode ser um meio a serviço de outros fins do processo. Ela não se dá por amor de si mesma, senão que unicamente serve para possibilitar uma decisão justa, isto é, referida a um fato verdadeiro)".

3 LIEBMAN, *Manuale di diritto processuale civile,* v. I, 2ª ed., Milão, 1957, p. 10.

4 Conforme fazem, ao contrário, as correntes de pensamento que veem no processo, exclusiva ou predominantemente, um mecanismo de mera resolução de conflitos: *vide* a tal respeito, na doutrina mais recente, TARUFFO, Note per una ri forma del diritto delle prove, *in Riv. di Dir. Proc.,* v. XLI (1986), p. 239 e s.

cial, na hora de sentenciar. Tal ideia, em si, não é com certeza de hoje, nem de ontem; vários de seus desdobramentos, porém, vão ganhando relevo particular, por diferentes razões, no quadro atual da administração da Justiça.

Qualquer reflexão sobre as possibilidades de melhor aproveitamento das fontes de informação do juiz admite, naturalmente, mais de um enfoque. Três aspectos capitais, ao nosso ver, merecem aqui atenção: primeiro, o da determinação das provas utilizáveis; segundo, o da introdução dessas provas no processo; terceiro, o da respectiva avaliação pelo julgador. Cumpre indagar, com referência a cada um desses tópicos, de que meios podemos dispor para extrair maior benefício da atividade de instrução.

2. No que concerne ao primeiro, espontaneamente acode ao espírito uma diretriz fundamental: em sistema que aspire à máxima eficiência, quaisquer possíveis fontes de prova podem e devem comportar utilização. A eventual exclusão de alguma delas é que, por abrir exceção, precisará ser cumpridamente justificada, caso a caso; e a justificação terá de apoiar-se na necessidade de resguardar valores jurídicos de grau superior, ou pelo menos igual, ao daquele, a cuja proteção, *ipso facto,* se renuncia[5].

2.1. Corolário imediato de tal princípio é o de que a lei não deve encerrar em enumeração taxativa o elenco das provas utilizáveis[6]. Adotou orientação louvável o legislador processual brasileiro de 1973, quando, no art. 332, inspirado no art. 87 do *Codice di procedura civile dello Stato della Cittá del Vaticano*[7], estabeleceu que "todos os meios legais, bem como

---

5 Com razão WALTER, *Freie Beweiswürdigung,* Tübingen. 1979, p. 314: *"Erforderlich ist* (...) *die Betonung, dass die Beschränkung in jedem Falle einer besonderen Legitimation bedarf* (É necessário acentuar que a limitação precisa de uma justificação especial em cada caso)".

6 Cf. WALTER, ob. cit., p. 304, 314: o *numerus clausus,* na matéria, é incompatível com o direito à prova, assegurado pelo princípio do Estado de direito.

7 Eis o teor do modelo: "Art. 87 - *Tutti* i *mezzi atti ad accertare la veritá del fatti dimostrativi del fondamento dell'azione o dell'eccezione, e che siano legalmente e moralmente legittimi, possono essere disposti dall'autorità giudiziaria, al fine di assicurare una decisione della causa conforme a giustizia".* MONIZ DE ARAGÃO, *Exegese do Código de Processo Civil,* v. IV, t. I, Rio de Janeiro, s.d., p. 77-8, extrai da ligeira diferença de redação ("bem como... " - *"e che siano... ")* ilação de certo alcance em sede interpretativa.

os moralmente legítimos, ainda que não especificados neste Código, são hábeis para provar a verdade dos fatos, em que se funda a ação ou a defesa". Ficou destarte reconhecida em termos expressos, no ordenamento pátrio, a admissibilidade das chamadas "provas atípicas" ou "inominadas", afastando-se controvérsias do tipo das que o ponto tem suscitado em sistemas, como o italiano, onde inexiste disposição semelhante[8].

Já se objetou que a ampliação assim consagrada é mais aparente que real. Não se conceberia uma verdadeira superação dos lindes do repertório legal das provas, pois que naturalmente limitadas as fontes de informação a que pode recorrer o juiz: outras pessoas, coisas e fenômenos materiais[9]. Os próprios métodos e instrumentos de investigação fornecidos pelo progresso científico e tecnológico seriam passíveis de enquadramento nas categorias tradicionais, mediante simples flexibilização de conceitos: assim o de documento, em que se compreenderiam não só os escritos, mas todos os meios materiais com função representativa, inclusive, *v.g.*, as gravações em discos ou fitas magnéticas[10]. Aqueles métodos e instrumentos gerariam exclusivamente problemas particulares de natureza prática, suscetíveis de afetar, por exemplo, a verificação da autenticidade, segundo se concebe que ocorra ao longo de operações eletrônicas[11] e noutras tecnicamente sofisticadas; tais peculiaridades, contudo, não prejudicariam o arranjo dogmático da matéria.

Seja como for, sempre será possível cogitar de uma utilização das fontes por forma diversa da comum, regulada na lei. Para ficarmos num

---

8 Segundo alguns, a mera inexistência de norma que declare inadmissíveis as provas não expressamente reguladas constitui argumento a favor da respectiva admissibilidade: assim, *v.g.*, CAPPELLETTI, *La testimonianza della parte nel sistema dell'oralità*, Milão, 1962, v. I, p. 270-1; TARUFFO, Provê atipiche e convincimento del giudice, *in Riv. di Dir. Proc.*, v. XXVIII (1973), p. 395. Em sentido fortemente crítico, *vide* CAVALLONE, Critica della teoria delle prove atipiche, *in Studi in onore di Enrico Tullio Liebman*, Milão, 1979, v. II, p. 1.329 e s., especialmente 1.338 e s.

9 CAVALLONE, trab. cit., p. 1.341. Cf. DENTI, Scientificità della prova e libera valutazione del giudice, *in un progetto per la giustizia civile*, Bolonha, 1982, p. 66.

10 Assim, DEVIS ECHANDÍA, *Compendio de la prueba judicial*, anotado por ADOLFO ALVARADO VELLOSO, Santa Fé, s.d., t. I, p. 277. O Código de Processo Civil brasileiro alude no art. 383, que integra a seção referente à prova documental, a "qualquer reprodução mecânica, como a fotográfica, cinematográfica, fonográfica ou de outra espécie"; adota, portanto, conceito lato de "documento".

11 *Vide* ao propósito BELLO e VIERA, Valor probatorio de la información por computadora, *in Rev. Uruguaya de Der. Proc.*, n. 3/87, p. 244 e s.

único exemplo: se é certo que o modo "normal" de obter de pessoa alheia ao processo dados sobre os fatos litigiosos consiste em ouvi-la como testemunha, está longe de ser estranha à prática judiciária a prestação de informações por terceiros, notadamente órgãos públicos e pessoas jurídicas (bancos, outras empresas, sindicatos, estabelecimentos de ensino etc.), mediante escritos dirigidos ao órgão judicial, de regra em resposta a solicitação deste[12]. Onde semelhante prática não se ampare em texto expresso, estaremos diante de prova "atípica", ao menos no sentido de que se distancia do modelo legal a maneira por que o juiz adquire o conhecimento[13].

2.2. Quanto às provas típicas, importa firmar a regra da plena admissibilidade de sua utilização, sem limitações do tipo de algumas que, ainda encontradiças em leis, não têm base na lógica ou na experiência. Serve de paradigma o caso da prova testemunhal, a cujo respeito, no Brasil e alhures, preconceitos arraigados se obstinam em multiplicar disposições restritivas, várias das quais evidentemente arbitrárias. No direito brasileiro, *v.g.*, o menor pode ser testemunha em processo penal, ainda quando de idade inferior a 14 anos, com a única diferença de que não se lhe defere, nessa hipótese, o compromisso (Código de Processo Penal, art. 28); em processo civil, até os 16 anos ele é incapaz de testemunhar (Código de Processo Civil, art. 405, § 1º, n. III). Não se afigura razoável que o depoimento do mesmo menor seja eventualmente idôneo para fundamentar a condenação do acusado a uma pena e não sirva para ajudar o juiz a decidir se determinado contrato foi assinado sob coação, ou qual dos litigantes tem a posse do imóvel disputado[14].

---

12 *"Prueba de informes"*, na terminologia da língua espanhola: *vide*, por exemplo, os arts. 396 e s. do Código nacional argentino. Entre nós, além do disposto no art. 399 do Código de Processo Civil (cujo inc. I prevê a requisição às repartições públicas, pelo juiz, de "certidões necessárias à prova das alegações das partes"), há disposições esparsas em leis extravagantes, como a do art. 7º, n. II, *b*, da Lei n. 4.717, de 29-6-1965, que regula a ação popular, e as dos arts. 5º, § 7º, 19,20 e 22 da Lei n. 5.478, de 25-7-1968, que disciplina a ação de alimentos. Mas a importância do fenômeno é praticamente bem maior do que deixam perceber esses textos.

13 Sobre as duas acepções da expressão "prova atípica", *vide* TARUFFO, trab. cit. na nota 7, *supra*, p. 394.

14 Procedente a crítica de MONIZ DE ARAGÃO, ob., v. e t. cit., p. 54. Na Itália, a *Corte Costituzionale* declarou inconstitucional o art. 248 do *Codice di procedura civile*, por inexistência de motivo racional para justificar a diferença de tratamento da

Tampouco parece justificar-se a total equiparação da parte ao terceiro, conforme se faz no art. 363 do Código de Processo Civil, quanto aos motivos que uma e outro podem invocar para escusar-se de exibir em juízo documento ou coisa[15]. Veja-se, por exemplo, o caso do inc. I: haverá razão bastante para que se conceda à parte proteção tão intensa como a que se outorga ao terceiro, em se tratando de documento ou coisa "concernente a negócios da própria vida de família"? Não deverão sujeitar-se autor e réu, em tais assuntos, a sacrifícios maiores na sua privacidade do que os exigíveis de outras pessoas, que nada têm que ver, ao menos diretamente, com a lide *sub iudice?* Semelhante reflexão encontraria, aliás, ponto de apoio no próprio texto legal, que a propósito de *depoimentos* bem distingue entre a situação da parte e a da testemunha. É o que ressalta do cotejo entre o inc. I do art. 406, onde se exclui para a testemunha o dever de depor sobre fatos "que lhe acarretem grave dano, bem como ao seu cônjuge e aos seus parentes consanguíneos ou afins, em linha reta ou na colateral em segundo grau", e o inc. I do art. 347, que só em termos bem mais restritos desobriga a parte de prestar depoimento, a saber, quanto a "fatos criminosos ou torpes, que lhe forem imputados". Não estará o Código, no art. 363, n. I, renunciando em medida excessiva à possibilidade de exploração dos elementos em poder dos litigantes, e justamente em campo onde, com toda a probabilidade, nenhuma outra fonte é capaz de ministrar tão grande soma de informações?

3. Cabe examinar, em seguida, a problemática relativa à introdução das provas no processo. Ela é, na verdade, tão extensa e polimorfa, que nem mesmo em termos sucintos seria possível aqui percorrê-la por inteiro. Passaremos por alto sobre itens que já não apresentam grande sabor de novidade, como o atinente à iniciativa dos atos de instrução: embora ainda insuficientemente exercitada na prática, a atuação do juiz nesse campo já superou, na doutrina predominante e na maioria das legislações modernas, os preconceitos que lhe costumavam impugnar

questão no processo civil (em que apenas sob circunstâncias particulares podiam depor menores de 14 anos) e no processo penal, onde inexiste qualquer limitação ao propósito: *vide* CARPI-COLESANTI-TARUFFO, *Commentario breve ai codice di procedura civile,* Pádua, 1984, p. 362.

15 Já o sublinháramos no ensaio Processo civil e direito à preservação da intimidade, in *Temas de Direito Processual (Segunda Série),* São Paulo, 1980, p. 11.

a legitimidade; e velhas contraposições entre "princípio dispositivo" e "princípio inquisitivo" - rótulos não raro empregados sem grande preocupação de rigor, à maneira de *slogans* mais aptos a dissimular ideias do que propriamente a expressá-las - parecem fadadas a diluir-se no reconhecimento de autêntico truísmo: o de que a reconstituição dos fatos deve ser tarefa de colaboração[16], e não tem sentido fazer dela território de disputas e rivalidades entre um pretenso monopólio das partes e uma fantasiosa opressão destas pela atribuição exclusiva de poderes instrutórios ao órgão judicial.

3.1. Quanto à maneira de introduzir no processo os elementos de prova, o ideal, naturalmente, é que tenha contacto direto com as fontes o juiz a quem competirá valorá-los para julgar a causa. Na exigência da *imediação* consiste hoje, depurados certos excessos, o núcleo irredutível da postulação em prol da oralidade[17].

Obstáculos de ordem prática impõem ao princípio atenuações mais ou menos sensíveis, algumas das quais é de esperar que venham a tornar-se desnecessárias com a difusão do emprego de meios tecnológicos no dia a dia forense: perfeitamente se concebe que, em futuro não muito remoto, juiz e testemunha, em localidades distantes uma da outra, dialoguem por intermédio da televisão, recolhidas as cartas precatórias e rogatórias a um museu de antiqualhas jurídicas. Tal modalidade de inquirição, aliás, já é praticável do ponto de vista técnico, embora a um custo que por enquanto a põe fora do acesso até de economias mais desenvolvidas.

3.2. O avanço das ciências naturais, como é intuitivo, vai continuamente fornecendo novos e poderosos focos de luz e abrindo perspectivas de informação mais segura em questões que antes desafiavam, como enigmas de esfinge, a argúcia do julgador. É no domínio da prova pericial,

---

16 Na moderna literatura alude-se a um "princípio de cooperação": *vide*, por exemplo, HAHN, *Kooperationsmaxime im Zivilprozess?*, Colônia-Berlim-Bonn-Munique, 1983, *passim:* e, anteriormente, WASSERMANN, *Der soziale Zivilprozess*, Neuwied--Darmstadt, 1978, p. 97 e s.; GILLES, Rechtsmitteleinlegung, Rechtsmittelbegründung und nachträgliche Parteidispositionen über das Rechtsmittel, *in Archiv für die civilistische Praxis*, v. 177, 1977, p. 204, nota 39.

17 *Vide* BARBOSA MOREIRA, Problemas de la inmediación en el proceso civil, *in Temas de Direito Processual (Terceira Série)*, São Paulo, 1984, p. 58.

obviamente, que se fazem sentir com maior intensidade as repercussões dessa evolução. Provas que sempre atormentaram o juiz consciencioso, como a da paternidade biológica, veem-se hoje notavelmente facilitadas: o método HLA permite atingir, nessa matéria, um grau de probabilidade que se aproxima da certeza, ultrapassando, sob determinadas condições, os 99%[18]. Resta-nos aqui, como em relação ao tópico anterior, formular votos de que não demorem muito a desaparecer, ou a abrandar-se, as dificuldades práticas que vêm freando a generalização de semelhantes usos na rotina judicial.

3.3. Com relação à colheita das provas orais, são notórias as diferenças entre os dois modelos básicos que dividem entre si as preferências dos ordenamentos processuais. No mundo anglo-saxônico impera a técnica que se celebrizou sob a designação de *cross-examination* – conquanto na verdade ela só se aplique a uma das fases do *trial*[19] – e que se caracteriza pelo fato de confiar-se aos advogados a tarefa de interrogar os depoentes, reservada ao juiz, em princípio, mera função de controle, com o fito de assegurar a observância das regras da *fairness*. Semelhante opção relaciona-se intimamente, de um lado, com as premissas ideológicas em que se inspira o sistema; de outro, com a influência exercida sobre o *modus procedendi* por multissecular tradição – modernamente, é certo, em declínio, sobretudo na Inglaterra[20] – de sujeição dos litígios civis ao julgamento por um júri. Nos ordenamentos de linhagem romano-germânica, entre os quais se incluem os ibéricos e os latino-americanos, atribui-se ao magistrado, precipuamente, a função de inquirir, e em vários deles, como no brasileiro, jamais se permite às partes e a seus advogados formular diretamente qualquer pergunta a quem esteja depondo.

18 Alguns dados expressivos em JOÃO LÉLIO PEAKE DE MATTOS FILHO, Investigação de paternidade – Considerações sobre a aplicação da metodologia "HLA", *in Revista dos Tribunais*, v. 607, p. 252 e s., com indicações de bibliografia estrangeira especializada.

19 *Vide* em JACOB, *The Fabric of English Civil Justice*, Londres, 1987, p. 161 e s., a clara descrição dos *trial proceedings* no direito inglês, e particularmente do procedimento de inquirição das testemunhas, que se inicia com a *examination-in-chief*. para prosseguir com a *cross-examination* e, eventualmente, com a *re-examination*.

20 Cf. JACOB, ob. cit., p. 156 e s.; JACKSON, *The Machinery of Justice in England*, 5ª ed., Cambridge, 1970, p. 72-3; DEVLIN, *The Judge*, Oxford, 1981, p. 27, 96; INGMAN, *The English Legal Process*, 2ª ed., Londres, 1987, p. 135-6.

Ambos os procedimentos terão, como bem se compreende, seus prós e seus contras. Às vezes se preconiza entre nós a adoção da técnica da *cross-examination,* que alguns reputam mais eficaz para estimular as pessoas interrogadas à revelação plena do que sabem e para pôr a descoberto a eventual falsidade de suas declarações. Deve-se notar, todavia, que no próprio universo anglo-saxônico não é tranquilo esse entendimento: vozes autorizadas denunciam os abusos e distorções a que abre margem aquela técnica, manejada em regra, com o máximo de combatividade, por advogados que, para pôr em xeque a credibilidade de depoimentos desfavoráveis, verdadeiros ou não, revelam poucos escrúpulos no emprego de expedientes e táticas de constrangimento e intimidação, sob as vistas quase sempre complacentes do juiz, assim desviado da boa rota e induzido, muitas vezes, a tomar a nuvem por Juno. Na expressão pitoresca de autor norte-americano, o comportamento observado na *cross-examination* equivale a "jogar pimenta nos olhos do cirurgião enquanto ele está operando"[21].

De qualquer modo, se se preferir manter fidelidade ao método tradicional da inquirição por meio do juiz, o que não se pode deixar de desejar é que este se muna de preparação adequada para desincumbir-se satisfatoriamente do encargo. Há uma técnica de interrogar, suscetível de aprendizado[22]. Dos nossos juízes, em geral, não se exigem sequer, no entanto, conhecimentos elementares de psicologia e de ciência da comunicação. Não surpreende que o produto da inquirição se mostre, em bom número de casos, tão decepcionante.

Para isso também concorrem, provavelmente, as condições ambientais desfavoráveis sob as quais, de ordinário, se colhem os depoimentos. Valeria a pena uma tentativa de proporcionar aos depoentes atmosfera mais propícia à franca, espontânea e irrestrita exteriorização, prevenindo as inibições tantas vezes causadas pelo desconforto da situação em que eles se veem, no sentido mais amplo e abrangente da expressão. Regras como a do art. 342 do Código brasileiro, que contemplam o chamado "interrogatório informal" das partes, poderiam ser exploradas em tal direção; mas é notória a parcimônia com que os órgãos judiciais delas se utilizam – em parte, talvez, porque convencidos da dificuldade ou até

---

21 FRANK, *Courts on Trial,* 3ª ed., Princeton, 1973, p. 85. Igualmente severo o juízo de FRANKEL, *Partisan Justice,* New York, 1980, p. 16-7.

22 *Vide,* por exemplo, MUÑOZ SABATÉ, *Técnica procesal,* 2ª ed., Barcelona, 1983, p. 312 e s.

da impossibilidade prática, nas atuais circunstâncias, de converter atos desse tipo em genuínas oportunidades de comunicação frutuosa.

3.4. O resgate das provas orais envolve também, por força, a modificação substancial dos meios de registro e documentação dos depoimentos. Decididamente não podemos continuar a dar-nos por satisfeitos com as caricaturas às vezes grotescas, e na melhor hipótese insípidas, que nos fornecem os termos datilografados insertos nos autos. A ninguém passará despercebido quão infiéis eles costumam ser na reprodução das declarações prestadas. Essa infidelidade, não há como deixar de reconhecê-lo, deve-se com frequência, pelo menos em certa medida, aos juízes mesmos, que, ao ditarem o que acabaram de ouvir, cedem à tentação de "aprimorar" os dizeres da parte ou da testemunha, substituindo-lhes o palavreado por outro tido como mais "próprio", suprimindo de modo arbitrário pormenores nem sempre irrelevantes, eliminando ou atenuando contradições percebidas[23]. Semelhante proceder confirma o vetusto adágio sobre o material de que está calçado o caminho para o inferno... Adotando-o, priva-se o juiz – e priva os órgãos a que competirá rever-lhe a decisão – de subsídios inestimáveis e insubstituíveis na valoração do depoimento assim desfigurado.

Ainda quando não se incorra em semelhantes erros – aos quais o datilógrafo raramente se furta a ajuntar sua contribuição pessoal... –, a transcrição pura e simples das declarações nada revela do tom em que se expressou o depoente, da ênfase que pôs (ou deixou de pôr) nesta ou naquela afirmação, do tempo que gastou para responder, das alterações de voz e de fisionomia que assinalaram as respostas. Ora, tudo isso é igualmente precioso para a aferição do valor da prova.

Eis por que não se pode enxergar solução plenamente satisfatória do problema no emprego da taquigrafia e da estenotipia, por maior avanço que represente em confronto com o uso até agora predominante. A própria gravação sonora do depoimento em fita magnética, se permitirá ao juiz reouvir o depoente – e aos julgadores de segundo grau, eventualmente, ouvi-lo – não ministrará, nem a um nem a outros, a respectiva

---

23 Excelentemente MUÑOZ SABATÉ, ob. cit., p. 315: "Protocolizar no significa constatar en forma sintética y a gusto del secretario una mínima parte de las palabras del deponente, dándoles incluso un lamentable estilo forense que les resta toda espontaneidad y posibilidad de estimación psicológica, sino transcribir literalmente todo el testimonio, incluso sin salvar errares ni contradicciones del declarante".

imagem visual. Só o *videoteipe* parece, a esta altura, prometer resultado compensador, enquanto o ilimitável progresso da técnica não nos brinda com invenção mais perfeita. Sabemos todos que, ante a realidade econômica da hora presente, mesmo em países de maior desenvolvimento, é puro sonho pensar na gravação em *videoteipe* dos depoimentos, como prática rotineira. Cumpre, no entanto, ter sempre em mente que é nesse sentido que devemos caminhar, por mais distante que se nos afigure a meta.

4. Encerrada a instrução probatória, chega o instante, de particular delicadeza, no qual o juiz analisará as provas, a fim de formar convencimento acerca dos fatos relevantes para a decisão. Em condições normais, ninguém dispõe de melhores elementos que ele para atribuir a cada prova o justo valor. É manifesta, por exemplo, a superioridade de sua posição, a tal respeito, em confronto com a do legislador, que não teve contacto algum com *estas* provas concretas, individualizadas, existentes nos autos, mas pensou exclusivamente em modelos conceptuais, e por isso mesmo só poderia formular juízos valorativos genéricos e abstratos, inspirados, na hipótese mais favorável, em regras de experiência nem sempre capazes de pretender universal validade, e não poucas vezes em ideias preconcebidas sem qualquer justificação racional.

4.1. Não é por outro motivo que, nos tempos modernos, foi adquirindo prestígio cada vez maior o princípio segundo o qual as provas devem ser livremente valoradas pelo órgão judicial, sem as peias que lhe costumava impor uma vasta congérie de regras apriorísticas. a determinar-lhe, por exemplo, que desse mais crédito a uma pessoa do que a outra, não em função de sinais concretos de veracidade, detectados em cada depoimento, mas em razão do estado, do sexo ou da posição social do depoente.

De excessos assim grotescos decerto se têm expurgado as legislações contemporâneas. Prematuro seria, porém, atestar o óbito do velho sistema da prova legal; ou, se morto está, forçoso é reconhecer que se mostra difícil remover-lhe o cadáver... Resquícios dele, com efeito, repontam a cada passo: sirva de exemplo, em nosso Código de Processo Civil. a ressalva contida na segunda parte do art. 405, § 4º, a qual, depois de permitir que se ouçam testemunhas "impedidas ou suspeitas", se apressa em acrescentar que "os seus depoimentos serão prestados independentemente de compromisso" e que "o juiz lhes atribuirá o valor que possam merecer". A cláusula final, à primeira vista enigmática – já que, literalmente, outro tanto caberia afirmar de todo e qualquer depoimento[24] –, na verdade se explica por um intuito depreciativo: o texto vale menos por aquilo que diz do que por aquilo que insinua; e o que ele insinua, nas entrelinhas, é que o juiz deve atribuir, em princípio, *menor* valor a esses do que a depoimentos de origem diversa.

Outro resíduo do gênero jaz no art. 374, *caput,* que só reconhece ao telegrama, ao radiograma e a "qualquer outro meio de transmissão" força probatória igual à do documento particular "se o original constante da estação expedidora foi assinado pelo remetente". Aí se despreza, além do mais, a possibilidade, hoje convertida em prática corriqueira, de expedir-se telegrama pelo telefone, e portanto sem "original" suscetível de ser firmado pelo emitente, assim como se relega ao limbo um "meio de transmissão" qual o telex, tão usual e importante quão refratário ao formalismo consagrado no texto[25].

Semelhantes concessões ao passado merecem completa eliminação, para que prevaleça, em sua plenitude, o princípio limpidamente insculpido na parte inicial do art. 131: "O juiz apreciará livremente a prova". Lamentabilíssimo seria que se desse marcha à ré, para reentronizar antigos ídolos, como ameaça fazer, em nosso país, o projeto de novo Código Civil, que em mais de um dispositivo pretende reabilitar até um conceito como o de "prova plena", já há muito felizmente banido da terminologia legal brasileira[26].

---

24 Ao contrário do que sugere ERNANE FIDÉLIS DOS SANTOS, *Comentários ao Código de Processo Civil,* v. III, t. I, Rio de Janeiro, 1980, p. 136, não parece que somente nos casos do art. 405, § 4º, deva o juiz examinar o depoimento "com a máxima cautela". Não há como admitir que varie o grau de "cautela" com que ao órgão judicial incumbe analisar as diferentes provas: todas hão de merecer igual cuidado e atenção.

25 Ainda aqui com razão, na crítica feita ao dispositivo, MONIZ DE ARAGÃO, ob., v. e t. cit., p. 250-1.

26 *Vide* o Projeto de Lei n. 634-B, de 1975, *in Diário do Congresso Nacional* de 17-5-1984 (suplemento ao n. 47), e, aí, os arts. 215, *caput* ("A escritura pública, lavrada em notas de tabelião, é documento dotado de fé pública, fazendo prova plena"), e 225 ("As reproduções fotográficas, cinematográficas, os registros fonográficos e, em geral, quaisquer outras reproduções mecânicas ou eletrônicas de fatos ou de coisas fazem prova plena destes, se a parte, contra quem forem exibidos, não lhes impugnar a exatidão").

4.2. Livre valoração da prova não significa, é claro, arbítrio judicial na reconstituição dos fatos. A rigor, talvez nem seja próprio aplicar o adjetivo "livre", consoante não raro se faz, ao *convencimento* do juiz. O que se pode discutir, e na realidade se tem discutido, com referência a este, é o grau de força persuasiva que, uma vez valorada, deve a prova atingir para justificar a afirmação ou a negação do fato a que ela concerne.

Como se fixa esse grau é questão extremamente controvertida em doutrina. Os últimos anos têm assistido, máxime na Alemanha e na Suécia, a impressionante floração de teorias que se propõem guiar o julgador no difícil mister de determinar o ponto a alcançar para que se possa considerar que a prova teve êxito[27]. Elas se distribuem, *grosso modo,* em duas vertentes, ditas subjetiva e objetiva, conforme ponham a tônica, respectivamente, na certeza pessoal do juiz sobre a veracidade da alegação ou em certa qualidade do fato, aqui designada como "verdade objetiva", ali - mais modestamente - como "probabilidade". Até a fórmulas matemáticas tem-se recorrido no afã de precisar conceitos e firmar critérios para a operação valorativa a ser efetuada pelo julgador. Bem se compreende a preocupação de rigor que subjaz a esse trabalho doutrinário; mas os resultados a que até agora se chegou parecem distantes de um ponto de repouso.

Determinada dose de subjetividade afigura-se impossível de eliminar por completo de um procedimento mental obviamente influenciado pelas peculiaridades do psiquismo de cada juiz. Os preceitos que se podem reputar pacíficos têm índole forçosamente genérica, transparente em recomendações como a de que o julgador respeite as leis da lógica e as da natureza, tais quais a ciência as revela, e as denominadas "máximas de experiência". Nesse plano inscreve-se a noção de *"sana crítica",* empregada com tanta frequência no mundo de fala castelhana para designar o conjunto das regras de que se deve valer o juiz na apreciação da prova [28].

---

27 Abundante a literatura: *vide* entre tantos, além das exposições sistemáticas do ordenamento, MAASSEN, *Beweismassprobleme* im *Schadenersatzprozess,* Colômbia-Berlim-Bonn-Munique, 1975; GREGER, *Beweis und Wahrscheinlichkeit.* Colômbia-Berlim-Bonn-Munique, 1978; HUBER, *Das Beweismass im Zivilprozess,* Colômbia-Berlim-Bonn-Munique, 1983; BENDER, Das Beweismass, *in Festschrift für Fritz Baur,* Tübingen, 1981, p. 247 e s.; EKELÖF, Beweiswert, *in Festschrift für Fritz Baur,* p. 343 e s.

28 Da *"sana crítica"* dava COUTURE, *Vocabulario Jurídico,* Buenos Aires, 1976, p. 532, a seguinte definição: "Calificación atribuída a las reglas que rigen los juicios de valor emitidos por el entendimiento humano en procura de su verdad, por apoyarse

A aprofundar-se mais o estudo do tema, valeria a pena indagar, ainda, se há de ser uniforme ou, ao contrário, variar de caso para caso o padrão a ser utilizado na aferição do valor persuasivo dos elementos probatórios. Deve o juiz exigir sempre o mesmo grau de luminosidade, para admitir como verdadeiro um fato, ou convém que se satisfaça, em certas situações, com demonstração menos categórica do que reclamaria alhures? Segundo entendimento autorizado[29], nem todas as matérias comportam, no particular, tratamento idêntico: com relação a algumas será razoável, ou até imperioso, que se adote critério mais liberal para a aceitação da prova como bastante. Razões várias justificariam a atenuação do rigor: o fim protetivo da norma jurídica a ser aplicada; a especial dificuldade do interessado, por motivos objetivos e constantes, de conseguir elementos suficientes para lançar plena luz sobre os antecedentes do pleito; a verossimilhança consideravelmente maior, em princípio, de uma das versões contrapostas do episódio; e assim por diante. Tem-se entendido, por exemplo, que em ação de responsabilidade civil, proposta pelo consumidor em face do produtor, a quem se imputa negligência ou imperícia na fabricação do produto, ou pelo paciente em face do médico, a quem se atribui grosseiro erro profissional, não seria justo, sob pena de frustrar-se a aplicação do direito material, exigir prova absolutamente límpida e inequívoca da relação de causalidade entre o comportamento do réu e o dano de que se queixa o autor.

A diversidade de tratamento pode basear-se, de resto, na própria natureza da tutela jurisdicional postulada. Ê princípio tradicional, *v.g.*, o de que para o deferimento de medida cautelar não se requer a demonstração cabal da existência do direito invocado pelo demandante: basta

---

en proposiciones lógicas correctas y por fundarse en observaciones de experiencia confirmadas por la realidad". Na literatura mais recente, ensina por exemplo PALACIO, *Derecho Procesal Civil*, t. IV, Buenos Aires, s.d., p. 415: "Se trata, por un lado, de los princípios de la lógica, y, por otro lado, de las 'máximas de experiencia', es decir, de los principios extraídos de la observación del corriente comportamiento humano y cientificamente verificables, actuando ambos, respectivamente, como fundamentos de posibilidad y de realidad".

---

29 *Vide*, por exemplo, MAASSEN, ob. cit., *passim:* HUBER, ob. cit., p. 127 e s.; WALTER, ob. cit., p. 148 e s., 205 e s.; PRÜTTING, *Gegenwartsprobleme der Beweislast*, Munique, 1983, p. 58 e s.

o chamado *fumus boni iuris*[30]. O Código de Processo Civil brasileiro conhece a figura da justificação incidente, diligência que se realiza na fase inicial de certos processos, como pressuposto da concessão de medida liminar, ou do prosseguimento mesmo do feito, e na qual não se pretende mais que produzir no espírito do julgador uma forte inclinação no sentido da plausibilidade do alegado[31]: este, consoante reza o texto do art. 841, deve ser "provado quanto baste" - expressão cuja elasticidade semântica denota com toda a clareza o propósito de facilitação.

4.3. Avaliar bem a prova é tarefa de excepcional delicadeza, que em muitos casos demandaria no julgador a posse de conhecimentos de psicologia e de lógica - para não falar das ciências naturais -, habitualmente menos prestigiados na formação cultural de nossos juízes. Problemas talvez particularmente sérios suscitam as provas orais, cuja valoração já se vê prejudicada, de saída, pelos defeitos antes sumariados no modo, tão insatisfatório, pelo qual se costumam colher e documentar. São inconvenientes que, nas atuais circunstâncias, se agravam de modo notável sempre que, com culpa do juiz ou sem ela, por má disposição para o trabalho ou em virtude de excessiva sobrecarga, já se vem a proferir a decisão depois do limite de tempo em que as imagens visuais e auditivas, ainda frescas na memória do julgador, se mostrariam capazes de ajudá-lo a superar as deficiências do registro escrito dos depoimentos. Escusado acrescentar que a probabilidade de erros de valoração se exaspera ao máximo nas hipóteses em que falta qualquer contacto direto entre o julgador e a fonte de prova - como acontece, por exemplo, quando o juiz se defronta com transcrições de depoimentos prestados alhures,

---

30 A noção, difundidíssima na doutrina brasileira, bem se reflete neste passo de GALENO LACERDA, *Comentários ao Código de Processo Civil,* v. VIII, t. I, 2ª ed., 1ª tir., Rio de Janeiro, 1984, p. 164: "A aparência do direito, o *fumus boni iuris,* há de bastar. Essa aparência é que constitui pressuposto de mérito da ação cautelar. Tratando-se de cautela inominada, em que a responsabilidade do juiz se revela maior devido à amplitude da discrição, diríamos, até, que maior rigor deve ser posto na avaliação da verossimilhança do direito alegado. Mas prova *a priori* da existência absoluta, plena e cabal deste não é de exigir-se, sob pena de esvaziarmos o conteúdo da ação principal, destinada à pronúncia sobre o direito *controvertido"* (grifos do original).

31 Cf. LOPES DA COSTA, *A administração pública e a ordem jurídica privada,* Belo Horizonte, 1961, p. 333; ADROALDO FURTADO FABRÍCIO, *Comentários ao Código de Processo Civil,* v. VIII, t. III, 2ª ed., Rio de Janeiro, 1984, p. 262-3.

mediante carta precatória ou rogatória, ou quando o órgão superior, no julgamento de recurso, se esforça em formar seu próprio convencimento à pura luz daquilo que se registrou no juízo *a quo*.

No particular, conforme assinalado, as esperanças de melhora têm de concentrar-se na generalização do emprego de meios tecnológicos modernos. Enquanto não for possível contar com eles no quotidiano forense, permanecerão modestas as perspectivas de autêntico progresso.

4.4. A operação valorativa efetuada pelo órgão judicial não pode deixar de submeter-se ao controle externo, seja dos litigantes, diretamente interessados no desfecho do processo, seja dos tribunais superiores, a que eventualmente caberá reexaminar a matéria decidida, seja da sociedade em geral, sempre afetada, desta ou daquela maneira, pelos decretos da justiça. Semelhante controle só é praticável, se se obriga o juiz a motivar seu pronunciamento, e se assegura a todos, ao menos em princípio, o acesso ao conhecimento das razões que fundamentaram a conclusão[32]. Assim se cria, além do mais, poderoso estímulo a que o julgador mobilize o melhor de sua atenção e de sua perspicácia nesse momento culminante da atividade cognitiva.

Têm variado no tempo e no espaço as ideias sobre o que há de conter uma sentença para que se possa reputar cumprido o dever de motivá-la. Aqui nos importam as razões de fato, que, em regra, noutra coisa não consistem senão no resultado da valoração dos elementos probatórios, escassas que são, para o juiz, as possibilidades de utilizar conhecimentos fáticos adquiridos por meios diferentes. A tal respeito não nos podemos contentar, hoje, com simples referências genéricas e vagas às "provas dos autos": fórmulas desse teor cingem-se a homenagear ritualisticamente o dever de motivação, ao mesmo tempo que o eludem na substância. Necessidades de ordem prática, relacionadas acima de tudo com o volume de trabalho, forçam- nos a renunciar à exposição pormenorizada das impressões do julgador acerca de cada frase constante de um documento ou de um laudo pericial; as opções valorativas básicas,

32 Alguns dados históricos e de direito comparado, assim como sucinto exame do problema da justificação do dever de motivar, da significação do princípio no quadro do Estado de Direito, e da situação do ordenamento jurídico brasileiro em BARBOSA MOREIRA, A motivação das decisões judiciais como garantia inerente ao Estado de Direito, *in Temas (Segunda Série)*, cit., p. 83 e s., com outras indicações bibliográficas.

no entanto, essas têm de ser explicitadas e justificadas em termos cabais: não bastará, por exemplo, dizer que as declarações da testemunha X pareceram mais dignas de crédito que as da testemunha Y, mas será mister esclarecer o asserto pelo confronto das características pessoais dos depoentes, pelo exame da forma como se expressaram, da coerência interna dos depoimentos, e da respectiva concordância ou discordância com outras peças de informação.

Evitando embora o excesso de rigidez, que seria absurdo, cumpre estabelecer critérios para determinar o "conteúdo mínimo necessário" da motivação, sem o qual não se há de ter por observado o dever correlato[33]. A questão é de grande importância prática nos sistemas jurídicos em que, com cominação expressa ou sem ela, se consideram inválidas as sentenças não motivadas[34].

5. Aproveitamento tão completo quanto possível das fontes de prova; aumento da eficiência na colheita e no registro dos dados que elas sejam capazes de ministrar; aprimoramento dos mecanismos de valoração desses elementos - eis aí os três pontos capitais de um programa de política processual tendente a elevar o nível de rendimento da máquina judiciária, na matéria de que nos vimos ocupando. Cada um deles, à evidência, comportaria numerosos desdobramentos sobre os quais temos de passar em silêncio, para não exceder os limites próprios da ocasião.

Uma advertência final, contudo, afigura-se indispensável. A fiel reconstituição dos fatos relevantes é, normalmente, pressuposto essencial de uma decisão justa. A justiça, por sua vez, constitui o maior dos valores a que deve servir o processo - melhor dizendo: a que deve servir o direito. O maior, repita-se: não o único.

A insistência do juiz em esclarecer cabalmente ponto a cujo respeito lhe pareçam faltar informações completas nos autos, levada às últimas consequências, pode acarretar demora excessiva na solução do litígio. A garantia do contraditório estará posta em causa se ao órgão judicial

---

33 Para uma análise da questão, no direito italiano, *vide* TARUFFO, *La motivazione della sentenza civile,* Pádua, 1975, p. 466 e s.

34 Como é o caso do brasileiro, no entendimento unânime da doutrina e da jurisprudência: *vide,* por todos, PONTES DE MIRANDA, *Comentários ao Código de Processo Civil,* t. V, Rio de Janeiro, 1974, p. 90; Supremo Tribunal Federal, 15-10-1974, Recurso Extraordinário n. 77.792, *in Revista Forense,* v. 254, p. 245.

parecer que a testemunha a ser interrogada se expressaria com maior liberdade, e portanto prestaria depoimento mais útil, fora da presença da parte, que a constrange e inibe. A observância rigorosa de uma regra de preclusão processual talvez prive o juiz da aquisição de elemento probatório particularmente valioso. Esses e outros tantos conflitos entre solicitações legítimas, a puxá-lo cada qual para um lado, assaltam a todo momento o espírito do julgador. Se ele o tem muito sensível, dificilmente se tranquilizará, em qualquer caso, com a lembrança da tábua de salvação que a lei lhe atira, quando lhe permite contornar as remanescentes manchas escuras da matéria fática pela simples aplicação das normas legais de distribuição do ônus da prova: é uma saída de que não há como prescindir, mas cuja utilização costuma deixar certo ressaibo amargo na mente do juiz consciencioso.

Para a sua inquietação, entretanto, é mister confessar que não existe remédio pronto e satisfatório em qualquer emergência. O que se lhe pode recomendar, à guisa de orientação, é que, entre dois males, quando não seja capaz de evitá-los ambos, opte por aquele que, nas circunstâncias, lhe pareça menor. Algum dos valores em choque precisará, em determinada extensão, ser sacrificado: que o seja na estrita medida necessária para preservar o outro da imolação total. Fala-se, ao propósito, de um "princípio de proporcionalidade", invocado, por exemplo, acerca do problema da admissibilidade das provas ilicitamente obtidas[35]. Não se trata, contudo, de uma fórmula, mas de mera diretriz. Como aplicá-la bem, diante do caso concreto, é questão que só à consciência do juiz é dado resolver, naquele instante, dramático entre todos, em que lhe cumpre vencer quaisquer hesitações e fazer a final opção, sem auxílio exterior suscetível de atenuar-lhe a responsabilidade pessoal. Esse é o seu apanágio; e nada retrata com tão vívidas cores a miséria e a grandeza da função de julgar.

Abril de 1988

---

35 *"Verhältnismässigkeitsprinzip"*, na terminologia alemã. Cf. CAPPELLETTI, relatório geral do congresso de Florença (1971) sobre o tema *Fundamental Guarantees of lhe Parties in Civil Procedure, no* volume publicado sob esse título, Milão-Dobbs Ferry, 1973, p. 765-6; TROCKER, *Processo Civile e Costituzione*, Milão, 1974, p. 619 e s.

COMENTÁRIOS DOS ATUALIZADORES

ALGUNS PROBLEMAS ATUAIS DA PROVA CIVIL

Luiz Paulo da Silva Araújo Filho / Guilherme Jales Sokal

1. Problemas de ontem e de hoje

Passados trinta anos, é notável como persistem atuais os tópicos selecionados pelo autor nesse panorama sobre os problemas da prova civil. Giram em torno deles os principais avanços e as insuficiências da disciplina no CPC/15, expostas a seguir, tal como no estudo em referência, começando pela determinação das provas utilizáveis, passando pelas regras de introdução das provas no processo e, por fim, pelos parâmetros que a lei dedica – ou deveria dedicar – ao controle da valoração da prova pelo juiz.

Duas observações de ordem geral merecem ser pontuadas. A primeira está no reconhecimento de que, sob o Código de 2015, o juiz não é o único destinatário da prova[36]. No enunciado de abertura do Capítulo XII do Livro I da Parte Especial, o legislador proclama a finalidade da prova de influir sobre a convicção do juiz (art. 369, parte final). Não se trata, porém, da única. Duas outras regras, situadas no regramento da produção antecipada da prova, têm o condão de redimensionar o eixo norteador da atividade probatória, dando relevância à prova como instrumento de que se valem *as partes* para adquirir conhecimento sobre os fatos: os incisos II e III do art. 381. Nessas hipóteses, antecipa-se a prova como meio de obtenção de informações a serviço das partes, para assim ponderarem sobre a adoção de comportamentos próprios, não necessariamente orientados à convicção de um terceiro, a exemplo da busca de autocomposição. E se não há hierarquia entre essas duas finalidades da prova, que servem tanto ao juiz quanto às

---

36 Sob o CPC/73, endossando a concepção de que "cabe ao juiz, como único destinatário da prova, aferir a necessidade ou não de colher outros elementos probatórios para análise das alegações das partes", STJ, REsp Repetitivo nº 1.114.398/PR, Rel. Min. Sidney Beneti, Segunda Seção, julgado em 08/02/2012, DJe 16/02/2012. Já na vigência do CPC/15, no sentido exposto no presente texto, STJ, REsp nº 1.803.251/SC, Rel. Min. Marco Aurélio Bellizze, Terceira Turma, j. em 22/10/2019, DJe 08/11/2019.

partes, e se ao fim e ao cabo também no curso do processo principal a autocomposição é uma meta desejada pelo legislador (CPC, art. 139, V), deve-se desde logo abandonar o exame dos momentos de admissão e produção da prova apenas sob a perspectiva do juiz, como se a convicção deste fosse a medida de toda e qualquer utilidade.

A segunda reside na tentativa, pelo CPC/15, de acomodar no direito probatório múltiplas dimensões da garantia do contraditório (CF, art. 5º, LV), muito além daquelas enunciadas nos arts. 7º, 9º e 10 da Parte Geral. Limitemo-nos, para demonstrá-la, ao já referido art. 369, que simbolicamente inaugura a disciplina da matéria. Da primeira parte do dispositivo ressai, com efeito, a substituição da linguagem objetiva então empregada no art. 332 do Código de 1973 ("Todos os meios legais (...) são hábeis para provar...") para agora dar ênfase, em perspectiva subjetiva, ao direito à prova ("As partes têm o direito de empregar todos os meios legais (...) para provar..."), um desdobramento do contraditório constitucionalmente assegurado[37] que já inspirara a superação, no plano doutrinário e agora reverberando no CPC/15, de regras de exclusão probatória, uma exigência epistemológica para que o conhecimento no processo não se distancie em demasia do conhecimento que o nosso estágio cultural admite como confiável. Em sua última parte, por sua vez, o art. 369 explicita a concepção do contraditório como direito de influência, porque mesmo em atenção à finalidade voltada à convicção do julgador deve a prova ser enxergada como instrumento *eficaz* para esse propósito, em um realce à participação. E se isso é válido quando usada a prova pelas partes para *demonstrar*, com muito mais razão a tônica de permitir a participação deve presidir a prova por elas voltada a *conhecer*.

Essas duas observações espraiam consequências em diversos aspectos do direito probatório. Algumas foram expressamente proclamadas pelo legislador de 2015, como o especial tratamento do direito intertemporal. Ao invés da aplicação imediata guiada pelo isolamento dos atos processuais, adotada como regra geral (arts. 14 e 1.046), elegeu-se para a eficácia no tempo das disposições de direito probatório norte diverso, incidindo apenas quanto a provas requeridas ou

37 RICCI, Gian Franco. *Principi di diritto processuale generale*, Torino: G. Giappichelli Editore, 2012, p. 381 e segs, com a menção à consagrada fórmula do "direito de defender-se provando".

determinadas de ofício já sob a nova lei (art. 1.047)[38]. E na raiz desse regime está a proteção, pela lei, da perspectiva das partes na atividade probatória, tutelando a confiança depositada no planejamento da defesa quanto à reconstrução dos fatos.

Outras repercussões são mais sutis, pela atribuição de significados novos a textos normativos que, por tradição ou inércia, sobreviveram à mudança legislativa quase ou totalmente inalterados. É o que se passa com o parágrafo único do art. 370 do CPC/15. Não fosse a lacônica – e de modo algum inovadora – alusão ao dever de fundamentação, a regra corresponderia com exatidão à parte final do art. 130 do CPC/73, ao tratar dos filtros da utilidade e da relevância no exame, pelo juiz, da admissibilidade das provas. Apesar disso, se agora a lei processual norteia o sistema pela garantia do contraditório e se a mesma lei reconhece também às partes a posição de destinatárias do conhecimento buscado através da instrução, natural que aqueles mesmos filtros passem a ser lidos por uma lente diversa, por assim dizer mais generosa, que penda mais para abrandar do que a erguer barreiras a iniciativas das partes.

2. As provas utilizáveis e o aporte da cooperação

O Código de 2015 deu alguns passos na ampliação do catálogo dos meios de prova de que se pode fazer uso para reconstruir os fatos no processo.

Mantém-se, no já citado art. 369, a abertura do direito probatório à atipicidade[39]. Segue o Código, no ponto, o que dispunha o diploma revogado, mas com a nota de agora se alçar a atipicidade a diretriz para os atos processuais em também outros e importantes domínios, como na cooperação judiciária nacional (art. 69, *caput* e IV, c/c § 2º), na execução de prestação de quantia (art. 139, IV) e nos negócios processuais (art. 190), ao que se somam a tutela provisória (arts. 297 e 301) e a execução de prestação de fazer, não fazer e entregar coisa (arts. 536, § 1º, e 538, § 3º). Apesar de inovadora e polêmica em alguns desses

---

38 Entendendo aplicável o art. 1.047 quanto ao ônus de adiantamento dos honorários periciais presente no art. 95 do CPC/15, e, portanto, diferindo a eficácia desta em prol da incidência do CPC/73, STJ, REsp 1548758/PR, Rel. Min. Ricardo Villas Bôas Cueva, Terceira Turma, julgado em 10/05/2016, DJe 17/05/2016.

39 Refletida, por sua vez, no art. 22, *caput*, da Lei de Arbitragem.

segmentos, já no campo das provas a atipicidade vai progressivamente perdendo o espaço útil[40], consequência dos avanços do legislador na formulação de regras abstratas quer para incorporar aquelas que portavam algum traço distintivo, quer para chancelar o que antes eram desvios no caminho formal de produção da prova[41].

Uma demonstração do fenômeno está no tratamento da prova emprestada no art. 372, não contemplada no CPC/73[42]. Ela consiste, na essência, em um documento, mas tal categorização não é capaz de esconder que a informação assim trazida ao processo normalmente seria buscada por um rito distinto do que rege a produção da prova documental. Da distância entre esses dois caminhos formais decorre um potencial prejuízo à participação, porque a mera alegação sobre documento já constituído não reproduz a oportunidade, encerrada no processo de origem, de dirigir novas perguntas à testemunha ou de formular novos quesitos ao perito, que outras luzes lançariam sobre o objeto do processo para o qual tomada aquelas provas de empréstimo. E para esse problema a parte final do art. 372 se limita, na verdade, a apenas apontar, pois a menção ali feita à preservação do contraditório nem mesmo esboça quais os fatores devem ser sopesados pelo juiz para admitir a prova emprestada ou, ainda, se e quais aspectos da garantia do contraditório podem ser para esse fim comprimidos[43].

---

40 PISANI, Andrea Proto. *Lezioni di diritto processuale civile*, Napoli: Jovene Editore, 2014, p. 439.

41 Pontuando que a atipicidade só tem relação com os meios de prova, não com as fontes, porque inescapavelmente limitadas a pessoas, coisas e fenômenos naturais ou artificias, v. BARBOSA MOREIRA, José Carlos. Observaciones sobre las llamadas pruebas atípicas, In: *Temas de direito processual*: sétima série, São Paulo: Saraiva, 2001, p. 44-45.

42 Tratando-a como prova atípica sob o CPC/73, BARBOSA MOREIRA, José Carlos. Observaciones sobre las llamadas pruebas atípicas, In: *Temas de direito processual:* sétima série, São Paulo: Saraiva, 2001, p. 49.

43 Pode-se, em teoria, cogitar de parâmetros como irrepetibilidade ou excessiva onerosidade da produção da prova, coincidência das partes em ambos os processos e efetiva previsibilidade quanto ao risco, ao tempo do processo de origem, de o fato probando, eventualmente então indício, vir a se tornar fato principal em processo distinto. Na jurisprudência, admitindo, ainda sob o CPC/73, a prova emprestada mesmo se diversas as partes no processo de origem e no de destino, STJ, EREsp nº 617.428/SP, Rel. Min. Nancy Andrighi, Corte Especial, j. em 04/06/2014, DJe 17/06/2014, no que se aponta ser também a criticável linha adotada na Corte de Cassação italiana (RICCI, Gian Franco. *Principi di diritto processuale generale*,

Passa a ser igualmente objeto de disciplina expressa, no Código, a ata notarial (art. 384), incorporando-se o que decorria dos arts. 6º, III, e 7º, III, da Lei nº 8.935/94. Também aqui se está diante de um documento, cujo conteúdo retrata a percepção sensorial do tabelião sobre o fato probando, levada a efeito por iniciativa e sob os auspícios de uma das partes. Nessa qualidade, a rigor nada há que diferencie as capacidades de ver ou de ouvir do tabelião se comparadas com os sentidos de qualquer outra pessoa. Logo, e apesar do realce que a lei processual agora lhe dá, o emprego da ata notarial, se e quando desejado, não atrairá maior grau de corroboração para a versão dos acontecimentos do que forneceria, em seu lugar, um testemunho ou documento particular[44].

Recepcionam-se os impactos do progresso tecnológico sobre a prova documental. Ao documento eletrônico se dedicam os três últimos dispositivos da Seção da Prova Documental, mas que enxergam a matéria com olhos ainda do passado, resistindo no apego à confusão entre a função representativa do documento e a sua materialização em um suporte de papel. Denota-o, por exemplo, o comando de impressão de documentos eletrônicos para que sejam utilizados no processo de autos físicos[45] (Art. 439), algo a que a própria lei confere flexibilidade – e, portanto, pouca utilidade – com a remissão à livre valoração

Torino: G. Giappichelli Editore, 2012, p. 390-391). Já após a entrada em vigor do CPC/15 foi editada, pela Primeira Seção do STJ, a Súmula nº 591, admitindo o empréstimo de prova para o processo administrativo disciplinar como destino (*"É permitida a prova emprestada no processo administrativo disciplinar, desde que devidamente autorizada pelo juízo competente e respeitados o contraditório e a ampla defesa"*). Apesar do alcance amplo atribuído, na redação do verbete, à condição da prévia autorização judicial, sua incidência parece dever se limitar às hipóteses em que a diligência probatória no processo de origem for ela mesma submetida àquele requisito pela própria Constituição (*v.g.*, art. 5º, XII), sob pena de consagrar injustificado formalismo.

44 O art. 1.071 do CPC/15 incluiu, na Lei nº 6.015/73, o art. 216-A para prever a usucapião extrajudicial, cujo requerimento deve ser instruído, dentre outros elementos, com *"ata notarial lavrada pelo tabelião, atestando o tempo de posse do requerente e de seus antecessores, conforme o caso e suas circunstâncias, aplicando-se o disposto no art. 384 da Lei no 13.105, de 16 de março de 2015 (Código de Processo Civil)"* (inc. I, com redação dada pela Lei nº 13.465/17).

45 O caminho inverso, de digitalização de documentos orginalmente impressos para uso em autos eletrônicos, é tratado no art. 425, VI, do Código, reproduzindo o disposto no art. 365, IV, do CPC/73 então incluído pela Lei do Processo Eletrônico (Lei nº 11.419/06, art. 20).

pelo juiz daqueles não submetidos à "conversão à forma impressa" (art. 440). Para o problema da verificação da autenticidade, destacado pelo Mestre, aplica-se o disposto no art. 422, em especial diante dos §§ 1° e 3° ali previstos, sendo que, quanto aos documentos eletrônicos dotados de assinatura digital segundo a Infraestrutura de Chaves Públicas Brasileira (ICP-Brasil), já de uso corrente na prática do foro desde a entrada em vigor da Lei do Processo Eletrônico (Lei n° 11.419/06, art. 10), a presunção de autenticidade e integridade decorre do art. 411, II, do CPC/15 em combinação com os arts. 1° e 10 da Medida Provisória n° 2.200-2/2001[46].

De outro lado, o CPC/15 consagra, no art. 6°, a cooperação como norma fundamental, e que por sua vez irradia efeitos sobre a busca de informações sobre os fatos, quer direta, quer indiretamente. Prescreve o art. 378 a diretriz geral nesse tema, correspondente ao revogado art. 339, mas cujas repercussões se ramificam conforme se trate de cooperação a cargo de terceiros[47] ou das próprias partes. Focando nestas últimas, merece notícia a evolução do direito positivo para, mesmo antes do Novo Código, recrudescer as consequências para a parte que não coopera com a instrução, de que é exemplo o parágrafo único do art. 2°-A da Lei n° 8.560/92, acrescido pela Lei n° 12.004/09, que toma a recusa do réu em se submeter ao exame de DNA como causa a desencadear a presunção relativa de paternidade[48]. Sob o Código de 2015, ao tratamento dessa recalcitrância se dá um passo adicional de rigor,

---

46 Abre-se à vontade das partes a utilização de outro meio de comprovação de autoria e integridade de documentos em forma eletrônica, como preveem o art. 10, § 2°, da MP n° 2.200-2/2001 e, especificamente para documentos particulares, o art. 18, I, c/c art. 3°, X, da Lei n° 13.874/19 (Lei de Liberdade Econômica). Sobre o tema, mais longamente, v. LEITE, Clarisse Frechiani Lara. *Comentários ao Código de Processo Civil: da prova documental (arts. 405 a 441)*, v. VIII – Tomo II, José Roberto F. Gouvêa, Luis Guilherme A. Bondioli e João Francisco N. da Fonseca (coords.), São Paulo: Ed. Saraiva, 2020.

47 A cujo respeito se dedica, nesta obra, a Nota de Atualização ao texto *La collaboration des tiers dans l'activité d'instruction*. As críticas do autor ao revogado art. 363, quanto à equiparação do terceiro e da parte na disciplina das escusas de exibir em juízo documento ou coisa, mantêm-se integralmente quanto ao atual art. 404, que não inova na matéria.

48 A bem da verdade, uma especificação do disposto nos arts. 230 e 231 do Código Civil de 2002, na linha da Súmula n° 301 do Superior Tribunal de Justiça (*"Em ação investigatória, a recusa do suposto pai a submeter-se ao exame de DNA induz presunção* juris tantum *de paternidade"*).

com disposições que cominam à parte faltosa consequências mais gravosas do que a inversão do ônus de provar – com o que se confunde, no fundo, a presunção relativa –, abrindo caminho para que se cogite de um verdadeiro *dever* de produzir a prova.

Assim se passa com o art. 400, parágrafo único[49]. O dispositivo admite, mesmo quando em poder da parte, a aplicação de "medidas indutivas, coercitivas, mandamentais ou sub-rogatórias para que o documento seja exibido". A regra inova sensivelmente diante da literalidade do CPC/73, porque então predominava, à luz do revogado art. 359, a orientação por rejeitar a aplicabilidade de multa coercitiva em exibição incidental ou autônoma contra a parte, dando por reação suficiente à recusa a presunção de veracidade ou, quando muito, a busca e apreensão[50]. Agora, mais do que apenas esta última medida de sub-rogação ou a multa[51], adota-se a diretriz de atipicidade, franqueando-se ao juiz definir a providência que, no caso concreto, seja mais apta à efetividade da ordem judicial de exibição. A essa nova autorização só se pode recorrer, porém, excepcionalmente[52], em atenção à primeira parte do parágrafo único do art. 400, que remete ao postulado da proporcionalidade ("*Sendo necessário, ...*"), quando a presunção cominada no *caput* se revelar insuficiente. Assim, por exemplo, nos casos em que a informação que se pretende conhecer for indispen-

49 Não se trata, porém, da única, a exemplo do art. 774, V, que nada mais é do que um dever de produzir prova na execução, submetido à sanção, em caso de descumprimento, da multa cominada no respectivo parágrafo único.

50 Era o que proclamava, sem ressalvas, a Súmula nº 372 do STJ ("*Na ação de exibição de documentos, não cabe a aplicação de multa cominatória*"), em linha reiterada também para a exibição incidental contra a parte (STJ, REsp Repetitivo nº 1.333.988/SP, Rel. Min. Paulo de Tarso Sanseverino, Segunda Seção, julgado em 09/04/2014, DJe 11/04/2014), mas com a exceção do cabimento da multa coercitiva se em jogo direitos indisponíveis (STJ, REsp Repetitivo nº 1.112.862/GO, Rel. Min. Humberto Martins, Primeira Seção, j. em 13/04/2011, DJe 04/05/2011).

51 Contra, negando o emprego da multa coercitiva com apoio na comparação entre o texto dos parágrafos únicos dos arts. 380 e 403, que a mencionam, e a redação do parágrafo único do art. 400, que não faz o mesmo, v. WAMBIER, Teresa Arruda Alvim; CONCEIÇÃO, Maria Lúcia Lins; RIBEIRO, Leonardo Ferres da Silva; e MELLO, Rogerio Licastro Torres. *Primeiros comentários ao novo Código de Processo Civil: artigo por artigo*, São Paulo: ed. Thomson Reuters, 2015, p. 684-5.

52 Desde que, em qualquer caso, tenha sido o requerimento adequadamente formulado quanto à especificação do fato probando, a rigor um pressuposto para que possa operar a presunção.

sável para o exercício do direito material em toda a sua plenitude ou mesmo para a quantificação minimamente consciente – e não uma renúncia parcial às cegas – da pretensão[53]. E, apesar de a regra mirar na prova documental, não se há de rejeitar, em tese, dada a amplitude do art. 139, IV, de solução similar para outros meios de prova, se a respeito deles a recalcitrância da parte em atender à "ordem judicial" produzir as mesmas perniciosas consequências, suprindo-se a lacuna do art. 379, III.

Guarda pertinência com o ponto a primeira parte do *caput* do art. 379. O vetor, porém, é no sentido inverso, porque o acréscimo ali feito pelo legislador de 2015 aparentemente outorgaria à parte, se interpretado literalmente, o direito de não produzir prova contra si própria, em um pesado revés na cooperação. Dos três incisos que a ele se seguem colhe-se motivo suficiente a evitar, no ponto, exageros na invocação da escusa, sem que possa a parte caprichosamente se furtar, quando a tanto intimada pelo juiz, "a colaborar com o Poder Judiciário para o descobrimento da verdade" (art. 378). O que o acrescido ao *caput* do art. 379 parece indicar, muito ao contrário, é somente o direito à não autoincriminação voltado à esfera penal, quando, suponha-se, tenha a parte de depor em um conflito civil sobre fatos que possam lhe comprometer criminalmente (art. 388, I)[54]. Essa é, a princípio, a conformação mais consentânea com a presunção de inocência e o direito ao silêncio (CF, art. 5º, LVII e LXIII) que cuida de não esvaziar as bases de um modelo cooperativo, em última análise uma exigência do contraditório (CF, art. 5º, LV), porque a privacidade de uma parte não pode servir de escudo contra a efetividade do direito material cuja tutela é perseguida pelo adversário[55].

---

53 Já sob o CPC/15 foi julgado o STJ, REsp Repetitivo nº 1.763.462/MG, Rel. Min. Paulo de Tarso Sanseverino, Segunda Seção, j. em 09/06/2021, DJe 01/07/2021, em cuja ementa se proclama a seguinte "Tese para os fins do art. 1.040 do CPC/15: 'Desde que prováveis a existência da relação jurídica entre as partes e de documento ou coisa que se pretende seja exibido, apurada em contraditório prévio, poderá o juiz, após tentativa de busca e apreensão ou outra medida coercitiva, determinar sua exibição sob pena de multa com base no art. 400, parágrafo único, do CPC/2015' (Tema 1000/STJ)".

54 Similar escusa consta, para a exibição de documento ou coisa pela parte, do art. 404, III, parte final.

55 GRECO, Leonardo. Alguns apontamentos sobre a disciplina das provas no Código de Processo Civil de 2015, In: *Inovações do Código de Processo Civil de 2015*,

O CPC/15 consolida os avanços aportados, de outro lado, pelo Código de Defesa do Consumidor (art. 6°, VIII), prevendo a distribuição dinâmica do ônus da prova em regramento geral não mais condicionado a um específico perfil de conflito de interesses[56]. O norte, sob a nova lei[57], passa a ser a maior ou menor facilidade que autor e réu tenham concretamente de acesso à prova (art. 373, § 1°), em face da qual pode o juiz alterar, fundamentadamente – inclusive à luz do art. 489, § 1°, II –, a distribuição estática regrada no *caput* para atribuir a sujeito diverso o peso de arcar com a insuficiência probatória. E, não obstante o emprego da conjunção alternativa "ou", não parece bastar, para a redistribuição, que uma das partes se veja na "impossibilidade" ou "excessiva dificuldade de cumprir o encargo", porque a isso normal-

---

Paulo Cezar Pinheiro Carneiro, Leonardo Greco e Humberto Dalla Bernardina de Pinho (coords.), Rio de Janeiro: ed. GZ, 2016, p. 25. Diretriz similar consta hoje da Regra 25 (2), parte final, das Regras-Modelo de Processo Civil para a Europa ELI/UNIDROIT (*"Rule 25 Evidence: (2) Each party has, in principle, a right to access all forms of relevant, non-privileged and reasonably identified evidence. In so far as appropriate, parties and non-parties must contribute to disclosure and production of evidence. It is not a basis of objection to such disclosure by a party that disclosure may favour the opponent or other parties"*).

---

56 Para um panorama da questão antes do Código de 2015, remete-se a ARAÚJO FILHO, Luiz Paulo da Silva. *Comentários ao Código de Defesa do Consumidor: direito processual*, São Paulo: Saraiva, 2009, p. 03-26. Como exemplo, à época, de rejeição da distribuição dinâmica fora de relação de consumo quando ausente regra legal expressa, STJ, REsp 716.386/SP, Rel. Min. Aldir Passarinho Junior, Quarta Turma, julgado em 05/08/2008, DJe 15/09/2008; sinalizando, contudo, para a linha oposta com base nos princípios constitucionais da isonomia e do devido processo legal, STJ, REsp n° 1.286.704/SP, Rel. Min. Nancy Andrighi, Terceira Turma, julgado em 22/10/2013, DJe 28/10/2013. Por sua vez, reconheceu-se a aplicação do art. 6°, VIII, do CDC ao direito ambiental tendo por base o disposto no art. 21 da Lei da Ação Civil Pública e o princípio da precaução, como hoje explicitado pela Súmula n° 618 do STJ (*"A inversão do ônus da prova aplica-se às ações de degradação ambiental"*). Por fim, cumpre advertir que o regime agora disposto no art. 373, § 1°, do CPC, uma norma geral, não afastará a aplicabilidade de regras específicas na legislação esparsa, de que é exemplo a recente previsão do art. 42, § 2°, da Lei Geral de Proteção de Dados (Lei n° 13.709/18).

57 O tema é aqui abordado limitadamente quanto aos pressupostos para a distribuição dinâmica. Quanto ao momento em que, no procedimento, o juiz deve apreciá-la, correlacionando-a com os demais elementos da decisão de organização do processo (art. 357), remete-se, nesta obra, à Nota de Atualização ao texto *Saneamento do processo e audiência preliminar*.

mente deve se somar também, em atenção ao § 2º, a caracterização da "maior facilidade de obtenção da prova", pelo adversário, do mesmo fato ou "do fato contrário".

Como última manifestação da cooperação, cumpre apenas mencionar, nos limites deste trabalho, o modo como os negócios processuais atípicos (art. 190) interagem com a atividade probatória. Há, por certo, negócios típicos que interferem na definição de quais fatos se submeterão à prova (art. 357, § 2º), quem sofrerá as consequências da falta de provas (art. 373, §§ 3º e 4º) e como se produzirá a prova (v.g., art. 471). Mas o espaço aberto pelo polêmico art. 190 vai muito além, porque deixa à criatividade das partes, sob limites textuais de elevadíssimo grau de indeterminação (art. 190, parágrafo único), o poder de engendrar novas alterações no modo como a lei processual pré-dispõe a busca da verdade. Parece lícito, por um lado, tomar como correta a diretriz de que será tendencialmente válido o negócio que amplie o acesso a informações fáticas aos sujeitos do processo, seja às partes, como a convenção que imponha a autor e réu a troca de protocolos de esclarecimento prévios ao ingresso em juízo, seja ao juiz, porque nessa última hipótese se tornará, a rigor, negocialmente típico aquilo que a lei já autorizaria sob o art. 369[58]. Já quando o conteúdo do negócio restringir os poderes instrutórios do juiz, mantidos pelo art. 370 do CPC/15, o desafio de aferir a validade da convenção ainda está longe de receber resposta segura, seja na doutrina, seja nos tribunais[59].

---

58 Quando, no entanto, essa ampliação de acesso a informações interferir na proibição de provas ilícitas, impõe-se como limite o respeito ao núcleo essencial dos direitos fundamentais envolvidos.

59 Por exemplo, defendendo, nessa hipótese, que passe a ser exigível a disponibilidade do direito material, mais do que a mera possibilidade de autocomposição a que se refere o *caput* do art. 190, v. WAMBIER, Luiz Rodrigues; TALAMINI, Eduardo. *Curso avançado de processo civil: teoria geral do processo*, v. 1, São Paulo: Ed. Revista dos Tribunais, 2016, p. 521-525. A proposta guarda harmonia com o art. 373, § 3º, I, mas não com o art. 471, II, se tomarmos como premissa a tentativa de encontrar no regime de negócios processuais típicos sinais de uma base aplicável por aproximação aos negócios atípicos. Sobre o tema, v. GRECO, Leonardo. Convenções processuais *versus* poderes do juiz, In: *Reflexões sobre o novo Código de Processo Civil*, Carlos Roberto Jatahy, Diogo Assumpção Rezende de Almeida, Luiz Roberto Ayoub (coords.), Rio de Janeiro: FGV Editora, 2016, p. 135-148; e, mais amplamente, CABRAL, Antonio do Passo. *Convenções processuais: teoria geral dos negócios jurídicos processuais*, Salvador: Juspodivm, 2020.

3. Principais alterações gerais e específicas de procedimento

Mirando agora na introdução das provas no processo, as principais mudanças do CPC/15 podem ser separadas em dois grandes ramos: alterações de cunho geral no procedimento probatório, com potencial para impactar em qualquer meio de prova, e alterações particulares nos meios de prova em espécie.

A primeira alteração geral digna de nota diz respeito ao fim do princípio da identidade física do juiz. Não há, no Código de 2015, dispositivo similar ao revogado art. 132[60]. Quebra-se, com isso, um dos pilares da oralidade, e que a rigor é pressuposto de utilidade do princípio da imediação, deixando-se ao mero acaso que a percepção vivamente experimentada na Audiência de Instrução e Julgamento se converta em real proveito na valoração da prova na decisão final. É bem verdade que o desenvolvimento tecnológico hoje permite a gravação em vídeo da prova oral colhida, como dispõe o art. 367, § 5º, adiante mencionado. O avanço abranda, mas não suplanta, os impactos do abandono da identidade física do juiz, porque a reprodução é ainda incapaz de substituir sem prejuízo a percepção que seria fruto da presença.

Segunda modificação marcante de procedimento houve com a nova disciplina da produção antecipada de prova (arts. 381 e segs.), não mais, como se passava no CPC/73, um procedimento cautelar específico. Reúnem-se ali, agora, funções cautelares (art. 381, I) e não cautelares (art. 381, II e III) que permitem ao interessado ir ao Judiciário para obter providência limitada à realização da prova, congregando papéis desempenhados, no diploma revogado, pelos procedimentos de justificação (art. 381, § 5º), de arrolamento de bens sem medidas constritivas[61] (art. 381, § 1º) e a exibição prévia de documentos[62]. Atentando

60 O princípio consta, por sua vez, do atual art. 399, § 2º, do Código de Processo Penal.

61 Sem medidas constritivas, esclareça-se, sobre a universalidade de bens que se pretende delimitar, tal como a nomeação de depositário para administrá-los provisoriamente. A disposição não impede medidas constritivas necessárias para a efetividade do meio de prova a ser antecipado, havendo resistência no acesso à informação, nos limites que seriam aplicáveis se a prova fosse produzida incidentalmente.

62 Admitindo o emprego tanto do procedimento comum quanto da produção antecipada de provas para o pedido autônomo de exibição de documentos, STJ, REsp nº 1.774.987/SP, Rel. Min. Isabel Gallotti, Quarta Turma, j. 08/11/2018, DJe 13/11/2018; STJ, AgInt no AREsp nº 1.651.478/SP, Rel. Min. Marco Aurélio Bel-

para os incs. II e III[63], referidos na abertura deste texto, reconhece o legislador a existência de um direito autônomo à prova, não condicionado à urgência e sem vínculo necessário de instrumentalidade com uma demanda futura, a serviço das partes para que elas próprias incrementem o conhecimento sobre os fatos. Cria-se, com isso, mecanismo de redução de litígios, facilitando-se que os envolvidos saibam, antes de formulada a pretensão de direito material, o que podem ou não esperar de esclarecimento sobre o ocorrido.

Essa aceleração da prova se dá mediante um procedimento sumário, limitado à aferição, de ofício ou por provocação do requerido[64], dos pressupostos e da regularidade da produção da prova, jamais para desde logo valorá-la (art. 382, § 2º)[65]. Esse papel reduzido atribuído ao juiz se destina a viabilizar que, produzidas a prova e eventuais contraprovas (art. 382, § 3º), permaneçam os autos à disposição dos interessados para utilização, se for o caso, em demanda futura como prova documental emprestada (arts. 383 c/c 372), inclusive para lastrear ação monitória (art. 700, § 1º). Ressaem da lei, no entanto, a ênfase em dois controles a cargo do juiz. Primeiro, quanto à necessidade e à especificidade da prova (art. 382, *caput*), a fim de que esse caminho de acesso a informações não se transforme em instrumento de abuso e de perturba-

---

lizze, Terceira Turma, j. em 24/08/2020, DJe 01/09/2020; e STJ, AgInt nos EDcl no REsp nº 1.867.001/CE, Rel. Min. Nancy Andrighi, Terceira Turma, julgado em 10/08/2020, DJe 14/08/2020.

---

63 A rigor, a parte final do inc. III do art. 381 bem poderia se ter por já contida no inc. II do mesmo dispositivo, porque de autocomposição se trata.

64 Apesar da literalidade do § 4º do art. 382, deve-se reconhecer ao réu na produção antecipada de provas o direito de alegar vícios na admissibilidade do procedimento ou ilegalidade na produção da prova, bem como de, nesses limites, recorrer. A vedação legal só pode ser interpretada, à luz da Constituição e da garantia do devido processo legal, como dirigida às defesas quanto ao modo de valorar a provar e de dela extrair consequências jurídicas, impertinentes segundo a cognição delimitada pelo art. 382, § 2º.

65 Rejeitando, já sob o CPC/15, a formação de coisa julgada material na produção antecipada de prova, STJ, AgInt nos EDcl no RMS nº 61.128/GO, Rel. Min. Raul Araújo, Quarta Turma, j. em 06/10/2020, DJe 16/10/2020. Se fundada a produção de provas no inc. I do art. 381, a afirmação parece comportar ao menos a exceção quanto ao acolhimento, pelo juiz, de prescrição ou decadência da pretensão de direito material indicada pelo requerente como objeto do processo futuro, nos termos do art. 310 do CPC/15.

ção da paz social além do justificado. O segundo, por sua vez, refere-se à regularidade na formação do polo passivo, com a inovadora previsão de intervenção *iussu iudicis* de "interessados na produção da prova ou no fato a ser provado" (art. 382, § 1º), para o que terá o julgador de fazer um prognóstico sobre aqueles contra os quais a prova poderá ser utilizada no futuro, guiando-se tanto quanto possível pelos traços do conflito revelados pelo autor na inicial.

O Código de 2015 acolhe, como terceira mudança geral, a flexibilização do procedimento probatório, ainda que com algum temperamento[66]. A principal sede dessa mudança, inspirada nos princípios da adequação e da eficiência, consiste no art. 139, VI[67]. A regra permite ao juiz alterar a ordem de produção dos meios de prova, para, por exemplo, ouvir na Audiência de Instrução em Julgamento uma testemunha antes do depoimento pessoal do réu, mitigando a sequência dos incisos que compõem o art. 361, à qual a própria lei agora atribui, na parte final desta última disposição, a qualidade de meramente preferencial. Se decidir por fazê-lo, caberá ao juiz intimar, antes, as partes, nos termos do art. 10, convocando-as a debaterem a pertinência da medida à luz das finalidades ditadas na cláusula de encerramento do art. 139, VI. Regime especial, e um tanto quanto inusitado, é destinado à flexibilização da ordem dos depoimentos de cada testemunha individualmente considerada, para cuja alteração se reclama, mais do que a simples oitiva, a efetiva concordância das partes (art. 456, parágrafo único)[68]. E, além dessa reorganização dos meios de prova no momento que lhes é próprio, autorizadas vozes extraem do art. 139, VI, a sede para an-

66 Não prevaleceu, na tramitação, a proposta consideravelmente mais arrojada da Comissão de Juristas encarregada do Anteprojeto, que concedia ao juiz o poder de "*adequar as fases e os atos processuais às especificações do conflito, de modo a conferir maior efetividade à tutela do bem jurídico, respeitando sempre o contraditório e a ampla defesa*" (art. 107, V, do texto do Anteprojeto apresentado em 08/06/2010).

67 Cuida-se aqui, portanto, de flexibilização por iniciativa do juiz, à qual ainda se soma a flexibilização do procedimento probatório por convenção das partes (art. 190).

68 Não se dessume da lei justificativa ou coerência no acréscimo, seja diante do princípio da comunhão da prova (art. 371), seja porque cabível a flexibilização judicial nos termos antes expostos se tomada a prova testemunhal como gênero, e não cada testemunha como espécie, seja, ainda, diante da literalidade do art. 361, *caput* e III, porque de ordem *preferencial* se pode cogitar tanto entre os incisos, como já referido, quanto na sequência prevista no próprio inciso III.

tecipar parcelas da fase instrutória no limiar do procedimento comum, antes mesmo da realização da audiência do art. 334, sempre que, simultânea ou posteriormente à formulação do pedido principal, restar demonstrada a urgência na colheita da prova fundada no art. 381, I[69].

Quarta mudança com impactos gerais para o procedimento de produção das provas é a previsão do art. 69, IV. O dispositivo, concretizando o princípio do art. 6º na interação entre autoridades judiciais, institui modalidade de cooperação judiciária nacional intitulada atos concertados, que se soma às formas tradicionais das cartas e do auxílio direto. Por ela, duas ou mais relações processuais autônomas podem se beneficiar da prática de um único e mesmo ato processual, como se cada cadeia de procedimento fosse representada por linhas até então paralelas e que em um dado momento se entrelaçam e se encontram em um ponto ou elo comum, após o qual retomam seu curso. Não há forma rígida para que essa cooperação se realize (art. 69, *caput*), figurando na listagem não taxativa do § 2º do dispositivo o emprego da técnica para o "estabelecimento de procedimento" voltado à "obtenção e apresentação de provas e a coleta de depoimentos" (inc. II).

De parte a vagueza – e redundância – do dispositivo, pode-se a partir dele cogitar da produção unificada de prova sobre ponto de fato comum a múltiplos processos[70], reduzindo-se, a bem da economia processual, os custos e o tempo que seriam despendidos com a repetição da atividade, preservada a oportunidade de participação das partes de cada conflito nos mesmos moldes com que exerceriam o contraditório se não fosse a concertação. Embora não se limite a litígios massificados,

69 TALAMINI, Eduardo. *Produção antecipada de prova no código de Processo Civil de 2015*, Revista de Processo, v. 260, Out./2016, p. 78-9, frisando que, nessa hipótese, não se observará o rito dos arts. 382 a 383, aplicável apenas quando inexistir processo principal pendente.

70 Sobre o tema, PASCHOAL, Thaís Amoroso. *Coletivização da prova: técnicas de produção coletiva da prova e seus reflexos na esfera individual*, São Paulo: Thomson Reuters Brasil, 2020, em especial às p. 212 e segs. A Resolução nº 350 do CNJ, de 27 de outubro de 2020, estabelece "diretrizes e procedimentos sobre a cooperação judiciária nacional entre os órgãos do Poder Judiciário e outras instituições e entidades". Os incs. VI e VII do art. 6º mencionam a produção de provas como objeto de ato concertado, figurando nos arts. 8º a 11 a tentativa de extrair, da interpretação sistemática do CPC/15, um esboço de etapas e de requisitos para a concertação, no que se inclui, como fase inicial, a celebração de "termo de ajuste" entre juízos cooperantes, do qual é fornecido modelo exemplificativo no Anexo III da Resolução.

o instituto tem potencial para suprir a lacuna da disciplina do Incidente de Resolução de Demandas Repetitivas, cujo objeto não comporta questão comum de fato (art. 976, I, parte final), mas com a ressalva de que a valoração da prova, paralelo mais natural à "tese jurídica" do IRDR (art. 985), em qualquer caso remanesce sob a competência de cada juízo após a produção unificada da prova[71].

Vistas essas quatro inovações de cunho geral, cumpre agora examinar as modificações mais relevantes que o legislador introduziu no procedimento das provas em espécie.

Uma delas diz respeito à produção da prova documental. A regra geral que baliza o momento para a apresentação, pelas partes, de documentos no processo está disposta no art. 434, por força da qual devem aqueles acompanhar os atos postulatórios da petição inicial ou da defesa. Tal diretriz já era e continua mitigada nos casos retratados no *caput* do art. 435, que guarda paralelo com o art. 397 do CPC/73. O que nesse tema representa inovação é a maior abertura presente no parágrafo único do art. 435, que passa a permitir a juntada subsequente, inclusive em grau de recurso[72], de documentos tornados acessíveis ou dos quais se teve notícia somente em momento posterior à fase postulatória, mesmo que relativos a fatos pretéritos, desde que demonstrado motivo de impedimento e atendido o parâmetro de conduta da boa-fé objetiva (art. 5º). A mitigação da preclusão, para a qual algumas decisões do Superior Tribunal de Justiça já sinalizavam[73], passa a convocar

71 E a prova assim colhida não se confunde, no plano conceitual, com a prova emprestada (art. 372): enquanto esta pressupõe instrução já realizada em outro processo, sob o art. 69, IV, a produção da prova é ato compartilhado das relações processuais pendentes.

72 Rejeitando a aplicação da regra em sede de recurso especial, STJ, AgInt no REsp nº 1.814.015/RS, Rel. Min. Benedito Gonçalves, Primeira Turma, j. em 11/05/2020, DJe 13/05/2020; AgInt no AREsp nº 1.242.238/RS, Rel. Min. Marco Aurélio Bellizze, Terceira Turma, j. em 19/08/2019, DJe 22/08/2019.

73 V.g., admitindo, à luz do CPC/73, a juntada de documentos novos em sede de apelação "desde que respeitado o contraditório e ausente má-fé", STJ, AgInt no AREsp nº 1.291.655/SP, Rel. Min. Luis Felipe Salomão, Quarta Turma, j. em 25/06/2019, DJe 28/06/2019; REsp 980.191/MS, Rel. Min, Nancy Andrighi, Terceira Turma, j. em 21/02/2008, DJe 10/03/2008 e, na mesma linha, apreciando a juntada posterior à contestação, STJ, AgRg no REsp nº 916.480/SC, Rel. Min. Luis Felipe Salomão, Quarta Turma j. em 15/03/2012, DJe 21/03/2012. Em linha mais restritiva, somente tolerando a juntada extemporânea nos casos então regulados pelo art. 397 do CPC/73, STJ, REsp nº 1.618.161/AC, Rel. Min. Herman Benjamin, Segunda Turma, j. em 13/12/2016, DJe 06/03/2017.

o intérprete à tarefa de identificação de parâmetros mais concretos para que não se converta em porta para o abuso e a surpresa processual.

Na prova oral, incrementam-se as potencialidades do "interrogatório livre" com a previsão, na Parte Geral do Código, do art. 139, VIII. Inspirada no princípio da cooperação, a regra cria um ambiente mais propício à interação franca entre juiz e partes, se comparada com o que dispunha o art. 342 do CPC/73, porquanto agora expressamente afastada para tal hipótese a "pena de confesso" àquele que se recusa a comparecer ou, comparecendo, a responder à inquirição, limitada ao depoimento pessoal por provocação da parte contrária (art. 385, § 1º). Pode o juiz, de ofício, determinar esse comparecimento pessoal de autor e réu em qualquer momento do processo, mesmo após encerrada a Audiência de Instrução e Julgamento, colhendo da conduta das partes informações "sobre os fatos da causa" como elementos de convicção[74]. E ao menos em tese a novel disposição passa a servir de caminho para reduzir o peso da proibição, mantida no *caput* do art. 385, a que a parte requeira seu próprio depoimento pessoal perante o juiz[75]: como

74 No julgamento do REsp nº 1.217.171/RJ, Rel. Min. Marco Buzzi, Rel. p/ Acórdão Min. Luis Felipe Salomão, Quarta Turma, j. em 10/03/2020, DJe 04/08/2020, decidiu o STJ, à luz do art. 342 do Código revogado, que o interrogatório livre não seria suficiente a caracterizar prova inequívoca para a concessão de tutela antecipada (CPC/73, art. 273, *caput*). No voto do Min. Relator consta passagem em *obiter dictum* dirigida à disciplina da matéria sob o CPC/15, que, por ter situado a regra no campo dos poderes do juiz (Art. 139), não lhe reconheceria natureza de meio de prova, limitada ao depoimento pessoal, "mas instrumento de que se vale o juiz para conferir direção ao processo", "sem valor probante", apenas "servindo ao esclarecimento dos fatos para formação da convicção" do juiz. A linha de fundamentação adotada, além de desprovida de um conceito claro de prova, não guarda coerência sequer na invocação do argumento topográfico, porque se assim fosse tampouco do inc. IV do mesmo art. 139 se poderia extrair norma de disciplina de meios executórios, distante como está da disciplina dos demais atos executórios para a prestação de quantia certa (arts. 824 e segs.). Sobre as transformações do art. 139, IV, no processo de execução, remete-se, nesta obra, à Nota de Atualização ao texto *Tendências na execução de sentenças e ordens judiciais*.

75 Reputando superada a proibição com base no *direito a um dia na Corte* como expressão do devido processo legal, apesar da literalidade do *caput* do art. 385, v. WAMBIER, Luiz Rodrigues; TALAMINI, Eduardo. *Curso avançado de processo civil: cognição jurisdicional (processo comum de conhecimento e tutela provisória)*, v. 2, São Paulo: Ed. Revista dos Tribunais, 2016, p. 276-277. Contra, dando por inadmissível, nessas condições, a prova, STJ, REsp nº 1.291.096/SP, Rel. Min. Ricardo Villas Boas Cueva, Terceira Turma, julgado em 02/06/2016, DJe 07/06/2016, em decisão proferida à luz do CPC/73 mas com expresso paralelo com o art. 385 do CPC/15..

todo poder exercível de ofício, nada impede seja a autoridade judicial provocada a decidir quanto a essa oportunidade de inquirição, se demonstrados os ganhos efetivos de informação que o ato pode carrear.

Quanto à prova testemunhal, dá-se um salto considerável com a adoção, no art. 459, do modelo de inquirição direta das testemunhas pelos advogados das partes (*cross-examination*), não mais submetidas à intermediação do juiz, perfilhando-se o caminho do processo penal adotado desde a alteração do art. 212 do CPP pela Lei nº 11.960/08. Dessa ênfase dada ao papel das partes, tônica do Código, não se segue tenha sido suprimida a formulação de perguntas próprias pelo juiz na busca da verdade, o que o § 1º do art. 459 autoriza seja feito tanto antes quanto depois da inquirição pelos advogados[76]. Em todo caso, caminham lado a lado a virtude e o maior mal da mudança legislativa: ao permitir que as palavras e o tom empregados na pergunta reflitam tanto quanto possível a habilidade e a estratégia processual dos patronos, prestigia-se o contraditório como direito de influência e participação (art. 369, parte final), mas se abre o flanco para abusos e desvios, sobretudo em um país marcado pela desigualdade econômica e social, que se manifesta no processo em prejuízo da paridade de armas (arts. 7º e 139, I). Já quanto à indispensável densificação dos limites postos na parte final do art. 459, *caput* e § 2º, cuja vigilância compete ao juiz, a experiência do direito norte-americano, fonte inspiradora da mudança, há de servir de proveitoso modelo de aprendizagem e balizamento.

Tanto para o depoimento pessoal quanto para a prova testemunhal, o Código recepciona o avanço dos meios de comunicação e permite a produção da prova oral por "videoconferência ou outro recurso tecnológico de transmissão e recepção de sons e imagens em tempo real", desde que os depoentes residam em comarca, seção ou subseção judiciária diversa daquela onde tramita a causa (arts. 385, § 3º, e 453, § 1º). Para a função de registro, prevê-se agora a gravação, a cargo da serventia, da prova testemunhal (art. 460) e mesmo da íntegra da Audiência de Instrução e Julgamento (art. 367, § 5º), tornando realidade o "puro sonho" à época mencionado no no estudo em referência pelo Mestre. A isso se soma a feliz previsão, alinhada com o espírito democrático, da

76 Formulando o julgador perguntas depois da manifestação das partes, cumpre-lhe assegurar aos advogados a oportunidade de inquirição complementar, a bem da garantia do contraditório.

gravação como instrumento de controle e fiscalização pelas partes, tornada expressamente independente de autorização judicial (art. 367, § 6º).

Por último, foram marcantes os avanços na impessoalidade na produção da prova pericial. Isso decorre, em primeiro lugar, da imposição de serem criados, por cada tribunal, cadastros de profissionais e órgãos técnicos habilitados, para que a nomeação do *expert* pelo juiz ocorra dentre os profissionais neles inscritos (art. 156, § 1º), ressalvada a ausência na localidade (art. 156, § 5º). Prevê-se a ampla participação da sociedade civil e das funções essenciais à justiça na instituição de cada cadastro, mediante consulta pública (art. 156, § 2º), sendo que os profissionais e órgãos nele inscritos devem se submeter a reavaliações periódicas que assegurem, dentre outros aspectos, a atualização do conhecimento técnico (art. 156, § 3º). Como se vê, mitiga-se a suficiência da confiança pessoal do juiz sobre o perito para adicionar uma por assim dizer confiança institucionalizada[77], observando-se, ainda, a distribuição equitativa entre os profissionais para evitar favorecimentos (art. 157, § 2º)[78].

4. A valoração da prova

Cabe uma última atenção ao tratamento, no Código de 2015, da valoração da prova. Nesse tema, os avanços foram tímidos, com pequenos tópicos de real incremento no controle da racionalidade da motivação da sentença[79] quanto à interpretação dos fatos. Preferiu-se o caminho mais

77 Estabelece-se, no art. 478, uma preferência para a nomeação de profissionais provenientes de "estabelecimentos oficiais especializados" para a hipótese de a perícia ter "por objeto a autenticidade ou a falsidade de documento ou for de natureza médico-legal".

78 O tema é objeto da Resolução nº 233/2016 do Conselho Nacional de Justiça, que "dispõe sobre a criação de cadastro de profissionais e órgãos técnicos ou científicos no âmbito da Justiça de primeiro e segundo graus". Chama a atenção a previsão do art. 6º, parágrafo único, da Resolução, que considera o perito escolhido consensualmente pelas partes (Art. 471) como sujeito "às mesmas normas e deve reunir as mesmas qualificações exigidas do perito judicial". A disposição é de duvidosa legalidade à luz da deferência, pelo Código, à vontade das partes, desde que satisfeitos os pressupostos dos incisos I e II do art. 471.

79 A rigor, mais amplamente, decisão, a exemplo, na fase de conhecimento, do art. 356, II. Ou, ainda, da valoração da prova na tutela provisória (art. 298) e na atividade executiva (v.g., art. 787).

simbólico – e menos eficaz – de (i) atacar o vilão errado e de (ii) manter em tom ainda excessivamente genérico a proclamação do dever de fundamentar, indo pouco além do que consta da Constituição (CF, art. 93, IX).

Não repetiu o legislador, no art. 371, o advérbio "livremente", que no revogado art. 131 qualificava a apreciação da prova pelo juiz. A mudança espelha o propalado propósito de abandonar a diretriz do livre convencimento motivado, refletido também em esparsos e sutis ajustes de redação na valoração da confissão extrajudicial (art. 394, frente ao revogado art. 353), da segunda perícia (art. 480, § 3º, frente ao revogado art. 439, parágrafo único) e de documento que contenha entrelinha, emenda, borrão ou cancelamento (art. 426, frente ao revogado art. 386). Segundo alguns[80], a alteração teria a virtude de combater o arbítrio judicial na valoração da prova, supostamente fomentado pela leitura descontextualizada e literal do adjetivo "livre".

Combateu-se, porém, um espantalho. Como já no estudo em referência se punha às claras, só por exagero retórico se poderia confundir o livre convencimento motivado com um convite ao arbítrio, se compreendido com o devido rigor o contraponto com que guardada a expressão frente ao modelo de tarifação pela lei do grau de corroboração de cada prova. De mais a mais, nenhuma construção dogmática pode ter seu acerto medido a partir de leitura forçadamente desavisada[81], para com isso superestimar os males colaterais que ela seria capaz de causar. E, afinal, para a redução do arbítrio avança-se mais com o detalhamento, na lei, do que se há de ter por uma decisão fundamentada e racionalmente controlável quanto aos fatos do que com uma simples e estéril reformulação de nomes ou rótulos.

Sobrevive, portanto, o livre convencimento motivado no CPC/15, calcado na valoração da prova por inferências construí-

---

80 Publicamente assumindo a autoria da emenda supressiva com essa finalidade ao então Projeto na tramitação na Câmara dos Deputados, STRECK, Lênio Luiz. *As provas e o novo CPC: a extinção do poder de livre convencimento*, In: Direito probatório, Coleção grandes temas do novo CPC, William Santos Ferreira e Marco Félix Jobim (coords.), v. 5, Salvador: Juspodivm, 2015, p. 113.

81 Desavisada e apressada, porque, se fiel à literalidade, algum realce também haveria de merecer o segundo adjetivo constante da consagrada expressão ("livre convencimento *motivado*"), sendo a exigência de motivação um fiel bastião na luta histórica contra o arbítrio no exercício de qualquer poder.

das pelo juiz à luz das regras da experiência (art. 375)[82]. Sob certo ângulo, ressai ele inclusive fortalecido, porque optou o legislador por suprimir tarifações de peso ou descrédito antes dedicadas, por exemplo, à prova testemunhal para contratos de valor superior a dez salários mínimos (art. 1.072, II, do CPC/15, com a revogação do art. 227, *caput*, do CC/02) ou se prestada por quem tenha menos de dezesseis anos (art. 447, § 1º, III, c/c §§ 4º e 5º, que atenua a inflexibilidade do revogado art. 405, § 1º, III, c/c § 4º), por condenados por crime de falso testemunho ou por quem, por seus costumes, fosse indigno de fé (art. 447, § 3º, que não repete, no rol de suspeição, os incs. I e II do revogado art. 405). Não obstante, um rápido percurso sobre o direito positivo ainda revela reminiscências de provas legais[83], situadas tanto no próprio Código de 2015, que parece demarcar a perícia para a apuração, se impugnada, da autenticidade de fotografias digitais e das extraídas da rede mundial de computadores (art. 422, § 1º, parte final), quanto em diplomas de direito material, como o descrédito à prova testemunhal para o tempo de serviço na aposentadoria sob o Regime Geral de Previdência Social (Lei nº 8.213/91, art. 55, § 3º) e a demonstração documental de licença para uso regular de *software* (Lei nº 9.609/98, art. 9º, *caput* e § 1º). Nesses hiatos em que o legislador insiste em tentar cristalizar máximas de experiência para direcionar a busca da verdade, o mais acertado é dar a tais nortes abstratos apenas um papel indicativo, sem rigidez suficiente a tolher a valoração – e, por óbvio, a admissão – a cargo do juiz em cada caso concreto e o direito à prova assegurado às partes como componente da plenitude de defesa[84].

---

82 Sobre a importância e o papel das máximas de experiência, que não se resumem à valoração da prova, v. BARBOSA MOREIRA, José Carlos. Regras de experiência e conceitos juridicamente indeterminados, In: *Temas de direito processual:* segunda série, São Paulo: Saraiva, 1980, p. 61-72.

83 As referências e as críticas constantes do estudo em referência quanto ao então projeto valem, hoje, para os arts. 215 e 225 do Código Civil em vigor (Lei nº 10.406/02).

84 Nessa linha, confira-se, na jurisprudência do STJ, a mitigação do referido art. 55, § 3º, da Lei nº 8.213/91 pela Súmula nº 577 ("*É possível reconhecer o tempo de serviço rural anterior ao documento mais antigo apresentado, desde que amparado em convincente prova testemunhal colhida sob o contraditório*") e, quanto ao mencionado art. 9º da Lei nº 9.609/98, a abertura para outros meios de prova no julgamento, por maioria, do REsp nº 913.008/RJ, Rel. Min. João Otávio de Noronha, Rel. p/ Acórdão Min. Luis Felipe Salomão, Quarta Turma, julgado em 25/08/2009, DJe 19/10/2009.

No que concerne às razões que devem constar da sentença para justificar essa atividade de valoração da prova, o CPC/15 pouco inova. É como se o problema da fundamentação sobre as questões de fato fosse, aos olhos do legislador processual, pequeno ou inexistente, tanto assim que no rol de decisões não fundamentadas proscritas pelo § 1° do art. 489 nenhuma mira especificamente em vícios na interpretação dos fatos[85]. Tivesse o Código acompanhado a evolução de sistemas estrangeiros[86] e da teoria processual[87], algo além da singela menção ao dever

85 Quando muito, pode-se cogitar da aplicação do inc. IV do § 1° do art. 489 para a devida consideração de todas as provas colhidas e de todas as versões alegadas sobre os fatos da causa, desde que em tese capazes de infirmar a conclusão adotada na sentença, mas com isso ainda nada efetivamente se diz sobre como fazê-lo.

86 É exemplo o art. 607, 4 e 5, do Código de Processo Civil português de 2013 ("Artigo 607.° Sentença. (...) 4 - Na fundamentação da sentença, o juiz declara quais os factos que julga provados e quais os que julga não provados, analisando criticamente as provas, indicando as ilações tiradas dos factos instrumentais e especificando os demais fundamentos que foram decisivos para a sua convicção; o juiz toma ainda em consideração os factos que estão admitidos por acordo, provados por documentos ou por confissão reduzida a escrito, compatibilizando toda a matéria de facto adquirida e extraindo dos factos apurados as presunções impostas pela lei ou por regras de experiência. 5 - O juiz aprecia livremente as provas segundo a sua prudente convicção acerca de cada facto; a livre apreciação não abrange os factos para cuja prova a lei exija formalidade especial, nem aqueles que só possam ser provados por documentos ou que estejam plenamente provados, quer por documentos, quer por acordo ou confissão das partes.).

87 Além das preciosas lições constantes do estudo em referência, v., mais recentemente, as obras de TARUFFO, Michele. *La semplice verità. Il giudice e la costruzione dei fatti,* Roma-Bari: Laterza, 2009. TARUFFO, Michele. *Verso la decisone giusta*, Torino: G. Giappichelli Editore, 2020, passim; DAMASKA, Mirjan. *Evaluation of evidence – pre-modern and modern approaches*, Cambridge: Cambridge University Press, 2020; FERRER BELTRÁN, Jordi. *Prueba y verdad em el derecho,* Madrid-Barcelona: Marcial Pons, 2002; FERRER BELTRÁN, Jordi. *Prueba sin convicción – estándares de prueba y debido proceso,* Madrid-Barcelona-Buenos Aires-São Paulo: Marcial Pons, 2021; FERRER BELTRÁN, Jordi; VÁSQUEZ, Carmen (eds.). *El razonamiento probatório en el proceso judicial – un encuentro entre diferentes tradiciones*, Madrid-Barcelona-Buenos Aires-São Paulo: Marcial Pons, 2020; ANDERSON, Terence; SCHUM, David; TWINING, William. *Análisis de la prueba*, Madrid-Barcelona-Buenos Aires-São Paulo: Marcial Pons, 2015 (a segunda edição da obra, originalmente em inglês, é de 2005); TUZET, Giovanni. *Filosofia della prova giuridica*, Torino: G. Giappichelli Editore, 2016 (a primeira edição é de 2013); e TUZET, Giovanni. *Sull'ostensione probatoria*. In: Cassazione Penale, LIX – novembro 2019, n° 11. Coord. CARCANO, Domenico; D'ANDRIA, Mario. Milão: Giuffrè, 2019, p. 4115-4.129.

de fundamentar no art. 371 haveria de constar das Disposições Gerais sobre a prova, para talvez nortear em um grau a mais de concretude o modo de se atender a esse dever, contribuindo para a busca do "conteúdo mínimo necessário" da motivação com a cautela de não incorrer em "excesso de rigidez", como lapidarmente exposto pelo Mestre.

O CPC/15 até chega a incorporar, em alguns pontos, avanços, mas o faz de modo eminentemente fragmentado. Cresce nos dias atuais na doutrina processual, por exemplo, a tentativa de compreender mais analiticamente o papel das regras de experiência no caminho lógico percorrido pelo juiz para extrair inferências a partir da prova levada à sua percepção, seja na valoração da prova que recaia diretamente sobre o fato principal, seja na operação lógica que tome como ponto de partida a demonstração de indícios[88]. Como consequência, debate-se hoje a extensão em que cabe ao juiz explicitar e justificar a regra de experiência que serve de premissa maior às inferências probatórias, na tentativa de incrementar o controle de racionalidade sobre a valoração da prova tomando de empréstimo aportes da lógica e da epistemologia, ainda que por vezes correndo o risco de engendrar esquemas e construções abstratas que atendem mais ao espírito acadêmico do que ao que se pode razoavelmente esperar de um serviço público que tem a solução de litígios como *fim*, não como *meio*.

O ponto já era frisado por Barbosa Moreira no estudo em referência, ao destacar que "as opções valorativas básicas, no entanto, essas têm de ser explicitadas e justificadas em termos cabais", porque é tanto maior o grau de corroboração passível de ser extraído de uma prova quanto maiores sejam o acerto e o enraizamento cultural da máxima de experiência empregada. E o Código de 2015 até sinaliza para esse desafio, mas o faz de forma apenas pontual, no regime da prova pericial, com duas exigências epistemológicas concatenadas: impondo que o perito, na confecção do laudo, revele o "método utilizado, esclarecendo-o e demonstrando ser predominantemente aceito pelos

88 Além das obras mais recentes mencionadas na nota de rodapé anterior, com base nas quais se expõem as observações a seguir, são referências as lições constantes de BARBOSA MOREIRA, José Carlos. As presunções e a prova, In: *Temas de direito processual:* primeira série, São Paulo: Saraiva, 1977, p. 55-71; e BARBOSA MOREIRA, José Carlos. Regras de experiência e conceitos juridicamente indeterminados, In: *Temas de direito processual:* segunda série, São Paulo: Saraiva, 1980, p. 61-72.

especialistas da área do conhecimento da qual se originou" (art. 473, III), e determinando que o juiz, ao valorar essa prova, leve "em conta o método utilizado pelo perito" (art. 479)[89]. Clarear esse componente contemporâneo da fundamentação tendo apenas a perícia como alvo, pinçando-a dentre os demais meios de prova[90], é progredir pouco na controlabilidade da interpretação judicial das questões de fato.

Igual preocupação hoje cerca, na teoria processual, os parâmetros aptos a medir a suficiência do grau de corroboração extraído das provas para dar por demonstrados os enunciados fáticos[91]. O ideal regulatório da busca da verdade, proclamado em múltiplas passagens pelo Código de 2015[92], converte-se, no plano prático, na seleção pelo juiz de quais proposições podem ser *aceitas como verdadeiras* para a tomada de decisão. A definição desse nível de aceitação (*standard probatório*), ao qual já aludia, com precisão, o Mestre ("grau de força persuasiva que, uma vez valorada, deve a prova atingir para justificar a afirmação ou a negação do fato a que ela concerne"), passa por diversas razões, algumas de ordem política, ligadas à distribuição do risco de erro judiciário entre os sujeitos do conflito, outras de ordem ética, como a gravidade dos efeitos que da decisão podem advir, e outras ainda de ordem técnica, relativas ao momento em que, no desenrolar do procedimento, o juiz é provocado a decidir[93], em uma gama complexa de fatores a

---

89 Aproximou-se o legislador, nesse particular, das diretrizes fixadas pela Suprema Corte norte-americana no célebre caso *Daubert v. Merrell Dow Pharmaceuticals, Inc.*, 509 U.S. 579 (1993), com parâmetros para que o juiz desempenhe a função de *gatekeeper* do conhecimento científico introduzido no processo pela prova pericial, evitando que esta se convole em delegação de jurisdição ao *expert*. Sobre o tema, ALMEIDA, Diogo Assumpção Rezende de. *A prova pericial no processo civil: o controle da ciência e a escolha do perito*, Rio de Janeiro: Ed. Renovar, 2011.

90 Demonstrando o desacerto desse caminho, v. SCHAUER, Frederick; SPELLMAN, Barbara A. *Is expert evidence really different?*, 89 Notre Dame Law Review, novembro/2013, p. 01-26.

91 Quanto à ideia de enunciados de fato, remete-se ao que já se expos, nesta obra, na Nota de Atualização ao texto *Saneamento do processo e audiência preliminar*, até porque é indissociável a relação entre o presente tema e a adequada atividade de saneamento e organização do processo (Art. 357).

92 Por exemplo, nos arts. 77, I, 80, II, 319, VI, 378 e 504, II, além do já referido art. 369.

93 Na literatura recente, v. PEIXOTO, Ravi. Standards probatórios no direito processual brasileiro, Salvador: Ed. Juspodivm, 2021. Tome-se como exemplo a fase de recebimento da petição inicial de ação de improbidade administrativa, submeti-

recomendar tomasse o legislador a dianteira e firmasse alguma posição para romper com o silêncio que, no fundo, estimula o subjetivismo e a insegurança. Mas ao invés de ao menos uma formulação geral capaz de nortear a valoração da prova civil[94], optou o Código de 2015 por tratar do tema somente em dois momentos, ambos limitados à tutela provisória: na menção à probabilidade das alegações para a concessão de provimentos de urgência (art. 300) e na inovadora disciplina da tutela da evidência (art. 311), que, quando requerida com apoio em "prova documental suficiente dos fatos constitutivos do direito do autor", é obstada se o réu opuser "prova capaz de gerar *dúvida razoável*" (inc. IV). Curiosamente, e retomando o paralelo entre a fundamentação quanto às questões de direito e de fato, ao legislador não faltou coragem para se imiscuir no intrincado tema da ponderação de normas (art. 489, § 2º), mas em vão se tentará encontrar, na lei, algo próximo para a ponderação de fatos.

O Código de 2015 não deu esses passos para tornar mais controlável, quanto ao conteúdo, a valoração da prova pelo juiz[95], cabendo à doutrina e aos tribunais a tarefa de explorar a vagueza do art. 371, parte final, para sobre ele lançar a melhor luz em atenção à garantia do contraditório, de cuja efetividade a motivação serve de contraprova. Já sob um ângulo procedimental a solução das questões de fato passa, agora, a se submeter expressamente a um importante regime: a vedação a decisões-surpresa (art. 10). Por força dela, mesmo que esteja ao alcance do juiz, por exemplo, extrair inferências a partir do comportamento processual de autor e réu[96] ou consequências de fatos que

---

da ao parâmetro *in dubio pro societate* segundo a jurisprudência do Superior Tribunal de Justiça à luz do art. 17, §§ 6º e 8º, da Lei nº 8.429/92 (v.g., AgInt no REsp nº 1.874.419/MG, Rel. Min. Francisco Falcão, Segunda Turma, j. em 16/11/2020, DJe 18/11/2020).

---

94 Para o que se poderia cogitar, caminhando da maior para a menor intensidade, dos *standards* da *"prova além de qualquer dúvida razoável"*, *"prova clara e convincente"* e *"mais provável do que não"*.

95 Para uma abordagem do problema na perspectiva do processo penal, v. BADARÓ, Gustavo Henrique. *Epistemologia judiciária e prova penal*, São Paulo: ed. Thomson Reuters Brasil, 2019.

96 Para um panorama da questão no direito italiano, em que vige regra geral expressa (CPC italiano, art. 116, *comma* 2), v. MAERO, Giancarlo. *Le prove atipiche nel processo civile*, Padova: CEDAM, 2001, p. 50-51 e 190-191. No direito

ele, julgador, repute notórios, não poderá fazê-lo sem antes advertir as partes, franqueando-lhes oportunidade de influência[97]. Exerce fundamental papel, para este fim, a decisão de saneamento e organização do processo, veículo principal para atender, no procedimento comum, ao imperativo de não surpresa sobre as questões de fato (art. 357, II)[98]. A dinâmica da atividade de instrução, no entanto, pode levar à consideração de novas fontes de informação e mesmo de fatos supervenientes (art. 493), e para esses casos deve-se, para a validade da decisão, proceder à intimação prévia das partes como decorrência da garantia do contraditório (art. 10 e 493, parágrafo único) e da confiança inspirada pela estabilidade da decisão de saneamento e organização do processo (art. 357, § 1º, parte final).

brasileiro, na literatura recente, v. BONFADINI DE SÁ, Carla Teresa. *A valoração judicial da conduta processual das partes no campo probatório: um estímulo à adoção de condutas cooperativas no processo*, Rio de Janeiro: Gramma, 2018. A possibilidade de extrair inferências prejudiciais à parte que descumpre deveres processuais hoje consta da Regra 27 (3) das Regras-Modelo de Processo Civil para a Europa ELI/UNIDROIT (*"Rule 27. Sanctions for Non-Compliance with Rules and court Orders. (...) (3) The court may draw negative factual inferences, order a party or their lawyer to bear the costs of non-compliance, or in serious cases of noncompliance render an* astreinte, *an order for payment of a fine, administrative sanction as provided by national law, or hold the non-compliant party in contempt"*).

97 Nesse sentido, MONTESANO, Luigi. *La garanzia costituzionale del contraddittorio e i giudizi civili di 'terza via'*, Rivista di diritto processuale, v. 55, n. 4, out.-dez./2000, p. 935 e 941.

98 Remete-se, no ponto, à Nota de Atualização ao texto *Saneamento do processo e audiência preliminar*, nesta obra.

LA COLLABORATION DES TIERS DANS L'ACTIVITÉ D'INSTRUCTION[1*]

1. L'art. 339 du Code de procédure civile brésilien dispose que "nul n'est exempt du devoir de collaborer avec le Pouvoir Judiciaire pour la découverte de la vérité". Les articles subséquents spécifient le contenu de ce devoir: l'art. 340, pour les parties; l'art. 341, pour les tiers. Aux termes de cette derniere disposition, il incombe aux tiers, à l'égard de tout proces: informer le juge des faits et des circonstances dont ils sont au courant (n. I) et produire les choses ou les documents qu'ils détiennent (n. II).

La source probable de ces textes est le droit portugais. Le Code de procédure civile du Portugal (art. 524 dans la rédaction primitive, 520 suivant la réforme de 1961, 519 dans la rédaction maintenant en vigueur) attribue des devoirs de ce genre aux parties et aux tiers, et la similitude des formules employées – en dépit de quelques différences – laisse croire que le législateur brésilien s'y est inspiré. Mais nous n'aurions surement pas de difficultés à trouver ailleurs des règles semblables. Il serait même impardonnable, par exemple, de ne pas rappeler ici l'art. 10, alinéa premier, du Code Civil français, tel que le rédigea la loi n. 72.626, du 5 juillet 1972: "Chacun est tenu d'apporter son concours à la justice en vue de la manifestation de la vérité". L'affinité entre ce texte et celui de l'art. 339 du Code de procédure civile brésilien saute aux yeux.

Toutes ces dispositions – et bien d'autres – refletent l'essor d'un mouvement de pensée qui ne s'imposa pas, il faut le remarquer, sans avoir eu à vaincre de fortes résistances. On concevait mal, dans le passé, qu'un tiers put être contraint à soumettre, disons, un document personnel aux débats publics d'un proces ou il n'était pas engagé. Malgré l'existence, depuis longtemps, de textes imposant aux tiers, dans certains cas, un devoir de production de pieces, l'atmosphere culturelle ne fut pas toujours propice à l'idée de dégager un principe général de telles dispositions particulieres. Au contraire: la doctrine et la jurisprudence de l'époque libérale étaient plutôt enclines à les regar der comme des exceptions auxquelles on ne pouvait

1 * Trabalho destinado ao volume de estudos em homenagem a G. MITSOPOULOS.

donner qu'une interprétation stricte. À aller plus loin, on risquerait, semble-t-il, de mettre en échec des valeurs réputées fondamentales, comme la proprieté et la liberté individuelle[2].

2. Ce tableau subit un changement progressif au fil des ans. Peu à peu, et non sans peine, une nouvelle conception de la procédure civile se fait jour. On se rend compte que le seul fait d'être porté devant le juge suffit à donner une dimension publique, "sociale", au différend entre deux particuliers, fût-ce à l'égard de rapports de droit purement privés[3]. Il ne s'agit plus que des intérêts des plaideurs, chacun désireux de faire aboutir le proces à un résultat qui lui soit favorable: il y a aussi, et à un niveau supérieur, l'intérêt public à ce que le résultat du procès soit juste. Cela touche, on ne peut ne pas le reconnaitre, la société tout entiere.

Il parait donc aujourd'hui parfaitement raisonnable que d'autres membres de la communauté se voient convoqués à prêter leur concours à la justice civile; c'est le prix à payer pour permettre d'atteindre un but utile au bien commun: le fonctionnement plus efficace de ce mécanisme. Dans cet ordre d'idées, on a pu faire allusion à un "service judiciaire", analogue au service militaire, auquel les citoyens – les tiers comme les parties – peuvent se voir assujettis[4].

On a coutume de mettre en évidence le rapport entre l'évolution dont nous venons de parler – et qui n'est peut-être pas encore totalement achevée – et l'accroissement, dans presque toutes les législations contemporaines, des pouvoirs octroyés au juge en matière de preuve. Ce lien existe; il est même tres étroit. Rien ne nous assure, en effet, que les tiers accompliront toujours spontanément leur devoir de coopérer à l'assemblage des éléments indispensables à la solution des *quaestiones facti.* Même à admettre que cela leur soit possible, on conçoit aisément bon nombre de motifs qui paralyseront ou du moins ralentiront maintes fois leur initiative. Il faudra probablement avoir recours à l'autorité du

---

2 V. DAIGRE, *La production forcée de pieces dans le proces civil,* Paris, 1979, p. 142 et s.; LA CHINA, *L'esibizione delle prove nel processo civile,* MiJano, 1960, p. 19.

3 HAHN, *Kooperationsmaxime im* Zivilprozess?, Küln-Berlin-Bonn-München, 1983, p. 81; DAIGRE, op. cit., p. 227.

4 CARNELUTTI, Carattere del nuovo processo italiano, *in Rivista di Diritto Processuale Civile,* v. XVIII, 1941, p. 37.

juge. Un juge "passif", tel que le voulait la mentalité du libéralisme individualiste, n'y pourra toutefois rien faire d'utile.

Dans une autre perspectíve - qui du reste n'est pas opposée, mais complémentaire –, la question se rattache à celle du droit à la preuve. Cette expression ne s'est répandue que récemment dans le langage du droit processuel. On parlait (et l'on parle encore) plus souvent d'une *charge* de la preuve, soit pour désigner le besoin, pour les parties, d'apporter des éléments de conviction en appui de leurs allégations, soir pour indiquer le risque d'avoir à supporter les conséquences défavorables du manque de teIs éléments[5]. Mais, si l'on doit compter sur l'apport des plaideurs, il faut bien leur ouvrir la possibilité effective de se servir dês moyens nécessaires pour démontrer la vérité des faits qu'ils affinnent: voilà une première manifestation du droit à la preuve, qui en comporte d'autres[6]. Or, il se peut que les parties aient besoin du concours d 'autrui, par exemple, si une piece décisive se trouve entre les mains de quelqu'un qui n'est pas engagé au proces. Il devient alors indispensable, pour l'intéressé, d'obtenir la production de cette piece - par l'entremise du juge, si le tiers ne se dispose pas à collaborer volontairement.

Interdire aux parties cette démarche signifierait, dans bien des cas, faire obstacle à l'exercice de leur droit à l'appréciation équitable de leurs prétentions. Ce serait au fond porter atteinte aux garanties fondameotales de l'action et de la défense.

3. Prenant cette expression dans son sens le plus large, on voit bien que la "collaboration" d'un tiers à l'instruction d'un proces peut se manifester de différentes manières. Le plus souvent, ce sont les connaissances personnelles du tiers qui intéressent: ce qu'il sait sur les faits touchant le litige. Pour cette hypothèse, les systemes de droit disposent d'une voie

5 Cette dualité d'aspects se reflete dans la distinction bien connue entre la charge *subjective* et la charge *objective* de la preuve: V., pour tous, ROSENBERG-SCHWAB, *Zivilprozessrecht,* 13e. éd., München, p. 681-2.

6 V., sur le droit à la preuve, le rapport général de PERROT pour le XIIe. Congres International de Droit Processuel (Würzburg, 1983), in *Effektiver Rechtschutz und verfassungsmassige Ordnung,* édité par HABSCHEID, Bielefeld, 1983, p. 91 et s. V. aussi, sous le même titre, le volume (Bielefeld, 1985) contenant un résumé des débats, fait, dans ce cas, par TARUFFO (p. 43 et s.); et encore, de ce même auteur, le rapport italien, publié, sous le titre «Il diritto alla prova nel processo civile", dans la *Rivista di Diritto Processuale,* v. XXXIX, 1984, p. 74 et s.

typique, par laquelle on essaie de recueillir des informations utiles: le témoignage. La preuve testimoniale est admise partout, avec des restrictions plus ou moins poussées; et, nonobstant les critiques que beaucoup lui ont adressées, elle joue, aujourd'hui comme dans le passé, un rôle très considérable dans la pratique judiciaire.

Mais, si la personne du tiers peut rendre service à l'instruction d'un procès en tant que source de déclarations, elle peut le rendre aussi en tant qu'objet d'observation. Dans un litige entre les parents d'un mineur sur la garde de celui-ci, par exemple, on comprend aisément qu'il profite au juge de vérifier l'état de santé et les conditions de vie de l'enfant. Plusieurs législations admettent *expressis verbis* une telle possibilité: *v.g.*, le code italien (art. 118) et le portugais (art. 612). Elle est admise ailleurs par la doctrine et la jurisprudence, sous certaines réserves, même dans l'absence de texte: c'est le cas de l'Argentine[7]. C'était aussi celui du Brésil, sous l'ancien code de 1939; le code en vigueur autorise expressément le juge à une "inspection judiciaire" ayant pour objet des personnes (art. 440).

Il y a encore d'autres situations, où ce n'est plus la personne du tiers que l'on a en vue, mais un document ou une autre chose, que celui-là détient, et dont l'examen, on a des motifs pour le croire, fournira des éléments utHes à la découverte de la vérité. Il s'agit alors de permettre aux plaideurs. et au juge le contact avec le document ou la chose. Une telle démarche pose bien des problemes, dont nous indiquerons quelques--uns en temps opportun. Mais il convient tout d'abord de dire un mot sur une question commune à cette hypothese e à celle que nous avons mentionnée en premier lieu.

4. Un texte comme celui de l'art. 341 du code brésilien donne à entendre que l'on compte en principe sur l'accomplissement spontané du devoir de collaboration attribué aux tiers. Il serait sans doute excessif de supposer que ceux-ci sont tenus de s'adresser au juge toutes les fois qu'ils croient avoir des renseignements ou des pieces concernant des faits allégués à l'occasion d'un preces[8]. On ne peut cependant écarter la

7 V. PALACIO. *Derecho Procesal Civil*, t. IV, Buenos Aires, 1972, p. 477 et s.; MORELLO--PASSI LANZA-SOSA.-BERIZONCE, *Códigos procesales en lo civil* y *comercial de la Provincia de Buenos Aires* y *de la Nación*, t. V, La Plata, 1973, p. 615.

8 MONIZ DE ARAGÃO, *Exegese do Código de Processo Civil*, v. IV-I, Rio de Janeiro, p. 136.

possibilité qu'un tiers prenne *sponte sua* cete initiative. Le phenomène sera exceptionnel: en général les gens n'aiment guère se déranger pour des affaires qui ne les touchent pas directement, surtout si cela les entraîne devant la justice, dans un milieu qui n'est pas le leur et qui parfois les effraie. Il n'en reste pas moins nécessaire d'établir le procédé à suivre, le cas échéant.

L'art. 341 du code brésilien ne contient pas de dispositions particulieres à ce sujet. On doit observer le régime normal d'exécution des mesures d'instruction. Si le tiers se présente spontanément pour communiquer au juge ses connaissances, il sera entendu en témoin, tout comme si son audition avait été demandée par l'une des parties. Le juge ne saurait certes l'entendre en secret sans violer ouvertement la garanti e du contradictoire. Il faut tenir une audience et y convoquer les parties, celles-ci pouvant exercer toutes les facultés que la loi leur accorde à l'égard de n'importe quel témoin.

Il se peut que le tiers s'adresse au juge par écrit. S'il se borne à informer qu'il connait des faits concernant le litige, sans toutefois les révéler, on suivra le même procédé décrit ci-dessus. Par contre, si la communication écrite du tiers contient déjà des renseignements sur de tels faits, le juge peut tout simplement la faire annexer au dossier et la soumettre aux observations des parties. Chacune de celles-ci sera bien entendu libre de demander l'audition du signataire de la piece en qualité de témoin. À vrai dire, le code brésilien, à la différence d'autres[9], ne prévoit pas *expressis verbis,* en termes généraux, la possibílité d'informations écrites provenant d'un tiers; mais, d'autre part, les moyens de preuve n'y son pas énumérés d'une façon complete: l'art. 332 en admet d'autres, pourvu qu'ils soient "moralement légitimes".

L'annexation au dossier, avec les mêmes conséquences indiquées cidessus, sera également la mesure à prendre, lorsque le tiers, de sa propre initiative, présente au juge un document qui lui semble utile à la manifestation de la vérité. Le procédé ne changera pas, s'il s'agit d'une autre chose susceptible d'être annexée. Sinon, le juge l'examinera, dans son cabinet ou ailleurs, en se transportant, si besoin est, sur le lieu. Les parties seront présentes, ou du moins elles auront été appelées; on leur permettra de faire les observations qu'elles estimeront opportunes.

---

9 Le code français, par exemple, consacre aux "attestations" les arts. 200 a 103. V. aussi, à un niveau plus modeste, la *"prueba de informes"* réglée par les arts. 396 et s. du code national argentin.

5. Le plus souvent, toutefois, le tiers ne s'empressera pas de collaborer, à moin qu'on ne l'y convoque. Une question importante se pose alors au sujet de l'initiative d'une telle démarche. La tradition du libéralisme classique, encore vivante en certains milieux, veut gu'on la réserve exclusivement aux plaideurs. On invoque tour à tour le príncipe dispositif, le principe du contradictoire, le danger pour le juge de manquer à son devoir d'impartialité, s'il deseend de son "piédestal" pour s'engager activement cians la recherche d'élements de preuve. Le pouvoir d'ordonner à un tiers la production d'une piece, *v.g.,* approcherait l'image du juge de celle d'un véritable inquisiteur[10].

La faiblesse d'une telle position n'est plus à démontrer. Il convient de souligner, en tout cas, qu'aucun système juridique n'a jamais écarté d'une façon absolue la possibilité pour le juge de prendre des initiatives à l'égard des tiers, en vue de l'instruction du proces. Il faut reconnaitre, par ailleurs, que les juges se montrent en général enclins à faire un usage plutôt modéré des pouvoirs octroyés par la loi. C'est un phénomene qui parait se manifester un peu partout[11] et qui se rattache à des motifs - objectifs et subjectifs - sans doute fort diversifiés: il n'y a pas lieu d'en faire ici l'énumeration, même incomplete, et moins encore de les analyser.

Ajoutons que la tendance, commune à la plupart des législations modernes, à attribuer au juge un rôle plus actif dans ce domaine, ne veut se irraduire par aucune sorte de compression de l'activité des parties. Celles-ci gardent bien entendu toute leur liberté d'initiative. On doit même, normalement, compter davantage sur l'impulsion privée, car les plaideurs savent mieux que personne qui pourra fournir des renseignements ou apporter des pièces utiles à la solution du litige. Leur rôle est done irremplaçable, et eles ne sauraient se soustraire à leur responsabilité en se déchatgeant sur le juge de leur tâche naturelle. Ici comme ailleuts, il ne s'agit point de substituer un monopole à l'autre, mais tout simplement de donner lieu à une conjugaison d'efforts[12].

10 V., sur tous ces points, DAIGRE, *op. cit.,* p. 31, 142 et s., 149 *et passim.*

11 V., en ce qui concerne I'Italie, les résultats d'une enquête dirigée par DENTl, *in Le prove ne[processo civile,* Milano, 1973, p. 13 6t s.; pour I'Autriche, FASCHING, *Zivilprozessrecht,* Wien, 1984, p. 315; quant au Portugal, ARTUR ANSELMO DE CASTRO, *Direito Processual Civil declaratório,* v. III, Coimbra, 1982, p. 163.

12 WASSERMANN, *Der soziale Zivilprozess,* Neuwied-Darmstadt, 1978, p. 86 et s., 97 et s.; DAIGRE, *op. cit.,* p. 123 et s.

En dépit de certa ines ambigüités, c'est dans cette voie que s'est engagé, au Brésil, le Code de procédure civile de 1973. Essayons de décrire à grands traits la situation du droit brésilien en ce qui concerne notre thème.

6. Le premier cas est celui du tiers dont on a des raisons de supposer qu'il connait desfaits concernant le litige. Le procedé usuel consiste ici à le faire entendre comme témoin. Or la règle presque absolue, quant à la preuve testimoniale, est celle de l'initiative des parties. En príncipe, chacun des plaideurs indiquera au juge les personnes dont il désire la déposition et, au besoin, lui demandera qu'elles soient convoquées à se présenter au lieu, jour et heure fixés pour l'audienee (art. 407 et 412, *caput,* al. 1).

Quant au pouvoir de déterminer *ex officio* un témoignage, l'art. 418, n. I, le reconnait expressément au juge à l'égard d'un tiers qui ait été mentionné dans la déposition d'une partie ou d'un autre témoin. Certains en inferent, par un raisonnement *a contrario,* la négation d'une telle possibilité dans toute autre hypothese[13]. On rappellera pourtant la règle générale de l'art. 130, aux termes duquel il incombe au juge d'ordonner, d'office ou sur demande des parties, les mesures d'instruction nécessaires; ce texte n'établit aucune restriction en fonction du moyen de preuve[14]. Du reste, on aurait sans doute de la peine à trouver un fondement juridique ou logique assez solide pour soumettre la preuve testimoniale à un régime exeeptionnel de ce point de vue[15].

Il y a une autre voie pour la communication, par les tiers, de leurs connaissances sur les faits litigieux: les déclarations écrites. Elles sont admissibles, nous l'avons déjà remarqué, même en absence d'une prévision spécifique dans le Code de procédure civile, eu égard à la fommle générique de l'art. 332, quoique la pratique judiciaire penche à les re-

13 *V.g.,* ERNANI FIDÉLIS DOS SANTOS, *Manual de Direito Processual Civil,* v. 2, São Paulo, 1986, p. 145. *Contre:* MONIZ DE ARAGÃO, Op. cit., v. IV-2, p. 76; PESTANA DE AGUIAR, *Comentários ao Código de Processo Civil,* v. IV, 2e. éd., São Paulo, 1977, p. 351-2.

14 C'est ce que souligne, avec raison, CELSO AGRÍCOLA BARBI, *Comentários ao Código de Processo Civil,* v. I, 3e. éd., Rio de Janeiro, 1983, p. 531.

15 En République Fédérale d'Allemagne, ou un tel régime existe, la doctrine le critique *de lege ferenda: v.* BAUR, *Zivilprozessrecht,* 5e. éd., Frankfurt am Main, 1985, p. 30; ZETTEL, *Der Beibringungsgrundsatz,* Berlin, 1977, p. 140.

garder avec quelque méfiance. La déclaration peut être présentée par l'une des parties, mais le juge peut, lui aussi, la demander d'office d'un tiers; parfois, il a même le devoir de le faire: lorsqu'il s'agit, *v.g.*, d'une demande de pension alimentaire, et que le défendeur est employé d'une entreprise ou fonctionnaire public, le juge doit solliciter à l'employeur ou à l' Administration de le renseigner sur le salaire ou le traitement de celuí-là (art. 5, § 7, de la Loi n. 5.478, du 25-7-1968). Dans tous les cas, bien entendu, la déclaration écrite du tiers sera soumise au contradictoire des plaideurs. Il n'est pas rare que l'on enjoigne à son signataire de déposer en témoin.

Il convient d'ajouter que le code brésilien confere aussi expressément au juge le pouvoir de demander à l'Administration des certificats et des extraits nécessaires à prouver les allégations des parties (art. 399, I). Cela vaut même pour les procès à l'égard desquels l'Administration ne serait qu'un tiers.

Si le tiers n'intéresse pas à l'instruction en tant que source de déclarations, mais en tant qu'objet d'observation, le procédé convenable consiste à le soumettre à une "inspection judiciaire". Aux termes de l'art. 440 du code brésilien, le juge peut à tout moment, *ex officio* ou sur demande d'une partie, faire l'inspection de personnes ou de choses, à fin de s'éclaircir sur un fait important pour la solution du litige. Lorsque le Ministere Public participe au proces en qualité de *custos legis,* la loi lui ouvre égatement, ici comme ailleurs, la possibilité de demander au juge l'exécution de cette mesure (art. 83, 11).

Une derniere possibilité c'est que l'on éprouve le besoin d'examiner un document ou une chose dont on présume que le tiers ait la détention. Il, faudra alors lui enjoindre de produire le document ou la chose. La teneur de l'art. 360 du code brésilien donne à entendre qu'une telle démarche se subordonnerait à l'initiative de la partie, si bien que la plupart des commentateurs refusent au juge le pouvoir de s'y engager d'office[16]. Mais c'est trop extraire, à notre avis, de l'interprétation littérale d'un texte. Pourquoi ne prourrait-on invoquer ici la disposition générique de l'art. 130? Le devoir attribué aux tiers, par l'art. 341, II, de produire les chõses et les documents qu'ils détiennent, ne convient-il pas de le comprendre comme un devoir envers la Justice plutôt que comme un devoir

16 AMARAL SANTOS, *Comentários ao Código de Processo Civil,* v. IV, 3e. éd., Rio de Janeiro, 1982, p. 125, 135; MONIZ DE ARAGÃO, *op. cit.*, v. IV-l, p. 190, 203.

envers les plaideurs? C'est du reste ce que suggere le rapprochement entre les deux "frègles de l'art. 341, dés lors que l'on admet la possibilité, pour le juge, de demander aux tiers, *ex afficio,* des informations sur les faits et les circonstances dont ils sont au courant. D'ailleurs, si le juge peut, de sa propre initiatite, entendre un tiers en témoin, le soumettre à une inspection, déterminer une expertise, ordonner aux parties la production des pieces qu'elles détiennent, on ne voit aucune raison pour ne pas appliquer ici le même principe. Ce serait une exception nullement justifiée *de lege ferenda* et nettement opposée à la tendance prédominante dans les législations plus modernes[17].

7. Le devoir de collaboration des tiers n'est évidemment pas illimité. Ils peuvent avoir un intérêt légitime à s'esquiver devant une démarche dont ils n'ont aucun profit personnel à attendre et laquelle, par surcroît, risque maintes fois de porter atteinte à des biens ou à des valeurs qu'ils aimeraient préserver. Ces biens et ces valeurs méritent d'ailleurs souvent, eux aussi, la protection du droit. Ils se revêtent même parfois d'une signification sociale: que l'on songe, par exemple, au secret professionnel. La loi brésilienne, comme tant d'autres, s'efforce de les sauvegarder.

Aux termes de l'art. 406, I, du code de procédure civile, un tiers entendu eomme témoin n'est pas tenu de déposer sur des faits dont la connaissance soit susceptible de causer un préjudice grave à lui-même, à son conjoint ou à des personnes ayant avec lui un lien de parenté ou d'affinité, en ligne directe ou au second degré de la ligne collatérale. L'art. 406, II, semble appliquer ce même régime aux cas ou le témoin est lié par un secret propre de son état ou de sa profession. En réalité, il faut y voir une interdiction plutôt qu'une sim pie dispense de témoigner: la situation des tiel's liés par le secret professionnel s'assimile à cene des personnes frappées d'une incapacité ou d'un empêchement au témoignage (art. 405, §§ 1 et 2). On citera l'avocat, qui a non seulement la faculté, mais le devoir de se refuser à témoigner dans un proces ou il aurait exercé son activité professionnelle, ou sur un fait touchant l'un de ses clients (Loi n. 4.215, de 27-4-1963, art. 87, XVI).

---

17 Le pouvoir du juge d'enjoindre d'office à un tiers la production de pieces détenues par celui-ci est consacré, parmi d'autres, par le Code ludiciaire belge, de 1967 (art. 877), par le Code national de la République Argentine, de 1970 (art. 36, *2. c),* par le nouveau Code ludiciaire du Panama, de 1984 (art. 914).

Le code est plus libéral en ce qui concerne la production de documents ou de choses: l'art. 363 dresse une liste bien plus longue d'hypothêses ou le tiers peut se dérober à la collaboration. On y retrouve celle du secret auquel le tiers est tenu en raison de son état ou de sa profession (n. IV); et il vaut la peine d'observer, encore une fois, qu'il s'agit ici moins d'une permission que d'une imposition du refus. Celui-ci constitue, par contre, une faculté du tiers: lorsque le document ou la chose a rapport aux affaires de sa propre vie familiale (n. 1); lorsque la production viole un devoir d'honneur (n. II); lorsque l'exhibition du document entraine le déshonneur du tiers ou de ses parents ou alliés jusqu'au troisieme degré, ou les expose au risque d'un proces pénal (n. III). L'énumération s'acheve par une formule générique: le refus de produire peut se fonder sur "d'autres motifs graves", suffisants à le justifier selon l'appréciation discrétionnaire du juge (n. V).

Quant à l'"inspection judiciaire", il faut distinguer selon qu'elle ait pour objet une chose détenue par le tiers ou la personne même de celui-ci. Dans le premier cas, l'art. 363 est applicable par analogie[18]. Dans le deuxième cas, le tiers n'est pas tenu, à notre avis, de se soumettre à l'inspection. Le code n'attribue un tel devoir qu'aux seules parties: l'art. 341 ne contient pas de disposition semblable à celle de l'art. 340, II. Le législateur brésilien s'est écarté ici de son modele: l'art. 519, n. I, du code portugais, en effet, impose expressément à tous – qu'ils soient ou non parties au proces – le devoir de se soumettre "aux inspections nécessaires". Chez nous, le juge ne peut faire l'inspection d'un tiers que si celui-ci y consent. Lorsqu'il s'agit d'un incapable, le consentement sera donné par son représentant.

8. Il nous reste à dire quelques mots sur les conséquences de l'abstention ou du refus du tiers, dans les cas ou il est tenu d'apporter sa collaboration. Dispose-t-on de moyens appropriés pour vaincre sa résistance? La question n'est pas tres simple. On peut, par exemple, essayer d'induire un plaideur à prêter son concours à une mesure d'instruction, en le menaçant d'attribuer à son inertie une valeur probatoire: le juge l'interprètera comme une reconnaissance du manque de véridicité des allégations de la partie, ou du bien fondé de celles de son adversaire.

18 MONIZ DE ARAGÃO, op. cit., v. IV-2, p. 218; BARBOSA MOREIRA, *O novo processo civil brasileiro.* 7e. éd., Rio de Janeiro, 1986, p. 105.

Une telle technique serait pourtant inefficace à l'égard du tiers, qui n'a aucun intérêt personnel en cause et auquel, par conséquent, la solution du proces import peu.

On recule parfois devant l'emploi de moyens de coercition directe, que beaucoup estiment incompatibles avec la justice civile. Aussi s'en tient-on, dans plusieurs systemes processuels, à des mesures préventives ou réparatrices à caractere pécuniaire: astreintes, amendes, dommages – intérêts[19]. Quant à ceux-ci, il faut bien reconnaître que le préjudice matériel ne sera pas toujours facile à apprécier: on ne peut en effet avoir une certitude absolue, *v.g.,* sur le sort qu'aurait eu le procès si la piece avait été produite[20].

Le législateur brésilien ne se fit pas de scrupules en ce qui concerne les moyens de coercition directe. Il a conféré au juge le pouvoir de faire amener devant soi un témoin défaillant qui ne justifierait pas de son impossibilité de comparaitre (art. 412, *caput,* al. 2). En matière de production d'un document ou d'une chose, si le tiers n'obéit pas à l'ordre d'exhibition, le juge peut faire appréhender le document ou la chose, au besoin à l'aide de la force publique (art. 362). Ce même procédé est utilisable, sauf impossibilité pratique, dans le cas où le tiers s'abstient de mettre à la disposition du juge la chose qu'il détient et qui doit faire l'objet d'une inspection judiciaire[21].

II y a en outre les sanctions pénales. Celui qui désobeit à un ordre légal d'un fonctionnaire public encourt les peines prévues dans l'art. 330 du Code pénal. La notion de "fonctionnaire public" comprend ici le juge. Cette disposition est applicable, par exemple, au tiers qui s'obstinerait à ne pas fournir la déclaration écrite demandée par le juge, au sujet de faits touchant le litige. Elle ne s'applique pas, à notre avis, au tiers qui re-

19 En Italie, l'art. 118, al. 3, do *codice di procedura civile* prévoit l'imposition d'une sanction pécuniaire autiers qui ne consentirait pas à l'inspection judiciaire. Alcune sanction n'est prévue, toutefois, por le cas du refus à la production d'une piece. Peut-on y appliquer par analogie Part. 118, al. 3? Les avis sont partagés: v., d'un côté, REDENTI, *Diritto processuale civile,* 3e. éd., mise à jour par CARNACINI et VELLANI, v. 2, Milano, 1985, p. 219; S. COSTA, *Manuale di Diritto processuale civile.* 4e. éd., Torino, 1973, p. 298; de l'autre côté, D'ONOFRIO, Commento al *codice di procedura civile,* 4e. éd., Torino, 1957, p. 383; SATTA, *Diriito processuale civile,* 6e. éd., Padova, 1959, p. 263; LA CHINA. op. cit., p. 264,

20 DAIGRE, op. cit., p. 242.

21 MONIZ DE ARAGÃO, op. cit., v. IV-2, p. 219.

fuserait à se sournettre à une inspection judiciaire portant sur sa propre personne: il n'est pas tenu, nous l'avons dit, d'y consentir, et par conséquent un ordre de ce genre ne serait pas "légal".

Dezembro de 1986.

COMENTÁRIOS DOS ATUALIZADORES

LA COLLABORATION DES TIERS DANS L'ACTIVITÉ D'INSTRUCTION

Luiz Paulo da Silva Araújo Filho / Guilherme Jales Sokal

Não se altera substancialmente, no Código de 2015, a enunciação do dever geral de colaboração com a atividade instrutória, constante do art. 378[22]. Em lugar da expressão "está isento", que figurava no revogado art. 339, emprega-se hoje o verbo "eximir", sem que daí decorra qualquer repercussão digna de nota. E, quanto aos destinatários, o comando continua a se dirigir em termos assim amplos a todos, partes e terceiros[23], quanto à tarefa de colaborar para o descobrimento da verdade com o Poder Judiciário[24].

22 O direito português, apontado no estudo em referência como inspiração, hoje disciplina o tema no art. 417 do CPC de 2013.

23 Ainda sob o CPC/73, entendeu o STJ por restringir o alcance do art. 339, que "não pode alcançar terceiros completamente estranhos à lide", para impedir que advogado, patrono do réu em outras demandas, fosse intimado a informar o endereço de seu cliente em litígio no qual frustrada a citação (REsp nº 818.727/SP, Rel. Min. Raul Araújo, Quarta Turma, j. em 02/10/2014, DJe 05/03/2015). Quando muito, a conclusão poderia, *em tese*, procurar respaldo na escusa de depor fundada no sigilo profissional (art. 406, II, do CPC/73 e art. 448, II, do CPC/15, bem como no art. 7º, II, da Lei nº 8.906/94), jamais com a redução do alcance do revogado art. 339. E indispensável seria, de todo modo, que se justificasse como aquela específica informação encontrava abrigo no sigilo, na contramão, por exemplo, dos atuais arts. 77, V, e 319, II, do CPC/15.

24 Perante o juiz e perante o árbitro. Assim dispõe o Art. 22, § 2º, parte final, da Lei de Arbitragem, explicitando para a prova testemunhal o dever de cooperação de terceiros com a instrução na arbitragem. Sem que, atualmente, se reconheçam ao árbitro poderes de coerção, o instrumento de que deve se valer na busca por auxílio do juiz estatal para superar a resistência injustificada de testemunhas ao

Ao longo do Código, diversas regras desenvolvem o conteúdo desse dever geral tratando ora separadamente, ora conjuntamente de como ele atinge autor e réu, por um lado, ou pessoas desinteressadas no conflito, por outro. Exemplos do primeiro modo de disciplina estão nos arts. 379 e 380; já do segundo perfil é o art. 404. Limitando o presente exame à colaboração de terceiros[25], a seguir serão expostas as modificações da nova lei na extensão desse dever e no modo como aqueles sujeitos devem ser convocados para atendê-lo em juízo, passando-se, após, para os meios de que dispõe o juiz para superar a resistência do terceiro em cumprir com o comando.

I – A colaboração do terceiro com a instrução: extensão e modo sob o CPC/15

Nos incisos I e II do art. 380, norma geral que rege a matéria, o Código não se distancia em nada do revogado art. 341[26]. O que nesse tema há de inovação, na nova lei, é a transposição desse dever geral também para a atividade executiva, com a previsão, no art. 772, III, do poder do juiz de "determinar que sujeitos indicados pelo exequente forneçam informações em geral relacionadas ao objeto da execução, tais como documentos e dados que tenham em seu poder, assinando-lhes prazo razoável"[27]. A regra, se combinada com a novel disposição do art. 773, adiante referida, pode servir de importante instrumento para superar o déficit de efetividade da execução no Brasil, porque não só o devedor (v.g., art. 774, V), mas também terceiros podem e devem cooperar revelando informações patrimoniais para a satisfação da prestação, base prática sobre a qual operam os atos executórios.

Persiste o silêncio da lei quanto à hipótese, eventual que seja, de aporte espontâneo de informações adicionais pelo terceiro ao processo, quer por escrito, quer oralmente. Sendo assim, mantém-se como

---

comparecimento é a denominada carta arbitral (art. 22-C da Lei de Arbitragem e art. 260, § 3°, do CPC/15).

---

25 Sobre o dever de colaboração das partes no direito probatório, remete-se, nesta obra, às Notas de Atualização ao texto *Alguns problemas atuais da prova civil*.

26 O parágrafo único do art. 380 será abordado mais à frente neste texto.

27 De cunho similar, mas menos inovadora, é, para a liquidação, o disposto no art. 524, § 3°, que tem por paralelo os §§ 1° e 2° do revogado art. 475-B.

norte a solução apontada no estudo em referência, mas com o reforço à preservação do contraditório, a exigir prévia intimação das partes antes de valorada a informação aportada, em razão do art. 10 do CPC/15. No comum dos casos, a colaboração é fruto de provocação, intimado a tanto o terceiro, e para este fim subsiste no Código o poder de o juiz agir não só mediante requerimento das partes quanto também de ofício, como previsto, em termos gerais, no art. 370 e como consta de regras específicas para as provas documental (v.g., art. 438) e testemunhal (art. 461).

Requerendo as partes a prova testemunhal[28], cumpre-lhes observar, em primeiro lugar, o prazo para a indicação do rol de testemunhas previsto no § 4º ou, excepcionalmente, § 5º do art. 357[29]. Admitida a prova, no Código de 2015 passa a competir, como regra, ao advogado da parte o ônus de informar ou intimar "a testemunha por ele arrolada do dia, da hora e do local da" Audiência de Instrução e Julgamento designada (art. 455). Confia-se assim ao advogado, essencial à administração da justiça (CF, art. 133), esse relevante mister, não mais a cargo da serventia judiciária. Essa comunicação processual privada é cercada dos requisitos formais de segurança previstos no § 1º do art. 455, mas mesmo estes cedem se o patrono assumir o compromisso de, por quaisquer vias próprias, assegurar o comparecimento dos depoentes (art. 455, § 2º). Em um ou noutro caso, se inerte o advogado em promover a intimação ou fracassando no compromisso assumido, ausente a testemunha, a consequência imposta pela lei é a perda, por desistência, da prova (art. 455, §§ 2º, segunda parte, e 3º)[30].

---

28 Cuja oitiva ocorre oralmente na Audiência de Instrução em Julgamento (art. 453), ressalvado, quanto às autoridades ali mencionadas, o disposto no art. 454. Regime especial é dedicado ao depoimento de incapaz, normalmente como testemunha, nas ações de família que digam respeito a abuso ou alienação parental, para cuja oitiva impõe a lei seja o juiz acompanhado "por especialista" (art. 699), expressão a ser interpretada com o recurso à analogia com o disposto no art. 5º da Lei nº 12.318/10 (Lei de Alienação Parental). Por sua vez, a atipicidade de declarações de conhecimento de terceiros prestadas por escrito, referida no estudo, tem hoje apoio, de parte a ata notarial (art. 384), no art. 369 do CPC/15.

29 Remete-se, no ponto, à Nota de Atualização ao texto *Saneamento do processo e audiência preliminar,* nesta obra.

30 Cumpre ao juiz, porém, antes de decidir pela perda da prova, intimar a parte contrária para que se manifeste se subsiste interesse próprio na oitiva da testemunha, em atenção ao princípio da comunhão da prova (art. 371), e, ainda, avaliar ele mesmo se a prova não decorreria dos poderes instrutórios de ofício que a lei lhe confere (art.

Somente se configuradas as circunstâncias listadas no § 4º do art. 455 é que a intimação do terceiro para depor se opera pelo aparelho judiciário. Além de casos de real necessidade (incs. I e II), o dispositivo dá tratamento privilegiado a determinadas categorias de testemunhas, autoridades e servidores públicos (incs. III e V), e para certos sujeitos processuais que requerem a prova, como o Ministério Público, qualquer que seja o título de sua participação no feito, e a Defensoria Pública (inc. IV). Na lacuna da lei, nessa última disposição se deve ter por incluída também a testemunha cuja oitiva o juiz determine de ofício, por identidade de razões quanto à requerida pelo *parquet* na função de fiscal da lei, ali abarcada.

Da requisição pelo juiz, provocado ou de ofício, de documentos à Administração Pública como terceiro cuida hoje o art. 438, I, do CPC/15. Leis esparsas reforçam ou esmiúçam esse dever de cooperar, expressão do princípio da publicidade administrativa (CF, art. 37, *caput*), de que é exemplo o art. 11, X, da Lei nº 12.529/11 (Sistema Brasileiro de Defesa da Concorrência)[31].

Pequenas mudanças ocorreram na disciplina das escusas do terceiro a depor ou a exibir documentos. No art. 448, quanto ao testemunho, a única inovação frente ao revogado art. 406 consta da parte final do inc. I, com a ampliação do grau de parentesco ali protegido, agora até o terceiro grau, não mais limitado ao segundo. Para as legítimas recusas em exibir documentos, tratadas no art. 404, acresceu-se apenas o inc. VI além do que já figurava no art. 363 do CPC/73, mas que, no fundo, não agrega por si só conteúdo novo, como mera cláusula de remissão à legislação esparsa que disponha sobre sigilo de documentos[32].

---

370). No primeiro caso, se positivo, desloca-se para a parte contrária o ônus do art. 455, *caput*; no segundo, aplica-se extensivamente o art. 455, § 4º, IV, para que a intimação seja realizada pela "via judicial", como logo a seguir se mencionará.

---

31 Entendendo que o CADE não pode opor ao Poder Judiciário sigilo de acordo de leniência como motivo de recusa à remessa de processo administrativo, STJ, REsp nº 1.554.986/SP, Rel. Min. Marco Aurélio Bellizze, Terceira Turma, julgado em 08/03/2016, DJe 05/04/2016.

32 Por exemplo, entendendo que o IBGE não pode ser compelido a revelar os dados específicos colhidos individualmente, porque limitados por lei a fins estatísticos (Lei nº 5.534/68, art. 1º, parágrafo único; Decreto-Lei nº 161/67, art. 2º; Lei nº 5.878/73, art. 6º), STJ, REsp nº 1.353.602/RS, Rel. Min. Napoleão Nunes Maia Filho, Primeira Turma, j. em 30/11/2017, DJe 07/12/2017.

Do ponto de vista literal, restou praticamente inalterada a disciplina da inspeção judicial (art. 481 a 484). Subsiste sem resposta clara na lei, por conta disso, o dever de o terceiro se submeter à inspeção sobre sua pessoa, quer porque não expressamente tratado naquela Seção, quer porque mantido o art. 380 sem acréscimo de inciso correspondente ao conteúdo do art. 379, II[33].

II – A resistência do terceiro e as medidas atípicas

Já significativa foi a alteração nas medidas que o ordenamento agora autoriza sejam tomadas perante a resistência do terceiro em cooperar. Seguindo uma marca do Código de 2015 também em outros domínios, abriu-se o sistema à atipicidade, para permitir que o juiz defina, em cada caso, qual o meio coativo será colocado em prática se não cumprido voluntariamente o comando. Essa definição, liberta de amarras rígidas, mas presa ao respeito à proporcionalidade (art. 8º), passa a poder atentar para a resistência concretamente oferecida pelo terceiro quanto à prova, ou mesmo ao perfil econômico ou social deste, para que se lhe inflija um mal maior à sua esfera jurídica que o faça ponderar por atender ao dever, ou que se empregue a força para desde logo realizar o comportamento que aquele se furta a adotar.

A principal previsão que consolida essa atipicidade reside no parágrafo único do art. 380. Ali são referidos, com certa redundância, os

33 Contra a existência desse dever, na doutrina atual, v. DIDIER JUNIOR, Fredie; BRAGA, Paula Sarno; OLIVEIRA, Rafael Alexandria de. *Curso de direito processual civil*, v. 2, Salvador: Juspodivm, 2021, p. 387-8. É bem verdade, no entanto, que a jurisprudência entendeu por válida a adoção de medidas atípicas (art. 139, IV) para compelir terceiros, herdeiros, a se submeterem a exame de DNA em investigação de paternidade ajuizada pelo suposto filho contra o falecido pai, STJ, Rcl nº 37.521/SP, Rel. Min. Nancy Andrighi, Segunda Seção, j. em 13/05/2020, DJe 05/06/2020, com o voto vencido, neste ponto, do Min. Raul Araújo. Se reconhecido esse dever de cooperar do terceiro perante um auxiliar do juízo, parece perder peso rejeitar que o seja também como alvo da percepção sensorial do próprio juiz. De todo modo, foi recentemente aprovada a Lei nº 14.138/2021, que incluiu na Lei nº 8.560/92 a previsão de que "se o suposto pai houver falecido ou não existir notícia de seu paradeiro, o juiz determinará, a expensas do autor da ação, a realização do exame de pareamento do código genético (DNA) em parentes consanguíneos, preferindo-se os de grau mais próximo aos mais distantes, importando a recusa em presunção da paternidade, a ser apreciada em conjunto com o contexto probatório" (art. 2º-A, § 2º).

poderes do juiz de determinar medidas "indutivas, coercitivas, mandamentais ou sub-rogatórias" para o caso de descumprimento, pelo terceiro, dos deveres abrangentes constantes do *caput*. Por se situar nas disposições gerais sobre a prova, a regra serve, em princípio, de medida de apoio ou suporte para a efetividade de qualquer meio de prova, típico ou atípico, requerido ou determinado de ofício (art. 370), desde que dependente da cooperação de terceiro e sempre que configurada ilegítima recusa, em um importante elemento para assegurar no plano prático o direito à prova como componente do contraditório (art. 369, parte final).

Ao dar esse passo rumo à atipicidade, é bem verdade que o legislador poderia ter demonstrado um pouco mais de apreço com o tratamento sistêmico da matéria. É que subsistem, no Código, disposições esparsas que insistem em cuidar dessa resistência do terceiro de modo fragmentado, situadas nos meios de prova em espécie ou além, algo que só faria sentido se seguidos os passos do CPC/73 de não tratar do tema nas disposições gerais sobre a prova. Com o acréscimo agora do parágrafo único ao art. 380, todas essas regras perdem razão de ser. No entanto, mais do que desnecessária, a subsistência delas no Código tem ainda o potencial para desorientar, porque, se comparadas com o conteúdo do parágrafo único do art. 380, elas: ora dizem *menos*, a exemplo, quanta à resistência da testemunha em depor, da alusão somente à condução forçada e à responsabilidade pelas despesas do adiamento da audiência (art. 455, § 5º); ora dizem *mais*, como, quanto à exibição de documento, a adição do crime de desobediência (art. 403, parágrafo único); ora dizem ao mesmo tempo *menos* e *mais*, porque, na recusa a revelar dados à liquidação, referiu o legislador exclusivamente à configuração de crime de desobediência (art. 524, § 3º); e ora ainda dizem *o mesmo*, mas com outras palavras, como previsto para a execução no art. 773 em atenção, quanto aos terceiros, ao art. 772, III.

Dois nortes podem ser úteis para enfrentar essas sobreposições e incoerências. Em primeiro lugar, em atenção aos princípios que regem o direito penal, parece não caber ampliar para além dos casos expressos no CPC/15 a alusão ao crime de desobediência (CP, art. 330): se, para o Superior Tribunal de Justiça, o fato torna-se atípico sempre que a norma processual civil prevê consequências não penais para a desobediência à ordem judicial e não ressalva expressamente configuração do crime[34], estender para outras hipóteses a ressalva feita no art. 403, parágrafo único ("...sem prejuízo da responsabilidade por crime de desobediência..."), significaria criar tipo sem previsão em lei (CF, art. 5º, XXXIX)[35]. Fora desse campo, a atipicidade do art. 380, parágrafo único, pode ser colocada a serviço de qualquer meio de prova, como já dito, mesmo que para superar os espaços deixados por regras especiais. Afinal, no fundo o dispositivo se limita a explicitar, para o campo probatório, a inovação hoje constante do art. 139, IV, que também dialoga com a disciplina particular dos atos executórios no Livro II do Código[36], porque "efetivar" uma decisão que determina a produção coativa de uma prova nada mais é do que realizar uma atividade executiva.

De todo modo, seja por conta do art. 380, parágrafo único, seja em razão do art. 403, parágrafo único, nada há que justifique mais a manutenção, também quanto a terceiros[37], da Súmula nº 372 do STJ, cujo texto era contrário à fixação de multa coercitiva em exibição de documentos[38].

---

34 V.g., STJ, RHC nº 98.627/SP, Rel. Min. Reynaldo Soares da Fonseca, Quinta Turma, j. em 04/04/2019, DJe 30/04/2019, afirmando que "o crime de desobediência é delito subsidiário e somente se caracteriza nos casos em que o descumprimento da ordem emitida pela autoridade não é objeto de sanção administrativa, civil ou processual", para ao final assentar que "existindo sanção específica no Código de Processo Civil [*na hipótese, o art. 774, IV, do CPC/15*], a qual não faz ressalva expressa no sentido da aplicação cumulativa do art. 330 do Código Penal, tem-se que a conduta imputada ao recorrente não configura o tipo penal de desobediência".

35 Sobre o tema, defendendo, mesmo que para o art. 403, parágrafo único, a aplicação do princípio da proporcionalidade para a configuração do crime de desobediência somente quando as medidas atípicas "não forem aptas, no caso concreto, a proporcionar a exibição da coisa ou do documento pelo terceiro", YARSHELL, Flávio Luiz. A tutela penal do processo civil no CPC 2015: breves considerações, In: *Estudos em homenagem a Ivette Senise Ferreira*, Org. Renato de Mello Jorge Silveira, São Paulo: Liberas, 2015, p. 177.

36 Remete-se, sobre o tema, à Nota de Atualização ao texto *Tendências na execução de sentenças e ordens judiciais,* nesta obra.

37 O tema foi examinado, quanto à exibição de documentos contra a parte, na Nota de Atualização ao texto Alguns problemas atuais da prova civil, nesta obra, para onde se remete o leitor, inclusive quanto à tese fixada em STJ, REsp Repetitivo nº 1.763.462/MG, Rel. Min. Paulo de Tarso Sanseverino, Segunda Seção, j. em 09/06/2021, DJe 01/07/2021.

38 Invocando a Súmula nº 372 em exibição de documento proposta contra terceiro e, por consequência, dando por cabível apenas a expedição de mandado de busca e apreensão, STJ, REsp nº 1.159.087/MG, Rel. Min. Luis Felipe Salomão, Quarta Turma, j. em 17/04/2012, DJe 15/05/2012.

Mesmo antes do CPC/15, decisões do STJ flexibilizavam a rigidez do verbete se os documentos em poder de terceiro fossem indispensáveis ao conhecimento, não à demonstração, dos fatos pela parte e se ineficaz a busca e apreensão, autorizando a medida de coerção[39]. Sob a nova lei, como visto, deixa de haver óbice não só à multa coercitiva, mas também a outras medidas em tese ainda mais gravosas, desde que a recalcitrância do terceiro as justifique à luz do princípio da proporcionalidade, como a nomeação de interventor para se sub-rogar na gestão da pessoa jurídica e praticar o ato ordenado.

Além de todas essas medidas, o terceiro que não coopera com a instrução se sujeita também à multa por ato atentatório à dignidade da justiça. Esta, prevista para a hipótese no art. 77, IV c/c § 2º, tem natureza punitiva ou sancionadora, em nada se confundindo com as medidas atípicas de apoio ou execução antes referidas, até porque é a própria lei que dispõe, no referido § 2º, seja a multa aplicável "sem prejuízo das sanções criminais, civis e processuais cabíveis"[40]. Logo, como a recusa em observar a ordem de cooperar com a instrução significa desatender ao dever de "cumprir com exatidão as decisões jurisdicionais"[41] (art. 77, IV), a que "todos aqueles que de qualquer forma participam do processo" se submetem (art. 77, *caput*), cabe ao juiz, depois de advertido o terceiro das consequências de seu comportamento (art. 77, § 1º), aplicar, de acordo com a gravidade da conduta, multa de até 20% do valor da causa, ou, quando este for irrisório ou inestimável, de até dez vezes o valor do salário mínimo (art. 77, § 5º).

A título de encerramento, e em harmonia com as reflexões que inauguram o estudo, as mudanças empreendidas pelo CPC/15 acenam, no tema da cooperação de terceiros com a prova, tanto para o publicismo quanto para o privatismo. É sinal de deferência ao papel das

---

39 Na jurisprudência do STJ, admitindo a fixação de multa coercitiva contra empresas de telefonia ou provedores de *internet* para compeli-los a fornecer à vítima a identificação de agressores virtuais, STJ, REsp nº 1.359.976/PB, Rel. Min. Paulo de Tarso Sanseverino, Terceira Turma, j. em 25/11/2014, DJe 02/12/2014. Mais recentemente, STJ, REsp nº 1.560.976/RJ, Rel. Min. Luis Felipe Salomão, Quarta Turma, j. em 30/05/2019, DJe 01/07/2019; e STJ, AgInt no REsp nº 1.757.715/BA, Rel. Min. Paulo de Tarso Sanseverino, Terceira Turma, j. em 19/10/2020, DJe 27/10/2020.

40 E o argumento é reforçado pela lógica subjacente ao § 4º do art. 77.

41 Substituiu-se, do revogado art. 14, V, do CPC/73, a expressão "provimentos mandamentais" pela atual e mais abrangente "decisões jurisdicionais".

partes na condução do processo, atenuando o impulso oficial (art. 2º), a responsabilidade conferida aos advogados de levar ao conhecimento das testemunhas por eles arroladas o dever de comparecimento em juízo, como visto quanto ao art. 455. Mas de viés oposto é a notável ampliação dos poderes de juiz para determinar atos coativos atípicos em apoio aos meios de prova, sobretudo quando combinada com os poderes instrutórios de ofício a ele reservados (art. 370) e com a atipicidade dos próprios meios de prova (Art. 369), autorizando cogitar de uma atipicidade de duplo grau no campo probatório – i.e., medidas atípicas para assegurar a efetividade de provas atípicas.

CONTEÚDO E EFEITOS DA SENTENÇA: VARIAÇÕES SOBRE O TEMA[1]

1. Todo ato jurídico tem um conteúdo, onde se podem discernir notas essenciais, pelas quais ele se distingue dos outros atos jurídicos, e por isso mesmo fornecem elementos para sua definição. Assim, por exemplo, o conteúdo do contrato de compra e venda consiste em dupla manifestação de vontade: do vendedor, no sentido de transferir o domínio de certa coisa, e do comprador, no de pagar-lhe certo preço em dinheiro. O conteúdo é algo que não pode faltar ao ato, sob pena de comprometer-lhe a existência. Se não houver as duas manifestações de vontade, a do vendedor e a do comprador, simplesmente não haverá compra e venda.

Por outro lado, todo ato jurídico é, em tese, suscetível de produzir efeitos no mundo do direito - característica pela qual, justamente, se distinguem os atos *jurídicos* dos que não o são. Os efeitos podem ser considerados em potência (como passíveis de produzir-se) ou em ato (como realmente produzidos). Quando o advogado orienta o cliente, que quer comprar ou vender algo, sobre o que acontecerá se ele assim proceder, está adotando a primeira perspectiva; na segunda, ao contrário, coloca-se o juiz quando, na sentença, se pronuncia sobre o que resultou da compra e venda celebrada pelas partes. Considerados em potência, os efeitos são essenciais à configuração do ato jurídico; noutras palavras, a aptidão para produzir os efeitos típicos não pode deixar de existir naquele, sem desnaturá-lo. Considerados em ato, podem os efeitos faltar, no todo ou em parte, definitiva ou temporariamente, sem tal consequência: uma compra e venda nula, por exemplo, não vincula comprador nem devedor, sem que por isso deixe de enquadrar-se com absoluta exatidão no conceito de compra e venda.

Eficácia, enfim, é palavra que se costuma usar, na linguagem jurídica, para designar a qualidade do ato enquanto gerador de efeitos. Em correspondência com o duplo enfoque dos efeitos, acima exposto, pode-se falar de eficácia como simples aptidão para produzir efeitos (em potência) ou como conjunto de efeitos verdadeiramente produzidos (em ato). Menos frequente é o uso de "eficácia" como sinônimo de efeito, isto

1 Publicado na *Revista Brasileira de Direito Processual,* v. 46, na *Revista de Processo n.* 40, e em *Ajuris, v. 35.*

é, para designar cada um dos efeitos (em potência ou em ato) particularmente considerados, o que leva a conferir-se ao mesmo ato jurídico uma pluralidade de "eficácias".

2. É natural que se estabeleça relação íntima entre o conteúdo e os efeitos de um ato jurídico. O ordenamento atribui a cada ato jurídico, em princípio, efeitos correspondentes ao respectivo conteúdo, sem embargo da possibilidade de que, eventualmente, se atribuam efeitos iguais a atos de diferentes conteúdos, ou vice-versa. Para admitir a correspondência não é preciso ver entre o ato jurídico e os efeitos que ele produz, ou pode produzir, nexo de causalidade semelhante ao que existe entre um fato natural e suas consequências. Substitua-se o conceito de causalidade, neste âmbito, pelo de imputação[2], e continuará verdadeiro o princípio de que depende do conteúdo do ato o serem tais ou quais os efeitos deste.

De modo algum significa isso que o efeito produzido pelo ato se identifique ou se confunda com o respectivo conteúdo, ou faça parte desse conteúdo. O efeito é algo que está necessariamente, por definição, fora daquilo que o produz, quer se trate de fato natural, quer de ato jurídico[3]. Padece de contradição a ideia de um efeito "incluso" no ato jurídico. O que nele está incluso são os elementos de seu conteúdo. Pode-se legitimamente indagar a que elemento do conteúdo de um ato corresponde o efeito X, que a esse ato se atribui; ou, inversamente, qual dos seus vários efeitos corresponde ao elemento Y, que lhe integra o con-

2 Como queria KELSEN, *Teoría pura del derecho,* trad. esp., Buenos Aires, 1960, p. 16 e s.

3 Não se ignora que ARISTÓTELES dava grande extensão ao conceito de causa, fazendo-o abranger não só o ser que exerce influência sobre outro distinto (causa extrínseca), mas também a realidade que entra na constituição de um ser composto (causa intrínseca); nesta última hipótese, ter-se-ia uma causa *interior* ao efeito (não o inverso, observe-se!). Ainda a abstrair-se, porém, da questão de saber se tais noções se aplicam ao vínculo entre o ato jurídico e seus efeitos – o que pressuporia resolvida em certo sentido a indagação sobre a natureza "causal" desse vínculo –, deve notar-se que na linguagem corrente em nossos dias, se reserva a denominação de "causa" para as causas extrínsecas: cf. DE RAEYMAEKER, *Filosofía del ser,* trad. esp., Madri, 1956, p. 367, nota 1. Não nos enganemos, por outro lado, com a afirmação, feita pelos filósofos, de que "o efeito preexiste na causa": preexiste *virtualmente,* e por isso o mesmo escritor, sem incorrer em contradição, pode afirmar tal preexistência e dizer que *"a causa deve ser realmente distinta do efeito"* (assim, *v.g.,* JOLIVET, *Curso de Filosofia,* trad. Eduardo Prado de Mendonça, 4ª ed., Rio de Janeiro, 1959, p. 295 e 299 – grifado no original).

teúdo. Não se pode, todavia, fazer tábua rasa da distinção entre as duas realidades, para localizar *no conteúdo* do ato os efeitos, ou qualquer dos efeitos, a este atribuídos.

Os juristas tecnicamente mais escrupulosos sublinham a diferença. Alude-se à "exigência de distinguir nitidamente entre o *conteúdo* do negócio e o tratamento jurídico – os chamados *efeitos* jurídicos – dele"[4]; e a advertência vale, a bem dizer, dentro e fora do estrito campo negocial. Conteúdo e efeito são verdadeiramente entidades inconfundíveis. Aquilo que integra o ato não resulta dele: aquilo que dele resulta não o integra.

3. O que se disse dos atos jurídicos em geral diz-se igualmente, em particular, da sentença. Também quanto a esta se distinguem um conteúdo, algo que está nela, que a integra, e vários efeitos que, nascendo dela, se manifestam fora, se projetam *ad extra*. Esses efeitos variam segundo o conteúdo, são determinados por ele[5], mas nem por isso com ele se confundem.

Nalguns casos é tão óbvia a distinção, que se torna quase ridículo dar ênfase ao ponto. Há consenso por assim dizer universal, *v.g.*, em atribuir à sentença condenatória o essencial efeito de ensejar a execução. Ninguém situa esse efeito, contudo, no *interior* da própria sentença. Supõe-se, isso sim, que ele corresponda a algo do conteúdo da sentença condenatória, a algo que existe nela e não existe nas outras sentenças, desprovidas daquele efeito. Muito se tem discutido sobre tal *quid* específico, e não é este o lugar próprio para recapitular nem para retomar o debate; mas parece evidente que, seja como for, o elemento característico da sentença condenatória *(rectius:* do seu conteúdo) não se identifica com o efeito executivo que ela irradia.

Nem sempre se manifesta o fenômeno, porém, com tanta nitidez. Para enevoá-lo concorre certa equivocidade da própria linguagem doutrinária. Em se tratando, por exemplo, da declaração, se é transparen-

---

4 BETTI, *Teoria generale del negozio giuridico*, Turim, 1952, p. 84 (grifo correspondente ao do original). Cf. p. 85: *"Ma il contenuto deve sempre tenersi netlamente distinto dal trattamento giuridico, cioè dagli effetti".*

5 Veja-se como se expressava HELLWIG, *System des deutchen Zivilprozessrechts*, v. I, Aalen, 1968 (reimpr. da edição de Leipzig, 1921), p. 38, ao tratar da classificação das sentenças: *"Der Inhalt und die nach ihm sich bestimmende Wirkung dieser Urteilsarten...* (O conteúdo e a eficácia, determinada de acordo com ele, dessas espécies de sentenças...)".

te o sentido de expressões como "conteúdo declaratório" ou "elemento declaratório" da sentença, pode ao contrário suscitar perplexidade a referência ao "efeito declaratório" desta. Quando não se tem o cuidado de explicar em que consiste o efeito aludido, corre-se o risco de pôr em falsa pista o leitor. Deveria ser cristalino que o efeito não se confunde com a declaração mesma[6]. Não é despropositado recear, todavia, que a confusão se insinue em espíritos menos prevenidos.

4. A questão reveste maior sutileza no que tange à sentença constitutiva, e afigura-se oportuno reservar um tópico especial para examiná-la por esse ângulo. É pacífica a noção de que o traço característico das sentenças da classe reside na modificação jurídica que por meio delas se opera. Sucede que a palavra "modificação" é, em certa medida, equívoca: pode indicar o ato pelo qual se modifica alguma coisa, ou o estado consequente a esse ato[7]. Cumpre ter em vista, no estudo da sentença constitutiva, a dualidade de significações.

Ao nosso ver, a modificação *enquanto ato* situa-se no conteúdo da sentença. Semelhante conteúdo é duplo: desdobra-se no reconhecimento do direito à modificação (direito potestativo, na terminologia corren-

---

6 Escreve HUMBERTO THEODORO JÚNIOR, *Processo de conhecimento,* 3ª ed., Rio de Janeiro, 1984, p. 565: "Para os partidários da doutrina de LIEBMAN, a que se filiou nosso Código, os efeitos principais da sentença são a *condenação,* a *declaração* ou a *constituição"* (grifados no original). Entretanto, o mestre italiano distingue: a propósito, *V.g.,* da sentença meramente declaratória, após dizer que *"l'effetto della sentenza di accertamento e dichiarativo",* cuida de esclarecer que este *"consiste in cio che la situazione giuridica che lu oggerro della sentenza varrà per le parti COSI come lu accarrata, e diviene irrilevante qualsiasi cOl1testazione" (Manuale di diritto prucessuale civile,* v. II, 4ª ed., Milão. 1981, p. 234). Tal como descrito, o efeito. à evidência, resulta da declaração, que forma o conteúdo da sentença (cf. o v. I da mesma obra. 4ª ed., Milão, 1980. p. 160: *"Tutte le sentenze che decidonu il merito di una causa contengono anche un accertamento intorno ai rapporto giuridico dedotto in giudizio").* Os autores de língua alemã, por sua vez, falam de *Feststel/ unffswirkung* (ao pé da letra, efeito da declaração) para designar a coisa iulgada material: *vide,* por todos, ROSENBERG-SCHWAB, *Zivilprozessrecht,* 13ª ed., Munique, 1981, p. 919. Já HELLWIG, ob. e v. cit., p. 776, aludia à *"bindende Kraft der* im *Urteile enthaltenen Feststellung* (força vinculativa da declaração contida na sentença)", modo de dizer em que é nítida a distinção entre o conteúdo (declaração) e o respectivo efeito (vínculo).

7 Veja-se a primeira definição de AURÉLIO BUARQUE DE HOLANDA FERREIRA, *in Novo Dicionário da Língua Portuguesa:* "Ato ou efeito de modificar (-se)".

te em nossa doutrina) e na atuação desse mesmo direito[8]. O segundo elemento é o que ressalta no teor da decisão, em que o órgão judicial diz: "anulo o contrato", "decreto o divórcio", "homologo a sentença estrangeira", "exonero o autor do dever de alimentar a ré" e assim por diante. As formas verbais" anulo", "decreto", "homologo", "exonero" etc. expressam a modificação *enquanto ato.*

Já a modificação *enquanto efeito* é evidentemente exterior à sentença. Consiste ela na situação nova, consequente *do* ato modificativo. As partes achavam-se ligadas por vínculos resultantes do contrato; anulado este, cessam os direitos e obrigações contratuais. Autora e réu eram casados; decretado o divórcio, passam a viver sob estado civil diverso. A sentença estrangeira não produzia qualquer efeito no Brasil; uma vez homologada, a sua eficácia manifesta-se no território nacional. Tinha o autor de pagar à ré pensão alimentícia; exonerado, daí em diante não se lhe pode exigir qualquer pagamento a esse título. A nova situação, nascida do ato modificativo, caracteriza-se, respectivamente, pela superveniente inexistência de direitos e obrigações contratuais entre as partes, pelo estado civil de divorciado em que cada qual passa a viver, pela produção, no Brasil, dos efeitos da sentença estrangeira, pelo desaparecimento do dever alimentar. Em todos os casos, a situação que se forma é diferente da que preexistia à sentença, pouco importando, por tal prisma, que esta se compreenda entre as chamadas "constitutivas positivas" (como a de homologação de julgamento estrangeiro) ou entre as denominadas "constitutivas negativas" (qual a de anulação de contrato).

Parece escusado insistir em que o efeito (situação nova) não pode estar incluído no conteúdo da sentença. Trata-se de algo que a ela se segue, que dela resulta, e que portanto, necessariamente, fora dela se situa. O que a sentença contém é o ato de modificar a situação anterior[9].

---

8 Segundo HELLWIG, *Wesen und subjektive Begrenzung der Rechtskraft,* Aalen 1967 (reimpr. da ed. de Leipzig, 1901), p. 2-4, a modificação seria "o conteúdo imediato *(der unmittelbare Inhalt)"* da sentença constitutiva, na qual, porém, haveria igualmente a afirmação implícita da existência do direito à modificação.

9 Perfeitamente correta a frase de OVÍDIO A. BAPTISTA DA SILVA, *A ação de imissão de posse,* São Paulo, 1981, p. 71: "A sentença constitutiva tem, *incluso* em si mesma, o *ato* modificativo do mundo jurídico" (grifos do original). Já no princípio do século escrevera KISCH, *Beiträge zur Urteilslehre,* Aalen, 1969 (reimpr. da ed. de Leipzig. 1903), p. 46, que, na sentença constitutiva, o pronunciamento do juiz " contém *(enthält)* uma modificação". Menor precisão em LIEBMAN, ob. cit., v. 11, p. 403, onde se atribui à sentença constitutiva o "efeito" característico *"di operare* il *muta-*

5. A presença de mais de um elemento no conteúdo sentencial não é, como se sabe, traço peculiar à sentença constitutiva. Também a sentença condenatória, no entendimento pacífico dos estudiosos, encerra, a par da condenação, a declaração da existência do direito à prestação imposta[10]. Generalizando, costuma a doutrina afirmar que em toda sentença se contém um elemento declaratório[11].

Menos corriqueira é a ideia de que em *qualquer* sentença se podem descobrir os elementos característicos de *todas* as espécies do gênero. Foi ela sustentada no Brasil, com grande vigor e autoridade, a partir de uma classificação quíntupla das sentenças, que, junto das três classes habitualmente admitidas – a das sentenças meramente declaratórias, a das constitutivas e a das condenatórias –, enfileira ainda a das sentenças mandamentais e a das sentenças executivas[12]. A determinação da classe obedecerá ao critério da preponderância: classifica-se como declaratória a sentença *preponderantemente* declaratória, como constitutiva

---

mento"; este na verdade integra o conteúdo da sentença, consoante, aliás ensina o autor na mesma página: *"Le decisioni sul merito possono avere diverso contenudo e cioè: c')...; c")...: c"')* mutamento giuridico, *quando la sentenza costituisce, modifica od estingue um rapporto giuridico"* (destaque do original). O efeito, reitere-se, é a situação consequente ao mutamento"; para usar a expressão de OVÍDIO A. BAPTISTA DA SILVA, é o "mundo jurídico" tal como se apresenta *depois* de modificado pela sentença. Equívoco, por causa da ambiguidade da palavra "mudança", TOMÁS PARÁ FILHO, *Estudo sobre a sentença constitutiva,* São Paulo, 1973, p. 140: "... o efeito constitutivo da sentença, isto é, a mudança do estado, ou situação jurídica, alcança, diretamente as partes".

10 Supérfluas as citações; em todo caso, *vide*, na literatura pátria, por todos, AMARAL SANTOS. *Primeiras linhas de Direito Processual Civil,* 5ª ed., São Paulo, 1981, p. 31-2.

11 Assim, *v.g.*, com perfeita clareza, NIKISCH, *Zivilprozessrecht,* 2ª ed., Tübingen. 1952, p. 385: *"Jedes Urteil enthält sonach eine Festslellung* (Toda sentença contém portanto uma declaração)".

12 O grande propugnador de tal sistematização, como é notório, foi PONTES DE MIRANDA. cujo pensamento, em substância, está condensado nos capítulos sobre classificação das ações e sobre classificação das sentenças do t. I do *Tratado das ações,* São Paulo, 1970, p. 117 e s. e 197 e s., respectivamente. Cfr., em data mais recente. *Comentários ao Código de Processo Civil,* t. V, Rio de Janeiro, 1974, p. 49 e s. Idêntica orientação em OVÍDlO A. BAPTISTA DA SILVA, Eficácias da sentença e coisa julgada, no volume *Sentença e coisa julgada,* Porto Alegre, 1979, p. 93 e s. (*vide* também, no mesmo volume, p. 35 e s., o ensaio "Sentença mandamental"). Semelhante a posição de JOSÉ DA SILVA PACHECO. *Direito Processual Civil,* São Paulo, 1976, 2º v., p. 201 e s.

a *preponderantemente* constitutiva, e assim por diante, permanecendo firme a premissa de que de nenhuma estarão ausentes por completo as notas características das outras classes. De modo compreensível, atribui-se a toda sentença uma pluralidade de efeitos (ou de "eficácias"), com "pesos" variáveis, de cinco a um, correspondendo o peso maior ao efeito preponderante (denominado "força"), e os outros, sucessivamente, aos demais, na ordem decrescente de importância, sempre com soma igual a quinze.

6. A construção não está isenta de certo artificialismo. Dizer que toda sentença contém, pelo menos, condenação do vencido ao pagamento das custas e, por isso, tem eficácia condenatória, seja qual for a classe a que pertença[13], é enunciar proposição que suscita reservas de vário teor. Em primeiro lugar, ela despreza a distinção entre o capítulo principal e o capítulo acessório, relativo às custas: é claro que, em sentença formalmente una, podem coexistir capítulos de naturezas diferentes e, por conseguinte, de efeitos diversos, cada um dos quais, porém, remonta a uma fonte substancialmente distinta. As coisas se passam como se houvesse duas (ou mais) sentenças distintas: *quot capita, tot sententiae.* Trivial, não autoriza o fenômeno ilações sistemáticas do porte da que se pretende extrair. Se o juiz, por erro, omitir a condenação acessória nas custas (e, acrescente-se, na verba honorária), sendo o capítulo principal meramente declaratório, e não se vier a suprir a omissão, qual será o efeito condenatório da sentença?

De resto, a obrigatoriedade da condenação acessória é contingente; ainda quando a acolha como regra, pode o ordenamento abrir exceções. Para mencionar texto recente, objeto de grande interesse, e não só dos especialistas, aí está o art. 53, 1ª parte, da Lei n. 7.244, de 7-11-1984, que dispõe sobre a criação e o funcionamento do Juizado Especial de Pequenas Causas: "A sentença de primeiro grau não condenará o vencido em custas e honorários de advogado, ressalvados os casos de litigância de má-fé". Outro exemplo é o da compensação decorrente de sucumbência recíproca, nos termos do art. 21, *caput,* do Código de Processo Civil.

Boa dose de artificialismo igualmente se percebe, sem muito esforço, em afirmações como a de que "em toda sentença há, *pelo menos,* a constitutividade que resulta de ter sido proferida", ou na de que "todas

13 PONTES DE MIRANDA, *Tratado das ações,* cit., t. 1, p. 142, 144.

as sentenças declarativas *constituem,* porque, com a sentença, se têm a eficácia de coisa julgada material e algo novo"[14]. Neste último lanço ressaltam, aliás, óbvias imprecisões. Será exato, para começar, que, "com a sentença", se tenha *desde logo* "a eficácia de coisa julgada material"? Justifica-se, por outro lado, identificar, como aparentemente se faz, constitutividade com idoneidade para produzir coisa julgada material?[15] Finalmente: o "algo novo" que a sentença declaratória faz surgir – e que não pode consistir senão na *certeza oficial* sobre a existência ou a inexistência da relação jurídica, ou sobre a autenticidade ou falsidade do documento –, porventura se equipara à inovação operada pela sentença constitutiva? É manifesto que, em certo sentido, toda sentença traz consigo "algo novo": quando menos, o fato de sua própria existência; mas não parece que se contribua para o esclarecimento do problema em pauta, nem de maneira geral para o progresso da ciência, quando se consideram indiscriminadamente quaisquer "novidades" concebíveis, como se se tratasse de fenômenos homogêneos.

7. A ânsia de "sistematizar" a todo custo pode às vezes induzir os juristas. sem exclusão dos maiores, a utilizar, na representação da realidade, técnicas que confinam perigosamente com a fotomontagem. Corre-se o risco de manipular os dados, por amor da harmonia plástica da composição. O resultado será talvez fascinante do ponto de vista estético; deixará, porém, certo ressaibo de insatisfação na mente de quem espere algo mais de uma construção doutrinária. É o caso, ao nosso ver, da teoria da "constante quinze".

Subsiste, incólume, a verdade básica: uma sentença pode conter elementos diversos e produzir, por via de consequência, efeitos também diversos. O elemento declaratório, em particular, está presente em qualquer sentença. A cada elemento corresponderá um efeito próprio, sem que isso nos autorize a identificar este com aquele, nem a embutir *no conteúdo* da sentença aquilo que ela projeta no mundo *exterior.* Eis aí tudo, ou quase tudo, que cabe dizer em termos genéricos, sem forçar os contornos do real.

---

14 PONTES DE MIRANDA, *ibid.,* p. 142 e 143, respectivamente. Os grifos são do original.

15 A resposta afirmativa entraria em conflito com a doutrina adotada pelo próprio PONTES DE MIRANDA, que relaciona a coisa julgada material com a *declaração: vide,* entre muitos outros passos, o mesmo *Tratado das ações,* cit., t. I, p. 163, 182-4.

Em nível específico, ter-se-ia de precisar, depois, em que consiste o efeito peculiar a cada um dos possíveis elementos. Nem se esgotaria, com isso, a problemática: seria ainda necessário investigar se, além desses efeitos por assim dizer *típicos*, se mostra a sentença capaz de surtir outros; e, na hipótese afirmativa, em que se distinguem estes daqueles, e como se explica a respectiva produção. É matéria, à evidência, para tratamento mais respeitoso do que o que lhe seria possível dar numa despretensiosa *coda;* e iniciar, a esta altura, ainda outra variação sobre o tema constituiria inominável abuso contra a paciência do leitor – se é que ela bastou para fazê-lo chegar até este ponto, por ora, final.

Dezembro de 1984.

COMENTÁRIOS DOS ATUALIZADORES

CONTEÚDO E EFEITOS DA SENTENÇA: VARIAÇÕES SOBRE O TEMA

Luiz Paulo da Silva Araújo Filho / Guilherme Jales Sokal

Os conceitos construídos com precisão no texto servem ainda hoje de instrumental teórico para a adequada compreensão da sentença – ou, mais amplamente, da decisão judicial[16] – como ato processual. Nada se altera a esse respeito sob o CPC/15. Assim, as presentes notas de atualização se dedicam, pontualmente, apenas às referências e aos exemplos empregados pelo Mestre.

O Código de 2015 consolidou os avanços que as reformas da década de 1990 e 2000 promoveram na execução de títulos judiciais. Agora, ao contrário do que vigia sob a redação original do CPC/73, as decisões que reconhecem direitos a prestação inauguram, como regra, atividade executiva na mesma relação processual em que julgado o pedido de tutela cognitiva, na chamada fase de "cumprimento de sentença", quer esteja em jogo pagar, fazer, não fazer ou entregar coisa (arts. 513 e segs.). Com isso, perde ainda mais em utilidade a tentativa

16 Por força do art. 356 do CPC/15, as lições se aplicam também às decisões interlocutórias que apreciam parcela do objeto litigioso.

de acrescer às três classificações tradicionais da sentença as espécies mandamental e executiva, alvo da contundente crítica do autor neste e em outros textos[17]. É bem verdade que o CPC/15 até adota, em quatro passagens, a expressão "medidas mandamentais" (arts. 139, IV, 380, parág. único, 400, parág. único, e 403, parág. único), mas o faz sempre com o mesmo tom genérico e redundante e com um só propósito, de abrir o sistema à atipicidade de atos coativos[18], não para ressuscitar a classificação tal como propugnada[19].

O primeiro exemplo de exceção à obrigatoriedade de condenação acessória, então constante da Lei nº 7.244/84 (art. 53, primeira parte), foi reproduzido no atual art. 55, *caput*, da Lei dos Juizados Especiais Cíveis e Criminais (Lei nº 9.099/95)[20]. A regra é aplicável aos Juizados Especiais Federais (Lei nº 10.259/01, art. 1º, parte final) e da Fazenda Pública (Lei nº 12.153/09, art. 27), em atenção ao assim chamado "microssistema dos Juizados Especiais".

Quanto ao segundo exemplo, de sucumbência recíproca, o quadro se alterou profundamente. Ainda sob o CPC/73, a compensação então determinada pelo art. 21 veio a ser sufragada, quanto aos honorários, pela Súmula nº 306 do STJ[21], em resposta à tese de revogação por incompatibilidade com o Estatuto da OAB (Lei nº 8.906/94, art. 23), que prevê ser o advogado, não a parte, o titular da verba. No CPC/15,

---

17 Por exemplo, BARBOSA MOREIRA, José Carlos. A sentença mandamental: da Alemanha ao Brasil. In: *Temas de direito processual*: sétima série. São Paulo: Ed. Saraiva, 2001, p. 53-69; e BARBOSA MOREIRA, José Carlos. Sentença executiva? In: *Temas de direito processual*: nona série, São Paulo: Ed. Saraiva, 2007, p. 179-197.

18 Sobre o tema, remete-se, nesta obra, às Notas de Atualização aos textos *Alguns problemas atuais da prova civil*, *La collaboration des tiers dans l'activité d'instruction* e *Tendências na execução de sentenças e ordens judiciais*.

19 Na literatura recente, denunciando, sob o CPC/15, a pouca utilidade da subsistência das classificações de sentenças em mandamentais e executivas, v. YARSHELL, Flávio Luiz. *Curso de direito processual civil*, vol. I, São Paulo: Ed. Marcial Pons, 2020, p. 306-7; e DIDIER JÚNIOR, Fredie; BRAGA, Paula Sarno; OLIVEIRA, Rafael Alexandria. *Curso de direito processual civil: teoria da prova, direito probatório, decisão, precedente, coisa julgada, processo estrutural e tutela provisória*, v. 2, Salvador: ed. Juspodivm, 2021, p. 540 e 543.

20 O regime das custas na execução é agora tratado no parágrafo único do dispositivo.

21 Súmula nº 306 do STJ: "Os honorários advocatícios devem ser compensados quando houver sucumbência recíproca, assegurado o direito autônomo do advogado à execução do saldo sem excluir a legitimidade da própria parte".

essa titularidade é reafirmada pela primeira parte do § 14 do art. 85, mas acrescentou o legislador, na cláusula de encerramento do dispositivo, diretriz expressa em sentido contrário à do diploma processual revogado, prevendo ser "vedada a compensação em caso de sucumbência parcial"[22]. De modo similar, no *caput* do atual art. 86, que agora se limita a despesas processuais, tampouco figura a compensação. Sob o CPC/15, portanto, e ressalvado o disposto no parágrafo único do art. 86[23], a condenação acessória em honorários e despesas processuais passa a ser feita em atenção à proporção em que sucumbentes autor e réu, individualizadamente.

---

22 Na jurisprudência do STJ, reputando que, pelo direito intertemporal, a nova regra alcança processos em curso quando da entrada em vigor do CPC/15 se ainda não proferida sentença ou se, já na vigência da nova lei, houver alteração da proporção de vitória e derrota entre as partes em grau de recurso, STJ, AgInt nos EDcl no REsp nº 1.357.561/MG, Rel. Min. Marco Aurélio Bellizze, Terceira Turma, j. em 04/04/2017, DJe 19/04/2017.

23 Cuidando da sucumbência em parte mínima, a regra reproduz em substância o dispositivo correspondente no CPC/73, mantida a menção, ao final, a honorários.

EFICÁCIA DA SENTENÇA DE INTERDIÇÃO POR ALIENAÇÃO MENTAL[1]

1. Nos termos do art. 1.184, 1ª parte, do Código de Processo Civil, "a sentença de interdição produz efeito desde logo, embora sujeita a apelação". A regra é tradicional no direito brasileiro: já estava no art. 452 do Código Civil ("A sentença que declara a interdição produz efeitos desde logo, embora sujeita a recurso"). O estatuto processual de 1939, no art. 609, introduzira pequena modificação, subordinando a produção dos efeitos da sentença ao registro ou, onde não o houvesse "especial", à publicação três vezes por edital, com intervalo de dez dias[2]. Mantivera todavia, o essencial, a saber, a eficácia imediata da sentença, não obstante sujeita a apelação – ou, em outras palavras, a excepcional exclusão do efeito suspensivo desse recurso. Também hoje assim é: apesar da omissão que se nota no art. 520, 2ª parte, do Código em vigor, é pouco menos que pacífico o entendimento segundo o qual se recebe unicamente no efeito devolutivo a apelação contra a sentença de que se trata[3].

---

1 Trabalho publicado no v. 43 da *Revista de Processo* (em homenagem a ALCIDES DE MENDONÇA LIMA), na *Revista de Direito da Procuradoria-Geral da Justiça do Estado do Rio de Janeiro,* v. 20, e também na *Revista de Crítica Judiciária,* v. 2.

2 Como observava ODILON DE ANDRADE, *Comentários ao Código de Processo Civil,* v. VII, Rio de Janeiro, 1941, p. 260, a cláusula final do dispositivo ("onde não houver registro especial") contrariava a regra da obrigatoriedade do registro, em qualquer comarca (Dec. n. 18.542, de 24-12-1928, art. 103; Dec. n. 4.857, de 9-11-1939, arts. 103 e 104).

3 Na doutrina, por exemplo: PONTES DE MIRANDA, *Comentários ao Código de Processo 'Civil* (de 1973), Rio de Janeiro, t. VII, 1975, p. 249 e t. XVI, 1977, p. 394; BARBOSA MOREIRA, *Comentários ao Código de Processo Civil,* t. V, 5ª ed., Rio de Janeiro, 1985, p. 455; SÉRGIO SAHIONE FADEL, *Código de Processo Civil comentado,* v. III, 4ª ed., Rio de Janeiro, 1983, p. 403; EDSON PRATA, *Comentários ao Código de Processo Civil,* v. VII, Rio de Janeiro, 1978, p. 316; AMARAL SANTOS, *Primeiras Linhas de Direito Processual Civil,* v. III, 5ª ed., São Paulo, 1981, p. 111; HUMBERTO THEODORO JÚNIOR, *Curso de Direito Processual Civil, Rio* de Janeiro, 1985, v. I, p. 15-6; MENDONÇA LIMA, *Introdução aos recursos cíveis,* São Paulo, 1976, p. 296. Só JOSÉ OLYMPIO DE CASTRO FILHO, *Comentários ao Código de Processo Civil,* v. X, 3ª ed., Rio de Janeiro, 1983, p. 225, alude ao recebimento da apelação "em ambos os efeitos", conquanto reconheça que "desde logo" se publica a sentença e ao curador nela nomeado cabe "tomar medidas de conservação dos interesses do provisoriamente julgado incapaz"; para uma breve crítica dessa posição, *vide* BARBOSA MOREIRA, ob. e v. cit., p. 455, nota 678.

Outra questão, contudo, é a referente a eventuais efeitos *retroativos* do pronunciamento judicial. Tem-se visto afirmar que, ao decretar a interdição com fundamento em alienação mental, deve o juiz dizer desde quando se hão de produzir os efeitos da providência, fixando o *dies a quo* no momento em que, à luz da prova colhida, houver começado a incapacidade decorrente da anomalia psíquica. Os requerentes costumam pedi-lo, e os órgãos judiciais às vezes se consideram obrigados a atender a semelhante pedido, ou até a incluir *ex officio,* na sentença, cláusula do teor indicado. Semelhante ideia, a nosso ver, repousa num equívoco, segundo se passa a demonstrar.

2. Está fora de dúvida que a causa da incapacidade é a alienação mental, não a sentença de interdição. Consoante o art. 5º, n. II, do Código Civil, são absolutamente incapazes "os loucos de todo gênero". Deixando de lado a impropriedade da fórmula, objeto de críticas notórias, fica certo que, para haver-se alguém como incapaz, basta a presença da anomalia psíquica; não é necessário que já se haja decretado a interdição. Corretissimamente se dirá, portanto, que a incapacidade não é gerada, mas apenas reconhecida pela sentença; ou seja, que aquela preexiste a esta[4]. Daí não se infere, todavia, que a decretação da interdição seja ato meramente declaratório. Interditar uma pessoa não se reduz, em absoluto, a proclamar-lhe, pura e simplesmente, a incapacidade. Consiste, sim, em submetê- la a peculiar regime jurídico, caracterizado pela sujeição à curatela. "Decretada a interdição, fica o interdito sujeito à curatela", reza a parte inicial do art. 453 do Código Civil. "Decretando a interdição", ecoa o art. 1.183, parágrafo único, do Código de Processo Civil, "o juiz nomeará curador ao interdito". Nisso – e não no mero reconhecimento da incapacidade – é que reside o *quid* específico da sentença.

Vistas as coisas por tal prisma, não se pode deixar de perceber no ato feição constitutiva[5]. Se ele não cria a incapacidade, cria decerto, para

4 Cf., por todos, PONTES DE MIRANDA, *Tratado de Direito Privado,* Rio de Janeiro, t. IX, 1955, p. 347. Insustentável a opinião em contrário de CARVALHO SANTOS, *Código Civil brasileiro interpretado, Rio* de Janeiro, v. VI, 1934, p. 401.

5 Nesse sentido, *v.g.,* PONTES DE MIRANDA, *Tratado das ações,* t. IV, São Paulo, 1973, p. 4; *Comentários,* cit., t. XVI, p. 368; MENDONÇA LIMA, *Comentários ao Código de Processo Civil,* v. XII, São Paulo, 1982, p. 465; AMARAL SANTOS, ob. e v. cit., p. 34; SÉRGIO SAHIONE FADEL, ob. e v. cit., p. 403; TOMÁS PARÁ FILHO. *Estudo sobre a sentença constitutiva,* São Paulo, 1973, p. 117.

o incapaz, *situação jurídica nova,* diferente daquela em que, até então, se encontrava. Considerar a sentença como "declaratória do estado anterior"[6] é fruto de um desvio de perspectiva: olha-se para a incapacidade como se fosse o *objeto* do pronunciamento judicial, quando ela é apenas o *fundamento* da decisão[7]. O que na realidade importa comparar com o "estado anterior" é a sujeição do interditando à curatela – e, aí, a inovação claramente ressalta.

Quando se julga procedente o pedido de anulação de casamento com base no art. 183, inc. IX, 2ª parte, do Código Civil, também se decide em razão de um "estado anterior" de incapacidade; ninguém incluirá a sentença, só por isso, entre as meramente declaratórias! No entanto, a analogia é flagrante: num caso, anula-se o casamento porque o agente era incapaz; noutro, *pelo mesmo motivo,* decreta-se-lhe a interdição. Ambas as sentenças modificam a situação jurídica do incapaz; ambas, sem dúvida possível, são constitutivas.

3. Objetar-se-á, porém, que o dito acima não basta para excluir a ideia da retroatividade. As sentenças constitutivas, se bem que em regra produzam efeitos somente *ex nunc,* podem, nalguns casos, produzi-los *ex tunc.* Com certeza: recordem-se, a título exemplificativo, a sentença de exclusão do herdeiro ou legatário, por indignidade[8], e a que anula ato jurídico, nas hipóteses do art. 147 do Código Civil[9].

Acontece, todavia, que o efeito *próprio* da sentença de interdição é absolutamente insuscetível de projetar-se para o passado. Em que consiste ele? Já o salientamos: na sujeição do incapaz à curatela. Ora, se se

---

6 Assim, JOSÉ OLYMPIO DE CASTRO FILHO, ob. e v. cit., p. 224.

7 Cf. PONTES DE MIRANDA, *Tratado,* cit., t. IX, p. 314: "a declaração não é, em qualquer sentença de interdição, mais do que declaração de que os pressupostos da interdição foram examinados e encontrados".

8 "Com a eficácia sentencial" – dizia PONTES DE MIRANDA, *Tratado,* cit., t. LV, 1968, p. 128 – "o indigno deixa de ser herdeiro, *ex tunc:* foi, porém não é mais" (cf. p. 130; "O que era deixa de ser, *ex tunc").* Por equívoco, às vezes se quer tirar da eficácia retrooperante a conclusão de ser meramente declaratória a sentença: o próprio art. 1.596 do Código Civil, com técnica defeituosa, emprega o termo "declarada". Corretamente, LIEBMAN, nota 1 à p. 195 do v. I da tradução das *Instituições de Direito Processual Civil* de CHIOVENDA, 2ª ed., São Paulo, 1965.

9 *Vide* o art. 158, *principio:* "Anulado o ato, restituir-se-ão as partes ao estado, em que antes dele se achavam". Cf. HUMBERTO THEODORO JÚNIOR, ob. e v. cit., p. 562.

concebe que o ordenamento dê repercussão no pretérito à privação de alguém da condição jurídica de herdeiro ou legatário, ou à desconstituição de um ato jurídico, eliminando - ao menos em certa medida - os efeitos que aquela ou este hajam porventura surtido, inconcebível seria, ao contrário, que ele pretendesse estender a curatela ao tempo anterior à sentença. À natureza das coisas repugna semelhante conjectura.

Nem vale replicar que a retroeficácia de que se cogita precisamente consistiria na invalidação de atos praticados, antes da interdição, pelo incapaz. O argumento é tecnicamente falso, porque confunde o efeito da interdição com o efeito da *alienação mental*. Repita-se, uma vez mais, que os atos do mentalmente alienado não são nulos em virtude da interdição, mas em virtude da incapacidade do agente, que àquela preexiste. Logo, para reconhecer a nulidade em atos anteriores, não é preciso recorrer ao expediente (inadequado) de atribuir eficácia retrooperante à sentença[10].

4. É decerto a condição jurídica desses atos, praticados antes da interdição, que impressiona muitos espíritos e os leva a inferências precipitadas. Se já existia a alienação mental, os atos devem reputar-se nulos: não apenas anuláveis, conforme aqui e ali se tem dito[11]. A diferença entre esses e os praticados, por si mesmo, pelo interdito, não está nem na condição jurídica, que é igual (nulidade), nem no respectivo fundamento, que é sempre o mesmo (incapacidade), mas exclusivamente na circunstância de que, quanto aos atos anteriores, e só quanto a eles, se faz necessária a

---

10 Surpreende que lha atribuísse PONTES DE MIRANDA, *Tratado,* cit., t. IX, p. 346-7, 349, em passagens dificilmente harmonizáveis com outras do ilustre autor (por exemplo: *Comentários,* cit., t. XVI, p. 393).

11 Pela anulabilidade, *v.g.,* CLÓVIS BEVILÁQUA, *Código Civil comentado,* 11ª ed., Rio de Janeiro, 1956, v. II, p. 352 (a partir do pressuposto de que os atos em foco "somente estarão inquinados de vícios da vontade", incidindo o art. 147, n. II - modo de pensar incompatível, ao nosso ver, com o texto desse dispositivo e com o art. 145, n. I, c/c o art. 5º, n. II); CARVALHO SANTOS, ob. cit., p. 402; CAIO MÁRIO DA SILVA PEREIRA, *Instituições de Direito Civil,* v. V, 3ª ed., Rio de Janeiro, 1979, p. 310; MENDONÇA LIMA, *Comentários,* cit., v. XII, p. 470; EDSON PRATA, ob. e v. cit., p. 316; Tribunal de Justiça de São Paulo, 16-6-1966, Apelação Cível n. 152.923, *in Revista dos Tribunais,* v. 388, p. 209. Certos, PONTES DE MIRANDA, *Tratado,* cit., t. IX, p. 347; *Comentários,* cit., t. XVI, p. 393-4; EDUARDO SÓCRATES CASTANHEIRA SARMENTO, *A interdição no direito brasileiro,* Rio de Janeiro, 1981, p. 90; Tribunal de Apelação do Rio Grande do Sul, 25-5-1942, Embargos n. 922, in *Revista Forense,* v. 92, p. 732.

prova de que já existia a anomalia psíquica – causa da incapacidade – no momento em que se praticaram[12].

Esclareça-se bem: necessária é a *prova,* não a propositura de ação especificamente destinada à invalidação, conforme ocorreria se se cuidasse de anulabilidade (Código Civil, art. 152, 1ª parte). A nulidade do ato do incapaz é declarável *incidenter tantum,* e por conseguinte arguível em defesa[13], sem que importe em nada sobrevir ao ato a interdição, ou mesmo não haver sido jamais decretada. Não se exclui, obviamente, a possibilidade de algum legitimado propor ação para ver declarar a inexistência de relação jurídica que nasceria do ato, baseando o pedido na nulidade deste e arcando com o ônus da prova da incapacidade.

5. Retomando o fio principal destas considerações, frisemos que, em matéria de interdição, não existe regra alguma que se assemelhe à do art. 14, n. III, do Decreto-lei n. 7.661, de 22-6-1945, por força da qual, sempre que possível, deve o juiz, ao decretar a falência, fixar-lhe o tempo legal, "designando a data em que se tenha caracterizado esse estado". É estranha ao ordenamento a ideia de um "período suspeito" quanto à incapacidade por alienação mental. Ato praticado na própria véspera da interdição nem por isso se presume inválido[14]: poderá o órgão judicial, no processo em que se lhe discuta a validade, apreciá-la livremente, à luz dos elementos de convicção que constem dos autos.

Tal liberdade, ao nosso ver, o juiz a terá *inclusive* quando a sentença de interdição, *ex abundantia,* haja de fato indicado a época do início da

12 Cf. PONTES DE MIRANDA, *Tratado,* cit., t. IX, p. 347; Tribunal de Justiça de São Paulo, 15-6-1951, Apelação Cível n. 53.689, *in Revista dos Tribunais,* v. 193, p. 799 (Acórdão confirmatório de sentença da lavra de JOSÉ FREDERICO MARQUES); 15-5-1975, Apelação Cível n. 241.356, *Revista dos Tribunais,* v. 489, p. 75 (embora com a inexata afirmação de que a sentença "retroage"); Tribunal de Justiça do Rio de Janeiro, 27-11-1984, Apelação Cível n. 33.629 (Acórdão não publicado em repertório).

13 Assim, PONTES DE MIRANDA, *Tratado,* cit., t. IV, 1954, p. 140, onde entretanto não fica muito claro o trecho concernente a ato praticado por escritura pública – para nós, sujeito, como qualquer outro, ao regime descrito no texto.

14 Particularmente infeliz o Acórdão do Tribunal de Justiça do Distrito Federal, de 5-12-1955, Apelação Cível n. 31.227, in *Arquivo Judiciário,* v. 121, p. 170, que admitiu uma "presunção de incapacidade" do interdito, para todo o tempo anterior à interdição (!), atribuindo ao interessado no reconhecimento da validade do ato anterior o ônus da prova da capacidade na data da respectiva realização.

enfermidade mental. Não há cogitar, é óbvio, de vínculo resultante da coisa julgada: primeiro, tem-se de atender à circunstância de que o legislador de 1973 incluiu a interdição entre os procedimentos de jurisdição voluntária, nos quais, segundo a opinião dominante[15], não se forma a *res iudicata* no sentido material; além disso, de maneira alguma estariam sujeitos a ela terceiros estranhos ao processo de interdição, em face dos quais se viesse a discutir a validade de atos praticados anteriormente pelo interdito. Por outro lado, se se disser que é impossível negar à sentença, ao menos, eficácia *probatória,* facilmente se responderá que ela, por si só, não tem necessariamente valor persuasivo, salvo na medida em que reproduza argumentos convincentes contidos noutras peças, em particular no laudo pericial que haja apontado a origem da alienação. Em última análise, o laudo é que será, em tal hipótese, a prova[16].

Diferente a situação – escusado sublinhá-lo – no que concerne aos atos praticados, já nessa condição, pelo próprio interdito. Para esses, a alegação de nulidade prescinde de outra prova que não a de estar ele, ao praticá-los, sob interdição. A causa da nulidade continua a ser, indubitavelmente, a incapacidade; e a causa desta, por sua vez, continua a ser a alienação mental. Mas a vigência da interdição torna supérflua (e incabível) qualquer tentativa de remontar à discussão da anomalia psíquica. É que, uma vez decretada aquela, o alienado mental só pode praticar atos jurídicos por intermédio de seu representante, o curador (Código Civil, art. 453 c/c o art. 426, n. I), e não lhe será lícito voltar a praticá-los pessoalmente senão depois que, por nova sentença, lhe for levantada a interdição[17]. Não sem propósito se tem falado, a esse respeito, de uma presunção *iuris et de iure* de incapacidade[18]; entende-se: afastável mediante o processo de levantamento, e só por esse meio. Inexiste, portan-

15 *Vide,* por todos, MENDONÇA LIMA, *Comentários,* cit., v. XII, p. 79-81.

16 *Vide* o Acórdão do Supremo Tribunal Federal, de 30-8-1977, Recurso Extraordinário n. 81.198, in *Revista Trimestral de Jurisprudência,* v. 83, p. 425. Não examinaremos aqui o aspecto da questão relativo ao caráter – que o laudo, à evidência, terá – de "prova emprestada".

17 Apenas com o trânsito em julgado se torna eficaz a sentença de levantamento (Código de Processo Civil, art. 1.186, § 2º); a apelação contra ela interposta produz, como de regra, efeito suspensivo (art. 520, *caput).* Ressalve-se, porém, que é válida a procuração outorgada pessoalmente pelo interdito a advogado, a fim de promover o levantamento da interdição.

18 *Vide* o emprego da fórmula no Acórdão do Tribunal de Justiça de São Paulo, de 15-6-1951, Apelação Cível n. 53.689, *in Revista dos Tribunais,* v. 193, p. 799.

to, simetria: praticados antes da interdição, os atos do interdito *podem* declarar-se nulos se provada a incapacidade; praticados, contudo, na sua vigência, *não* se podem declarar válidos: a ninguém aproveitará tentar provar que o interdito, ao realizá-los, já estava curado e, por isso, era capaz.

Fevereiro de 1986.

COMENTÁRIOS DOS ATUALIZADORES

EFICÁCIA DA SENTENÇA DE INTERDIÇÃO POR ALIENAÇÃO MENTAL

Luiz Paulo da Silva Araújo Filho / Guilherme Jales Sokal

A primeira nota de contextualização do tema consiste na entrada em vigor do Estatuto da Pessoa com Deficiência (Lei nº 13.146/15)[19]. Até então, o art. 3º, II, do CC/02 inseria no rol de absolutamente incapazes "os que, por enfermidade ou deficiência mental, não tiverem o necessário discernimento para a prática" dos atos da vida civil, em fórmula consideravelmente mais feliz do que a empregada no art. 5º, II, do CC/16[20]. Com a promulgação daquele Estatuto (arts. 114 e 123, II), deu-se nova redação ao *caput* do art. 3º do Código de 2002 e foram revogados os incisos que o compunham, passando-se a tratar como absolutamente incapazes somente os menores de dezesseis anos. Em

---

19 O CPC/15 (Lei nº 13.105, de 16 de março de 2015, com *vacatio* de um ano (art. 1.045)) e o Estatuto da Pessoa com Deficiência (de 07 de julho de 2015, com *vacatio* de cento e oitenta dias (art. 127)) tramitaram simultaneamente no Congresso Nacional. A circunstância foi fonte de dissintonias, de que é exemplo a sorte dos arts. 1.768, 1.769 e 1.771 do CC/02, revogados pelo CPC/15, mas aos quais o Estatuto atribuiu nova redação. Falando, no ponto, em repristinação por força do Estatuto, v. THEODORO JÚNIOR, Humberto. *Curso de direito processual civil*, v. II, Rio de Janeiro: Forense, 2021, p. 453-5. Soma-se a isso a disciplina material e *processual* da Tomada de Decisão Apoiada no art. 1.783-A do CC/02, incluído pelo Estatuto, sem que nada a esse respeito conste do Código de Processo Civil.

20 A rigor, sob a redação original do CC/02, a deficiência mental poderia se amoldar à incapacidade absoluta (art. 3º, II) ou relativa (art. 4º, II, parte final, e III) conforme o grau em que comprometido o discernimento.

complementação, afirma-se, no art. 6º do Estatuto, que "a deficiência não afeta a plena capacidade civil da pessoa", uma nova diretriz de reconhecimento e igualdade[21] que se concretiza, por um lado, com a explicitação de seis domínios existenciais onde é plena a vontade do portador de deficiência mental (incs. I a VI do art. 6º) e, por outro, com a demarcação da curatela para atos "patrimoniais e negociais" (art. 85, *caput* e § 1º) e ainda assim como medida extraordinária (arts. 84, §§ 1º e 3º, e 85, § 2º).

Nesses limites é que atuam, sobre o portador de impedimento de natureza mental ou intelectual, as regras do CPC/15 relativas à interdição[22]. A matéria agora é regulada nos arts. 747 a 758, com o adendo das "Disposições comuns à tutela e à curatela" nos arts. 759 a 763. A apelação contra a sentença de interdição permanece desprovida de efeito suspensivo *ope legis*, em comando agora deslocado para o campo dos recursos (art. 1.012, § 1º, VI). Assim dispunha também o art. 1.773 do Código Civil de 2002, reproduzindo o art. 452 do CC/16, ao final revogado pelo art. 1.072, II, do CPC/15 por se tratar de matéria processual.

Perfilhando a lição do Mestre, predomina hoje a classificação da sentença de interdição como constitutiva, na doutrina processual[23] e no

---

21 Impulsionada pela Convenção Internacional sobre os Direitos das Pessoas com Deficiência da ONU, de 2006, incorporada ao ordenamento jurídico brasileiro pelo Decreto nº 6.949/2009. Sobre o tema, v. BARBOZA, Heloisa Helena; ALMEIDA JUNIOR, Vitor de Azevedo. *Reconhecimento e inclusão das pessoas com deficiência*, Revista Brasileira de Direito Civil – RBDCivil, Belo Horizonte, vol. 13, jul./set. 2017, p. 17-37.

22 Afirmando que o Estatuto da Pessoa com Deficiência "tem impactos diretos no CPC/15, na medida em que limita a interdição aos atos patrimoniais do interdito", THEODORO JÚNIOR, Humberto. *Curso de direito processual civil*, v. II, Rio de Janeiro: Forense, 2021, p. 453 e 458. O art. 2º do Estatuto, por sua vez, emprega a expressão "impedimento de natureza mental ou intelectual" em substituição à anterior "alienação mental".

23 THEODORO JÚNIOR, Humberto. *Curso de direito processual civil*, v. II, Rio de Janeiro: Forense, 2021, p. 457 e 465; e DIDIER JR., Fredie. A sentença de interdição no novo Código de Processo Civil, In: *Reflexões sobre o novo Código de Processo Civil*, Carlos Roberto Jatahy, Diogo Assumpção Rezende de Almeida, Luiz Roberto Ayoub (coords.), Rio de Janeiro: FGV Editora, 2016, p. 283. Sob o CPC/73, GRECO, Leonardo. *Jurisdição voluntária moderna*, São Paulo: ed. Dialética, 2003, p. 117. Na doutrina de direito civil, entendendo que "a sentença proferida no processo de interdição tem efeito *declaratório*", PEREIRA, Caio Mário da Silva. *Instituições de direito civil – Introdução ao direito civil. Teoria geral de direito civil*, v. I, Rio de Janeiro: Ed. Forense, 2004, p. 278.

Superior Tribunal de Justiça[24]. A situação jurídica nova de sujeição do interdito à curatela, então proclamada pelo art. 1.183, parágrafo único, do CPC/73, figura atualmente inc. I do art. 755 do CPC/15[25]. Sobressai do dispositivo, em conjugação com inc. II, a "personalização da curatela"[26], modulável em extensão *in concreto* pelo juiz à luz das características pessoais do interdito, uma tônica alinhada com o Estatuto da Pessoa com Deficiência (art. 84, § 3º) e que ecoa sobre os requisitos do laudo pericial, na fase instrutória (CPC/15, art. 753, § 2º), e sobre as medidas de publicidade da sentença (CPC/15, art. 755, § 3º, parte final). Tal como na lei anterior, decretada a interdição, e nos precisos limites em que a tenha sido[27], os atos posteriores se submetem à representação pelo curador nos termos do art. 1.747, I, do CC/02 (correspondente ao art. 426, I, do CC/16), aplicável à curatela em atenção ao art. 1.774 da mesma lei, sob pena de nulidade[28].

Os exemplos de sentenças constitutivas com eficácia retroativa, referidos no texto, estão dispostos no vigente Código Civil no art. 1.815,

---

24 Por exemplo, STJ, REsp nº 1.694.984/MS, Rel. Min. Luis Felipe Salomão, Quarta Turma, j. em 14/11/2017, DJe 01/02/2018; STJ, REsp nº 1.251.728/PE, Rel. Min. Paulo de Tarso Sanseverino, Terceira Turma, j. em 14/05/2013, DJe 23/05/2013; e STJ, REsp nº 1.251.728/PE, Rel. Min. Paulo de Tarso Sanseverino, Terceira Turma, j. em 14/05/2013, DJe 23/05/2013. Contra, atribuindo à sentença de interdição "caráter declaratório" da "incapacidade", STJ, REsp nº 1.206.805/PR, Rel. Min. Raul Araújo, Quarta Turma, j. em 21/10/2014, DJe 07/11/2014, mas para com isso apoiar a conclusão de que permanece aberta a averiguação em cada caso da validade dos atos praticados anteriormente – a rigor, independente daquela premissa, como lapidarmente exposto no presente estudo.

25 O art. 1.772 do CC/02, correspondente, em termos, ao art. 453 do CC/16, foi revogado pelo Estatuto da Pessoa com Deficiência.

26 THEODORO JÚNIOR, Humberto. *Curso de direito processual civil*, v. II, Rio de Janeiro: Forense, 2021, p. 452.

27 A vontade do portador de impedimento mental ou intelectual é, nos dias atuais, expressamente reconhecida como suficiente para contrair matrimônio (CC/02, art. 1.550, § 2º, e Estatuto da Pessoa com Deficiência, art. 6º, I).

28 Na doutrina, reputando nulos os atos praticados pelo interdito isoladamente, sem participação do curador, v. THEODORO JÚNIOR, Humberto. *Curso de direito processual civil*, v. II, Rio de Janeiro: Forense, 2021, p. 465; e DIDIER JR., Fredie. A sentença de interdição no novo Código de Processo Civil, In: *Reflexões sobre o novo Código de Processo Civil*, Carlos Roberto Jatahy, Diogo Assumpção Rezende de Almeida, Luiz Roberto Ayoub (coords.), Rio de Janeiro: FGV Editora, 2016, p. 289.

que insiste no termo "declarada" ao tratar da exclusão de herdeiro ou legatário por indignidade (correspondente art. 1.596 do CC/16), e nos arts. 171 e 182, que nada mudam quanto aos efeitos temporais da anulação do – antes, ato – agora negócio jurídico (correspondentes aos arts. 147 e 158 do CC/16). Já quanto à sorte dos atos praticados pelo portador de impedimento mental ou intelectual antes da sujeição à curatela, o Superior Tribunal de Justiça consolidou, em primeiro lugar, a orientação de que a sentença de interdição produz efeitos para o futuro[29]. Logo, em linhas gerais, mantém-se a diferença entre atos anteriores e posteriores à interdição tal como exposta no estudo em referência, relegando-se a processo distinto a prova, quanto aos primeiros, do impedimento mental ou intelectual para que se pronuncie em via principal ou incidental a invalidade[30].

À enunciação dessa eficácia *ex nunc* por vezes se agrega, naquela Corte Superior, a ressalva de "pronunciamento judicial expresso em sentido contrário"[31]. Incorre-se, com isso, no criticado desvio de perspectiva a respeito do efeito próprio da sentença de interdição, que é a

29 Assim, por exemplo, STJ, AgInt no REsp nº 1.705.385/SP, Rel. Min. Ricardo Villas Bôas Cueva, Terceira Turma, j. em 14/10/2019, DJe 17/10/2019; e STJ, AgInt no AREsp nº 1.394.538/DF, Rel. Min. Raul Araújo, Quarta Turma, j. em 18/06/2019, DJe 28/06/2019. Afirmando se tratar de efeitos para o futuro "perante terceiros", STJ, AgInt no AREsp nº 1.704.641/RJ, Rel. Min. Raul Araújo, Quarta Turma, j. em 12/04/2021, DJe 12/05/2021; e STJ, REsp nº 1.469.518/PE, Rel. Min. Og Fernandes, Segunda Turma, j. em 04/09/2014, DJe 22/09/2014.

30 Ao art. 156, primeira parte, do CC/16 corresponde o art. 177 do CC/02. No sentido exposto no texto, ainda sob o CPC/73, STJ, REsp nº 1.414.884/RS, Rel. Min. Marco Aurélio Bellizze, Terceira Turma, j. em 03/02/2015, DJe 13/02/2015; STJ, REsp nº 255.271/GO, Rel. Min. Cesar Asfor Rocha, Quarta Turma, j. em 28/11/2000, DJ de 5/3/2001; e STJ, REsp nº 9.077/RS, Rel. Min. Sálvio de Figueiredo Teixeira, Quarta Turma, j. em 25/02/1992, DJ 30/03/1992. Também sob o CPC/73, decidiu o STJ por reduzir teleologicamente o art. 682, II, do CC/02, preservando o mandato judicial outorgado em fase de apelação para a defesa do próprio interditando no processo de interdição, mas ressalvando a possibilidade de invalidação, mediante prova, a ser buscada em processo distinto (STJ, REsp nº 1.251.728/PE, Rel. Min. Paulo de Tarso Sanseverino, Terceira Turma, j. em 14/05/2013, DJe 23/05/2013).

31 Com o acréscimo, v.g., STJ, AgInt no AREsp nº 1.704.641/RJ, Rel. Min. Raul Araújo, Quarta Turma, j. em 12/04/2021, DJe 12/05/2021; STJ, AgInt no AREsp nº 1.394.538/DF, Rel. Min. Raul Araújo, Quarta Turma, j. em 18/06/2019, DJe 28/06/2019; e STJ, REsp nº 1.694.984/MS, Rel. Min. Luis Felipe Salomão, Quarta Turma, j. em 14/11/2017, DJe 01/02/2018.

constituição da curatela[32]. Tal como antes, não há, em matéria de interdição, regra similar ao chamado termo legal da falência, agora previsto no art. 99, II, da Lei nº 11.101/05[33]. Pronunciada, *ex abundantia*, a época do início do impedimento mental ou intelectual na sentença, daí não resulta vinculação a processos distintos, dominante como é ainda hoje a orientação por rejeitar a coisa julgada material na jurisdição voluntária[34], e que de todo modo não poderia prejudicar terceiros (art. 506, parte final).

Mesmo o acréscimo da parte final do art. 749 do CPC/15, dispondo competir ao autor do pedido de interdição especificar "o momento em que a incapacidade se revelou", não parece suficiente a modificar esse quadro. O requisito, sem paralelo no revogado art. 1.180, tem sido interpretado como "meramente informativo"[35], com a função de "parâmetro para avaliar a eficácia probatória da sentença que decre-

---

32 Acertadamente rejeitando que decisão em processo de interdição atingisse doação praticada pelo interditando em favor de terceiro, com ordem para que este depositasse em juízo o valor recebido, STJ, RMS nº 20.871/SP, Rel. Min. Humberto Gomes de Barros, Terceira Turma, j. em 21/11/2006, DJ 01/08/2007. Na doutrina mais recente, negando que no processo de interdição se formule pedido de invalidação de atos praticados com terceiros, DIDIER JR., Fredie. A sentença de interdição no novo Código de Processo Civil, In: *Reflexões sobre o novo Código de Processo Civil*, Carlos Roberto Jatahy, Diogo Assumpção Rezende de Almeida, Luiz Roberto Ayoub (coords.), Rio de Janeiro: FGV Editora, 2016, p. 289.

33 E, no cotejo com o art. 14, parágrafo único, III, do Decreto-lei nº 7.661/45, a regra hoje em vigor nem mesmo reproduz a expressão "designando a data em que se tenha caracterizado esse estado".

34 Sob o CPC/15, quanto à interdição, THEODORO JÚNIOR, Humberto. *Curso de direito processual civil*, v. II, Rio de Janeiro: Forense, 2021, p. 457 e 466; e SCHENK, Leonardo Faria. *Notas sobre a interdição no Código de Processo Civil de 2015 (Parte 1)*, Revista Eletrônica de Direito Processual – REDP, Vol. 15, jan. a jun./2015, p. 328. Afirmando o ponto em termos gerais para a jurisdição voluntária, e ressaltando que a supressão do art. 1.111 do CPC/73 não modificou a conclusão, dada a falta de cognição exaustiva, GRECO, Leonardo. Comentários aos arts. 719 a 729, In: *Breves Comentários ao Novo Código de Processo Civil*, Teresa Arruda Alvim, Fredie Didier Jr., Eduardo Talamini, Bruno Dantas (coords.), São Paulo: ed. RT, 2015, p. 1.673. Contra, DIDIER JR., Fredie. Comentários aos art. 756, In: *Breves Comentários ao Novo Código de Processo Civil*, Teresa Arruda Alvim, Fredie Didier Jr., Eduardo Talamini, Bruno Dantas (coords.), São Paulo: ed. RT, 2015, p. 1.750.

35 SCHENK, Leonardo Faria. *Notas sobre a interdição no Código de Processo Civil de 2015 (Parte 1)*, Revista Eletrônica de Direito Processual – REDP, Vol. 15, jan. a jun./2015, p. 316.

ta a interdição"[36]. Assim entendido, não altera a equação segundo a qual, no fundo, é o peso persuasivo das provas colhidas na interdição que quando muito pode projetar consequências para outros processos, como provas emprestadas a serem valoradas pelo juiz da causa com o apoio no novel art. 372[37].

Sobre a eficácia da sentença de levantamento da interdição, ao art. 1.186, § 2º, do CPC/73 corresponde o atual art. 756, § 3º, do CPC/15. Nele, apesar de mudanças quanto às medidas de publicidade do ato decisório, reitera-se a cláusula temporal que figurava no antecessor, subordinando-se os efeitos ao trânsito em julgado[38]. A apelação contra tal sentença continua dotada de efeito suspensivo automático, amoldando-se ao *caput* do art. 1.012, na medida em que contemplada na exceção do § 1º, VI, daquele dispositivo apenas a impugnação contra sentença que "*decreta* a interdição"[39].

---

36 DIDIER JR., Fredie. Comentários aos art. 749, In: *Breves Comentários ao Novo Código de Processo Civil*, Teresa Arruda Alvim, Fredie Didier Jr., Eduardo Talamini, Bruno Dantas (coords.), São Paulo: ed. RT, 2015, p. 1.736.

37 Sobre o regime da prova emprestada no CPC/15, remete-se, nesta obra, às Notas de Atualização ao texto *Alguns problemas atuais da prova civil*.

38 Assim, sob o CPC/15, THEODORO JÚNIOR, Humberto. *Curso de direito processual civil*, v. II, Rio de Janeiro: Forense, 2021, p. 466.

39 No sentido do texto, SCHENK, Leonardo Faria. *Notas sobre a interdição no Código de Processo Civil de 2015 (Parte 2)*, Revista Eletrônica de Direito Processual – REDP, Vol. 17, jan. a jun./2016, p. 138. Contra, defendendo a aplicação por analogia do inc. VI do § 1º do art. 1.012 também para a apelação contra a sentença de levantamento da interdição, DIDIER JR., Fredie. Comentários aos art. 756, In: *Breves Comentários ao Novo Código de Processo Civil*, Teresa Arruda Alvim, Fredie Didier Jr., Eduardo Talamini, Bruno Dantas (coords.), São Paulo: ed. RT, 2015, p. 1.751.

PUBLICITÉ ET SECRET DU DÉLIBÉRÉ DANS LA JUSTICE BRÉSILIENNE[1]

1. Des juridictions collégiales ont existé de tout temps et existent de nos jours à vrai dire partout. Certains pays, comme le Brésil, préferent – à part quelques exceptions – le systeme du juge unique au niveau inférieur de la hiérarchie judiciaire; mais les juridictions d'un rang plus élevé comportent toujours plusieurs juges.

Quoi qu'il en soit, la collégialité fait naître bon nombre de problemes touchant le fonctionnement de la juridiction. Quelques – uns d'entre eux concernent la maniere de parvenir à une décision. Si l'affaire doit être jugée par le college, il faut que l'on accorde à chacun des membres de celui-ci l'opportunité d'exprimer ses vues. Parfois elles seront unanimes; sinon, c'est la majorité qui déterminera le résultat. Néanmoins, dans un cas comme dans l'autre, il s'agit toujours de la décision *du college.* Il y a lieu alors de s'interroger sur plusieurs aspects du procédé à suivre.

Nous nous bomerons ici à deux questions intéressantes: *a)* les juges ont-ils à se prononcer publiquement ou en secret? *b)* faut-il au moins, une fois la décision prise, faire connaître aux personnes n'appartenant pas au college le sens des votes qui y furent énoncés? Il est évident que la réponse à la deuxieme question dépend dans une certaine mesure de celle que l'on donnera à la première. En effet, si les juges déliberent *coram populo,* tout le monde sera à même d'apprendre sur-le-champ la teneur de leurs manifestations; par contre, si le délibéré se déroule à huis clos, il ne s'ensuit pas que les votes doivent rester définitivement secrets: on peut bien concevoir qu'ils soient divulgués apres coup, ou du moins que la juridiction révele, à l'occasion d'énoncer le jugement, s'il a été rendu à l'unanimité ou à la majorité des voix.

Deux grands principes s'opposent dans cette matière: celui du secret et celui de la publicité. Ils admettent du reste, à côte des modeles pour ainsi dire "purs", différentes combinaisons. Par exemple, la procédure de délibération peut comporter un dédoublement: dans une première étape, les juges discutent les questions entre eux, à l'écart du public; ensuite, une votation publique a lieu.

---

1 Trabalho destinado ao volume comemorativo do 150º aniversário do Areópago (Atenas, Grécia).

2. Dans l'Europe continentale, on le sait bien, le principe du secret du délibéré regne d'une façon presque absolue. Le droit français a ici une valeur de paradigme. En France, devant teutes les juridictions, les juges non seulement n'expriment leur opinion qu'en dehors de toute présence extérieure au college, mais ils sont tenus de ne rien divulguer de ce qui a été dit au cours du délibéré. On est allé jusqu'à insérer dans la formule du serment prêté par les magistrats de l'ordre judiciare le devoir de "garder religieusement le secret des délibérations" (ord. n. 58 – 1270 du 22-12-1958, art. 6). En outre, la décision se présente toujours comme impersonnelle: si elle indique les noms des juges qui y ont participé, elle ne peut laisser transpara'itre dans quel sens chacun d'eux a voté. La jurisprudence attache un tel poids au respect de cette règle qu'elle n'hésite pas à frapper de nullité tout jugement faisant mention du simple fait qu'il a été rendu à l'unanimité ou à la majorité[2].

Inutile d'ajouter qu'une pareille conception ne laisse point de place à l'expression d'opinions séparées. Apres la délibération, les manifestations individuelles perdent toute importance; un juge a beau maintenir, en son for intérieur, une conviction contraíre à ce qui a été décidé, il n'est pas autorisé pour autant à sauvegarder sa position en exprimant ses réserves, et moins encore à les justifier par l'exposé des raisons qui l'ont amené à cette divergence. Il peut ainsi arriver que le juge rapporteur signe un arrêt adoptant une solution opposée à celle qu'il avait préconisée devant ses collegues[3].

Personne n'ignore à quel point le procédé suivi dans les pays anglosaxons s'éloigne de ce systême. On y honore aussi, sans doute, le secret du délibéré, dans la mesure ou les affaires sont discutées par les membres du college sans l'assistance du public. Chaque juge est libre cependant d'exprimer publiquement ses vues, sous la forme d'une opinion motivée, soit qu'elles s'accordent avec la solution adoptée, soit qu'elles s'en écartent: on parle à ce propos de *concurring opinions* et de *dissenting opinions,* respectivement[4].

---

2 V. PERROT, *Institutions judiciaires,* 2e. éd., Paris, 1986, p. 565-6.

3 BELLET, La Cour de Cassation, *in La cour judiciaire suprême, Revue internationale de droit comparé,* n. 1/ 1978, p. 210.

4 V., pour le droit anglais, Lord WILBERFORCE, La Chambre des Lords, in. *Rev.* citée, p. 94; pour le droit nord-américain, NADELMANN, The Judicial Dissent. Publication v. Secrecy, *in American Journal of Comparatíve Law,* v. 8, n. 4, 1959, p. 418-20. Il vaut peut-être la peine de remarquer que la possibilité des *concurring opinions*

Le continent européen lui-même n'est pas resté totalement réfractaire à cette pratique. Dans la Cour Suprême de Norvege, si le délibéré a lieu à huis clos, les votes, eux, sont émis en public; et ce pays passe pour avoir été le premier en Europe continentale à permettre aux juges, par une loi de 1863, l'expression d'opinions séparées et motivées[5]. En Suede aussi, quoique le délibéré conserve toujours son caractere secret, les opinions divergentes sont consignées au proces-verbal et les parties en prennent connaissance[6]. Les juges de la Cour Constitutionnelle *(Bundesverfassungsgericht)* de la République Fédérale d' Allemagne sont libres de faire publier leurs *dissenting opinions*[7]. L'art. 90, n. 2, de la *Ley Orgânica del Tribunal Constitucional* espagnol admet des *"votos particulares"* soit quant à la décision proprement dite, soit quant à sa motivation.

Le droit suisse va encore plus loin. Aux termes de l'art. 17 de la loi fédérale d'organisation judiciaire, les délibérations et les votations du Tribunal Fédéral ont lieu, généralement, en séance publique. On y prévoit des exceptions pour les sections pénales, pour la chambre des poursuites et des faillites, pour les cours de droit public, lorsqu'il s'agit d'affaires disciplinaires, et pour les cas où le Tribunal, "dans l'intérêt de la sureté de l'État, de l'ordre public ou des bonnes moeurs, ou lorsque l'intérêt d'une partie ou d'une personne en cause l'exige", ordonne le huis elos total ou partiel. Plusieurs cantons adoptent pareillement le systeme de la publicité pour les délibérations et Ies votations, soit devant les juridictions supérieures, soit même devant celles du premier degré[8].

3. On discute souvent les avantages et les inconvénients du secret et de la publicité. Une opinion radicale prétend que le secret est *"inhérent à*

et des *dissenting opinions* existe même dans l'État de Louisiane, ou une perdurable influence française pourrait faire présumer autre chose: v. BARHAM, La Cour Suprême de Louisiane, *in Rev.* citée, p. 135.

5 RYSSDAL, La Cour Suprême de Norvege, *in Rev.* citée, p. 188; TUNC, Rapport de synthese, *ibid.*, p. 63; NADELMANN, *op. cit.*, p. 418.

6 DAFWA, La Cour Suprême de Suêde, in *Rev.* citée, p. 179, 181.

7 BÉGUIN, *Le contrôle de la constitutionnalité des lois en République Fédérale d'Allemagne,* Paris, 1982, p. 53-5.

8 V. GULDENER, *Schweizerisches Zivilprozessrecht,* 3e. éd., Zürich, 1979, p. 186; HABSCHEID, *Droit judiciaire privé suisse,* 2e. éd., Genêve, 1981, p. 372-3.

la notíon de collégíalité", étant donné que la décision est «l›oeuvre du college» et non pas d›une «pluralité de juges uniques»[9]. Bien entendu, une décision collégiale ne se laisse pas réduire à une simple juxtaposition de voix concordantes ou discordantes: elle aura toujours une entité distincte de la somme des votes qui ont concouru à sa formation, et autonome en face de ceux-ci. La conclusion que l'on en veut extraire semble toutefois excessive.

Il serait peu réaliste, pour des raisons intuitives, de s'attendre à ce que les avis des différents juges parviennent toujours à s'harmoniser sur tous les points. Si l'on n'admettait que I'unanimité, le fonctionnement de la justice deviendrait, de toute évidence, impraticable. Il faut donc se contenter de décisions prises à la majorité. Les parties et le public en général en sont avertis: nul ne doute que, pour déterminer le sort d'une affaire, un certain nombre de votes suffit. La seule circonstance qu'un juge (ou plus d'un) ait pu diverger ne disqualifie pas le jugement ou l'arrêt comme acte émané de la juridietion collégiale. Que l'existence du désaccord soit révélée ou reste secrete n'y change rien au point de vue juridique.

Beaucoup sont enclins à craindre que la divulgation des divergences ne nuise à l'autorité morale d'une décision judiciaire. Il convient de reconnaitre que, sous le systeme de la publicité, les cours supérieures, dans certains cas d'une délicatesse particuliere, s'efforcent parfois d'atteindre l'unanimité. Il est vrai aussi que, lorsqu'on invoque un préeédent (même dans les pays de *civil law* ils ont leur importance!), on a coutume de souligner, le cas échéant, qu'il s'agit d'une décision unanime. Nous devons cependant nous garder d'exagérer la portée de ces phénomenes. La rédaction d'un arrêt peut quelquefois bénéficier du fait que s'y ajouteront des *dissenting opinions:* on mettra plus de soin à exposer et à soutenir les motifs accueillis par la majorité, à mieux articuler le raisonnement, à justilier les options exégétiques, à démontrer l'inconsistance des objections formulées au cours du délibéré. La force persuasive de la décision ne peut qu'y gagner.

Certains estiment que le secret est indispensable pour soustraire le juge aux pressions extérieures qui pourraient l'influencer au moment de décider: sans cette protection, on serait moins sur qu'il ne cedera pas à la crainte d'une vengeance, ou bien au désir de ne pas déplaire à un ami,

9 PERROT, *op. cit.,* p. 567.

à une autorité, à un parti politique...[10]. La médaille a pourtant son revers. Sous l'anonymat il est peut-être plus aisé de prendre une position commode mais peu sincere, ou du moins peu réfléchie, que l'on aurait de la peine à soutenir si l'on était contraint à la justifier devant le publico Si le juge sait que sa manifestation sera divulguée, il s'appliquera avec plus d'énergie à la fonder sur de bonnes iaisons; la publicité stimule done dans son esprit la conscience de sa responsabilité personnelle[11].

II n'est pas rare que les *dissenting opinions* apportent une contribution remarquable au développement de la science juridique. Quelquefois, du reste, grâce à la solidité de leur argumentation, elles finissent par s'imposer à d'autres juges et par donner lieu, tôt ou tard, à un revirement de la jurisprudence.

Au point de vue idéologique, il semble y avoir un rapport entre le príncipe du secret et une conception du droit historiquement liée au libéralisme individualiste, laquelle a trouvé son expression plus achevée dans le positivisme juridique prédominant au XIXe. et au début du XXe. siecle, avec son illusion d'un systeme de droit positif complet et exempt de toute contradiction, ou par conséquent les règles juridiques suffisent toujours à fournir au juge, au moyen d'une opération syllogistique, la solution de n'importe quel litige[12]. Dans une telle perspective, il ne peut jamais exister qu'une seule conclusion juste, tout au moins en ce qui concerne les *quaestiones iuris.* L'opinion discordante se voit dane reléguée au pian des phénomenes pathologiques, car elle met en échec la certitude du droit. Si l'on se résigne à la tolérer, c'est à condition qu'elle ne soit connue qu'à l'intérieur de l'appareil judiciaire: on minimise ainsi ses effets nuisibles. Une manifestation pratique de cette idée est le procédé selon lequel on introduit le *votum separatum* dans une enveloppe scellée, qui n'est plus accessible à personne apres la délibération[13].

L'image change des que l'on reconnait la possibilité d'une certaine indétermination du droit positif et partant la varíabilité des options du

10 Dans ce sens, *V.g.*, PERROT, *op. cit.*, p. 566-7.

11 NADELMANN, *op. cit.*, p. 430.

12 V. à ce sujet l'intéressante étude de WROBLEWSKY, Votum separatum dans la théorie et l'idéologie de l'application judiciaire du droit, *in L'ordinamento giudiziario – III: Materiali per una riforma (a cura* di PICARDI *e* GIULIANI), Rimini, 1985, p. 348 et s.

13 Comme a statué en Polagne la Cour Suprême: WROBLEWSKY, *op. cit.*, p. 371.

juge, à la lumiere de ses prémisses axiologiques. S'il est vrai qu'un même texte peut comporter plus d'une interprétation, alors nous devons regarder comme normal que deux juges parviennent, en l'appliquant, à des condusions différentes, voire opposées. Et il n'est pas tellement dangereux, tout compte fait, que le public en prenne connaissance...

4. Dans un systeme ou l'on interdit la divulgation de ce qui s'est passé au cours du délibéré, la question de savoir si celui – ci doit se dérouler à huis elos ou *coram populo* ne se pose même pas. Mais il est concevable par ailleurs que l'on autorise cette divulgation tout en préservant le caractere secret du délibéré: nous en avons du reste mentionné quelques exemples concrets (v. ci-dessus, n. 2).

Si l'on croit que la seule révélation des divergences porte atteinte au prestige de la justice, on se scandalisera bien sur davantage à la pensée d'une discussion publique entre les juges. Même s'ils sont invités à exprimer leurs vues chacun à son tour, la possibilité d'objections et de répliques ne reste pour autant nullement exclue, et il peut se faire qu'on ait lieu de craindre que le débat ne s'aigrisse. Un autre danger est la tentation de l'"étalage": sachant qu'il sera vu et entendu par un nombre plus considérable de personnes, le juge pourra se laisser séduire par l'idée de "briller", ce qui l'entrainera probablement à s'étendre beaucoup plus qu'il ne le fallait dans l'exposé de son avis et, de ce fait, à ralentir la délibération. Ce sont pourtant des éventualités auxquelles il serait hasardeux d'attacher un poids décisif.

On soutiendra d'autre part que, pour les plaideurs et pour le public en général, le fait de pouvoir assister à la discussion renforce les motifs de croire au sérieux du jugement. Ils prennent connaissance directe des votes, au fur et à mesure que ceux-ci sont émis, et ils sont en état de contrôler par eux-mêmes l'exactitude du résultat qu'on leur annonce. Ils n'ont pas de quoi nourrir le soupçon d'un "accomodement" peu loyal.

Bien plus important est de vérifier si (et dans quelle mesure) la présence du public est capable d'influencer la teneur même des manifestations. Tel juge, à huis clos, accucillira volontiers l'objection soulevée par un collegue aux raisons qu'il a invoquées. Sa réaction sera-t-elle parfaitement égale si on le contredit publiquement? N'aura-t-il pas plutôt tendance à se "raidir", de crainte que le recul ne nuise à sa réputation de "fermeté"? En revanche, ne résistera-t-il plus bravement en public à des tentatives de le démouvoir d'une attitude juste?

La nature humaine étant ce qu'elle est, personne ne peut répondre, catégoriquement et par avance, à ces questions ou à d'autres semblables. Nous pourrions faire des conjectures moins aléatoires si la science nous fournissait des données empiriques suffisantes sur le mécanisme des interactions dans l'activité judiciaire. Il est en principe normal et légitime que, dans une jurídictíon collégiale, les différents juges essaient de s'influencer les uns les autres. La façon dont ils agissent et réagissent offre un champ tres riche aux recherches des spécialistes, au moins dans les pays qui n'observent pas le príncipe striet dti secreto On regrettera que ce chapitre de la psychologie sociale ait été négligé jusqu'à présent[14].

Quoi qu'il en soit, il ne faut pas oublier que l'adoption d'un systeme ou de l'autre ne se laisse expliquer ni par de pures raisons logiques, ni par l'analyse scientifique de l'expérience, qui du reste ne fut jamais menée à bout. D'autres composantes, parmi lesquelles la tradition, y jouent un rôle plus considérable. Notre but, de toute façon, n'est point de démontrer la supériorité de telle ou telle solution, mais – plus modestement – de décrire à grands traits la situation du droit brésilien à l'égard du probleme.

5. Il convient de dire tout de suite que le Brésil adhere depuis longtemps au systeme de la publicité du délibéré. On a prétendu y voir un signe de l'influence du régime constitutionnel nord-américain et spécialement du modele de la *Supreme Court*[15]. C'est une supposition qui manque de base historique. L'adoption du principe de la publicité remonte chez nous aux premiers temps de l'Empire, à une époque ou l'organisation poli tique brésilienne ne cherchait pas encore aux États Unis sa première source d'inspiration. L'empreinte de ce principe a été d'ailleurs plus forte au Brésil, ou l'on ne se borne pas à révéler les votes apres la décision: la discussion entre les juges se déroule elle-même, en général, à la vue du publico.

Ce systeme remplaça celui de l'ancien droit portugais, en vigueur à l'accasion de l'indépendance (1822) et régi par le príncipe du secret. Une loi du 18.9.1828 organisa la plus haute cour du pays, le *Supremo Tribunal de Justiça,* et établit sa compétence et la forme de ses délibérations. Les affaires étaient discutées et décidées, en règle, publiquement

14 Au sujet de la Chambre des Lords sont dignes d'attention les pages de PATERSON. *The Law Lords,* London, 1984, p. 84 et s.

15 NADELMANN, *op. cit.,* p. 421.

("a portas abertas", comme disait l'art. 13); en matière criminelle, les juges délibéraient à huis elos, mais émettaient leurs votes en public (art. 29). Ces dispositions furent par la suite appliquées aussi, en príncipe, aux cours des provinces, dites *Relações* (loi du 3-1-1833, art. 89).

Nulle différence essentielle ne subsiste aujourd'hui à cet égard entre les affaires civiles et pénales, soit devant la Cour Suprême *(Supremo Tribunal Federal),* soit devant les autres cours de l'Union Fédérale ou des États-membres. Les juges discutent entre eux et émettent leurs votes *coram populo.* Dans le *Supremo Tribunal Federal,* chaque juge *(ministro)* peut avoir la parole deux fois sur la matière en discussion et, le cas échéant, une troisieme pour expliquer un éventuel changement d'opinion (règlement du STF, art. 133, 1e. partie). Aucun ne peut interrompre la manifestation d'un autre, sauf par des apartés dument autorisés (art. 133, 2e. partie). Une fois le débat elos, le président recueille les votes et annonce le résultat (art. 135, *caput* et § 2e). Dans les autres cours on observe à peu pres la même procédure.

Les assistants sont tenus évidemment de garder le silence. Néanmoins, la loi n. 4.215, du 27-4-1963 (Statut de l'Ordre des Avocats), accorde aux avocats des parties le droit de demander la parole, pendant la délibération, pour donner des éelaircissements sommaires, sur des faits, des documents ou des affirmations susceptibles d'influencer le jugement. Il ne s'agit pas de répliquer ou de critiquer l'opinion exprimée par le juge: on essaya en effet de consacrer cette possibilité, par la loi n. 2.970, du 24-11-1956, qui modifiait l'art. 875 du code de procédure civile de 1939 pour ouvrir à chaque avocat une seconde occasion de plaider sa cause, apres le vote du magistrat rapporteur; celui-ci, ensuite, prendrait à nouveau la parole, à fin de confirmer *expressis verbis* sa manifestation ou de la rectifier. Toutefois, cette disposition fut déelarée inconstitutionnelle par le *Supremo Tribunal Federal* et ne fut jamais appliquée.

6. La règle de la publicité n'est pas absolue: elle subit quelques tempéraments. D'abord, il y a certains litiges dont la nature même exige qu'ils soient traités avec discrétion.

L'art. 155 du code de procédure civile mentionne les cas ou l'instance se déroule "sous secret de justice": ceux ou l'intérêt public l'imposerait (n. 1) et d'autres concernant des rapports de famille (mariage, filiation, séparation des époux, conversion de la séparation en divorce, aliments, garde des mineurs: n. II). Cette énumération comporte à notre avis une extension à des hypotheses analogues: par exemple, bien que le texte passe sous silence le "divorce direct" – c'est-à-dire celui qui ne présuppose pas la séparation des époux –, on ne saurait douter qu'il se soumet au même régime. Dans tous ces cas, seules les parties et leurs avocats peuvent assister au délibéré et à la votation.

L'art. 792, § 1º, du co de de procédure pénale, de son côté, autorise le juge ou la cour à ordonner, d'office ou sur demande de l'accusé ou du Ministere Public, que la séance soit tenue à huis elos, et à limiter le nombre des assistants, lorsque la publicité pourrait donner lieu au scandale ou à un inconvénient grave, ou mettre l'ordre en danger. Une disposition plus étroite se trouve dans l'art. 387 du cade de pracédure pénale militaire, qui fait allusion à l'intérêt "de l'ordre et de la discipline militaires" et à la "sureté nationa!e".

Même en dehors de ces hypothèses, il peut se faire que le college, à un certain moment, estime convenable de poursuivre la discussion sans l'assistance du public ("en conseil"). Tout membre du college peut prendre l'initiative de cette démarche, que prévoient l'art. 151 du règlement du *Supremo Tribunal Federal* et des textes semblables des règlements des autres cours. Pendant la discussion "en conseil" personne n'est admis dans la salle: pas même les parties et leurs avocats. Mais l'interdiction ne sera que temporaire: tôt ou tard la séance reprendra son cours normal et le votes seront toujours énoncés publiquement.

Dans les situations que nous avons passées en revue jusqu'ici, inutile de l'ajouter, rien n'empêche que la décision prise soit divulguée et – sous réserve du "secret de justice" – que l'on apprenne si elle a été unanime ou, 1e cas échéant. qui a divergé, et dans quelle mesure. L'existence dun désaccord peut d'ailleurs avo ir une conséquence tres importante au point de vue processuel: dans certains cas, elle rend le jugement susceptible d'être attaqué par une voie de recours appelée *"embargos infringentes"*, qui constitue une singularité du droit brésilien (cede de procédure civile, art. 530; code de procédure pénale, art. 609, § unique).

7. A côté de ces tempéraments, qui l'atténuent mais ne l'écartent pas, la reglc de la publicité comporte aussi de vraies exceptions. Rappelons d'abord, au premier degré, le cas du jury, compétent, aux termes de l'art. 153, § 18, de la Constitution de la République, pour juger les crimes intentiotmels contre la vie. Les jurés se manifestent par écrit, en consignant leurs votes sur de petits papiers, qui sont tous mis dans un seul récipient et puis comptés sans qu'il soit possible d'identifier l'origine de chacun. On peut savoir si la votation a été unanime ou à majorité, mais, dans le deuxiéme cas, on ignorera qui a voté dans un sens et qui dans l'antre.

Toujours en matière pénale, nous avons à mentionner les hypotheses dans lesquelles les cours supérieures statuent comme juges de premier et dernier ressort. Apres la clôture des débats, la séance devient secrete, bien que le résultat de la votation sait annoncé publiquement (code de procédure pénale, art. 561, n. VI; règlement du *Supremo Tribunal Federal,* art. 245, n. VII). Quelques dispositions du code de procédure pénale militaire font aussi des concessions au principe du secret (arts. 434, 457, § 11, 496, *g*, 535, § 6).

Il y a encore le cas des poursuites disciplinaires contre les magistrats. Lorsqu'il s'agit de fautes pouvant entrainer l'application de sanctions plus graves, la séance a lieu à huis elos et seul le dispositif de la décision est publié (Loi Organique de la Magistrature Nationale, arts. 27, §§ 6 et 7, et art. 46). Il faut ajouter que les cours peuvent aussi délibérer sans l'assistance du public sur des questions administratives ou relatives à leur économie interne.

8. Revenons cependant au champ juridictionnel, pour signaler une hypothese intéressante de délibéré secret au sein du *Supremo Tribunal Federal,* touchant le "recurso extraordinário" prévu dans l'art. 119, n. III, de la Constitution de la Républíque. Celle-ci en énumere génériquement les causes d'ouverture, mais elle autorise le règlement du *Supremo Tribunal Federal,* dans une certaine mesure, à indiquer d'une façon plus précise Ies cas ou cette vaie de recours - qui ne peut porter que sur des questions de droit - est recevable. Cette possibilité remonte à une révision de la Constitution effectuée en 1969; elle fut inspirée par la préoccupatian de porter remede au probleme de la surcharge de travail qui accablait notre Cour Suprême. À partir de 1975 on a exigé, comme condition de recevabilité du *"recurso extraordinário",* dans plusieurs hypotheses, que le plaideur soulêve une question fédérale estímée "importante" par la Cour même. Cela pemlet au *Supremo Tribunal Federal* de faire une sélection des affaires dont il veut se saisir; c'est du reste un procédé qui se répand de nos jours chez les juridictions suprêmes[16]. La eour délibere à huis elos, et les motifs de sa décision ne sont pas divulgués.

16 V. TUNC, Rapport de synthêse, *in Rev.* citée, p. 17 et s.

Ce systeme fut mal accueilli par la doctrine[17]. Des réserves ont été exprimées sur le manque de motivation, qui contrarie la tradition du droit brésilien: dans les autres cas de délibéré secret, cités auparavant, les décisions, sauf celles à caractere administratif, sont toujours abligatairement motivées; ce1à est vrai même pour le jury, car, si les jurés ne révelent pas leurs motifs, le président, lui, doit motiver le jugement, compte tenu du verdict. On a observé d'autre part que le but de l'innovation serait plus facilement atteint si les plaideurs et les avocats pouvaient au moins se faire une idée générale des crÍteres adoptés par le *Supremo Tribunal Federal.*

Une réforme récente de son règlement laisse à entendre que la Cour ne fut pas totalement insensible à ces critiques. Elle essaya de caractériser ce qu'est une question fédérale "importante", en se référant à la répercussion de celle-ci dans l'ordre juridique et aux "aspects moraux, économjques, politiques ou sociaux de l'affaire" (art. 327, § 1º). C'est bien entendu une formule assez fluide; mais serait-il raisonnable de s'attendre à une définition tranchante? De surcrolt, bien que la motivation reste absente, le proces-verbal de la séance, qui est publié dans le journal officiel, ne se borne plus à énumérer les cas d'accueil et de rejet: à la différence de ce qui se passait avant la réforme, il doit mentionner aussi les questions que le *Supremo Tribunal Federal* a reconnues comme "importantes".

9. La règle, donc, au Brésil, pour les juridictions collégiales, est de délibérer publiquement; et les exceptions sont peu nombreuses. Il convient d'ajouter qu'à vrai dire une discussion proprement dite n'a presque jamais lieu, chaque juge se bornant à émettre son vote, à commencer par le rapporteur. Les membres du college ne sont pas tous tenus de justifier oralement leurs manifestations, à moins qu'une disposition spéciale ne le leur impose: par exemple, l'art. 478 du code de procédure civile, concernant l'incident d'uníformisation de la jurisprudence. Dans la plupart des déliberations, ceux qui partagent l'opínion du rapporteur expríme-

17 V. BARBOSA MOREIRA, *Comentários ao Código de Processo Civil,* v. V, 5e. éd., Rio de Janeiro, 1985, p. 577-8; *id.,* A motivação das decisões judiciais como garantia inerente ao Estado de Direito, *in Temas de Direito Processual (Segunda Série),* São Paulo, 1980, p. 83 et s.; SERGIO BERMUDES, *Comentários ao Código de Processo Civil,* v. VII, 2e. éd., São Paulo, 1977, p. 312; CALMON DE PASSOS, Da arguição de relevância no recurso extraordinário, *in Revista Forense,* v. 259, p. 11 et s.

ront tout símplement leur accord; ceux qui s'en écartent tâcheront le plus souvent de donner leurs raisons. Les règlements de plusieurs cours, à la différence de celui du *Supremo Tribunal Federal,* ne prévoient qu'une seul e occasion pour le juge d'exprimer ses vues, bien que chacun d'eux soit libre de rectifier son vote jusqu'au moment ou le président annonce le résultat de la votation. Les apartés ne sont pas, en général, tres fréquents, et il est encore plus rare que les membres du college s'engagent dans un débat chaleureux.

Si l'opinion du rapporteur est suivie par les autres juges, ou du moins par la majorité, il Iui incombera de rédiger l'arrêt. Ceux qui ont divergé y ajouteront leurs *dissenting opinions* (en portugais: *"votos vencidos")* ou souscriront la *dissenting opinion* présentée par un collegue. Il y a aussi la possibilité de *concurring opinions* (en portugais: *"declarações de voto").* On peut normalement lire l'ensemble de ces pieces dans les recueils de jurisprudence, officiels ou privés.

Précisons enfin que les arrêts du *Supremo Tribunal Federal* se composent de la simple juxtaposition des votes émis oralement par les diffêrents *ministros* et enregistrés tachygraphiquement. On observe de plus en pIus dans Ies cours de quelques États-membres une tendance à imiter ce procédé. Il est sans doute commode, quoiqu'il puisse prêter le flane à la critique dans la mesure ou le texte de la décision reste morcelé en plusieurs pieces autonomes sans coordination: l'on songera peut-être à la crainte, exprimée par la doctrine[18], de voir la juridiction collégiale réduite à une "pluralité de juges uniques". n faut remarquer en tout cas que les membres du college ne íont jamais publier Ieurs votes séparément: on public toujours l'ensemble, en une seule fois.

Agosto de 1986.

18 V. l'avis de PERROT, rapporté ci-dessus, n. 8.

COMENTÁRIOS DOS ATUALIZADORES

PUBLICIDADE E SEGREDO DA DELIBERAÇÃO NA JUSTIÇA BRASILEIRA

Luiz Paulo da Silva Araújo Filho / Guilherme Jales Sokal

I – Panorama atual

Repousa hoje na Constituição de 1988 a previsão da publicidade dos atos do Poder Judiciário em geral, quer no exercício da função jurisdicional (CF, art. 93, IX), quer no desempenho de atividades administrativas (CF, art. 93, X). A isso se soma a enunciação, constante do rol de direitos fundamentais do art. 5º do texto constitucional, de que somente para atender à defesa da intimidade ou ao interesse social pode a lei restringir a publicidade dos atos processuais (inc. LX).

Mais especificamente, a parte inicial do art. 93, IX, da Constituição submete à publicidade os "julgamentos dos órgãos do Poder Judiciário", a bem do controle social e do interesse público no acesso à informação. Emprega o enunciado o substantivo "julgamento", mas predomina a interpretação que daí extrai o comando da publicidade sobre todas as etapas da sessão colegiada, abrangendo o anúncio do feito pelo Presidente do órgão, a síntese do relator, a argumentação oral das partes, os debates na turma julgadora, a colheita de votos e a proclamação do resultado[19]. Subsiste em regimentos internos, porém, a previsão de suspensão temporária da publicidade para reuniões "em conselho" (por exemplo, RISTF, art. 151, I; RITJRJ, art. 73), nos termos referidos pelo Mestre[20].

---

19 Embora minoritária, para uma defesa da margem de conformação do legislador processual quanto à publicidade sobre a deliberação colegiada propriamente dita, a fim de promover as virtudes da colegialidade, SOKAL, Guilherme Jales. *O julgamento colegiado nos tribunais: procedimento recursal, colegialidade e garantias fundamentais do processo*, Rio de Janeiro: Ed. Forense/Método, 2012, p. 290-304. Também nessa linha, mais recentemente, CÂMARA, Alexandre Freitas; MARÇAL, Felipe Barreto. *Repensando os dogmas da publicidade e do sigilo na deliberação na justiça brasileira*, Revista de Processo, vol. 299/2020, Jan/2020 (versão digital).

20 O ponto foi retomado pelo autor, já à luz da Constituição de 1988, em BARBOSA MOREIRA, José Carlos. *Comentários ao Código de Processo Civil – vol. V: arts.*

O art. 11 do Código de 2015 reproduz, como norma fundamental, aquela proclamação geral da publicidade presente na Constituição, e, densificando-a, as disposições do Capítulo "Da ordem dos processos no tribunal" (arts. 929 a 946), se lidas em conjunto, fazem com que também na atual lei se mantenha firme a tradição de deliberação colegiada em público[21]. Desse modelo decorrem, como mencionado de modo seminal no texto, importantes consequências para o procedimento decisório no Judiciário. A principal delas é a ascendência que assume o relator sobre os outros partícipes da deliberação colegiada, como único membro sobre o qual recai o dever de contato prévio com os atos escritos das partes, dado o caminho escolhido pelo legislador de 2015 de abolir a figura do revisor, não repetindo o disposto no art. 551 do CPC/73[22]. Ampliada a assimetria de informações, e sobretudo em uma deliberação conduzida a portas abertas, natural que o panorama descrito no estudo, dando por exceção e não por regra o debate acalorado, subsista na maioria dos julgamentos colegiados na atualidade.

As consequências sistêmicas que daí decorrem são muitas[23], atingindo em maior ou menor grau até mesmo linhas mestras do CPC/15. Reduz-se, por um lado, o contraditório como direito de influência pela sustentação oral (art. 937), sobretudo quanto à convicção do relator, na medida em que a própria lei processual hoje reconhece que a elaboração do voto deste antecede a realização da sessão de julgamento (art. 931). E como o ingrediente da publicidade só faz aumentar o peso do mister a cargo do relator, exposto à crítica pública quanto à reflexão

476 a 565, Rio de Janeiro: ed. Forense, 2009, p. 670, ressaltando a temporariedade da suspensão e a colheita de "todos os votos *coram populo*".

21 O art. 934 menciona a designação, pelo Presidente, de "dia para julgamento", entendido como tal a "sessão de julgamento" a se realizar em uma "sala" especificamente destinada a esse fim (art. 935, *caput* e § 2º). E dentre as etapas que compõem a sessão de julgamento se insere a de "discussão" de preliminares e da "matéria principal" (art. 939).

22 Remanesce a revisão, no entanto, quando albergada por disposição especial, tal como consta, para a ação rescisória no âmbito do Superior Tribunal de Justiça, do art. 40, I, da Lei nº 8.038/90. Nesse sentido, STJ, AR nº 5.241/DF, Rel. Min. Mauro Campbell Marques, Corte Especial, julgado em 05/04/2017, DJe 12/05/2017.

23 Para um aprofundamento no tema, v. BARBOSA MOREIRA, José Carlos. Notas sobre alguns fatores extrajurídicos no julgamento colegiado, In: *Temas de direito processual: sexta série*, Rio de Janeiro: Saraiva, 1997, p. 145-172.

realizada a sós, natural que na preparação que este faça já se mire em tudo quanto dele presumivelmente se espera, e no que até o mais pessimista incluiria, por cautela, a minuta de ementa (art. 941, *caput*, c/c art. 943, § 1º). O que resulta dessa combinação de fatores é um largo campo para acórdãos cujas ementas são redigidas mais em atenção ao voto do relator, então conhecido, do que a um compromisso com a opinião da maioria do colegiado, só depois construída, com o perigo de fazer tábula rasa de fundamentos determinantes porventura constantes de votos concorrentes. Na proporção em que se incrementa a força vinculante de precedentes e pronunciamentos judiciais (art. 927), cuja base operacional depende de uma desejável clareza acerca da *ratio decidendi* ou tese verdadeiramente vencedora, crescem também os prejuízos que esses desvios à primeira vista singelos ocasionam para a boa administração da Justiça[24].

No que concerne à dinâmica da deliberação colegiada propriamente dita, são ainda hoje poucos os espaços reservados, nela, a interrupções para intervenções orais das partes. Com o Estatuto da OAB de 1994 (Lei nº 8.906/94), empreendeu-se tentativa rigorosamente similar à narrada no estudo em referência, franqueando ao advogado a possibilidade de deslocar o momento da sustentação oral para após o voto do relator (art. 7º, IX), para de alguma forma se contrapor ao peso deste. A medida, entretanto, tal como apontado quanto ao passado, foi julgada inconstitucional pelo Supremo Tribunal Federal[25]. Mantida no

---

24 A título de exemplo, cumpre mencionar: i) que o STF, em 06/02/2019, retificou a ementa do acórdão do Agravo Regimental na Ação Penal 508/AP, para fazer dela constar que não se exige a degravação integral de interceptação telefônica para a validade da prova, pois a posição contrária, então expressa na ementa do acórdão, refletia apenas a do Relator (STF, AP nº 508 AgR-segundo, Rel. Min. Marco Aurélio, Relator(a) p/ Acórdão Min. Edson Fachin, Tribunal Pleno, julgado em 06/02/2019, DJe 19-02-2020); ii) que a Segunda Seção do STJ, em setembro de 2013, descredenciou a ementa de acórdão de 2011 daquele mesmo órgão, que praticamente revogava a Súmula nº 410 da Corte, porque refletia apenas a posição da Relatora (STJ, REsp nº 1.349.790/RJ, Rel. Min. Maria Isabel Gallotti, Segunda Seção, julgado em 25/09/2013, DJe 27/02/2014); e iii) que o STF, ao julgar reclamação em 2009 tendo por base a ADPF da Lei de Imprensa (ADPF nº 130), reputou que a ementa do acórdão da ADPF não refletia a tese acolhida pela maioria, rejeitando o pedido veiculado com apoio no texto daquela (STF, Rcl nº 9.428, Rel. Min. Cezar Peluso, Tribunal Pleno, j. em 10/12/2009, DJe-116 24-06-2010).

25 STF, ADI nº 1.105, Rel. Min. Marco Aurélio, Rel. p/acórdão Min. Ricardo Lewandowski, Tribunal Pleno, julgado em 17/05/2006, DJe-100 DIVULG 02-06-2010,

Código de 2015 a sustentação oral como etapa anterior à votação (art. 937), de intervenções subsequentes se pode cogitar apenas quanto: (i) à suscitação de questão de ordem em relação a "fatos, documentos ou afirmações que influam no julgamento", na forma e nos limites do art. 7º, X, do Estatuto da OAB; (ii) à superveniência de questão conhecível de ofício nos moldes do art. 933, § 1º, do CPC/15, a bem da vedação à surpresa processual (art. 10)[26]; e (iii) à sustentação oral realizada após a retomada do julgamento com o colegiado ampliado em razão do incidente do art. 942 do CPC/15.

II - Impactos da tecnologia

Como em diversas outras facetas da vida, também no tema da publicidade da deliberação colegiada o avanço da tecnologia trouxe muitas e importantes repercussões.

Uma certamente digna de nota foi a criação, em 2002, da TV Justiça, canal reservado ao Supremo Tribunal Federal para "a divulgação dos atos do Poder Judiciário e dos serviços essenciais à Justiça" (Lei nº 10.461/2002, art. 23, I, 'h') e que por decisão administrativa passou a transmitir ao vivo a deliberação colegiada tomada no Plenário – e naturalmente intensificando aqueles fatores que a publicidade *in loco* já fazia aflorar[27]. Ao que se tem notícia, a medida guarda paralelo só com o modelo de publicidade adotado no México, cuja Suprema Corte desde 2005 igualmente transmite em tempo real a deliberação entre os

---

com os criticáveis fundamentos (i) de uma reserva de regimento interno sobre o tema e (ii) de que o contraditório se estabeleceria apenas entre as partes, não também com relação ao juiz.

---

26 E, ressalvada a concordância das partes, nada há no texto do art. 933, § 1º, que justifique tomar como imperativa a forma oral – e instantânea – para esse exercício do contraditório. Sobre o ponto, remete-se a SOKAL, Guilherme Jales. *A nova ordem dos processos no Tribunal: colegialidade e garantias no CPC/15*, Revista de Processo, v. 272, 2017, p. 254-256.

27 Destacando o impacto de "pressões exteriores" sobre o comportamento dos membros do colegiado no modelo público de deliberação, que "ainda maior se torna quando o julgamento se realiza na presença de repórteres e – sobretudo! – de câmeras de televisão", BARBOSA MOREIRA, José Carlos. Notas sobre alguns fatores extrajurídicos no julgamento colegiado, In: *Temas de direito processual: sexta série*, Rio de Janeiro: Saraiva, 1997, p. 158.

juízes que a compõem[28]. Mais comum é a transmissão, hoje feita por diversos outros países, somente das etapas de discussão oral da causa pelas partes e do anúncio da proclamação do resultado, quer pela *internet*, quer por canais televisivos[29].

Esse é, por um lado, um uso atual da tecnologia para ampliar a publicidade. Já em outras ocasiões a tecnologia foi empregada em sentido oposto, para reduzir ou suprimir a transparência na interação entre os juízes no período que vai do início à conclusão do julgamento colegiado.

Tome-se como exemplo o plenário virtual do Supremo Tribunal Federal. Criado em 2007 para o exame apenas do requisito de admissibilidade da repercussão geral no recurso extraordinário[30], com o tempo galgou horizonte mais amplo, primeiro para o julgamento de mérito de recurso extraordinário se em jogo reafirmação de jurisprudência dominante[31], depois para abarcar também agravos internos e embargos de declaração[32], medidas cautelares no controle abstrato de constitucionalidade[33] e, por fim, já no contexto da pandemia do Coronavírus (COVI-19), "todos os processos de competência do Tribunal, (...) a critério do relator ou do ministro vistor com a concordância do relator"[34]. Consiste ele em um ambiente virtual que abandona, por completo, o *encontro* entre juízes, advogados e público que o CPC/15 regula para o julgamento colegiado. Em seu lugar, opera-se mediante o lançamento sequenciado de atos em um sistema eletrônico, desde o voto do relator

---

28 Atualmente, a transmissão ocorre através do canal televisivo JusticiaTV. Sobre o tema, v. https://web.archive.org/web/20180729081517/https://canaljudicial.mx/es/Quienes-Somos; acesso em 05/01/2020.

29 É exemplo a Suprema Corte do Reino Unido (https://www.supremecourt.uk/live/court-01.html; acesso em 05/01/2020). Na Suprema Corte dos Estados Unidos da América, em maio de 2020 deu-se o passo para a transmissão ao vivo apenas do áudio do *oral argument*, não de imagens (https://www.supremecourt.gov/publicinfo/press/pressreleases/pr_04-30-20; acesso em 05/01/2020).

30 Emenda Regimental nº 21/2007, com a redação atribuída aos arts. 323 a 325 do RISTF.

31 Emenda Regimental nº 42/2010, com a redação atribuída ao art. 323-A do RISTF.

32 Emenda Regimental nª 51/2016, com a redação atribuída aos arst. 317, § 5º, e 337, § 3º, do RISTF.

33 Emenda Regimental nº 52/2019, com a redação atribuída ao art. 21-B do RISTF.

34 Art. 1º, *caput*, da Resolução nº 642/19, da Presidência do STF, com redação dada pela Resolução nº 669/20.

e as manifestações de adesão ou discordância dos demais votantes até, mais recentemente, também arquivos de áudio e vídeo de sustentações orais[35], para que ao final de um dado espaço de tempo[36] se tenha por encerrada a votação e seja proclamado o resultado. Na configuração atual, cada voto inserido no sistema é imediatamente acessível ao público, por consulta ao *site* do Supremo Tribunal Federal. Não o é, contudo, o debate que se imagina ocorrer entre os ministros antes, durante e depois de cada manifestação individual lançada, e ninguém negará a larga distância que há entre tornar público cada voto e dar publicidade à "discussão" a que alude o art. 939 do CPC/15.

Enraizando-se a prática com o passar dos anos, não tardou para que viesse a ser seguida: foi o que fizeram o Superior Tribunal de Justiça[37] e, para referir a um exemplo local, o Tribunal de Justiça do Estado do Rio de Janeiro[38]. Cercam-na, porém, muitos problemas teóricos e práticos, a exigir reflexão que extravasa os limites deste trabalho[39]. E lamentavelmente se engana quem busca, no texto do CPC/15, resposta clara para as controvérsias que esse novo e cada vez mais difundido modo virtual de julgar desperta, e que sem exagero se pode tomar como a arena dos principais desafios para a publicidade – e, de forma mais ampla, para o devido processo – nos Tribunais atualmente. É bem verdade que a redação original do art. 945 do Código, tal como constava da Lei nº 13.105/15, cuidava de restringir o julgamento "por meio eletrônico" aos casos que não comportassem sustentação oral (*caput*), e mesmo nesses limites impunha a sessão presencial se sobreviesse recusa das

35 RISTF, art. 21-B, § 2º.

36 Seis dias úteis, segundo o art. 2º, § 1º, da Resolução nº 642/19 da Presidência do STF, na redação atribuída pela Resolução nº 684/20.

37 Regimento Interno do STJ, arts. 184-A a 184-H, incluídos pela Emenda Regimental nº 27/2016, e que permitem o julgamento virtual de embargos de declaração, agravos internos e agravos regimentais (art. 184-A, parágrafo único, I, II e III). Após a alteração do *caput* do art. 184-A do RISTJ pela Emenda Regimental nº 36/2020, a técnica se estendeu também aos processos criminais.

38 Regimento Interno do TJ/RJ, art. 60-A, incluído pela Resolução nº 05/2016, permitindo o julgamento virtual de qualquer recurso e ação originária.

39 São exemplos, que variam conforme a disciplina interna de cada tribunal, as polêmicas quanto à validade (i) do voto tácito, tomando-se a omissão dos vogais como adesão ao voto do relator, e (ii) da sustentação oral gravada, que de uma interação viva no julgamento se converte em um frio documento, representativo de fato passado.

partes, ainda que imotivada (§§ 2º e 3º), ou divergência de um dos vogais (§ 4º). O dispositivo, no entanto, foi integralmente revogado pela Lei nº 13.256/16 antes mesmo de o CPC/15 entrar em vigor, abrindo caminho para que cada tribunal, por ato interno, tomasse como seu o poder de regrar o tema[40].

Por fim, entre o largo passo dado pelos julgamentos virtuais e a tradicional deliberação colegiada na "sala" nas dependências do tribunal (art. 935, § 2º) figura, hoje, o uso da tecnologia para a realização de julgamentos telepresenciais ou por videoconferência. Por eles, pretende-se reproduzir aquele mesmo encontro entre juízes, advogados e público que a lei processual disciplina, mas não em um espaço físico, substituindo-o por plataformas tecnológicas que permitem a transmissão em tempo real de sons e imagens de forma a habilitar a comunicação entre os atores do processo para que cada um desempenhe, à distância, o papel que lhes cabe segundo as etapas do procedimento previsto nos arts. 934 a 946 do Código. Embora a técnica constasse, em alguma medida, do art. 937, § 4º, do CPC/15, que disciplina a sustentação oral por videoconferência como *um direito* do advogado se satisfeitas as condições e os requisitos ali mencionados, as diretrizes sanitárias de distanciamento social decorrentes da pandemia do Coronavírus (COVID-19) converteram em regra as sessões de julgamento integralmente por videoconferência[41]. E dentre os muitos outros

---

40 Preservando acima da disciplina local o direito à sustentação oral se indeferido pedido de retirada de julgamento em "pauta virtual" quando aplicável o art. 937, VIII, do CPC/15, STJ, nº REsp 1.903.730/RS, Rel. Min. Nancy Andrighi, Terceira Turma, j. em 08/06/2021, DJe 11/06/2021.

41 Em favor da validade desses julgamentos no atual cenário da pandemia, invocam-se, além do princípio da instrumentalidade das formas (arts. 277, 282, § 1º, e 283, parágrafo único), os arts. 217 e 236, § 3º, e o paralelo com o que preveem os arts. 385, § 3º, 453, § 1º, 461, § 2º, 464, § 4º, de parte o já referido art. 937, § 4º, todos do CPC/15. Para um panorama mundial sobre as adaptações do Poder Judiciário diante da pandemia, v. KRANS, Bart Krans; NYLUND, Anna (coords.). *Civil courts coping with Covid-19*, Haia: Eleven International Publishing, 2021 (obra de acesso livre, disponível em https://boeken.rechtsgebieden.boomportaal.nl/publicaties/9789462362048#184; acesso em 18/10/2021), que aponta como principal traço comum entre os vinte e três países analisados o salto tecnológico para a manutenção do sistema judiciário, desde a adoção de ferramentas de processo eletrônico à realização de audiências por via remota.

problemas que essa generalização trouxe[42], volta à baila o princípio da publicidade, para cujo respeito só se avançará quando, ao lado do acesso e da participação dos advogados, a plataforma de comunicação escolhida atender também, em todos os tribunais, à necessária abertura da sessão ao público em geral, porque é a tecnologia que precisa se adequar ao nosso modelo processual de publicidade, não esta àquela.

III – Hipóteses de sigilo na deliberação

As atuais exceções à publicidade são informadas pelos arts. 5º, LX, e 93, IX, da Constituição. Delas, que fixam a defesa da intimidade e a preservação do interesse social como nortes ao que o legislador ordinário pode validamente definir como hipótese de segredo de justiça, extrai-se, para a sessão de julgamento colegiado, a consequência agora posta no art. 11, parágrafo único, do CPC/15: a presença somente das partes, de seus patronos e do Ministério Público na realização do ato.

O art. 189 do Código de 2015 prevê, em seus quatro incisos, casos de segredo de justiça[43]. No cotejo com o art. 155 do diploma anterior, houve simbólicos acréscimos nos incs. I a III, voltados mais a incorporar atualizações relacionadas à tônica democrática da Constituição de 1988 e a novos institutos de direito de família, que já se poderiam ter como teleologicamente incluídos no texto revogado, do que a efetiva-

42 Como, por exemplo, a desigualdade econômica que se transforma em desigualdade de acesso aos meios tecnológicos para participação, sem que algo similar ao dever de auxílio previsto no art. 453, § 2º, tenha se tornado realidade no contexto da pandemia. Ou, ainda, o aparentemente simples controle da ativação do microfone dos participantes, que costuma ser centralizado e deixado a cargo de auxiliares de justiça, e de cujo erro pode resultar a supressão, praticamente irreversível, da oportunidade de formulação de questão de ordem pelos advogados.

43 O tema é tratado na Regra 17 (2) das Regras-Modelo de Processo Civil para a Europa ELI/UNIDROIT, com a exemplificação de fundamentos para o sigilo relacionados à segurança nacional, à privacidade, ao sigilo profissional e comercial e ao interesse da administração da justiça (*"Rule 17. Public proceedings. (1) Hearings and court decisions, including their reasoning, must, as a general rule, be public. (2) The court may order the proceedings, or parts thereof, especially oral hearings and the taking of evidence, to be in private (in camera) for reasons of public policy, including national security, privacy, or professional secrets, including business confidentiality, or in the interests of the administration of justice. Where necessary the court may make suitable protective orders to maintain the privacy or confidentiality of hearings held or evidence taken in private"*).

mente inovar. Mais significativo foi o acréscimo do inc. IV, por força do qual, se definida pelos contratantes de convenção de arbitragem a confidencialidade desse método de solução de conflitos, também passa a ser tocado pelo sigilo o processo judicial que sobre a arbitragem verse, quer em apoio, quer em impugnação a ela.

Ao lado dessa disciplina geral, normas específicas impondo o sigilo da deliberação são, hoje, de reduzidíssimo número. Sucedida a arguição de relevância pela repercussão geral no recurso extraordinário, não subsistem quanto ao exame desta os regimes de sigilo na deliberação e de ausência de motivação, o que é inegavelmente virtuoso, mas não a ponto de prejudicar as críticas acima quanto ao déficit de publicidade que marca o atual plenário virtual do Supremo Tribunal Federal. Já no direito processual penal merece registro a previsão do art. 1º, § 4º, da Lei nº 12.694/12, diploma que dispõe sobre o processo e o julgamento por órgão colegiado, em primeiro grau, de crimes praticados por organizações criminosas, e que autoriza que as reuniões dos juízes sejam sigilosas "sempre que houver risco de que a publicidade resulte em prejuízo à eficácia da decisão judicial".

Desafio adicional, cuja solução ainda pende de construção, consiste no regime da deliberação colegiada na prática dos chamados atos concertados entre juízos cooperantes (art. 69, IV). O dispositivo, inspirado na economia e na eficiência processuais (art. 8º), agora institui novo método de cooperação judiciária nacional entre órgãos judiciais distintos, permitindo que um único ato beneficie e produza efeitos em relações processuais paralelas, de que são exemplos os conteúdos referidos no § 2º do art. 69, em rol não taxativo, e ainda a recente previsão dos §§ 7º-A e 7º-B do art. 6º da Lei de Falências e Recuperação Judicial (Lei nº 11,101/05), com redação atribuída pela Lei nº 14.112/20. Segundo a parte final do § 2º do art. 69, a prática do ato concertado depende, como etapa prévia, de que os órgãos judiciais cooperantes estabeleçam, de comum acordo, um procedimento a ser seguido para esse fim. No entanto, nem o Código de 2015 e nem a Resolução nº 350/20 do Conselho Nacional de Justiça, que cuida da cooperação judiciária nacional, avançaram para expressamente regular como se daria, sob o ângulo da publicidade, essa deliberação colegiada entre os juízes de primeiro grau[44].

44 Na ausência de regra legal em sentido contrário, parecem dever ser observadas, como linha geral, as disposições que o Código de 2015 destina à deliberação colegiada em segundo grau (arts. 929 a 946), no que se inclui a prévia intimação

IV – Votos vencidos, votos concorrentes e publicidade *a posteriori*

Por fim, algumas notas sobre as medidas de publicidade que, depois de encerrada a deliberação, são dirigidas aos votos vencidos e, mais amplamente, às declarações de voto.

Prevê expressamente o Código de 2015 que o voto vencido será necessariamente declarado e considerado parte integrante do acórdão para todos os fins legais, inclusive de pré-questionamento (art. 941, § 3º). Esse inovador destaque dado ao voto vencido, por um lado, supera a Súmula nº 320 do Superior Tribunal de Justiça, que reputava pré-questionada somente a matéria que constasse da fundamentação acolhida pela maioria vencedora, com a inevitável consequência, hoje não mais subsistente, de impor ao interessado a interposição de embargos de declaração a fim de que a questão fosse apreciada pelo voto condutor para tornar admissível o subsequente recurso especial.

Quanto à divulgação das razões dissidentes como parte do acórdão, que o CPC/15 agora impõe na parte inicial da citada regra, vale o registro de que o direito processual penal brasileiro avançou para pontualmente trilhar caminho diverso. A já referida Lei nº 12.694/12 assenta, em seu art. 1º, § 6º, que da decisão subscrita por todos os votantes do colegiado de primeiro grau não constará registro ou referência de voto vencido. A medida tem em conta os reais desafios à segurança e à integridade física dos membros do Judiciário brasileiro, capazes de comprometer a independência e a imparcialidade, especialmente quando em pauta o enfrentamento de organizações criminosas. E, do ponto de vista teórico, a disposição revela a dualidade que existe entre a publicidade do voto vencido e a promoção da garantia da independência da magistratura: transparecer a posição individual preserva em cada um dos membros do colegiado a força da própria convicção, mas a expressão por uma só voz dilui o controle e, portanto, o efeito que pressões externas poderiam exercer sobre cada um dos juízes.

---

das partes quanto à data de realização da reunião e a oportunidade de intervenção com o uso da fala. Por sua vez, a Resolução nº 394/2021 do CNJ, ao tratar da cooperação internacional no âmbito da insolvência transnacional (arts. 167-P e 167-Q da Lei nº 11.101/05, após a Lei nº 14.112/20), contempla a ciência prévia e a participação das partes na comunicação entre juízos (art. 5º, I a III), mas com exceções "para definir as regras procedimentais do protocolo de insolvência" (art. 6º, § 3º) e para "situações excepcionais a serem definidas no protocolo de insolvência" (art. 5º, I, parte final).

De outra parte, mantém o sistema processual brasileiro a dita peculiaridade de tornar o voto vencido pressuposto para novo exame da causa, mas dessa vez com nova roupagem. Enquanto, no Código de 1973, isso era feito com a previsão de um recurso, os Embargos Infringentes, no CPC/15 o novo exame resulta de um incidente processual de ampliação do colegiado – ou, excepcionalmente, de alteração do próprio órgão julgador –, regulado pelo extenso, confuso e polêmico art. 942. Os pressupostos e os efeitos do instituto variam conforme esteja em jogo o julgamento de apelação, agravo de instrumento ou ação rescisória, com um regime jurídico complexo que demandaria estudo à parte, mas da nova natureza jurídica conferida ao instituto, um incidente processual, decorre o traço comum de se tratar de novo exame instaurado de ofício, independente de provocação, não mais sujeito à voluntariedade própria aos recursos[45].

Por fim, ao lado dos votos vencidos, submetem-se também à publicidade as declarações individuais de voto, a cujo registro alude o art. 943, *caput*, do CPC/15. No rigor dos termos, nessa categoria se incluem não só os votos concorrentes, que aderem à conclusão mas não ao fundamento que apoia o voto condutor, mas também os demais votos escritos que se façam juntar ao acórdão mesmo quando não agregam fundamento novo, com o ranço de repetir ou substituir por palavras próprias o que consta do primeiro voto vencedor, algo que a prática judiciária brasileira se acostumou a tolerar[46].

---

45 Nesse sentido, na jurisprudência, v. STJ, REsp nº 1.733.820/SC, Rel. Min. Luis Felipe Salomão, Quarta Turma, julgado em 02/10/2018, DJe 10/12/2018; e STJ, REsp nº 1.762.236/SP, Rel. Min. Marco Aurélio Bellizze, Rel. p/ acórdão Min. Ricardo Villas Bôas Cueva, Terceira Turma, julgado em 19/02/2019, DJe 15/03/2019.

46 Sobre o tema, em perspectiva crítica, v. BARBOSA MOREIRA, José Carlos. *Comentários ao Código de Processo Civil – vol. V: arts. 476 a 565*, Rio de Janeiro: ed. Forense, 2009, p. 710; e, mais recentemente, SOKAL, Guilherme Jales. *A nova ordem dos processos no Tribunal: colegialidade e garantias no CPC/15*, Revista de Processo, v. 272, 2017, p. 266-269.

CONSIDERAÇÕES SOBRE A CAUSA DE PEDIR NA AÇÃO RESCISÓRIA[1]

1. Os nove incisos do art. 485 do Código de Processo Civil indicam, em enumeração taxativa[2], os fundamentos pelos quais se pode pleitear a rescisão de sentença de mérito, trânsita em julgado. Para que a ação rescisória seja admissível, cumpre que o autor invoque um (ou mais de um) desses fundamentos; para que o pedido de rescisão seja procedente, é necessário que pelo menos um deles realmente exista, mostrando-se de todo irrelevante, para tal fim, a eventual existência de fundamento contemplado na lei, mas não invocado pelo autor[3]. Observe-se que o número de fundamentos típicos é maior que o de incisos: alguns destes, na verdade, preveem conjuntamente dois ou mais fundamentos: é o caso, por exemplo, do inc. I, que menciona três (prevaricação, concussão e corrupção do juiz que proferiu a sentença rescindenda), e do inc. III, que aponta dois (dolo da parte vencedora e colusão entre as partes *in fraudem legis).*

A cada fundamento típico (não a cada inciso) corresponde uma possível causa de pedir. O ponto é importante por vários ângulos: da correta identificação da *causa petendi* (ou das *causae petendi),* com efeito, depende a solução de questões de grande interesse prático. Quando alguém pede a rescisão de sentença com invocação de dois ou mais fundamentos, na realidade está propondo duas ou mais ações rescisórias cumuladas – o que pode vir a ser decisivo, entre outras coisas, para aferir-se o cabimento de recurso contra o acórdão que julgar o pedido, à luz de cada fundamento[4].

---

1 Trabalho publicado no v. 145 da *Revista do Tribunal Federal de Recursos,* comemorativo do 40° aniversário do Tribunal, e na *Revista de Crítica Judiciária.* v. 3.

2 A taxatividade é *communis opinio* na doutrina: PONTES DE MIRANDA, *Comentários ao Código de Processo Civil* (de 1973), t. VI, Rio de Janeiro, 1974, p. 331; BARBOSA MOREIRA, *Comentários ao Código de Processo Civil,* v. V, 5ª ed., Rio de Janeiro, 1985, p. 154-5; HUMBERTO THEODORO JÚNIOR. *Curso de Direito Processual Civil.* 2ª ed., Rio de Janeiro, 1986, v. I, p. 682; ROGÉRIO LAURIA TUCCI, *Curso de Direito Processual,* São Paulo, 1976, p. 180; VICENTE GRECO FILHO, *Direito Processual Civil brasileiro,* 2º v., São Paulo, 1984, p. 368.

3 Correto o Acórdão do Supremo Tribunal Federal, de 3-5-1984, Ação Rescisória n. 1.037, *in Diário da Justiça* de 22-8-1986, p. 14.519.

4 *Vide,* ao propósito, BARBOSA MOREIRA, Julgamento colegiado e pluralidade de causas de pedir, *in Revista de Direito do Tribunal de Justiça do Estado do Rio de Janeiro,* v. I, p. 17-8, e *in Temas de Direito Processual (Terceira Série),* São Paulo, 1984, p. 134.

O conceito de causa de pedir tem sido expressado, na doutrina processual, por meio de fórmulas nem sempre coincidentes. Definições doutrinárias, quando não balizadas diretamente pela lei, repousam, como é notório, ao menos em certa medida, sobre uma componente convencional, a cujo respeito é ocioso discutir em termos de contraposição entre *verdade* e *erro.* Mais frutífero parece fundar a escolha da convenção básica no critério da utilidade: será preferível o conceito que permita explicar com maior clareza o fenômeno jurídico de que se cogita. Vejamos como se põe o problema na matéria de que nos estamos ocupando.

2. Quem propõe ação quer que o órgão judicial reconheça ou produza, mediante a sentença, determinado efeito jurídico. Ora, todo efeito jurídico nasce da incidência de uma norma de direito sobre um fato[5]. Ao juiz compete aplicar a norma ao fato e enunciar sua conclusão sobre o efeito pretendido pelo autor. O mecanismo, bem se sabe, é a rigor mais complexo do que sugere essa esquemática descrição: a aplicação da norma não tem o caráter automático que em tempos idos se lhe atribuía, envolvendo, como envolve, operações valorativas e opções políticas (no sentido mais amplo da palavra) por parte do aplicador. Feita a ressalva, todavia, o exposto acima reproduz em substância, com razoável fidelidade, o que acontece na prática.

Norma e fato são, destarte, os dois elementos essenciais com que lida o julgador. Depende de uma e de outro que se reconheça ou produza o efeito desejado: se este deve ser reconhecido ou produzido, é porque *a)* existe norma que o atribui ao fato dotado de tais ou quais características; e *b)* aconteceu fato cujas características coincidem com as do modelo normativo.

Em sistemas jurídicos do tipo do nosso, incumbe ao juiz identificar a norma adequada, interpretá-la e aplicá-la, independentemente da respectiva invocação pelo autor; não lhe é dado, entretanto, levar em conta o fato supostamente gerador do efeito pretendido, senão quando o autor o haja invocado. Antes de ser utilizado pelo órgão judicial como

5 Cf. PONTES DE MIRANDA, *Tratado de Direito Privado,* t. I, Rio de Janeiro, 1954, p. 17: "A eficácia jurídica provém da juridicização dos fatos (= incidência da regra jurídica sobre os fatos, tornando-os fatos jurídicos)". E ainda: "Toda eficácia jurídica é eficácia de fato jurídico; portanto da lei *e* do fato, e não da lei *ou* do fato". Desnecessário precisar que a alusão do nosso texto a "um fato" deve ser entendida como alusão a "um fato ou a um conjunto de fatos".

fundamento *da decisão,* o fato é utilizado pelo autor como fundamento *do pedido.* A esse fato, visto precisamente enquanto fundamento do pedido, é que, em nosso entender, se deve aplicar a denominação de causa de pedir[6]. Ela designa, pois, o fato *in statu assertionis,* tal qual narrado – e, nessa perspectiva, *sempre existente:* a ninguém é lícito pleitear providência jurisdicional sem indicar o fato em razão do qual lhe parece que ela haja de ser concedida.

3. Do que ficou dito infere-se que as questões concernentes à *causa petendi* são consideradas, em qualquer caso, questões *de fato,* jamais questões *de direito.* A diferenciação entre as duas classes, como todos sabem, é praticamente relevante de vários pontos de vista: as *quaestiones iuris* podem ser livremente apreciadas de ofício pelo juiz, as *quaestiones facti* nem sempre; aquelas não se subordinam ao mesmo regime de preclusões aplicável a estas (por exemplo: art. 517 do Código de Processo Civil); certos recursos, como o extraordinário, e incidentes, como o da uniformização da jurisprudência, só podem versar sobre questões de direito – e assim por diante. Pois bem: no tocante à causa de pedir, quaisquer questões concebíveis submetem-se à disciplina própria das questões de fato.

Semelhante proposição é suscetível de despertar perplexidades com referência a mais de um fundamento previsto nos incisos do art. 485 do estatuto processual. É que, em vários deles, a lei se vale de conceitos jurídicos: prevaricação, concussão, corrupção, impedimento, incompetência absoluta, coisa julgada etc. Apurar, *v.g.,* se o juiz da sentença rescindenda cometeu crime de prevaricação, ou se era absolutamente incompetente, pode exigir que se enfrentem e resolvam problemas relacionados com a interpretação de textos legais, com a respectiva vigência ou legitimidade constitucional, e outros do gênero. Gritante entre todas é a hipótese do inc. V do art. 485, onde se diz rescindível a sentença de mérito que "violar literal disposição de lei": deixando de lado, no mo-

6 *"La causa dell'azione (causa petendi) e il fatto giuridico che l'attore pone a fondamento del/a sua domando",* ensinava LIEBMAN, *Manuale di diritto processuale civile,* v. I. 4ª ed., Milão, 1980, p. 173. Cf., ainda no início do século, ZANZUCCHI, *Nuove dom ande, nuove eccezioni e nuove prove in appello,* Milão, 1916, p. 336: *"La causa petendi (...) e quel fatto o complesso di fatti che e necessario e sulficiente a dare la ragione della mia pretesa".*

mento, dúvidas atinentes à propriedade técnica da fórmula[7], pode soar na verdade estranho – forçoso reconhecê-lo – que se haja de enxergar questão *de fato* na pergunta: violou a sentença rescindenda "literal disposição de lei"? E tanto mais quanto se insiste, com acerto, em que apenas interessa, aí, o *ius in thesi,* a norma jurídica em si, não o resultado de sua aplicação *in concreto*[8].

4. Socorre-nos, neste passo, a distinção entre dois possíveis modos de encarar a contraposição entre *quaestiones iuris* e *quaestiones facti.* Numa primeira aproximação, baseia-se o critério discretivo, pura e simplesmente, no *objeto* da questão – ou, se se preferir, na *matéria* sobre a qual ela versa. Assim, por exemplo, será classificada como de direito a questão de saber se torna nula ou anulável a venda feita por ascendente a descendente a falta do consentimento expresso dos outros descendentes (Código Civil, art. 1.132), ao passo que se considerará de fato a questão de saber se os outros descendentes, *in casu,* expressaram ou não seu consentimento.

Acontece, no entanto, que, ao descrever a situação ou o episódio de cuja configuração *in concreto* surgirá tal ou qual efeito jurídico, a norma utilize na descrição um (ou mais de um) elemento que, longe de inscrever-se no plano da pura facticidade, já expressa o resultado de anterior fenômeno jurídico, por sua vez redutível à conjugação de *outra* norma com situação ou episódio que nela se previa como capaz de produzir este ou aquele efeito jurídico. Semelhante módulo pode (e costuma) reproduzir-se em cadeia, nada impedindo, em tese, que a reprodução se estenda *ad infinitum.*

Ora, se em determinado momento se cuida de saber se deve ser aplicada a norma N, têm-se de tratar de maneira homogênea todos os pressupostos da respectiva incidência, quer se reduzam a dados puramente fáticos, quer não. Do ponto de vista *funcional,* quaisquer questões relacionadas com tais pressupostos serão consideradas como *quaestiones facti* e sujeitar-se-ão ao regime legalmente estabelecido para essa classe de questões.

---

7 *Vide* ao propósito PONTES DE MIRANDA, *Comentários,* cit., t. VI, p. 288 e s.; BARBOSA MOREIRA, *Comentários,* cit., v. V, p. 132.

8 PONTES DE MIRANDA, *Comentários,* cit., t. VI, p. 309.

5. A precedente observação nada tem de original. Mais de uma vez já se pôs em evidência a possibilidade de *funcionar* como *quaestio facti* uma questão que, olhada exclusivamente em seu objeto, mereceria inclusão entre as *quaestiones iuris.*

Vamos limitar-nos a recordar um exemplo[9]. Discutiu-se na Itália, em certa época, se a prorrogação legal da locação, na pendência do processo, modificando o valor da causa, justificava ou não o deslocamento da competência. A jurisprudência da *Corte di Cassazione* fixou-se no sentido afirmativo. De acordo com a regra do art. 5º do *Codice di procedura civile,* são irrelevantes, no tocante à competência, as modificações do estado de fato supervenientes à propositura da ação; entendia a *Corte* que a prorrogação legal da locação, alterando a posição das partes a respeito do objeto da controvérsia, constituía modificação do estado de direito, e por isso, *a contrario sensu,* repercutia na competência.

A solução foi criticada pela melhor doutrina. Explicou-se que, para o fim em vista, só representaria modificação do estado de direito a produzida por uma lei que mudasse os limites *ratione valoris* da competência ou os critérios estabelecidos para fixar o valor da causa. Diversamente, qualquer modificação da relação litigiosa, fosse qual fosse a respectiva origem, devia reputar-se atinente ao estado de fato, compreendido como o conjunto das circunstâncias que, segundo a lei, são relevantes para a determinação da competência. Nada importa – sublinhou-se – que essas circunstâncias, consideradas em si mesmas, sejam modalidades ou características de uma relação jurídica e, por isso, elementos da situação de direito existente entre as partes: na aplicação das regras de competência, elas representam o *dado* de que se há de partir para escolher o juiz competente. Tampouco importa que a modificação de tais circunstâncias seja produzida pela lei ou por qualquer outro evento: será sempre modificação do *dado,* isto é, do estado de fato a que se devem aplicar as aludidas regras. Ora, a lei que prorroga a locação limita-se a alterar a duração do contrato e, por conseguinte, as circunstâncias de fato à luz das quais se fixa o valor da causa[10]. Em semelhante perspectiva, toda

9 Colhido em LIEBMAN, "Proroga legale della locazione in corso di causa e competenza por valor na nota a acórdão da *Corte di Cassazione, in Rivista di diritto processuale,* v. VIII (1953), parte 11, p. 167-9, e *in Problemi del processo civile,* Nápoles. s.d., p. 467-8.

10 A passagem antecedente de nosso texto cinge-se a traduzir, com ligeiríssimas alterações, a parte principal do trabalho de LIEBMAN, citado em a nota 8, *supra.*

questão suscitável acerca da prorrogação legal da locação, ainda que a respectiva solução dependesse do exame da lei, funcionaria como *quaestio facti* e teria de submeter-se ao regime próprio dessa classe de questões.

6. E exatamente o que sucede, *mutatis mutandis,* com a violação de disposição legal, enquanto fundamento do pedido de rescisão, conforme o art. 485, inc. V, do Código de Processo Civil. Claro está que, para averiguar se o fundamento existe, e portanto se a sentença deve ser rescindida, o órgão julgador tem de partir da análise da lei que o autor aponta como violada, e apreciar questões que, em si mesmas, à luz do respectivo objeto, seriam classificáveis como *quaestiones iuris.* Ele o fará, porém, com a exclusiva finalidade de saber se há de aplicar ou não o próprio art. 485, n. V, rescindindo ou não a sentença. No caso afirmativo, a violação da lei, dada como existente, será o *fato* em que se fundará a rescisão. No processo da rescisória, portanto, funcionam como *quaestiones facti,* e assim se devem tratar, quaisquer questões que se necessite apreciar para apurar se foi ou não violada a lei a que se refere o autor.

Raciocínio análogo caberá com relação a todos os outros incisos do art. 485 que apresentem estrutura semelhante. Não sofre dúvida, *v.g.,* que para saber se terá ocorrido ofensa à coisa julgada (inc. VI), o órgão julgador da rescisória poderá ver-se forçado a examinar questões atinentes à interpretação, digamos, do art. 469 do estatuto processual. Tais questões, no processo da rescisória, hão de ser encaradas como questões de fato. O órgão julgador não vai aplicar o art. 469, mas o art. 485, n. IV; só as questões relativas a este último é que constituirão, aí, *quaestiones iuris.*

7. As noções expostas são essenciais para o correto equacionamento de problemas que às vezes se suscitam e nem sempre se resolvem bem, a propósito da ação rescisória. Tem-se ouvido dizer, por exemplo, que, se vige nesta matéria, como alhures, o princípio *iura novit curia,* não seria imprescindível que o autor, invocando o inc. V do art. 485, indicasse a norma a seu ver violada pela sentença rescindenda; ou que o órgão julgador ficaria, em todo caso, livre de acolher o pedido de rescisão, reconhecendo como violada norma diversa da que o autor indicara.

É manifesto o equívoco. A ação rescisória não escapa ao domínio do princípio *iura novit curia;* o que este significa, todavia, é que o juiz não fica adstrito à iniciativa da parte na identificação da norma jurídica que lhe caiba aplicar. Mas, na rescisória por violação de lei, a norma jurídica que ao órgão julgador cabe aplicar é a do próprio art. 485, n. V; não a outra, de cuja violação se cogita. Logo, a indicação que se dispensa é a do art. 485, n. V: pouco importa que o autor, na inicial, deixe de mencioná-lo, ou que, por engano, mencione texto diverso.

Precisa ele, ao contrário, indicar a norma (ou as normas) que, a seu ver, a sentença rescindenda violou, como elemento(s) que é (ou são) da sua causa de pedir[11]. Se a inicial omite semelhante indicação, deve o relator da rescisória, ao despachá-la, determinar que ela seja completada no prazo de dez dias (art. 284); e, não cumprida a determinação, indeferir a inicial (art. 490, n. I, c/c os arts. 284, parágrafo único, e 295, n. VI, *fine)*. Não basta que o autor impute à decisão rescindenda haver violado "a Constituição da República", ou "o Código Civil": a indicação tem de ser específica, até para abrir ao réu a possibilidade de contraditar eficazmente a alegação. Em compensação, o silêncio ou o erro quanto ao número do dispositivo não prejudica a postulação, desde que se consiga identificar com segurança a norma: assim, *v.g.*, se o autor afirma que a sentença rescindenda violou a regra constitucional de isonomia, embora sem citar o art. 153, § 1º, da Carta da República, ou citando, equivocadamente, o art. 154, ou o art. 153, § 2º, o órgão julgador, por seu turno, não pode em caso algum apreciar o pedido de rescisão à luz de outra norma, que o autor se haja abstido de dizer violada. Por mais nítida que seja a violação dessa outra norma, se o órgão julgador rescindir a sentença com base nela, infringirá o art. 128 do Código de Processo Civil: o fundamento da decisão estará fora dos limites da lide, tal qual submetida à cognição judicial.

8. Das premissas assentadas extraem-se outros corolários, que vamos enunciar, ainda aqui, tendo em vista, especialmente, o caso do inc. V, mas que o leitor, com facilidade, generalizará. Aplicável que é à ação rescisória o disposto no art. 264 do Código de Processo Civil, será necessário o consentimento do réu, após a citação, para que se modifique a causa de pedir. Se o autor, pois, houver alegado na inicial a violação da norma N, não poderá passar, sem aquela anuência, à alegação de ter sido violada a

11 Cf. PONTES DE MIRANDA, *Tratado da ação rescisória*, 5ª ed., Rio de Janeiro, 1976, p. 292.

norma N. Não se confunde com essa hipótese, é óbvio, a de haver-se enganado o autor, pura e simplesmente, na indicação numérica do dispositivo cuja violação alega. Diz-se na inicial, por exemplo, que a sentença rescindenda violou a regra *dies interpellat pro homine,* mas alude-se, erroneamente, ao art. 961, e não ao art. 960, 1ª parte, do Código Civil. O equívoco é corrigível a qualquer tempo, sem necessidade de ouvir-se o réu; e, ainda que não se corrija, pode e deve desprezá-lo o órgão julgador. O que interessa, em qualquer caso, é a substância da norma, jamais a sua designação numérica. Vale o exposto, *mutatis mutandis,* para a eventualidade de referir-se o autor, por lapso, ao art. 960, 1ª parte, do Código *Comercial.*

A existência de ação rescisória em curso, com fundamento na violação da norma N, não cria empecilho a que se proponha outra rescisória, entre as mesmas partes, fundada na violação da norma N'. Não procederia a objeção de litispendência, porque diferentes as causas de pedir (cf. art. 301, §§ 1º e 3º). As duas ações são, à evidência, conexas (art. 103), e em princípio devem reunir-se para julgamento simultâneo (art. 105). À semelhança do que sucederia se alegadas em conjunto, desde o início, duas violações – isto é, na hipótese de cumulação *originária* das rescisórias –, têm de computar-se separadamente, em relação a cada uma das violações alegadas, os votos dos membros do colégio julgador[12].

Procedente ou improcedente que seja o pedido de rescisão, formulado com apoio na violação da norma N, a coisa julgada que se forme só cobrirá essa causa de pedir. O autor vencido permanecerá livre de pleitear de novo a rescisão da mesma sentença, alegando a violação da norma N', sem que se lhe possa opor eficazmente a objeção do art. 301, n. VI.

9. Acrescentemos um tópico derradeiro às presentes considerações. Ficou dito que quaisquer questões relativas às *causae petendi* se consideram e se tratam como questões de fato. Não abrem exceção, ressaltou-se, as atinentes à(s) norma(s) cuja violação se alega, na ação rescisória *ex* art. 485, n. V. Uma das consequências é que não se pode pôr tal violação como fundamento de recurso extraordinário contra o julgamento da rescisória[13].

---

12 Remetemos o leitor, no particular, ao nosso trabalho citado na nota n. 3, *supra.*

13 *Vide* sobre a matéria, extensamente, PONTES DE MIRANDA, *Comentários,* cit., t. VI, p. 442 e s., e *Tratado da ação rescisória,* cit., p. 549 e s.

Suponhamos, por exemplo, que a sentença rescindenda houvesse realmente violado certa norma constitucional, e na inicial se invoque essa violação como causa de pedir, mas o órgão julgador não a reconheça e julgue improcedente o pedido de rescisão. A parte vencida em vão recorrerá extraordinariamente, com base no art. 119, n. III, letra *a,* da Carta da República, combinado com o art. 325, n. I, do Regimento Interno do Supremo Tribunal Federal. A questão atinente à violação da norma constitucional não pode tornar-se objeto de reexame pela Corte Suprema, no julgamento do recurso extraordinário, justamente por não ser aí questão de direito, senão de fato. Se a norma constitucional foi ou não foi violada, decide-o soberanamente o órgão julgador da rescisória, em apreciação insuscetível de controle pelo Supremo Tribunal Federal.

Poderia, sim, abrir-se a via do recurso extraordinário, caso o órgão julgador da rescisória, negando a violação afirmada pelo autor, apesar disso julgasse procedente o pedido de rescisão. Em tal hipótese, estaria configurado o erro na solução da *quaestio iuris;* o órgão julgador teria violado a norma que lhe competia aplicar, ou seja, o *próprio art. 485, n. V.*

Acertada é, na matéria, a jurisprudência do Supremo Tribunal Federal[14], conquanto nem sempre se expresse em fórmula de absoluto rigor técnico. A razão essencial da impossibilidade de remontar-se, no julgamento do recurso extraordinário, ao exame da violação alegada como fundamento do pedido de rescisão consiste em que essa questão, no processo da rescisória, funciona (e se trata) como *quaestio facti* e, enquanto tal, escapa ao âmbito próprio do recurso, em que apenas se discutem e se resolvem *quaestiones iuris.*

Fevereiro de 1987.

---

14 Exemplo recente, entre muitos que se poderiam citar, é o Acórdão de 7-5-1985, Recurso Extraordinário n. 96.594, *in Diário da Justiça* de 25-10-1985, p. 19.148. Lê-se na ementa: "Referentemente à alegada violação de literal disposição de lei (art. 485, V, do CPC), trata-se, aí, de fundamento da ação rescisória, mas não, porém, do recurso extraordinário, pois, caso contrário, estar-se-iam examinando, no âmbito deste, os pressupostos da decisão rescindenda, e não os fundamentos do acórdão recorrido".

COMENTÁRIOS DOS ATUALIZADORES

CONSIDERAÇÕES SOBRE A CAUSA DE PEDIR NA AÇÃO RESCISÓRIA

Luiz Paulo da Silva Araújo Filho / Guilherme Jales Sokal

As lições continuam a guiar a interpretação da ação rescisória sob o CPC/15. Mesmo com as muitas mudanças no regime dessa ação autônoma de impugnação[15], nenhuma delas infirma se tratar, sob o ângulo da postulação, de causa de pedir funcionalmente fática. Logo, o que se passa a expor é apenas um novo pano de fundo para a aplicação das ideias lapidarmente lançadas no texto.

É no art. 966 que hoje reside o rol de fundamentos de rescisão, substituindo-se no *caput* a restritiva menção a "sentença", que constava do revogado art. 485, pelo emprego mais amplo de "decisão"[16]. Aos incisos ali enumerados se somam disposições recentes da legislação extravagante[17] e, ainda, fundamentos específicos de rescisão da parti-

---

15 Cujo exame excede os limites deste trabalho, restrito às que mais diretamente interagem com o tema versado.

16 Ainda sob o CPC/73, a jurisprudência do STJ já admitia rescisória contra decisão interlocutória se, por exemplo, rejeitada responsabilidade tributária que fundamentava pedido de redirecionamento de execução fiscal (STJ, REsp nº 784.799/PR, Rel. Min. Teori Albino Zavascki, Primeira Turma, j. em 17/12/2009, DJe 02/02/2010) ou se apreciada fase de liquidação (STJ, AR nº 4.774/RJ, Rel. Min. Paulo de Tarso Sanseverino, Segunda Seção, j. em 25/09/2013, DJe 28/10/2013; na doutrina, BARBOSA MOREIRA, José Carlos. *Comentários ao Código de Processo Civil – vol. V: arts. 476 a 565*, Rio de Janeiro: ed. Forense, 2009, p. 112-13). Sob o CPC/15, passa-se a admitir ação rescisória ainda que contra decisões que não sejam de mérito, na linha do que dispunha o CPC/39 (BARBOSA MOREIRA, José Carlos. *Comentários ao Código de Processo Civil – vol. V: arts. 476 a 565*, Rio de Janeiro: ed. Forense, 2009, p. 109-10), desde que subsumíveis ao § 2º do art. 966, porque em tais casos, conforme já defendia autorizada doutrina, há prejuízo com efeitos para fora do processo, a despeito de não apreciada a relação jurídica de direito material, de que é exemplo o art. 486, § 1º (YARSHELL, Flávio Luiz. Breves notas sobre a disciplina da ação rescisória no CPC 2015, In: *O Novo Código de Processo Civi1: questões controvertidas*, São Paulo: ed. Atlas, 2015, p. 158). Por fim, no art. 701, § 3º, prevê-se o cabimento da rescisória contra o mandado monitório não embargado.

17 Por exemplo, art. 159-A da Lei nº 11.101/05 (Lei de Falência e Recuperação Judicial), incluído pela Lei nº 14.112/20.

lha judicial (art. 658). A listagem continua a ser interpretada como taxativa[18], vedando-se a ampliação mesmo que por negócios processuais atípicos (art. 190)[19].

Na comparação com o CPC/73, há incisos que não sofreram nenhuma alteração substancial (incs. I, II, IV e VI) ou em que a mudança, a rigor, apenas consolida a interpretação uníssona da doutrina (inc. VIII c/c § 1º)[20]. No extremo oposto, não foi reproduzido o polêmico inc. VIII do revogado art. 485, que amparava o cabimento de rescisória para invalidar confissão, desistência ou transação, em supressão que, a princípio, faz ampliar o espectro de incidência da ação anulatória agora prevista no § 4º do art. 966 (correspondente ao revogado art. 486)[21].

---

18 Assim, v.g., THEODORO JÚNIOR, Humberto. *Curso de direito processual civil*, v. III, Rio de Janeiro: Forense, 2021, p. 705; DIDIER JÚNIOR, Fredie; CUNHA, Leonardo Carneiro da. *Curso de direito processual civil: meios de impugnação às decisões judiciais e processo nos tribunais*, v. 3, Salvador: ed. Juspodivm, 2021, p. 596. Na jurisprudência mais recente, STJ, REsp nº 1.663.326/RN, Rel. Min. Nancy Andrighi, Terceira Turma, j. em 11/02/2020, DJe 13/02/2020; e STJ, AgInt na AR nº 4.821/RN, Rel. Min. Marco Buzzi, Segunda Seção, j. em 13/03/2019, DJe 18/03/2019.

19 Pelas mesmas razões que, sob o CPC/73, reputava-se inválida autocomposição sobre o juízo rescindente, conforme BARBOSA MOREIRA, José Carlos. *Comentários ao Código de Processo Civil – vol. V: arts. 476 a 565*, Rio de Janeiro: ed. Forense, 2009, p. 195.

20 Interpretando a parte final do revogado inc. IX com o sentido de erro de fato "verificado à vista dos autos do processo", expressão que, em substância, agora consta do inc. VIII do art. 966, v. BARBOSA MOREIRA, José Carlos. *Comentários ao Código de Processo Civil – vol. V: arts. 476 a 565*, Rio de Janeiro: ed. Forense, 2009, p. 147-8.

21 Nesse sentido, entendendo que a finalidade da lei é a de "excluir a sentença meramente homologatória do campo de incidência da ação rescisória", THEODORO JÚNIOR, Humberto. *Curso de direito processual civil*, v. III, Rio de Janeiro: Forense, 2021, p. 726. Contra, defendendo que o § 4º do art. 966 "não altera o cenário normativo até então existente" e que, à luz do *caput* do art. 966, os vícios da decisão judicial de homologação devem ser impugnados em ação rescisória, cabendo a anulatória, quanto a vício no ato das partes, apenas se ausente coisa julgada, v. DIDIER JÚNIOR, Fredie; CUNHA, Leonardo Carneiro da. *Curso de direito processual civil: meios de impugnação às decisões judiciais e processo nos tribunais*, v. 3, Salvador: ed. Juspodivm, 2021, p. 549, 563 e 566-7. Sobre a controvérsia na vigência do CPC/73, BARBOSA MOREIRA, José Carlos. *Comentários ao Código de Processo Civil – vol. V: arts. 476 a 565*, Rio de Janeiro: ed. Forense, 2009, p. 141-7 e 157-167.

Dentre os incisos alterados, no atual inc. III foram acrescidas duas figuras[22]. A primeira é a coação da parte vencedora em detrimento da vencida, capaz de lhe tolher o exercício de direitos processuais e comprometer a sorte no julgamento originário, naturalmente avaliada sob a luz da disciplina desse vício de vontade nos arts. 151 a 155 do CC/02[23]. A segunda consiste na simulação entre as partes, a ser conjugada com o art. 142 do CPC/15, relativo ao processo simulado[24]. No inc. VII, por sua vez, a ampliação é significativa: em lugar da limitada menção a documento novo, admite-se a rescisão diante de "prova nova", gênero que vai além daquela espécie, mas se submetendo às mesmas balizas do diploma revogado[25].

É no inc. V que se encontram os maiores acréscimos, transparecendo o intento de incorporar críticas de longa data dirigidas ao ante-

---

22 Rejeitando, sob o CPC/73, a coação e a simulação como fundamentos de rescisão à luz do então vigente inc. III, BARBOSA MOREIRA, José Carlos. *Comentários ao Código de Processo Civil – vol. V: arts. 476 a 565*, Rio de Janeiro: ed. Forense, 2009, p. 125 e 127.

23 Nesse sentido, e frisando que a coação, no inc. III, não se confunde com o vício de vontade sobre atos de disposição do direito material, regulado pelo mencionado § 4º do art. 966, YARSHELL, Flávio Luiz. Breves notas sobre a disciplina da ação rescisória no CPC 2015, In: *O Novo Código de Processo Civil: questões controvertidas*, São Paulo: ed. Atlas, 2015, p. 164.

24 Em harmonia com a alteração, modificou-se o art. 967, III, 'b', para contemplar também a simulação na legitimidade do Ministério Público para ajuizamento de ação rescisória. E, na nova lei, regime especial ao termo inicial do prazo de decadência para ajuizamento foi dedicado às hipóteses de simulação ou de colusão, nos termos do art. 975, § 3º, limitado ao terceiro prejudicado e ao Ministério Público.

25 Na primeira parte do dispositivo, alterou-se a redação anterior, que demarcava o momento da descoberta da prova como "depois da sentença" (CPC/73, art. 485, VII), para agora "posteriormente ao trânsito em julgado". A mudança, no entanto, não altera a interpretação que há de predominar, porque, teleologicamente, a descoberta da prova deve acontecer depois do momento em que poderia ter sido validamente trazida ao processo originário. Sobre o ponto, v. THEODORO JÚNIOR, Humberto. *Curso de direito processual civil*, v. III, Rio de Janeiro: Forense, 2021, p. 722-3; CÂMARA, Alexandre Freitas. *O novo processo civil brasileiro*, São Paulo: Atlas, 2021, p. 475; e, sob o CPC/73, BARBOSA MOREIRA, José Carlos. *Comentários ao Código de Processo Civil – vol. V: arts. 476 a 565*, Rio de Janeiro: ed. Forense, 2009, p. 139-40. Nova regra específica disciplina o prazo decadencial para esse fundamento de rescisão, contados agora os dois anos da data de descoberta da prova nova, mas limitado ao máximo de cinco anos do trânsito em julgado da última decisão no processo (art. 975, § 2º).

cessor. Deixa de constar, em primeiro lugar, suposta preferência por um argumento ou elemento de interpretação, o literal[26]. Adota-se, ao invés, o advérbio "manifestamente" a qualificar a violação, que, embora vago, tende a indicar a excepcionalidade da medida[27]. Substitui-se também a expressão "disposição de lei" por "norma jurídica", fórmula a acomodar, por um lado, espécies normativas além da lei em sentido estrito, como a Constituição[28], e, de outro, avanços da teoria do direito na separação entre texto e norma[29], abarcando, assim, ofensas a regras e a princípios[30]. O dispositivo ganha ainda especial significado quando inserido no sistema de precedentes do CPC/15[31], de cujo adequado

---

26 Para a crítica sob o CPC/73, v. BARBOSA MOREIRA, José Carlos. *Comentários ao Código de Processo Civil – vol. V: arts. 476 a 565*, Rio de Janeiro: ed. Forense, 2009, p. 131.

27 Qualificando a ofensa à norma jurídica como "flagrante, teratológica" para justificar a rescisão fundada no art. 966, V, do CPC/15, v. STJ, AgInt no REsp 1.893.539/MT, Rel. Min. Marco Buzzi, Quarta Turma, j. em 07/12/2020, DJe 16/12/2020. E, não obstante a mudança, insistindo que a violação há de ser "frontal e direta, da literalidade da norma jurídica, de forma que seja possível extrair a ofensa literal do próprio conteúdo do julgado que se pretende rescindir", STJ, AgInt na AR nº 6.575/DF, Rel. Min. Antonio Carlos Ferreira, Segunda Seção, j. em 25/11/2020, DJe 01/12/2020.

28 Interpretação já firme antes do CPC/15, conforme BARBOSA MOREIRA, José Carlos. *Comentários ao Código de Processo Civil – vol. V: arts. 476 a 565*, Rio de Janeiro: ed. Forense, 2009, p. 131.

29 Sinalizando para o ponto, BARBOSA MOREIRA, José Carlos. *Comentários ao Código de Processo Civil – vol. V: arts. 476 a 565*, Rio de Janeiro: ed. Forense, 2009, p. 131. Sobre o tema, mais amplamente, v. GUASTINI, Riccardo. *Filosofia del diritto positivo: lezioni*, Torino: G. Giappichelli Editore, 2017, p. 23; e, na literatura nacional, ÁVILA, Humberto. *Teoria dos princípios – da definição à aplicação dos princípios jurídicos*, São Paulo: Malheiros, 2021, p. 50-51.

30 Nessa linha, THEODORO JÚNIOR, Humberto. *Curso de direito processual civil*, v. III, Rio de Janeiro: Forense, 2021, p. 713, reputando superada a divergência antes existente.

31 Ao que se somam os arts. 525, § 15, e 535, § 8º, que alteram o termo inicial do prazo decadencial para rescisão de decisão fundada em "lei ou ato normativo considerado inconstitucional pelo Supremo Tribunal Federal, ou fundado em aplicação ou interpretação da lei ou do ato normativo tido pelo Supremo Tribunal Federal como incompatível com a Constituição Federal, em controle de constitucionalidade concentrado ou difuso", que passa a ser "contado do trânsito em julgado da decisão proferida pelo Supremo Tribunal Federal", observando-se, quanto ao direito intertemporal, o art. 1.057 do Código.

funcionamento a rescisória é (controvertido) instrumento[32]. Para esse propósito, e de parte as nuances que cercam a Súmula nº 343 do STF[33], o § 5º do art. 966 contribui decisivamente, porque particulariza a incidência do inc. V no controle dos casos em que o precedente for indevidamente aplicado e daqueles em que seria de rigor sua aplicação[34], desde que cumprido, pelo autor, o novel requisito da petição inicial previsto no § 6º.

É sob este novo quadro de fundamentos de rescisão, em suma, que deve ser aplicada a perspectiva da causa de pedir funcionalmente fática[35].

---

32 Rejeitando o cabimento da reclamação para controle, pelo STJ, da aplicação de precedentes em recursos repetitivos, apesar do texto do art. 988, § 5º, II, do Código, na redação que lhe deu a Lei nº 13.256/16, v. STJ, Rcl nº 36.476/SP, Rel. Min. Nancy Andrighi, Corte Especial, j. em 5/2/2020, DJe 6/3/2020. No mesmo sentido, e frisando que "eventual aplicação errônea de Teses Repetitivas em casos concretos pelas instâncias ordinárias somente poderá ser corrigida pelo próprio sistema recursal, com observância dos arts. 1.030, § 2º, e 1.042 do CPC/2015, ou pela via da ação rescisória, na hipótese do art. 966, V, §§ 5º e 6º", STJ, AgInt no AgInt na Rcl 36.795/DF, Rel. Min. Ricardo Villas Bôas Cueva, Segunda Seção, j. em 02/03/2021, DJe 09/03/2021.

33 Súmula nº 343 do STF: "Não cabe ação rescisória por ofensa a literal dispositivo de lei, quando a decisão rescindenda se tiver baseado em texto legal de interpretação controvertida nos tribunais". No STF, apesar da tendência de mitigação da súmula em matéria constitucional (v.g., STF, RE nº 328.812-ED, Rel. Min. Gilmar Mendes, Tribunal Pleno, j. em 06/03/2008, DJe 02/05/2008), novas balizas para a aplicação do verbete foram fixadas no RE nº 590.809, Rel. Min. Marco Aurélio, Tribunal Pleno, j. em 22/10/2014, DJe 24/11/2014, rejeitando o cabimento de rescisória se a decisão rescindenda se apoiava, à época em que proferida, em orientação do Tribunal Pleno da Corte Suprema, ainda que posteriormente superada. No mesmo sentido, mais recentemente, STF, AR nº 2.297, Rel. Min. Edson Fachin, Tribunal Pleno, j. em 03/03/2021, DJe 21/05/2021. No âmbito do STJ, há acórdãos relativizando a Súmula nº 343 do STF se alegada, na rescisória, ofensa a orientação fixada na forma do art. 927 (STJ, REsp nº 1.655.722/SC, Rel. Min. Nancy Andrighi, Terceira Turma, j. em 14/03/2017, DJe 22/03/2017) e, em linha mais restritiva, apenas se a ofensa alegada for a súmula ou tese em recurso repetitivo (STJ, AgInt na AR nº 5.935/MS, Rel. Min. Antonio Carlos Ferreira, Segunda Seção, j. em 15/09/2020, DJe 22/09/2020).

34 Sobre este último ponto, v. THEODORO JÚNIOR, Humberto. *Curso de direito processual civil*, v. III, Rio de Janeiro: Forense, 2021, p. 713-4.

35 Mencionado no texto, o art. 5º do Código de Processo Civil italiano foi alterado pela *Legge* 353/1990 para não mais diferenciar as modificações do estado de fato e de direito sobre a competência definida à época da propositura da demanda, de modo a que nenhuma delas, salvo regra especial, repercuta sobre a *perpetuatio iurisdictionis*. Sobre o ponto, v. PISANI, Andrea Proto. *Lezioni di diritto processuale civile*, 6ª ed., Napoli: Jovene Editore, 2014, p. 265-6.

Os impactos da adequada compreensão do adágio *iura novit curia* sobre os requisitos da petição inicial da ação rescisória, sobretudo quando fundada no inc. V do art. 966, desaguam hoje no art. 321 (correspondente ao revogado art. 284). Sendo inviável, pela leitura da inicial, identificar a violação a norma jurídica em que se apoia o pedido rescindente, cumpre ao juiz intimar o autor para emendar a postulação no prazo, agora, de quinze dias, em despacho que atenda, na medida do necessário, à indicação "com precisão [d]o que deve ser corrigido ou completado" (art. 321, parte final)[36]. Persistindo a falha, o indeferimento da inicial passa a ter por base o art. 968, § 3°, primeira parte (correspondente ao revogado art. 490) c/c arts. 321, parágrafo único, e 330, IV (correspondentes aos revogados arts. 284, parágrafo único, e 295, VI). Do que se dispensa o autor, como lecionado, é precisar o inciso do art. 966 a que se amolda a causa de pedir, tarefa deixada à livre aferição judicial[37]. Nisso, porém, passa a haver relevante consequência se em jogo as alterações do termo inicial do prazo decadencial previstas no art. 975, só aplicáveis, como dito, à prova nova (§ 2°)[38] e à simulação ou à colusão (§ 3°), a recomendar que, a princípio, sejam intimadas previamente as partes na forma dos arts. 10 e 933 se da requalificação entre os incisos do art. 966 puder resultar prejuízo.

Em respeito aos limites da demanda, permanece vedado ao tribunal investigar, no julgamento de mérito, violações a normas jurídicas (inc. V) não alegadas na inicial, dada a proibição hoje proclamada no art. 141 (correspondente, com ligeiros ajustes, ao revogado art. 128),

---

36 Por vezes, a inicial, embora completa, descreve hipótese que, mesmo em tese, *não é* de ação rescisória, como, p. ex., pretendendo o reexame da prova para demonstrar a manifesta violação de norma jurídica (inc. V), ou aludindo a pronunciamento do juiz no contexto do alegado "erro de fato" (inc. VIII e § 1°), hipóteses que podem parecer fantasiosas, mas ocorrem não raro na prática forense. Nesses casos, pode o juiz indeferir a petição inicial (art. 330, § 1°, III, c./c. 968, § 3°), pela evidente inviabilidade da ação.

37 Assim, STJ, AR n° 3.484/RS, Rel. Min. Nefi Cordeiro, Terceira Seção, j. em 13/08/2014, DJe 22/08/2014; e STJ, REsp n° 352.838/SE, Rel. Min. Jorge Scartezzini, Quinta Turma, j. em 01/04/2003, DJ 16/06/2003.

38 Rejeitando, irretocavelmente, tentativa de enquadrar no inc. VII do art. 966 alegação de violação a súmula, STJ, AgInt na AR n° 6.775/DF, Rel. Min. Laurita Vaz, Terceira Seção, j. em 25/11/2020, DJe 02/12/2020.

como reconhecem doutrina[39] e jurisprudência[40]. A mesma ordem de ideias norteia os problemas da modificação da causa de pedir, condicionada, após a citação, à concordância do réu (art. 329, I e II, correspondente, neste particular, ao revogado art. 264), da litispendência e da coisa julgada (art. 337, VI e VII, §§ 1º a 3º, correspondentes ao revogado art. 301, IV e V, §§ 1º a 3º), sem prejuízo da caracterização de conexão nos termos do atual art. 55 (correspondente ao revogado art. 103), com a diretriz de julgamento simultâneo fundada no § 1º do art. 55 e no art. 58, parte final (correspondentes, no ponto, ao revogado art. 105).

No que toca à repercussão da teoria para delimitar o reexame da causa nos recursos aos tribunais superiores, sabe-se que a Constituição de 1988 bipartiu o conteúdo antes reunido no art. 119, III, 'a', da Carta de 1969, passando a atribuir ao STF o julgamento de recurso extraordinário quando a decisão recorrida "contrariar dispositivo desta Constituição" (art. 102, III, 'a') e ao STJ o julgamento de recurso especial quando "contrariar tratado ou lei federal, ou negar-lhes vigência" (art. 105, III, 'a'). Enxergado o problema nesse novo contexto, ele atinge ambos os recursos, para saber se compete a um ou outro tribunal, respectivamente, controlar a ofensa à norma constitucional ou federal invocada na rescisória julgada pelo Tribunal *a quo*.

A Corte Especial do Superior Tribunal de Justiça perfilhou, em 2011, orientação diversa da exposta no estudo ora em referência, reputando que "o mérito do recurso especial se confunde com os próprios fundamentos para a propositura da ação rescisória", logo sem se limitar à investigação da ofensa ao então art. 485, V, do CPC/73[41].

39 Com expressa adesão ao estudo em referência, na literatura recente, DIDIER JÚNIOR, Fredie; CUNHA, Leonardo Carneiro da. *Curso de direito processual civil: meios de impugnação às decisões judiciais e processo nos tribunais*, v. 3, Salvador: ed. Juspodivm, 2021, p. 597 e 618.

40 STJ, REsp nº 1.663.326/RN, Rel. Min. Nancy Andrighi, Terceira Turma, j. em 11/02/2020, DJe 13/02/2020.

41 STJ, EREsp nº 1.046.562/CE, Rel. Min. Eliana Calmon, Rel. p/ acórdão Min. Nancy Andrighi, Corte Especial, j. em 02/03/2011, DJe 19/04/2011. No mesmo sentido, STJ, EREsp nº 517.220/RN, Rel. Min. Hamilton Carvalhido, Rel. p/ Acórdão Min. Nancy Andrighi, Corte Especial, j. em 29/08/2012, DJe 23/11/2012.

Pronunciamentos recentes reafirmam essa linha já sob o CPC/15[42], com as consequências, decorrentes da premissa eleita, de reputar inadmissível recurso especial invocando violação ao art. 485, V, do CPC/73 ou ao art. 966, V, do CPC/15 se o fundamento da rescisória consiste em ofensa à Constituição[43] ou a direito local[44]. Não se pode, porém, tomar por rigorosamente firme a posição da Corte, pois em numerosas ocasiões parece ter prevalecido, mesmo após 2011, a separação entre o fundamento do recurso especial, de ofensa ao art. 485, V, do CPC/73 ou ao art. 966, V, do CPC/15, e a violação alegadamente cometida pela decisão rescindenda[45].

Por fim, quanto às referências legislativas de direito material feitas no texto, a venda de ascendente a descendente, então objeto do art. 1.132 do CC/16, hoje é expressamente tratada como anulável no art. 496 do Código Civil de 2002. Por sua vez, a regra *dies interpellat pro homine*, à época prevista no art. 960 do CC/16, atualmente figura no art. 397 do Código Civil de 2002. E, na Constituição atual, o princípio da isonomia encontra sede, dentre muitas outras manifestações, no art. 5º, *caput* e I.

---

42 Citando a decisão da Corte Especial de 2011 e afirmando que a conclusão não se altera sob o CPC/15, STJ, AgInt no AREsp nº 1609636/SP, Rel. Min. Luis Felipe Salomão, Rel. p/ Acórdão Min. Maria Isabel Gallotti, Quarta Turma, j. em 01/12/2020, DJe 01/02/2021.

43 *V.g.*, STJ, AgInt no AREsp nº 1.710.761/RS, Rel. Min. Gurgel de Faria, Primeira Turma, j. em 23/02/2021, DJe 09/03/2021.

44 *V.g.*, STJ, AgInt no AREsp nº 179.237/RS, Rel. Min. Napoleão Nunes Maia Filho, Primeira Turma, j. em 13/06/2017, DJe 23/06/2017.

45 Assim, por exemplo, STJ, AgInt no AREsp nº 1.719.932/SP, Rel. Min. Raul Araújo, Quarta Turma, j. em 08/02/2021, DJe 23/02/2021; STJ, AgInt no AgInt no AREsp nº 305.042/SP, Rel. Min. Marco Buzzi, Quarta Turma, j. em 10/04/2018, DJe de 16/04/2018; e STJ, AgInt no REsp nº 1.587.696/RS, Rel. Min. Herman Benjamin, Segunda Turma, j. em 25/10/2016, DJe 08/11/2016.

TENDÊNCIAS NA EXECUÇÃO DE SENTENÇAS E ORDENS JUDICIAIS[1]

Primeira Parte
OS PRINCÍPIOS TEÓRICOS

1. O postulado da "maior coincidência possível"

A instauração de processo judicial constitui, no comum dos casos, uma alternativa a que se recorre quando parece impossível, ou difícil, a atuação espontânea do direito. Logicamente, o objetivo do processo deveria consistir na obtenção de resultado prático que coincidisse de modo *exato* com o que se atingiria por aquele caminho natural. Não sendo isso possível, valorar-se-á o funcionamento do mecanismo processual, em todo caso, à luz da sua aptidão para produzir resultado *próximo* do ideal de coincidência. Dir-se-á, então, que o processo funciona tanto melhor quanto mais se aproximar o seu resultado prático daquele a que levaria a atuação espontânea do direito.

Uma valoração desse tipo não deve, como nenhuma outra na matéria, ser arvorada em critério absoluto. É intuitivo que a atividade da máquina judiciária tem de submeter-se a exigências de índole vária e por vezes contrastantes entre si. A conveniência de fazer chegar ao termo o processo com rapidez e sem gastos muito elevados, por exemplo, pode eventualmente pôr um freio ao impulso de exaurir todas as possibilidades de apuração completa dos fatos relevantes. Mas, com as ressalvas que se queiram fazer, a Ideia da "maior coincidência possível" conserva fundamental significação e repercute forçosamente em grande número de aspectos da problemática do direito processual. No presente trabalho vamos ocupar-nos de seus reflexos no quadro da execução das sentenças.

---

1 Relatório regional latino-americano para o colóquio da Associação Internacional de Direito Processual, realizado em Lund (Suécia), em junho de 1985. Publicado na *Revista de Processo*, v. 41.

2. Reflexos do postulado em matéria de execução de sentenças: delimitação do campo de estudo

Falando de "execução", estamos desde logo limitando o nosso campo de estudo a determinada classe de sentenças. É noção elementar a de que muitas delas esgotam por si mesmas todas as virtualidades de proteção jurisdicional, de tal maneira que, após a formação da coisa julgada, nada mais poderá pretender o litigante vitorioso, com referência àquilo que constituía o objeto do litígio. Assim ocorre, *v.g.*, quando se declara

---

Nota preliminar: Para a elaboração do presente relatório, consultaram-se leis da maioria dos países latino-americanos, obras doutrinárias (que se optou por não citar, dada a natureza do trabalho) e os relatórios redigidos por juristas latino-americanos, sobre o tema *Current Developments in the Law of Execution of Judgments,* para o VII Congresso Internacional de Direito Processual (Würzburg, 1983), cujas cópias foram gentilmente fornecidas pelo então relator geral, Prof. Carlos de Miguel y Alonso. Contou-se também com a colaboração dos Professores Aristides Rengel Romberg (Caracas, Venezuela), Gabriel Peláez Gantier (Sucre, Bolívia), Hernando Morales Molina (Bogotá, Colômbia), Hugo Allen (Asunción, Paraguai), Hugo Pereira Anabalón (Santiago, Chile), Juan Carlos Hitters (La Plata, Argentina) e Luis Torello Giordano (Montevideo, Uruguai), os quais, com a maior prestimosidade, ministraram ao relator valiosas informações sobre os ordenamentos de seus respectivos países – o que, infelizmente, não puderam fazer colegas de outras nacionalidades, igualmente consultados. Ascendendo a cerca de duas dezenas o número dos países latino-americanos, a extensão da área coberta pelo relatório afastava, à evidência, qualquer pretensão de exaustividade. A despeito, porém, de não se haver podido levar em conta a totalidade dos sistemas jurídicos dessa área, acredita o relator que as omissões, pouco numerosas, não desfiguram o relatório, nem o tornam menos representativo, sobretudo a ter-se em mente que os restantes ordenamentos, por bem conhecidas circunstâncias, decerto não se distanciam muito, em seus traços fundamentais, dos que se examinaram. Intencional foi a omissão de Cuba, cujo direito hoje integra a "família" socialista, razão pela qual se entendeu que o respectivo exame caberia ao relator incumbido desse grupo de ordenamentos. Não obstante os esforços do relator, não se pode excluir por completo a hipótese de estar desatualizada alguma referência legislativa. Unicamente sua é a responsabilidade por eventuais inexatidões ou lacunas involuntárias. Utilizaram-se as seguintes abreviaturas: Argentina: CPCCN *(Código de Procedimiento Civil y Comercial de la Nación);* Bolívia: CPC *(Código de Procedimiento Civil);* Brasil: CPC (Código de Processo Civil); Chile CPC *(Código de Procedimiento Civil);* Colômbia: CPC *(Código de Procedimiento Civil);* Costa Rica: CPC *(Código de Procedimientos Civiles);* Equador: CPC *(Código de Procedimiento Civil);* Guatemala: CPCM *(Código Procesal Civil y Mercantil);* México: CPC *(Código de Procedimientos Civiles);* Paraguai: CPMCC *(Código de Procedimientos en Materia Civil y Comercial);* Peru: CPC *(Código de Procedimientos Civiles);* Uruguai: CPC *(Código de Procedimíento Civil);* Venezuela: CPC *(Código de Procedimiento* Civil).

autêntico um documento, ou inexistente a dívida que uma das partes atribuía à outra; quando se decide que o marido não é pai da criança dada à luz pela mulher; quando se decreta o divórcio de um casal; quando se anula um testamento. Numa palavra: sempre que se trate da mera *certificação* oficial de situação preexistente, ou da modificação desta *em plano exclusivamente jurídico.*

A esses dois grupos de casos correspondem respectivamente, segundo classificação tradicional nos sistemas jurídicos de linhagem romana, as sentenças declaratórias e as sentenças constitutivas. O que existe de comum a ambas as classes é a circunstância de que não lhes sobrevive qualquer necessidade de determinado comportamento, por parte do vencido, para a satisfação do vencedor. Não surge aí, portanto, a questão de saber o que se há de fazer quando o vencido porventura não se mostra disposto a comportar-se daquela particular maneira. Ora, esse é precisamente o problema básico a que de ordinário se busca dar solução por meio da execução forçada.

Aqui nos interessa outro grupo de hipóteses, em que a decisão judicial, para atuar praticamente no mundo dos fatos, implica, em regra, repercussão *não apenas jurídica, mas física.* É o caso das sentenças a que, nos países de origem romana, se costuma dar a denominação de *condenatórias.* Suponhamos, por exemplo, que o juiz condene o réu a pagar certa soma de dinheiro, a entregar imóvel ou veículo, a construir uma casa, a abster-se de desviar curso d'água. Por si só, é evidente, a sentença não basta para proporcionar ao autor vitorioso resultado prático satisfatório, que apenas se concretizará se na verdade for paga a importância devida, ou se for entregue o imóvel ou o veículo, ou se a casa for construída, ou se o curso d'água permanecer inalterado.

Pois bem: é possível que o vencido resolva colaborar e cumpra voluntariamente a condenação. Nessa feliz eventualidade, ter-se-á logrado a "maior coincidência possível" entre a situação consequente ao processo e a que decorreria da atuação espontânea do direito. Como facilmente se compreende, subsistirá, em razão do tempo pelo qual o titular do direito ficou privado do respectivo gozo, um resíduo de discrepância; mas o direito conhece técnicas de compensação (juros, perdas e danos, correção monetária), que, bem aplicadas, podem reduzi-lo a um mínimo praticamente desprezível.

Complicam-se as coisas quando o vencido se mostra recalcitrante. Então se torna indispensável uma atividade suplementar do poder público, destinada, em princípio, a produzir aquele mesmo resultado, independentemente da colaboração do vencido, ou até contra a sua vontade. Assim se abre margem à chamada execução forçada[2].

3. Os vários tipos de execução

A atividade suplementar, que constitui a execução, assume obviamente características variáveis, conforme o teor da condenação em que se funda. Vale a pena acentuar desde já essa diversidade, porque, quando se atenta nos obstáculos que costumam erguer-se à eficácia prática da execução, facilmente se verifica que, ao lado de problemas comuns, há outros específicos, relacionados com as diferentes finalidades que se podem ter em vista.

O esquema básico poderia apoiar-se na natureza da prestação devida ao litigante vencedor. Concebe-se, com efeito, que algo *a)* lhe tenha de ser dado; *b)* haja de ser feito; c) deva impedir-se que aconteça. Na verdade, o exame das legislações revela tendência generalizada a uma parcial modificação desse esquema.

Assim, em relação à hipótese *(a)*, varia o tratamento legal da matéria, segundo o credor tenha direito a um pagamento *em dinheiro* ou ao recebimento de *outra* coisa. Tal diversificação afigura-se plenamente justificada quando se pensa que, neste último caso, existe *ab initio* a determinação (ao menos relativa) do objeto material a transferir-se do poder de uma para o de outra pessoa, de modo que, sendo ele encontrado, a atividade executiva normalmente se consuma sem maiores dificul-

2 Sabe-se que nem toda execução pressupõe uma sentença: certos créditos formalmente documentados podem autorizar o credor a requerer medidas executivas, independentemente de prévia condenação do devedor. A essa possibilidade corresponde o tipo de processo a que, nos países hispano-americanos, em geral se denomina *"juicio* (ou *proceso) ejecutivo":* Argentina: CPCCN, arts. 520 e s.; Bolívia: CPC, arts. 486 e s.; Colômbia: CPC, arts. 488 e s.; Costa Rica: CPC, arts. 425 e s.; Guatemala: CPCM, arts. 327 e s.; México: CPC para o Distrito Federal, arts. 443 e s.; Paraguai: CPMCC, arts. 398 e s.; Uruguai: CPC, arts. 873 e s.; Venezuela: CPC, arts. 523 e s. A disciplina legal apresenta certas diferenças, mais ou menos importantes, em relação à da execução de sentença. No Brasil, dicotomia análoga existia sob o regime anterior: o CPC de 1939 previa uma "ação executiva" (arts. 298 e s.), diversa da execução de sentença; o CPC vigente, de 1973, disciplina toda a matéria em conjunto, embora algumas dessemelhanças ainda se possam discernir. Este relatório visa de modo precípuo a execução *de sentença;* muito do que nele se dirá, porém, é aplicável a qualquer execução.

dades; enquanto isso, no primeiro caso, embora não seja inconcebível, é todavia improvável que se encontre nas mãos do devedor a própria soma devida, mas por outro lado, se ele tem bens diversos, de valor pecuniário, pode-se tentar utilizá-los para arranjar o dinheiro – o que implica o emprego de técnicas jurídicas peculiares, desnecessárias alhures.

Quanto à hipótese *(c)*, embora em regra constitua objeto de disposições legais formalmente distintas, a análise dos textos mostra que afinal se recai em substância na disciplina da hipótese *(b)*. A explicação é que a lei dirige os olhos, da preferência, senão com exclusividade, ao caso de já se ter descumprido a sentença, fazendo-se o que se deveria deixar de fazer; e cuida das providências destinadas a conseguir que se *desfaça* o que foi feito[3]. Ora, de ordinário, entre as duas atividades, o fazer e o desfazer *(v.g.*, erguer um muro e demoli-lo), não há diferença de natureza que impeça equiparação no tratamento legal.

4. Possibilidade de conversão

Convém assinalar que os vários tipos acima esquematizados não constituem universos hermeticamente fechados e incomunicáveis. Ao contrário: como se terá oportunidade de indicar em mais de um ponto, pode acontecer que se converta em pecuniária uma execução de natureza originariamente diversa.

Algumas hipóteses são bem conhecidas e ocorrem com relativa frequência. Condenara-se a parte vencida a entregar um veículo, mas verifica-se que ele foi destruído: a solução consiste em substituir a prestação *in natura*, tornada impossível, pelo respectivo valor em dinheiro. Impusera-se a alguém a realização de obra ou serviço; ante a recusa ou a omissão do condenado, faz-se realizar a obra ou o serviço por terceiro e cobra-se do devedor o montante das despesas.

A execução pecuniária assume, destarte, o papel de "reserva": a ela se recorre, como expediente subsidiário, quando, promovida execução de outro tipo, se esbarra em obstáculo capaz de tornar inútil ou inconveniente a insistência em perseguir o fim específico a que primitivamente se visava. E não é só. Mesmo que se continue a perseguir esse fim espe-

3 Assim o art. 642 do CPC brasileiro: "Se o devedor praticou o ato, a cuja abstenção estava obrigado pela lei ou pelo contrato, o credor requererá ao juiz que lhe assine prazo para desfazê-lo". Muito semelhante: Guatemala, CPCM, art. 339, 1ª parte.

cífico, pode subsistir a necessidade de empregar a técnica da execução pecuniária: assim, por exemplo, quando se procura influir na vontade do condenado, para induzi-lo a cumprir a condenação, nos próprios termos em que proferida, mediante a utilização de medidas coercitivas patrimoniais *(vide. infra,* Terceira Parte, n. 26), a exigência do pagamento da multa, se não atendida de maneira espontânea, forçosamente desembocará na instauração de uma execução pecuniária em face do devedor.

À luz de tais considerações, não se afigura aconselhável fazer abstração dos problemas da execução pecuniária em relatório como o presente, ainda que o interesse se concentre, de preferência, em aspectos peculiares às execuções de outros tipos. O empenho em imprimir a essas execuções maior «efetividade» não deve, ao nosso ver, desprezar a eventualidade de que se recaia, mais cedo ou mais tarde, na «reserva» comum, que por isso mantém uma relevância quando menos *potencial.* Daí termos optado por incluir no relatório o exame, perfunctório embora, das principais questões relacionadas com a execução pecuniária.

SEGUNDA PARTE
LIMITES À ATUAÇÃO DO POSTULADO DA "MAIOR COINCIDÊNCIA POSSÍVEL"

1. Espécies de limites

O postulado da "maior coincidência possível" deve atuar no sentido de imprimir à execução da sentença a aptidão para produzir resultado tendente a igualar aquele que se obteria mediante a realização espontânea do direito. A isso se contrapõem óbices de várias espécies, que fixam à atividade executiva limites de maior ou menor alcance. Alguns desses limites, longe de constituírem sintomas de uma disfunção, harmonizam-se com o ordenamento jurídico, são – por assim dizer – *queridos* por ele; decorrem da necessidade, já assinalada, de preservar valores de outra índole, também prestigiados pelo direito. Muitos limites surgem, contudo, que *não* são queridos pelo ordenamento, mas antes o contrariam. Vamos examinar adiante (n. III) como reage em face deles o direito, que atitudes toma no propósito de compensá-los ou de superá-los.

Preliminarmente, porém, cabe uma observação. Encontram-se por vezes, em leis processuais, disposições tendentes a evitar que, na atividade de execução, se cause ao devedor detrimento excessivo, ordenando, por exemplo, que entre dois ou mais possíveis meios se escolha o menos gravoso[4]. Esse *favor debitoris*, que assim se consagra, *não* se choca, em si mesmo, com o postulado da "maior coincidência possível", e portanto *não* representa limite necessário da atividade executiva, no sentido acima indicado. A aplicação das disposições em foco não deve, em princípio, diminuir a eficácia prática da execução; a opção pelo meio menos gravoso pressupõe que os diversos meios considerados sejam igualmente eficazes.

4 CPC brasileiro, art. 620. Igual inspiração no art. 535, 1ª parte, do CPCCN argentino, e no art. 498, n. I, do CPC boliviano, segundo os quais o credor não pode exigir que se apreendam determinados bens, com grave prejuízo para o devedor, se houver outros disponíveis.

2. Limites queridos pelo ordenamento

Os limites queridos pelo ordenamento podem visar a resguardar interesses de ordem patrimonial. Hoje em dia, a atividade executiva incide primariamente sobre bens, seja porque já os tenha em vista de início, seja porque se valha deles como sucedâneo da prestação originariamente perseguida. A lei, entretanto, nem sempre permite que ela atinja indiscriminadamente quaisquer bens: costuma excluir algumas classes, tornando-as imunes à execução, com a óbvia consequência de impedir a plena satisfação do credor, quando impraticável só à custa de *outros* bens. Razões várias explicam semelhantes exclusões: pode haver obstáculo legal a que os bens sejam alienados (assim, *v.g.*, os que integram o domínio público); ou se quer evitar que o devedor se veja privado do necessário para que subsista com sua família[5], ou de coisas que só para ele, por motivos personalíssimos, tenham valor apreciável[6]; ou se quer prevenir o embaraço total ou a perturbação excessiva de atividades vistas como socialmente relevantes ou merecedoras de especial reverência[7].

Outra fonte clássica de limitações é a salvaguarda da liberdade pessoal do devedor, que, de acordo com princípio firmemente arraigado em nossa tradição jurídica, não deve ser constrangido pela força a realizar a prestação. Esse ponto assume relevo particular nos casos em que o devedor está obrigado a praticar determinado ato. O princípio veda o emprego de meios físicos de coerção sobre ele: *nemo praecise ad factum cogi potest.* Nem todo uso da força, entretanto, se considera proibido: é possível em regra, *v.g.*, utilizá-la para retirar de um imóvel pessoa que, condenada a entregá-lo, dele se recusa a sair.

---

5 As leis costumam aludir a salários, roupas, provisões de alimento e combustível necessárias para certo tempo, utensílios domésticos, instrumentos de atividade profissional e similares: Brasil: CPC, art. 649, n. 11, IV e VI; Chile: CPC, art. 445, n. 1º, 2º, 9º a 13º; Colômbia: CPC, art. 684, n. 5, 10, 11, 12; Guatemala: CPCM, art. 306, n. 3º, 5º, 6º; Paraguai: CPMCC, art. 414; Peru: CPC, art. 618, n. 3º e s.; Uruguai: CPC, art. 885, n. 2º a 7º.

6 Exemplo: "o anel nupcial e os retratos de família" (Brasil: CPC, art. 649, n. III).

7 Exemplos: "os materiais necessários para obras em andamento" (Brasil, CPC, art. 649. n. VIII); "os bens destinados a um serviço que não se possa paralisar sem prejuízo do trânsito ou da higiene pública" (Chile, CPC, art. 445, n. 17º; Peru. CPC, art. 618, n. 12º); "os bens destinados a culto religioso" (Colômbia, CPC, art. 684, n. 9).

3. Limites não queridos pelo ordenamento

Voltemos agora a nossa atenção para os limites *não* queridos pelo direito, mas que *de facto* se podem deparar, e na verdade se deparam, à execução. Seria evidentemente impossível enumerá-los de maneira exaustiva; temos de cingir-nos aos tipos mais frequentes e importantes. Algumas dificuldades resultam do comportamento do devedor, que não raro se empenha em obstar à atividade executiva ou em frustrar-lhe o êxito. Outras têm causas distintas: o próprio curso do tempo já é capaz, por si só, de exercer poderosa influência negativa nesta matéria.

3.1. Na execução de condenação a pagar uma soma de dinheiro

A modalidade mais comum de execução é sem dúvida a que se destina à satisfação de crédito pecuniário. Compreensivelmente, sua estrutura apresenta certa complexidade. E rara a hipótese de encontrar-se no patrimônio do litigante vencido, em espécie, a importância mesma a que o credor faz jus. Tem-se de praticar, por isso, uma série de atos destinados a obter o numerário indispensável, em regra mediante a alienação de outros bens do devedor. Ao longo desse processo, em numerosas oportunidades costumam surgir problemas. Assim, por exemplo:

a) nem sempre se dispõe de meios cômodos para pesquisar e descobrir os bens necessários;

b) podem estes na verdade não existir, ou ser insuficientes, ou sujeitos a rápido perecimento ou depreciação;

c) o devedor pode ocultá-los ou resistir à respectiva apreensão;

d) pode ainda o devedor transferi-los a terceiro, para subtraí-los à execução;

e) é possível que a alienação forçada não conduza a resultado compensador, por ineficiência dos mecanismos incumbidos de efetuá-la, ou em virtude de manobras tendentes a satisfazer interesses escusos;

f) nos países de economia inflacionária, como tantos da América Latina, em que o poder aquisitivo da moeda decresce de maneira contínua, o produto da execução, obtido ao fim de certo tempo, ainda quando nominalmente iguale o crédito, já não representa valor idêntico.

3.2. Na execução da condenação a entregar uma coisa

Tem estrutura mais simples, em princípio, a execução de sentença que condena o devedor a entregar uma coisa. Ela normalmente se realiza pela apreensão da coisa e subsequente entrega ao credor, ou mediante a imissão deste na respectiva posse, consoante se trate, respectivamente, de móvel ou de imóvel. Os principais obstáculos consistirão:

a') em não se encontrar a coisa, ou encontrar-se deteriorada;

b') na resistência do devedor ao desapossamento;

c') em haver sido a coisa alienada a terceiro.

3.3. *Na execução da condenação a praticar ato ou a abster-se dele*

Quando a execução visa à prática de ato, o problema capital intuitivamente se origina *(a")* da relutância do devedor em realizá-lo, embora também se conceba *(b")* que a realização se torne impossível por fato superveniente, independente da vontade do devedor. Nas condenações à abstenção, analogamente, há o risco *(c")* de que o vencido faça (ou continue a fazer) aquilo de que deve abster-se; se a execução passa a tender ao desfazimento, recai-se na hipótese *(a")*.

3.4. *Hipóteses de conversão*

Sob certas circunstâncias, as espécies de execução indicadas em 3.2 e 3.3 podem converter-se em execução pecuniária. Caso isso aconteça, ficarão elas também, naturalmente, sujeitas a percalços como os arrolados em 3.1.

TERCEIRA PARTE
A REAÇÃO DO ORDENAMENTO DIANTE DOS LIMITES NÃO QUERIDOS

1. Espécies de reação

De modo geral, esforçam-se as leis por encontrar remédios para os limites *de facto,* não queridos pelo ordenamento jurídico. A reação legal contra eles pode assumir duas formas capitais.

Consiste a primeira em tentar superá-los: aqui tomam lugar as providências, de teor muito variável, ordenadas a conseguir que a execução, apesar dos óbices, atinja o fim específico a que de início tendia. Visa a segunda, tão somente, a compensá-los: o direito renuncia a proporcionar ao credor a utilidade mesma a que ele fazia jus, oferecendo-lhe *outra* em contrapartida.

Ocioso frisar que só a primeira forma de reação pode mostrar-se capaz, em certa medida, de atender, ao princípio da "maior coincidência possível". Na segunda, busca-se substituir a prestação originária por um "equivalente pecuniário": assim, *v.g.,* nas hipóteses de impossibilidade de entrega da coisa devida[8], por perecimento ou por outro motivo, ou – com as importantes ressalvas que abaixo se farão – nas de recusa à prática do ato a que o devedor se obrigara[9]. Ela encerra, na verdade, a confissão da impotência da lei para assegurar a consecução do objetivo primário a que se visara. Sem dúvida, o "equivalente pecuniário" é melhor que nada; entretanto, fora do âmbito puramente patrimonial, e em determinados casos até dentro dele, a solução revela-se muito insatisfatória.

2. As reações tendentes à superação dos limites

Passamos agora a examinar algumas possibilidades de superação dos limites não queridos pelo ordenamento, com referência aos diversos problemas arrolados em 3.1, 3.2 e 3.3.

---

8 Argentina: CPCCN, art. 515, 2ª parte; Brasil: CPC, art. 627; Chile: CPC, art. 235, 2ª alínea; Costa Rica: CPC, art. 997, 2ª parte; Paraguai: CPMCC, art. 490; Uruguai: CPC, art. 509, *fine;* Venezuela: CPC, art. 449, 3ª parte.

9 Argentina: CPCCN, art. 513; Brasil: CPC, art. 633; Guatemala: CPCM, art. 337; Uruguai: CPC, art. 509, *fine.*

2.1. Na execução da condenação a pagar uma soma de dinheiro

a) A pesquisa de bens do devedor vale-se, basicamente, dos registros públicos, dos quais em princípio devem constar os imóveis e certos móveis (navios, aeronaves, veículos automotores em geral), mas que quase sempre padecem de graves imperfeições. Em geral, é possível solicitar informações, por meio do juiz, a repartições públicas (fiscais, por exemplo) e a outras instituições, como bancos[10]. A lei pode atribuir ao devedor a obrigação de indicar ao juiz onde se encontram os bens sujeitos à execução, cominando sanção para o caso de descumprimento[11]. Pode ainda submetê-lo a uma proibição genérica de vender ou onerar seus bens, providência que ficará sem efeito se o devedor indicar bens ou prestar caução bastante[12].

b) A inexistência de bens é, naturalmente, óbice insuperável à execução; a insuficiência é suscetível de acarretar a sujeição do devedor a este ou àquele tipo de execução coletiva (falência, insolvência civil, concurso de credores). A proibição geral de vender ou onerar é também aplicável na hipótese de serem presumivelmente insuficientes os bens apreendidos na execução[13]. Para conjurar o risco do rápido perecimento ou depreciação, pode-se autorizar a alienação antecipada, logo depois de apreendido o bem, com dispensa, ao menos parcial, das formalidades habituais [14].

c) À ocultação dos bens é possível obstar pela utilização oportuna de medidas cautelares de apreensão, decretáveis, sob certas condições, sem audiência prévia do devedor, e antes mesmo de instaurado o processo em que se pleiteia a respectiva condenação *(a fortiori,* antes de ini-

---

10 O sigilo bancário pode constituir entrave sério. No Uruguai, por exemplo, a Lei n. 15.322, de 17-9-1982, dificultou notavelmente o descobrimento de depósitos bancários, limitando a viabilidade de tais informações à matéria penal e à de alimentos.

11 Segundo o art. 600, n. IV, do CPC brasileiro, a recusa do devedor constitui ato "atentatório à dignidade da justiça"; e, se nele perseverar, a despeito de advertido pelo juiz, o devedor será proibido de praticar qualquer ato no processo, enquanto não lhe for relevada a penalidade, mediante o compromisso de não reincidir e a prestação de fiança (art. 601).

12 Exemplo: Argentina: CPCCN, arts. 228 e 534.

13 Exemplo: Argentina: CPCCN, arts. 228 e 534.

14 Exemplos: Brasil: CPC, art. 670, n. I; Chile: CPC, art. 483; Venezuela: CPC, art. 483.

ciada a execução)[15]. Existem disposições legais expressas que declaram sujeitos à execução os bens do devedor em poder de terceiro[16]. Contra a eventual resistência do devedor à apreensão de bem que esteja em seu próprio poder, é utilizável a força policial, e os agentes da execução podem ser autorizados, às vezes com base em textos igualmente expressos[17], a arrombar as portas da casa, assim como móveis e gavetas onde presumivelmente se encontrem os bens. Não fica excluída a eventualidade de sanção criminal para o devedor recalcitrante.

d) Para atalhar a manobra do devedor consistente em alienar o bem a terceiro, a fim de subtraí-lo à execução, mais de um remédio pode ser empregado. Em regra, as medidas cautelares de apreensão, a que já se aludiu, acarretam restrição à validade ou à eficácia de eventuais atos de disposição dos bens apreendidos, e são consignadas em registros públicos, para conhecimento geral. Mas a lei pode ir além, *v.g.*, tomando ineficazes perante o credor, sob certos pressupostos, e independentemente de qualquer apreensão antecedente, as alienações feitas pelo devedor, de tal sorte que, embora os bens alienados se transfiram para o patrimônio do adquirente, continuam sujeitos à execução, como se continuassem a pertencer ao devedor, sem necessidade, para o credor, de intentar previamente ação para anular os atos de disposição[18]. Sanções criminais também costumam ser cabíveis neste contexto.

e) Extremamente embaraçosas são certas dificuldades relacionadas com o mau funcionamento do mecanismo da alienação forçada dos bens apreendidos na execução, cujo produto é, quase sempre, muito menos satisfatório do que faria presumir o valor dos bens. As leis esforçam-se por assegurar a divulgação ampla da hasta pública e costumam estabelecer limite mínimo para as ofertas, a fim de evitar que a aquisição se faça por preço vil; mas esse limite é fixado à luz da avaliação do bem,

---

15 *"Embargo preventivo"*, na terminologia hispano-americana (Argentina: CPCCN, arts. 209 e s.; Costa Rica: CPC, arts. 172 e s.; Paraguai: CPMCC, arts. 378 e s.; Uruguai: CPC, arts. 828 e s.; Venezuela: CPC, art. 376); *"arresto"* (ou, com menor frequência, *"embargo")*, na brasileira (Brasil: CPC, arts. 637 e s., 813 e s.).

16 Exemplo: Brasil: CPC, art. 592, n. III.

17 Exemplo: Brasil: CPC, arts. 660 e 661.

18 Assim ocorre, no direito brasileiro, com as alienações praticadas "em fraude de execução"; por exemplo: se, no curso do processo em que o credor pleiteia a condenação do devedor ao pagamento da dívida, este se desfaz de bens de sua propriedade em medida suficiente para reduzir-se à insolvência (CPC, art. 593, n. 11).

e pode diminuir se não se consegue aliená-lo na primeira tentativa [19]. A própria avaliação, observe-se, frequentemente não corresponde à realidade, o que explica a existência de disposições que autorizam o juiz, se a considerar demasiado baixa, a fixar outro limite[20]. Mais difíceis de resolver são os problemas ligados às manipulações a que se presta, na prática judiciária, a sistemática da alienação forçada, sob a pressão de interesses ilegítimos: os poderes de fiscalização do juiz, na matéria, quando suficientes *de iure,* são muitas vezes insuficientemente exercidos *de facto.*

f) Para eliminar ou atenuar o fator de perturbação constituído pela contínua depreciação da moeda, vem-se recorrendo em alguns países[21] a técnicas de atualização ou correção do valor nominal dos créditos, inclusive no curso da execução, de acordo com índices que - ao menos teoricamente - devem assegurar ao credor adequada compensação.

Certas variantes do procedimento habitual podem contribuir para afastar ou mitigar uma parte dos percalços acima referidos. Assim, por exemplo, quando, permitindo-o a lei, o credor concorda em ser pago com o próprio bem apreendido, ou com os rendimentos que venham a produzir, até o montante do crédito[22]; torna-se naturalmente supérflua, num caso e noutro, a série de operações destinadas à transformação do bem em dinheiro.

Também pode simplificar-se a execução pecuniária quando, em vez de incidir sobre bem corpóreo, recaia em crédito do devedor contra terceiro. Normalmente, este ficará obrigado a pagar em juízo a quem esteja promovendo a execução. Modalidade que se utiliza com grande frequência, sobretudo nas execuções de dívidas alimentares, é a consistente em habilitar o credor a receber as prestações a que faz jus diretamente do terceiro de quem o devedor recebe pagamentos periódicos (órgão público de que seja empregado, locatário de imóvel de sua propriedade etc.)[23].

19 Na Venezuela, *v.g.,* inicialmente o limite mínimo é a metade do valor estimado do imóvel *("justiprecio"),* reduzindo-se a dois quintos na segunda hasta pública (CPC, art. 489).

20 Exemplo: Argentina: CPCCN, art. 578, 5ª alínea.

21 *V.g.,* Uruguai (Lei n. 14.500, de 8-3-1976); Brasil (Lei n. 6.899, de 8-4-1981).

22 As duas possibilidades existem, por exemplo, no direito brasileiro, sob as denominações de "adjudicação" e "usufruto de imóvel ou de empresa" (CPC, arts. 714-715 e 716 e s., respectivamente).

23 Exemplos: Brasil: CPC, art. 734, e Lei n. 5.478, de 25-7-1968, art. 17; Equador: CPC, art. 784; Uruguai, *Código del Nino,* arts. 214-215 (literalmente rela-

2.2. *Na execução da condenação a entregar uma coisa*

a') Para evitar a ocultação, pode o credor utilizar-se, aqui também, de medidas cautelares de apreensão, com características análogas às aludidas em 2.1. *(c)*[24]. Não sendo encontrada a coisa, a única solução possível é a conversão da execução em pecuniária, pelo valor do bem, acrescido de eventuais perdas e danos[25]. Igual disciplina pode ser aplicável à hipótese de encontrar-se deteriorada a coisa, e por isso já não interessar ao credor.

b') A resistência do devedor é suscetível de acarretar as mesmas consequências indicadas acima, em *2.1.(c)*.

c') A alienação do bem a terceiro, pelo devedor, é neutralizável por meio de disposições legais que declaram ineficaz o ato perante o credor, a quem permanece aberta a possibilidade de reclamar a coisa, mesmo transferida ao patrimônio do terceiro. Semelhante ineficácia pode resultar de medida cautelar de apreensão ou de providência de outro tipo, como a anotação do processo relativo ao bem no registro próprio, se houver[26]. Pode também decorrer da pura circunstância de ter-se alienado a coisa já no curso de ação fundada em propriedade ou em outro direito real, independentemente de qualquer medida prévia e de sentença anulatória do ato[27].

---

tivos só aos alimentos devidos a menores, mas aplicados pela jurisprudência a outros casos).

---

24 *Secuestro* (em espanhol), *sequestro* (em português): Argentina: CPCCN, art. 221; Bolívia: CPC, art. 162; Brasil: CPC, arts. 822 e s.; México: CPC para o Distrito Federal, arts. 235, n. II, e 243 e s.; Uruguai: CPC, arts. 828 e s.; Venezuela: CPC, art. 375, 1º.

25 Argentina: CPCCN, art. 515; Brasil: CPC, art. 627; Chile: CPC, art. 235, 2ª; Costa Rica: CPC, art. 997, 2ª parte; Equador: CPC, art. 476, La parte, *fine;* Guatemala: CPCM, art, 336, 2ª parte; México: CPC para o Distrito Federal, art. 525, 3ª parte; Paraguai: CPMCC, art. 490; Uruguai: CPC, art. 509; Venezuela: CPC, art. 449, 3ª parte.

26 Exemplo: Guatemala: CPCM, art. 526.

27 Assim no direito brasileiro, que considera tal ato praticado em "fraude de execução" (CPC, art. 593, n. I), à semelhança do caso aludido em a nota 17 *supra.* Abre a lei ao credor, porém, a alternativa de requerer a conversão da execução em pecuniária, para haver o valor da coisa com perdas e danos, em vez de reclamá-la do terceiro adquirente (CPC, art. 627).

2.3. Na execução da condenação a praticar um ato

Em se tratando de condenação a fazer algo, a recalcitrância do devedor constitui óbice à primeira vista intransponível, desde que se observe, como de modo geral sucede, o tradicional princípio que veda o constrangimento do devedor à prática do ato, mediante o emprego de violência pessoal[28]. Ter-se-ia então de recorrer, sempre, à alternativa da conversão da execução específica em execução pecuniária por perdas e danos.

Em muitos casos, contudo, o que na verdade interessa ao credor é o resultado prático de uma atividade que pode satisfazê-lo, indiferentemente, quer seja realizada pelo próprio devedor, quer por terceiro (conserto de um veículo, transporte de uma mercadoria, construção de um muro, desobstrução de uma vala etc.). Em tais hipóteses, abre-se o caminho para a realização da "maior coincidência possível", mandando-se fazer por terceiro, à custa do devedor, a obra ou o serviço. As leis, em regra, deixam ao credor a escolha entre as duas vias: execução específica às expensas do devedor ou resolução em perdas e danos[29].

2.4. No caso especial da condenação a emitir declaração de vontade

Merecedor de atenção especial é o caso de haver-se alguém obrigado a emitir declaração de vontade, ou particularmente a celebrar contrato. Na hipótese de recusa ao cumprimento, a solução clássica era a de reconhecer ao credor mero direito ao ressarcimento dos danos; não se admitia a execução específica, vista como incompatível com a preservação da liberdade pessoal do devedor.

Longa e às vezes acidentada evolução vem conduzindo a outra atitude bom número de ordenamentos jurídicos. Com largueza crescente, abre-se ao credor, sob determinadas condições, a possibilidade de obter, por meio do juiz, resultado idêntico ao que adviria do cumprimento espontâneo da obrigação. Tal possibilidade, hoje consagrada em vários

28 Em alguns países, há regras expressas nesse sentido: *v.g.*, Bolívia *(Código Civil*, art. 1.466).

29 Argentina: CPCCN, art. 513; Brasil: CPC, art. 633; Guatemala: CPCM, art. 337; México: CPC para o Distrito Federal, arts. 517, n. II, e 518; Paraguai: CPC, art. 488; Uruguai: CPC, art. 507.

textos legais expressos, é reconhecida por decisões judiciais em países que não os têm[30].

Varia a maneira pela qual se atinge o fim alvejado. Na maioria dos países hispano-americanos que aceitam a exequibilidade específica nesta matéria, se o órgão judicial conclui que o réu está na verdade obrigado à celebração do contrato, condena-o a outorgar a escritura dentro de certo prazo, findo o qual, na omissão do condenado, o próprio juiz a outorga em seu lugar[31]. O direito brasileiro prefere atribuir à sentença que dê ganho de causa ao credor, pura e simplesmente, efeito igual ao da escritura, que assim se torna supérflua; quando se haja de proceder a algum registro – como nos casos de alienação de imóveis –, a própria sentença constitui o título registrável[32].

2.5. Nos casos em que a obrigação só pode ser cumprida pelo próprio devedor (meios de coerção)

Nas hipóteses consideradas em 2.3 e 2.4, trata-se de superar os limites à efetividade da execução *prescindindo* da colaboração do devedor: busca-se atingir por outra via, que o dispense da atividade recusada, o resultado que se tem em vista. Tal expediente mostra-se impraticável, porém, quando a obrigação só pode ser cumprida pelo próprio devedor, seja em razão de qualidades inerentes à sua pessoa (exemplos: pintor famoso a quem se encomendou um quadro; músico célebre que se contratou para dar um concerto), seja por força de circunstâncias particulares que façam impossível, jurídica ou até materialmente, a prestação por outrem que não o obrigado; pense-se, *v.g.*, em ato que apenas ao devedor a lei permite praticar, em serviço público de que é exclusiva concessionária certa empresa, em informação que ninguém senão o devedor está

---

30 *V.g.*, Venezuela. Noutros, a lei veio a chancelar anteriores práticas jurisprudenciais: foi o que se deu na Argentina.

31 Exemplos: Argentina: CPCCN, art. 512; Chile: CPC, art. 532; Colômbia: CPC, art. 501, 1ª alínea; Costa Rica: CPC, art. 991; Guatemala: CPCM, art. 338; México: CPC para o Distrito Federal, art. 517, n. III; Uruguai: Lei n. 8.733, de 17-6-1931 (quanto às promessas de venda de imóveis), e Lei n. 14.433, de 30-9-1975 (com relação às promessas de alienação de estabelecimentos comerciais).

32 Decreto-Lei n. 58, de 10-12-1937, art. 16, § 2º (para os compromissos de compra e venda de lotes de terra); CPC, arts. 439 a 441; Lei n. 6.766, de 19-12-1979, art. 27, § 3º (sobre loteamentos urbanos). Assim também se procede na Venezuela, por construção jurisprudencial, no silêncio da lei.

em condições de dar etc. Participam dessa natureza todas as obrigações negativas, em que necessariamente se pretende *do obrigado mesmo,* e não de qualquer outra pessoa, que guarde a abstenção devida.

Não sendo possível aí substituir pela alheia a atividade do devedor, pode-se entretanto, sem dúvida, substituir por outra a prestação devida: ainda uma vez, a solução clássica é a de converter a execução específica em execução pecuniária pelo valor das perdas e danos. Mas também se pode exercer pressão sobre a vontade do devedor, a fim de compeli-lo a colaborar. Semelhante método implica o emprego de medidas coercitivas, que não têm nem a natureza de penalidade, nem - ainda quando consistam em imposição de pagamento - a de prestações tendentes à reparação do dano sofrido pelo credor.

O uso dos meios de coerção, importa ressalvar, nem sempre se vê limitado pelas leis aos casos de obrigação do tipo de que estamos cuidando. Ele se estende, por vezes, até a hipóteses de execução *originariamente* pecuniária: serve de exemplo a possibilidade de decretar-se a prisão do devedor de alimentos, em atraso no pagamento das prestações[33]. *A fortiori,* pode a lei admiti-lo em caráter geral para a execução de obrigações de fazer, sem distinguir entre as de "prestação fungível" e as de "prestação infungível". É claro, no entanto, que o âmbito destas últimas constituirá sempre o campo de eleição de semelhantes providências, nas quais repousa aí a única esperança de promover-se a "maior coincidência possível" entre o resultado da execução e o que produziria a espontânea realização do direito.

2.6. Espécies de medidas coercitivas

Concebe-se em tese que as medidas coercitivas incidam sobre a própria *pessoa* do devedor ou sobre o seu *patrimônio.* Na realidade, em razão de uma difundida repulsa ao emprego de medidas privativas da liberdade por causa de dívidas - a qual tem inspirado até proibições em nível constitucional[34] -, é geralmente restrito o espaço que se abre à coerção pessoal nesta matéria. Não se trata, contudo, de fenômeno

33 No direito brasileiro: Lei n. 5.478, de 25-7-1968, art. 19: CPC, art. 733, §§ 1º a 3º.

34 No Brasil, *v.g.,* a Constituição da República, art. 153, § 17, preceitua: "Não haverá prisão civil por dívida, multa ou custas, salvo o caso do depositário infiel ou do responsável pelo inadimplemento de obrigação alimentar, na forma da lei".

inexistente: aqui e ali, disposições legais autorizam o órgão judicial a mandar prender o devedor por certo prazo, com a finalidade de constrangê-lo ao cumprimento da obrigação[35].

São mais importantes as medidas coercitivas de índole *patrimonial*, do gênero das *astreintes* francesas, consistentes em multas que o juiz pode cominar ao devedor, para forçá-lo a praticar um ato, ou a abster-se dele, conforme o caso. Elas vêm ganhando terreno, nestes últimos tempos, no direito latino-americano, em parte por obra da jurisprudência, que as têm consagrado, às vezes, mesmo na ausência de texto expresso, e cuja experiência o legislador depois recolhe[36]. A disciplina da matéria é variável neste ou naquele ponto: *v.g.*, a imposição da multa pode depender ou não de pedido do credor[37]. Há, contudo, aspectos necessariamente constantes; por exemplo: se bem que possam diferir os critérios estabelecidos para a determinação do respectivo *quantum*[38], é fora de dúvida que a multa, por sua função coercitiva e não reparatória, não tem de guardar equivalência com o dano porventura causado ao credor. Outro ponto capital é a fluência progressiva e, em princípio, ilimitada da multa, enquanto subsista o descumprimento da obrigação, sem prejuízo da possibilidade de determinar-se o reajuste, ou mesmo a cessação, sob determinadas circunstâncias[39].

---

35 *V.g.*, no Chile: CPC, arts. 238 e 543; Lei n. 14.908, de 5-10-1962, art. 15 (relativo às dívidas de alimentos; cf., para esta hipótese, os textos legais brasileiros citados na nota 32).

36 Quer na Argentina, quer no Uruguai, "inspiraram-se em precedentes jurisprudenciais as disposições que agora preveem as aludidas providências: CPCCN argentino, arts. 37 e 513, 2ª alínea; Lei uruguaia n. 14.978, de 4-12-1979. Além desses dois países, o Brasil igualmente acolheu as medidas em foco no seu novo CPC, arts. 644-645. O CPC chileno, arts. 238 e 543, também alude a multas de caráter coercitivo.

37 No primeiro sentido, o CPC brasileiro, art. 644 ("... o credor *poderá pedir* que o devedor seja condenado a pagar uma pena pecuniária por dia de atraso no cumprimento... "); diversamente, no Uruguai, a Lei n. 14.978, cujo art. 1º é expresso em dispor que a multa é imponível "de ofício ou a requerimento da parte".

38 O art. 37 do CPCCN argentino refere-se à situação econômica de quem haja de pagar a multa; a Lei uruguaia n. 14.978 ordena que se levem em conta, além de tal elemento, a finalidade de "estímulo ao cumprimento" e a "demora deste". O CPC brasileiro silencia acerca da questão, deixando a graduação do montante à discrição do juiz.

39 Tal possibilidade é prevista em termos expressos no art. 37 do CPCCN argentino e no art. 1º, n. 3, da Lei uruguaia n. 14.978.

QUARTA PARTE
APRECIAÇÃO CRÍTICA E DISCUSSÃO DE ALGUNS PROBLEMAS ESPECÍFICOS

1. Situação geral do direito latino-americano

A disciplina legal da execução forçada singular na América Latina não tem experimentado, nos últimos anos, grande número de modificações que lhe renovem a substância. As mais significativas não dizem respeito, em todo caso, à execução *de sentenças,* mas à de outros títulos[40].

Em regra, o procedimento executivo é complicado e moroso, sobretudo na execução para cobrança de crédito pecuniário, quando há necessidade - e é o que ordinariamente acontece - de apreender bens corpóreos do devedor a fim de obter, com a respectiva alienação, numerário suficiente para o pagamento do credor. Encontram aí terreno particularmente favorável as manobras da chicana.

Ponto merecedor de realce é a inexistência de uma diversificação mais acentuada de modelos legais para o procedimento executivo. Os ordenamentos dispõem de alguns padrões mais ou menos rígidos, aos quais, em princípio, se tem de recorrer, fazendo abstração de peculiaridades do caso, que poderiam tornar aconselhável a adoção de variantes. Basta pensar, por exemplo, na grande variedade de que é capaz de revestir-se o objeto das condenações não pecuniárias, em campos como o do direito de família, o da proteção do meio ambiente, o dos direitos do consumidor e outros cuja importância vai aumentando com a própria evolução das condições socioeconômicas e com o crescente "impacto de massa" de certos fenômenos.

Não costumam as leis preocupar-se em estabelecer regulamentação específica para o modo de fazer cumprir decisões e ordens judiciais referentes a situações que se distanciam dos modelos "clássicos". A constante criação de novas formas de tutela jurisdicional, para atender a necessidades de nosso tempo, praticamente não repercute no âmbito da execução, em que permanece reduzido o número de "procedimentos

40 É o caso do Uruguai, com a Lei n. 13.355, de 17-8-1965, que deu nova estrutura ao *juicio ejecutivo,* e do Brasil, com o Código de Processo Civil de 1973, que justamente equiparou à execução de sentença, com certas ressalvas, a de títulos extrajudiciais.

especiais", e até o de disposições que simplesmente contemplem em termos expressos a possibilidade de amoldar os esquemas legais às variáveis características dos litígios concretos. De certa maneira, parece mais difícil na execução do que alhures apagar nos instrumentos processuais as marcas de uma concepção tradicional, que reduzia toda a complexidade dos conflitos de interesses à rígida contraposição "credor x devedor".

2. Alguns pontos específicos

Visto que o presente relatório se ocupa de questões referentes *à execução,* e não às modalidades de proteção previstas no *direito substantivo,* descabia passar em revista os possíveis conteúdos de decisões e ordens que aos órgãos judiciais é lícito proferir, e cuja extrema diversidade certamente exclui enumeração exaustiva. Afigura-se oportuno, porém, apontar alguns tópicos de particular delicadeza.

Assim, por exemplo, no direito de família, se disposições específicas cuidam de assegurar a efetividade das decisões concessivas de pensões alimentícias (cf. Terceira Parte, n. 2.1. f, *fine*), o mesmo não acontece quanto a pronunciamentos judiciais atinentes a relações pessoais – *v.g.,* o que decreta a "separação de corpos" entre os cônjuges, ou ordena que se confie a outrem menor sob a guarda dos pais, ou de um deles. Decisões desse tipo, quando não voluntariamente cumpridas, geram problema difícil de resolver. Por um lado, é óbvio que não há cogitar de "sucedâneos": inexiste aí, por exemplo, uma alternativa de ordem pecuniária. Por outro lado, bem se compreendem os efeitos traumatizantes que é capaz de provocar a execução específica, com o eventual emprego de força policial para vencer possíveis resistências. Corre-se às vezes o risco de causar males mais graves do que aqueles que a sentença visava a prevenir ou remediar. No atual estádio do direito, não parece haver aí solução inteiramente satisfatória.

Análoga em parte é a problemática que se depara noutros campos, como o da proteção do meio ambiente, dos interesses dos consumidores e dos direitos da personalidade (honra, imagem, nome, segredo, preservação da intimidade). Nessa e noutras matérias, com efeito, também se faz sentir de maneira aguda a inadequação de expedientes "substitutivos". Nenhuma compensação pecuniária contrabalança de modo adequado a destruição da paisagem, a poluição de curso d'água, a omissão em adotar medidas de segurança contra produtos perigosos para a saúde, a divulgação indevida de escritos íntimos ou fotografias indiscretas. Mas o aparelho judicial encontrará em regra consideráveis dificuldades em fazer cumprir especificamente os seus pronunciamentos, sobretudo no caso de deveres de abstenção, o qual constitui exemplo clássico de precariedade de meios executivos.

Gênero diverso de questões, igualmente suscetível de configurar-se com certa frequência, liga-se à possibilidade de que a execução forçada da sentença, viável embora, entre em choque com algum interesse público ou coletivo de grande relevância. Condenou-se uma empresa, *v.g.*, a cessar determinada atividade, de que se originavam efeitos poluidores; a cessação, por sua vez, é todavia capaz de gerar consequências nocivas, do ponto de vista econômico e social, para vasto círculo da população. No Brasil, o anteprojeto em que se baseou o novo Código de Processo Civil continha ao propósito disposição expressa (art. 645), onde se autorizava o juiz, em casos tais, a suspender temporariamente a execução, enquanto o exigisse o interesse público; semelhante regra, porém, foi suprimida na elaboração do projeto definitivo e não figura no Código, se bem que não seja inconcebível aplicar, em emergências desse tipo, norma que genericamente preveja a suspensão do processo por motivo de força maior.

Algumas das precedentes observações põem em relevo um paradoxo. Se em geral o grande problema consiste em tentar vencer as dificuldades que se opõem à execução, certas vezes é a própria execução que suscita dificuldades... Não foi à toa que se sublinhou, ainda no início deste relatório (Primeira Parte, n. 1), a relatividade do próprio postulado da "maior coincidência possível".

3. Tendência a ampliar o âmbito da execução específica

Sem prejuízo do que se acaba de observar, o sentido predominante em que se tem procurado caminhar é o do aumento da "efetividade" da execução. Um dos aspectos mais importantes dessa evolução reside sem dúvida na tendência a ampliar o âmbito de admissibilidade da execução *específica,* ordenada a proporcionar ao credor aquilo mesmo a que se reconheceu ter ele direito, e não mero "sucedâneo".

Oportunamente (Terceira Parte, n. 2.4) se assinalou o progresso de semelhante orientação, nos últimos decênios, por obra da lei ou da jurisprudência, em matéria de obrigação a emitir declaração de vontade, e muito especialmente no campo das promessas de contrato (ou contratos preliminares). Essa espécie de obrigação inclui-se por natureza entre as de prestação infungível, pois em princípio só o devedor, e não um terceiro, pode declarar a sua própria vontade. Há, todavia, um ponto comum com as obrigações de prestação fungível: o interesse do credor não se dirige à atividade do devedor, considerada em si mesma, senão ao *resultado* dela, isto é, à produção do *efeito* que de tal atividade resultaria; unicamente ocorre que o efeito, aqui, é *jurídico,* em vez de *material.* Para dizer de modo diverso: o que o credor quer conseguir – e isso o satisfará por completo – é a formação de situação jurídica igual à que surgiria se o devedor cumprisse espontaneamente a obrigação. Daí a possibilidade de proporcionar-se ao credor o benefício especificamente visado, e não apenas uma vantagem substitutiva, representada pelo equivalente em dinheiro da prestação devida.

Das técnicas utilizáveis para alcançar esse fim, afigura-se preferível a de atribuir à sentença mesma a virtude de produzir efeitos idênticos aos da declaração de vontade não emitida. Atinge-se o alvo com maior simplicidade do que fixando ao devedor prazo para emitir a declaração, sob pena de fazê-lo o juiz em seu lugar. Dispensa-se, mesmo, a lavratura de instrumento *(v.g.,* escritura pública de compra e venda). Desde que a sentença transite em julgado, a situação das partes equipara-se à que existiria se a declaração fosse emitida, com satisfação de todos os seus requisitos de validade. Conforme se explicou, havendo necessidade de registro – por exemplo, se se trata de compra e venda de imóvel –, a própria sentença servirá de título. Note-se que, a rigor, não se realiza nesse caso atividade de execução, propriamente dita: a sentença é, por assim dizer, "autoexecutável".

4. Medidas coercitivas

As medidas coercitivas de ordem pessoal ficam – e provavelmente continuarão a ficar – reservadas para casos excepcionais, como o das dívidas de alimentos. Em compensação, tendem a ver-se consagradas com largueza crescente as de ordem patrimonial, do tipo das *astreintes* (cf. Terceira Parte, n. 2.6). Seu campo de aplicação por excelência é o das obrigações com prestação infungível: ainda quando não vedado o respectivo emprego fora dele, é intuitivo que, se se mostra possível proporcionar ao credor, sem a colaboração do devedor, o resultado prático que lhe interessa, não há tanta necessidade de exercer pressão sobre a vontade do segundo, para que cumpra ele mesmo a obrigação.

Assim, *v.g.*, inexistirá razão para que se recorra a esta técnica, quando o credor pode obter por meio indireto a satisfação específica do seu direito, conforme acontece nas hipóteses de que se cuidou no item anterior (n. 3). Resta, porém, grande variedade de condenações a fazer, em que não se configura igual possibilidade, sem falar nas condenações a não fazer, para as quais é relevantíssimo o auxílio das medidas em foco.

A profícua utilização das multas coercitivas reclama certa flexibilidade no respectivo manejo. Alguma discrição deve reconhecer-se ao juiz, a quem caberá buscar o justo ponto de equilíbrio entre o interesse na "efetividade" da execução e a necessidade de não onerar o devedor além da medida razoável. Parece mais conveniente, de um lado, permitir a imposição *ex officio* do que subordiná-la ao pedido do credor; de outro, deixar para o próprio momento da execução, em que se poderá avaliar com segurança a situação atual, a decisão sobre se a multa se justifica, e no caso afirmativo a quanto há de montar.

Na fixação cumpre atender, entre outros fatores, à capacidade econômica do devedor. A questão é delicada, porque a eficiência da medida como estímulo ao cumprimento da obrigação depende, em boa parte, da justa dosagem. Com toda a probabilidade, será mais fácil lograr resultado prático em relação a devedor de recursos médios, nem tão abundantes que tomem desprezível a ameaça, nem tão escassos que a tornem inútil. Uma vez que os dados são variáveis com o tempo, ou pelo menos suscetíveis de melhor apuração, que revele a inexatidão dos inicialmente colhidos, é conveniente que se assegure a possibilidade de modificar, a qualquer tempo, a fixação.

A multa aplicada destina-se, em princípio, a incidir enquanto permaneça descumprida a obrigação. Como já se disse (Terceira Parte, n. 2.6), não há cogitar de limite relacionado com o valor da obrigação: a função da medida não é reparatória, mas puramente coercitiva. Ela é cumulável, inclusive, com eventual cobrança de perdas e danos. Urge; entretanto, admitir que em certas circunstâncias deve cessar a fluência: assim, por exemplo, se o cumprimento da obrigação se tomou inviável, o prolongamento da incidência da multa implicaria fazê-la perpétua, com injusto detrimento para o devedor, cuja vontade deixou de ser relevante, e sem qualquer possibilidade de conseguir-se para o credor o proveito específico que se tinha em vista.

5. Consequências do descumprimento de ordens judiciais

Não se descobre, no direito latino-americano, fenômeno correspondente ao do *contempt of court*, na amplitude notável que ele assumiu nos ordenamentos de *common law*. O descumprimento de ordens judiciais pode sem dúvida acarretar consequências várias, se bem que sejam raras as tentativas de disciplinar sistematicamente a matéria[41].

Em termos esquemáticos, cabe distinguir:

a) providências puramente *processuais*, que importam restrição ao exercício dos direitos e faculdades normalmente atribuídos aos litigantes[42];

b) providências *disciplinares*, de natureza patrimonial - multas - ou pessoal - advertências, medidas de coerção física, entre as quais, por vezes, a prisão do infrator[43];

c) sanções *penais*, cuja aplicação obviamente pressupõe a existência de norma que defina como crime a desobediência[44] e se promove por meio do processo judicial próprio, realizado perante o órgão competente, ao contrário das medidas indicadas em *(a)* e *(b)*, decretáveis pelo mesmo juiz de que emanou a ordem descumprida, com o auxílio, se necessário, de força policial.

---

41 Mencione-se a empreendida na *Ley del Organismo Judicial* da Guatemala (Dec. n. 1.762, de 11-6-1968), Título II, capítulo X, especialmente arts. 180 e s., onde se dispõe, sucessivamente, sobre os poderes do juiz de impor medidas coercitivas para o cumprimento de suas ordens, sobre as modalidades que elas podem assumir, sobre os limites a que estão sujeitas, sobre as consequências dos eventuais abusos na imposição, sobre os respectivos destinatários etc. Outras leis contêm disposições mais singelas, em que se autoriza o órgão judicial a tomar providências para assegurar o cumprimento de suas ordens: *v.g.*, Argentina: CPCCN, art. 37, 1ª e 2ª alíneas; Paraguai: *Ley Orgánica de los Tribunales* (n. 325, de 23-11-1918), art. 306.

42 Exemplo: a proibição de falar nos autos (isto é, de praticar quaisquer atos no processo), imponível pelo juiz ao devedor que, na execução, apesar de advertido, reincide em "ato atentatório à dignidade da justiça", conceito no qual se inclui a resistência injustificada às ordens judiciais (CPC brasileiro, arts. 600-601).

43 O CPC uruguaio, art. 904, comina *"arresto"* para o devedor que desatenda à ordem de exibir em três dias os títulos de propriedade dos imóveis apreendidos na execução. No México, o CPC para o Distrito Federal, art. 73, n. IV, autoriza genericamente o juiz, "para fazer cumprir suas determinações", a decretar o *"arresto"* por até quinze dias. Preveem igualmente providências desse teor, entre outros textos: o art. 306 da *Ley Orgánica de los Tribunales* paraguaia e o art. 182 da *Ley del Organismo Judicial* guatemalteca. O CPCCN argentino, art. 37, contempla unicamente "sanções pecuniárias" para as partes que descumprem ordens judiciais.

44 Assim o Código Penal brasileiro, art. 330.

É claro que algumas das providências mencionadas comportam utilização, conforme o caso, em caráter coercitivo ou em caráter repressivo: assim as multas e a própria prisão do litigante.

6. Perspectivas

Certas imperfeições do regime da execução de sentença parecem suscetíveis de correção. Pode-se crer na progressiva eliminação, ou pelo menos na atenuação, de vários dos motivos pelos quais, até agora, se afigura modesta a efetividade desse processo. Não é seguro, todavia, que se justifique uma expectativa favorável em termos genéricos.

Têm alcance restrito as inovações mais significativas dos tempos modernos. Cuida-se hoje de proporcionar ao credor, tanto quanto possível – e com ressalva da preservação de outros valores, que eventualmente se contraponham – o pleno gozo do bem específico a que ele faz jus de acordo com a sentença. Em diversas e importantes hipóteses, têm-se realizado progressos nesse sentido. Há, porém, algumas que resistem aos expedientes inventados pelos legisladores e pelos juízes. Noutras, ainda, a própria consumação do projeto gera novas dificuldades, que não se podem ignorar.

Ressalta sobremodo a ineficiência do ordenamento em se tratando da condenação de alguém a abster-se de determinado ato. Os deveres de abstenção assumem relevância capital em matérias como a da proteção do meio ambiente, dos direitos da personalidade e outras a que hoje se dedica especial atenção. No entanto, a execução das condenações a não fazer não passa, em regra, de mero *flatus vocis:* conforme se registrou no momento próprio (Primeira Parte, n. 3), as leis são tão cépticas a respeito da sua própria idoneidade na matéria, que se limitam a dispor sobre as consequências do descumprimento da sentença, dando de barato, por assim dizer, que nenhuma disciplina legal tem a virtude de obstar à prática, pelo condenado, da atividade proibida. Se atentarmos em que bom número de infrações, aí, produz efeitos irreversíveis e de difícil (ou impossível) compensação por meio de prestações pecuniárias, perceberemos quão melancólica é semelhante confissão de impotência.

Talvez o esquema "sentença condenatória + execução forçada" não seja na verdade apto, em determinadas hipóteses, a ensejar sequer uma razoável aproximação do ideal da "maior coincidência possível". Não se tratará de defeitos estruturais ou funcionais do processo executivo, para os quais se possa cogitar de remédio. Antes nos defrontaremos com uma sorte de inidoneidade natural e definitiva da execução para conduzir sempre a resultado compensador.

Tal verificação sugere a busca de alternativas. Sem prejuízo de esforços tendentes a aumentar a efetividade da execução, parece conveniente, ao menos em certos casos, procurar modos de dispensá-la. O alvitre óbvio é o da utilização mais intensa do processo com a finalidade de *evitar* (e não simplesmente de *remediar)* lesões de direito. Valeria a pena cogitar de maior largueza no emprego de meios preventivos, de que o direito latino-americano soube inventar espécimes preciosos para o controle dos atos das autoridades públicas[45], mas que escasseiam no campo dos litígios entre particulares. Deveria em princípio ser lícito a quem quer que justificasse o receio de ver-se lesado num direito, em razão de comportamento alheio iminente, prenunciado por sinais inequívocos, obter do juiz providência tendente a impedir a consumação da ofensa, ou a respectiva continuação ou repetição – não a título meramente provisório, como no campo das medidas cautelares, mas em caráter definitivo. É tarefa que desafia os legisladores a criação, com semelhante finalidade, de novos modelos processuais, simples e expeditos, adequados às necessidades em jogo, para cujo eficiente funcionamento concorreria o uso bem dosado de providências de urgência do tipo das *injunctions* – tão importantes nos sistemas jurídicos de *common law* –, com a assistência de medidas coercitivas suficientemente enérgicas para assegurar, tanto quanto se possa, o cumprimento, e com ele a "maior coincidência possível" entre o resultado do processo e o querido pelo direito.

Novembro de 1984.

45 Exemplos: o mandado de segurança do direito brasileiro (Constituição da República, art. 153, § 21; Lei n. 1.533, de 31-12-1951, com algumas modificações); o *juicio de amparo* de alguns países hispano-americanos (México, Argentina).

COMENTÁRIOS DOS ATUALIZADORES

TENDÊNCIAS NA EXECUÇÃO DE SENTENÇAS E ORDENS JUDICIAIS

Luiz Paulo da Silva Araújo Filho / Guilherme Jales Sokal

Apesar das muitas mudanças que o Código de 2015 trouxe para a atividade jurisdicional, foi na execução que seu espírito transformador aportou com menor força. Não há, na nova lei, um enfrentamento direto dos reais entraves que ainda afastam o titular da fruição, no plano prático, do direito tal como a lei lhe assegura, realçados já no estudo em referência e ainda hoje sentidos, sobretudo quando se tem em mira a prestação de pagar quantia certa[46]. Se atentarmos em especial para os arts. 513 a 538 e 771 a 925, onde se concentra a disciplina do tema, as alterações foram pontuais e de reduzida monta, sem uma reformulação capaz de reverter o quadro dramático da execução no Brasil. No diagnóstico geral, é como se entre o legislador reformador e a execução houvesse um certo distanciamento, de que é símbolo o fato de a modificação mais impactante na matéria não estar, como seria de se esperar, topologicamente inserida nos Livros e Títulos dedicados à execução, mas sim no distante art. 139, IV, localizado na Parte Geral.

Sem qualquer pretensão de completude, nas páginas que se seguem serão examinadas as principais notas da disciplina da execução hoje em vigor, tomando como referência as tendências e os problemas realçados à época pelo autor no riquíssimo panorama traçado.

1. Situando a tutela executiva no CPC/15: dois enfoques

A inserção da tutela executiva no sistema do CPC/15 pode ser enxergada por dois ângulos: na sua convivência com outras tutelas jurisdicionais e quanto às escolhas que o legislador fez para lhe organizar a disciplina normativa.

46 Segundo dados do *Justiça em números 2020: ano-base 2019*, divulgado pelo Conselho Nacional de Justiça, dos 77 milhões de processos pendentes no final do ano de 2019, 55,8% diziam respeito a execução ou fase de cumprimento de sentença, com taxa de congestionamento total de 82,4%, a significar que, de cada cem processos iniciados por ano, somente 17,6 chegam ao final (disponível em: WEB-V3-Justiça-em-Números-2020-atualizado-em-25-08-2020.pdf (cnj.jus.br), p. 150-155, acesso em 04/06/2021).

Figura no art. 515 o rol de títulos executivos judiciais[47]. Dentre eles, o inc. I estabelece uma diretriz agora diversa da apontada no estudo para a correlação entre as tutelas executiva e de conhecimento. Consolidando tendência da jurisprudência[48] depois abraçada na reforma da execução de 2005[49], o dispositivo dá por aberta a via executiva não somente diante de decisões condenatórias, mas também perante decisões "que *reconheçam a exigibilidade de obrigação* de pagar quantia, de fazer, de não fazer ou de entregar coisa". Chancela-se com isso a executividade de decisões meramente declaratórias (art. 20), tanto de procedência quanto de improcedência, desde que em seu conteúdo todos os elementos da obrigação sejam certificados pelo juiz, sem que o beneficiário tenha de postular novo pedido condenatório apenas para o fim de conformar coativamente o devedor à satisfação da prestação.

De outra interação entre as tutelas executiva e cognitiva trata o art. 785 do CPC/15. A regra, sem correspondência na lei revogada, explicita a alternativa à disposição do credor de, mesmo portando título extrajudicial e, assim, autorizado a iniciar desde logo a execução, optar pela tutela cognitiva[50]. Reconhece-se com isso que o título executivo extrajudicial, vantagem que a lei confere ao credor, não lhe suprime o interesse de agir em obter, se desejar, a certificação judicial sobre a

---

47 Na enumeração, inova o legislador de 2015 principalmente ao tratar como título judicial "o crédito de auxiliar da justiça, quando as custas, emolumentos ou honorários tiverem sido aprovados por decisão judicial" (art. 515, V), antes tratado com extrajudicial no revogado art. 585, VI. Dos títulos executivos extrajudiciais cuida o art. 784, de cujo enumeração ressai a inclusão do inc. X, referente às contribuições ordinárias ou extraordinárias de condomínio edilício, devidas pelo condômino em face deste, na linha do que dispunha o art. 12, § 2°, da Lei n° 4.591/64. Admitindo, com base no art. 323 do CPC/15, a inclusão de cotas condominiais vincendas após o ajuizamento da execução, STJ, REsp 1.756.791/RS, Rel. Min. Nancy Andrighi, Terceira Turma, julgado em 06/08/2019, DJe 08/08/2019.

48 Por exemplo, STJ, REsp n° 588.202/PR, Rel. Min. Teori Albino Zavascki, Primeira Turma, j. em 10/02/2004, DJ 25/02/2004, p. 123.

49 Lei n° 11.232/2005, que incluiu o art. 475-N, I, no CPC/73.

50 Na jurisprudência sob o CPC/73, referendando a mesma conclusão, STJ, REsp n° 717.276/PR, Rel. Min. Nancy Andrighi, Terceira Turma, j. em 21/06/2007, DJ 29/06/2007, p. 581; STJ, AgRg no REsp n° 453.803/PR, Rel. Min. Paulo de Tarso Sanseverino, Terceira Turma, j. em 28/09/2010, DJe 06/10/2010; e STJ, AgRg no AREsp n° 197.026/DF, Rel. Min. Sidnei Beneti, Terceira Turma, j. em 27/11/2012, DJe 19/12/2012.

relação jurídica de direito material, eventualmente com a formação de coisa julgada material, antes de promover a execução, porque a proteção almejada pode dizer respeito diretamente à segurança jurídica, não somente à transformação dos fatos[51].

Já quanto ao modo de inserir, lógica e topologicamente, a disciplina da tutela executiva no sistema do Código, o legislador insiste em não primar muito pela clareza, contribuindo para que o tema, já tão combalido pela frustração prática, nem do ponto de vista abstrato receba um alento.

Permanece, por um lado, a separação do regramento da execução de acordo com a natureza da prestação devida[52], conforme se trate de pagamento de quantia (especialmente, arts. 523 a 527 e 824 a 909), fazer ou não fazer (arts 536, 537 e 814 a 823) e entregar coisa (art. 538 e 806 a 813). Esses regimes agora encontram, ainda mais pontos de contato. Em parte isso se deve a vicissitudes da própria prestação exequenda, como a conversão das demais no sucedâneo pecuniário (arts. 809 e 823, correspondentes aos revogados arts. 627 e 643) ou se, cominada multa coercitiva, iniciado o cumprimento forçado da quantia dela resultante (art. 537, § 3º). Na nova lei, porém, esse contato passa a ocorrer também quanto aos meios executórios, mesmo que inalterada a prestação, dada a porta que a atipicidade na execução pecuniária (art. 139, IV) abre para o trânsito de técnicas executivas que a tradição reservava às demais prestações (art. 536, *caput* e § 1º, c/c art. 538, § 3º), como adiante se verá[53].

Esse esquema normativo construído com a prestação como norte começa a perder nitidez quando se lançam os olhos sobre a novel

51 Estendendo a lógica a crédito pecuniário da Fazenda Pública para autorizar o ajuizamento de ação monitória mesmo que passível de inscrição em dívida ativa, desde que atendido o pressuposto da prova escrita previsto no art. 700, *caput* e § 1º, STJ, REsp nº 1.748.849/SP, Rel. Min. Herman Benjamin, Segunda Turma, j. em 04/12/2018, DJe 17/12/2018.

52 Seja por um vínculo obrigacional, seja por um dever desprovido de patrimonialidade, como denotam os arts. 536, § 5º, e 537, § 5º.

53 Ao que se soma também a possibilidade, em tese, de cúmulo de pedidos mediatos de prestações distintas em uma mesma execução com invocação do art. 327, § 2º, como autoriza o art. 771, parágrafo único, mantidas as técnicas executivas próprias a cada. Até porque o aparente óbice da parte final do art. 780, que mira na unidade do procedimento, tende a perder força diante do potencial transformador do art. 139, IV, que mira nos atos executivos.

Seção "Do Julgamento das Ações Relativas às Prestações de Fazer, de Não Fazer e de Entregar Coisa", que reúne os arts. 497 a 501. Da rubrica destoa, de início, o art. 501, porque de nenhuma daquelas três prestações a rigor cuida: do que se trata, ali, é de obrigação de emitir declaração de vontade, e cujo conteúdo, em sintonia com o revogado art. 466-A, mantém inteiramente pertinentes as lições do autor. Engana-se também quem, fiando-se na denominação da Seção e em predicados mínimos de um sistema, dá por segura a impressão de que os dispositivos nada teriam que ver com o cumprimento (*rectius*: execução) forçado daquelas prestações, algo a que se dedicam os arts. 513 e segs. A sobreposição, contudo, é clara[54], porque: o art. 497, *caput*, em realidade repete o *caput* do art. 536; o art. 498 nada acrescenta ao art. 538; e, por fim, o conteúdo próprio do art. 500 muito bem poderia constar como parágrafo ao art. 537.

Além do eixo da prestação, o CPC/15 bifurca a disciplina da execução conforme tenha ela por base título judicial ou extrajudicial, dando-lhes o legislador as denominações, no primeiro caso, de "cumprimento de sentença" (arts. 513 a 538) e, no segundo, de "processo de execução" (arts. 771 a 925). Comparando o Código de 2015 com a última redação do CPC/73, pode-se até reconhecer ter sido encurtada a distância entre esses dois setores, proclamada como está na nova lei a subsidiariedade recíproca das regras de ambos (arts. 513 e 771, parágrafo único). Ainda assim, a separação é cercada - e *responsável* – por algumas perplexidades, com sobreposições e distinções que parecem tributárias mais do acaso do que de um pensamento sistemático a lhes guiar.

Mais natural seria que, mantendo fidelidade com o discrímen da natureza do título, tal ramificação se pautasse por diferenças mínimas de procedimento, sobretudo quanto à fase inicial da execução, e pela maior ou menor amplitude das defesas do executado fundadas no direito material, mas comungando de um tronco comum, relativo, por exemplo, aos meios executórios ao alcance do credor. Não foi esse o caminho escolhido pelo legislador. É na disciplina do processo de execução, com efeito, que qualquer credor tem de buscar socorro para investigar os limites da responsabilidade patrimonial do devedor (arts.

54 À exceção, por certo, do parágrafo único do art. 497, uma novidade do legislador de 2015 voltada à disciplina da tutela inibitória, e cujo exame extravasa os limites do presente texto.

789 a 796 e, ainda, arts. 831 a 836), mesmo que – e sem nenhuma distinção se – em cumprimento de sentença. E, já no campo das diferenças, pouca explicação há para que somente o devedor de título extrajudicial tenha direito subjetivo ao parcelamento do débito no prazo para defesa (art. 916, § 7º)[55] ou para que apenas o devedor de título judicial sofra o acréscimo de 10% no valor do débito pecuniário se inerte quando intimado ao pagamento no limiar da atividade executiva (art. 523, § 1º, no cotejo com o art. 829).

2. Limites queridos pelo ordenamento: menor onerosidade e impenhorabilidades

No Código de 2015, mantém-se o princípio da menor onerosidade como diretriz a presidir a demarcação, *in concreto*, dos limites até onde os atos executórios podem avançar sobre a esfera jurídica do executado. Sua principal sede é o *caput* do art. 805 (correspondente ao revogado art. 620), uma particular incidência do postulado da proporcionalidade (art. 8º) para calibrar os passos com que a execução se move rumo à satisfação do credor (art. 797).

Inovação há com o acréscimo do parágrafo único ao art. 805. O dispositivo institui um ônus ao executado, que só pode se insurgir contra um ato executório invocando aquele princípio se "indicar outros meios mais eficazes e menos onerosos"; sem isso, se genérica a alegação, nenhum efeito há de surtir sobre as medidas já determinadas[56]. E combinando a regra, situada no Capítulo das Disposições Gerais do Título das Diversas Espécies de Execução, com a disciplina da substituição da penhora na execução por quantia, parece segura a conclusão

---

55 Apesar de o ordenamento proteger igualmente a intangibilidade da coisa julgada material e do ato jurídico perfeito (CF, art. 5º, XXXVI) e de o incentivo à satisfação da prestação ser em tese igualmente eficiente se baseada a execução em sentença. Também assim, em tom crítico, LUCON, Paulo Henrique dos Santos. Comentários ao art. 916, In: *Comentários ao Código de Processo Civil,* Angélica Arruda Alvim, Araken de Assis, Eduardo Arruda Alvim e George Salomão Leite (coords.), São Paulo: Saraiva, 2017, p. 1067-1068.

56 Assim, na jurisprudência, STJ, AgInt no AREsp nº 1.650.911/SP, Rel. Min. Raul Araújo, Quarta Turma, j. em 21/09/2020, DJe 08/10/2020; STJ, AgInt no AREsp nº 1.305.955/GO, Rel. Min. Maria Isabel Gallotti, Quarta Turma, j. em 02/04/2019, DJe 08/04/2019; e STJ, REsp nº 1.268.998/RS, Rel. Min. Luis Felipe Salomão, Quarta Turma, j. em 28/03/2017, DJe 16/05/2017.

de que se trata, a rigor, de um *ônus de alegar e de provar*, porque a indicação só será admissível se acompanhada das descrições pormenorizadas e das comprovações listadas nos §§ 1° e 2° do art. 847[57]. Mais do que mero escudo, portanto, a menor onerosidade passa a ser, no Código de 2015, um impulso à cooperação pelo executado, para que também ele contribua para que a execução encontre o caminho adequado à consecução dos seus fins[58].

No entanto, ao formular a inovação o legislador talvez não tenha sido o mais cuidadoso. É que o parágrafo único do art. 805 emprega a conjunção aditiva "e" para conectar as expressões "mais eficazes" e "menos onerosos". Se literalmente interpretada, não bastaria ao executado indicar medida igualmente eficaz àquela que reputa excessivamente gravosa; o ônus só estaria satisfeito, ao contrário, se atendidas as duas qualidades. É verdade que, por um lado, se assim fosse seriam reduzidos os riscos de retrocesso na marcha da execução, impedindo que o interesse do executado preponderasse sobre o direito do exequente em receber uma prestação jurisdicional eficiente (art. 8°, parte final)[59]. Mas nisso parece haver, na verdade, um exagero, e que dificilmente se harmoniza com a interpretação sistemática do Código. É que em duas outras oportunidades, na execução por quantia, o legislador emprega fórmula oposta para expressar o mesmo princípio: nos

---

57 Apontando o art. 847 como desdobramento da "ideia central" do art. 805, v. DINAMARCO, Cândido Rangel. *Instituições de direito processual civil*, v. IV, São Paulo: Ed. Malheiros, 2019, p. 600. Em linha similar, THEODORO JÚNIOR, Humberto. *Curso de direito processual civil*, v. III: execução forçada, Rio de Janeiro: Forense, 2021, p. 327, 390-1 e 427.

58 Destacando que, a despeito do parágrafo único do art. 805, subsiste no CPC/15 o poder de o juiz controlar de ofício a menor onerosidade dos atos executórios requeridos pelo exequente, sempre que em jogo direitos indisponíveis ou, quanto aos disponíveis, na verificação da validade da renúncia à alegação pelo executado, a bem da paridade de armas, v. GRECO, Leonardo. *Comentários ao Código de Processo Civil: das diversas espécies de execução (arts. 797 a 823)*, v. XVI, José Roberto F. Gouvêa, Luis Guilherme A. Bondioli e João Francisco N. da Fonseca (coords.), São Paulo: Ed. Saraiva, 2020, p. 264, mas com a ressalva de que "a menor onerosidade, seja ela decretada de ofício ou alegada pelo executado, exige a explicitação da via alternativa".

59 Na penhora de frutos e rendimentos de coisa móvel ou imóvel, o legislador também emprega, para os mesmos fins, a conjunção aditiva (art. 867).

arts. 829, § 2º, e 847, *caput*, parte final[60], que cuidam da indicação de bens para substituição da penhora pelo executado, fala-se em medida executiva "menos onerosa e [que] não trará prejuízo ao exequente". Não trazer prejuízo, evidentemente, é menos do que contribuir com benefício para a execução, precisamente o que um ato "mais eficaz" faria, a revelar que a lei dá por bastante que a medida indicada seja igualmente eficaz. Logo, se a proporcionalidade há de proteger com igual força quem deve prestações de fazer, não fazer, entregar coisa ou pagar quantia, parece não haver motivo, em princípio, para tomar a ferro e fogo a literalidade do parágrafo único do art. 805 e exigir-se mais do executado[61].

Das impenhorabilidades cuida o art. 833. O dispositivo não consolida, como poderia, a disciplina do tema na legislação processual extravagante, mantida a proteção do bem de família na ainda vigente Lei nº 8.009/90[62]. Na comparação com o revogado art. 649, já no *caput* do art. 833 há modificação perceptível, porque não reproduzido o advérbio "absolutamente", que qualificava as impenhorabilidades enumeradas nos incisos. O termo era fonte de controvérsias, quer quanto ao significado da classificação das impenhorabilidades em relativas e absolutas, que, doutrinariamente, subsiste[63], quer, por

60 Não repete o legislador, no art. 847, o advérbio "cabalmente", que qualificava a comprovação pelo executado da menor onerosidade no revogado art. 668, *caput*. A supressão do *standard* é benéfica ao executado, mas no quadro geral a posição deste sai agravada pela previsão geral do ônus constante do art. 805, parágrafo único.

61 Defendendo essa conclusão, GRECO, Leonardo. *Comentários ao Código de Processo Civil: das diversas espécies de execução (arts. 797 a 823)*, v. XVI, José Roberto F. Gouvêa, Luis Guilherme A. Bondioli e João Francisco N. da Fonseca (coords.), São Paulo: Ed. Saraiva, 2020, p. 264-5. Também admitindo a indicação de "outro meio igualmente eficaz", THEODORO JÚNIOR, Humberto. *Curso de direito processual civil*, v. III: execução forçada, Rio de Janeiro: Forense, 2021, p. 327.

62 Alguma sobreposição entre a Lei nº 8.009/90 e o CPC/15 há quanto aos bens que guarnecem a residência do executado, naturalmente resolvida pelo critério cronológico: enquanto a primeira permite a penhora de "adornos suntuosos" (art. 2º), já no segundo se admite a penhora sobre os bens "de elevado valor ou os que ultrapassem as necessidades comuns correspondentes a um médio padrão de vida" (art. 833, II), nesse ponto repetindo a redação do art. 649, II, do CPC/73 atribuída pela Lei nº 11.382/2006.

63 Baseando a distinção na possibilidade de controle de ofício e na incidência da preclusão, DINAMARCO, Cândido Rangel. *Instituições de direito processual ci-*

consequência, quanto aos incisos a que aquela qualificação lançada no *caput* se poderia dar por rigorosamente pertinente. Com a supressão, desloca-se para a interpretação de cada inciso a investigação do respectivo regime jurídico.

Nos treze incisos e nos três parágrafos, há mudanças que comportam, nesta sede, análise mais e menos detida. Deste segundo grupo é o ajuste na redação do inc. V, que agora especifica a proteção aos instrumentos para o exercício "da profissão *do executado*", corrigindo a abrangência do texto anterior, e com a complementação, quanto às atividades rurais, do novel § 3°. A mesma menção comporta a nova proteção, no inc. XII, ao crédito oriundo de alienação de propriedades imobiliárias em incorporação imobiliária. Por último, no § 1° norteia-se a mitigação das impenhorabilidades não mais apenas para o "crédito concedido para a aquisição do bem", como estava na lei revogada, mas sim, mais amplamente, para "dívida relativa ao próprio bem", gênero do qual aquela era espécie.

Maior atenção merece o § 2° do art. 833. A disposição compõe o regime da impenhorabilidade da remuneração (inc. IV) e dos investimentos em caderneta de poupança[64] (inc. X), prevendo as hipóteses em que ambas podem ser superadas. E já nesse tratamento conjunto há inovação digna de nota, porque na lei revogada era contemplado

---

vil, v. IV, São Paulo: Ed. Malheiros, 2019, p. 358-9. Afirmando que a impenhorabilidade relativa é proteção limitada apenas à falta de outros bens livres e penhoráveis, THEODORO JÚNIOR, Humberto. *Curso de direito processual civil*, v. III: execução forçada, Rio de Janeiro: Forense, 2021, p. 384. Por fim, amparando a distinção na oponibilidade da proteção frente a qualquer credor ou apenas a certos credores, DIDIER JÚNIOR, Fredie; CUNHA, Leonardo Carneiro da; BRAGA, Paula Sarno; OLIVEIRA, Rafael Alexandria. *Curso de direito processual civil: execução*, v. 5, Salvador: ed. Juspodivm, 2021, p. 843. Como se verá a seguir, o STJ extraiu da supressão do advérbio no art. 833 autorização para flexibilizar a impenhorabilidade, mesmo se alegada, para além dos casos expressamente admitidos em lei, em especial quanto ao inc. IV do art. 833.

---

64 Rejeitando a interpretação restritiva e aplicando o inc. X a valores "em papel moeda, conta-corrente ou aplicada em caderneta de poupança propriamente dita, CDB, RDB ou em fundo de investimentos", v. STJ, AgInt no REsp n° 1.876.987/DF, Rel. Min. Antonio Carlos Ferreira, Quarta Turma, j. em 07/12/2020, DJe 14/12/2020. Na mesma linha, STJ, AgInt no REsp n° 1.812.780/SC, Rel. Min. Benedito Gonçalves, Primeira Turma, j. em 24/05/2021, DJe 26/05/2021; e STJ, AgInt no AREsp n° 1.512.613/MG, Rel. Mini. Moura Ribeiro, Terceira Turma, j. em 04/05/2020, DJe 07/05/2020.

apenas o inc. IV. São duas, agora, as vertentes de superação das impenhorabilidades. Na primeira, que tem em mira a natureza do crédito exequendo, permite-se a constrição em prol de prestação alimentícia, na linha do CPC/73, mas com o acréscimo da expressão "independentemente de sua origem", para alcançar os alimentos decorrentes de ato ilícito, não só os regidos pelo direito de família[65]. Na segunda, o afastamento da impenhorabilidade é guiado, qualquer que seja o crédito exequendo, pelo montante do patrimônio atingido, limitada a proteção a cinquenta salários-mínimos mensais, para o inc. IV, nos termos da parte final do § 2°, ou, para investimentos, a quarenta salários-mínimos, como afirma o próprio texto do inc. X.

A mudança para permitir a penhora da remuneração, quanto ao valor, caminha a favor da efetividade da execução civil, meta que tem no excesso de impenhorabilidades um frontal inimigo[66]. O avanço na lei, contudo, é ainda tímido, elegendo-se patamar que excede o atual teto constitucional do funcionalismo público (CF, art. 37, XI), um ponderável indício de excesso e, por consequência, de proteção insuficiente do direito à tutela jurisdicional do credor (CF, art. 5°, XXXV). Talvez até por isso é que a principal transformação nesse tema, nos dias atuais, tenha advindo mais de uma guinada jurisprudencial do Superior Tribunal de Justiça do que propriamente do texto da nova disciplina. Tem admitido a Corte, com efeito, a penhora da remuneração para além das exceções contidas no § 2° do art. 833[67], desde que em percentual que não comprometa a subsistência digna do devedor e de

65 ASSIS, Araken de. *Manual da execução*, São Paulo: ed. RT, 2020, p. 328. Após divergência jurisprudencial, a Corte Especial do STJ rejeitou a extensão do raciocínio também para a satisfação de honorários advocatícios, conforme decidido em REsp n° 1.815.055/SP, Rel. Min. Nancy Andrighi, Corte Especial, j. em 03/08/2020, DJe 26/08/2020, tendo o voto vencedor se fiado na distinção entre "verbas de natureza alimentar" e "prestações alimentícias".

66 Tentativa similar já havia ocorrido no projeto que se transformou na Lei n° 11.382/2006, para tornar penhorável, na reforma do CPC/73, 40% da remuneração líquida do executado naquilo em que excedesse vinte salários-mínimos. Veto presidencial, no entanto, impediu que a inovação entrasse em vigor.

67 A rigor, para além também do que dispunha o § 2° do revogado art. 649, porque a uniformização ditada nesse tema pela Corte Especial do STJ ocorreu em caso submetido ao CPC/73, com menção em *obiter dictum* à mesma solução sob o CPC/15 (STJ, EREsp 1582475/MG, Rel. Min. Benedito Gonçalves, Corte Especial, j. em 03/10/2018, DJe 16/10/2018).

sua família, em um norte a ser casuisticamente aplicado com base na proporcionalidade[68].

3. As reações do ordenamento aos limites não queridos

3.1. A busca por informações patrimoniais

A dificuldade de obtenção de informações sobre o patrimônio do devedor ainda desponta como o principal entrave da execução civil, sem que o CPC/15 o tenha devidamente equacionado. Nas últimas décadas, o real avanço experimentado nesse tema se deveu à chamada penhora *online*, cujo regime o Código de 2015 aprimora no extenso art. 854, e somente capaz de gerar os frutos costumeiros porque atrelada a um "*sistema eletrônico gerido pela autoridade supervisora do sistema financeiro nacional*", o que permite conhecimento e alcance imediatos dos bens a serem constritos[69]. Não se consolidou, no Brasil, similar centralização para o restante do patrimônio do devedor, quer bens móveis, quer imóveis[70], em um gargalo que subtrai do exequente o suporte fáti-

---

68 Sob o CPC/15, dando ênfase à supressão do advérbio "absolutamente", no *caput* do art. 833, como fundamento para flexibilização da impenhorabilidade do inc. IV pelo Poder Judiciário, STJ, AgInt no AREsp nº 1.336.881/DF, Rel. Min. Raul Araújo, Quarta Turma, j. em 23/04/2019, DJe 27/05/2019. E apesar de, como visto, o STJ ter afastado a execução de honorários advocatícios da autorização geral do § 2º, primeira parte, do art. 833, também quanto a ela foi admitida a mitigação da impenhorabilidade do inc. IV em percentual que preserve a dignidade do devedor, conforme decidido em STJ, REsp nº 1.806.438/DF, Rel. Min. Nancy Andrighi, Terceira Turma, j. em 13/10/2020, DJe 19/10/2020.

69 A ferramenta do SISBAJUD, fruto de Acordo de Cooperação Técnica em 2019 entre o CNJ, o Banco Central e a Procuradoria da Fazenda Nacional e implementada em setembro de 2020 em substituição ao BACENJUD, parece ser mais um passo evolutivo, ampliando o acesso eletrônico imediato a informações (v.g., faturas de cartões de crédito) e a bens passíveis de constrição (v.g., títulos de renda fixa, ações e criptomoedas).

70 Exceções são, na esfera extrajudicial, o Provimento nº 18/2012 do CNJ, que "dispõe sobre a instituição e funcionamento da Central Notarial de Serviços Eletrônicos Compartilhados - CENSEC", e, no âmbito judicial, o RENAJUD, que interliga o Judiciário ao Departamento Nacional de Trânsito (Denatran). O primeiro, porém, só permite o conhecimento de bens, não a constrição. No segundo, a constrição passível de ser realizada atinge restrição de transferência, de licenciamento e de circulação, bem como a averbação de registro de penhora no Registro Nacional de Veículos Automotores – RENAVAM.

co para conscientemente ponderar riscos, proveitos e a própria espécie de medida executória a ser requerida.

São poucos, na nova lei processual, os instrumentos voltados a esse desafio. Um deles consiste no art. 772, III, que, a requerimento do exequente, contempla a intimação de terceiros para esclarecerem, com as informações em seu poder, o patrimônio do devedor, ordem que, se descumprida, pode desencadear as medidas atípicas a que alude o art. 773[71]. Contra o próprio devedor, por sua vez, pode-se cogitar do emprego, prévio ao ajuizamento da execução, de produção antecipada de prova para investigar a extensão e a liquidez do patrimônio penhorável (art. 381, III), finalidade para a qual outros ordenamentos já proveem caminhos extrajudiciais muito mais ágeis e menos formais[72]. E, na pendência da execução, a revelação do patrimônio penhorável assume, para o executado, a feição de um dever quando intimado na forma do art. 774, V, elencando-se a desobediência em atendê-lo como ato atentatório à dignidade da justiça, na linha do revogado art. 600, IV.

A sanção para este último ilícito processual não corresponde mais, desde 1994 (Lei nº 8.953), à proibição de falar nos autos, mas sim a multa, capaz de acrescer o débito em até 20% (art. 774, parágrafo único). Não repetiu o legislador de 2015 a autorização, que figurava no revogado art. 601, parágrafo único, ao juiz para relevar a multa se o devedor prestasse compromisso de não incorrer em outro ilícito processual e se apresentasse fiador idôneo a responder pela integralidade da dívida. Apesar do recrudescimento com a supressão, a punição tem, ainda, reduzido poder persuasório, sobretudo se paralisada execução de quantia justamente porque desconhecidos os bens do devedor, quadro em que o mero aumento do valor devido não rompe o ciclo de inefetividade[73].

---

71 Sobre o tema, remete-se, nesta obra, à Nota de Atualização ao texto *La collaboration des tiers dans l'activité d'instruction*.

72 É conhecido exemplo, a esse respeito, o procedimento extrajudicial pré-executivo (PEPEX) português, instituído pela Lei nº 32/2014.

73 Sem prejuízo do que ao final se exporá quanto ao art. 139, IV.

3.2. Prevenção e repressão a manobras do devedor

Para superar a ocultação de patrimônio pelo devedor, há, na nova lei processual, mecanismos com perfis variados. Não destoam do tratamento no Código revogado, por exemplo, a constrição de bens do devedor em poder de terceiros (art. 790, III, parte final, c/c art. 845, *caput*; correspondentes aos revogados arts. 592, III, e 659, § 1º)[74] e a autorização ao uso da força para quebrar a resistência do próprio executado quanto aos bens em seu poder (art. 846, *caput* e parágrafos, correspondente aos revogados arts. 660 a 663).

Houve, por outro lado, modificações nas providências de urgência destinadas a obstar a ocultação de bens, referidas no art. 799, VIII. Não reproduz o Código, em primeiro lugar, a disciplina analítica das medidas cautelares nominadas. Optou-se, ao invés, pela genérica referência às consagradas denominações no art. 301, dentre as quais o arresto e o sequestro, mas cujo regime passa a ser definido, quanto aos pressupostos, pelo art. 300, observando-se os arts. 305 a 310 se requeridas em caráter antecedente à execução. Persiste, no entanto, o *nomen juris* de arresto no art. 830, para a providência atribuída ao oficial de justiça se não encontrado o devedor no ato de citação na execução, em regramento não substancialmente alterado, com isso ensejando as mesmas críticas quanto à suposta qualificação cautelar de que já era alvo no diploma revogado[75]. Ainda guiado por aquele inicial propósito, o direito brasileiro evoluiu, na legislação extravagante, para prever me-

---

74 Ressalve-se que, se a posse do terceiro se amoldar a um dos incisos do art. 799, cumpre ao devedor proceder à intimação daquele, sob pena de ineficácia relativa da alienação forçada (art. 804).

75 Rejeitando, atualmente, a natureza cautelar ao instituto, ASSIS, Araken de. *Manual da execução*, São Paulo: ed. RT, 2020, p. 924-5; e GRECO, Leonardo. *Comentários ao Código de Processo Civil: das diversas espécies de execução (arts. 797 a 823)*, v. XVI, José Roberto F. Gouvêa, Luis Guilherme A. Bondioli e João Francisco N. da Fonseca (coords.), São Paulo: Ed. Saraiva, 2020, p. 221. Em sentido contrário, falando em "medida cautelar específica", THEODORO JÚNIOR, Humberto. *Curso de direito processual civil*, v. III: execução forçada, Rio de Janeiro: Forense, 2021, p. 358. Negando "interesse prático" à controvérsia, DINAMARCO, Cândido Rangel. *Instituições de direito processual civil*, v. IV, São Paulo: Ed. Malheiros, 2019, p. 568. Na jurisprudência, admitindo, se satisfeitos os pressupostos do art. 653 do CPC/73, correspondente ao atual art. 830, o arresto eletrônico de ativos financeiros do executado nos moldes da penhora *online*, STJ, AgRg no AREsp nº 555.536/PA, Rel. Min. Assusete Magalhães, Segunda Turma, j. em 19/05/2016, DJe 02/06/2016.

didas mais amplas de indisponibilidade de bens, de que são exemplos a cautelar fiscal (Lei nº 8.397/92, art. 4º) e a indisponibilidade na ação de improbidade administrativa (Lei nº 8.429/92, art. 7º). Não parece haver óbice, em tese, a que se cogite, em situações excepcionais, de providência similar como cautelar fundada no referido art. 301[76].

A fraude à execução é regrada no art. 792, com sensíveis mudanças na comparação com os revogados arts. 593 e 615-A, § 3º. Apesar da complexidade do tema, algumas delas merecem apontamento. Nos incs. I[77] a III do art. 792, passa a haver uma nota em comum: a ênfase na averbação, a cargo do exequente, da pendência do processo ou da constrição no registro público do bem alvo da alegada fraude. O ato de averbação (arts. 799, IX, 828 e 844[78]) passa a ser, nesses casos, elemento e marco temporal para a fraude à execução, suficiente a desencadear a ineficácia relativa cominada pelo § 1º[79]. No fundo, consolida-se com isso a orientação prevalecente no Superior Tribunal de Justiça, que paulatinamente introduziu a investigação da boa-fé do terceiro adquirente no regime da fraude à execução, afastada, por presunção absoluta, com a publicidade atrelada à prévia averbação (arts. 828, § 4º, e 844)[80].

---

76 Nessa linha, STJ, REsp nº 1.845.214/RJ, Rel. Min. Nancy Andrighi, Terceira Turma, j. em 20/10/2020, DJe 26/10/2020.

77 Que agora inclui também a ação "com pretensão reipersecutória", não mais só a fundada em direito real.

78 Dispositivos aos quais se somam, ainda, os arts. 54, IV, e 56 da Lei nº 13.097/15, dedicados à averbação na matrícula de bem imóvel, "mediante decisão judicial, da existência de outro tipo de ação cujos resultados ou responsabilidade patrimonial possam reduzir seu proprietário à insolvência". Reputando a disposição inconstitucional por ofensa ao art. 62, § 1º, 'b', da CF/88, por tratar de direito processual e ter sido fruto de conversão em Lei da Medida Provisória nº 656/2014, v. ASSIS, Araken de. *Manual da execução*, São Paulo: ed. RT, 2020, p. 374-375.

79 Para a transferência fraudulenta da impenhorabilidade do bem de família para imóvel de mais elevado valor, o art. 4º, § 1º, segunda parte, da Lei nº 8.009/90 emprega o verbo "anular". Por sua vez, a fraude contra credores continua a ser tratada, no direito positivo, como motivo de anulabilidade, como se depreende dos arts. 158 a 165 do Código Civil, da Súmula 195 do STJ e do art. 790, VI, do CPC/15.

80 É o que constava, sob o CPC/73, da Súmula 375 do STJ ("O reconhecimento da fraude à execução depende do registro da penhora do bem alienado ou da prova de má-fé do terceiro adquirente"). Regime distinto vale para os créditos regidos pelo Código Tribunal Nacional, cujo art. 185 define a fraude à execução a partir da inscrição em dívida ativa, gerando desde logo presunção absoluta de conhecimento de terceiros (STJ, REsp Repetitivo nº 1.141.990/PR, Rel. Min. Luiz Fux, Primeira Seção, j. em 10/11/2010, DJe 19/11/2010).

Certa ou errada, a tomada de posição do legislador para esse cenário, de (i) bens sujeitos a registro quando realizada a averbação, não foi acompanhada da mesma clareza para dois outros: o (i) dos bens sujeitos a registro *se não feita a averbação* e o (ii) dos bens *não sujeitos* a registro, desde que citado o executado (art. 792, IV)[81]. Este último é até objeto do § 2º do art. 792, mas a diretriz ali disposta poderia ser menos genérica, porque, embora definindo como ônus do adquirente demonstrar a sua boa-fé, dá como nortes as indeterminadas expressões de "cautelas necessárias para a aquisição" e de "exibição das certidões pertinentes". Já quando, podendo, o exequente não promove a averbação para bens sujeitos a registro, dois caminhos se abrem, em tese, na ponderação entre os interesses do exequente e o do terceiro: o de aplicar, por analogia, o § 2º, reputando ônus do adquirente comprovar sua boa-fé, ou o de que incumbiria ao exequente a prova da má-fé do adquirente, porque esta comumente não se presume, na linha da orientação do Superior Tribunal de Justiça sob o CPC/73[82].

O § 3º do art. 792 fixa regime próprio para o marco temporal da fraude no incidente de desconsideração da personalidade jurídica, complementando o art. 137. Segundo aquela regra, em processo no qual ré a sociedade, protege-se o credor contra atos fraudulentos do sócio desde a citação da ré original, mesmo antes de citado o sócio após incluído (art. 135), excepcionando a pessoalidade que orienta o inc. IV do art. 792. Com essa retroação da ineficácia, busca o legislador evitar abusos, precisamente o que, como regra, ampara a desconsideração, justificando-se pelo conhecimento do sócio que a confusão patrimonial faz presumir[83].

---

81 Aí incluída a instauração da arbitragem, como decidido em STJ, MC nº 17.411/DF, Rel. Min. Benedito Gonçalves, Corte Especial, j. em 24/10/2016, DJe 04/11/2016.

82 Além da Súmula 375, foi essa a linha adotada em STJ, REsp nº 956.943/PR, Rel. Min. Nancy Andrighi, Rel. p/ Acórdão Min. João Otávio de Noronha, Corte Especial, j. em 20/08/2014, DJe 01/12/2014. Apontando a última solução referida no texto já sob o CPC/15, v. DIDIER JÚNIOR, Fredie; CUNHA, Leonardo Carneiro da; BRAGA, Paula Sarno; OLIVEIRA, Rafael Alexandria. *Curso de direito processual civil: execução*, v. 5, Salvador: ed. Juspodivm, 2021, p. 400; e ASSIS, Araken de. *Manual da execução*, São Paulo: ed. RT, 2020, p. 376 e 382-4.

83 Em tom crítico, defendendo que a regra se justifica apenas quando, pelo direito material, a desconsideração tem por base fraude ou confusão patrimonial e apontando os riscos à segurança negocial entre terceiros e o sócio, v. YARSHELL, Flávio Luiz. Comentários ao art. 137, In: *Comentários ao novo Código de Processo Civil*, Antonio do Passo Cabral e Ronaldo Cramer (coords.), Rio de Janeiro:

Por fim, o Código determina, em qualquer caso, a oitiva do adquirente antes de declarada a ineficácia do ato de alienação ou oneração que lhe beneficia (art. 792, § 4º). A regra atende ao contraditório prévio (art. 9º), reconhecendo ao terceiro a possibilidade de influir antes de sofrer as consequências da fraude à execução, no que se inclui, se for o caso, a demonstração de sua boa-fé. E, intimado, prevê-se ali a abertura de prazo de 15 dias para o oferecimento de Embargos de Terceiro, em harmonia com o art. 674, § 2º, II[84].

3.3. *A ausência de bens a penhorar*

O CPC/15 modifica em parte o regime aplicável quando não há bens a penhorar, seja porque não encontrados, seja porque realmente inexistentes. O tema, no rigor dos termos, extravasa o direito processual civil, em intercessão com ramos do direito material, sobretudo o empresarial e o consumerista, e a ciência econômica, mas que inevitavelmente desagua como um problema grave para a execução no Brasil.

Naquilo que está ao alcance de uma lei processual, o Código alterou, em primeiro lugar, o tratamento do insucesso da execução singular. A lei revogada dedicava à hipótese o singelo comando de suspensão da execução "*quando o executado não possuir bens penhoráveis*" (CPC/73, art. 791, III), sem lhe agregar um prazo limite ou deter-

ed. Forense, 2015, p. 248-9. Entendendo que, a despeito da literalidade do art. 792, § 3º, o marco temporal da fraude há de ser a citação daquele "contra quem se promoveu o redirecionamento da execução", THEODORO JÚNIOR, Humberto. *Curso de direito processual civil*, v. III: execução forçada, Rio de Janeiro: Forense, 2021, p. 275-6. Na jurisprudência, rejeitando a retroação, STJ, AgInt no AREsp nº 1.402.956/SP, Rel. Min. Marco Aurélio Bellizze, Terceira Turma, j. em 02/09/2019, DJe 17/09/2019, em fundamentação apoiada na jurisprudência anterior ao CPC/15, sem análise expressa do art. 792, § 3º. Por sua vez, negando, para execuções fiscais, a retroação da fraude à execução a momento anterior ao redirecionamento contra o sócio fundado no CTN, ver, na jurisprudência do STJ, v.g., AgInt no REsp nº 1.800.902/SC, Rel. Min. Mauro Campbell Marques, Segunda Turma, j. em 10/09/2019, DJe 19/09/2019.

84 Reconhecendo ao adquirente o direito de ajuizar Embargos de Terceiro também após a constrição, se omisso diante da intimação prévia à declaração de ineficácia de que fala o § 4º do art. 792, v. ASSIS, Araken de. *Manual da execução*, São Paulo: ed. RT, 2020, p. 390-1, mas com a ressalva de observância ao art. 675.

minar aquilo que se seguiria. O quadro muda[85] com o CPC/15, que, nos §§ 1º a 7º do art. 921, transpõe em linhas gerais para a execução civil a sistemática da prescrição intercorrente na execução fiscal (art. 40 da Lei nº 6.830/80)[86], aliada à previsão dessa nova causa de extinção da execução no art. 924, V. Nesse importe, incrementado com a Lei nº 14.195/21, incorporaram-se diretrizes jurisprudenciais firmadas para a execução fiscal, como o marco inicial da "ciência da primeira tentativa infrutífera de localização do devedor ou de bens penhoráveis" para a fluência do prazo de suspensão e, imediatamente após, de prescrição (REsp Repetitivo nº 1.340.553/RS, Rel. Min. Mauro Campbell Marques, e Súmula nº 314 do STJ). As novas regras introduzidas pelo Código são aplicáveis, no tempo, com a baliza do art. 1.056, que define a vigência do próprio Código como termo inicial do prazo de prescrição para as execuções então em curso[87].

Já quanto aos procedimentos concursais, o Código optou por quase silenciar quanto à insolvência civil. Limitou-se, no art. 1.052, a firmar promessa de edição de legislação específica, mantendo em vigor, até que cumprida, o tratamento dispensado ao tema nos arts. 748 a 786-A do CPC/73. Em um país no qual o superendividamento é um mal[88], o instituto, se repensado com os olhos de hoje, poderia contri-

85 Por longo tempo, apegando-se à literalidade do CPC/73, a jurisprudência do STJ rejeitou a prescrição intercorrente na execução civil (v.g., STJ, REsp nº 63.474/PR, Rel. Min. Aldir Passarinho Junior, Quarta Turma, julgado em 16/06/2005, DJ15/08/2005). Em 2018, a Segunda Seção daquela Corte, interpretando o CPC/73, alterou a orientação para aplicar, por analogia, o regime do art. 40 da Lei de Execuções Fiscais e reconhecer a prescrição intercorrente nas execuções regidas pelo CPC/73 (STJ, Incidente de Assunção de Competência nº 01 no REsp nº 1.604.412/SC, Rel. Min. Marco Aurélio Bellizze, Segunda Seção, julgado em 27/06/2018, DJe 22/08/2018).

86 Para um panorama da jurisprudência do STJ sobre o tema e seus impactos na interpretação do CPC/15, remete-se o leitor a SOKAL, Guilherme Jales. *O que o STJ decidiu sobre a prescrição intercorrente na execução fiscal? Um guia prático (e crítico)*, Revista de Processo, v. 304, 2020, p. 271-305.

87 O art. 1.056, como regra de transição, pressupunha que o tema da prescrição intercorrente se tratasse de inovação pelo legislador de 2015. Como, porém, no referido IAC nº 01 no REsp nº 1.604.412/SC o STJ entendeu pela existência da figura sob o CPC/73, deu-se, naquela oportunidade, interpretação restritiva ao art. 1.056, para atingir apenas os processos pendentes suspensos, não aqueles com prazo de prescrição intercorrente já iniciado ou findo.

88 Conferir, sobre o tema, o estudo divulgado pelo Banco Central do Brasil, denominado *Série cidadania financeira: estudos sobre educação, proteção e inclu-*

buir de alguma forma para a cura, superando a inefetividade que cerca a disciplina quase quinquagenária lançada no Código Buzaid[89].

Por fim, o fenômeno, quanto à atividade empresarial, é atualmente regido pela Lei nº 11.101/05, cuja adaptação ao CPC/15 foi promovida pela Lei nº 14.112/20. Destacam-se, quanto a ela, a proclamação da incidência supletiva da lei processual geral (art. 189, *caput*), as ressalvas quanto à contagem dos prazos processuais em dias corridos (art. 189, § 1º, I) e à ampla recorribilidade contra decisões interlocutórias (art. 189, § 1º, II)[90], as exigências adicionais para a manifestação de vontade em negócios processuais (art. 189, § 2º) e o emprego da cooperação judiciária para a interação em atos de constrição não submetidos ao juízo da recuperação judicial (art. 6º, §§ 7º-A e 7º-B).

3.4. O tempo e as técnicas de expropriação

Tendo o tempo como adversário do melhor desempenho da expropriação judicial, ainda alvo de uma disciplina legal excessivamente minudente, o CPC/15 promove alguns avanços de simplificação e de eficiência. Símbolo disso é, no plano nominal, o fim das distinções conceituais entre hasta pública, leilão e praça, antes tributárias da tradição e agora referidas sob a designação única de leilão judicial (v.g., art. 879, II).

Substituiu-se também a denominação de usufruto, afeta ao direito material, pela mais adequada *apropriação* de frutos e rendimen-

---

são, 2020, disponível em https://www.bcb.gov.br/content/cidadaniafinanceira/documentos_cidadania/serie_cidadania/serie_cidadania_financeira_6_endividamento_risco.pdf, acesso em 31/05/2021. Foi recentemente promulgada a Lei nº 14.181, de 01 de julho de 2021, direcionada ao superendividamento no âmbito do direito do consumidor.

89 Antes da entrada em vigor do CPC/15, aplicando à insolvência civil regras do direito falimentar, para a fluência de multa moratória e juros, STJ, REsp nº 1.108.831/PR, Rel. Min. Luiz Fux, Primeira Turma, j. em 23/11/2010, DJe 03/12/2010. Na mesma linha, já sob o CPC/15, STJ, AgInt no REsp nº 1.536.153/RS, Rel. Min. Og Fernandes, Segunda Turma, j. em 20/04/2021, DJe 03/05/2021.

90 Mesmo antes da reforma legislativa de 2020, entendendo que a recuperação judicial e a falência consistem em modalidades de liquidação e execução, como tais subsumíveis ao parágrafo único do art. 1.015 do CPC/15 e, portanto, comportando largamente o agravo de instrumento, STJ, REsp Repetitivo nº 1.717.213/MT, Rel. Min. Nancy Andrighi, Segunda Seção, j. em 03/12/2020, DJe 10/12/2020.

tos[91] no art. 825, III. A figura teve seu alcance ampliado, antes apenas contemplados bem imóvel ou empresa, agora a referir a empresa, estabelecimentos e outros bens. A disciplina é desdobrada em dois segmentos do Código: o art. 866, destinado à penhora de percentual de faturamento de empresa, ato executório subsidiário, como torna claro o *caput* do dispositivo, e os mais abrangentes arts. 867 a 869, que regulam a penhora de frutos e rendimentos de coisa móvel ou imóvel, medida a ser ordenada pelo juiz "quando a considerar mais eficiente para o recebimento do crédito e menos gravosa ao executado" (art. 867, *caput*)[92].

Algumas inovações tendem a aproximar a dinâmica da execução da lógica do cotidiano dos negócios, um ideal ainda distante. É feliz exemplo a nova hipótese de dispensa de avaliação[93] prevista no art. 871, IV, para "bens cujo preço médio de mercado possa ser conhecido por meio de pesquisas realizadas por órgãos oficiais ou de anúncios de venda divulgados em meios de comunicação". Igual linha foi adotada para reger a redução e a ampliação da penhora ou a sua transferência para outros bens, pautadas pela "alteração significativa", no curso do processo, "[d]o valor de mercado dos bens penhorados" (art. 850). E da alienação antecipada dos bens penhorados, quando usualmente mais propensos a depreciação ou deterioração, cuida o art. 852 (correspondente ao revogado art. 670), e que desde logo inclui em tais categorias os veículos automotores e as pedras e metais preciosos (inc. I)[94].

Mantém-se, conforme a última redação do CPC/73, a prioridade da adjudicação sobre as demais formas de alienação (art. 880 e 881), caminho a encurtar distâncias entre a constrição de bens do executado e a satisfação do credor. À oportunidade de requerê-la logo após

---

91 Técnica similar, habilitando o credor a receber de terceiros aquilo a que o devedor faria jus, quanto ao desconto em folha para satisfação de prestação alimentícia, é hoje regulada no art. 529. O art. 1.072, V, do Código, em complementação, revoga os arts. 16 a 18 da Lei nº 5.478/68 (Lei de Alimentos).

92 Nos termos do art. 866, § 3º, o disposto nos arts. 867 a 869 é aplicável subsidiariamente à penhora de percentual de faturamento de empresa.

93 Registre-se que, nas regras de dispensa de avaliação, foi introduzida expressa referência ao controle de ofício do magistrado sobre o valor do bem quando uma das partes aceita a estimativa feita pela outra, desde que haja "fundada dúvida do juiz quanto ao real valor do bem" (art. 871, parágrafo único).

94 O conteúdo dos revogado parágrafo único, apesar de não reproduzido, é hoje decorrência do arts. 9º e 10.

avaliação (arts. 875 e 876) soma-se agora também a expressa reabertura assim que frustradas as outras tentativas de alienação do bem (art. 878). Os legitimados a adjudicar foram também ampliados, dada a menção, no art. 876, § 5º, ao art. 889, II a VIII[95].

Figura na sequência, na escala de prioridades da lei, a alienação por iniciativa particular e, somente após, o leilão judicial (CPC/15, art. 880 e 881), este último a se realizar com preferência pela modalidade eletrônica sobre a presencial (art. 882), observando-se a "regulamentação especial do Conselho Nacional de Justiça" (art. 882, § 1º)[96]. Elegeu-se também a *internet* como ambiente preferencial para a divulgação dos editais (art. 887, §§ 2º a 4º). Com esses degraus de preferências na lei promove-se a economia processual, abreviando etapas e inclusive alcançando mais publicidade no mundo contemporâneo (art. 882, § 2º). Compete ao juiz determinar, além de outras condições para a alienação, também o preço mínimo (arts. 880, § 1º, e 885), observando a nova disciplina do preço vil contida no art. 891, um parâmetro agora aplicável já ao primeiro leilão, não mais adstrito à avaliação, e que, se omisso o juiz, não pode ser inferior à metade do valor da avaliação.

Por fim, da proteção do arrematante diante de vícios após assinado o respectivo auto trata o art. 903. As modificações frente ao regime revogado vão desde a extinção dos embargos à arrematação, passando, em seu lugar, a bifurcar-se a alegação nos próprios autos ou em ação autônoma (§§ 2º a 4º), até o tratamento mais sistemático dos vícios (§

95 Separam-se, assim, os casos em que a adjudicação satisfaz imediatamente o exequente (art. 904, II), se requerida por ele (art. 876, *caput*), dos outros em que, na realidade, a adjudicação é apenas uma etapa simplificada pela qual terceiro, por ter especial vínculo com o bem constrito, adquire-o mediante o depósito de dinheiro (art. 876, § 5º), sendo então o dinheiro e não o bem constrito a causa de satisfação do exequente (art. 904, I). Nessa linha, e tratando a adjudicação por terceiros como uma espécie de "arrematação preferencial", v. RODRIGUES, Marcelo Abelha; JORGE, Flávio Cheim. Adjudicação, In: *Processo de execução e cumprimento da sentença: temas atuais e controvertidos*, Araken de Assis e Gilberto Gomes Bruschi (coords.), São Paulo: Thomson Reuters Brasil, 2020, p. 698 e 700-1.

96 A regulamentação consta da Resolução nº 236/2016 do CNJ, que, dentre outros pontos, contempla o direito de visitação dos interessados aos bens a serem alienados, nos dias e horários determinados, nos locais indicados no *site* (art. 17), a necessária divulgação imediata e *online* dos lances oferecidos, independente "de intervenção humana na coleta e no registro" (art. 22, *caput* e parágrafo único) e a gravação de som, dados e imagem de todo o procedimento (art. 34).

1°). Destaca-se, dentre elas, a tentativa de dissuadir ataques frívolos, que em última análise comprometem a confiança geral na alienação judicial como ambiente atrativo de negócios, com uma nova hipótese de ato atentatório à dignidade da justiça passível de punição por multa de até vinte por cento do valor atualizado do bem (art. 903, § 6°).

3.5. A multa coercitiva para prestações de fazer, não fazer e entregar coisa

O Código de 2015 aprimorou os mecanismos de pressão para induzir o executado a satisfazer, com comportamento próprio, as prestações de fazer, não fazer e entregar coisa. Permanece, por um lado, a ampla margem de apreciação do juiz para definir, quanto a essas prestações, medidas de coerção ou de sub-rogação atípicas, fundadas no § 1° do art. 536[97]. Mas, na nova lei, a coerção patrimonial por multa (*astreinte*), provavelmente a de uso mais comum, recebeu tratamento muito mais analítico do que lhe dedicava o direito revogado.

A principal sede da disciplina das *astreintes* reside no art. 537. O instituto recebe, ainda, além de menções genéricas (v.g., art. 500), um regramento fragmentado nas execuções de título extrajudicial (arts. 806, § 1°, 813 e 814), mas no fundo insuficiente a repelir as regras do art. 537[98]. Reafirma o dispositivo, de início, o poder do juiz de impor de ofício a medida (art. 537, *caput*), como recomendava a lição do Mestre, calibrando-a *in concreto* quanto ao modo de incidência no tempo[99],

97 As disposições dos arts. 536 e 537, topograficamente voltadas às prestações de fazer ou não fazer, são estendidas à entrega de coisa pelo art. 538, § 3°.

98 GRECO, Leonardo. *Comentários ao Código de Processo Civil: das diversas espécies de execução (arts. 797 a 823)*, v. XVI, José Roberto F. Gouvêa, Luis Guilherme A. Bondioli e João Francisco N. da Fonseca (coords.), São Paulo: Ed. Saraiva, 2020, p. 293 e 355, frisando, quanto ao art. 814, parágrafo único, inclusive a possibilidade de elevação da multa pelo juiz. A rigor, a pré-fixação consensual do valor da multa coercitiva parece se amoldar à categoria dos negócios processuais, como tal suscetível de controle pelo juiz nos termos do parágrafo único do art. 190.

99 Não constam dos arts. 536, § 1°, 537 os termos "diária" ou "por dia de atraso", que, do ponto de vista literal, transmitiam errada rigidez quanto à unidade de tempo nos revogados arts. 461, § 4°, 621, parágrafo único, e 645. O mesmo cuidado, contudo, não guiou a redação do art. 806, § 1°, que insiste na última expressão, e do art. 816, que emprega "período de atraso", um ajuste que acaba desconsiderando a multa de incidência única, especialmente frutífera nas obrigações de não fazer.

desde que assegurado "prazo razoável para cumprimento"[100]. E não se distinguem em abstrato, na lei, prestações infungíveis ou fungíveis: a coerção é cabível para ambas[101], mas em qualquer caso comportando controle à luz da menor onerosidade (art. 805), da economia processual[102] e da adequação no cotejo com os demais meios executórios.

Do ponto de vista subjetivo, toma-se agora, por um lado, posição clara – e criticável – quanto ao destinatário do crédito da multa, o exequente (§ 2º)[103], ponto de partida de sucessivos problemas que florescem em torno do risco de enriquecimento sem causa. E quanto ao alvo da pressão, normalmente a pessoa do executado, regra expressa assenta a impossibilidade de em seu lugar se compelir o advogado, privado ou público, que lhe patrocina os interesses (art. 77, § 8º).

Quanto ao valor, segue-se a diretriz, consentânea com a natureza processual e coercitiva da figura, de não limitar a fixação da multa à expressão econômica do direito em jogo, tendo apenas o norte, mais teleológico do que quantitativo, de que a medida seja suficiente

---

100 Afirmando a contagem em dias úteis para o cumprimento de obrigações de fazer, à luz do art. 219 do CPC/15, STJ, REsp nº 1.778.885/DF, Rel. Min. Og Fernandes, Segunda Turma, j. em 15/06/2021, DJe 21/06/2021.

101 Assim, na jurisprudência, STJ, AgInt no REsp nº 1.396.393/SP, Rel. Min. Napoleão Nunes Maia, Primeira Turma, j. em 14/08/2018, DJe 23/08/2018; e STJ, AgRg no AgRg no REsp nº 1.108.445/MS, Rel. Min. Maria Isabel Gallotti, Quarta Turma, j. em 04/08/2015, DJe 10/08/2015. Em doutrina, AMARAL, Guilherme Rizzo. Comentários ao art. 537, In: *Breves comentários ao novo Código de Processo Civil*, Teresa Arruda Alvim Wambier, Fredie Didier Jr., Eduardo Talamini e Bruno Dantas (coords), São Paulo: Ed. Revista dos Tribunais, 2015, p. 1.405.

102 Para uma perspectiva econômica de exame de atos executórios coercitivos, na comparação de custos e de tempo com meios sub-rogatórios, YARSHELL, Flávio Luiz. *O futuro da execução por quantia nas mãos do Superior Tribunal de Justiça: proposta de reflexão sob a ótica econômica*, Revista do Advogado, São Paulo, v. 39, n. 141, 2019, p. 102-109.

103 Opção diversa foi feita quanto à multa punitiva do art. 77, IV c/c §§ 2º e 3º, cujo valor é destinado à União ou ao Estado-membro, conforme o ramo do Poder Judiciário em que pendente a causa. Segundo o § 4º do art. 77, aquela sanção é cumulável com a multa coercitiva dos arts. 536, § 1º, e 537. Defendendo que, na cumulação com a multa coercitiva, o mesmo comportamento só pode ser punido com a multa do art. 77, IV c/c § 2º, não com a sanção do art. 774, IV c/c parágrafo único, cujo valor se destina à parte, DIDIER JÚNIOR, Fredie; CUNHA, Leonardo Carneiro da; BRAGA, Paula Sarno; OLIVEIRA, Rafael Alexandria. *Curso de direito processual civil: execução*, v. 5, Salvador: ed. Juspodivm, 2021, p. 646-7, com apoio na especificidade da menção ao art. 536, § 1º, na parte final do art. 77, § 4º.

e "compatível com a obrigação". Depois de imposta, o § 1º baliza a modificação do *quantum*, da periodicidade ou mesmo a exclusão da multa, a que o juiz está autorizado inclusive de ofício, em motivos que se desdobram em duas linhas: o exame da insuficiência ou do excesso do valor (inc. I) e/ou a apreciação do comportamento do executado, constatando ter sido atendido em parte o comando ou haver justa causa para o descumprimento (inc. II). A aplicação desses motivos de revisão, porém, recebeu na lei uma controversa demarcação, porque menciona o dispositivo que isso só poderia se passar quanto à "multa *vincenda*". Argumenta-se que o elemento literal impediria, *contrario sensu*, a revisão sobre a multa vencida, dados a especificidade do termo técnico empregado pelo legislador e o respeito à autoridade das decisões judiciais, que tem na perspectiva de relevação da multa já incidida uma fonte de desprestígio[104]. A jurisprudência do STJ, porém, embora pontualmente acolhida a interpretação restritiva[105], inclinou-se predominantemente pela validade da revisão da multa vencida[106], em posição que veio a se sagrar vencedora em julgamento da Corte Especial[107].

Último destaque merece a inovação dos §§ 3º e 4º do art. 537, separando três momentos na dinâmica da multa coercitiva depois de cominada. O primeiro é o da *incidência*, configurada desde que descumprido o comando e enquanto perdurar esse estado de fato (§ 4º),

---

104 Sustentando a revisão somente da multa vincenda, *pro futuro*, não da vencida, CÂMARA, Alexandre Freitas. *O novo processo civil brasileiro*, São Paulo: Atlas, 2021, p. 375-6; e, como regra, DIDIER JÚNIOR, Fredie; CUNHA, Leonardo Carneiro da; BRAGA, Paula Sarno; OLIVEIRA, Rafael Alexandria. *Curso de direito processual civil: execução*, v. 5, Salvador: ed. Juspodivm, 2021, p. 631 e 634-7, mas admitindo excepcionalmente a revisão retroativa.

105 STJ, AgInt no REsp nº 1.761.086/SP, Rel. Min. Francisco Falcão, Segunda Turma, j. em 23/11/2020, DJe 25/11/2020.

106 Admitindo, com base no § 1º do art. 537, a revisão da multa vencida, STJ, AgInt no REsp nº 1.851.359/SP, Rel. Min. Antonio Carlos Ferreira, Quarta Turma, j. em 07/12/2020, DJe 14/12/2020; STJ, AgInt no REsp nº 1.846.190/SP, Rel. Min. Ricardo Villas Bôas Cueva, Terceira Turma, j. em 20/04/2020, DJe 27/04/2020; e STJ, AgInt no AREsp nº 1.442.666/SP, Rel. Min. Nancy Andrichi, Terceira Turma, j. em 23/03/2020, DJe 25/03/2020. Acolhendo a revisão inclusive no cumprimento de sentença de quantia resultante da multa vencida, STJ, AgInt no AREsp nº 1.409.856/PR, Rel. Min. Maria Isabel Gallotti, Quarta Turma, j. em 01/03/2021, DJe 04/03/2021; e STJ, AgInt no REsp nº 1.846.874/SP, Rel. Min. Raul Araújo, Quarta Turma, j. em 21/09/2020, DJe 08/10/2020.

107 STJ, EAREsp nº 650.536/RJ, Rel. Min. Raul Araújo, Corte Especial, j. em 07/04/2021, DJe 03/08/2021.

logicamente com o pressuposto de que tenha sido levada ao conhecimento do executado a multa contra ele imposta[108]. Já os segundo e terceiro momentos dizem respeito à exigibilidade e ao regime de cumprimento provisório da quantia resultante da multa incidida. O Código agora afirma, por um lado, que esse crédito pode desencadear desde logo atos executórios, sem condicionar sua *exigibilidade* a outro ato futuro (§ 3°, primeira parte)[109]. No entanto, o regime desse cumprimento provisório é mais restritivo do que a disciplina geral dos arts. 520 a 522, porque na parte final do § 3° do art. 537 se impede a *prática de atos satisfativos* – o levantamento – antes do trânsito em julgado[110], algo que seria admissível mediante caução se aplicável o inc. IV do art. 520.

3.6. A atipicidade dos meios executórios para a prestação de pagar

Dentre todas, é no art. 139, IV, que está a mudança com o maior potencial transformador na execução. O dispositivo abre uma porta para atos atípicos na execução pecuniária, terreno tradicionalmente

---

108 O ponto, sob o CPC/73, era objeto da polêmica Súmula 410 do Superior Tribunal de Justiça, dando por necessária a intimação pessoal do executado para a incidência de multa coercitiva ("*A prévia intimação pessoal do devedor constitui condição necessária para a cobrança de multa pelo descumprimento de obrigação de fazer ou não fazer*"). Em razão do art. 513, § 2°, I, do Código de 2015, situado nas disposições gerais do cumprimento de sentença, e que confere prioridade à intimação do executado "pelo Diário da Justiça, na pessoa de seu advogado constituído nos autos", ganhou peso na doutrina a superação daquela Súmula (por todos, THEODORO JÚNIOR, Humberto. *Curso de direito processual civil*, v. III: execução forçada, Rio de Janeiro: Forense, 2021, p. 21). Em acórdão publicado em 2019, porém, entendeu a Corte Especial do STJ pela subsistência da Súmula 410 mesmo na vigência do CPC/15 (STJ, EREsp n° 1.360.577/MG, Rel. Min. Humberto Martins, Rel. p/ Acórdão Ministro Luis Felipe Salomão, Corte Especial, j. em 19/12/2018, DJe 07/03/2019).

109 É diferente, por exemplo, o regime em vigor para a Lei da Ação Civil Pública (Lei n° 7.347/85, art. 12, § 2°), postergando-se a exigibilidade para "após o trânsito em julgado da decisão favorável ao autor", vedando, portanto, o cumprimento provisório da multa. Sob o CPC/73, a jurisprudência do STJ reputava que a multa coercitiva, fixada em tutela provisória, só poderia ser alvo de cumprimento provisório depois de proferida sentença de mérito impugnada por recurso desprovido de efeito suspensivo (STJ, REsp Repetitivo n° 1.200.856/RS, Rel. Min. Sidnei Beneti, Corte Especial, j. em 01/07/2014, DJe 17/09/2014).

110 Na redação original do CPC/15, a parte final do art. 537, § 3°, continha autorização para levantamento também "na pendência do agravo fundado nos incisos II ou III do art. 1.042". O trecho foi suprimido pela Lei n° 13.256/16.

dominado pela rigidez, autorizando o juiz a "determinar todas as medidas indutivas, coercitivas, mandamentais ou sub-rogatórias necessárias para assegurar o cumprimento de ordem judicial, (...)". Vazado em termos assim tão amplos, natural que profundo debate tenha se instaurado na doutrina[111] e nos tribunais[112] sobre como interpretá-lo, em especial quanto à conciliação dessa abertura, proclamada na Parte Geral, com o extenso regramento da penhora, da avaliação e da expropriação nos arts. 831 a 903, na Parte Especial.

Certo apuro conceitual, em primeiro lugar, é indispensável para dimensionar o exato grau da inovação. É que peca em exagerar quem crê ter o art. 139, IV, introduzido, no direito brasileiro, técnicas de coerção para as prestações pecuniárias. Como já lapidarmente apontado no estudo em referência, pressões desse viés já existiam, por exemplo, sobre a liberdade, na prisão civil em obrigação de prestar alimentos (CPC/15, art. 528, §§ 3º e segs., correspondente ao revogado art. 733, §§ 1º e segs.), ou, para prestações de quantia em geral, sobre o patrimônio do devedor, na multa de 10% quando decorrido o prazo de quinze dias sem pagamento (CPC/15, art. 523, § 1º, correspondente ao revogado art. 475-J)[113]. Há, além disso, medidas de coerção expressas no CPC/15 sobre direitos da personalidade, atingindo a honra e o bom nome do executado, e aplicáveis em execuções pecuniárias, como o protesto do título executivo (arts. 517 e 528, § 1º) e a inclusão do devedor em cadastro de inadimplentes (art. 782, §§ 3º a 5º)[114].

---

111 Além das obras a seguir mencionadas, destaca-se a coletânea *Medidas executivas atípicas*, Eduardo Talamini e Marcos Youji Minami (coords.), Salvador: Juspodivm, 2018.

112 Atualmente, pende de julgamento, no Supremo Tribunal Federal, a ADIn nº 5.941/DF, Rel. Min. Luiz Fux, ajuizada em 2018 pelo Partido dos Trabalhadores com pedido de interpretação conforme para ditar parâmetros de preservação de direitos fundamentais na fixação de coerções atípicas em execuções pecuniárias. Um panorama das decisões do Superior Tribunal de Justiça sobre o art. 139, IV, será traçado adiante.

113 Apesar de polêmica a definição sobre ser coercitiva ou sancionadora a multa da fase inicial do cumprimento de sentença de pagar quantia, o art. 77, § 4º, interpretado à luz da vedação ao *bis in idem*, parece sinalizar para a natureza executória. Reputando coercitiva a multa do art. 523, § 1º, TALAMINI, Eduardo. Poder geral de adoção de medidas executivas e sua incidência, nas diferentes modalidades de execução, In: *Medidas executivas atípicas*, Eduardo Talamini, Marcos Youji Minami (coords.), Salvador: Juspodivm, 2018, p. 49.

114 Admitindo a providência em execuções fiscais "independentemente do esgotamento prévio de outras medidas executivas", STJ REsp Repetitivo nº 1.807.180/

É necessário, então, separar o uso da técnica coercitiva em prestações pecuniárias, plano em que o art. 139, IV, não é propriamente precursor ou único, de questão distinta, relativa à densidade da disciplina legal do ato executório, que contrapõe atos típicos e atípicos conforme seus pressupostos, conteúdos e efeitos sejam predefinidos em abstrato na lei ou se limite esta a autorizar que o juiz o faça com margem de criação em atenção ao caso concreto. E é nessa última perspectiva que reside a singularidade do art. 139, IV, em um passo – talvez demasiadamente largo – rumo à meta ditada pelo Mestre de que também na execução pecuniária se possa "amoldar os esquemas legais às variáveis características dos litígios concretos". Logo, quando muito se poderia ter na nova regra a sede para *meios coercitivos atípicos* na execução de quantia, perfil predominante dos exemplos experimentados desde a entrada em vigor do Código[115], mas com a ressalva de que com tal enunciação se fica aquém do que pode ir o dispositivo, porque não só de coerção ali se cuida[116].

PR, Rel. Min. Og Fernandes, Primeira Seção, julgado em 24/02/2021, DJe 11/03/2021.

---

115 Confira-se, a seguir, uma ilustração de atos cogitáveis com base no art. 139, IV, do CPC/15, a título meramente exemplificativo e sem que com isso se esteja, nesta sede, chancelando a validade de cada um: (i) multa coercitiva periódica; (ii) suspensão de Carteira Nacional de Habilitação; (iii) suspensão de passaporte; (iv) suspensão de participação em concurso público; (v) suspensão de participação em licitações públicas; (vi) proibição de frequentar lugares públicos ou áreas comuns em condomínios edilícios; (vii) divulgação em jornais de grande circulação da condição de devedor do executado; (viii) suspensão de atividade empresarial; (ix) interdição de estabelecimento; (x) imposição de trabalhos comunitários; (xi) suspensão do CPF; (xii) corte de energia elétrica da residência ou estabelecimento do devedor; (xiii) suspensão de cartões de crédito; (xiv) suspensão de contratos de TV por assinatura ou *streaming*; (xv) suspensão de acesso a redes sociais; e (xvi) retirada do ar de *site* do devedor na *internet*.

116 Para uma perspectiva de investigação de medidas atípicas indutoras, mediante sanções premiais, v. TALAMINI, Eduardo. Poder geral de adoção de medidas executivas e sua incidência, nas diferentes modalidades de execução, In: *Medidas executivas atípicas*, Eduardo Talamini, Marcos Youji Minami (coords.), Salvador: Juspodivm, 2018, p. 54-55; e MAZZOLA, Marcelo. Sanções premiais no processo civil: previsão legal, estipulação convencional e proposta de sistematização (standards) para sua fixação judicial, São Paulo: Juspodivm, 2022. A isso se somam, segundo o texto legal, as medidas sub-rogatórias e mandamentais atípicas. Sobre este último conceito, v. BARBOSA MOREIRA, José Carlos. A sentença mandamental – da Alemanha ao Brasil, In: *Temas de direito processual:* sétima série, São Paulo: Saraiva, 2001, p. 55 e segs.

Em uma sistematização inevitavelmente redutora, divergem as opiniões, na doutrina, entre as que reputam tal atipicidade inconstitucional[117], as que lhe reconhecem caráter excepcional ou subsidiário, dependente da ineficácia dos meios executórios típicos e/ou da demonstração de comportamentos evasivos do devedor[118], e aquelas ainda que enxergam as medidas atípicas em pé de igualdade com os meios de sub-rogação típicos, submetidas apenas, tal como qualquer outro ato executório, a um teste de proporcionalidade[119]. Em especial quanto à segunda corrente, que aparenta reunir maior número de adeptos[120], um desacordo subsequente envolve precisar quais parâmetros a excepcionalidade ou a subsidiariedade reclama[121].

Alguns nortes já podem ser colhidos na jurisprudência do Superior Tribunal de Justiça. A começar pelo campo de incidência do dispositivo, que alcança a execução por quantia fundada em título extrajudicial[122],

---

117 V.g., apontando a ofensa ao devido processo legal, ASSIS, Araken de. Cabimento e adequação dos meios executórios "atípicos", In: *Medidas executivas atípicas*, Eduardo Talamini, Marcos Youji Minami (coords.), Salvador: Juspodivm, 2018, p. 127.

118 V.g., GRECO, Leonardo. Coações indiretas na execução pecuniária, In: *Medidas executivas atípicas*, Eduardo Talamini, Marcos Youji Minami (coords.), Salvador: Juspodivm, 2018, p. 395-420.

119 YARSHELL, Flávio Luiz. *O futuro da execução por quantia nas mãos do Superior Tribunal de Justiça: proposta de reflexão sob a ótica econômica*, Revista do Advogado, São Paulo, v. 39, n. 141, 2019, p. 102-109.

120 É o que sinaliza o Enunciado nº 12 do Fórum Permanente de Processualistas Civis (*"(arts. 139, IV, 523, 536 e 771) A aplicação das medidas atípicas sub-rogatórias e coercitivas é cabível em qualquer obrigação no cumprimento de sentença ou execução de título executivo extrajudicial. Essas medidas, contudo, serão aplicadas de forma subsidiária às medidas tipificadas, com observação do contraditório, ainda que diferido, e por meio de decisão à luz do art. 489, § 1º, I e II. (Grupo: Execução)"*).

121 Por exemplo, enumerando trinta e três *standards* para a interpretação dos arts. 139, IV, 297 e 536, § 1º, base do que denominam de "princípio da atipicidade das medidas executivas", v. DIDIER JÚNIOR, Fredie; CUNHA, Leonardo Carneiro da; BRAGA, Paula Sarno; OLIVEIRA, Rafael Alexandria. *Curso de direito processual civil: execução*, v. 5, Salvador: ed. Juspodivm, 2021, p. 103-148. A formulação inclui parâmetros mais gerais e parâmetros especificamente voltados ao requisito da subsidiariedade para o art. 139, IV.

122 STJ, REsp nº 1.896.421/SP, Rel. Min. Nancy Andrighi, Terceira Turma, julgado em 06/04/2021, DJe 15/04/2021. Contra, na doutrina, CÂMARA, Alexandre Freitas. *O novo processo civil brasileiro*, São Paulo: Atlas, 2021, p. 110.

não só o cumprimento de sentença, e mesmo o processo penal[123]. Para os créditos do Poder Público, embora afirmada, pontualmente, incompatibilidade com o rito das execuções fiscais[124], reconheceu-se o cabimento de medida atípica em ação civil pública por dano ambiental[125] e, mais recentemente, em ação de improbidade administrativa[126]. E, ainda mirando no procedimento em jogo, tem sinalizado a Corte para a aplicação do art. 139, IV, em face do devedor de alimentos, a fim de ser ordenada medida coercitiva menos gravosa, à luz da proporcionalidade, do que a prisão civil[127].

Quanto aos pressupostos, foi nas 3ª e 4ª Turmas daquela Corte Superior, nos litígios entre particulares, que mais se avançou com parâmetros para as medidas atípicas em execuções submetidas às regras gerais do CPC/15. São quatros os *standards* que, até o momento, parecem guiar a validade da aplicação do art. 139, IV: i) existência de indícios de que o devedor possua patrimônio expropriável; ii) subsidiariedade, me-

---

123 Aplicando-o, com base no art. 3º do CPP, para impor meios de coerção a empresa que, detendo dados telemáticos "essenciais a investigação criminal", desobedecera a ordem judicial para exibi-los, v.g., STJ, AgRg no RMS 53.460/PR, Rel. Min. João Otávio de Noronha, Quinta Turma, j. em 04/05/2021, DJe 07/05/2021; e, na mesma linha, STJ, RMS 61.717/RJ, Rel. Min. Laurita Vaz, Sexta Turma, j. em 02/03/2021, DJe 11/03/2021. A respeito do dever de cooperação de terceiros com a instrução no processo civil e dos meios para superar a resistência, remete-se, nesta obra, à Nota de Atualização ao texto *La collaboration des tiers dans l'activité d'instruction*.

124 Dando ênfase ao propagado excesso de prerrogativas da Fazenda Pública como óbice à aplicação do art. 139, IV, às execuções fiscais, para assim reputar inválidas a suspensão de CNH e a apreensão de passaporte, STJ, HC nº 453.870/PR, Rel. Min. Napoleão Nunes Maia Filho, Primeira Turma, j. em 25/06/2019, DJe 15/08/2019. O caso, porém, tinha a singularidade de já pesar contra o devedor penhora de 30% da respectiva remuneração.

125 Admitindo, com base no art. 139, IV, ordem de suspensão de passaporte por ter o executado adotado, na espécie, "comportamento desleal e evasivo", STJ, HC nº 478.963/RS, Rel. Min. Francisco Falcão, Segunda Turma, j. em 14/05/2019, DJe 21/05/2019

126 STJ, REsp nº 1.929.230/MT, Rel. Min. Herman Benjamin, Segunda Turma, j. em 04/05/2021, DJe 01/07/2021. A decisão, que envolvia suspensão de CNH e apreensão de passaporte, sinalizou para a incorporação dos parâmetros estabelecidos pelas Turmas de Direito Privado para os pressupostos das medidas atípicas, referidos logo a seguir neste texto.

127 STJ, RHC nº 144.872/SP, Rel. Min. Paulo de Tarso Sanseverino, Terceira Turma, j. em 11/05/2021, DJe 14/05/2021; e STJ, HC nº 422.699/SP, Rel. Min. Nancy Andrighi, Terceira Turma, j. em 26/06/2018, DJe 29/06/2018.

diante esgotamento dos meios executórios típicos[128]; iii) adequada fundamentação das circunstâncias de fato; e iv) observância do contraditório e da proporcionalidade[129]. Em determinadas ocasiões, avança-se para ressaltar elementos de fato reforçando a validade da coerção atípica[130], mas de modo geral tem sido rejeitada, com base na Súmula nº 7 daquele Tribunal, a revisão das circunstâncias fáticas que impediram na origem a aplicação do art. 139, IV[131], ressalvado vício de fundamentação[132].

128 Apesar de inicialmente afirmada a aplicação do parágrafo único do art. 805 ao ponto, para reputar ônus do executado a comprovação da gravosidade da medida atípica (STJ, RHC nº 99.606/SP, Rel. Min. Nancy Andrighi, Terceira Turma, j. em 13/11/2018, DJe 20/11/2018), as decisões subsequentes ora analisadas atribuem ao exequente a demonstração do atendimento da subsidiariedade.

129 A enunciação desses parâmetros ocorreu, em abril de 2019, em STJ, REsp nº 1.782.418/RJ, Rel. Min. Nancy Andrighi, Terceira Turma, j. em 23/04/2019, DJe 26/04/2019; e, na mesma assentada, STJ, REsp nº 1.788.950/MT, Rel. Min. Nancy Andrighi, Terceira Turma, j. em 23/04/2019, DJe 26/04/2019. Anteriormente, sinalizando na mesma direção, mas em especial frisando "esgotamento dos meios tradicionais de satisfação" como requisito, STJ, RHC nº 97.876/SP, Rel. Min. Luis Felipe Salomão, Quarta Turma, j. em 05/06/2018, DJe 09/08/2018. Aplicando, mais recentemente, os quatro parâmetros proclamados em 2019, STJ, REsp nº 1.894.170/RS, Rel. Min. Nancy Andrighi, Terceira Turma, j. em 27/10/2020, DJe 12/11/2020; STJ, AgInt no RMS nº 62.210/MG, Rel. Min. Nancy Andrighi, Terceira Turma, j. em 29/03/2021, DJe 06/04/2021; STJ, REsp nº 1.896.421/SP, Rel. Min. Nancy Andrighi, Terceira Turma, j. em 06/04/2021, DJe 15/04/2021; e STJ, AgInt no REsp nº 1.788.912/DF, Rel. Min. Paulo de Tarso Sanseverino, Terceira Turma, j. em 14/09/2020, DJe 21/09/2020.

130 Afirmando que atos tendentes a transferir residência para fora do país, desacompanhados da reserva de bens para a garantia da dívida executada no Brasil, são motivos para autorizar a suspensão da CNH e a apreensão de passaporte, STJ, HC nº 597.069/SC, Rel. Min. Paulo de Tarso Sanseverino, Terceira Turma, j. em 22/09/2020, DJe 25/09/2020.

131 Nessa linha, STJ, AgInt nos EDcl no AREsp nº 1.731.859/DF, Rel. Min. Luis Felipe Salomão, Quarta Turma, j. em 17/05/2021, DJe 19/05/2021; STJ, AgInt no AREsp nº 1.752.004/PR, Rel. Min. Paulo de Tarso Sanseverino Terceira Turma, j. em 10/05/2021, DJe 13/05/2021; STJ, AgInt no REsp nº 1.794.916/DF, Rel. Min. Luis Felipe Salomão, Quarta Turma, j. em 23/11/2020, DJe 02/12/2020; STJ, AgInt no AgInt no AREsp 1604952/DF, Rel. Min. Luis Felipe Salomão, Quarta Turma, j. em 29/06/2020, DJe 03/08/2020; e STJ, AgInt no REsp nº 1.785.726/DF, Rel. Min. Marco Aurélio Bellizze, Terceira Turma, j. em 19/08/2019, DJe 22/08/2019.

132 Reputando presente vício de fundamentação porque não "devidamente sopesadas pelo Tribunal de origem" as circunstâncias concretas da diretriz da subsidiariedade, STJ, REsp nº 1.896.421/SP, Rel. Min. Nancy Andrighi, Terceira Turma, julgado em 06/04/2021, DJe 15/04/2021.

Apesar de o CPC/15 não ter introduzido um sistema efetivo de repressão a ilícitos processuais, longe como se está do modelo de *contempt of court* do direito anglo-saxônico ou dos avanços do direito continental europeu[133], parece possível apontar que a interpretação do art. 139, IV, caminha para uma certa aproximação, em seus pressupostos, com o domínio do art. 774. Tomando de exemplo o inc. V deste último, se desatendido o comando, é muito provável que o comportamento do executado, além de desencadear a *sanção* do parágrafo único do art. 774, ensejará a um só tempo também a *coerção* atípica, pois o devedor que assim age sem justo motivo assume, no fundo, o propósito de frustrar a efetividade dos meios executórios típicos, contribuindo ele mesmo para a caracterização da subsidiariedade. Indiretamente, talvez com isso se rume ao reforço dos deveres do executado, ponto de partida para distinguir os regimes a serem dedicados ao devedor eventual, possivelmente a desaguar na prescrição intercorrente, daquele outro a ser imposto ao devedor contumaz[134].

4. Outras mudanças, lacunas e tendências atuais

Por fim, algumas observações esparsas sobre tendências na execução que parecem assumir cada vez mais relevo após a entrada em vigor do CPC/15 – algumas delas, na verdade, ao largo dele.

A primeira é a decisão e a prática de medidas executórias pela via dos atos concertados, um importante incremento da cooperação judiciária nacional que o CPC/15 introduziu no art. 69, IV c/c § 2º, sobretudo o inc. VII. Ao permitir que um mesmo ato processual atenda

---

133 Para um panorama da prisão, civil ou penal, do executado que não revela seu patrimônio penhorável no direito europeu, v. VAN RHEE, C. H.; UZELAC, Alan (editors). *Enforcement and Enforceability – Tradition and Reform*. Antwerp/Oxford/Portland: Intersentia, 2010, passim; STÜRNER, Rolf; KAWANO, Masanori (edit.). *Comparative studies on enforcement and provisional measures*, Tübingen: Mohr Siebeck, 2011, passim.

134 Defendendo que a lei processual deveria dedicar mais atenção à distinção desses perfis do executado, DINAMARCO, Cândido Rangel. *Instituições de direito processual civil*, v. IV, São Paulo: Ed. Malheiros, 2019, p. 50. Aplicando a lógica para o art. 139, IV, RODRIGUES, Marcelo Abelha. O que fazer quando o executado é um cafajeste? Apreensão de passaporte? Da carteira de motorista? In: *Medidas executivas atípicas*, Eduardo Talamini, Marcos Youji Minami (coords.), Salvador: Juspodivm, 2018, p. 75-92.

a execuções correndo em paralelo, em um regime mais adaptável e menos formal do que os métodos tradicionais de interação entre juízos[135], o dispositivo abre caminho para ganhos reais de economia processual e eficiência, tanto na perspectiva do credor como também na do Poder Judiciário, evitando a repetição de atividades, e na do próprio devedor, que em lugar de sobrepostas penhoras de faturamento pode, por exemplo, ser alvo de constrição em único percentual fixado em atenção aos diversos débitos e a seu quadro patrimonial global.

Igual importância hoje apresentam os negócios processuais atípicos sobre a execução. Cercam o art. 190 do Código, por certo, muitas polêmicas. O fato, porém, de a execução se guiar pela busca de um equilíbrio entre o interesse do credor (art. 797) e a menor onerosidade para o devedor (art. 805) dá ao consenso o papel de um potencial instrumento para alcançar o ponto ótimo entre aqueles dois extremos[136], reduzindo incertezas e incrementando a perspectiva de cooperação a partir de ato executório previamente acordado. Emblematicamente, diversos órgãos da advocacia pública nacional, capitaneados pela Procuradoria Geral da Fazenda Nacional, já incorporaram a tendência à prática das execuções fiscais[137], ainda que a definição precisa dos limites de validade desses negócios processuais atípicos à luz do

---

135 Foi editada, sobre o tema, a Resolução nº 350/20 do Conselho Nacional de Justiça, estabelecendo "diretrizes e procedimentos sobre a cooperação judiciária nacional entre os órgãos do Poder Judiciário e outras instituições e entidades".

136 Destacando o ponto, v. DIDIER JÚNIOR, Fredie; CABRAL, Antônio do Passo. *Negócios jurídicos processuais atípicos e execução*, Revista de Processo, n. 275, jan.2018, São Paulo: Ed. Revista dos Tribunais, p. 193-228.

137 Na esfera federal, conferir a Portaria PGFN nº 742/2018, editada com base no art. 19, § 13, da Lei nº 10.522/02, constando do *site* da Procuradoria da Fazenda Nacional o teor dos negócios processuais já celebrados, a bem da publicidade e da isonomia (https://www.gov.br/pgfn/pt-br/assuntos/divida-ativa-da-uniao/painel-dos-parcelamentos/termos-de-negocio-juridico-processual; acesso em 12/06/2021). Ressalte-se que a Lei de Transação Tributária federal (Lei nº 13.988/20) parece ter tipificado um negócio processual antes atípico, ao tratar como conteúdo possível daquele *"o oferecimento, a substituição ou a alienação de garantias e de constrições"* (art. 11, III). Já no âmbito estadual, v., por exemplo, Resolução nº 4.826/22, da Procuradoria Geral do Estado do Rio de Janeiro; Resolução nº 11/2019, da Advocacia Geral do Estado de Minas Gerais; e Portaria nº 70/2020, Procuradoria Geral do Estado de Pernambuco.

parágrafo único do art. 190 seja, para qualquer execução, questão ainda longe de clara[138].

Como lacuna, o Código de 2015 não dedicou a devida atenção às especificidades da execução nas "relações pessoais" no direito de família, referidas pelo Mestre. Nenhuma palavra a esse respeito consta do novel Capítulo "Das ações de família", nos arts. 693 a 699, com regras mais voltadas aos métodos de autocomposição (arts. 694 a 696) e a cuidados na atividade probatória (art. 699) do que à execução. Aplica-se aos atos executórios nesse domínio, por isso, o regime geral dos arts. 536 e 537, em especial o lacônico art. 536, § 2°, para a "busca e apreensão de pessoas", particularmente sensível na tutela do direito de guarda[139].

Vale o último registro de duas tendências que, embora não contempladas no Código, têm dominado a reflexão da doutrina nos dias atuais. A primeira consiste na desjudicialização da execução, na esteira de outros países que já reconheceram, a bem da efetividade, não ser necessariamente o juiz o agente com mais aptidão a conduzir os atos executórios, reservando-lhe apenas a solução das controvérsias que deles decorram[140]. E a segunda consiste no desenho de uma execução

---

138 Na jurisprudência, considerando inválido o negócio processual que autorizava penhora de ativos financeiros do devedor antes da citação, em execução de título extrajudicial entre particulares, por ocasionar "supressão do contraditório" e por interferir em "atos de titularidade judicial", STJ, REsp n° 1.810.444/SP, Rel. Min. Luis Felipe Salomão, Quarta Turma, j. em 23/02/2021, DJe 28/04/2021.

139 Dando ênfase, em *obiter dictum*, à previsão dos arts. 536, § 5°, e 537, § 5°, para a aplicação de multa coercitiva para assegurar o direito de visitação do genitor não guardião, como medida menos gravosa ao interesse do menor do que a busca e apreensão, STJ, REsp n° 1.481.531/SP, Rel. Min. Moura Ribeiro, Terceira Turma, j. em 16/02/2017, DJe 07/03/2017.

140 Para um panorama de direito comparado sobre a desjudicialização da execução civil, STÜRNER, Rolf; KAWANO, Masanori (edit.). *Comparative studies on enforcement and provisional measures*, Tübingen: Mohr Siebeck, 2011; e VAN RHEE, C. H.; UZELAC, Alan (editors). *Enforcement and Enforceability – Tradition and Reform,* Antwerp/Oxford/Portland: Intersentia, 2010. No direito brasileiro, cf., sobre o tema, SICA, Heitor Vitor Mendonça. Tendências evolutivas da execução civil brasileira, In: *I Colóquio Brasil-Itália de direito processual civil,* Camilo Zufelato, Giovanni Bonato, Heitor Vitor Mendonça Sica e Lia Carolina Batista Cintra (coords.), Salvador: Juspodivm, 2016, p. 298-303. Atualmente, tramita no Senado Federal o Projeto de Lei n.° 6.204/2019, de autoria da Senadora Soraya Thronicke, que delega aos tabeliães de protesto a função de agente de execução. Para uma perspectiva crítica, FARIA, Márcio Carvalho. *Primeiras impressões*

apropriada aos chamados processos estruturais, frutos do avanço de "novas formas de tutela" que escapam do "modelo clássico", e que reclamam flexibilidade e uma demarcação menos nítida entre as fases de liquidação e de execução, sob a contínua supervisão do juiz, para a conformação do estado de fato[141].

sobre o Projeto de lei 6.204/2019: críticas e sugestões acerca da tentativa de se desjudicializar a execução civil brasileira, Revista de processo, v. 46, n. 314, abr. 2021, p. 371-391.

141 Sobre o tema, v. a coletânea *Processos estruturais*, Sérgio Cruz Arenhart e Marco Félix Jobim (coords.), Salvador: Juspodivm, 2019.

PROBLEMAS E SOLUÇÕES EM MATÉRIA DE RECONHECIMENTO E EXECUÇÃO DE SENTENÇAS E LAUDOS ARBITRAIS ESTRANGEIROS[1]

Nota preliminar

Este relatório geral baseia-se essencialmente nas informações e opiniões contidas em relatórios nacionais oriundos de vinte e quatro países[2], para não falar do direito brasileiro, que o relator geral também levou em consideração. Ele não inclui os ordenamentos dos Estados-membros das Comunidades Europeias, objeto de outro relatório geral, a cargo do Prof. KONSTANTINOS KERAMEUS, de Atenas.

Foi inestimável a contribuição dos relatores nacionais, a quem o relator geral expressa o mais profundo reconhecimento, ao mesmo tempo que lamenta não lhe haver sido possível, por motivos óbvios, incorporar no relatório geral toda a riqueza de dados e de considerações críticas por eles oferecida. Ocasionalmente, valeu-se o relator geral de elementos colhidos em obras doutrinárias e em textos de leis e de tratados e

---

1 Relatório geral para o VIII Congresso Internacional de Direito Processual, realizado em Utrecht (Holanda), em agosto de 1987.

2 Em ordem alfabética, com os respectivos relatores nacionais: Argentina (GUALBERTO LUCAS SOSA), Áustria (FRANZ MATSCHER), Bolívia (GABRIEL PELÁEZ GANTIER), Bulgária (THEODOR TSCHIPEV), Cabo Verde (ANTONIO MANUEL MASCARENHAS GOMES MONTEIRO), Colômbia (HERNANDO MORALES MOLINA), Costa Rica (OLMÁN ARGUEDAS SALAZAR), El Salvador (FRANCISCO ARRIETA GALLEGOS), Estados Unidos (FRIEDRICH K. JUENGER, que também forneceu gentilmente cópia de seu relatório geral sobre o tema *The Recognition of Money Judgments in Civil and Commercial Matlers,* elaborado para o XII Congresso da *International Academy of Comparative Law,* Austrália, 1986), Guatemala (MARIO AGUIRRE GODOY), Hungria (JÓZSEF FARICAS e LÁSZLÓ KECSKÉS), Israel (CELIA WASSERSTEIN FASSBERG), Iugoslávia (MILAN PAK), Japão (MIO TAKAKUWA e KAORU MATSUURA), México (JORGE: ANTONIO ZEPEDA), Paraguai (HUGO ALLEN), Peru (CARLOS PARODI REMÓN), Polônia (JERZY JODLOWSKI). República Democrática Alemã (RATNER KOSEWAHR), Romênia (SAVELLY ZILBERSTEIN e ION BACANIJ), Suíça (HANS ULRICH WALDER). Turquia (ERGUN BZSUNAY), Uruguai (ENRIQUE VESCOVI, BERNADETTE MINVIELLE e EDUARDO TELLECHEA BERGMAN), Venezuela (ARÍSTIDES RENGEL ROMBERG). As citações em notas de rodapé, sem indicação específica, referem-se a esses relatórios nacionais.

convenções internacionais. Por possíveis inexatidões de fato e pela compreensão eventualmente incorreta de algum relatório nacional ou de outro texto, o relator geral assume inteira responsabilidade e apresenta suas escusas.

O tema proposto foi *"Improving the procedures for the enforcement and recognition of foreign judgments and arbitral awards".* Semelhante formulação não sugeria ao relator geral uma análise detida das inúmeras questões de interesse predominantemente teórico que se costumam suscitar acerca da extensão extraterritorial da eficácia de sentenças e laudos arbitrais; a elas, por isso mesmo, só incidentalmente se faz alusão. Preocupou-se o relator geral, de preferência, em examinar as mais importantes dificuldades com que se defronta aquela extensão extraterritorial e os possíveis meios de atenuá-las ou de eliminá-las. Daí compor-se o núcleo central do relatório de duas partes intituladas *Os "mecanismos restritivos" da extensão internacional dos efeitos das sentenças* (II) e *Possibilidades de abolição ou atenuação dos "mecanismos restritivos"* (III). Precede-as, à guisa de introdução, uma *Visão panorâmica da situação atual* (I). Optou-se por tratar separadamente da problemática relativa aos laudos arbitrais estrangeiros (IV). Também se dedicou capítulo especial ao papel desempenhado na matéria pelos tratados e convenções internacionais (V). Completou-se o trabalho com a enunciação de algumas conclusões de ordem geral (VI).

Sendo obviamente vã qualquer pretensão de exaustividade, quer na listagem dos tópicos, quer no tratamento das questões atinentes a cada um deles, procedeu o relator geral a uma seleção, em virtude da qual, compreensivelmente, pode haver deixado na sombra, ou até negligenciado por completo, aspectos que, na opinião de outros, mereceriam realce. Tem o relator geral, ademais, consciência clara de não haver podido dar atenção mais que superficial a questões muito relevantes na sua própria perspectiva. Consola-o o pensamento de que a função precípua de trabalhos deste gênero consiste menos em oferecer uma elaboração "acabada" do tema do que em sugerir pontos para uma discussão franca e aberta – objetivo supremo de um congresso jurídico.

I
VISÃO PANORÂMICA DA SITUAÇÃO ATUAL

1. Tendência à facilitação da extensão internacional dos efeitos das sentenças

Apesar de certas resistências, parece generalizada a consciência de que convém facilitar a extensão dos efeitos das sentenças para além das fronteiras territoriais dos Estados onde são proferidas. Vários e óbvios fatores vêm concorrendo, nos tempos modernos, para fortalecer essa tendência: a intensificação das relações entre empresas industriais, comerciais e de serviços sediadas em Estados diversos; o vulto dos deslocamentos de pessoas, de um país para outro, em caráter permanente (migrações) ou transitório (viagens internacionais de turismo, negócios, fins culturais etc.); o fato, cada vez mais frequente, de ter uma pessoa (física ou jurídica) bens e interesses em territórios de diferentes Estados; e assim por diante. Pense-se, *por* exemplo, no problema que surge, se alguém não consegue fazer reconhecer, no país onde fixou novo domicílio, a anulação ou a dissolução do seu casamento, decretada no país de origem; ou se um credor, tendo logrado a condenação do devedor ao pagamento, vê frustrada a justa expectativa de receber o que lhe é devido porque sua satisfação exigiria que se lançasse mão de bens situados noutro Estado, e a Justiça deste se recusa a colaborar.

Saltam aos olhos os inconvenientes de uma atitude de "impermeabilidade" às sentenças estrangeiras. Eles não são apenas de ordem individual. Para ficarmos num dos exemplos acima figurados, a impossibilidade de contrair novo matrimônio tem efeitos socialmente nocivos, na medida em que pode, de um lado, gerar ou agravar estados de insatisfação afetiva, capazes de provocar comportamentos anômalos, ou, de outro lado, estimular uniões formadas à margem da lei, com sequelas talvez indesejáveis do ponto de vista da coletividade. Se o credor insatisfeito, por sua vez, se vê forçado a propor de novo, perante a Justiça de um Estado, a ação que antes exercera vitoriosamente noutro, contribuirá, além do mais, para aumentar o volume de serviço do aparelho judicial, que dessa sobrecarga estaria livre se pudesse valer-se dos resultados do trabalho já realizado alhures. O fechamento sistemático de um país às sentenças oriundas de outros compromete a segurança jurídica e, em determinados casos, enseja a quebra, logicamente absurda, da necessária uniformidade na regulação da mesma situação jurídica. Constitui, em última análise, fonte de graves injustiças.

2. Dificuldades e perspectivas

A inclinação dominante, no sentido propício à expansão internacional da eficácia das sentenças, não deixa, porém, de enfrentar contracorrentes. Historicamente, a oposição a ela tem buscado inspiração, com frequência, numa sorte de exacerbação do conceito de soberania; a importância desse fator, atualmente, parece contudo abrandada – é certo que em medida variável de região para região. Outra causa, aliás correlata, pode consistir no intuito particularmente enérgico de proteção dos nacionais, que explicaria a repulsa a julgamentos estrangeiros desfavoráveis a um deles; aqui, o mecanismo de reação serve-se às vezes de expedientes indiretos, como acontece quando se consagra em termos exclusivos a competência da Justiça nacional para quaisquer processos em que seja réu um cidadão do país, ao mesmo tempo que se exclui a possibilidade de reconhecer eficácia à sentença de Justiça estrangeira incompetente para decidir o litígio.

Ideias desse gênero, é claro, florescem com maior vigor quando se trata de Estados cujos sistemas jurídicos se distanciam consideravelmente um do outro. Elas costumam refletir também sentimentos de desconfiança nutridos pela percepção, exata ou ilusória, de grandes diferenças qualitativas no funcionamento das diversas Justiças nacionais. Compreende-se, assim, que as resistências cedam com muito maior facilidade nas relações entre países de desenvolvimento, cultura, tradições e costumes razoavelmente homogêneos, quando menos no plano jurídico. Também se compreende que as soluções mais avançadas se venham antes atingindo, às vezes, por meio de tratados bilaterais ou multilaterais do que através de reformas do ordenamento jurídico interno. Cabe acrescentar que, em alguns casos, a disciplina constante de tratados vai absorvendo a maior parte das funções normativas e relegando a papel secundário, quando não francamente marginal, a legislação nacional dos Estados signatários: é o que acontece, como ninguém ignora, no âmbito das Comunidades Europeias. O fenômeno, todavia, está longe, por enquanto, de alcançar dimensão universal: boa parte do mundo permanece alheia, ou quase, a semelhante evolução.

Seja como for, dificilmente se deixará de admitir que, sob formas diferentes, e apesar de percalços ocasionais, os sistemas jurídicos em geral se movem no sentido de maior receptividade às sentenças estrangeiras. Recentes reformas legislativas apontam nessa direção[3].

3 *V.g.*, Bulgária, 1983: TSCHIPEV, p. 1; Turquia, 1982: ÖZSUNAY, p. 2.

II
OS "MECANISMOS RESTRITIVOS" DA EXTENSÃO INTERNACIONAL DOS EFEITOS DAS SENTENÇAS

1. Existência de "mecanismos restritivos"

Com o que ficou dito não se pretende negar a existência bastante difundida e, em certas hipóteses, a imensa relevância prática de uma série de "mecanismos restritivos" da extensão internacional dos efeitos das sentenças. Cabe notar que nenhum sistema jurídico prescinde, em maior ou menor medida, de semelhantes mecanismos: a considerar-se como meta, a "livre circulação" de sentenças, total e absoluta, no plano internacional, parece inatingível, pelo menos a curto ou a médio prazo.

Há vários tipos de "mecanismos restritivos". Sem a pretensão de proceder a uma classificação rigorosa e exaustiva, é possível destacar algumas classes mais importantes. Desnecessário acentuar que as diversas espécies podem conjugar-se, e de fato se conjugam, com frequência, dentro de um mesmo sistema jurídico.

2. Pré-exclusão da possibilidade de levar em conta a sentença estrangeira

Vem à mente, em primeiro lugar, a existência de pré-requisitos básicos, cuja falta afasta radicalmente, para a Justiça nacional, a possibilidade mesma de levar em conta a sentença estrangeira. Por exemplo: *(a)* exigência de tratado ou convenção em vigor, de que sejam signatários o Estado de origem e aquele em que se quer tornar eficaz a decisão. Ela pode ser atenuada, para aplicar-se unicamente à *execução* da sentença (não a outros eventuais efeitos): assim, *v.g.*, na União Soviética, de acordo com o art. 63 dos princípios do Processo Civil[4].

Outro pré-requisito, que em parte se articula com o anterior, é *(b)* o da reciprocidade: só se permitirá que produzam efeito no território do Estado as sentenças oriundas de Estados estrangeiros que, em relação

4 Cf. LUNZ, *Internationaler Zivilprozess*, trad. MASKOW, Berlim, 1968, p. 98.

àquele, adotem posição idêntica[5]. A reciprocidade pode ser *legislativa,* quando prevista na lei; *diplomática,* quando resultante de tratado; e *de fato,* quando fundada apenas na prática constante.

Às vezes se exclui *(c) a priori* a produção de efeitos, quanto a sentenças proferidas em certas espécies de causas; ou, ao contrário, limita-se a determinadas classes a possibilidade de tal produção. Universalmente se encontra, ademais *(d),* uma cláusula que permite ao Estado recusar eficácia em seu território a sentenças que, revestidas embora das características exigíveis, contrariem princípios fundamentais do ordenamento: alude-se, em geral, à "ordem pública", com ou sem acréscimo de outras expressões ("bons costumes". "soberania nacional")[6].

---

5 Por exemplo: Áustria *(Exekutionsordnung,* § 79; cf. MATSCHER, p. 1); Bolívia *(Código de Procedimiento Civil,* arts. 553 e 554); Colômbia *(Código de Procedimiento Civil,* art. 693); Guatemala *(Código Procesal Civil* y *Mercantil,* art. 344; cf. AGUIRRE GODOY, p. 2); Japão *(Código de Processo Civil,* art. 200, 4, e *Lei da Execução Civil,* art. 24, 3; cf. TAKAKUWA e MATSUURA, p. 17); México *(Código de Procedimientos Civiles para el Distrito Federal,* art. 604); Peru *(Código Civil,* arts. 2.102, 2.103 e 2.104, n. 8; cf. PARODI REMÓN, p. 2); Polônia *(Código de Processo Civil,* art. 1146, § 1; o § 3 ressalva os casos de competência exclusiva do Estado de origem, de acordo com a lei polonesa; cf. JODLOWSKI, p. 11, 13); República Democrática Alemã *(Zivilprozessordnung,* § 193, 1; cf. KOSEWAHR, p. 10-11); Romênia (ZILBERSTEIN e BACANU, p. 5, 15-6); Turquia *(Lei de Direito Internacional Privado e Processual,* art. 38, *a;* cf. BZSUNAY, p. 5,7, 10); Uruguai *(Código de Procedimiento Civil,* arts. 512 e 513); Venezuela *(Código de Procedimiento Civil,* art. 850; cf. RENGEL ROMBERG, p. 4). Na Argentina, a exigência subsiste em alguns códigos provinciais; não, porém, no nacional (SOSA, p. 11-12). Também subsiste em poucos Estados norte-americanos, mas rejeita-a o *Uniform Foreign Money - Judgments Recognition Act* (JUENGER, p. 4, 6, 18).

6 *V.g.:* Argentina, *Código Procesal Civil y Comercial de la Nación,* art. 517, 4º (cf. SOSA, p. 4, 15-17); Brasil, *Lei de Introdução ao Código Civil* (Dec.-Lei n. 4.657, de 4-9-1942), art. 17; Bulgária (TSCHIPEV, p. 6); Colômbia, *Código de Procedimiento Civil,* art. 694, n. 2 (cf. MORALES MOUNA, p. 2); Costa Rica, *Código de Procedimientos Civiles,* art. 1.022, 4º (cf. ARGUEDAS SALAZAR, p. 3); Estados Unidos (JUENGER, p. 7; cf. *Uniform Foreign Money - Judgments Recognition Act, Section* 4 (b) (3); Hungria, *Código de Direito Internacional Privado,* § 73, a (cf. FARKAS-KECSKÉs, p. 4, 12); Israel, Lei n. 5.718, de 1958, seções 3(3) e 7 (cf. FASSBERG, p. 8 e notas 53 e 54); Japão, *Código de Direito Internacional Privado,* art. 30 (cf. TAKAKUWA e MATSUURA, p. 15-17); Peru, *Código Civil,* art. 2013, n. 7; República Democrática Alemã, *ZPO,* § 193 (2), 5 (cf. KOSEWAHR, p. 11-12); Turquia, *Lei de Dir. Int. Priv. e Proc.,* art. 38, *d* (cf. BESUNAY, p. 6, 7); Venezuela, *Código de Procedimiento Civil,* art. 851, 6º (cf. RENGEL ROMBERG, p. 5). Também no Paraguai, por aplicação analógica do art. 14 do Código Civil, nega-se eficácia à sentença estrangeira, quando se opõe *"al derecho público del Estado, a la tolerancia de cultos, o a la moral* y *buenas cos-*

Certa afinidade com este último tópico descobre-se no tipo de "mecanismo restritivo" inspirado naquilo que se poderia designar por princípio da "preferência pela jurisdição nacional". Não se tem aqui em vista apenas a consideração, bastante óbvia, de que nenhuma sentença será admitida a produzir efeitos no território de outro Estado, se neste houver decisão judicial transitada em julgado acerca do mesmo litígio. Em casos tais, funciona basicamente a regra da proibição do *bis in idem,* que impediria os próprios juízes do Estado de origem de proceder a novo julgamento - embora já se possa observar uma peculiaridade, consistente em fazer-se prevalecer *a res iudicata* do Estado de "importação" independentemente de sua prioridade cronológica, de modo que a extensão dos efeitos se vê barrada mesmo quando a sentença estrangeira seja anterior à nacional. Ocasionalmente, porém, vai-se mais longe: reputa-se suficiente para excluir a possibilidade da extensão dos efeitos a mera circunstância de estar *pendente,* no território nacional, processo que tenha por objeto o litígio julgado pela sentença estrangeira[7].

3. Estabelecimento de requisitos a serem satisfeitos pelo processo realizado no país estrangeiro e pela sentença nele proferida

Outro gênero de "mecanismos restritivos" concerne a requisitos que o processo realizado em país estrangeiro e a própria sentença ali proferida devem satisfazer. O que se pretende aqui, acima de tudo, é negar a colaboração da Justiça nacional para o cumprimento de decisões que não ofereçam as garantias mínimas consideradas necessárias, segundo a concepção vigente no Estado, da observância de regras essenciais à seriedade do julgamento. Além disso, pode-se exigir que a sentença estrangeira já seja apta para produzir efeitos no país de origem e haja atingido certo grau de estabilidade, isto é, não esteja (ou esteja

tumbres" (ALLEN, p. 1). No México, igualmente, invocam-se os arts. 8º e 1.830 do Código Civil para o Distrito Federal em matéria comum e para toda a República em matéria federal (ZEPEDA, p. 20).

7 Por exemplo: Bulgária (TSCHIPEV, p. 4); Colômbia *(Código de procedimiento Civil,* art. 694, n. 5); Hungria *(Cód. de Dir. Int. Priv., §* 73, *e;* cf. FARKAS-KECSXÉS, p. 5); Israel (Lei n. 5.718, de 1958, seção 6(5); a restrição não se aplica aos casos disciplinados pelo *common law: vide* FASSBERG, p. 7); Peru *(Código Civil,* art. 2.104, n. 5). Nestes dois últimos países é necessário, para a exclusão, que o processo nacional se haja iniciado antes do estrangeiro.

menos) sujeita a ver-se reformada ou anulada. E possível, enfim, que se trate apenas de obter certeza sobre a autenticidade do ato e sobre o respectivo teor: reclamar-se-ão, por exemplo, uma autenticação consular e uma tradução oficial da sentença.

Esta última classe de exigências, relativamente simples, não costuma criar maiores dificuldades, se bem que eventualmente concorra para retardar e encarecer a consecução do fim visado. No mais, é fácil descobrir certa semelhança entre as disposições legais pertinentes dos vários países. Os pontos básicos, comuns a quase todas as legislações, dizem respeito: *a)* à competência do órgão judicial que proferiu a sentença; *b)* à participação do litigante vencido no processo estrangeiro; *c)* à situação atingida pela sentença no país de origem. Tais pontos merecem ligeiros esclarecimentos.

a) O requisito da competência admite variedade de disciplina, em mais de um sentido. Em primeiro lugar, podem adotar-se critérios diferentes para a verificação da competência da Justiça estrangeira que se pronunciou: na falta de um critério supranacional, a cuja luz estivessem delimitadas as áreas de competência de cada Estado, é concebível que se resolva a questão aplicando o direito do país de origem[8], ou o daquele a cujo território se cogita de estender a eficácia da sentença[9]. Tanto esta como aquela orientação pode resolver-se num "mecanismo restritivo". Em que caso isso ocorrerá é algo que depende do modo por que a matéria seja disciplinada no primeiro e no segundo ordenamento: se o do Estado de origem for mais rigoroso, sua aplicação excluirá a extensão da eficácia em hipóteses nas quais ela seria possível se observado o do Estado de "importação", e vice-versa. Por outro lado, aplicável que seja o direito do Estado de origem, cabe indagar se se deve reputar satisfeito o requisito desde que competente a sua Justiça no plano internacional (competência *geral),* ou se é necessário, além disso, que a sentença haja emanado do *órgão* competente dessa Justiça (competência *especial).*

Restaria ainda ver até que ponto, na aferição da competência, se levam em conta os efeitos da vontade das partes. Podem ter elas escolhi-

8 Tal o entendimento dominante, em princípio, no Brasil, ante o silêncio dos textos em vigor: *vide* por todos, HAROLDO VALLADÃO, *Direito Internacional Privado,* v. III, Rio de Janeiro, 1978, p. 199; Supremo Tribunal Federal, Sentença Estrangeira n. 2.227, de 23-4-1975.

9 Por exemplo: Argentina *(Código nacional,* art. 517, 1º; cf. SOSA, p. 2, 5); Japão (TAKAKUWA e MATSUUBA, p. 12-13).

do, de comum acordo, determinada Justiça para julgar as causas oriundas de um contrato; ou pode o litigante vencido, mesmo na ausência de estipulação desse tipo, pura e simplesmente haver-se submetido à Justiça do país de origem, reconhecendo-lhe a competência. Os sistemas jurídicos oscilam na apreciação de tais fatos, ora admitindo, ora não, que o comportamento das partes torne competente a Justiça estrangeira que, sem ele, não o seria. Negar, em menor ou maior medida, semelhante efeito é atitude que funciona como "mecanismo restritivo" nas hipóteses em que não há outra base senão a vontade (expressa ou tácita) das partes para fundar a competência da Justiça estrangeira. Na maior parte dos casos, o que se teme e se quer evitar, nesse contexto, é a ocorrência de fraude à lei nacional; e a recusa de eficácia, em geral, busca expressão formal na afirmação da incompatibilidade da sentença estrangeira com a ordem pública do Estado onde se pretende que ela produza efeitos.

b) A generalidade dos ordenamentos processuais contemporâneos contém regras destinadas a assegurar aos litigantes a possibilidade de fazer valer suas razões em juízo; pode entretanto variar, de país para país, o nível de garantias que se há de considerar satisfatório. Isso explica o cuidado de exigir certos requisitos no processo estrangeiro de que resultou a sentença. A preocupação básica, em regra, é a de ter a certeza de que se dera à parte vencida ciência inequívoca da propositura da ação e oportunidade razoável (ainda que eventualmente não aproveitada) de defender-se. Torna-se a questão particularmente delicada, como é natural, quando o litigante haja sido condenado à revelia[10]. Conquanto se entenda, em princípio, que a forma da cientificação do réu se rege pela lei do Estado onde se realizou o processo, às vezes se consideram inaceitáveis certas formas, desconhecidas do direito nacional, sobretudo quando tidas por menos aptas a assegurar de maneira efetiva a possibilidade da defesa. Tal posição firma-se ocasionalmente na jurisprudência, mesmo sem apoio em texto legal expresso[11]. Pode acontecer, por outro lado, que a lei estabeleça distinção, mostrando-se mais rigorosa na hi-

10 Uma atitude radical consiste aí em pré-excluir a possibilidade da extensão de eficácia de qualquer sentença proferida em processo no qual o réu haja permanecido revel: assim o art. 452, 2ª, do *Código de Procedimientos Civiles* de El Salvador, e o art. 345, 2º, 1ª parte, do *Código Procesal Civil y Mercantil* da Guatemala.

11 Assim, *v.g.*, no Uruguai (VESCOVI-MINVIELLE-TELLECHEA, p. 8).

pótese de ter a sentença estrangeira condenado um nacional[12] ou uma pessoa domiciliada no Estado de "importação".

c) No que tange à situação atingida pela sentença no Estado de origem, cabe mencionar dois aspectos distintos, embora geralmente inter-relacionados. Certo número de ordenamentos reclama que a sentença estrangeira haja passado em Julgado; outros se referem à circunstância de ser ela exequível[13]. Os requisitos nem sempre coincidem na prática: é notório que, em vários casos, as sentenças podem ser executadas antes mesmo do trânsito em julgado, ao passo que existem hipóteses nas quais, embora já formada a coisa julgada, a execução ainda não pode começar, por estar subordinada a termo ou condição.

Complica-se o problema à vista da equivocidade do conceito de trânsito em julgado, que nalguns sistemas processuais pressupõe o esgotamento de todos os recursos, enquanto noutros só o de determinado número deles. Por conseguinte, em certos casos, o requisito assumirá significação variável, conforme se aplique o critério do Estado de origem (de acordo com a tendência predominante) ou o do ordenamento nacional. É claro que, se o Estado de "importação" se contenta com um grau relativo de estabilidade, abre margem a que se produzam, em seu território, os efeitos de uma sentença eventualmente sujeita a ser reformada ou anulada. Isso não deixa de oferecer inconvenientes práticos; por outro lado, uma posição absolutamente rígida ao propósito é capaz de impedir o atendimento pronto de situações que, por sua própria natureza, não se compadecem com a espera do tempo, em geral dilatado, necessário para que se alcance a estabilidade absoluta.

Fonte ulterior de complicações é a distinção, consagrada em muitos sistemas jurídicos, entre a coisa julgada *material* e a coisa julgada *formal:* como é notório, esta diz respeito unicamente à estabilidade da sentença dentro do processo em que proferida, mercê da exaustão dos recursos, ao passo que aquela se traduz na impossibilidade de voltar a discutir-se, em processo subsequente, a matéria que constituiu objeto do julgamento. Uma larga tradição jurídica reconhece a existência de

---

12 Na Bulgária, por exemplo, não se reputa suficiente a citação por edital, se *búlgaro* o réu; a diferença de tratamento suscita um problema, cuja solução talvez se possa encontrar, segundo o relator nacional, na invocação da cláusula da "ordem pública" em favor do litigante *estrangeiro* (TSCHIPEV. p. 3-4). Situação semelhante existe no Japão (TAKAXUWA e MATSUUBA, p. 14).

13 Assim, *v.g.*, o direito austríaco: *Exekutionsordnung,* § 80, 3 (cf. MATSCHER, p. 6).

sentenças que só produzem coisa julgada formal, não material: assim, por exemplo, as que concedem medidas cautelares. A compreender-se como referente à coisa julgada *material,* o pressuposto de que estamos tratando excluiria por completo, nos Estados que o adotam, a possibilidade de admitir a produção, no território nacional, de sentenças que, por exemplo, decretem a apreensão de bens do devedor para assegurar a eficácia prática de futura execução patrimonial contra ele, ou regulem a título provisório a questão da guarda de menor, disputada por ambos os pais. Em parte análogo a esse é o problema das sentenças que uma parte da doutrina – com expressão de discutível propriedade técnica – entende subordinada à cláusula *rebus sic stantibus: v.g.,* a que condena à prestação de alimentos.

4. Disciplina do modo pelo qual o interessado pode invocar a sentença estrangeira

Importa examinar em seguida os "mecanismos restritivos" atinentes ao *modo* pelo qual se permite ao interessado invocar a sentença estrangeira no país em que seja necessário fazê-la valer. São concebíveis, em princípio, duas possibilidades básicas: *a)* o interessado, pura e simplesmente, exibe a sentença estrangeira ao órgão judicial, e este – verificada a concorrência dos requisitos – lhe atribui o efeito desejado; *b)* o interessado precisa obter do Estado a que se dirige um ato formal, e tem de requerê-lo ao órgão competente, o que dá lugar à formação de processo, singelo que seja, ao fim do qual a pretensão é acolhida ou rejeitada.

A solução *(b)* comporta desdobramentos. Do ponto de vista teórico, pode-se conceber o processo como destinado exclusivamente ao exame da sentença estrangeira e, se presentes todos os requisitos, à outorga do *"exequatur"* (ou "homologação"), que a torna eficaz no território nacional; ou então ver na sentença estrangeira a fonte de uma obrigação para o vencido, com fundamento na qual o vencedor o aciona para fazer condená-lo ao cumprimento, por um órgão nacional[14]. Por outro lado,

14 Conforme se sabe, a segunda concepção é característica dos países de *common law,* embora, a partir de certa época, a sistemática descrita haja perdido terreno, principalmente na Inglaterra, em favor de um mecanismo baseado no mero *registro* da sentença estrangeira. Comparando o sistema tradicional, ainda hoje dominante nos Estados Unidos, com o do *exequatur,* utilizado nos países de *civil law,* sustenta HOMBURGER, Recognition and Enforcement of Foreign Judgments, *in American*

ainda no primeiro caso, observa-se grande variação na amplitude dos poderes cognitivos que se conferem ao órgão nacional: ou este se investe de competência para reapreciar o litígio julgado no país de origem, e só concederá o *exequatur* (ou a homologação) se reputar correta a solução adotada[15]; ou, ao contrário, tem de limitar-se à apuração da presença de determinados requisitos e, chegando a uma conclusão afirmativa, não pode recusar o *exequatur* (ou a homologação), ainda que a decisão estrangeira, no mérito, lhe pareça injusta[16]. É evidente que a atuação do órgão nacional desempenhará a função de "mecanismo restritivo" tanto mais energicamente quanto maior for a latitude que se lhe conceda no exercício de sua cognição.

Os princípios *(a)* e *(b)* podem e costumam apresentar-se combinados. Vários países, com efeito, adotam sistema misto, no qual se exige o ato formal (e o processo destinado a prepará-lo) apenas quando o interessado quer fazer *executar* (em sentido próprio) a sentença estrangeira no território nacional. Se, em vez disso, se trata simplesmente de utilizá-la para outro fim *(v.g.,* invocar-lhe a autoridade de coisa julgada contra a pretensão da parte contrária), o próprio órgão nacional que estiver processando a causa apurará, incidentalmente, a existência dos requisitos e *reconhecerá* (ou não) eficácia à sentença estrangeira[17].

Journal of Comparative Law, v. 18, n. 2, 1970, p. 378, que, não obstante a diferença de teoria, "the two devices are obviously functionally and operationally quite similar", sublinhando, entre outros pontos, que "both afford the judgment debtor a limited opportunity to voice objections, directed mainly to the regularity of the foreign proceedings and the foreign court's jurisdiction". No direito israelense coexistem um e outro sistema: *vide* FASSBERG, p. 1-2.

---

15 É o sistema da *"révision au fond",* que vigorava na França até 1964 (quando a *Cour de Cassation,* no célebre *Arrêt Munzer,* modificou sua jurisprudência, para adotar o do mero *"contrôle"* da sentença estrangeira).

16 Tal a orientação largamente predominante, seja nos países da família romano-germânica, seja nos da área socialista, ou nas outras partes do mundo. Algumas ressalvas, porém, terão de ser feitas em tempo oportuno *(infra,* III, 13).

17 Consagram essa distinção nítida entre a disciplina da *execução* e a do mero *reconhecimento* da sentença estrangeira, entre outras, as legislações da Argentina *(Código Nacional,* arts. 518 e 519; cf. SOSA, p. 7), da Áustria (MATSCHER, p. 8-9), de El Salvador (ARRIETA GALLEGOS, p. 3), da Hungria (FARKAS-KECSKÉS, p. 10-11), do Japão (TAKAKUWA e MATSUUBA, p. 2), do Peru *(Código Civil,* arts. 2.106 a 2.108 e 2.110), da República Democrática Alemã *(ZPO,* §§ 193, 195, 196; cf. KOSEWAHIl, p. 6), da Turquia *(Lei de Dir. Int. Priv. e Proc.,* art. 42,1; cf. ÖZSUNAY, p. 4), do Uruguai (VESCOVI-MINVIELLE-TBLLECHBA, p. 14).

Sendo necessário o ato formal – só para a execução ou também para o reconhecimento –, pode-se atribuir a um único órgão a competência para praticá-lo[18], ou, ao contrário, outorgá-la a uma pluralidade de órgãos[19]. Pode-se também fixar, para a iniciativa do interessado, prazo ao fim do qual cessa a possibilidade de obter para a sentença estrangeira eficácia no território nacional[20].

18 Por exemplo: Bolívia (PELÁEZ GANTIER, p. 1); Bulgária (a partir da reforma de 1983: TSCHIPEV, p. 4-5); Cabo Verde (GOMES MONTEIRO, p. 3); Colômbia (MoRALEs MOLINA, p. 1); Costa Rica (ARGUEDAS SALAZAR, p. 2); Uruguai (para as sentenças condenatórias, de separação e de divórcio: VESCOVI-MINVIELLE-TELLECHEA, p. 15); Venezuela (exceto para as decisões de natureza não contenciosa: RENGEL ROMBERG, p. 1). Ao mesmo sistema pode dizer-se filiado o Brasil, onde a competência toca ao Supremo Tribunal Federal ou, não havendo impugnação, ao seu Presidente (Regimento Interno, arts. 215, 222, 223).

19 *V.g.:* Argentina (SOSA, p. 8); Áustria *(Exekutionsordnung.* § 82; cf. MATSCHER, p. 9); Israel (desde 1977, quando revogada a seção 9 da Lei n. 5.718, de 1958, que atribuía competência exclusiva ao tribunal de segundo grau de Jerusalém: *vide* FASSBERG, p. 9-10); Iugoslávia (PAK, p. 2); Japão (TAKAKUWA e MATSUUBA, p. 24); México *(Código de Procedimientos Civiles para el D. F.,* art. 606: cf. ZEPEDA, p. 11); Paraguai *(Código de Procedimiento en Materia Civil y Comercia,* art. 494); Peru *(Código de Procedimientos Civiles,* art. 1.161: cf. PAROM REMÓN, p. 2); Polônia (JODLOWSKI, p. 1); República Democrática Alemã (KOSEWAHR, p. 9); Romênia (ZILBERSTEIN e BACANU, p. 10); Suíça (WALDER, p. 2); Turquia (ÖZSUNAY, p. 8).

20 Assim, na União Soviética, o prazo de três anos estabelecido no art. 63, 2ª parte, dos *Princípios do processo civil;* em Israel, o de cinco anos previsto na seção 5 da Lei n. 5.718, de 1958, aliás suscetível de modificação por acordo com o Estado de origem, ou quando o tribunal entenda haver razões especiais que a justifiquem (cf. FASSBERG, p. 7, onde se assinala que as hipóteses regidas pelo *common law,* e não pelo direito escrito, se submetem ao prazo comum de prescrição).

III
POSSIBILIDADES DE ABOLIÇÃO OU ATENUAÇÃO DOS "MECANISMOS RESTRITIVOS"

1. Importância dos fatores políticos

É oportuno, agora, que nos interroguemos sobre as possibilidades de abolição, ou pelo menos de atenuação, dos "mecanismos restritivos". Faça-se desde logo uma ressalva, aliás bastante óbvia: a atitude dos Estados, na matéria, sofre influência muito forte de considerações de ordem política. Esse é fenômeno que se observa em vários níveis, desde o da divisão do mundo em "blocos" ideologicamente diferenciados até o das constelações regionais de interesses. O grau de permeabilidade às sentenças estrangeiras pode não representar mais que um aspecto particular da posição global assumida pelo país em face da comunidade universal, de um setor dela ou de outro país singularmente considerado; e, como bem se compreende, tenderá a aumentar ou a diminuir na mesma medida em que tal posição evolva no sentido da "abertura" ou do "fechamento" político. Decerto, a relação entre as duas variáveis nem sempre se reduzirá a um mecanismo rigidamente determinístico; mas nem por isso é menos necessário contar com ela, em qualquer avaliação de expectativas que aspire a um mínimo de realismo.

Assim, o fator supremo de facilitação será sempre político, no sentido próprio do termo. Embora possa constituir exagero, neste terreno, a alusão a "leis", a lógica sugere e a experiência histórica confirma que os passos mais consideráveis naquela direção têm sido dados sob a pressão de necessidades ou conveniências intimamente ligadas à conjuntura, máxime à internacional. O que ao jurista compete fazer é indicar os caminhos adequados, no pressuposto de que exista a vontade política de percorrê-los.

2. A exigência de tratado ou convenção

A exatidão de quanto se acaba de dizer fica perfeitamente manifesta quando se considera o "mecanismo restritivo" que assinalamos em primeiro lugar *(supra,* II, 2, *a).* Se o ordenamento de determinado país subordina a possibilidade de "recepção" de sentenças estrangeiras à existência de tratado com o país de origem, ou de convenção de que ambos sejam signatários, só pode haver dois modos de facilitar a consecução do resultado: ou o país renuncia, total ou parcialmente, à exigência, ou intensifica a celebração de tratados e convenções acerca da matéria.

Exemplo de evolução do primeiro tipo ministra-nos o direito polonês. Sob o Código de 1932, só nos termos de convenção internacional era possível executar na Polônia uma sentença estrangeira; e a jurisprudência da Corte Suprema, a despeito de críticas doutrinárias, estendia o requisito aos casos do simples reconhecimento. Os graves inconvenientes práticos de semelhante regulamentação induziram o legislador, primeiro, a permitir expressamente o reconhecimento de decisões estrangeiras em matéria civil e de família, mesmo na ausência de convenção; depois, no Código de 1964, a ampliar a franquia para todos os casos de reconhecimento. Mantém-se, entretanto, a exigência de convenção para que a sentença estrangeira seja executada, excetuando-se as decisões concessivas de alimentos, sob a condição de reciprocidade (art. 1.150, §§ 1 e 3)[21].

Constituem exceções, hoje, os ordenamentos que fazem depender da existência de tratado ou convenção, em termos absolutos, a possibilidade de se produzirem no território nacional os efeitos de sentenças estrangeiras. Não quer isso dizer que a celebração de tais atos perca relevância como meio de neutralizar "mecanismos restritivos": bem ao contrário. Sucede apenas que eles são convocados a atuar noutro nível: não mais para simplesmente tornar *possível* a produção de efeitos, senão para torná-la mais *fácil*. O papel que vão assumindo, desse ponto de vista, merece realce especial. A alguns aspectos principais do tópico dedicaremos capítulo separado do presente relatório *(infra,* V).

3. O requisito da reciprocidade

Consideremos em seguida a exigência de reciprocidade. Teoricamente, ela poderia ser encarada, de certo ponto de vista, como um modo de estimular a "abertura": cada Estado teria interesse em "receber" sentenças estrangeiras para evitar a "rejeição" de *suas* sentenças pelos outros Estados. Na prática, todavia, a relutância em dar o primeiro

21 JODLOWSKI, p. 1, 5-6.

passo leva o mecanismo a funcionar às avessas, antes como empecilho do que como incentivo. Uma posição rígida na matéria pode prejudicar, em última análise, a circulação das sentenças do próprio Estado que a adote[22].

Merece registro especial, neste contexto, o caso austríaco. O § 79 da *Exekutionsordnung* subordina a exequibilidade de sentenças estrangeiras à reciprocidade estipulada em tratado ou afirmada em declaração do governo, com publicação no órgão oficial. As declarações de reciprocidade, todavia, cessaram, quase de todo, após a Primeira Guerra Mundial. Em consequência, tomou-se praticamente impossível, na Áustria, executar sentenças estrangeiras com fundamento na *EO,* pelo menos em matéria patrimonial[23]: o direito convencional é que ministra a base da maior parte de semelhantes execuções. Não fora essa válvula de escape, assumiria talvez cores dramáticas o risco de total "paralisia".

O "mecanismo restritivo" de que estamos tratando comporta atenuações de vária índole e alcance. Pode-se, por exemplo:

a) em vez de subordinar, em termos absolutos, a eficácia da sentença estrangeira à cláusula da reciprocidade, simplesmente *permitir* que se negue tal eficácia quando não satisfeito o requisito, deixando assim à discrição do órgão competente a decisão *in casu*[24];

b) ter como suficiente a reciprocidade *de fato,* dispensada a previsão expressa em algum texto[25];

c) excluir a exigência quanto a determinadas matérias[26];

22 Cf. GRUNSKY, Internationales Prozessrecht (relatório geral para o Congresso Internacional de Direito Processual Civil de Gent, 1977, *in Towards a Justice with a Human Face,* editado por STORME e CASMAN, Antuérpia-Deventer, 1978, p. 89); JUENGER, relatório geral sobre o tema "The Recognition of Money Judgments in Civil and Commercial Matters" para o 12º Congresso da *International Academy of Comparative Law* (Austrália, 1986), p. 7.

23 MATSCHER, p. 1-2.

24 *V.g.: ZPO* do cantão de Solothurn, de 11-9-1966, § 323, 5; *Code de procédure civile* do cantão de Vaud, de 14-12-1966, art. 507, 3ª parte; *ZPO* do cantão de Zürich, de 13-6-1976, § 302 (cf. HABSCHEID, *Droit judiciaire privé suisse,* 2ª ed., Genêve, 1981, p. 336).

25 Assim, a Bulgária, a partir da reforma de 1983 (TSCHIPEV, p. 1), a Iugoslávia (PAK, p. 3), a Polônia (JODLOWSKI, p. 13), a Romênia (ZILBERSTEIN e BACANU, p. 16), a Turquia (OZSUNAY, p. 5-6, 11).

26 Como ocorre na Áustria, segundo informa HOLZHAMMER. *Osterreichisches Zwangsvollstreckungsrecht,* Viena-New York, 1974, p. 77, para as decisões concernentes ao estado civil de estrangeiros; na Iugoslávia, quando a sentença versa sobre ca-

d) excluí-la sob certas circunstâncias[27];

e) excluí-la para certos fins[28];

f) presumir, até prova em contrário, a satisfação do requisito[29].

Na verdade, porém, o requisito da reciprocidade merece completo e imediato abandono. Pelo ângulo dos litigantes, não deixará de parecer absurdo que a mesma sentença, proferida no Estado A, possa tornar-se eficaz no Estado B e não no Estado C, em razão de circunstância inteiramente estranha à natureza do litígio e às características do processo e da própria decisão. O vencedor sentirá fatalmente como uma punição arbitrária a eventual impossibilidade de colher os frutos da vitória, por uma razão que não lhe é imputável e que ele nada pode fazer para afastar. Por outro lado, as dificuldades práticas que com frequência se encontram em averiguar a posição exata de ordenamentos estrangeiros põem em xeque a segurança jurídica. Tampouco se encontrará justificativa séria para a exigência, do ponto de vista do Estado em cujo território se pretende que a sentença produza efeitos: a experiência mostra que, com impedi-los por falta de reciprocidade, não se tem logrado assegurar, no exterior, maior "receptividade" às sentenças nacionais.

Remédios parciais afiguram-se aqui francamente inadequados. Com razão se tem criticado, por exemplo, a solução discriminatória de restringir a aplicação do princípio da reciprocidade aos casos em que é estrangeiro o interessado em fazer valer no território nacional a sentença proferida noutro Estado. Cumpre reconhecer sem reservas que a exigência da reciprocidade bloqueia indevidamente o progresso do intercâmbio jurídico; é uma atitude que merece como poucas a quali-

samento ou sobre reconhecimento de paternidade ou de maternidade, se o requerente é cidadão iugoslavo (PAK, p. 3); na Polônia, com referência às causas não patrimoniais da competência exclusiva da Justiça de origem, de acordo com o direito polonês *(Código de Processo Civil,* art. 1.164, § 3; JODLOWSKI, p. 13).

27 *V.g.*, em Israel, quando o requeira o Procurador-Geral (Lei n. 5.718, de 1958, n. 4, *b;* cf. FASSBERG, nota 44, p. 26, onde se observa que não consta a existência de casos concretos).

28 O direito húngaro, por exemplo, limita a exigência às hipóteses em que se queira executar, no sentido próprio, a sentença estrangeira, pondo-a de lado quando se cogite do seu mero *reconhecimento (Código de Direito Internacional Privado,* § 74, I; cf. FARKAS-KECSKÉS, p. 9, 11).

29 *Assim* na Áustria, de acordo com NEUMANN-LICHTBLAU, *Kommentar zur Exekutionsordnung,* 4ª ed., v. I, Viena, 1969, p. 769-70.

ficação de reacionária. Tem crescido, aliás, nos últimos tempos, a consciência dos respectivos males. Não parece temerário identificar uma tendência nítida ao abandono do requisito[30].

4. Distinções atinentes às espécies de sentenças

Ordenamentos jurídicos refratários, em princípio, à "importação" de sentenças estrangeiras podem abrir exceção para as proferidas em determinadas espécies de causas: estamos aí diante de atenuações à sistemática restritiva. Essa hipótese de abrandamento assume, eventualmente, relevância especial. Há Estados que, consagrando o requisito da reciprocidade, todavia não exigem que ela seja assegurada para *todas* as sentenças de sua Justiça, mas só levam em conta a atitude do Estado estrangeiro em face de sentenças nacionais *da mesma natureza*. Ora, pode acontecer que o país A - a título excepcional - admita a produzir efeitos em seu território as sentenças estrangeiras *de estado*[31], inclusive as do país B, onde vigora o princípio da reciprocidade. Com isso, A estará, de maneira indireta, contribuindo para maior "abertura" de B às sentenças estrangeiras, na medida em que B, contentando-se com essa reciprocidade "parcial", admitir em compensação que se tornem eficazes no *seu* território as sentenças de estado proferidas em A.

Observa-se também, por outro lado, que certas legislações excluem *a priori* a possibilidade da "importação" de determinadas classes de sentenças estrangeiras, ou - o que é o mesmo - circunscrevem a determinadas classes semelhante possibilidade. Há casos bastante óbvios, como o da exclusão, geralmente admitida mesmo na ausência de disposição expressa, das sentenças de conteúdo puramente processual: esses nenhum problema importante suscitam. Outras hipóteses de limitação dizem respeito à natureza e ao objeto da pretensão: pode-se, *v.g.*, exigir que a sentença estrangeira tenha julgado uma "ação pessoal" ou uma

---

30 Ele vem-se tornando obsoleto, *v.g.*, nos Estados Unidos: vários ordenamentos estaduais têm tratado de suprimi-lo, e não o contempla o *Uniform Foreign Money - Judgments Recognition Act*, adotado por certo número de Estados importantes (JUENGER, relatório geral, cit., p. 35). No México, as dificuldades encontradas conduziram a prática judicial a deixar de lado a exigência da reciprocidade, a despeito do que consta do art. 605 do *Código de Procedimientos Civiles para el Distrito Federal* (ZEPEDA, p. 17-8).

31 Como parece ser, já há algum tempo, o caso da Suécia: *vide* GINSBURG e BRUZELIUS, *Civil Procedure in Sweden*, Haia, 1965, p. 387-8.

"ação real sobre móvel" (excluídas. por conseguinte, as sentenças em ações reais sobre imóveis)[32].

Este tipo de restrição não raro se resolve em pura e simples exclusão das sentenças estrangeiras proferidas em causas para as quais teria competência exclusiva a Justiça nacional[33]: a questão, no fundo, entrosa-se com outro "mecanismo restritivo", de que nos ocupamos alhures *(vide, supra,* II, 3, *a,* e, *infra,* III, 8). Noutros casos, o que parece estar em jogo é a "ordem pública", no conceito do Estado "importador"; remete-se o leitor, por isso, ao tópico pertinente *(infra,* III, 6).

5. Equiparação de decisões de órgãos não judiciais a sentenças

Convém, neste passo, ampliar um pouco o campo da investigação. Em regra, quando se fala de "sentença estrangeira", a noção que de imediato acode à mente é a de decisão emanada de órgão *judicial.* Entretanto, o ordenamento jurídico pode conferir a autoridades estranhas ao âmbito da Justiça competência para a prática de atos que noutros países se reservam, com exclusividade, a juízes. Daí a alternativa: ou se adota critério estritamente *conceptual,* limitando-se a possibilidade de produção de efeitos no território nacional a atos cujas características correspondam às das sentenças do Estado "importador", ou se tratam como sentenças, para os fins de que se cogita aqui, atos não praticados por juízes, mas funcionalmente equivalentes.

No silêncio dos textos, naturalmente podem variar as soluções. A jurisprudência brasileira, por exemplo, está firmada no sentido da equiparação: o Supremo Tribunal Federal já homologou divórcio *(a)* decretado pelo Rei da Dinamarca, ou *(b)* por autoridades administrativas norueguesa e dinamarquesa, ou ainda *(c)* registrado perante o prefei-

---

32 Assim na Argentina: *Código nacional,* art. 517, 1º (cf. SOSA, p. 3). Mais restritivo, no México, o art. 605, II, do *Código de Procedimientos Civiles para el Distrito Federal,* que só admite a produzir efeitos as sentenças estrangeiras proferidas sobre uma *"acción personal"* (cf. ZEPEDA, p. 4-5).

33 O Código de Processo Civil brasileiro, *v.g.,* estabelece, no art. 89, n. I, que só à Justiça nacional, "com exclusão de qualquer outra", compete julgar ações "relativas a imóveis situados no Brasil". Em consequência, nenhuma sentença estrangeira sobre tal matéria será suscetível de homologação, porque faltará o requisito da competência. Chega-se ao mesmo resultado por outro caminho.

to de cidade japonesa[34]. Já na Polônia, tem oscilado a posição da Corte Suprema, que algumas vezes – mas nem sempre – interpretou liberalmente o art. 1145, § 1º, do Código de Processo Civil (onde se alude a " tribunais estrangeiros"), para reconhecer decisões de divórcio proferidas por órgãos administrativos[35].

Não se afigura razoável uma atitude restritiva ao propósito. Aqui também, do ponto de vista dos particulares interessados, não pode deixar de soar estranho que se lhes negue o reconhecimento, por não haver emanado a decisão de um órgão diverso do único ao qual lhes era lícito, no país de origem, requerê-la. Não faz sentido, por outro lado, que o Estado "importador" queira exigir do Estado de origem, por assim dizer, uma organização política e uma distribuição de competências entre os órgãos públicos idêntica à sua própria.

Obviamente, é possível que o processo perante o órgão administrativo se afigure menos digno de confiança que o judicial, do ponto de vista das garantias que se conferem aos interessados. Se o nível delas for inferior àquele que se reputa necessário para merecer a colaboração da Justiça nacional, então haverá motivo legítimo para a recusa. Esse, porém, será ponto a verificar em cada hipótese; o que não se justifica é a absoluta rejeição *a priori*.

6. A cláusula da "ordem pública" (ou análoga)

O mecanismo restritivo decorrente da cláusula da "ordem pública", e/ou de outra análoga, suscita problemática multiforme. Bem se compreende que assim seja, ante a larga margem de indeterminação dos conceitos jurídicos que se expressam por meio de tais fórmulas. É im-

---

34 Respectivamente: *a)* Sentença Estrangeira n. 912, de 30-1-1933, e Sentença Estrangeira n. 1.943, de 16-8-1967; *b)* Sentença Estrangeira n. 1.282, de 30-5-1952; Sentença Estrangeira n. 2.703, de 14-12-1979; *c)* Sentença Estrangeira n. 1.312, de 22-5-1953; Sentença Estrangeira n. 2.251, de 15-10-1975, e Sentença Estrangeira n. 2.636, de 27-2-1981. Igual orientação segue o direito iugoslavo (PAK, p. 1). Tampouco na Áustria se leva em conta a denominação do ato ou a autoridade de que ele emana (MATSCHER, p. 2).

35 JODLOWSKI, p. 8-10, historia a evolução dessa jurisprudência e conclui por afirmar que a questão permanece aberta. Assim parece ela também permanecer em Israel: FASSBERG, nota 25, p. 22, embora não cite precedentes, considera improvável que os tribunais israelenses adotem, no particular, uma interpretação estrita da seção 1 da Lei n. 5.718, de 1958.

possível estabelecer nesse campo definições exatas, e a própria fixação de critérios menos imprecisos torna-se extremamente difícil. Os tribunais, em regra, evitam comprometer-se com a adoção de posições rígidas, provavelmente, entre outras razões, no intuito de preservar para si mesmos uma liberdade de movimentos que lhes permita sucessivos reajustes à luz das peculiaridades, bastante variáveis, dos casos concretos submetidos à sua apreciação. A favor de semelhante atitude pode-se argumentar com a facilidade que ela assegura a eventuais mudanças de orientação, impostas por contingências de ordem política, no sentido mais amplo da expressão. Naturalmente, por essa flexibilidade há um preço a ser pago, em termos de segurança jurídica; por mais alto que ele às vezes possa parecer, não há sinal de que o vigente estado de coisas venha a alterar-se de maneira sensível.

A cláusula limitativa é invocada com frequência a respeito de situações bem conhecidas, em que a sentença estrangeira, ao apreciar o mérito de uma causa, aplicou norma incompatível com algum princípio considerado básico no ordenamento nacional. Há exemplos clássicos no direito de família, como ocorre em matéria de divórcio ou de poligamia, em relação aos Estados que não adotam semelhantes institutos. Nesse plano, ao ver de alguns, a invocação da cláusula pode significar, na prática, a abertura de uma fresta por onde se enseja ao órgão judicial certo controle da decisão estrangeira em seu conteúdo, atenuando-se a proscrição da chamada *révision au fond* nos países que, em regra, desta se abstêm[36].

Mas também se costuma invocar a cláusula a propósito de questões estranhas ao mérito. Assim, *v.g.*, tem-se entendido que a exigência legal de fundamentação das decisões judiciais acarreta a impossibilidade, sem ofensa à ordem pública, de admitir que produza efeitos no território nacional uma sentença estrangeira desprovida da indicação expressa das razões em que se apoiou a conclusão[37]. De outras vezes, a cláusula

36 Refere-se ao ponto mais de um relator nacional: MATSCHER, p. 10; JODLOWSKI, p. 1; WALDER, p. 3; em tom dubitativo, ARGUEDAS SALAZAR, p. 2. Bem ponderadas as coisas, quando se recusa à sentença estrangeira aptidão para surtir efeitos no território nacional, porque contrária à "ordem pública", não se está necessariamente negando que o juiz estrangeiro, à luz das premissas de que partiu, haja proferido uma decisão "justa".

37 No direito romeno, tal diretriz só prevalece em todo o seu rigor quando a exigência está prevista no ordenamento do Estado de origem (ZILBERSTEIN e BACANU, p. 17). Mas alhures se tem ido mais longe: no Brasil, o Supremo Tribunal Federal, em mais de uma decisão *(v.g.,* SE n. 3.262, de 3-9-1986), esposou a tese de que a

vê-se convocada, por assim dizer, a reforçar algum motivo de repulsa à decisão estrangeira, relacionado com outro requisito legal, como pode ser, exemplificativamente, o da regular cientificação da demanda ao réu no processo estrangeiro[38].

A heterogeneidade mesma dos aspectos em que se desdobra a problemática da "ordem pública" dificulta enormemente a formulação de um juízo sucinto acerca das possibilidades de atenuação do mecanismo restritivo. Em certos casos, a própria evolução dos sistemas jurídicos, no sentido de maior uniformidade, vai pouco a pouco erodindo ou até eliminando situações tradicionalmente propícias à invocação da cláusula. Sirva de exemplo a capitulação progressiva das resistências à instituição do divórcio: à medida que as legislações a assimilam, em evolução que se afigura irreversível, desaparece, ou pelo menos perde grande parte de sua importância, uma das hipóteses clássicas de rejeição de sentenças estrangeiras com fundamento na preservação da "ordem pública".

Quanto ao mais, parece extremamente improvável que qualquer Estado renuncie em termos absolutos a essa válvula de escape. E pode-se prognosticar com segurança que ela continuará a ser utilizada, à maneira de *ultima ratio,* nos mais variados terrenos, em casos para os quais o sentimento de repulsa à sentença estrangeira, sejam quais forem as razões que o expliquem, não encontre desaguadouro adequado em nenhum dos mecanismos restritivos especificamente previstos. Em todo caso, do ponto de vista prático, não convém exagerar o alcance do obstáculo. Vale a pena observar que nenhum dos relatores nacionais lamentou dificuldades maiores relacionadas com a invocação da cláusula em foco; e vários deles, ao contrário, sublinharam em termos expressos a moderação com que os tribunais costumam aplicá-la[39].

---

falta de motivação constitui obstáculo suficiente, à luz do ordenamento brasileiro, independentemente da disciplina da matéria no país de origem.

---

38 *Vide* a decisão do Supremo Tribunal Federal brasileiro, de 2-2-1983, na Sentença Estrangeira n. 2.912, onde se invocou a cláusula da ordem pública para negar homologação a uma sentença proferida na Bélgica, em processo para o qual não fora citado o réu, de residência conhecida no Brasil, mediante carta rogatória, de acordo com o disposto na lei brasileira.

39 Assim, para a Áustria, MATSCHER, p. 9-10; para a Bulgária, TSCHIPEV, p. 6; para os Estados Unidos, JUENGER, p. 19; para a Polônia, JODLOWSKY, p. 20; para a Suíça, WALDER, p. 2. Na República Democrática Alemã e em Israel, não consta a existência de casos em que se haja negado reconhecimento ou execução a sentenças

7. A questão da "preferência pela jurisdição nacional"

Voltemos agora os olhos para o fenômeno a que chamamos "preferência pela jurisdição nacional". A rigor, a denominação não quadra bem ao caso de não se admitir que produza efeitos no território de um Estado sentença proferida noutro sobre litígio já definitivamente julgado no primeiro. O fenômeno nada tem de especificamente ligado à circulação internacional das decisões judiciais. É princípio universalmente consagrado o de que para a mesma lide não deve haver mais de um julgamento. Assim, na hipótese, não é a qualidade de *estrangeira* que determina a sorte da segunda sentença: tampouco seria admissível que algum órgão *nacional* tornasse a julgar o litígio.

Tais considerações não prevalecem, contudo, quando o que existe é apenas um processo em curso, sobre a mesma lide, perante a Justiça nacional. Não se há de reputar bastante essa circunstância para pré-excluir a possibilidade de "importar" a sentença estrangeira[40]. De modo nenhum se justifica entender que se põe em jogo aí a soberania nacional, ou que a "importação" atenta contra o prestígio ou a dignidade da Justiça do Estado "importador". Assume a questão particular gravidade, se o impedimento subsiste mesmo quando o processo nacional seja posterior ao estrangeiro. O litigante vencido no Estado A sentir-se-á tentado a instaurar, no Estado B, segundo processo acerca do litígio, com o único propósito de evitar que se produzam em B, como seria necessário à satisfação do vencedor, os efeitos da sentença de A. Nenhum sistema jurídico deve favorecer semelhante espécie de manobra.

8. O problema da competência da Justiça estrangeira

Abre margem a questões variadas o requisito da competência da Justiça estrangeira para proferir a sentença cuja eficácia se pretende estender ao território nacional.

---

estrangeiras por ofensa à ordem pública (KOSEWÄHR, p. 12; FASSBERG, p. 27, nota 53). Menos otimista, no Brasil, a avaliação de JACOB DOUNGER, Brazilian Confirmation of Foreign Judgments, *in The International Lawyer*, v. 19, n. 3, p. 876.

---

40 No Brasil, onde a questão é doutrinariamente controvertida (*vide* BARBOSA MOREIRA, *Comentários ao Código de Processo Civil*, v. V, 5ª ed., Rio de Janeiro, 1985, p. 99 e nota 134), o Supremo Tribunal Federal já se pronunciou no sentido do nosso texto (SE n. 2.727, de 9-4-1981).

8.1. Como já se consignou, a indagação básica diz respeito à escolha do ordenamento a cuja luz se verificará se o órgão judicial que sentenciou era ou não competente para fazê-lo. Seria fácil responder a essa pergunta, se existisse uma disciplina supranacional de divisão das competências, ou pelo menos se os diversos Estados adotassem regras uniformes na matéria. Não é o que acontece. Tratados podem, sem dúvida, estabelecer regulamentação vinculativa para os países signatários, em suas relações recíprocas; fora daí, a questão subordina-se à variedade, por vezes bastante sensível, das legislações nacionais.

Do ponto de vista estritamente lógico, é possível sustentar com boas razões a preferência pelo critério consagrado no ordenamento do Estado de que provém a sentença. Com efeito: esse terá sido, obviamente, o critério utilizado pelo órgão julgador; e parece estranho, ao menos numa primeira aproximação, que se lhe submeta a decisão a um controle inspirado em regras não necessariamente coincidentes com as que ele aplicou. É como se, de certo modo, se exigisse da Justiça do Estado de origem que, ao examinar sua competência, desde logo o fizesse não apenas de acordo com as normas de seu próprio direito, mas também à vista do ordenamento do país estrangeiro onde poderá vir a ser mister que a sentença produza efeitos.

No entanto, duas considerações costumam sobrepor-se aqui às sugestões da pura lógica. A primeira decorre do fato de que, não raro, a lei nacional reserva à Justiça de um Estado, em caráter de exclusividade, competência para julgar determinados litígios *(v.g.,* relativos a imóveis situados no território nacional), com a consequência de que aquela fica impedida de reconhecer qualquer outra como competente, e por isso obrigada a recusar eficácia à sentença proferida, sobre a matéria, por Justiça estrangeira[41], independentemente do que disponha ao propósito a lei do outro país. A segunda consideração é a de que, mesmo fora de tais casos, pode repugnar à Justiça do Estado de "importação" o reconhecimento da competência da Justiça do Estado de origem, afirmada, à luz do respectivo ordenamento, com base em critério incompatível com os princípios fundamentais do direito nacional: por exemplo, a mera permanência temporária dos cônjuges em país do qual não são cidadãos, e onde não têm domicílio, não será vista como bastante para justificar o

41 Não se trata de regra absoluta: o direito húngaro, por exemplo, admite exceções (FARKAS-KECSKÉS, p. 3-4).

reconhecimento da competência da respectiva Justiça (ainda que o ordenamento local a consagre) para decretar o divórcio do casal. Em semelhante hipótese, é comum invocar-se a cláusula da "ordem pública", ou outra análoga, para lastrear a negação da eficácia.

Por outro lado, está longe de evitar dificuldades a solução consistente em adotar o critério do ordenamento em vigor no Estado "importador". Consoante já se observou[42], o princípio é, ao mesmo tempo, demasiado estreito e demasiado largo: o direito do Estado de "importação" pode ser restritivo em excesso – caso em que imporá limitações indevidas ao reconhecimento de sentenças proferidas com base em competência de razoável fundamento legal –, ou, ao contrário, excessivamente liberal – hipótese em que de imediato surge o risco da "importação" de alguma sentença emanada de Justiça cuja atuação talvez não se justificasse à luz da relação entre o Estado estrangeiro e a matéria litigiosa ou as partes. É certo que o Estado "importador", em última análise, não terá de quem se queixar, em semelhante emergência, a não ser de si mesmo. Tal não obsta a que, na prática, ele hesite em dar livre curso aos corolários de sua própria opção básica.

A verdade é que, em geral, os Estados não se mostram propensos, nesta matéria, a manter uma atitude inteiramente coerente com a pureza de princípios rígidos. Seja qual for a concepção a que se filiem, tomam o cuidado de temperá-la com ressalvas e exceções, de alcance mais ou menos extenso. Assim é que, muitas vezes, as soluções acabam por aproximar-se, em boa medida, a despeito da diversidade das premissas. Irrealístico seria esperar que se abrisse mão por completo de alguma espécie de controle da competência da Justiça estrangeira. O problema ficará extremamente simplificado na medida em que ganharem maior espaço as soluções convencionais. Inexistindo tratado, e divergentes as disciplinas do Estado de origem e do Estado em que se pleiteia a produção de efeitos, o alvitre mais favorável à circulação internacional das sentenças consistiria, como é intuitivo, na opção pelo regime que, na hipótese, permitisse justificar a competência.

Nem tudo, é certo, se resolveria com isso. Facilmente se prevê a subsistência de dificuldades relacionadas com os casos em que o Estado de origem se tivesse por competente para julgar litígios incluídos por outro no âmbito da competência exclusiva de sua própria Justiça. Para esses,

42 JUENGER, relatório geral, cit., p. 15-6.

restaria a invocação da cláusula restritiva genérica ("ordem pública", "soberania nacional" ou outra análoga). O mesmo expediente permitiria excluir as sentenças oriundas de Estados cuja competência se afigurasse fundada em elemento por demais tênue, clamorosamente insuficiente aos olhos da Justiça do Estado de "importação". A esse respeito, contudo, impõe-se uma ressalva: ainda que o Estado de "importação" repila, como incompatível com a "ordem pública", o fundamento adotado pelo Estado de origem para reconhecer como competente a sua Justiça, não deveria rejeitar só por isso a sentença ali proferida se, de acordo com o seu próprio sistema, aquela competência admitisse justificação a outro título[43].

8.2. Seja como for, parece fora de dúvida a conveniência de limitar o controle do Estado de "importação" à competência geral da Justiça estrangeira, sem permitir que ele desça a verificar se era ou não competente, na espécie, aquele determinado órgão julgador. Ao Estado de "importação" não interessa, em princípio, que se hajam ou não observado as normas de distribuição interna da competência no Estado de origem[44]; nem se há de presumir que a sua Justiça esteja mais capacitada que a do Estado de origem para interpretar corretamente aquelas normas. Ademais, se exclusiva a competência da Justiça estrangeira, e visto que esta, obviamente, não pode ser constrangida a julgar por meio do órgão que o Estado de "importação" reputaria competente, o episódio afinal se traduziria, para a parte interessada, em autêntica denegação de justiça.

Concebe-se, entretanto, que, em alguma hipótese excepcional, a circunstância de haver sido o litígio julgado por órgão manifestamente incompetente justifique negar-se ao processo estrangeiro o mínimo de garantias para as partes (ou para uma delas), considerado indispensável à colaboração da Justiça nacional. Nesse caso extremo, ficará sempre salva a invocação da cláusula da "ordem pública" para recusar a "importação" da sentença.

8.3. Há, enfim, o problema da atribuição de competência à Justiça de determinado Estado por obra das próprias partes. Pode acontecer, com efeito, que estas hajam firmado pacto expresso a tal respeito; pode também ocorrer que, mesmo sem tal avença. o réu se submeta

43 Com razão JUENGER, relatório geral, cit., p. 17-8.

44 Cf. JODLOWSKY, p. 16-7.

voluntariamente à jurisdição do Estado onde se propôs a ação, em termos expressos, ou simplesmente pela não utilização da via própria, no respectivo ordenamento, para suscitar a questão.

Em hipóteses semelhantes, o Estado a que se pretende estender a eficácia da sentença só pode ter interesse em questioná-la se a atitude das partes houver subtraído à sua Justiça litígio que, segundo o ordenamento nacional, se situava na área de sua competência exclusiva; ou então se a atribuição da competência ao Estado estrangeiro repugnar em medida intolerável à concepção nacional, por inexistir qualquer elemento relevante que relacione a causa julgada com aquele Estado, de modo que a escolha de sua Justiça apareça como manifestação de fraude à lei ou como manobra destinada a submeter o réu a condições menos favoráveis de defesa. Casos tais comportam a solução clássica da recusa de eficácia à sentença estrangeira por ofender a "ordem pública" ou a "soberania nacional". Fora deles, como regra, a opção das partes não deve constituir, por si só, motivo para não se reconhecer eficácia à sentença estrangeira no território nacional.

Vale a pena registrar que o princípio do respeito à vontade dos litigantes, aplicado com rigor, poderia eventualmente atuar em sentido *contrário* à circulação internacional das sentenças. Por exemplo: se as partes haviam escolhido validamente a Justiça do Estado A, mas a ação foi proposta e julgada no Estado B, a convenção obstaria a que se « importasse» a sentença de B, por falta do requisito de competência. A eleição do foro, aí, é que funcionaria como «mecanismo restritivo»... Ter-se-ia de verificar, em todo o caso, se o réu, demandado em Estado diverso do que se indicara no pacto, não teria aquiescido, expressa ou tacitamente, em submeter-se à respectiva Justiça, e que efeitos produziria essa aquiescência. Não é oportuno, no presente contexto, aprofundar mais o exame da questão.

9. O exame da regularidade da citação e da possibilidade de defesa

Afigura-se basicamente justificada a preocupação em apurar se, no processo estrangeiro, se assegurou às partes a possibilidade efetiva de submeter suas razões e provas ao órgão judicial. A rigor, aliás, não se está aqui diante de problema peculiar ao tratamento das sentenças proferidas em outros Estados: mais de uma legislação processual conhece algum meio de controle das próprias decisões nacionais por esse ângulo, admitindo, *v.g.*, que se lhes impugne a execução com fundamento no fato de não se haver podido defender o litigante vencido, ou porque não se lhe dera ciência da propositura da ação, ou porque o ato de cientificação (citação) fora praticado com defeito de gravidade suficiente para tomá-lo nulo[45].

É óbvio que a questão da regular cientificação do réu se põe em perspectiva instrumental com relação à garantia da defesa eficiente. Não se deve, portanto, arvorar em óbice à produção dos efeitos da sentença, dentro ou fora do território do Estado em que foi proferida, a eventual falta ou nulidade do ato, se, apesar dela, o réu compareceu a juízo e teve todas as oportunidades normais de defender-se. Por outro lado, o simples fato de haver-se procedido a alguma sorte de comunicação não exclui necessariamente, por si só, a suspeita de postergação da garantia da defesa: pode existir motivo para pôr-se em dúvida se a citação, tal como realizada, se mostrava idônea a proporcionar ao réu a possibilidade concreta de impugnar eficazmente a pretensão do autor[46]. Por exemplo: não se transmitiram ao réu informações completas acerca do teor desta e dos respectivos fundamentos, ou o prazo que se lhe concedeu era manifestamente insuficiente para uma razoável preparação da defesa, e assim por diante.

À vista de tudo isso, bem se compreende que o Estado de «importação» exerça certo controle em tal matéria e recuse eficácia em seu território à sentença estrangeira, se não lhe parecem satisfeitos os requisitos considerados indispensáveis. O que comporta discussão é a *medida* em que o controle se justifica. Aqui, é natural que as atitudes variem de maneira considerável, de acordo com as diretrizes, mais ou menos restritivas, que se adotem no plano da política jurídica.

Há, sem dúvida, algumas constantes. Dificilmente se encontrará hoje Estado disposto a admitir que produza efeitos, dentro de suas fronteiras, sentença que, noutro Estado, tenha condenado o réu sem que este houvesse recebido notícia alguma da instauração do processo, ou sem que se lhe tivesse aberto qualquer oportunidade de defesa. Noutros pontos, todavia, as divergências são sensíveis: assim, *v.g.*, no que concerne à forma do ato de cientificação. O princípio geral, a esse respeito, é o de que se admite como regular a comunicação da demanda ao réu, des-

45 Assim o direito brasileiro: Código de Processo Civil, art. 741, n. I.

46 Sublinham-no, entre, outros, JUENGER, p. 12, e ZEPEDA, p. 9.

de que observadas as formalidades prescritas no ordenamento do país onde ela se realizou *(locus regit actum)*. À luz de tal princípio, descabe a objeção de que o réu foi cientificado, no Estado de origem, por forma diversa da que se adotaria no Estado de importação. Tampouco se harmoniza com ele, *a fortiori*, a exigência de que a comunicação seja sempre feita pessoalmente ao réu[47].

Torna-se mais delicada a questão, quando, embora julgada a causa no exterior, a citação se realizou no território do Estado onde, depois, se pretende fazer surtir efeitos a sentença. A aplicação estrita do princípio *locus regit actum* implicaria aqui a necessidade de observar-se o procedimento previsto na lei do Estado de "importação" – digamos, citação requerida por meio de carta rogatória e efetuada pela Justiça local. Nessa perspectiva, ficará excluída a possibilidade de admitir a eficácia, no território nacional, de sentença estrangeira proferida em processo no qual, *v.g.*, o réu haja sido cientificado da demanda por via diplomática, se estranha tal modalidade ao direito do Estado de importação [48]. Não parece, contudo, que se deva adotar posição demasiado rígida no particular. Inexiste razão bastante para que se afaste *a priori* a possibilidade de todo e qualquer meio não coincidente com o consagrado no ordenamento nacional. O critério decisivo há de ser, em última análise, o da idoneidade da via escolhida para fazer chegar ao réu a notícia da demanda, sob as condições e com os elementos necessários à eficaz preparação da defesa.

O exame da regularidade da citação feita em país estrangeiro envolve riscos evidentes. À Justiça do Estado de importação nem sempre será fácil formar juízo seguro acerca do cumprimento de formalidades peculiares ao ordenamento do outro país. Um modo prático de obviar tal inconveniente, com efeitos favoráveis à circulação internacional das sentenças, consiste em *presumir* a regularidade do ato, desde que comprovados os outros pressupostos do reconheci-

---

47 Conforme ocorre, por exemplo, no direito argentino: *Código nacional*, art. 517, 2º (cf. SOSA, p. 3). Parece razoável, entretanto, que se repudie a citação por edital de réu cuja residência era conhecida *(vide*, para o direito brasileiro, HAROLDO VALLADÃO, ob. cit., p. 200).

48 Em caso do gênero, o Presidente do Supremo Tribunal Federal brasileiro negou homologação a uma sentença alemã, fundando-se em que a prática de ato tipicamente jurisdicional, no território brasileiro, por autoridade consular estrangeira, ofendia a soberania nacional (SE n. 2.730, de 26-1-1981).

mento e/ou da execução, facultando ao interessado, eventualmente, a prova do contrário[49].

Nada justifica a diferença de tratamento baseada na nacionalidade ou no domicílio da parte vencida. O princípio segundo o qual ninguém pode ser julgado sem ter adequada notícia do processo e oportunidade de defender-se não constitui privilégio das pessoas nascidas ou domiciliadas no território de um ou de outro Estado. Distinções desse teor atentam contra a igualdade e merecem completa eliminação.

Uma última observação, de alcance genérico: a maior parte dos problemas que se deparam a propósito desse tópico muito provavelmente encontrará solução satisfatória no emprego inteligente da cláusula da "ordem pública" (ou outra análoga). Parece ocioso multiplicar regras específicas, às quais se acaba em geral por ajuntar uma lista de ressalvas, ou mesmo por abrir uma série de exceções, complicando sem necessidade o quadro. Melhor aceitar, em princípio, o procedimento adotado, desde que se possa presumir idôneo para atingir os fins básicos; e resolver os casos duvidosos segundo o critério da respectiva compatibilidade ou incompatibilidade com a ordem pública do Estado onde se invoca a sentença estrangeira.

10. A situação jurídica da sentença estrangeira

É compreensível que o Estado de "importação" relute em prestar a colaboração de sua Justiça para a produção de efeitos, no território nacional, de sentença estrangeira que ainda não haja alcançado certo grau de estabilidade. Ademais, não seria razoável que se admitisse a surtir tais efeitos noutro país uma sentença ainda insuscetível de produzi-los naquele mesmo em que foi proferida. Bem se entende, portanto, que as legislações se preocupem, de um lado, com a eventualidade de recursos capazes de levar, no Estado de origem, à reforma ou à anulação da decisão; de outro, se se trata de execução, com a idoneidade da sentença para ser executada no país de que provém.

Esta última exigência parece digna de manutenção em qualquer caso. No concernente à outra, alguma atenuação é concebível. Se o ordenamento do Estado de origem não exige, para que ele se configure, o esgotamento de todos os recursos, a Justiça do Estado de "importação"

49 Assim no direito colombiano: *vide* MORALES MOLINA, p. 2.

deve conformar-se a esse conceito. O direito israelense, no sistema da Lei n. 5.718, de 1958, vai além: sem aludir ao trânsito em julgado, satisfaz-se com o fato de já não ser a sentença estrangeira impugnável por meio de apelação: outros possíveis recursos são irrelevantes[50].

O pressuposto ora sob exame há de ser entendido como relativo à coisa julgada formal (irrecorribilidade da decisão). Não existe razão ponderável para que se reclame a existência de coisa julgada material: o de que se cuida é de admitir, no território do Estado de "importação", a produção de efeitos *daquela determinada* sentença; pouco importa que a matéria nela decidida possa ou não voltar a ser discutida noutro processo.

Tampouco se justificaria a recusa absoluta de "importar" sentenças concessivas de medidas cautelares. Por vezes, a execução de semelhantes providências constitui a única possibilidade de assegurar a efetividade da proteção jurisdicional. Contrastada com o interesse na consecução desse objetivo, pode perder relevo a objeção que se queira extrair da eventualidade de revogação ou modificação da medida. A alternativa de requerer a providência cautelar diretamente no país onde ela haja de produzir efeitos[51] não parece capaz de dar solução satisfatória a todos os casos. Cabe, naturalmente, cogitar de restrições tendentes à proteção do litigante a quem a medida cause prejuízo.

Quanto às sentenças que condenam à prestação de alimentos, seria bem pouco razoável negar-lhes idoneidade para produzir efeitos fora do Estado de origem, com base na mera consideração de que o regime por elas estabelecido se sujeita a alteração em razão da ulterior mudança das circunstâncias. Ao contrário, é sensível a tendência a facilitar a "circulação" de semelhantes decisões: o art. II, n. 2, da Convenção de New York, de 20-6-1956, por exemplo, prevê a colaboração dos Estados signatários, mediante a designação de uma "instituição intermediária", à qual competirá, nos termos do art. IV, n. 1, tomar " quaisquer medidas apropriadas para assegurar a prestação dos alimentos", inclusive "fazer executar qualquer sentença, decisão ou outro ato judiciário". A possibilidade da "importação" deve abranger as sentenças que concedem alimentos provisionais[52].

---

50 Lei n. 5.718, seção 3 (2); cf. FASSBERG, p. 5-6.

51 À qual se refere MATSCHER, p. 12.

52 Já o reconheceu, no Brasil, o Supremo Tribunal Federal: Embargos na Sentença Estrangeira n. 1.763, de 9-3-1964.

Mantido o requisito da irrecorribilidade, não se deve excluir a eventualidade de abrandar o rigor no que tange à prova do trânsito em julgado. Ela pode mostrar-se desnecessária, quando a decisão é irrecorrível pela simples circunstância de haver emanado de autoridade (judiciária ou não) situada no vértice da pirâmide hierárquica, salvo se ainda é lícito ao mesmo órgão rever seu próprio pronunciamento. Outra hipótese configurável é a de que se possa presumir o trânsito em julgado à vista da prática de um ato que o tem como antecedente obrigatório por lei. Admitir-se-á, destarte, a prova indiciária[53].

11. O modo de fazer valer a sentença estrangeira

É tempo de examinar os principais aspectos do *modus faciendi* utilizável quando se quer extrair efeitos da sentença fora do Estado de origem. Conforme oportunamente se assinalou *(supra,* II, 4), as soluções têm variado em mais de um ponto.

A máxima simplicidade seria atingida, é óbvio, dispensando-se em qualquer caso um ato formal (e o processo destinado a obtê-lo) e admitindo-se que os pressupostos da "importação" de eficácia fossem verificados pelo órgão perante o qual se pretende que surta efeitos a sentença estrangeira. As legislações, contudo, não têm chegado até aí: as que vão mais longe dispensam o ato formal apenas quando se trata de reconhecer a eficácia da sentença estrangeira para fim relativo a alguma causa pendente – se, por exemplo, se invocou aí a coisa julgada resultante daquela. Não assim, quando o que se tem em vista é promover, no Estado de "importação", a execução do julgamento estrangeiro: em tal hipótese, exige-se pronunciamento da Justiça Nacional.

Afigura-se improvável uma evolução geral dos diversos ordenamentos no sentido da dispensa irrestrita de ato formal para atribuir eficácia automática à sentença estrangeira no Estado de "importação"[54]. A possibilidade prática de semelhante passo, até hoje, parece limitar-se ao contexto de tratados bilaterais ou multilaterais. Menos irrealística é a perspectiva de ampliar-se a outros sistemas jurídicos a adoção do

53 PAULO CEZAR ARAGÃO, *Comentários ao Código de Processo Civil,* v. V, São Paulo, 1975, p. 224, com indicação de precedentes jurisprudenciais na nota 244.

54 Conforme augura SOSA, p. 18, com a ressalva da possibilidade, para quem nisso tenha interesse, de opor-se à execução.

método de verificação "incidental" dos pressupostos nos casos de mero reconhecimento daquela eficácia para fins diferentes da execução. A necessidade do ato formal (e do procedimento a ele conducente) ficaria reduzida às hipóteses em que se fizesse preciso executar (no sentido próprio) a sentença estrangeira.

Cabe uma breve observação sobre a alternativa "processo de *exequatur*" (ou "homologação") – "ação fundada na sentença estrangeira" *(vide, supra,* II, 4). Ao menos em teoria, a primeira solução parece apresentar nítida vantagem do ponto de vista da simplicidade; e é oportuno registrar que nenhum dos relatórios oriundos de países que a adotam critica o procedimento por desnecessária complexidade: ao contrário, quase unanimemente se lhe ressalta a singeleza[55]. Todavia, a comparação nem sempre resulta desfavorável à sistemática da *"action on the judgment":* num Estado onde convivem ambos os modelos, como Israel, ela pode, em muitos casos, oferecer itinerário mais rápido e mais simples[56]. Afigura-se ocioso, em certa medida, propugnar a substituição de qualquer dos dois esquemas pelo outro: ainda que se conseguisse demonstrar com argumentos irretorquíveis a superioridade deste ou daquele, é extremamente duvidoso, para dizer o menos, que semelhante demonstração fosse capaz, por si só, de determinar a sorte do processo evolutivo, notoriamente sujeito à influência de outros fatores e balizado pela tradição nacional.

Não se justifica o estabelecimento de limitação temporal à iniciativa do interessado em fazer valer a sentença estrangeira. Nenhum interesse legitimamente fundado do Estado de "importação" reclama a fixação de prazo para tal iniciativa. Do ponto de vista do litigante vitorioso, facilmente se concebe que a necessidade de tomá-la não surja senão em época bastante posterior ao julgamento. O interesse da parte contrária

---

55 TSCHIPEV, p. 7; GOMES MONTEIRO, p. 3; ARGUEDAS SALAZAR, p. 2; AGUIRRE GODOY, p. 2; ALLEN, p. 1; PARODI REMÓN, p. 2; ZILBERSTEIN e BACANU, p. 11; WALDER, p. 2; VESCOVI-MINVIELLE-TELLECHEA, p. 16; RENGEL ROMBERG, p. 3. Na Colômbia, MORALES MOLINÁ; p. 1, critica a fixação habitual, pela Corte Suprema, de prazo longo demais para a instrução probatória. Em El Salvador, segundo ARRIETA GALLEGOS, p. 4, o procedimento pode ser complexo, se o requerido se opõe ao reconhecimento da sentença estrangeira.

56 FASSBERG, p. 13: Na opinião de HAMBURGER, ob. cit., p. 378, o procedimento seguido em inúmeros Estados norte-americanos para a ação fundada na sentença estrangeira *"compares favorably with the exequatur of lhe civil law".* Por outro lado, JUENGER, p. 5, critica-o como *"inefficient, costly and time-consuming".*

ficará suficientemente protegido pela oportunidade que se lhe abra de opor-se ao reconhecimento e/ou à execução da sentença estrangeira com base em algum efeito extintivo que o ordenamento aplicável porventura atribua à passagem dos dias. Em regra, aliás, semelhante eventualidade só se configurará com referência à execução – se, por exemplo, for admissível a alegação de prescrição superveniente à sentença estrangeira: os outros efeitos que esta possa produzir, assim como a sua autoridade de coisa julgada, normalmente não sofrem do mesmo modo a ação do tempo.

12. A questão da competência para examinar a sentença estrangeira

Esta questão obviamente se equaciona em termos diversos, conforme se adote o método da verificação "incidental" ou o do pronunciamento específico, mediante procedimento individualizado. Na medida em que se aplique o primeiro, ela deixa de ter relevância própria: será competente, em cada caso concreto, para admitir ou recusar eficácia à sentença, no Estado de "importação", o órgão judicial que o for para processar a causa em que se pretenda fazer valer os efeitos a ela atribuídos. A alternativa consistiria em submeter ao (único) órgão por hipótese competente a indagação sobre a eficácia da sentença estrangeira, toda vez que esta fosse invocada em qualquer processo, à semelhança do que ocorre em alguns ordenamentos com a questão da inconstitucionalidade de lei. São manifestos, porém, os inconvenientes práticos que semelhante regulação acarretaria; e não parece que as eventuais vantagens, fossem quais fossem, bastem para compensá-los, conforme atesta o fato de que não consta o emprego de tal mecanismo em sistema jurídico algum.

Se, ao contrário, se opta pela necessidade de ato formal, então, na medida em que ele se imponha, torna-se preciso determinar a que órgão competirá praticá-lo. No que respeita aos países abrangidos pelo presente relatório, pode-se observar certa preferência pelo regime da competência *difusa,* isto é, distribuída, segundo critérios variáveis, por uma pluralidade de órgãos judiciais: o número de Estados que o adotam é ligeiramente superior ao dos que preferem concentrar a competência num *único* órgão (invariavelmente, o mais alto da hierarquia judiciária).

Não parece fácil identificar relações constantes entre a escolha deste ou daquele sistema e as características da ideologia, da geografia ou da estrutura político-administrativa dos vários Estados. Há países socialistas (exemplo: Polônia) e países não socialistas (exemplo: Argentina) entre os que adotam a regra da competência difusa, assim como há países socialistas (exemplo: Bulgária) e não socialistas (exemplo: Colômbia) entre os que preferem a da competência concentrada. Esta é observada em Estados federais (como a Venezuela) e em Estados unitários (como o Uruguai); aquela também (o México é uma federação, o Peru não o é). Ao contrário do que *a priori* se poderia imaginar, países de grande extensão territorial adotam o método concentrado (exemplo: Brasil), outros bem menos extensos o difuso (exemplo: Israel).

É relativo, à vista de tudo isso, o alcance de qualquer discussão sobre as vantagens e as desvantagens de cada um dos sistemas. A preferência por um ou por outro afigura-se condicionada por peculiaridades locais ou por variáveis circunstâncias históricas, que não se deixam aprisionar nos esquemas clássicos.

Em todo caso, com todas as ressalvas cabíveis, parecem justificar-se algumas observações de índole genérica. O sistema de competência difusa, em muitos casos, é sem dúvida capaz de facilitar, para o interessado, a consecução do fim a que visa: se se lhe permite fazer valer os efeitos da sentença estrangeira mediante a simples apresentação desta ao órgão competente para julgar a causa sobre a qual ela supostamente influi, é claro que com isso se lhe poupam o tempo e as despesas que precisaria empregar para obter o pronunciamento de outro órgão, não raro sediado em lugar distante. Em compensação, há o risco de decisões divergentes, com grave detrimento para a segurança jurídica, na hipótese de ter de invocar-se a mesma sentença estrangeira em mais de um processo, perante órgãos distintos – embora tal inconveniente possa encontrar correção, ou pelo menos atenuação, na existência de recurso que permita submeter as diferentes decisões à revisão de um único órgão superior. Considerações análogas seriam cabíveis a propósito da necessidade de assegurar certa uniformidade no modo de entender e aplicar cláusulas como a da "ordem pública" e semelhantes.

13. Limitação dos poderes da Justiça do Estado de "importação"

Ponto da maior importância é o relativo à extensão dos poderes que se conferem à Justiça do Estado de "importação" ao apreciar o pedido do interessado na produção de efeitos da sentença estrangeira. A imensa maioria dos ordenamentos, hoje em dia, professa formal repúdio à possibilidade de reexame do litígio, em sua substância, para verificar se foi justa ou injusta a solução a ele dada no Estado de origem. São excepcionais os casos em que se reconhece tal possibilidade[57].

Vistas as coisas mais de perto, no entanto, essa parece ser apenas meia verdade. Várias legislações dão margem a uma investigação, ainda que limitada, sobre a lide julgada no país estrangeiro, ao consagrarem cláusulas do tipo, *v.g.*, da que inclui entre os pressupostos da produção de efeitos da sentença a licitude (ou validade), segundo o direito do Estado de "importação", da obrigação a cujo respeito se discutiu[58]. Aludiu-se também, oportunamente *(supra,* II, 6), à opinião de alguns, segundo a qual a apuração da compatibilidade do julgamento estrangeiro com a ordem pública nacional abriria ensejo, sob certos aspectos, a um abrandamento da proibição da *"révision au fond"*.

Não se afigura possível eliminar por completo a eventualidade de concessões, mais ou menos significativas (e mais ou menos dissimuladas) ao princípio do reexame. Os tribunais sempre descobrirão um meio ou outro de justificar teoricamente a rejeição da sentença estrangeira, quando alguma circunstância grave lhes pareça suficiente para gerar a convicção de que se deve impedir a todo custo a produção dos respectivos efeitos no território nacional. Já se sublinhou quão ilusório seria esperar que os Estados renunciem à invocação da cláusula da "ordem pública" (ou outra análoga), inclusive - acrescente-se - para vetar a "importação" de sentença em que se enxergue teratologia insuportável do ponto de vista da justiça.

O que se pode desejar, aqui, é que o emprego da técnica não ultrapasse os limites do estritamente necessário para preservar valores jurídicos e éticos reputados fundamentais no Estado onde se pretende tornar eficaz a sentença. No particular, todavia, não parece muito grande o risco de excessos intoleráveis[59].

---

57 Em Israel, FASSBERG, p. 8-9, aponta dois: o de alegar-se fraude no processo estrangeiro e o de basear-se o requerente *"on the original cause of action"*, conforme lhe permite o *common law;* na segunda hipótese, contudo, a rigor não é realmente de fazer valer *a sentença estrangeira* que se trata.

58 Exemplos: Guatemala, *Código Procesal Civil y Mercantil,* art. 345, 3º; Paraguai, *Código de Procedimientos en Materia Civil y Comercial,* art. 573, *d.*

59 Cf., *supra,* nota 37 ao n. III, 6.

IV
LAUDOS ARBITRAIS ESTRANGEIROS

1. Considerações gerais

Determinados setores buscam solução para litígios, de preferência, no juízo arbitral, considerado superior, do ponto de vista da simplicidade e da rapidez, quando não de outros, à jurisdição estatal. Essa tendência é nítida, sobretudo, no mundo do comércio internacional, e torna em certa medida mais agudo em matéria de laudos arbitrais que em relação às sentenças o problema da extensão extraterritorial de eficácia.

Forçoso é convir, por outro lado, que o estado de coisas, no tocante à arbitragem, se apresenta, por vários ângulos, menos satisfatório, especialmente se examinado à luz das legislações nacionais. A insegurança é tal que, em muitos casos, para induzir a parte vencida ao cumprimento do laudo se tem de contar mais com a pressão dos interesses do próprio litigante do que com o aparelho de coerção organizada do Estado em que a decisão deve surtir efeitos: a empresa que se submete ao juízo arbitral teme normalmente as consequências econômicas de uma eventual recalcitrância em cumprir espontaneamente o pronunciamento do árbitro (ou dos árbitros) e sabe que tal atitude lhe poderá acarretar o descrédito e o isolamento na comunidade mercantil internacional[60].

Fatores diversos concorrem para o insuficiente desenvolvimento até agora alcançado pela disciplina da matéria. Em numerosos meios, é mister sublinhá-lo, um sentimento difuso de desconfiança alimenta resistência, que não parece fácil de vencer, à "importação" de laudos. Se nem sempre se confia na idoneidade do processo judicial estrangeiro, ainda menor tranquilidade se sente, muitas vezes, com relação à capacidade do juízo arbitral realizado alhures para oferecer as garantias de isenção e de lisura que justificariam a "abertura" do território às respectivas decisões. É intuitivo que semelhante atitude propende a exacerbar-se diante de laudos desfavoráveis a cidadãos ou a empresas nacionais; isto é, justamente nos casos em que mais necessário se faz, em regra, admitir a produção de efeitos dentro das fronteiras do país.

---

60 Cf. FOUCHARD, *L'arbitrage commercial international,* v. 11, Paris, 1965, p. 464-5; DAVID, *L'arbitrage dans le commerce international,* Paris, 1982, p. 545.

A admitir-se a existência de algum fundamento para esse gênero de receios, e tendo em vista a escassa probabilidade de uma radical mudança de rumo na evolução dos acontecimentos, quando tudo indica que o fenômeno arbitral tende a ganhar cada vez maior espaço, a solução correta não pode consistir em deixar o assunto imerso nas sombras da incerteza jurídica, sujeito aos azares de intermináveis controvérsias. A maioria dos legisladores nacionais, no entanto, ainda não despertou para a necessidade de clarear o ambiente: as fontes do direito permanecem extremamente lacônicas, quando não silentes, em grande número de países. Isso vem contribuindo, provavelmente, para certo incremento de iniciativas no sentido da regulação da matéria por meio de tratados e convenções: busca-se com estes, entre outras coisas, preencher o vácuo normativo dos ordenamentos jurídicos nacionais.

2. A questão prévia de qualificação

Como é notório, inexiste entre os estudiosos uma conceituação uniforme do fenômeno arbitral. Ora se encara o laudo como ato assimilável ou equiparável à sentença do juiz estatal, ora como pronunciamento que extrai toda a sua força de um vínculo contratual entre as partes. Essa contraposição é capaz de gerar problemas práticos, notadamente quando não coincidentes as noções que vigoram no Estado onde se realizou a arbitragem e naquele em cujo território se precisa fazer valer o laudo.

Os textos legais costumam ser menos exigentes com referência ao cumprimento de contratos celebrados alhures do que relativamente ao reconhecimento e/ou à execução de sentenças estrangeiras. No Brasil, por exemplo, o art. 15 da Lei de Introdução ao Código Civil submete expressamente a produção dos efeitos destas a uma série de requisitos, ao passo que outros atos praticados no exterior se submetem, apenas, à cláusula da conformidade com "a soberania nacional, a ordem pública e os bons costumes" (art. 17). Na generalidade dos ordenamentos, não é necessário um ato formal da Justiça nacional, para autorizar o credor a exigir judicialmente do devedor o cumprimento de obrigação constante de contrato celebrado alhures, ainda quando se imponha tal formalidade no caso de querer-se executar sentença de outra Justiça.

Se o laudo oriundo do Estado A tem de ser cumprido no Estado B, e divergem as concepções vigorantes num e noutro, surge desde logo a questão atinente à qualificação; ou seja: é imprescindível resolver, antes de mais nada, se o Estado B aceitará o laudo como ato da natureza da que lhe atribui o Estado A, ou se, ao contrário, lhe atribuirá a natureza por ele próprio atribuída aos laudos nacionais. A disciplina variará, intuitivamente, conforme se adote esta ou aquela posição, caso difira do reservado às sentenças o tratamento dado aos contratos. O quadro das possibilidades desdobra-se em vários itens: tal qual se observou a propósito do problema da competência, em matéria de sentenças *(supra,* II, 3, *a),* pode resultar mais favorável a aplicação do ordenamento estrangeiro ou a do ordenamento nacional.

Atingir-se-ia o máximo de simplificação, naturalmente, se se estabelecesse que, em qualquer hipótese de disparidade, se aplicaria o regime menos rigoroso, correspondesse ele à concepção do Estado de origem ou à do Estado de "importação". Não nos consta que se haja, por enquanto, chegado até aí. É possível mesmo afirmar que, ao menos em geral, os Estados onde se equipara o laudo à sentença não hesitam em manter a equiparação quanto aos laudos estrangeiros, ainda que provenientes de Estados em que vigore a concepção contratual da arbitragem. Por conseguinte, todo laudo oriundo do exterior, para tornar-se eficaz no território nacional, terá de satisfazer os mesmos requisitos e submeter-se às mesmas formalidades exigíveis com relação a uma sentença de outra Justiça.

3. Equiparação do laudo arbitral estrangeiro à sentença estrangeira. Consequências

Na maioria dos países, para fins de reconhecimento e/ou execução, os laudos arbitrais proferidos alhures veem-se total ou parcialmente equiparados a sentenças estrangeiras[61]. Várias legislações processuais consagram em termos expressos tal equiparação, determinando que se aplique àqueles o regime estabelecido para estas[62]. Mas a concepção predomina mesmo na ausência de regulação legal da matéria[63].

---

61 *Vide* DAVID, ob. cit., p. 537.

62 *V.g.,* na República Democrática Alemã *(ZPO,* § 198, 1), na Bolívia *(Código de Procedimiento Civil,* art. 556), no Chile *(Código de Procedimiento Civil,* art. 246), na Colômbia *(Código de Procedimiento Civil,* arts. 693 a 695).

63 É o que acontece, por exemplo, na Romênia, onde se consideram analogicamente aplicáveis aos laudos arbitrais estrangeiros, com as adaptações devidas, as disposições do art. 375 do Código de Processo Civil (ZILDERSTEIN e BACANU, p. 6).

Por via de consequência, em boa extensão, o inventário dos "mecanismos restritivos" e a problemática dos meios utilizáveis para eliminá-los ou atenuá-los comportam remissão, *mutatis mutandis,* ao que ficou dito acerca das sentenças estrangeiras. Valem pois aqui, em grande parte, as considerações expendidas sobre as exigências de tratado ou convenção (*supra,* III, 2), do requisito da reciprocidade (III, 3), da cláusula da "ordem pública" e outras semelhantes (III, 6) etc. Se, em determinadas hipóteses, a natureza da causa julgada no exterior influi no tratamento dispensável à sentença no Estado de "importação" *(supra,* III, 4), cabe observação análoga com relação ao laudo: pode ver-se limitada a respectiva idoneidade para produzir efeitos, *v.g.*, aos casos em que a matéria por ele decidida também admitisse, de acordo com o ordenamento nacional, decisão por arbitragem[64]. Segundo se compreende com facilidade, algumas questões assumem, no presente contexto, colorido peculiar: assim, exemplificativamente, a da competência dos árbitros, que pode fundar-se antes na vontade das partes que em alguma regra do ordenamento jurídico de qualquer Estado.

A equiparação do laudo à sentença é capaz de conduzir a uma atitude radicalmente negativa a Justiça do Estado de "importação", quando não exista, no de origem, ato praticado por órgão judicial. Recusar-se-á ingresso na vida jurídica nacional a laudo que não haja recebido, no outro país, *exequatur* (ou "homologação") de juiz estatal[65]. Aí se depara "mecanismo restritivo" de grande relevância em certos casos: é bem possível, com efeito, que o laudo, no Estado de origem, não precise dessa chancela oficial para adquirir eficácia, ou que, por emanar de entidade internacional, nem mesmo comporte qualquer controle do gênero; isso gera o risco de mostrar-se inatendível a exigência, com o que se excluirá de maneira absoluta a eventualidade da produção de efeitos do laudo no país que a formula. Uma distinção simples permite reduzir a dimensões menos graves a atuação do "mecanismo restritivo": levar-se-á em conta o regime em vigor no Estado de origem, para abrir-se mão do requisito

64 A questão da inadmissibilidade *ratione materie* da arbitragem é, não raro, examinada pelo prisma da "ordem pública"; *vide* FOUCHARD, ob. cit., p. 114; ZILBERSTEIN e BACANU, p. 7.

65 Nesse sentido a jurisprudência do Supremo Tribunal Federal brasileiro: Sentença Estrangeira n. 1.982, de 3-6-1970; Sentença Estrangeira n. 2.006, de 18-11-1971; Sentença Estrangeira n. 2.178, de 30-6-1979.

sempre que tal regime não submeta o laudo à obrigatoriedade do *exequatur* (ou da "homologação").

A disciplina da extensão dos poderes conferidos à Justiça do Estado de "importação", no exame do laudo estrangeiro, abre ensejo a uma série de alternativas. Evidentemente, quanto menor a amplitude do controle, tanto mais facilitada a produção dos efeitos do laudo. A admitir-se, por exemplo, que o controle desça até a verificação dos requisitos que deviam ser observados na celebração do pacto arbitral, ampliar-se-ão as possibilidades de negar-se eficácia ao laudo: o acordo pode, com efeito, sofrer de vício como o da falta de capacidade de uma ou de ambas as partes para comprometer-se, ou o da preterição de formalidade essencial, e assim por diante. Semelhante eventualidade fica preexcluída, quando se limita o controle a aspectos formais do próprio laudo ou do procedimento realizado perante os árbitros.

V
O PAPEL DOS TRATADOS E CONVENÇÕES

Assinalou-se oportunamente a relevância que pode assumir, em tema de reconhecimento e execução de decisões estrangeiras, o papel dos tratados e convenções internacionais. Isso vale de maneira muito especial para os Estados-membros das Comunidades Europeias; mas o fenômeno obviamente não se restringe a esse âmbito.

Se o observarmos na América Latina, por exemplo, verificaremos que desde o século passado se manifestou a tendência a consagrar em textos convencionais entendimentos, cuja necessidade bem cedo se sentiu, entre Estados da região. Assim é que surgiu, em 1889, um tratado firmado em Montevidéu por vários países sul-americanos, sobre eficácia extraterritorial de sentenças e laudos estrangeiros. Os requisitos nele estipulados incluem-se no rol dos tradicionalmente previstos na matéria. Também na capital uruguaia, em 1940, veio a celebrar-se outro tratado, que vigora entre menor número de países, e no qual se eliminou a necessidade do *exequatur* para as sentenças proferidas pelos órgãos judiciais dos Estados signatários[66].

Mais importante, pelo número de países que a ratificaram (se bem que vários com ressalvas), é a Convenção da Havana, de 1928, que consagrou o Código de Direito Internacional Privado, conhecido sob a denominação de Código Bustamante. Não se pode dizer, contudo, que nele se deparem inovações de grande alcance. Quanto à eficácia extraterritorial das sentenças, o art. 423 arrola, em termos tradicionais, os pressupostos da execução, aludindo à competência do órgão julgador, à citação das partes (pessoal ou feito por meio do respectivo representante legal), à compatibilidade com a ordem pública e o direito público do Estado onde se há de realizar a execução, à idoneidade da sentença para dar lugar a esta no país de origem e a exigências de ordem formal (tradução, quando necessária; requisitos de autenticidade do documento). O art. 431 refere-se às sentenças cujas disposições não sejam exequíveis, estabelecendo que elas produzirão "os efeitos de coisa julgada", caso reúnam as condições para isso previstas no Código, salvo as relativas à execução. Por sua vez, o art. 432 manda aplicar a mesma disciplina das sentenças

66 VESCOVI-MINVIELLE-TELLECHEA, p. 4.

aos laudos arbitrais, desde que a matéria decidida pudesse ser objeto de compromisso, segundo a lei do Estado de "importação".

Em tempos mais recentes, são dignas de menção: a Convenção Interamericana sobre Eficácia Extraterritorial das Sentenças e Laudos Arbitrais Estrangeiros (Montevidéu, 1979) e a Convenção Interamericana sobre Competência na Esfera Internacional para a Eficácia Extraterritorial das Sentenças Estrangeiras (La Paz, 1984), firmadas respectivamente na segunda e na terceira Conferência Interamericana de Direito Internacional Privado, promovidas pela Organização dos Estados Americanos. Na Convenção de Montevidéu consagraram-se algumas inovações, *v.g.*: qualquer dos países signatários, mediante declaração ao ratificar o ato, pode estender sua aplicação às decisões de órgãos não judiciais, mas que exerçam função jurisdicional, bem como a sentenças proferidas por juízes penais que condenem o réu ao ressarcimento de danos causados pelo crime (art. 2º); prevê-se em termos expressos a possibilidade de admitir-se a eficácia *parcial* da decisão estrangeira, se não for possível admiti-la na totalidade (art. 4º); assegura-se a subsistência, no Estado de "importação", do benefício da assistência judiciária concedido no de origem (art. 5º).

A Convenção de 1979 tomou posição acerca do problema da competência internacional da Justiça estrangeira, dispondo que esse requisito será examinado à luz da legislação do Estado em que se proferiu a decisão (art. 2º, *d)* – solução que, como já se mostrou *(supra,* II, 3, *a),* pode ser mais favorável ou menos favorável à extensão de eficácia, conforme o caso. O assunto, contudo, veio a receber nova regulamentação na Convenção de La Paz, cujo art. 1º enumera uma série de situações reputadas suficientes para firmar a competência internacional da Justiça do Estado de origem, distinguindo as hipóteses de ações pessoais patrimoniais (a), ações reais sobre bens móveis (b), ações reais sobre bens imóveis (c) e ações oriundas de contratos comerciais (d). Disposição particularmente interessante é a do art. 2º da Convenção de La Paz, de acordo com a qual "se considerará também satisfeito o requisito da competência na esfera internacional se, a critério do órgão jurisdicional do Estado Parte onde deva surtir efeitos, o órgão jurisdicional que proferiu a sentença se declarou competente para evitar denegação de justiça, por não existir órgão jurisdicional competente". Mantém-se, por outro lado, a possibilidade, para o Estado de "importação", de recusar a extensão extraterritorial de eficácia à sentença que haja sido proferida com invasão da competência do Estado perante o qual se invoca (art. 4º). Observe-se, em todo caso, que numerosas matérias de grande relevância ficaram expressamente excluídas do âmbito de aplicação da Convenção de 1984: estado civil e capacidade das pessoas físicas, divórcio, nulidade de casamento, regime de bens no casamento, pensões alimentícias, sucessão *causa mortis,* falências e concordatas, liquidação de sociedades, litígios trabalhistas e de seguridade social, arbitragem, responsabilidade extracontratual, questões marítimas e aéreas (art. 6º).

Voltando à Convenção de 1979, cabe uma observação a respeito da cláusula atinente à comunicação da demanda ao réu. Estatui o art. 2º, *e,* que este deve ter sido citado na devida forma legal, "de modo substancialmente equivalente", à aceita pela lei do Estado de "importação". Não se exclui, por conseguinte, a eventualidade de utilizar-se modalidade específica de citação, diversa da que teria de ser empregada naquele Estado. A "equivalência substancial" será aferida pelo grau de idoneidade do ato para transmitir ao réu a notícia completa da demanda, com todos os elementos indispensáveis à preparação da defesa. Esse grau não pode ser inferior ao da modalidade que se utilizaria no Estado de "importação". É uma solução inteligente, que concilia de maneira satisfatória a conveniência de evitar os excessos de formalismo com a necessidade de preservar uma das garantias básicas do processo.

No que concerne, especificamente, aos laudos arbitrais estrangeiros, cabe notar que bom número de países cujos ordenamentos se examinam neste relatório geral é signatário da Convenção de New York, de 1958. Em data mais recente, há que mencionar a Convenção Interamericana sobre arbitragem comercial internacional, celebrada no Panamá, em 1975. As disposições de uma e de outra guardam, em grande parte, notável semelhança. Ambas procuraram afastar problemas de ordem técnico-jurídica relacionados com a distinção, que muitas legislações consagram, entre "cláusula compromissória" e "compromisso", negando-lhe relevância para efeitos práticos (art. 11, n. 2, da Convenção de New York; art. 1º da Convenção do Panamá). Estão previstos em termos muito parecidos os casos em que se pode recusar a extensão extraterritorial de eficácia (art. V da Convenção de New York; art. 5º da Convenção do Panamá). Disposição também comum a ambas, com a qual se busca favorecer a extensão de eficácia, atribui à parte que se oponha ao reconhecimento ou à execução do laudo o ônus da prova da falta dos pressupostos da extensão de eficácia (art. V, n. 1, da Convenção de New York; art. 5º, n. 1, da Convenção do Panamá); fazem exceção as hipóteses de impossibilidade da sujeição da matéria à arbitragem, conforme a lei do

Estado de "importação", e de incompatibilidade com a ordem pública deste (art. V, n. 2, da Convenção de New York; art. 5º, n. 2, da Convenção do Panamá). O art. 4º da Convenção do Panamá dispõe em termos expressos que os laudos arbitrais não impugnáveis de acordo com a lei ou as regras processuais aplicáveis terão força de sentença judicial e que se poderá exigir sua execução ou reconhecimento pela mesma forma que a das sentenças proferidas por tribunais estatais.

No campo dos países socialistas, deve-se mencionar a Convenção de Moscou, de 1972, relativa à solução arbitral de litígios resultantes das relações de colaboração econômica e técnico-científica. Segundo acentuam os relatores romenos[67], essa convenção realizou sensível avanço no sentido da simplificação, na medida em que equiparou aos laudos nacionais os oriundos dos outros Estados signatários e eliminou a necessidade do *exequatur*. Tal eliminação, aliás, já fora consagrada, noutro âmbito, pela Convenção de Washington, de 1965, unicamente aplicável, porém, a relações concernentes a investimentos.

Há ainda, naturalmente, considerável número de tratados bilaterais, dos quais é impossível dar aqui notícia, mesmo sumária. Limitar-nos-emos a registrar que alguns deles têm chegado a facilitar extremamente a extensão extraterritorial da eficácia de sentenças, admitindo, ao menos em certas matérias e sob determinadas condições, que as decisões judiciais de cada um dos países signatários produzam, sem qualquer formalidade, efeitos no território do outro[68].

---

67 ZILBERSTEIN e BACANU, p. 29-30.

68 *Vide,* também, a esse respeito, ZILBERSTEIN e BACANU, p. 22-3, que ministram vários exemplos de tratados entre a Romênia e outros Estados, socialistas e não socialistas.

VI
CONCLUSÕES GERAIS

Relatórios do gênero deste não são conjuntos de teses dogmáticas, geometricamente demonstradas. Não se afigura oportuno, assim, organizar uma lista de conclusões acerca de cada um dos variados tópicos da problemática de que nos ocupamos. Certo número delas já foi, aliás, enunciado ao longo do trabalho, nos itens especificamente destinados ao exame de cada questão. Resta-nos, agora, resumir a impressão final que ao nosso ver justificam a leitura dos relatórios nacionais e a consideração de textos legais e convencionais e de outros dados relevantes.

Na área coberta por este relatório, a paisagem não sugere valoração pessimista. Segundo a quase totalidade dos relatores nacionais, os pedidos de reconhecimento e/ou execução de sentenças estrangeiras costumam ser, na maioria, acolhidos[69]. Isso poderia indicar, de um lado, que não são em regra excessivos os requisitos da extensão extraterritorial de eficácia, e de outro que – afirmação constante em termos expressos, na maior parte dos relatórios – os órgãos competentes se inclinam a dar-lhes interpretação liberal. É previsível, em todo caso, a objeção de que não se estaria levando em conta a eventual existência de sentenças estrangeiras (em número talvez considerável) das quais os interessados não chegam a requerer o reconhecimento e/ou a execução. Se tal abstenção pudesse ser atribuída à convicção de que as dificuldades são grandes, e pequenas as perspectivas de êxito, extremamente insegura se tornaria qualquer ilação.

Seja como for, é expressivo o fato de que mais de um relator nacional se declarou satisfeito com o ordenamento de seu país e declinou de formular sugestões *de lege ferenda*[70]. Quanto às efetivamente formula-

69 Alguns relatores alegam, é verdade, a carência de dados estatísticos, que impediria juízo categórico (assim *v.g.*, SOSA, p. 17; ARRIETA GALLEGOS, p. 5; WALDER, p. 3). Na Turquia, a jurisprudência recente inclina-se para uma atitude restritiva, especialmente quanto ao reconhecimento de sentenças estrangeiras sobre o estado civil de cidadãos turcos (ÖZSUNAY, p. 12).

70 *Vide*, para a Guatemala, AGUIRRE GODOY, p. 3. Para a Hungria, FAUAS-KÉCSKÉS, p. 12; para a Polônia, JODLOWSKI, p. 3 (com a ressalva expressa de que outros especialistas poloneses têm opinião diferente); para a República Democrática Alemã, KOSEWAHR, p. 12.

das, algumas têm alcance limitado pela referência a peculiaridades do ordenamento nacional: é o caso de Israel, onde a coexistência de regimes diversos gera confusão e insegurança jurídica[71]. Algo semelhante ocorre nos países em que ainda se adota, em maior ou menor extensão, a exigência da reciprocidade, cuja eliminação se preconiza[72]. Outros defeitos se apontam nas legislações nacionais, não raro consistentes em omissões, como a falta de regulamentação expressa da competência da Justiça do país, no plano internacional[73]. No mais, é fácil discernir uma preferência pelo sistema da verificação incidental dos pressupostos da extensão de eficácia, em confronto com o do ato formal específico[74]. Bem pequeno é o número de relatores aos quais parece necessário simplificar o procedimento que conduz a esse ato.

Menos satisfatório apresenta-se o panorama, em matéria de extensão extraterritorial da eficácia de laudos arbitrais. Obstáculos conhecidos parecem capazes de travar aqui, com maior energia, a "importação" de decisões. Seria um erro, em todo caso, subestimar a força do movimento favorável à respectiva facilitação.

Aspiração generalizada é a de que se intensifique a celebração de tratados e convenções, vistos como instrumentos mais capazes de aplanar dificuldades. Alguns exemplos sugerem que, nesse setor, é mais fácil atingir alto grau de eficiência por meio de tratados bilaterais (sobretudo entre Estados com sistemas jurídicos afins) do que mediante convenções multilaterais de grande número de signatários, nas quais a notável diversidade de orientações particulares cria o perigo de reduzir-se o acordo a disposições por demais genéricas.

Naturalmente, a par da situação *de iure,* seria preciso considerar os problemas que *de facto* impedem ou dificultam, para o interessado, a postulação do reconhecimento e/ou da execução de uma decisão estrangeira. São escassos, todavia, os dados de que se dispõe na matéria. O relatório norte-americano assinala que aos advogados, principalmente aos que atuam fora dos centros metropolitanos, podem faltar os co-

71 FASSBERG, p. 15.

72 *Vide,* para a Áustria, MATSCHER, p. 11-12; para o Uruguai, VESCOVI-MINVIELLE-TELLECHEA, p. 18.

73 Assim, para a Romênia. ZILBERSTEIN e BACANU, p. 18.

74 *V.g.,* ZEPEDA, p. 26-7; WALDER, p. 2; VESCOVI-MINVIELLE-TELLECHEA, p. 18 (com relação às sentenças estrangeiras concessivas de alimentos).

nhecimentos linguísticos e a preparação técnico-jurídica necessários à vindicação eficiente dos direitos do litigante vitorioso no processo estrangeiro; alude também aos honorários elevados, que agravam o custo da iniciativa, particularmente sob um regime que não contempla, no particular, o reembolso da parte vencedora pela vencida[75]. Tais observações são em parte aplicáveis a outros países. É fora de dúvida que se pode revelar bastante problemática para o interessado estrangeiro, sem contatos nos meios profissionais, a própria escolha do advogado que o representará perante o órgão competente. Dificuldades outras não serão necessariamente peculiares ao âmbito da "importação" de decisões, mas simples manifestações de uma carência mais genérica em tema de "acesso à Justiça". A respectiva análise excederia de modo claro os limites próprios deste relatório.

Abril de 1987.

COMENTÁRIOS DOS ATUALIZADORES

PROBLEMAS E SOLUÇÕES EM MATÉRIA DE RECONHECIMENTO E EXECUÇÃO DE SENTENÇAS E LAUDOS ARBITRAIS ESTRANGEIROS

Luiz Paulo da Silva Araújo Filho / Guilherme Jales Sokal

O texto, relatório geral de prestigioso Congresso Internacional[76], apresenta profundo e abrangente panorama do tema no direito estrangeiro e no Brasil. Desde então, muitos avanços ocorreram no intercâmbio jurídico entre países, consequência do aprofundamento da integração econômica e da diminuição de barreiras ao trânsito de pessoas e ideias, fenômenos acelerados pelo salto tecnológico das últimas décadas. Tais avanços, em linhas gerais, perfilham a tendência de facilitação antes apontada pelo autor, inclusive em países tradicionalmente

75 JUENGER, p. 19.

76 Como é da tradição de eventos dessa espécie e como revela o Mestre na abertura, de parte as informações do direito brasileiro, o texto colheu subsídios em "relatórios nacionais oriundos de vinte e quatro países".

contrários ao intercâmbio jurídico[77]. Nos limites próprios a esta obra, as presentes notas de atualização são dedicadas a noticiar como o direito brasileiro hoje em vigor enfrenta os problemas retratados no texto, ecoando ou não as soluções à época indicadas, com menção apenas pontual ao direito estrangeiro[78].

1. O quadro geral no Brasil

O direito brasileiro experimentou muitas transformações desde que redigido o trabalho, em agosto de 1987. Para traçar um quadro geral sobre reconhecimento e execução de decisões judiciais e arbitrais estrangeiras, três aspectos merecem maior destaque: as *mudanças estruturais* na Constituição de 1988 e na Lei de Arbitragem de 1996, a alteração da *sede da disciplina processual* do tema e o proeminente *papel dos tratados*.

A primeira mudança estrutural ocorreu no plano constitucional. A Constituição de 1988 elevou a cooperação entre os povos a princípio reitor das relações internacionais da República Federativa do Brasil (CF, art. 4º, IX). Ao organizar o modo como essa cooperação se daria na perspectiva processual interna, a redação originária do texto constitucional mantinha como competência do Supremo Tribunal Federal "a homologação das sentenças estrangeiras e a concessão do 'exequatur' às cartas rogatórias" (art. 102, I, 'h')[79]. Porém, a Reforma do Poder Judiciário, fruto da EC nº 45/04, revogou aquele dispositivo e transferiu tal competência para o Superior Tribunal de Justiça, como hoje dispõe

77 Noticiando que Suécia e Holanda, tradicionalmente refratários ao reconhecimento de decisões estrangeiras, teriam passado a admitir exceções de abertura, bem como a mudança no regime belga, em 2004, para impedir a revisão de mérito de decisões estrangeiras, antes tida como a regra, v. CHASE, Oscar G.; et alli. *Civil litigation in comparative context*, Oscar G. Chase e Helen Hershkoff, Thomson/West, 2007, p. 532.

78 O autor deu continuidade ao panorama de direito estrangeiro em BARBOSA MOREIRA, José Carlos. *Comentários ao Código de Processo Civil – vol. V: arts. 476 a 565*, Rio de Janeiro: ed. Forense, 2009, p. 53-57, 61-62 e, quanto à homologação de decisões arbitrais estrangeiras, p. 70.

79 Para um aprofundamento da história do direito brasileiro no ponto, v. BARBOSA MOREIRA, José Carlos. *Comentários ao Código de Processo Civil – vol. V: arts. 476 a 565*, Rio de Janeiro: ed. Forense, 2009, p. 57-61.

o art. 105, I, 'i', da Constituição[80]. Assumindo o mister, a primeira disciplina do tema no âmbito do STJ constou da Resolução nº 09/2005, editada pela Presidência da Corte[81]. Ela agora figura nos arts. 216-A a 216-X do Regimento Interno daquele Tribunal, na redação dada pelas Emendas Regimentais nºs 18/2014 e 24/2016, esta última posterior à entrada em vigor do CPC/15[82].

Outra mudança estrutural consiste na Lei nº 9.307/96, que reformulou a arbitragem no Brasil. O diploma superou os obstáculos antes postos para a efetividade desse método de solução de conflitos, em especial ao equiparar a decisão arbitral à sentença judicial (arts. 18 e 31)[83] e ao conferir cogência à cláusula compromissória (art. 5º e 7º). Rejeitou-se, com isso, a "concepção contratual da arbitragem" a que à época aludiu o Mestre[84], em um percurso que envolveu o importan-

---

80 Permaneceu inalterada a competência dos juízes federais de primeiro grau para "a execução de carta rogatória, após o 'exequatur', e de sentença estrangeira, após a homologação", conforme disposto no art. 109, X, da CF/88, regra que abarca também as decisões arbitrais estrangeiras (DINAMARCO, Cândido Rangel. *A arbitragem na teoria geral do processo*, São Paulo: Ed. Malheiros, 2013, p. 285). O tema hoje consta do art. 965 do CPC/15.

81 Imediatamente após a vigência da EC nº 45/04, na verdade, a Resolução nº 22/2004 do STJ determinou a observância provisória da disciplina até então constante do Regimento Interno do STF.

82 Consta do art. 960, § 2º, do CPC/15 a remissão à disciplina do tema no Regimento Interno do STJ.

83 A atual Lei de Arbitragem (Lei nº 9.307/96) emprega largamente a expressão "sentença arbitral" (v.g., arts. 23 e segs.), no que foi acompanhada pelo Código de Processo Civil de 2015 (arts. 515, VII, e 516, III). Nada impede, porém, o uso ainda hoje como sinônimo de "laudo", tributário da tradição, como fazia BARBOSA MOREIRA, José Carlos. *Comentários ao Código de Processo Civil – vol. V: arts. 476 a 565*, Rio de Janeiro: ed. Forense, 2009, p. 70-72, mesmo após a Lei nº 9.307/96; e, mais recentemente, DINAMARCO, Cândido Rangel. *A arbitragem na teoria geral do processo*, São Paulo: Ed. Malheiros, 2013, p. 175. Destaque-se que após a obra deste último, de 2013, a referência a "laudo" na redação originária do art. 33, § 2º, II, da Lei de Arbitragem foi suprimida após a Lei nº 13.129/2015, para em seu lugar figurar também ali "sentença arbitral". Rejeitando, atualmente, a denominação "laudo arbitral", v., por todos, THEODORO JÚNIOR, Humberto. *Curso de direito processual civil*, v. II, Rio de Janeiro: Forense, 2021, p. 510.

84 Frisando o ponto após a Lei nº 9.307/96, THEODORO JÚNIOR, Humberto. *Curso de direito processual civil*, v. II, Rio de Janeiro: Forense, 2021, p. 516.

te beneplácito do Supremo Tribunal Federal[85] e que desaguou, mais recentemente, na afirmação do Brasil como um dos polos mundiais da arbitragem[86], agora simbolicamente acomodada entre os demais métodos adequados de concretização do acesso à justiça no art. 3º, § 1º, do CPC/15.

Significativa alteração ocorreu sob outro ângulo, quanto à sede do regramento processual do tema. O Código de 2015 avocou a disciplina do processo e julgamento da homologação de decisão estrangeira (arts. 960 a 965), antes deixada em larga medida ao Regimento Interno do STF – e após, em termos, do STJ[87]. A isso se soma, na Parte Geral do Código, inovador tratamento da cooperação internacional como gênero nos arts. 26 e 27, abarcando não só interações de natureza jurisdicional[88]. O art. 27 enuncia o rol de atividades que nesse gênero se insere, encerrado com uma cláusula de atipicidade (inc. VI). Segue-se a

---

85 O célebre julgamento quanto à constitucionalidade da Lei nº 9.307/96 foi firmado, por maioria, em STF, SE nº 5.206-AgR, Rel. Min. Sepúlveda Pertence, Tribunal Pleno, j. em 12/12/2001, DJ 30-04-2004.

86 Conforme relata LEMES, Selma. *Os 18 anos da Lei de Arbitragem*, Valor Econômico, 13/10/2014, "*na Corte Internacional de Arbitragem da Câmara de Comércio Internacional (CCI), onde são processadas arbitragens em âmbito global, as estatísticas de 2013 alçam o Brasil ao quarto lugar mundial em números de arbitragens. São Paulo integra a lista mundial 'top ten' como local eleito para sediar arbitragens*". Mencionando a Lei nº 9.307/96 como "uma das mais avançadas leis de arbitragem do mundo" e referindo à doutrina brasileira formada desde então "como de vanguarda", RICCI, Edoardo Flavio. Após ratificação da convenção de Nova Iorque: novos problemas. In: *Lei de Arbitragem Brasileira – oito anos de reflexão; questões polêmicas*, Edoardo Flavio Ricci, São Paulo: ed. RT, 2004, p. 240.

87 Quando da entrada em vigor do CPC/73, a EC nº 01/69 atribuía ao Regimento Interno do STF o *status* de fonte primária a respeito (art. 120, parágrafo único). Sobre o ponto, inclusive quanto à compatibilidade de tal modelo de disciplina normativa então vigente com as sucessivas ordens constitucionais, BARBOSA MOREIRA, José Carlos. *Comentários ao Código de Processo Civil – vol. V: arts. 476 a 565*, Rio de Janeiro: ed. Forense, 2009, p. 59. Afirmando, atualmente, o papel subsidiário do regimento interno do STJ em relação às normas do CPC/15 na matéria, STJ, SEC nº 14.812/EX, Rel. Min. Nancy Andrighi, Corte Especial, j. em 16/05/2018, DJe 23/05/2018.

88 Assim, frisando que a cooperação jurídica ali versada é mais ampla do que a *jurisdicional*, DINAMARCO, Cândido Rangel. *Instituições de direito processual civil*, v. I, São Paulo: Malheiros, 2016, p. 522. A cooperação internacional judicial é afirmada no Princípio nº 31 dos Princípios de Direito Processual Civil Transnacional do American Law Institute-UNIDROIT, de 2013.

isso a disciplina específica de modalidades de cooperação em segmentos do Código, como o auxílio direto[89] (arts. 28 a 34) e a carta rogatória (art. 36), ambos submetidos a disposições comuns[90] (arts. 37 a 41), e, na Parte Especial, a homologação e o exequatur (arts. 960 a 965)[91]. Neste último ponto, por sinal, inverte-se consideravelmente o cenário de vazio legislativo mencionado no texto quanto à arbitragem, dada a diretriz de aplicação subsidiária das regras ali previstas à homologação de decisão arbitral estrangeira (art. 960, § 3º), em harmonia com o art. 36 da Lei de Arbitragem[92].

Por fim, o direito brasileiro hoje dá fortes sinais da tendência moderna de abertura a tratados. No CPC/15, por exemplo, em diversas passagens se assenta que a disciplina da lei processual cede diante de tratados e convenções internacionais. É o que se vê dos arts. 24, *caput*, 26, 30, 31, 960, *caput*, parte final, 960, §§ 2º e 3º, 961, *caput*, parte final, e 963, V.

A mesma linha segue o art. 34 da Lei de Arbitragem. Tal tendência também é demonstrada pelo crescente número de tratados e convenções incorporadas pelo direito brasileiro, nas últimas décadas, com repercussão sobre o chamado direito processual internacional[93]. De

89 Sobre o conceito de auxílio direto, sua distinção face a carta rogatória e a questão da constitucionalidade do instituto à luz do art. 181 da Constituição, inclusive quanto às decisões do STF no HC nº 105.905, Rel. Min. Marco Aurélio, e na Pet nº 5.946, Rel. p/ acórdão Min. Edson Fachin, v. DOLINGER, Jacob; TIBURCIO, Carmen. *Direito internacional privado*, Rio de Janeiro: Forense, 2020, p. 625-8.

90 É duvidosa, no ponto, a técnica legislativa de conjugar "disposições gerais" e, ao final, "disposições comuns às seções anteriores", com o adendo de o art. 40 expressamente tratar de homologação de sentença estrangeira.

91 Acrescenta-se ainda, na legislação especial, a recente disciplina da insolvência transnacional nos arts. 167-A a 167-Y da Lei de Falência e Recuperação Judicial (Lei nº 11.101/05), incluídos pela Lei nº 14.112/20, com novas formas de cooperação internacional (v.g., arts. 167-P, § 1º, e 167-Q) e de relações entre processos pendentes no Brasil e no exterior (v.g., arts. 167-R, 167-S e 167-T). Sobre o tema, que evidentemente excede os limites deste trabalho, conferir a Resolução nº 394 do Conselho Nacional de Justiça, de 28/05/2021, que "institui regras de cooperação e de comunicação direta com juízos estrangeiros de insolvência para o processamento e julgamento de insolvências transnacionais".

92 Aplica-se a este último o disposto no art. 1.046, § 4º, do CPC/15. As interações entre a Lei de Arbitragem, os tratados e o CPC/15 serão retomadas brevemente adiante, no item 5.

93 Em uma listagem não exaustiva, podem ser mencionados: em 2019, o Decreto nº 9.734 promulgou a Convenção Relativa à Citação, Intimação e Notificação no

especial importância no cenário da Europa é o Regulamento Europeu nº 1.215/12, que contém normas sobre competência internacional e reconhecimento e execução de decisões no âmbito da União Europeia[94]. Vertente que também cresce é a de elaboração de Códigos e regras-modelo como nortes à harmonização, elaboradas por organismos internacionais, blocos regionais e mesmo para países sob a forma federativa, de que são exemplos: a Lei Modelo da UNCITRAL para arbitragem comercial internacional, de 1985; o Projeto de Lei do American Law Institute para Reconhecimento e Execução de decisões estrangeiras, de 2006; o Código Modelo de Cooperação

---

Estrangeiro de Documentos Judiciais e Extrajudiciais em Matéria Civil e Comercial, firmada na Haia em 1965 (houve reserva quanto aos arts. 8º e 10 do texto da Convenção); em 2017, o Decreto nº 9.176 promulgou a Convenção sobre a Cobrança Internacional de Alimentos para Crianças e Outros Membros da Família e o Protocolo sobre a Lei Aplicável às Obrigações de Prestar Alimentos, da Conferência de Haia de 2007; em 2016, o Decreto nº 8.660/20 promulgou a Convenção sobre a Eliminação da Exigência de Legalização de Documentos Públicos Estrangeiros, de Haia, em 1961; em 2006, o Decreto nº 5.910 promulgou a Convenção para a Unificação de Certas Regras Relativas ao Transporte Aéreo Internacional, celebrada em Montreal, em 1999; em 2003, o Decreto nº 4.719 promulgou o Acordo sobre Arbitragem Comercial Internacional do Mercosul, de 1998; em 2002, o Decreto nº 4.311 promulgou a Convenção da ONU sobre o Reconhecimento e a Execução de Sentenças Arbitrais Estrangeiras, de 1958 ("Convenção de Nova Iorque"); em 2001, o Decreto nº 3.856 promulgou o Protocolo de São Luiz sobre Matéria de Responsabilidade Civil Emergente de Acidentes de Trânsito entre os Estados Partes do Mercosul, de 1996; em 1998, o Decreto nº 2.626 promulgou o Protocolo de Medidas Cautelares de Ouro Preto, no âmbito do Mercosul; em 1996, foi promulgado pelo Decreto nº 2.067 o Protocolo de Cooperação e Assistência Jurisdicional em Matéria Civil, Comercial, Trabalhista, Administrativa, conhecido como Protocolo de "Las Leñas", de 1992; em 1996, o Decreto nº 1.902 promulgou Convenção Interamericana sobre Arbitragem Comercial Internacional, de 1975; em 1996, o Decreto nº 1.899 promulgou a convenção Interamericana sobre Cartas Rogatórias; em 1996, o Decreto nº 2.095 promulgou o Protocolo de Buenos Aires sobre Jurisdição Internacional em Matéria Contratual, de 1994; e em 1994, o Decreto nº 1.212 promulgou a Convenção Interamericana sobre a Restituição Internacional de Menores de Montevidéu, de 1989.

---

94 O diploma sucedeu o Regulamento Europeu nº 44/2001. A Itália, por exemplo, adotou a disciplina do Regulamento nº 1.215/12 para competência internacional mesmo em relação a Estados não membros da União Europeia (Legge nº 218/1995, art. 3 (2)). Sobre o ponto, e já assim sob o anterior Regulamento nº 44/2001, CHASE, Oscar G.; et alli. *Civil litigation in comparative context*, Oscar G. Chase e Helen Hershkoff, Thomson/West, 2007, p. 512.

Interjurisdicional para Iberoamérica, do Instituto Iberoamericano de Direito Processual, de 2008; os Princípios de Direito Processual Civil Transnacional do American Law Institute-UNIDROIT, de 2013; e, mais recentemente, as Regras-Modelo de Processo Civil para a Europa ELI/UNIDROIT, de 2020[95].

2. Os "mecanismos restritivos" de pré-exclusão

Passa-se agora à conformação atual dos "mecanismos restritivos" de extensão de efeitos de decisões estrangeiras no direito brasileiro, correlacionando-os com o modo como as "possibilidades de abolição ou atenuação" apontadas pelo Mestre se manifestaram ao longo dos anos.

Na primeira categoria, de mecanismos de pré-exclusão da consideração de decisão estrangeira, o esperado "*completo e imediato abandono*" do requisito da reciprocidade sofreu certo revés[96]. Menciona-o em diversas passagens o Código de 2015, sem uma linha coerente a lhe servir de base e esquecendo-se de que, com tal exigência, muitas vezes se pune o jurisdicionado estrangeiro, não propriamente o Estado estrangeiro[97]. Em uma tônica de abertura, prevê-se, de início, a reciprocidade como guia para a cooperação internacional com Estado estrangeiro se entre ele e o Brasil não houver tratado celebrado, desde que manifestado aquele compromisso em via diplomática (art. 26, § 1º). Quanto à homologação de sentença estrangeira em particular, o Código, na Parte Geral, proclama em termos amplos o que seria a irrelevância da reciprocidade (art. 26, § 2º)[98]. No entanto, o aparente aban-

---

95 No documento, por exemplo, as Partes II, VI, VII, X e XI contêm Seções especificamente dedicadas a "cross-border issues", mas de modo geral para competência internacional, reconhecimento e homologação de decisões estrangeiras segue-se a disciplina no Regulamento Europeu nº 1.215/12, conforme consta à p. 27 do Preâmbulo.

96 Então reputando "abandonada" a exigência pelo direito brasileiro, quanto ao reconhecimento de eficácia à sentença estrangeira, BARBOSA MOREIRA, José Carlos. *Comentários ao Código de Processo Civil – vol. V: arts. 476 a 565*, Rio de Janeiro: ed. Forense, 2009, p. 60.

97 Destacando em tom crítico o ponto, ROQUE, André Vasconcellos. *Teoria geral do processo: Comentários ao Código de Processo Civil*. GAJARDONI, Fernando da Fonseca et al. (coords.). 1ª ed. Rio de Janeiro: Forense, 2015. p. 147.

98 No direito alemão, a reciprocidade é ainda exigida para o reconhecimento de decisões estrangeiras pelo § 328, (1), '5', da ZPO, observadas as exceções dispostas

dono encontra exceção no Capítulo em que o tema é versado na Parte Especial, dispondo-se que, "para fins de execução fiscal", a homologação de decisão estrangeira dependerá ou de tratado ou de "promessa de reciprocidade apresentada à autoridade brasileira" (art. 961, § 4º). Cuida-se, assim, de especial condição para o acesso ao regime da Lei nº 6.830/80 perante o Judiciário nacional, se em jogo crédito fiscal[99] de Estado estrangeiro.

A reciprocidade reaparece também no campo das exigências formais documentais para a cooperação internacional solicitada ao Brasil. Sensível simplificação é abraçada pelo *caput* do art. 41, que dispensa "ajuramentação, autenticação ou qualquer procedimento de legalização" se, havendo tradução para o português, forem os documentos encaminhados por meio de autoridade central ou por via diplomática. O parágrafo único do dispositivo, porém, afirma que tal simplificação "não impede, quando necessária, a aplicação pelo Estado brasileiro do princípio da reciprocidade de tratamento". Em outras palavras, a redução de formalidades, regra geral adotada, comporta exceção mirando em eventual rigor na via inversa, se solicitada a Estado estrangeiro coo-

no item (2). Quando aplicável a exigência, compete ao interessado em obter o reconhecimento o ônus de demonstrar a reciprocidade, conforme CHASE, Oscar G.; et alli. *Civil litigation in comparative context*, Oscar G. Chase e Helen Hershkoff, Thomson/West, 2007, p. 536. A reciprocidade também é exigida pelo art. 118, (iv), do Código de Processo Civil japonês. No Projeto de Lei do American Law Institute para Reconhecimento e Execução de decisões estrangeiras, de 2006, prevê-se a exigência de reciprocidade (§ 7º, 'a'), mas compete ao réu o ônus de alegar e demonstrar a falta ('b').

99 Referindo a pagamento de tributo devido a países estrangeiros como campo de incidência do art. 961, § 4º, v. THEODORO JÚNIOR, Humberto. *Curso de direito processual civil*, v. III, Rio de Janeiro: Forense, 2021, p. 686; e ROQUE, André Vasconcellos. *Teoria geral do processo: Comentários ao Código de Processo Civil*. GAJARDONI, Fernando da Fonseca et al. (coords.). 1ª ed. Rio de Janeiro: Forense, 2015. p. 147. A rigor, porém, à luz do art. 2º da LEF, a lógica vale também

peração[100]: uma reciprocidade como espécie de *vingança* formalista, não como abertura similar à que inspira o art. 26, § 1°.

A pré-exclusão por choque a princípios básicos do direito nacional segue norteada pela indeterminada expressão "ordem pública"[101]. Adotam-na os arts. 39, para recusa ao pedido passivo de cooperação jurídica internacional, e 963, VI, especificamente quanto à homologação de decisão estrangeira. As duas regras, porém, avançam para incorporar a fórmula mais moderna de circunscrever o óbice somente à ofensa "manifesta", em sinal de tolerância e abertura ao intercâmbio jurídico[102]. É levemente destoante, no ponto, o art. 26, § 3°, que exclui da

para créditos não tributários de Estados estrangeiros. De outro lado, conforme aponta GRECO, Leonardo. *Instituições de processo civil: recursos e processos da competência originária dos tribunais*, v. III, 1ª ed., Rio de Janeiro: Forense, 2015, p. 404, o art. 961, § 4°, é aplicável a decisões estrangeiras administrativas. Para um panorama do tratamento do tema no direito comparado, v. PISTONE, Pasquale. General report. In: *Tax procedures*, Pasquale Pistone (coord.), Amsterdam: Ed. IBFD, 2020, p. 94-107.

100 PESSOA, Fabio Guidi Tabosa. Comentários aos arts. 35 a 41, In: *Breves Comentários ao Novo Código de Processo Civil*, Teresa Arruda Alvim, Fredie Didier Jr., Eduardo Talamini, Bruno Dantas (coords.), São Paulo: ed. RT, 2015, p. 150.

101 Para uma abordagem contemporânea da ordem pública no direito internacional privado, v. DOLINGER, Jacob; TIBURCIO, Carmen. *Direito internacional privado*, Rio de Janeiro: Forense, 2020, p. 445-491. Aplicando o conceito para recusar efeitos a decisões estrangeiras que contenham ordem para desistência de processos judiciais pendentes no Brasil, no campo das chamadas *anti-suit injunctions*, STJ, SEC n° 12.781/EX, Rel. Min. João Otávio de Noronha, Corte Especial, j. em 07/06/2017, DJe 18/08/2017; e STJ, SEC n° 854/EX, Rel. Min. Massami Uyeda, Rel. p/ Acórdão Min. Sidnei Beneti, Corte Especial, j. em 16/10/2013, DJe 07/11/2013.

102 Extraindo da "manifesta incompatibilidade" a exigência de parcimônia do intérprete na aplicação, DOLINGER, Jacob; TIBURCIO, Carmen. *Direito internacional privado*, Rio de Janeiro: Forense, 2020, p. 465 e 490. Na mesma linha, afirmando que, dado o adjetivo incluído no CPC/15, o conceito deve ser "aplicado excepcionalmente, apenas em situações extremas", GRECO, Leonardo. *Instituições de processo civil: recursos e processos da competência originária dos tribunais*, v. III, 1ª ed., Rio de Janeiro: Forense, 2015, p. 403-4. Também no direito europeu hoje se alude à manifesta contrariedade à ordem pública (Regulamento Europeu n° 1.215/12, art. 45, 1, 'a'). No direito alemão, porém, apesar de prevista a "manifesta incompatibilidade" no § 328, (1), '4', da ZPO, aponta-se que judiciário não tem se comportado de forma comedida no exame, conforme CHASE, Oscar G.; et alli. *Civil litigation in comparative context*, Oscar G. Chase e Helen Hershkoff, Thomson/West, 2007, p. 536.

cooperação jurídica internacional a "prática de atos que contrariem ou que produzam resultados incompatíveis com as normas fundamentais que regem o Estado brasileiro"[103], mas a desarmonia é mais de estilo do que propriamente de resultados que uma ou outra formulação enseja[104]. Quanto às decisões arbitrais estrangeiras, a "ordem pública nacional" figura no art. 39, II, da Lei nº 9.307/96 como óbice à homologação.

Por fim, em relação à "preferência pela jurisdição nacional" no contexto em que coexistam litígios no Brasil e no exterior, o *caput* do art. 24 do CPC/15, seguindo a tradição do direito nacional, rejeita à pendência de causa no Judiciário estrangeiro o efeito de obstar o julgamento do conflito pela Justiça brasileira[105]. A regra agora explicita, em sua parte final, a ressalva de disposição em contrário constante de tratados dos quais o Brasil seja parte[106]. Por sua vez, o parágrafo único do

---

103 Linha similar segue o § 328, (1), '4', da ZPO alemã, falando em "manifesta incompatibilidade com os princípios básicos do direito alemão".

104 Assinalando não haver distinção entre os arts. 26, § 3º, e 39, PESSOA, Fabio Guidi Tabosa. Comentários aos arts. 35 a 41, In: *Breves Comentários ao Novo Código de Processo Civil*, Teresa Arruda Alvim, Fredie Didier Jr., Eduardo Talamini, Bruno Dantas (coords.), São Paulo: ed. RT, 2015, p. 147. De igual forma, ao invés da fórmula sucinta do art. 963, VI, o art. 216-F do RISTJ menciona "soberania nacional", "dignidade da pessoa humana" e "ordem pública" como razões para a rejeição da extensão de eficácia da decisão estrangeira em relação à homologação.

105 Linha diversa é hoje adotada na Itália e na Alemanha, que admitem a litispendência internacional se a decisão a ser proferida na Justiça estrangeira for apta a produzir efeitos naqueles dois países, como aponta CHASE, Oscar G.; et alli. *Civil litigation in comparative context*, Oscar G. Chase e Helen Hershkoff, Thomson/West, 2007, p. 530-1, citando o art. 7º da Legge nº 218/95 e a interpretação dos tribunais alemães a respeito do § 261 (3) da ZPO. O Regulamento Europeu nº 1.215/12 prevê, no art. 29, a litispendência internacional entre as Justiças dos Estados-membros da União Europeia. Na obra antes mencionada (p. 531) aponta-se a estratégia abusiva conhecida como "torpedo italiano", com o ajuizamento de demandas na Justiça da Itália, ainda que flagrante a incompetência, apenas para o autor se aproveitar da morosidade do Judiciário daquele país combinada com a litispendência internacional.

106 Na doutrina, apontando o art. 394 do Código Bustamante e o art. 21 do Protocolo de Las Leñas como exemplos de exceção, GRECO, Leonardo. *Instituições de processo civil: introdução ao direito processual civil*, v. I, 5ª ed., Rio de Janeiro: Forense, 2015, p. 129; ROQUE, André Vasconcellos. *Teoria geral do processo: Comentários ao Código de Processo Civil*. GAJARDONI, Fernando da Fonseca et al. (coords.). 1ª ed. Rio de Janeiro: Forense, 2015. p. 143; e, quanto ao Código Bustamante, DINAMARCO, Cândido Rangel. *Instituições de direito processual*

art. 24 hoje afasta terminantemente[107] a pendência de causa na Justiça brasileira como óbice ao pedido de homologação perante o Superior Tribunal de Justiça de decisão estrangeira. A recusa à homologação apenas tem lugar se formada coisa julgada material na Justiça brasileira, como deixa claro o art. 963, IV[108], e na linha do que já se defendia sob o CPC/73[109].

3. Os "mecanismos restritivos" de controle de requisitos sobre o processo e a decisão estrangeira

Alguns destaques merecem as feições atuais dos "mecanismos restritivos" de controle de requisitos sobre o processo e a decisão estrangeira.

3.1. Quanto à natureza e à competência do órgão prolator

Mirando, em primeiro lugar, nos atributos do órgão que proferiu a decisão estrangeira, a equiparação entre decisões judiciais e não judiciais, já antes defendida pela doutrina e acolhida pela jurisprudên-

civil, v. I, São Paulo: Malheiros, 2016, p. 520. Contra, reputando que o art. 24 do CPC/15 não repristinou o art. 394 do Código Bustamante, antes revogado pelo art. 90 do CPC/73, MARINONI, Luiz Guilherme; MITIDIERO, Daniel, *Comentários ao Código de Processo Civil – artigos 1° ao 69*, v. I, Sérgio Cruz Arenhart e Daniel Mitidiero (coords.), 2ª ed., São Paulo: ed. Thomson Reuters Brasil, 2018, p. 411.

107 Para um panorama das decisões divergentes proferidas pelo STJ antes da entrada em vigor do Código de 2015, THEODORO JÚNIOR, Humberto. *Curso de direito processual civil*, v. III, Rio de Janeiro: Forense, 2021, p. 690. Sob o CPC/73, refutando que a pendência de causa na Justiça brasileira fosse óbice ao pedido de homologação, BARBOSA MOREIRA, José Carlos. *Comentários ao Código de Processo Civil – vol. V: arts. 476 a 565*, Rio de Janeiro: ed. Forense, 2009, p. 95.

108 Assim, THEODORO JÚNIOR, Humberto. *Curso de direito processual civil*, v. III, Rio de Janeiro: Forense, 2021, p. 690. Na jurisprudência do STJ, afirmando ser ônus do réu a demonstração, no processo de homologação, da existência de coisa julgada material em processo julgado no Brasil, STJ, HDE nº 818/EX, Rel. Min. Benedito Gonçalves, Corte Especial, j. em 04/09/2019, DJe 10/09/2019.

109 BARBOSA MOREIRA, José Carlos. *Comentários ao Código de Processo Civil – vol. V: arts. 476 a 565*, Rio de Janeiro: ed. Forense, 2009, p. 96.

cia[110], foi incorporada pelo art. 216-A, § 1°, do RISTJ, na redação que lhe deu a ER nº 18/2014[111], desde que as primeiras tenham, pela lei brasileira, "natureza de sentença". O mesmo agora prevê o art. 961, § 1°, parte final, do Código de 2015, aludindo à "decisão não judicial que, pela lei brasileira, teria natureza jurisdicional"[112].

A oportunidade e o modo do exame, pelo país de importação, da competência da Justiça de origem segue como tema a merecer diferentes respostas no direito comparado[113]. No Brasil, entende-se que, com base no art. 963, I, do CPC/15, o requisito de homologabilidade da sentença estrangeira diz respeito apenas à "competência geral" da

110 Frisando o ponto antes do Código de 2015, BARBOSA MOREIRA, José Carlos. *Comentários ao Código de Processo Civil – vol. V: arts. 476 a 565*, Rio de Janeiro: ed. Forense, 2009, p. 65. Na mesma linha, recentemente, citando como exemplos as decisões do contencioso administrativo francês e italiano, THEODORO JÚNIOR, Humberto. *Curso de direito processual civil*, v. III, Rio de Janeiro: Forense, 2021, p. 686, além da menção à ocasião em que o STJ homologou acordo sobre guarda de menor celebrado perante órgão administrativo alemão (SEC nº 5.635/DF).

111 A previsão, a rigor, já figurava no art. 4°, § 1°, da Resolução nº 09/2005 da Presidência do Superior Tribunal de Justiça, editada após a Emenda Constitucional nº 45/04.

112 Registre-se que os §§ 1° e 2° do art. 18 da LINDB, incluídos pela Lei nº 12.874/13, dispõem sobre a celebração de divórcio e separação por atividades consulares para brasileiros no estrangeiro (art. 18, §§ 1° e 2°), seguindo a desjudicialização do tema pelo direito nacional e como consequência da ideia de que ato praticado no estrangeiro por autoridade brasileira não depende de homologação. Sobre este último ponto, BARBOSA MOREIRA, José Carlos. *Comentários ao Código de Processo Civil – vol. V: arts. 476 a 565*, Rio de Janeiro: ed. Forense, 2009, p. 73.

113 O art. 45, 3, do Regulamento Europeu nº 1.215/12 proíbe a recusa ao reconhecimento ou à execução fundada no exame da competência da justiça de origem, ressalvada a competência exclusiva do Estado "de importação" e as causas de seguro, consumo ou emprego em que ré a parte mais fraca. Na Alemanha, se não aplicável o Regulamento Europeu (v.g., Estados não membros da União Europeia), analisa-se a competência do juiz estrangeiro à luz da lei alemã (ZPO, § 328, (1), '1'), verificando-se hipoteticamente se um juiz alemão exerceria jurisdição sobre fatos similares, no chamado "princípio do espelho", conforme relata CHASE, Oscar G.; et alli. *Civil litigation in comparative context*, Oscar G. Chase e Helen Hershkoff, Thomson/West, 2007, p. 535-6. Essa última linha também é seguida pelo direito italiano (Legge nº 218/95, art. 64, 1, 'a'). Para uma crítica à técnica de "bilateralização" das regras sobre competência no direito processual internacional, v. DOLINGER, Jacob; TIBURCIO, Carmen. *Direito internacional privado*, Rio de Janeiro: Forense, 2020, p. 546-7.

Justiça de origem, sem que caiba ao STJ controlar a competência específica interna do órgão judicial prolator da decisão segundo as leis daquele país[114].

Consolida-se hoje o papel da vontade das partes nesse terreno[115]. A cláusula de eleição de foro, no plano internacional, é agora tratada pelo CPC/15 tanto em seu efeito positivo como negativo[116]. Em primeiro lugar, acolhe-se, no art. 22, III, a escolha da Justiça *brasileira* quando feita tácita ou expressamente pelas partes. Por sua vez, o art. 25 do Código contempla a cláusula de eleição de foro *exclusivo estrangeiro* em contrato internacional[117] (art. 25), apta a afastar a competência do Judiciário brasileiro para o litígio, consequência antes controvertida na

---

114 Nesse sentido, CARMONA, Carlos Alberto. Comentários aos arts. 960 a 965, In: *Breves Comentários ao Novo Código de Processo Civil*, Teresa Arruda Alvim, Fredie Didier Jr., Eduardo Talamini, Bruno Dantas (coords.), São Paulo: ed. RT, 2015, p. 2.142; CÂMARA, Alexandre Freitas. O novo *processo civil brasileiro*, São Paulo: Atlas, 2021, p. 466; e ROQUE, André Vasconcellos. *Execução e recursos: Comentários ao Código de Processo Civil*. GAJARDONI, Fernando da Fonseca et al. (coords.). 1ª ed. Rio de Janeiro: Forense, 2017. p. 752. Na jurisprudência, STJ, SEC nº 14.297/EX, Rel. Min. Napoleão Nunes Maia Filho, Corte Especial, j. em 05/09/2018, DJe 18/09/2018; e STJ, SEC nº 15.989/EX, Rel. Min. Og Fernandes, Corte Especial, j. em 07/06/2017, DJe 14/06/2017. Recusando o reexame da competência (concorrente) do judiciário francês por constar da própria decisão homologanda afirmação a respeito, STJ, AgInt na SEC nº 12.772/EX, Rel. Min. Jorge Mussi, Corte Especial, j. em 27/08/2019, DJe 02/09/2019.

115 Subsiste, porém, a ordem pública como razão de controle da fraude à lei na escolha da Justiça estrangeira, tendo o STJ recusado homologação a sentença de divórcio litigioso proferida pelo Tribunal Religioso da Palestina fruto de processo movido naquele Judiciário por brasileiro residente no Brasil com o fim de dificultar o exercício do direito de defesa da ré, palestina residente no Brasil (STJ, HDE nº 1.527/EX, Rel. Min. Laurita Vaz, Corte Especial, j. em 23/09/2019, DJe 08/10/2019).

116 Para um panorama da questão no direito estrangeiro, DOLINGER, Jacob; TIBURCIO, Carmen. *Direito internacional privado*, Rio de Janeiro: Forense, 2020, p. 574-8.

117 Entendendo que a eleição de foro estrangeiro "*só* é admitida em contratos internacionais" (grifos nossos), CÂMARA, Alexandre Freitas. *O novo processo civil brasileiro*, São Paulo: Atlas, 2021, p. 45; aparentemente em sentido contrário, TIBÚRCIO, Carmen. *Extensão e limites da jurisdição brasileira: competência internacional e imunidade de jurisdição*, Salvador: Juspodivm, 2016, p. 163. Registre-se que a restrição material não consta do texto do art. 22, III, do CPC/15, para o efeito positivo da cláusula de eleição de foro brasileiro. No art. 25 do Regulamento Europeu nº 1.215/12, que disciplina a eleição de foro estrangeiro, não há a restrição a relações contratuais.

jurisprudência do Superior Tribunal de Justiça[118]. Naturalmente, a vontade assim manifestada só produz tal efeito se em jogo a competência concorrente da Justiça brasileira (arts. 21 e 22), não a exclusiva (art. 23), como torna claro o § 1º do art. 25, aplicando-se a tal acordo o disposto no regime geral da eleição de foro na competência interna brasileira (arts. 25, § 2º, c/c art. 63, §§ 1º a 4º)[119].

A propósito, é nos arts. 21 a 25 do Código de 2015 que o legislador estabelece os "limites da jurisdição nacional"[120], um aprimoramento redacional se comparado à denominação do Capítulo no CPC/73 ("Da competência internacional"). A expressão anterior, contudo, sobrevive no art. 25, § 1º, incorporada já à tradição do direito brasileiro[121]. Na enumeração de hipóteses de competência concorrente da Justiça brasileira[122], não há, propriamente, inovação no art. 21[123]. O que há de novo é o acréscimo da listagem do art. 22, com três incisos que passam a se somar aos do art. 21. De parte o inc. III, com a já referida eleição de foro, nos dois primeiros incisos do novel dispositivo facilita-se o acesso à justiça brasileira a pessoas em situações de vulnerabilidade.

---

118 Para um panorama da controvérsia sob o CPC/73, DOLINGER, Jacob; TIBURCIO, Carmen. *Direito internacional privado*, Rio de Janeiro: Forense, 2020, p. 580-1.

119 No direito italiano, é válida a eleição de foro exclusivo estrangeiro se feita por escrito e se o conflito versa sobre direitos disponíveis (Legge nº 218/95, art. 4º).

120 Para um abrangente quadro do direito estrangeiro, v. TIBÚRCIO, Carmen. *Extensão e limites da jurisdição brasileira: competência internacional e imunidade de jurisdição*, Salvador: Juspodivm, 2016, p. 27-37.

121 Empregando a expressão ainda sob o CPC/15, DINAMARCO, Cândido Rangel. *Instituições de direito processual civil*, v. I, São Paulo: Malheiros, 2016, p. 500 e 506 e segs. Falando, porém, em consenso na doutrina estrangeira sobre a qualificação de tais normas como "reguladoras de jurisdição", v. DOLINGER, Jacob; TIBURCIO, Carmen. *Direito internacional privado*, Rio de Janeiro: Forense, 2020, p. 563-4.

122 Entendendo que a enumeração dos arts. 21 e 22 não é exaustiva, desde que aplicáveis os princípios da efetividade e da submissão, GRECO, Leonardo. *Instituições de processo civil: introdução ao direito processual civil*, v. I, 5ª ed., Rio de Janeiro: Forense, 2015, p. 127; e, na mesma linha, DOLINGER, Jacob; TIBURCIO, Carmen. *Direito internacional privado*, Rio de Janeiro: Forense, 2020, p. 573. Reputando o elenco taxativo, mas admitindo a conexão como fator a ampliar a competência internacional do juiz brasileiro, DINAMARCO, Cândido Rangel. *Instituições de direito processual civil*, v. I, São Paulo: Malheiros, 2016, p. 507.

123 O tema hoje consta dos arts. 4º e 7º do Regulamento Europeu nº 1.215/12.

No inc. I, alinhado com a Convenção de Nova Iorque em matéria de alimentos[124], analisada no estudo em referência, mira-se em primeiro lugar na posição de credor (alínea 'a'), dando-se por suficiente que este tenha domicílio ou residência no Brasil. Na alínea 'b' do mesmo inciso, mira-se no patrimônio situado no Brasil do devedor de alimentos, ainda que não tenha ele – ou o credor –residência no país, prestigiando-se a busca por efetividade do direito do alimentando se "o réu mantiver vínculos no Brasil, tais como posse ou propriedade de bens, recebimento de renda ou obtenção de benefícios econômicos"[125]. No inc. II, afirma-se a competência do Judiciário brasileiro se o consumidor aqui tiver domicílio ou residência, facilitando-se a defesa deste em juízo[126].

O Código de 2015 retoma a criticável expressão "com exclusão de qualquer outra" na enumeração do art. 23[127], que sucede ao revogado art. 89, mas cujo verdadeiro sentido é revelado pelo art. 964: incorrendo a decisão estrangeira nos casos da chamada competência exclusiva da Justiça brasileira, não obterá, no Brasil, chancela para a extensão de eficácia[128]. O mesmo efeito de recusa é versado no art. 30,

---

124 DINAMARCO, Cândido Rangel. *Instituições de direito processual civil*, v. I, São Paulo: Malheiros, 2016, p. 510.

125 Afirmando que o dispositivo cuida apenas de vínculos patrimoniais, DINAMARCO, Cândido Rangel. *Instituições de direito processual civil*, v. I, São Paulo: Malheiros, 2016, p. 511.

126 Regime similar consta do art. 18 do Regulamento Europeu nº 1.215/12. Sob o CPC/73, rejeitando que o domicílio do consumidor no Brasil fosse suficiente para, sendo ele autor, afirmar a competência internacional da Justiça brasileira, STJ, REsp nº 1.571.616/MT, Rel. Min. Marco Aurélio Bellizze, Terceira Turma, j. em 05/04/2016, DJe 11/04/2016.

127 Referindo à "má técnica jurídica" do art. 23 do CPC/15, DOLINGER, Jacob; TIBURCIO, Carmen. *Direito internacional privado*, Rio de Janeiro: Forense, 2020, p. 547, por transmitir a falsa ideia de ter a lei brasileira influência sobre o modo como outros países disciplinam a sua competência internacional para os efeitos lá produzidos.

128 Porém, na jurisprudência do STJ, reputando "homologável a decisão estrangeira que, sem versar sobre o direito sucessório e sobre a partilha de bens situados no Brasil, apenas declara a validade ou não das disposições de última vontade do falecido e a existência de herdeiros testamentários no exterior", mas frisando que "não há óbice para que o juízo em que tramita o inventário do falecido, em cognição plena, decida especificamente sobre os bens situados no Brasil, observando, por exemplo, a existência de bens eventualmente excluídos da partilha, a ordem de vocação hereditária e as questões relativas à jurisdição exclusiva do Poder Judiciário brasileiro, nos termos do art. 23, I a III, do CPC/15", STJ,

II, do CPC/15, impedindo-se o auxílio direto por autoridade judiciária brasileira se a cooperação internacional solicitada disser respeito à colheita de provas se a medida for "adotada em processo, em curso no estrangeiro, de competência exclusiva de autoridade judiciária brasileira". Já nas hipóteses arroladas nos incisos do art. 23[129] a alteração está no desdobramento, nos dois últimos incisos, do conteúdo que antes figurava no inc. II do revogado art. 89, para agora tratar categórica e separadamente de inventário e partilha *causa mortis* (inc. II) e da partilha por ato *inter vivos* (inc. III)[130].

3.2. Quanto ao respeito ao devido processo legal

No controle da suficiência das informações levadas ao conhecimento do réu e da oportunidade de defesa perante a Justiça estrangeira (CPC/15, art. 963, II), prevê-se atualmente ser ônus do autor, ao formular o pedido de homologação para o Superior Tribunal de Justiça, comprovar a regularidade da citação no processo de origem (RISTJ,

---

HDE nº 966/EX, Rel. Min. Nancy Andrighi, Corte Especial, j. em 07/10/2020, DJe 16/10/2020. De modo similar, "a jurisprudência do Superior Tribunal de Justiça, não obstante o disposto no art. 89, I, do CPC de 1973 (atual art. 23, I e III, do CPC de 2015) e no art. 12, § 1º, da LINDB, autoriza a homologação de sentença estrangeira que, decretando o divórcio, convalida acordo celebrado pelos ex-cônjuges quanto à partilha de bens imóveis situados no Brasil, que não viole as regras de direito interno brasileiro" (SEC 11.795/EX, Rel. Min. Raul Araújo, Corte Especial, j. em 07/08/2019, DJe 16/08/2019). Sobre o tema, v. TIBÚRCIO, Carmen. *Extensão e limites da jurisdição brasileira: competência internacional e imunidade de jurisdição*, Salvador: Juspodivm, 2016, p. 93-6.

---

129 O inc. I mantém a redação abrangente, sem distinguir entre direitos reais ou pessoais sobre "imóveis situados no Brasil". Uma perspectiva mais restritiva foi adotada no art. 24 do Regulamento Europeu nº 1.215/12, para, em linhas gerais, incluir apenas a locação como direito pessoal a justificar a competência internacional exclusiva, conforme apontam DOLINGER, Jacob; TIBURCIO, Carmen. *Direito internacional privado*, Rio de Janeiro: Forense, 2020, p. 571.

130 Entendendo que a redação do inc. III do art. 23 "afastou da competência exclusiva a partilha de bens decorrente de dissolução de condomínio ou de sociedade ou qualquer outra", GRECO, Leonardo. *Instituições de processo civil: introdução ao direito processual civil*, v. I, 5ª ed., Rio de Janeiro: Forense, 2015, p. 128. Para um panorama das controvérsias na jurisprudência antes da entrada em vigor do CPC/15, DOLINGER, Jacob; TIBURCIO, Carmen. *Direito internacional privado*, Rio de Janeiro: Forense, 2020, p. 571.

arts. 216-C, 216-D, II, e 216-E). Admite-se, a esse respeito, a prova indiciária, por exemplo se demonstrada a "anuência do requerido ao acordo homologado na justiça alienígena"[131]. Quanto à lei a presidir a forma dessa citação[132], em especial com o problema de ter sido circunstancialmente realizada no país de destino a comunicação, no qual depois postulada a extensão de eficácia, a Lei de Arbitragem, no art. 39, parágrafo único, deu passo adicional de tolerância com a forma estrangeira ainda que praticada no território nacional[133]. Por fim, o paralelo traçado sobre o controle da validade da citação como motivo a impugnar execução mesmo de decisões judiciais nacionais, baseado no art. 741, I, do CPC/73, hoje guarda correspondência com os arts. 525, §1º, I, e, se parte a Fazenda Pública, 535, I, sendo que aquele dispositivo é também aplicável, "no que couber", ao cumprimento de sentenças de obrigação de fazer e não fazer ou entregar coisa (art. 536, § 4º, c/c art. 538, § 3º).

Não parece haver espaço, no direito brasileiro, a distinções entre nacionais e estrangeiros no exercício desse controle como condição para a extensão de eficácia. O *caput* do art. 5º da CF/88 fixa o princípio da igualdade de direitos entre o brasileiro e o estrangeiro residente no

---

131 Assim, com o trecho transcrito no texto, STJ, HDE nº 2.591/EX, Rel. Min. Francisco Falcão, Corte Especial, j. em 17/06/2020, DJe 29/06/2020. Dando por suficiente, para o mesmo fim, a demonstração da "efetiva atuação da requerida no processo" estrangeiro, STJ, HDE nº 1.250/EX, Rel. Min. Francisco Falcão, Corte Especial, j. em 19/02/2020, DJe 26/02/2020.

132 Recusando homologação a sentença estrangeira se feita a citação por edital de pessoa cuja residência no Brasil era conhecida, STJ, SEC nº 14.849/EX, Rel. Min. Nancy Andrighi, Corte Especial, j. em 07/03/2018, DJe 23/03/2018.

133 Segundo o dispositivo, não é considerada ofensiva à ordem pública, para a homologação da decisão arbitral estrangeira, a citação efetivada de acordo com a convenção de arbitragem ou com a lei processual do país de origem, desde que "assegure à parte brasileira tempo hábil para o exercício do direito de defesa". Afirmando que o art. 39, parágrafo único, da Lei de Arbitragem instituiu "regime diferenciado" do vigente para sentenças judiciais estrangeiras, CARMONA, Carlos Alberto. Comentários aos arts. 960 a 965, In: *Breves Comentários ao Novo Código de Processo Civil*, Teresa Arruda Alvim, Fredie Didier Jr., Eduardo Talamini, Bruno Dantas (coords.), São Paulo: ed. RT, 2015, p. 2.143. Não parece haver motivo, no entanto, para interpretar diferentemente o requisito quanto à homologação de decisões judiciais estrangeiras sob o CPC/15, até porque a tolerância explicitada pela Lei de Arbitragem mira também na forma ditada pela *lei processual estrangeira*, não só a prevista na convenção.

Brasil[134], por sua vez repetido no *caput* do art. 4º da Lei de Migração (Lei nº 13.445/2017) agora explicitando abarcar o "migrante (...) no território nacional" – não só o residente, portanto. De forma mais específica, o art. 4º, IX, da Lei de Migração reconhece também o direito ao amplo acesso à justiça do migrante no Brasil, no que se deve ter por incluído o devido processo legal, como já defendia a doutrina[135] e já sinalizava a jurisprudência[136], com expressas disposições hoje estendendo ao estrangeiro no território brasileiro inclusive a garantia da assistência jurídica integral (Lei de Migração, arts. 3º, XI, 4º, IX; CPC/15, arts. 26, II, parte final, e 98, *caput*). A mesma igualdade de tratamento é proclamada pelo CPC/15 na disciplina geral da cooperação jurídica internacional, "entre nacionais e estrangeiros, residentes ou não no Brasil, em relação ao acesso à justiça e à tramitação dos processos" (art. 26, II).

3.3. Quanto à estabilidade da decisão estrangeira

Houve mudança, pelo Código de 2015, quanto ao nível de estabilidade exigido da decisão estrangeira para que esteja apta à homologação. Anteriormente, o art. 216-D, III, do Regimento Interno do STJ, na redação que lhe dera a Ementa Regimental nº 18/2014, enunciava o requisito de ter a decisão estrangeira "transitado em julgado", seguindo a linha da Súmula 420 do STF[137]. Entendia-se então competir ao autor do pedido de homologação demonstrar a satisfação desse requisito[138].

---

134 Reputando inconstitucionais diferenciações não expressamente acolhidas pela Constituição Federal, DOLINGER, Jacob; TIBURCIO, Carmen. *Direito internacional privado*, Rio de Janeiro: Forense, 2020, p. 190 e segs. Com base nessa premissa, por exemplo, os autores interpretam (p. 648) a expressão "parte brasileira", no referido art. 39, parágrafo único, da Lei de Arbitragem, como "parte residente ou domiciliada no Brasil", de modo a não ferir a igualdade entre nacionais e estrangeiros na preservação da ordem pública na homologação de decisões arbitrais estrangeiras.

135 DOLINGER, Jacob; TIBURCIO, Carmen. *Direito internacional privado*, Rio de Janeiro: Forense, 2020, p. 182-3.

136 Na obra citada na nota anterior (p. 183), aponta-se como emblemática a decisão do STF na Medida Cautelar no Habeas Corpus nº 94.016, Rel. Min. Celso de Mello, assegurando a estrangeiro não residente no Brasil "os direitos básicos que resultam do postulado do devido processo legal".

137 Enunciado nº 420 da Súmula do STF: "Não se homologa sentença proferida no estrangeiro sem prova do trânsito em julgado".

138 STJ, SEC nº 113/DF, Rel. Min. João Otávio de Noronha, Corte Especial, j. em 18/06/2008, DJe 04/08/2008; e STJ, SEC nº 8.004/EX, Rel. Min. Raul Araújo, Corte Especial, j. em 16/09/2015, DJe 16/10/2015.

Agora, ao contrário, o art. 963, III, do CPC/15 exige apenas seja a decisão estrangeira "eficaz no país em que proferida". Algumas vozes parecem se apoiar na redação do art. 961, § 1º, que alude à "decisão judicial *definitiva*" como passível de homologação, para dar por ainda hígida a exigência do trânsito em julgado[139]. Não é essa a leitura que tem prevalecido[140], entendendo-se atualmente pela desnecessidade do trânsito em julgado no país de origem[141], em orientação já acolhida pelo Superior Tribunal de Justiça ao proclamar a revogação tácita do art. 216-D, III, de seu Regimento Interno diante do CPC/15[142].

As principais repercussões desse tema na tutela de urgência, exploradas pelo Mestre no estudo, encontram agora resposta expressa no CPC/15. De início, prevê-se em termos gerais a "concessão de medida judicial de urgência" como objeto da cooperação jurídica internacional no art. 27, IV. Isso se desdobra, por um lado, na importação de efeitos, no território brasileiro, à tutela de urgência apreciada por autoridade estrangeira, regulada pelo art. 962, *caput* e parágrafos, do Código. Ali se contemplam, em especial, a postergação do con-

---

139 PESSOA, Fabio Guidi Tabosa. Comentários aos arts. 35 a 41, In: *Breves Comentários ao Novo Código de Processo Civil*, Teresa Arruda Alvim, Fredie Didier Jr., Eduardo Talamini, Bruno Dantas (coords.), São Paulo: ed. RT, 2015, p. 148.

140 Interpretando a expressão "decisão judicial definitiva" no art. 961, § 1º, como de mérito – i.e., não terminativa –, CARMONA, Carlos Alberto. Comentários aos arts. 960 a 965, In: *Breves Comentários ao Novo Código de Processo Civil*, Teresa Arruda Alvim, Fredie Didier Jr., Eduardo Talamini, Bruno Dantas (coords.), São Paulo: ed. RT, 2015, p. 2.137 e 2.143-4.

141 Em doutrina, entendendo que o trânsito em julgado não é condição para a homologação sob o CPC/15, THEODORO JÚNIOR, Humberto. *Curso de direito processual civil*, v. III, Rio de Janeiro: Forense, 2021, p. 685, destacando a revogação tácita do art. 216-D, III, do RISTJ; GRECO, Leonardo. *Instituições de processo civil: recursos e processos da competência originária dos tribunais*, v. III, 1ª ed., Rio de Janeiro: Forense, 2015, p. 402-3; CÂMARA, Alexandre Freitas. *O novo processo civil brasileiro*, São Paulo: Atlas, 2021, p. 467; e ROQUE, André Vasconcellos. *Execução e recursos: Comentários ao Código de Processo Civil*. GAJARDONI, Fernando da Fonseca et al. (coords.). 1ª ed. Rio de Janeiro: Forense, 2017. p. 748 e 754.

142 STJ, SEC nº 14.812/EX, Rel. Min. Nancy Andrighi, Corte Especial, j. em 16/05/2018, DJe 23/05/2018. Na mesma linha, STJ, AgInt na HDE nº 2.565/EX, Rel. Min. Benedito Gonçalves, Corte Especial, j. em 19/05/2021, DJe 26/05/2021; STJ, HDE nº 1.344/EX, Rel. Min. Napoleão Nunes Maia Filho, Corte Especial, j. em 07/10/2020, DJe 16/10/2020; e STJ, HDE nº 1.940/EX, Rel. Min. Napoleão Nunes Maia Filho, Corte Especial, j. em 05/02/2020, DJe 17/02/2020.

traditório do réu se indispensável à efetivação da medida (§ 2º)[143], na linha do art. 9º, parágrafo único, I, do Código, e a preservação da autoridade do juiz estrangeiro para a aferição da urgência (§ 3º)[144]. De outro lado, a possibilidade de, instaurado processo de extensão da eficácia de decisões estrangeiras, o órgão judicial brasileiro apreciar ele mesmo situação superveniente de perigo à efetividade do provimento de homologação é agora versada no art. 961, § 3º, aplicável também no curso de cartas rogatórias[145], como de resto já decorreria da ampla previsão do art. 27, IV.

4. Os "mecanismos restritivos" quanto ao modo de invocação da decisão estrangeira

Quanto ao modo de invocar a decisão estrangeira no país de destino, a separação conceitual entre execução e reconhecimento de decisões estrangeiras foi retomada pelo Mestre em estudos posteriores[146]. A lei processual brasileira, no entanto, não a abraçou[147]. O art. 483 do CPC/73 submetia à homologação pelo STF e, após, pelo STJ qualquer "eficácia"

143 Também assim o art. 216-Q, § 1º, do RISTJ, autorizando o cumprimento sem oitiva prévia se desta puder resultar a "ineficiência da cooperação internacional".

144 Aplicando essa lógica para recusar o reexame da urgência aferida por árbitro estrangeiro na concessão de liminar objeto de homologação, STJ, SEC 12.493/EX, Rel. Min. Maria Thereza de Assis Moura, Corte Especial, j. em 15/02/2017, DJe 21/02/2017.

145 CÂMARA, Alexandre Freitas. *O novo processo civil brasileiro*, São Paulo: Atlas, 2021, p. 466.

146 BARBOSA MOREIRA, José Carlos. *Comentários ao Código de Processo Civil – vol. V: arts. 476 a 565*, Rio de Janeiro: ed. Forense, 2009, p. 74 e segs.; e Notas sobre reconhecimento e execução de sentenças estrangerias, In: *Temas de direito processual*: nona série, São Paulo: Ed. Saraiva, 2007, p. 333 e segs. Também assim, no direito comparado, CHASE, Oscar G.; et alli. *Civil litigation in comparative context*, Oscar G. Chase e Helen Hershkoff, Thomson/West, 2007, p. 532.

147 No atual Regulamento Europeu nº 1.215/12, o reconhecimento de decisão estrangeira é tratado na Seção I do Capítulo III, ao passo que a execução é disciplinada na Seção II daquele mesmo Capítulo. Ambos, porém, hoje independem de ato formal prévio em procedimento específico no Estado "de importação" (arts. 36 e 39), como apontam DOLINGER, Jacob; TIBURCIO, Carmen. *Direito internacional privado*, Rio de Janeiro: Forense, 2020, p. 624-5, que destacam que sob o Regulamento Europeu nº 44/01 a execução ainda dependia de prévia homologação.

[148] da sentença no território nacional, sem distinguir entre a aptidão para desencadear atos coativos e as demais manifestações. A mesma linha segue hoje o art. 961, *caput*, do Código de 2015[149], mas a parte final do dispositivo inova ao explicitar que lei ou tratado podem criar regime excepcional dispensando a homologação ou exequator como condição de eficácia, nesse ponto alinhada com o *caput* do art. 960[150].

---

148 Com as ressalvas, que permanecem válidas, das eficácias (i) probatória da sentença estrangeira como documento e (ii) de decisões judiciais no estrangeiro sobre o direito objetivo – v.g., controle abstrato de constitucionalidade da lei estrangeira –, ambas independentes de homologação pela Justiça brasileira, como lecionava BARBOSA MOREIRA, José Carlos. *Comentários ao Código de Processo Civil – vol. V: arts. 476 a 565*, Rio de Janeiro: ed. Forense, 2009, p. 79-80.

149 O art. 790 do Código de Processo Penal remete os efeitos civis de sentenças penais estrangeiras à homologação segundo o disposto no Código de Processo Civil. Por sua vez, de títulos executivos extrajudiciais formados no estrangeiro cuidam, hoje, os §§ 2° e 3° do art. 784 do CPC/15, que independem de homologação prévia para serem executados no Brasil, desde que satisfeitos os requisitos de formação exigidos pela lei do lugar de sua celebração e quando o Brasil for indicado como o lugar de cumprimento da obrigação.

150 Apontando como exemplos de dispensa o art. 19 do Protocolo de Medidas Cautelares de Ouro Preto e o art. 7° da Convenção Interamericana sobre Cartas Rogatórias, ambos quanto a diligências nas zonas fronteiriças, ROQUE, André Vasconcellos. *Execução e recursos: Comentários ao Código de Processo Civil*. GAJARDONI, Fernando da Fonseca et al. (coords.). 1ª ed. Rio de Janeiro: Forense, 2017. p. 738. Defendendo a validade da dispensa à luz do art. 105, I, 'i', da Constituição, CARMONA, Carlos Alberto. Comentários aos arts. 960 a 965, In: *Breves Comentários ao Novo Código de Processo Civil*, Teresa Arruda Alvim, Fredie Didier Jr., Eduardo Talamini, Bruno Dantas (coords.), São Paulo: ed. RT, 2015, p. 2.132, com o argumento de que o dispositivo constitucional, ao prever a competência do STJ para "a homologação *de* sentenças estrangeiras", não a imporia como condição para a extensão de efeitos de todas as sentenças estrangeiras, porque suprimido o artigo definido que antes constava do art. 102, I, 'h', na redação anterior à EC n° 45/04 ("a homologação *das* sentenças estrangeiras..."). O argumento literal é também invocado por DOLINGER, Jacob; TIBURCIO, Carmen. *Direito internacional privado*, Rio de Janeiro: Forense, 2020, p. 623. Como relata BARBOSA MOREIRA, José Carlos. *Comentários ao Código de Processo Civil – vol. V: arts. 476 a 565*, Rio de Janeiro: ed. Forense, 2009, p. 77-8, raciocínio similar, mas no sentido inverso, havia sido utilizado ao tempo da entrada em vigor da Constituição de 1946, que incluíra o artigo definido "as" no art. 101, I, 'g', mudando a tradição dos textos constitucionais anteriores, que empregavam apenas a preposição "de". Reconheça-se, porém, que o argumento literal encontra hoje desafio a mais, porque o atual art. 105, I, 'i', em sua parte final, ao cuidar das cartas rogatórias, opta pelo outro caminho, mantendo o artigo definido na contração com a preposição "a" ("a homologação *de* sentenças es-

Mantém-se a tônica geral do modelo concentrado no direito brasileiro. Vale, a respeito da competência interna no STJ, a mesma lógica à época descrita quanto ao STF: inexistindo impugnação do requerido, a competência para homologação é do Presidente do Tribunal (RISTJ, art. 216-A); contestado o pedido[151], a competência passa a ser da Corte Especial do STJ, distribuindo-se o feito à relatoria de um de seus membros (RISTJ, art. 216-K). Tal como sob o CPC/73, não se cogita de prazo extintivo para o pedido de homologação[152], sem que o CPC/15 tenha inovado na matéria[153]. Agora, expressamente se acolhe a homologação parcial de sentença estrangeira, nos termos do art. 961, § 2º, do CPC/15 e do art. 216-A, § 2º, do RISTJ, como já entendia doutrina[154] e jurisprudência[155] e como já dispunha de forma expressa o art. 38, IV, da Lei de Arbitragem.

Guardadas as devidas proporções, uma abertura para o modelo incidental pode ser enxergada, hoje, na cooperação brasileira sob a forma de auxílio direto: embora por definição não sujeito a juízo prévio de delibação pelo STJ (CPC, arts. 28 e 30), alguma atividade em nível mínimo de controle remanesce, no auxílio, a cargo da autoridade brasileira fundada nos arts. 26, § 3º, e 39 do CPC/15, naturalmente mais limitada do que a disposta no art. 963 para a homologação[156]. Nesse

---

trangeiras e a concessão de exequatur *às* cartas rogatórias;"), sem que, ao menos a princípio, haja razão a respaldar regime assim mais inflexível a estas do que à homologação.

---

151 Na jurisprudência, não admitindo renúncia ao direito em que se funda a ação na homologação de sentença estrangeira, STJ, SEC nº 8.542/EX, Rel. Min. Luis Felipe Salomão, Corte Especial, j. em 29/11/2017, DJe 15/03/2018.

152 BARBOSA MOREIRA, José Carlos. *Comentários ao Código de Processo Civil – vol. V: arts. 476 a 565*, Rio de Janeiro: ed. Forense, 2009, p. 91.

153 No Projeto de Lei do American Law Institute para Reconhecimento e Execução de decisões estrangeiras, de 2006, consta o prazo extintivo de dez anos, contados, como regra, do momento em que a decisão estrangeira se tornou eficaz no país de origem (§ 2º, 'c').

154 Por todos, BARBOSA MOREIRA, José Carlos. *Comentários ao Código de Processo Civil – vol. V: arts. 476 a 565*, Rio de Janeiro: ed. Forense, 2009, p. 68-9, citando exemplos de capítulos de mérito e acessórios.

155 Por exemplo, STJ, SEC nº 10.168/EX, Rel. Min. Maria Thereza de Assis Moura, Corte Especial, j. em 17/06/2015, DJe 25/06/2015.

156 Nesse sentido, PESSOA, Fabio Guidi Tabosa. Comentários aos arts. 35 a 41, In: *Breves Comentários ao Novo Código de Processo Civil*, Teresa Arruda Alvim,

tema, novidade digna de nota consta dos §§ 5º e 6º do art. 961[157]. Ali se afirma que a sentença estrangeira de divórcio consensual produz efeitos no Brasil independentemente de homologação pelo STJ (§5º)[158]. À primeira vista, a inovação guardaria proximidade, em parte, com a redação original do art. 15, parágrafo único, da LICC – hoje, LINDB – (Decreto-Lei nº 4.657/42), que dispensava de homologação "as sentenças meramente declaratórias do estado das pessoas", para muitos já revogado tacitamente pela CF/46 e incompatível com o CPC/73[159], e ao final expressamente revogado pela Lei nº 12.036/2009. Ocorre que a inovação de agora precisa ser contextualizada com a entrada em vigor, no Brasil, da Lei nº 11.441/2007, que desjudicializou o divórcio consensual se o casal não tiver filhos menores ou incapazes. Se, assim, a alteração do estado civil não mais depende de sentença pelo próprio direito brasileiro, parece não haver lógica, de fato, em exigir-se homologação pelo STJ se fruto de ato praticado no exterior[160]. De todo

---

Fredie Didier Jr., Eduardo Talamini, Bruno Dantas (coords.), São Paulo: ed. RT, 2015, p. 140.

---

157 Correlacionando o art. 961, § 5º, com a regra do art. 962, § 4º, de efetivação de medidas de urgência estrangeiras quando o próprio provimento final não exige homologação pelo STJ, v. CÂMARA, Alexandre Freitas. *O novo processo civil brasileiro*, São Paulo: Atlas, 2021, p. 465.

158 Afirmando que, com o art. 961, § 5º, "criou-se em nosso ordenamento, portanto, um sistema de delibação incidental", CARMONA, Carlos Alberto. Comentários aos arts. 960 a 965, In: *Breves Comentários ao Novo Código de Processo Civil*, Teresa Arruda Alvim, Fredie Didier Jr., Eduardo Talamini, Bruno Dantas (coords.), São Paulo: ed. RT, 2015, p. 2.136, frisando que o art. 503, § 1º, III, impediria a coisa julgada sobre tal delibação incidental em preservação à competência constitucional do Superior Tribunal Justiça. Contra, neste último ponto, ROQUE, André Vasconcellos. *Execução e recursos: Comentários ao Código de Processo Civil*. GAJARDONI, Fernando da Fonseca et al. (coords.). 1ª ed. Rio de Janeiro: Forense, 2017. p. 749, afirmando que "se houve dispensa da prévia homologação da decisão estrangeira, não subsiste competência alguma do STJ sobre a matéria".

159 Para um panorama da controvérsia, BARBOSA MOREIRA, José Carlos. *Comentários ao Código de Processo Civil – vol. V: arts. 476 a 565*, Rio de Janeiro: ed. Forense, 2009, p. 77-8; e, do mesmo autor, Notas sobre reconhecimento e execução de sentenças estrangerias, In: *Temas de direito processual*: nona série, São Paulo: Ed. Saraiva, 2007, p. 341 e segs.

160 THEODORO JÚNIOR, Humberto. *Curso de direito processual civil*, v. III, Rio de Janeiro: Forense, 2021, p. 687-8; e GRECO, Leonardo. *Instituições de processo civil: recursos e processos da competência originária dos tribunais*, v. III, 1ª ed., Rio de Janeiro: Forense, 2015, p. 404. Entendendo que o art. 961, § 5º, não se

modo, fica preservada, como é natural, a possibilidade de impugnar a validade de tal ato estrangeiro, em via principal ou incidental, perante o juiz brasileiro (art. 961, § 6º), rigorosamente como se passaria tivesse sido ele celebrado no Brasil.

A expressão *juízo de delibação,* fruto da "linguagem jurídica peninsular"[161], é agora encampada pela lei processual para sintetizar a cognição exercida para a homologação de decisão estrangeira e a concessão de exequatur a cartas rogatórias (CPC, art. 28, parte final, ao tratar, por exclusão, do campo do auxílio direto)[162]. O CPC/15 supera

---

aplica se "a sentença estrangeira de divórcio consensual (...) [disser] respeito à partilha de bens situados no Brasil", em atenção ao art. 23, III, por conter "norma cogente que disciplina a jurisdição exclusiva", MENDES, Aluísio Gonçalves de Castro; ÁVILA, Henrique. Comentários aos arts. 21 a 25, In: *Breves Comentários ao Novo Código de Processo Civil,* Teresa Arruda Alvim, Fredie Didier Jr., Eduardo Talamini, Bruno Dantas (coords.), São Paulo: ed. RT, 2015, p. 109. O tema é objeto do Provimento nº 53 da Corregedoria Nacional de Justiça do CNJ, de 16/05/2016, que "Dispõe sobre a averbação direta por Oficial de Registro Civil das Pessoas Naturais da sentença estrangeira de divórcio consensual simples ou puro, no assento de casamento, independentemente de homologação judicial". Destaca-se, em especial, o contido no art. 1º, § 3º, do Provimento, com a figura do "divórcio consensual qualificado", a exigir a prévia homologação do STJ ("*Art. 1º, §3º. A averbação da sentença estrangeira de divórcio consensual, que, além da dissolução do matrimônio, envolva disposição sobre guarda de filhos, alimentos e/ou partilha de bens – aqui denominado divórcio consensual qualificado - dependerá de prévia homologação pelo Superior Tribunal de Justiça*"). Aplicando o disposto no Provimento para reconhecer interesse de agir em homologação de divórcio qualificado ocorrido no estrangeiro, STJ, SEC nº 11.643/EX, Rel. Min. Napoleão Nunes Maia Filho, Corte Especial, j. em 20/06/2018, DJe 27/06/2018; e STJ, SEC nº 14.525/EX, Rel. Min. Benedito Gonçalves, Corte Especial, j. em 07/06/2017, DJe 14/06/2017.

---

161 Nesses termos, BARBOSA MOREIRA, José Carlos. *Comentários ao Código de Processo Civil – vol. V: arts. 476 a 565,* Rio de Janeiro: ed. Forense, 2009, p. 56 e 61, mas ressaltando que, à época, "entre nós, os textos costumam 'falar de 'homologação' (...)".

162 Na jurisprudência, porém, entendendo que o sistema brasileiro consistiria em verificar, via de regra, apenas "os requisitos puramente formais do processo", STJ, AgInt na SEC nº 15.273/EX, Rel. Min. Luis Felipe Salomão, Corte Especial, j. em 25/08/2020, DJe 02/09/2020, o que não parece refletir, com a devida vênia, o alcance da preservação da ordem pública. No art. 216-H, parágrafo único, do RISTJ admite-se defesa apenas quanto à "inteligência da decisão alienígena", ao atendimento de exigências formais do pedido e da sentença estrangeira e ao respeito à ordem pública, à soberania nacional e à dignidade da pessoa humana.

a abstenção do diploma revogado e passa a tratar, no art. 963, dos requisitos de homologabilidade, seguindo basicamente a linha do art. 15 da LINDB[163]. Nas palavras empregadas, continua-se a transmitir mensagem contrária à tendência contemporânea de abertura ao intercâmbio jurídico, proclamando "requisitos indispensáveis à homologação" (*caput*), quando melhor seria inverter-se a equação para simbolicamente demarcar quando haverá a recusa[164]. O parágrafo único do art. 963 faz com que o mesmo controle seja aplicável às cartas rogatórias, complementando o disposto nos §§ 1º e 2º do art. 36[165].

5. As decisões arbitrais estrangeiras

Para produzirem efeitos no Brasil, decisões arbitrais estrangeiras se condicionam à homologação pelo Superior Tribunal de Justiça (Lei nº 9.307/96, arts. 34, *caput*, e 35). E, para este fim, considera-se estrangeira a sentença arbitral proferida "fora do território nacional" (Lei nº 9.307/96, art. 34, parágrafo único, c/c arts. 10, IV, e 26, IV)[166].

---

163 Entendendo que os requisitos elencados no art. 963 do CPC/15 "são, em sua essência, os mesmos previstos no art. 15 da Lei de Introdução às Normas do Direito Brasileiro", THEODORO JÚNIOR, Humberto. *Curso de direito processual civil*, v. III, Rio de Janeiro: Forense, 2021, p. 688. Apontando, como consequência, a revogação tácita do art. 15 da LINDB após o CPC/15, PESSOA, Fabio Guidi Tabosa. Comentários aos arts. 35 a 41, In: *Breves Comentários ao Novo Código de Processo Civil*, Teresa Arruda Alvim, Fredie Didier Jr., Eduardo Talamini, Bruno Dantas (coords.), São Paulo: ed. RT, 2015, p. 143.

164 É o que faz, no direito brasileiro, o art. 38, *caput*, da Lei de Arbitragem ("*Somente poderá ser negada a homologação para...*"), adiante comentado. Seguem esta última linha, no direito europeu, os arts. 45 e 46 do Regulamento Europeu nº 1.215/12.

165 Apontando que, diante do arts. 960, § 1º, e 962, § 1º, introduziu-se "significativa complexidade no juízo de delibação pelo STJ" a respeito das cartas rogatórias, ROQUE, André Vasconcellos. *Teoria geral do processo: Comentários ao Código de Processo Civil*. GAJARDONI, Fernando da Fonseca et al. (coords.). 1ª ed. Rio de Janeiro: Forense, 2015. p. 158.

166 Explorando a interação desse critério de qualificação com o regime de outros países, em que, por exemplo, a sede da arbitragem é simplesmente eleita pela vontade das partes independentemente do local em que proferida a decisão, RICCI, Edoardo Flavio. A sentença arbitral brasileira com nacionalidade de outros países. In: *Lei de Arbitragem Brasileira – oito anos de reflexão; questões polêmicas*, Edoardo Flavio Ricci, São Paulo: ed. RT, 2004, p. 220 e segs, com destaque para as consequências quanto à necessidade de homologação ou à Justiça competente para impugnar a decisão arbitral. De todo modo, raciocinando por oposição à luz da

Como antes mencionado, a Lei de Arbitragem brasileira conjuga, de forma nem sempre harmoniosa[167], três fontes normativas para a disciplina da homologação de decisões estrangeiras. Afirma-se, em primeiro lugar, a regência do tema por tratado do qual seja parte o Brasil (art. 34, *caput*), no que tem especial importância a referida Convenção de Nova Iorque de 1958. Em segundo lugar, aplica-se o regramento constante da própria Lei de Arbitragem, que cuida da matéria nos arts. 34 a 40[168]. Por fim, na lacuna de tratados e da própria Lei nº 9.307/96 incide, no que couber, a lei processual geral (Lei de Arbitragem, art. 36; CPC/15, art. 960, § 3º).

Formulado o pedido na forma do art. 37 da Lei de Arbitragem, de competência concentrada do Superior Tribunal de Justiça (arts. 35 e 39, *caput*)[169], os requisitos para a homologação de decisão arbitral

---

Lei nº 9.307/96, pouca importa para qualificar como brasileira arbitragem conduzida por organismo internacional (Corte Internacional de Arbitragem da Câmara de Comércio Internacional), por árbitros estrangeiros e segundo o regulamento daquela entidade: se proferida a decisão no Brasil, a arbitragem é brasileira (STJ, REsp nº 1.231.554/RJ, Rel. Min. Nancy Andrighi, Terceira Turma, j. em 24/05/2011, DJe 01/06/2011). Registre-se que a Lei de Arbitragem brasileira, perfilhando o modelo monista, não distingue arbitragens internacionais de internas a partir do objeto do conflito, só, como exposto, arbitragens nacionais de estrangeiras à luz do art. 34. Para um aprofundamento deste último ponto em perspectiva comparada, BONATO, Giovanni. *Panorama da arbitragem na França e na Itália. Perspectiva de direito comparado com o sistema brasileiro*. Revista Brasileira de Arbitragem, 2014, v. 43, p. 59-92; e RICCI, Edoardo Flavio. Op. cit., p. 235 e segs.

---

167 Em caso de conflito, a aplicação da lei "mais favorável à homologação" é diretriz constante do art. 7º da Convenção de Nova Iorque e defendida pelo Enunciado nº 85 do FPPC (*"85. (arts. 960 a 965) Deve prevalecer a regra de direito mais favorável na homologação de sentença arbitral estrangeira em razão do princípio da máxima eficácia"*).

168 Registre-se a posição de DOLINGER, Jacob; TIBURCIO, Carmen. *Direito internacional privado*, Rio de Janeiro: Forense, 2020, p. 642-3, para quem, como o Brasil não fez reserva na forma autorizada pelo nº 3, I, da Convenção de Nova Iorque, "a Convenção está em vigor em toda a sua amplitude, ou seja, regendo o reconhecimento e execução no Brasil dos laudos arbitrais proferidos tanto nos Estados-membros quanto em Estados não membros. Conclui-se, portanto, que, com a vigência da Convenção de Nova York no País, não há mais a possibilidade de aplicação dos arts. 38 e 39 da Lei de Arbitragem, e a aplicação das outras convenções só se justifica pelo critério da especialidade".

169 Reputando minoritário, no direito comparado, o modelo concentrado brasileiro, BONATO, Giovanni. *Panorama da arbitragem na França e na Itália. Perspectiva*

estrangeira, quando exigível[170], são elencados nos arts. 38 e 39, fortemente alinhados com o art. V, itens 1 e 2, da Convenção de Nova Iorque. Pelo *caput* do art. 38, é do réu na ação de homologação o ônus de demonstrar os óbices listados no dispositivo[171], no que se distingue da redação empregada no art. 39. Além do já antes mencionado ao longo deste texto, ali se destacam, na comparação com as regras do CPC/15[172], a verificação quanto à capacidade das partes que celebraram a convenção de arbitragem (art. 38, I) e o exame da validade da convenção de arbitragem "segundo a lei à qual as partes a submeteram, ou, na falta de indicação, em virtude da lei do país onde a sentença arbitral foi proferida" (art. 38, II), mas conjugado com a fiscalização da arbitrabilidade objetiva "segundo a lei brasileira" (art. 39, I).

Com o diploma de 1996, teve fim a exigência de prévia homologação da decisão arbitral pela autoridade judiciária do país de origem. Ao tratar da decisão arbitral estrangeira, prevê hoje a lei que a eficácia desta "está sujeita, *unicamente*, à homologação do Superior Tribunal de Justiça" (art. 35)[173]. Daí decorre que o direito brasileiro não exige, *sponte propria*, a prévia homologação do Poder Judiciário no país de origem[174]; só se pode

de direito comparado com o sistema brasileiro. Revista Brasileira de Arbitragem, 2014, v. 43, p. 59-92 (versão digital, p. 33).

170 Conforme aponta HILL, Flávia Pereira. *Considerações sobre a homologação de sentenças arbitrais estrangeiras à luz do CPC/2015 e da jurisprudência do STJ*, Revista Brasileira de Direito Processual – RBDPro, Belo Horizonte, n. 107, jul./set. 2019, p. 145, o art. 20 do Protocolo de Las Leñas, de 1992, no âmbito do Mercosul, prevê que decisões arbitrais terão "eficácia extraterritorial" nos Estados signatários, em harmonia com a previsão do art. 34, primeira parte, da Lei de Arbitragem e com o art. 961, parte final, do CPC/15, antes referido.

171 Nesse sentido, LEMES, Selma. *A jurisprudência do STJ referente à Homologação de Sentença Estrangeira na área da arbitragem. O promissor ano de 2013*, Revista de Arbitragem e Mediação, vol. 42, Jul/2014, p. 145 (Versão digital, p. 2).

172 Afirmando que o art. 23, I, do CPC/15 veda arbitragens estrangeiras relativas a imóveis situados no Brasil, TIBÚRCIO, Carmen. *Extensão e limites da jurisdição brasileira: competência internacional e imunidade de jurisdição*, Salvador: Juspodivm, 2016, p. 90.

173 No que guarda harmonia com o já referido art. 18 da Lei de Arbitragem, que não mais cogita de homologação judicial para sentenças arbitrais nacionais.

174 THEODORO JÚNIOR, Humberto. *Curso de direito processual civil*, v. II, Rio de Janeiro: Forense, 2021, p. 513. Na jurisprudência recente, STJ, SEC nº 8.421/EX, Rel. Min. Herman Benjamin, Corte Especial, j. em 02/08/2017, DJe 11/10/2017.

dela cogitar, ao contrário, se a própria lei aplicável no estrangeiro à arbitragem a preveja como condição para os efeitos da decisão arbitral[175].

Na casuística de controle da ordem pública nacional a cargo do STJ (art. 39, II), colhe-se recusa à homologação de sentença arbitral estrangeira pelo fato de a convenção de arbitragem constar de contrato de adesão em desarmonia com o art. 4º, § 2º, da Lei de Arbitragem brasileira[176]. Prevalece, porém, a impossibilidade de o STJ revalorar, no processo de homologação, a qualificação do contrato como de adesão, se rejeitada pelo tribunal arbitral[177]. Em outra rumorosa ocasião, reputou-se violada a ordem pública por ter o árbitro estrangeiro faltado com o dever de revelação de fato capaz de lhe comprometer a imparcialidade[178]. Rejeitou-se

---

175 Assim, sob o CPC/73, BARBOSA MOREIRA, José Carlos. *Comentários ao Código de Processo Civil – vol. V: arts. 476 a 565*, Rio de Janeiro: ed. Forense, 2009, p. 71-2, referindo, à p. 70-1, ao histórico da controvérsia anterior na jurisprudência do STF; já sob o CPC/15, GRECO, Leonardo. *Instituições de processo civil: recursos e processos da competência originária dos tribunais*, v. III, 1ª ed., Rio de Janeiro: Forense, 2015, p. 407-8; e DOLINGER, Jacob; TIBURCIO, Carmen. *Direito internacional privado*, Rio de Janeiro: Forense, 2020, p. 646, embora registrando a "raridade dessa situação em razão do atual desenvolvimento da arbitragem no direito comparado". Contra, sob o CPC/15, CARMONA, Carlos Alberto. Comentários aos arts. 960 a 965, In: *Breves Comentários ao Novo Código de Processo Civil*, Teresa Arruda Alvim, Fredie Didier Jr., Eduardo Talamini, Bruno Dantas (coords.), São Paulo: ed. RT, 2015, p. 2.138; e ROQUE, André Vasconcellos. *Execução e recursos: Comentários ao Código de Processo Civil*. GAJARDONI, Fernando da Fonseca et al. (coords.). 1ª ed. Rio de Janeiro: Forense, 2017. p. 758, ambos defendendo que a equiparação entre sentença judicial e decisão arbitral, feita pelo legislador brasileiro, tornaria a verificação da homologação no país de origem irrelevante. No entanto, como frisado pelo Mestre nos Comentários escritos sob o CPC/73, em lógica que se mantém no sistema atual, mesmo para a decisão judicial estrangeira se exige seja ela já eficaz no país de origem (CPC/15, art. 963, III), naturalmente segundo a lei daquele, sendo que para a arbitragem estrangeira segue a mesma linha o art. 38, VI, primeira parte, da Lei nº 9.307/96.

176 Por exemplo, STJ, SEC nº 978/GB, Rel. Min. Hamilton Carvalhido, Corte Especial, j. em 17/12/2008, DJe 05/03/2009. Em tom crítico, reputando que o mais correto seria "atrelar a questão formal da convenção arbitral não à lei nacional, mas à lei à qual as partes se submeteram contratualmente", THEODORO JÚNIOR, Humberto. *Curso de direito processual civil*, v. II, Rio de Janeiro: Forense, 2021, p. 516.

177 Assim, STJ, AgInt no AgInt na SEC nº 853/EX, Rel. Min. Jorge Mussi, Corte Especial, julgado em 25/05/2021, DJe 27/05/2021; e SEC nº 11.106/EX, Rel. Min. Herman Benjamin, Corte Especial, j. em 17/05/2017, DJe 21/06/2017.

178 STJ, SEC nº 9.412/EX, Rel. Min. Felix Fischer, Rel. p/ Acórdão Min. João Otávio de Noronha, Corte Especial, j. em 19/04/2017, DJe 30/05/2017. O acórdão aponta que o árbitro deixara de revelar que seu escritório de advocacia havia faturado

a alegada ofensa à ordem pública pelo fato de a fundamentação da decisão arbitral estrangeira ser, por assim dizer, concisa demais[179].

Por fim, o art. 40 da Lei de Arbitragem admite a renovação do pedido se julgado improcedente por vício formal, desde que sanado o óbice à homologação[180].

mais de quatrocentos milhões de dólares em pagamentos feitos pela sociedade parte no conflito e suas afiliadas, apresentando o frágil motivo de erro na digitação dos nomes das empresas quando da pesquisa de impedimentos. Sobre o ponto, mais longamente, v. NERY JUNIOR, Nelson. Sentença arbitral estrangeira. Ofensa à ordem pública nacional e internacional. Não homologação pelo STJ (STJ, Corte Especial, SEC 6412 – Estados Unidos da América, In: *Processo civil empresarial e o Superior Tribunal de Justiça*, Fredie Didier Jr. e Ricardo Vilas Bôas Cueva (coords.), Salvador: Juspodivm, 2021, p. 683-720.

179 STJ, SEC nº 5.692/EX, Rel. Min. Ari Pargendler, Corte Especial, j. em 20/08/2014, DJe 01/09/2014.

180 Defendendo que a regra "deve ter sua lógica estendida para qualquer pedido de homologação de decisão estrangeira", não só de decisões arbitrais, ROQUE, André Vasconcellos. *Execução e recursos: Comentários ao Código de Processo Civil.* GAJARDONI, Fernando da Fonseca et al. (coords.). 1ª ed. Rio de Janeiro: Forense, 2017. p. 758.

MEDIDA CAUTELAR LIMINARMENTE CONCEDIDA E OMISSÃO DO REQUERENTE EM PROPOR A TEMPO A AÇÃO PRINCIPAL[1]

1. Dispõe o art. 806 do Código de Processo Civil: "Cabe à parte propor a ação, no prazo de 30 (trinta) dias, contados da data da efetivação da medida cautelar, quando esta for concedida em procedimento preparatório". Com esse texto conjuga-se o do art. 808, n. I, à luz do qual cessa a eficácia ela medida cautelar "se a parte não intentar a ação no prazo estabelecido no art. 806".

Inspira-se em razões bem conhecidas semelhante disciplina. Segundo tradicional concepção, a que se filia – embora talvez sem coerência absoluta – o vigente estatuto processual, a medida cautelar é, por sua própria índole, provisória e, além disso, instrumental em relação a outra providência, de caráter satisfativo. Ela encontra justificação no fato de que nem sempre é possível obter essa outra medida a tempo de proteger de modo efetivo o direito que se considera ameaçado de lesão. Recorre-se a ela como a um "pronto-socorro", enquanto não se pode usar o remédio definitivo. Por isso mesmo, a concessão da providência cautelar não pressupõe a demonstração cabal de que o requerente na verdade tem o direito que alega: repousa em cognição necessariamente superficial e incompleta, contentando-se o juiz com a existência daquilo a que uma linguagem consagrada chama *fumus boni iuris.*

Quem quer que obtenha medida acautelatória normalmente cuidará, em seguida, de pleitear a providência satisfativa. Poderia acontecer, no entanto, que o requerente, tranquilizado pela primeira, descurasse da segunda: a psicologia humana inclina-se a certo "descanso" uma vez evitado o perigo imediato, e são frequentes, em todos os setores, as situações "provisórias" que tendem a perpetuar-se. No terreno do processo cautelar, porém, justifica-se menos que alhures a duração excessiva: não deve prevalecer indefinidamente uma providência adotada, em geral, sem grande certeza, sobretudo quando cause detrimento para o requerido. Daí impor a lei ao requerente o ônus de propor a ação principal

---

1 Trabalho destinado ao volume de estudos em homenagem ao Professor OVÍDIO A. BAPTISTA DA SILVA.

em trinta dias e a cominação de perda de eficácia da medida cautelar antecedente, se esgotado *in albis* esse prazo[2].

2. A medida cautelar pode ser concedida "liminarmente ou após justificação prévia", sempre que se tema que, a protelar-se a concessão, ela venha a mostrar-se ineficaz (art. 804). Pergunta-se: a efetivação da providência, decretada *in limine litis,* faz correr desde logo o prazo do art. 806, sob a cominação do art. 808, n. I, ou é preciso esperar sentença que a confirme? A questão já se pusera na vigência do Código de Processo Civil de 1939, que igualmente previa a possibilidade da concessão sem audiência do requerido (art. 683) e fixava o mesmo prazo de trinta dias, após a efetivação, para a propositura da ação principal (art. 677). Predominou a tese de que bastava a execução da providência concedida em caráter liminar. Nesse sentido, sob o novo estatuto processual, apresenta-se unânime a doutrina[3], e quase unânime a jurisprudência[4].

2 Em atenção à *ratio legis,* tem-se restringido a incidência das regras em foco, mediante fórmulas variáveis, como a adotada no Simpósio de Curitiba, de acordo com a qual o art. 808, n. I, só se aplica "às medidas cautelares que acarretam ofensa à esfera jurídica da parte contrária" *(Revista dos Tribunais,* v. 482, p. 273), ou como a que alude às "medidas de caráter restritivo de direito ou de constrição de bens" (HUMBERTO THEODORO JÚNIOR, *Comentários ao Código de Processo Civil,* v. V, Rio de Janeiro, 1978, p. 144). Há quem prefira sustentar que ao prazo do art. 806 se sujeitam todas as medidas *essencialmente* cautelares, e apenas lhe escapam aquelas que, conquanto reguladas no Livro III, na verdade não têm essa natureza (assim, CALMON DE PASSOS, *Comentários ao Código de Processo Civil,* v. X, t. 1, São Paulo, 1984, p. 210-11). Tal diferença de enfoque não parece acarretar divergências praticamente apreciáveis na identificação das medidas que se submetem e das que não se submetem ao prazo.

3 *Vide,* entre outros: JOSÉ FREDERICO MARQUES, *Manual de Direito Processual Civil,* v. IV, 4ª ed., São Paulo, 1981, p. 370, 372; GALENO LACERDA, *Comentários ao Código de Processo Civil,* v. VIII, t. I, 2ª ed., 1ª tir., Rio de Janeiro, 1984, p. 383-4; CALMON DE PASSOS, ob., v. e t. cit., p. 213-4; HUMBERTO THEODORO JR., ob. e v. cit., p. 143; SÉRGIO SAHIONE FADEL, *Código de Processo Civil comentado,* v. II, 6ª ed., Rio de Janeiro, 1986, p. 665; OVÍDIO A. BAPTISTA DA SILVA, *Comentários ao Código de Processo Civil,* v. XI, Porto Alegre, 1985, p. 218.

4 ALEXANDRE DE PAULA, *O processo civil à luz da jurisprudência,* v. VII, Rio de Janeiro, 1986, p. 287 e s., arrola mais de uma dezena de julgados: vejam-se aí os de n. 14.355, 14.355-B, 14.355-D, 14.357, 14.358, 14.359. 14.363, 14.363-A, 14.366-A, 14.367, 14.370, 14.371, 14.372-A, 14.372-D.

Tal entendimento é correto: o texto legal não dá margem a distinção entre medida liminar e medida final, e a *ratio* não varia de uma para outra hipótese. Dele discrepou, certa vez, a 1ª Câmara Civil do Tribunal de Justiça de São Paulo, em decisão por maioria, confirmada pelo 1º Grupo de Câmaras Civis[5].

Os argumentos invocados não se afiguram, contudo, persuasivos. Afirmou-se que, por ter a requerida contestado o pedido, "o depósito cautelar ainda não se efetivara, estando na dependência do resultado do julgamento da medida preparatória"; mas, no art. 806, o sentido de "efetivação" é o comum, de *realização* da medida, independentemente do respectivo fundamento ou da expectativa de estabilidade: o mesmo sentido, frise-se, em que a palavra e cognatos seus aparecem noutros textos do Código *(v.g.,* arts. 653, parágrafo único, e 842, § 3º). De resto, a não ser assim, por elementar coerência ter-se-ia de admitir que a providência não se "efetiva" enquanto não confirmada em última instância a decisão que a decretou, já que até aí ela fica "na dependência do resultado do julgamento" (do recurso).

A esse ponto parece haver chegado, aliás, um dos votantes, *verbis:* "A medida cautelar somente se considera concedida com o trânsito em julgado da decisão que a concede". O equívoco é patente. A medida cautelar – passe o truísmo – estará concedida desde o momento que... alguma decisão a conceda. Outra questão é a de saber se, uma vez concedida, ela perdurará, ou se virá a ser cassada, pelo mesmo órgão que a concedeu ou por outro que haja de julgar recurso contra a concessão. Note-se que semelhante recurso nem sequer tem efeito suspensivo, ainda quando de apelação se trate, porque concedida em sentença a providência (Código de Processo Civil, art. 520, n. IV).

Ocioso ressaltar os graves inconvenientes que decorreriam de permitir-se a subsistência da cautelar, sem propositura da ação principal, até o trânsito em julgado (que pode demorar longo tempo) da decisão concessiva. Por outro lado, a possibilidade mesma de que, com o julgamento final do processo cautelar, em primeiro grau, ou com o do recurso, venha a cair a providência decretada *in limine litis,* só faz aumentar a necessidade de impor-se ao requerente o ônus de ajuizar sem tardança

---

5 O acórdão da Câmara (4-5-1976, AC n. 250.490) foi publicado na *Revista dos Tribunais,* v. 498, p. 71 e s.; o do Grupo (9-11-1976, EI n. 250.490), no v. 509, p. 77-8 da mesma revista.

a ação principal: quanto mais precária a medida, com efeito, tanto mais se justifica a proteção que por aquele meio se dispensa ao interesse do requerido[6].

3. Nos termos do art. 808, n. I, escoado *in albis* o prazo de trinta dias, "cessa a eficácia da medida cautelar". Põe-se a questão de saber se a cessação se produz de pleno direito, no termo final do prazo, ou se é necessário ato do juiz. A nosso ver, cumpre distinguir entre a eficácia puramente *jurídica* da decisão concessiva e a eficácia das providências destinadas à respectiva efetivação. Aquela, sem dúvida, cessa *ipso iure;* qualquer pronunciamento do órgão judicial ao propósito será meramente *declaratório*[7]. Mas, se algo se fez, em cumprimento da decisão concessiva, que deva ser desfeito, por lhe faltar (agora) fundamento, cabe ao juiz expedir a competente ordem - por exemplo, para o levantamento de um depósito, ou para o cancelamento do registro de um sequestro[8]. Tudo isso tanto vale para a cessação da eficácia da sentença quanto para a da liminar.

Seja como for, não fica excluída a possibilidade de que o juiz declare que cessou a eficácia - o que, sob certas circunstâncias, será até aconselhável, em benefício da certeza e da segurança jurídica. A declaração pode ser emitida *ex officio*[9] ou a requerimento do interessado, ou do Ministério Público, se atua no processo como *custos legis.* Diga-se o

---

6 Feriu esse ponto o voto vencido, *verbis:* "Se a tendência for não confirmar a constrição liminar, com maior razão o prazo da perda da eficácia deve ser contado da data em que se executou a liminar concedida" *(Revista dos Tribunais,* v. 498, p. 74). Menos relevante o argumento extraído da diferença de redação entre o art. 677 do Código de 1939 e o art. 806 do vigente estatuto processual: a palavra "data", que figura neste e não figurava naquele, a rigor nada acrescenta à substância da norma.

7 Cf. HUMBERTO THEODORO JR., ob. e v. cit., p. 151.

8 Por sob maneiras variadas de dizer, as exposições doutrinárias acerca do assunto não parecem afastar-se, na substância, do entendimento que se expõe no texto. O próprio PONTES DE MIRANDA, que enfatiza a desnecessidade de "despacho" *(Comentários ao Código de Processo Civil,* t. XII, Rio de Janeiro, 1976, p. 81), noutro passo alude ao decreto judicial de "que se observe a cessação" - o que só pode significar ordem de restituição ao *status quo.* E é também a isso que provavelmente se refere GALENO LACERDA, ob., v. e t. cit., p. 406, quando escreve que, «em todos os casos (...), haverá sempre revogação, *lato sensu,* da medida liminar e até da sentença cautelar, nas hipóteses do art. 808". Claríssimo, ao propósito, OVÍDIO A. BAPTISTA DA SILVA, ob. e v. cit., p. 229-30.

9 Cf. GALENO LACERDA, ob., v. e t. cit., p. 407.

mesmo da eventual ordem de que se pratique este ou aquele ato para dar consequência prática à cessação.

4. O fato de haver a liminar perdido a eficácia, pelo decurso *in albis* do prazo de trinta dias, não acarreta, em princípio, a extinção do processo cautelar, que, normalmente, prosseguirá em direção à sentença[10]. Nada obsta – acrescente-se – a que nela se venha a julgar procedente o pedido e se decrete a medida. Efetivada que seja esta, novo prazo correrá; e, se dentro dele não for proposta a ação principal, cessará a eficácia da sentença concessiva. São duas situações inconfundíveis[11].

Em certas hipóteses, contudo, a cessação da eficácia da liminar é suscetível de pré-excluir, para o requerente, a possibilidade de obter, na sentença, tutela cautelar ainda útil. Suponhamos, *v.g.*, que um condômino, entendendo-se ilegitimamente prejudicado por deliberação da assembleia condominial, requeira, a título de cautela inominada, a suspensão da respectiva execução, como providência antecedente à ação anulatória. Concedida e efetivada a liminar, passam-se trinta dias sem que a ação principal seja proposta. A suspensão perde a eficácia, e executa-se a deliberação. Ê manifesto que desaparece o interesse do requerente no julgamento, visto que, por hipótese, o pedido cautelar se limitava à suspensão, e não há *suspender* a execução de ato... já executado. A ação principal, essa, não se torna por força inviável: nela poderá o interessado pedir que se anule (ou se declare nula) a deliberação e se desfaça, se possível, o que se haja feito em seu cumprimento. À cautelar, todavia, não resta qualquer perspectiva. Nessas condições, parece-nos que o processo deve ser extinto sem julgamento do mérito.

Trata-se, no entanto, de casos excepcionais. Em regra, insista-se, a cessação da eficácia da liminar não dá causa à extinção do processo acautelatório. Não colheria o argumento que em sentido contrário se pretendesse extrair do art. 808, parágrafo único, do Código de Processo

---

10 Correto, o Acórdão do 1º Tribunal de Alçada Civil de São Paulo, de 8-4-1986, Apelação Cível n. 352.551, *in* Revista *dos Tribunais*, v, 607, p. 102.

11 Bem as distingue CALMON DE PASSOS, ob., v. e t. cit., p. 214. O fenômeno sob exame é análogo, em certa medida, ao que ocorre com a liminar concedida em mandado de segurança, no caso do art. 1º, *b*, da Lei n. 4.348, de 26-6-1964: passados os noventa dias (ou, eventualmente, os trinta da prorrogação), torna-se ineficaz a medida, mas nem por isso se extingue o processo, ou fica o juiz impedido de conceder afinal a ordem.

Civil, *verbis:* "Se por qualquer motivo cessar a medida, é defeso à parte repetir o pedido, salvo por novo fundamento". De semelhante norma tira-se que, se a liminar perdeu a eficácia, ao requerente não é dado, com a ressalva do texto, obter que o juiz a restaure; não, porém, que se torne impossível conceder-lhe a cautela na sentença. O pedido *da liminar* não se identifica nem se confunde com o pedido *da cautela;* na hipótese vertente, só o primeiro sofre a preclusão, nunca o segundo – que, aliás, já formulado na inicial, nenhuma necessidade tem de "repetir-se".

5. De acordo com o art. 811, n. III, do estatuto processual, o requerente de medida cautelar responde perante o requerido pelo prejuízo que lhe causar a execução da medida, se esta perder a eficácia, "em qualquer dos casos previstos no art. 808". O primeiro desses casos (n. I) é exatamente o de cessação da eficácia em virtude do decurso *in albis* do prazo de trinta dias, dentro do qual incumbe ao requerente propor a ação principal. Não distinguindo a lei, entende-se que a responsabilidade se caracterizará, desde que a execução cause dano ao requerido, assim na hipótese de cautela decretada em sentença como na de providência concedida *in limine litis.*

Do disposto no art. 811, n. II, nenhuma objeção válida se tira. Aí se responsabiliza o requerente "se, obtida liminarmente a medida no caso do art. 804 deste Código, não promover a citação do requerido dentro em 5 (cinco) dias". O texto não autoriza a suposição de que seja essa a única hipótese de responsabilidade relacionada com a concessão liminar da cautela. Cuida-se de fundamento *peculiar* à decretação *in limine litis;* essa a razão por que merecem tratamento separado e referência expressa à liminar. Não ficam excluídos os casos de execução da liminar enquadráveis no inc. III, *comuns* às hipóteses de cautela concedida na sentença. O inc. II pressupõe *sempre* a obtenção da providência a título liminar; ao inc. III é indiferente que ela se haja concedido liminarmente ou afinal.

Nenhuma relevância tem aqui, por outro lado, o desfecho do processo cautelar, se nele se chega até a sentença, ou o do processo principal, porventura instaurado depois do vencimento do prazo de trinta dias. Cessada a eficácia da medida acautelatória, a responsabilidade do requerente subsiste ainda quando venha ele a sair vitorioso na ação principal[12]. É o que ressumbra do exame sistemático do texto do art. 811: a

12 Assim, com toda a clareza, JOSÉ FREDERICO MARQUES, ob. e v. cit., p. 396.

exigir-se o pressuposto da derrota naquele outro feito, evidentemente se recairia, em qualquer hipótese, no âmbito de incidência do inc. I, e o inc. III (como o II) se mostraria supérfluo. O argumento vale igualmente para os casos de cessação de eficácia de liminar e para os de providência decretada em sentença. Pela mesma razão, não afasta a responsabilidade do requerente, que viu despojada de eficácia a liminar por não ter proposto a tempo a ação principal, a mera circunstância de vir a ser-lhe deferida na sentença a cautelar.

Pode suceder que, no momento de sentenciar, verifique o juiz que, embora decorrido *in albis* o prazo de trinta dias, após a efetivação da liminar, subsistiram *de fato* os efeitos desta – por exemplo, a coisa sequestrada permaneceu sob apreensão. Se o órgão judicial considera procedente o pedido cautelar concederá a medida na sentença, sem que isso o impeça de declarar que a liminar perderá a eficácia. Apenas se absterá de determinar o levantamento da constrição, pois não teria sentido levantá-la e tornar de imediato a realizá-la, em cumprimento da sentença – desde logo exequível. não obstante a eventual apelação (art. 520, n. IV). Claro, porém, que o requerente só responderá, ao menos por enquanto, pelos danos consequentes à execução da liminar *como tal:* a partir da sentença, a execução passa a ter outro fundamento – e não haverá cogitar de responsabilidade segundo o art. 811, n. III, combinado com o art. 808, n. I, senão na hipótese de escoar-se *novo* prazo de trinta dias, sem propositura da ação pri ncipal.

Janeiro de 1988.

COMENTÁRIOS DOS ATUALIZADORES

MEDIDA CAUTELAR LIMINARMENTE CONCEDIDA E OMISSÃO DO REQUERENTE EM PROPOR A TEMPO A AÇÃO PRINCIPAL

Luiz Paulo da Silva Araújo Filho / Guilherme Jales Sokal

Aos revogados arts. 806 e 808, I, correspondem mais exatamente, no CPC/15, os arts. 308 e 309, I. Não há, neles, mudanças propriamente substanciais. Alterações mais gerais na tutela de urgência, porém, repercutem sobre o sentido e o alcance daqueles dois dispositivos, e tê-las em mente é indispensável para compreender o problema sob a nova lei a partir das bases fundamentais lançadas no estudo em referência.

Não foi reproduzido, no Código de 2015, o Livro III do diploma anterior, dedicado ao processo cautelar. Ao invés disso, fez-se constar da nova Parte Geral o Livro V, que passa a regrar, nos arts. 294 a 311, um gênero denominado de Tutela Provisória. Ali foram reunidas, para um tratamento que se pretendia mais sistemático, as tutelas sumárias com função cautelar e satisfativa[13]. Em parte, a sistematização foi até bem-sucedida: encampou-se a categoria da tutela da evidência[14], para sob a rubrica versar a tutela sumária que dispensa perigo (art. 311); em dois níveis sucessivos, disposições gerais agora governam a tutela de urgência e a de evidência (arts. 294 a 299) e, dentro da tutela de urgência, a tutela cautelar e a tutela antecipada (arts. 300 a 302); empreendeu-se a unificação textual dos pressupostos de concessão das tutelas de urgência (art. 300, *caput*)[15]; e expressamente se abriga, em face de "urgência contemporânea à propositura da ação", a ida ao Judiciário para obter tutela antecipada antes da formulação do pedido principal[16], em "caráter antecedente" (arts. 294, parágrafo único, e 303, *caput*), como tradicionalmente admitido para as chamadas cautelares preparatórias, agora também "antecedentes" (art. 305).

Já em outros momentos, como no tema ora versado, o resultado da sistematização pelo legislador não foi assim tão feliz. De início, de tal omissão do requerente não se pode cogitar quanto à tutela da evidência, pois admitida, no art. 311 do Código, apenas na modalidade incidental, isto é, requerida concomitantemente ou após a formulação do pedido principal, não em caráter antecedente[17]. É, portanto,

---

13 A última generalizada no direito anterior com a Lei nº 8.952/94, que alterou o art. 273 do CPC/73.

14 É seminal, nesse terreno, a obra de FUX, Luiz. *Tutela de segurança e tutela da evidência*, São Paulo: Ed. Saraiva, 1996.

15 Entendendo, porém, que, à luz do devido processo legal, "o grau de probabilidade exigido para a concessão de tutela antecipada cautelar é menor do que o requerido para a tutela antecipada satisfativa", v. ASSIS, Carlos Augusto de. Reflexões sobre os novos rumos da tutela de urgência e da evidência no Brasil a partir da Lei 13.105/2015, In: *Novo CPC doutrina selecionada, v. 4: Procedimentos especiais, Tutela provisória e Direito transitório*, Lucas Buril de Macedo, Ravi Peixoto e Alexandre Freire (orgs.), Salvador: JusPodivm, 2015, p. 52.

16 Desde que expressa, para tanto, a petição inicial (art. 303, § 5º).

17 Antes da entrada em vigor da Lei nº 14.230/21, a jurisprudência do STJ interpretava o art. 7º da Lei de Improbidade Administrativa (Lei nº 8.429/92) de modo a dispensar o exame de perigo para a indisponibilidade de bens (STJ, REsp Repe-

no campo da tutela de urgência antecedente que o problema se manifesta. Ocorre que as balizas para o enfrentar foram lançadas pelo legislador de modo um tanto quanto disperso, quase arbitrário, ora nas disposições gerais da tutela de urgência, ora, e com marcada dissonância, nos capítulos em que separadamente tratadas as modalidades antecedentes da tutela antecipada (arts. 303 e 304) e da tutela cautelar (art. 305 a 310).

Começando pelos pontos em que há harmonia entre os dois regimes, é no art. 300, § 2º, que está a autorização para a concessão da tutela de urgência liminarmente ou após justificação, correspondente ao revogado art. 804, alcançando, portanto, a tutela cautelar e a tutela antecipada. Outro traço comum está na previsão, no art. 302, III, da cessação da eficácia da providência de urgência, "em qualquer hipótese legal", como ensejadora de responsabilidade civil da parte que a tenha requerido, ajustada a redação do revogado art. 811, III, para acomodá-lo à nova posição sistemática assumida[18]. A ambas se apli-

titivo nº 1.366.721/BA, Rel. Min. Napoleão Nunes Maia Filho, Rel. p/ Acórdão Min. Og Fernandes, Primeira Seção, j. em 26/02/2014, DJe 19/09/2014). Em razão disso, a doutrina se dividia sobre a natureza da providência, se de urgência presumida ou de tutela de evidência, conforme panorama traçado por DOTTI, Rogéria Fagundes. *Tutela da evidência: probabilidade, defesa frágil e o dever de antecipar a tempo*, São Paulo: Thomson Reuters Brasil, 2020, p. 185-191. Embora mais usual fosse o requerimento incidental, nada impedia fosse a medida requerida em caráter antecedente, dado que a desnecessidade do perigo para a concessão não significava não pudesse ele existir antes do tempo hábil à formulação do pedido principal. Logo, se antecedente e vista como tutela de evidência, o problema versado no texto, em tese, também aí se faria presente. Tudo indicava, à época, dever receber o tratamento das providências cautelares nesse ponto, como denotava inclusive o citado julgado do STJ. Após a Lei nº 14.230/21, o art. 16, *caput*, da Lei de Improbidade passou a expressamente referir às modalidades antecedente ou incidente da medida, sendo que o § 3º do dispositivo superou a jurisprudência do STJ para exigir o perigo como pressuposto da indisponibilidade. Por fim, o § 8º do art. 16 agora determina a aplicação à providência, no que couber, do "regime da tutela provisória de urgência da Lei nº 13.105, de 16 de março de 2015 (Código de Processo Civil)", abordado neste texto.

18 Por exemplo, a menção a "caráter antecedente" no inc. II ou a forma mais aberta, se comparado com o correspondente no CPC/73, com que redigido o inc. III, a ser conjugado com as regras específicas da tutela cautelar e da tutela antecipada antecedentes. Ao art. 520, IV, do CPC/73, referido neste ponto pelo autor, corresponde, hoje, o art. 1.012, § 1º, V, que retira o efeito suspensivo da apelação interposta contra sentença que "confirma, concede ou revoga tutela provisória".

ca, ainda, o fim da duplicidade de relações processuais que marcava as cautelares preparatórias, no CPC/73, em face do pedido principal: agora, postulada e deferida em caráter antecedente tutela antecipada ou cautelar, a pretensão definitiva passa a ser formulada no mesmo processo em que pendente o pedido de tutela provisória[19], não mais para autuação em apartado e sem recolhimento de custas adicionais (arts. 303, § 1°, primeira parte, e § 3°, e 308, *caput* e § 2°)[20], seguindo-se após o procedimento comum (arts. 303, § 1°, II e III, e o art. 308, §§ 3° e 4°)[21] ou, conforme o caso, o rito do processo de execução.

---

19 Essa a razão para que no art. 302, I, tenha sido suprimida a referência a "processo principal", ao cuidar da responsabilidade civil do autor diante de sentença desfavorável, no cotejo com o revogado art. 811, I.

20 O legislador, a rigor, bem poderia tê-lo estatuído como disposição geral à tutela de urgência em caráter antecedente, mas curiosamente preferiu fazê-lo em duas regras "especiais", adotando inclusive expressões diferentes (v.g., "complementação de sua argumentação", no art. 303, § 1°, I, e aditamento da causa de pedir, no art. 308, § 2°) para designar substancialmente o mesmo fenômeno. Nessa linha, WAMBIER, Luiz Rodrigues; TALAMINI, Eduardo. *Curso avançado de processo civil: cognição jurisdicional (processo comum de conhecimento e tutela provisória)*, v. 2, São Paulo: Ed. Revista dos Tribunais, 2016, p. 891. Contra, sugerindo mais rigidez na formulação da pretensão definitiva na tutela antecipada antecedente, MARINONI, Luiz Guilherme. *Tutela de urgência e tutela da evidência*, São Paulo: ed. Revista dos Tribunais, 2017, p. 230.

21 Na verdade, como apontam WAMBIER, Luiz Rodrigues; TALAMINI, Eduardo. *Curso avançado de processo civil: cognição jurisdicional (processo comum de conhecimento e tutela provisória)*, v. 2, São Paulo: Ed. Revista dos Tribunais, 2016, p. 888, as regras especiais de procedimento nos arts. 305 e 306, para a tutela cautelar antecedente, parecem dirigidas a quando não concedida medida liminar, prosseguindo-se somente então aquela relação processual para uma sentença exclusivamente voltada à tutela cautelar. Do contrário, o rito comum será o caminho para o julgamento da pretensão definitiva cognitiva juntamente com o pedido de tutela cautelar. Já para a tutela antecipada antecedente, o indeferimento liminar da medida enseja desde logo a intimação do autor para formular o pedido de tutela definitiva (art. 303, § 6°), na linha sustentada por DIDIER JÚNIOR, Fredie; BRAGA, Paula Sarno; OLIVEIRA, Rafael Alexandria. *Curso de direito processual civil: teoria da prova, direito probatório, decisão, precedente, coisa julgada, processo estrutural e tutela provisória*, v. 2, Salvador: ed. Juspodivm, 2021, p. 745. Contra, neste último ponto, THEODORO JÚNIOR, Humberto. *Curso de direito processual civil*, v. I, Rio de Janeiro: Forense, 2021, p. 582 e 586, entendendo que a emenda referida no art. 303, § 6°, "refere-se a dados pertinentes ao pedido antecedente satisfativo, e não a elementos da ação principal", mas frisando que, se ainda assim for indeferida a medida, cabe ao juiz extinguir o processo sem a citação do réu.

O descompasso, porém, supera esses pontos de harmonia. É que entre os dois segmentos do Código há divergências quanto (i) ao termo inicial do prazo para a formulação do pedido principal, (ii) ao tamanho desse prazo e (iii) à explicitação das consequências se desatendido. A isso se soma, ainda, (iv) a repercussão da estabilização da tutela antecipada antecedente sobre o tema (art. 304), que não alcança a tutela cautelar. Embora algumas dessas divergências possam ser sistematicamente aparadas, outras são inevitavelmente fontes de incerteza.

Se deferida tutela antecipada antecedente, o termo inicial do prazo para formular a pretensão definitiva seria, segundo a pouco clara redação do art. 303, § 1º, I, a concessão da medida. Essa postulação, no entanto, pode sequer ser necessária, porque regrada no art. 304 a polêmica figura da estabilização da tutela antecipada antecedente, a depender do comportamento adotado pelo réu diante da liminar[22]. Logo, para conciliar no tempo as posições do réu, quanto a recorrer ou não contra a liminar, e do autor, quanto a formular ou não o pedido definitivo, parece ganhar força, até o momento, a interpretação que supera a literalidade da lei para tratar esses dois prazos como sucessivos, de modo que só depois do prazo para o réu, e desde que não estabilizada a tutela, tenha início aquele outro, exigindo-se intimação específica do autor para então se desincumbir do seu ônus[23].

Demais disso, estabelece o Código que essa formulação há de ser feita, ainda para a tutela antecipada antecedente, no prazo de "15 (quinze) dias ou em outro prazo maior que o juiz fixar". E, se desatendi-

---

22 O exame da figura excede os limites deste trabalho, restrito às repercussões sobre o prazo para a formulação do pedido principal. De todo modo, na jurisprudência, entendendo que a contestação do réu é capaz de impedir a estabilização da tutela antecipada antecedente com base no art. 304, *caput*, STJ, REsp nº 1.760.966/SP, Rel. Min. Marco Aurélio Bellizze, Terceira Turma, j. em 04/12/2018, DJe 07/12/2018. Em sentido contrário, perfilhando a interpretação restritiva quanto ao termo recurso empregado pela lei, STJ, REsp nº 1.797.365/RS, Rel. Min. Sérgio Kukina, Rel. p/ Acórdão Min. Regina Helena Costa, Primeira Turma, j. em 03/10/2019, DJe 22/10/2019.

23 Nesse sentido, na jurisprudência, STJ, REsp nº 1.766.376/TO, Rel. Min. Nancy Andrighi, Terceira Turma, j. em 25/08/2020, DJe 28/08/2020. Na doutrina, MARINONI, Luiz Guilherme. *Tutela de urgência e tutela da evidência*, São Paulo: ed. Revista dos Tribunais, 2017, p. 230; CÂMARA, Alexandre Freitas. *O novo processo civil brasileiro*, São Paulo: Atlas, 2021, p. 168; e THEODORO JÚNIOR, Humberto. *Curso de direito processual civil*, v. I, Rio de Janeiro: Forense, 2021, p. 583.

do, o § 2º do art. 303 comina à omissão do autor apenas a consequência de extinção do processo, mas nisso logicamente embutida – embora não expressa no Capítulo em exame – também a perda de eficácia da liminar[24].

Já se concedida cautelar, as diferenças começam pelo termo inicial do prazo, fixado pela lei como sendo a efetivação da medida (art. 308, primeira parte), entendida como tal a realização por atos coativos segundo o art. 297, parágrafo único[25]. Avançam, após, para o tamanho do prazo, de 30 (trinta) dias, em previsão que sinaliza para uma rigidez, se comparada com a acima vista, mas que no fundo pode ser flexibilizada, em situações excepcionais, e sempre a favor do autor, com amparo no art. 139, VI, do CPC[26]. E terminam no que toca às consequências da omissão do autor, invertendo-se a equação anterior: assenta-se, na lei, a cessação da eficácia da liminar (art. 309, I), a se operar pelo modo lecionado pelo Mestre, mas nada se diz quanto à extinção ou continuidade do processo.

---

24 Assim, THEODORO JÚNIOR, Humberto. *Curso de direito processual civil*, v. I, Rio de Janeiro: Forense, 2021, p. 587-8; e MARINONI, Luiz Guilherme. *Tutela de urgência e tutela da evidência*, São Paulo: ed. Revista dos Tribunais, 2017, p. 229.

25 Frisando a contagem imediata a partir da efetivação da medida, não da intimação do requerente quanto a ela, sob o CPC/73, STJ, AgRg no AREsp nº 421.708/PR, Rel. Min. Antonio Carlos Ferreira, Quarta Turma, j. em 11/03/2014, DJe 18/03/2014; STJ, AgRg no Ag nº 1.319.930/SP, Rel. Min. Mauro Campbell Marques, Segunda Turma, j. em 07/12/2010, DJe 03/02/2011; e STJ, REsp nº 327.380/RS, Rel. Min. Antônio de Pádua Ribeiro, Segunda Seção, j. em 22/05/2002, DJ 04/05/2005. Ainda segundo a jurisprudência, se deferidas duas ou mais providências cautelares contra o mesmo réu, como, por exemplo, indisponibilidade de bens e quebra de sigilo fiscal, conta-se da efetivação da primeira (STJ, AgInt nos EDcl no REsp nº 1.801.977/MS, Rel. Min. Raul Araújo, Quarta Turma, j. em 27/10/2020, DJe 20/11/2020; e STJ, REsp nº 1.115.370/SP, Rel. Min. Benedito Gonçalves, Primeira Turma, j. em 16/03/2010, DJe 30/03/2010), mas, havendo pluralidade de réus, a eficácia de cada providência se submete a prazo autônomo, individualizado segundo a data em que efetivada em face do litisconsorte (STJ, REsp nº 1.040.404/GO, Rel. Min. Sidnei Beneti, Rel. p/ Acórdão Min. Nancy Andrighi, Terceira Turma, j. em 23/02/2010, DJe 19/05/2010).

26 Aparentemente contra a prorrogação, afirmando, sem ressalva, tratar-se de prazo "fatal ou peremptório, o que quer dizer que se mostra improrrogável", e mais à frente ressaltando a "impossibilidade de prorrogação por acordo das partes ou deliberação do juiz", v. THEODORO JÚNIOR, Humberto. *Curso de direito processual civil*, v. I, Rio de Janeiro: Forense, 2021, p. 569.

Neste último tópico, apesar da lapidar argumentação exposta no estudo, prevaleceu no Superior Tribunal de Justiça, ainda sob o CPC/73, a orientação oposta, pela extinção do processo cautelar se não formulado a tempo o pedido principal, como consta da Súmula nº 482[27]. A conclusão, sob o CPC/15, parece encontrar reforço no mencionado art. 303, § 2º, que assim prevê para a tutela antecipada antecedente.

Quanto ao seu campo de incidência, continua a predominar a interpretação teleológica dos arts. 308 e 309, I, a demarcar o prazo decadencial apenas para cautelares restritivas de direitos, tanto na doutrina[28] quanto nos tribunais[29]. E regras especiais hoje em vigor cuidam do tema em domínios específicos, como para a arbitragem[30] e a ação cautelar fiscal[31]. Já quanto à dinâmica do prazo, por surgir de uma rela-

27 Súmula nº 482 do STJ: *"A falta de ajuizamento da ação principal no prazo do art. 806 do CPC acarreta a perda da eficácia da liminar deferida e a extinção do processo cautelar"*. A Lei nº 4.348/64, relativa ao mandado de segurança, mencionada no estudo em referência, foi integralmente revogada pelo art. 29 da Lei nº 12.016/09, que não reproduz a disposição do art. 1º, 'b', daquela.

28 GRECO, Leonardo. A tutela de urgência e a tutela da evidência no Código de Processo Civil de 2015, In: *Novo CPC doutrina selecionada, v. 4: Procedimentos especiais, Tutela provisória e Direito transitório*, Lucas Buril de Macedo, Ravi Peixoto e Alexandre Freire (orgs.), Salvador: JusPodivm, 2015, p. 205; e WAMBIER, Luiz Rodrigues; TALAMINI, Eduardo. *Curso avançado de processo civil: cognição jurisdicional (processo comum de conhecimento e tutela provisória)*, v. 2, São Paulo: Ed. Revista dos Tribunais, 2016, p. 888-9.

29 Assim, sob o CPC/73, STJ, REsp nº 641.665/DF, Rel. Min. Luiz Fux, Primeira Turma, j. em 08/03/2005, DJ 04/04/2005. Na vigência do CPC/15, rejeitando a incidência do prazo em relação à produção antecipada de provas, agora disciplinada nos arts. 381 a 383, STJ, AgInt no AREsp nº 1.157.074/SP, Rel. Min. Raul Araújo, Quarta Turma, j. em 29/06/2020, DJe 05/08/2020. Sobre o novo regime da produção antecipada de provas, remete-se, nesta obra, às Notas de Atualização ao texto *Alguns problemas atuais da prova civil.*

30 Lei nº 9.307/96, art. 22-A, parágrafo único, incluído pela Lei nº 13.129/2015. Embora a interação entre juízo estatal e árbitro seja um tema complexo, a regra, neste ponto, importa em linhas gerais o regime do art. 308 do CPC/15, em um tratamento unificado das tutelas cautelar e antecipada antecedentes, porque ali referida em termos amplos "medida cautelar ou de urgência". Sobre o tema, v. TALAMINI, Eduardo. Arbitragem e a tutela provisória no CPC/15, In: *Tutela provisória*, Eduardo José da Fonseca Costa, Mateus Costa Pereira e Roberto P. Campos Gouveia Filho (coords.), Salvador: Juspodivm, 2016, especialmente à p. 191.

31 Lei nº 8.397/92, art. 11. O dispositivo define o prazo de 60 dias para a Fazenda Pública ajuizar a execução fiscal se concedida a cautelar "preparatória", fixando o termo inicial como a "data em que a exigência se tornar irrecorrível na esfera administrativa".

ção processual e por seu descumprimento atingir a eficácia de um ato processual, passa, a princípio, a ser regido pelo art. 219 do CPC/15, computando-se somente os dias úteis[32].

32 Nesse sentido, THEODORO JÚNIOR, Humberto. *Curso de direito processual civil*, v. I, Rio de Janeiro: Forense, 2021, p. 569. Sob o CPC/73, rejeitando a suspensão do prazo do art. 806 durante o recesso forense, v., por exemplo, STJ, AgInt no REsp nº 1.444.419/MG, Rel. Min. Marco Aurélio Bellizze, Terceira Turma, j. em 25/10/2016, DJe 10/11/2016.

LE JUGE BRÉSILIEN ET LE DROIT ÉTRANGER[1]

1. L'application, par le juge, d'une règle de droit étranger se fonde normalement sur le systeme de résolution des conflits de loi en vigueur dans le pays auquel appartient la juridiction saisie[2]. Au Brésil, c'est aux règles du droit international privé brésilien de déterminer le droit applicable aux litiges ayant des éléments étrangers. Ces règles se trouvent surtout dans la Loi d'Introduction au Code Civil (Déc.-loi n. 4.657, du 4-9-1942, arts. 7-11) et, sur le plan des conventions internationales, dans le Code Bustamante, approuvé par la Conférence Pan-américaine de la Havane de 1928 et ratifié (avec quelques réserves) par la plupart des États latino-américains, y "Compris le Brésil.

Selon l'avis largement dominant dans la doctrine, lorsque le juge brésilien doit appliquer une règle de droit étranger, il l'applique *en tant que règle de droit*[3]. Le régime processuel des questions de droit étranger peut se rapprocher, à certains égards, de celui des questions de fait; on aurait tort d'en conclure que le droit étranger se réduit, aux yeux du juge, à un fait pur et simple. Et de ce point de vue il n'existe aucune différence entre la loi écrite, la coutume et n'importe quelle autre source de droit. Que le juge brésilien ait devant soi un texte législatif, une règle

---

1 Trabalho publicado no volume *Beiträge zum Internationalen Verfahrensrecht und zur Schiedsgerichtsbarkeit (Festschrift für Heinrich Nagel zum* 75. *Geburtstag),* Münster, 1987.

2 Nous négligerons ici, en principe, la distinction, faite par la doctrine, entre l'application "directe" du droit étranger et son application "indirecte", celle-ci ayant lieu lorsque le juge, au moment d'appliquer une règle de droit *national,* a besoin, au préalable, de vérifier comment se résout une question dans un autre systeme juridique, *v.g.* pour décider si les citoyens d'un État étranger jouissent d'un droit que la *lex fori* leur accorde à condition de réciprocité (cf. ARAúJO CINTRA, Prova do direito estrangeiro, *in Revista dos Tribunais,* v. 485, p. 16-7).

3 V., par exemple, HAROLDO VALLADÃO, *Direito Internacional Privado, Introdução e Parte Geral,* Rio de Janeiro-São Paulo, 1968, p. 217 et s., 470 et s.; OSCAR TENÓRIO, *Direito Internacional Privado.* 11e. éd., revue et mise à jour par JACOB DOLINGER, Rio de Janeiro-São Paulo, 1976, p. 146; CAMPOS BATALHA, *Tratado de Direito Internacional Privado,* São Paulo, 1977, v. I, p. 229-30; SERPA LOPES, *Comentários à Lei de Introdução ao Código Civil,* Rio de Janeiro-São Paulo, 1959, p. 179-80. Nous n'avons pas à prendre position ici sur l'explication théorique de ce phénomene: la question ressortit au domaine exclusif du droit international privé.

coutumiere ou un précédent obligatoire, cela ne change rien d'essentiel aux données du probleme.

Certes, il est toujours possible que le juge, à l'occasion de décider une affaíre régie par le droit d'un autre pays, se heurte à des doutes concernant l'existence de la loi étrangere, sa teneur exacte, la date de sa publication et d'autres points semblables. Ce sont lã, évidemment, des *quaestiones facti* tout à fait typiques. Elles pourraient d'ailleurs se poser aussi – quoique la probabilité en soit le plus souvent assez moins forte – pour le droit national.

2. Si l'on reconnait au droit étranger le caractere de *res iuris,* s'ensuit-il forcément que le principe *iura novit curia* ait à jouer dans ce domaine un rôle identique à celuí qu'il joue dans le domaine de la *lex fari?* Il convient peut-être ici d'établir certaines nuances. La doctrine classique distingue deux aspects dans le principe mentionné: d'une part, il désigne le *devoir* du juge de connaitre et, au besoin, de découvrir par ses propres moyens la règle qui s'adapte au cas; d'autre part, il indique le *pouvoir* du juge de rechercher et d'appliquer d'office cette règle, encore que la partie intéressée se soit abstenue de l'alléguer et d'en démontrer l'existence[4]. Nous devons examiner le probleme dans cette double perspective.

L'allégation de la partie ne peut de nos jours être considérée comme *conditio sine qua non* de l'application du droit étranger[5]. Le juge brésitien doit obéir à la règle brésilienne de conflit qui donne compétence à la loi *(lato sensu)* d'un autre pays. On admet parfois que les parties soient libres, dans certaines hypothèses, d'écarter la solution légale et d'élire, parmi les divers systemes juridiques, celui auquel elles entendent soumettre leurs rapports et les différends qui en pourraient décou-

4 CALAMANDREI, Diritto consuetudinario in Cassazione, *in Riv. di dir. proc. civ., v.* XV (1935), 2e. partie, p. 120.

5 V., parmi d'autres, HAROLDO VALLADÃO, *op. cit.,* p. 474; OSCAR TENÓRIO, *op. cit.,* p. 147; SERPA LOPES, *op. cit.,* p. 179, 184; AMARAL SANTOS, *Prova judiciária no cível e comercial,* v. I, *5e.* éd., São Paulo, 1983, p. 208; ERNANE FIDÉLIS DOS SANTOS, *Comentários ao Código de Processo Civil,* v. III, t. I, Rio de Janeiro, 1980, p. 20; NICOLAU NAZO, *Da aplicação e da prova do direito estrangeiro,* São Paulo, 1941, p. 47-8. Cf., sur le plan conventionnel, l'art. 408 du Code Bustamante: "Les juges et les eours de chaque État contractant appliqueront d'office, le cas échéant, les lois des autres, sans préjudice des moyens de preuve mentionnés dans ce chapitre".

ler[6]. Si une telle liberté existe, il n'en reste pas moins vrai, en principe, que le juge n'a point besoin d'attendre l'initiative (isolée ou conjointe) des plaideurs pour appliquer le droit étranger déclaré compétent par la règle brésilienne de conflit, et que ceux-là s'y opposeraient en vain, pour demander soit l'application du droit brésilien, soit celle d'une autre loi *(lato sensu)*, qu'ils estimeraient, erronément, appliquable.

Mais il faut en tout cas être réaliste et se garder d'attribuer au juge la prérogative divine de l'omniscience. S'il est censé connaitre le droit national – et encore peut-on y apercevoir une véritable fiction plutõt qu'une simple présomption –, il n'est pas et ne peux raisonnablement être censé connaitre le droit de tous les autres pays... Aucune difficulté, donc, si la règle étrangere compétente lui est familiere; le probleme, cependant, est de savoir comment procéder si, au contraíre, il l'ignore. Est-il le nu d'entreprendre ses propres recherches? La tâche de lui procurer des renseignements incombera-t-elle à la partie intéressée? Ou c'est à une conjonction d'efforts que l'on doit s'attendre? Voilà le noeud de la question.

3. La position du droit brésilien à cet égard a varié sensiblement au cours des années. Des lois anciennes laissaient croire à un rôle plutôt passif du juge. On n'interdisait certes pas à celui-ci toute démarche personnelle. mais l'accent était mis de préférence sur l'apport des plaideurs. À l'époque impériale, la *Consolidação das Disposições Legislativas e Regulamentares concernentes ao Processo Civil,* rédigée par M. Le Conseiller Joaquim Antônio Ribas et approuvêe par le Gouvemement en 1876, prévoyait dans l'art. 333 la nécessité de prouver le droit étranger[7].

---

6 La *Loi d'Introduction au Code Civil* ne fait pas d'allusion expresse à cette possibilité. La doctrine brésilienne n'est pas uniforme. V., par exemple, décidément dans le sens affirmatif, HAROLDO VALLADÃO, *op. cit.,* p. 371; *contra,* AMÍLCAR DE CASTRO, *Direito Internacional Privado,* 3e. éd., Rio de Janeiro, 1977, p. 422; pour une opinion plus nuancée, CAMPOS BATALHA, *op. cit.,* v. II, p. 247-8. On peut lire dans la monographie d'IRINEU STRENGER, *Autonomia da vontade em Direito Internacional Privado,* São Paulo, 1968, p. 193 et s., un exposé de l'évolution des lois et des idées au Brésil, concernant ce probleme.

7 Avec plus de rigueur, le célebre *Esboço* de TEIXEIRA DE FREITAS (qui ne fut jamais converti en loi) disposait dans l'art. 6: "L'application des lois étrangeres, dans les cas ou ce code la permet, n'aura jamais lieu que sur requête des parties intéressées; la preuve de l'existence de ces lois leur incombe, comme celle d'un fait allégué". L'art. 7 ouvrait des exceptions pour les lois étrangeres qui seraient obligatoires dans l'Empire, "en vertu d'une loi spéciale ou des conventions diplomatiques".

Apres la proclamation de la République, telle nécessité fut réaffirmée, de façon explicite, par le Décret n. 3.084, de 1898, sur la procedure de lá Justice fédérale (3e. partie, art. 260), par les codes de procédure civile de plusieurs États[8] et par la *Nova Consolidação das Leis Civis,* de CARLOS DE CARVALHO (1899), art. 46, *verbis* "Celui qui fonde son droit sur une loi étrangere doit prouver qu'elle existe et qu'elle est en vigueur".

Depuis le début de notre siecle se manifesta pourtant une nouvelle tendance. Les codes de quelques États autorisaient déjà expressément le juge à dispenser la preuve, s'il connaissait lui-même le droit étranger (Minas Gerais, art. 258; Distrito Federal, art. 183). D'autres encore limitaient la nécessité de cette preuve au cas ou le juge l'exigerait, bien entendu à cause de son manque de connaissance (Bahia, art. 131; São Paulo, art. 274), ou bien au cas ou l'allégation de la partie fût contestée par son adversaire (Pernambuco, art. 245). On est même ané plus loin: le Code du Paraná (art. 117) se contentait de l'invocation du droit étranger par la partie intéressée, tout en réservant à l'autre la possibilité d'apporter la preuve contraire, à la maniere d'une présomption *iuris tantum.*

Le Code de procédure civile de 1939 fit un pas en arrière. Son art. 212 reproduisit la formule du Code du Distrito Federal, selon laquelle il incombait à la partie de prouver la teneur et la vigueur de la loi étrangere, à moins que le juge ne l'en dispensât. Ce recul fut partiellement compensé en 1942, lorsque la nouvelle Loi d'Introduction au Code Civil, dans son art. 14, invertit le rapport règle-exception: le juge pourrait exiger la preuve, s'il ne connaissait pas le droit étranger invoqué par la partie. C'est à peu pres la règle consacrée dans l'art. 337 du nouveau Code national de procédure civile, de 1973: "La partie qui allègue le droit (...) étranger (...) doit en prouver la teneur et la vigueur, si le juge le lui ordonne". Il ne faut pas y voir le signe d'une assimilation du droit étranger au *factum,* mais tout simplement une exception à la règle selon laquelle les seuls objets de la preuve sont les faits.

4. Le texte de l'art. 337 accorde la priorité à l'initiative du juge: l'apport de la partie y est prévu, pour ainsi dire, à titre subsidiaire, et seulement

8 La compétence législative en matiere de procédure était alors partagée entre l'Union Fédérale et les États-membres. L'Union devint seule compétente sous la Constitution de 1934; mais il fallut attendre jusqu'à 1939 pour voir paraître le premier code unitaire de procédure civile.

pour le cas ou elle aura eu l'initiative de l'allégation. En fait, dans cette hypothese, on peut normalement s'attendre à ce que la partie prenne soin, par exemple, d'exhiber le texte de la loi, ou d'indiquer une oeuvre doctrinale qui la cite. Il se peut néanmoins qu'elle s'abstienne de toute preuve de son allégation. Le juge n'en reste pas moins obligé d'appliquer le droit étranger, s'il l'estime compétent. C'est alors que le Code de procédure civile l'autorise à demander l'apport de la partie.

Ici se posent deux questions, qui ne semblent pas avoir assez attiré, jusqu'à présent, l'attention de la doctrine brésilienne, voici la première: une fois demandée la preuve au plaideur, le juge est-il définitivement exempt de n'importe quelle autre initiative personnelle? A notre avis, il faut répondre négativement. D'abord, eontrairement peut-être à sa première impression, il peut se montrer en fin de compte plus facHe au juge qu'à la partie de trouver les moyens nécessaires pour prendre connaissance du droit étranger. En outre, même si la partie réussit à apporter des éléments de preuve, il incombera toujours au juge de les apprécier et d'en mesurer la force persuasive. C'est une responsabilité à laquelle il ne saurait se soustraire, et qui l'obligera probablement à ses propres recherches – d'autant plus que dans cette matiére, comme on verra mieux par la suite, le silence de la partie adverse et même son accord expres sont insuffisants[9].

La deuxieme question est plus complexe et comporte un dédoublement. Elle mérite d'être examinée à part.

5. Aux termes de l'art. 337 du Code de procédure civile, nous l'avons dit, le juge peut ordonner à la partie de produire la preuve du droit étranger allégué par elle. Cet ordre crée-t-il pour la partie un vrai devoir juridique? Si l'on rapproehe la disposition mentionnée de eelle de l'art. 340, III, on sera tenté de donner d'emblée une réponse affirmative à cette interrogation. En effet: l'art. 340, rangé dans la même section que l'art.

9 Dans un arrêt du 19-3-1980, le *Tribunal Federal de Recursos* décida qu'il est défendu au juge, apres avoir demandé à la partie la preuve de droit étranger, de rendre son jugement sans attendre le résultat de cette dérnarche (Appel dans le *"Mandado de Segurança"* n. 78.551, in ALEXANDRE DE PAULA, *O processo civil à luz da jurisprudência,* v. III, Rio de Janeiro, 1982, p. 535, n. 6.961). Ainsi énoncée, cette thèse pèche par exces de raideur. Il serait plus juste de dire que le jugo ne peut en aucun cas statuer sans que les parties aient été à même de prendre connaissance des éléments recueillis par lui et d'en débattre contradictoirement.

337 (celle consacrée aux dispositions générales sur les preuves), contient une énumeration de devoirs attribués aux plaideurs; or, le n. III de cette liste fait justement allusion au devo ir de réaliser l'acte ordonné (par le juge). Avec ces données, il est aisé de construire un syllogisme qui aboutirait à une affirmation tranchante.

Il convient toutefois de ne pas pousser trop loin le procédé de logique déductive. N'oublions pas, d'abord, que ce probleme concerne exclusivement l'hypothese de droit étranger *allégué par la partie:* faute d'allégation, le juge n'est pas autorisé par l'art. 337 à exiger la collaboration de la partie; il ne pourra compter que sur ses propres ressources et sur celles que les plaideurs se disposeraient *spontanément* à lui procurer. Or, la partie qui invoque une loi *(lato sensu)* étrangere s›intéressera normalement à en apporter la preuve, parfois même avant d›v être invitée. II n›est pas besoin, pour la «stimuler», de convertir cette tâche en un devoir juridique: au point de vue de la politique processuelle, avoir recours à une technique si rigoureuse constituerait ici un exces manifeste.

Un tel devoir ne pourrait d'ailleurs se concevoir qu'à l'instar d'une obligation de moyens: la partie serait tenue de faire tout son possible pour obtenir les éléments nécessaires: elle ne le serait pas de les apporter effectivement. On tomberait évidemmeot dans l'absurde si l'on donnait tort à la partie d'écheuer là ou le juge lui-même n'a pu réussir. Dans cette matière, néanmoins, l'utilité pratique d'un devoir ainsi conçu serait extrêmement douteuse.

Mais, si nous ne saurioos parler ici de deveir sans risquer d'encourir plus d'une critique, serait-il juste au moios de reconnaitre, quant à la preuve du droit étranger, une charge semblable à celle qui existepour la preuve des faits? On trouve des manifestations dans ce sens dans la doctrine brésilienne[10]. II ne faut pourtant pas oublier la fonction capitale des règles de distributionde *l'onus probandi,* qui est de fournir au juge un critere de décision pour le cas ou quelque fait resterait dépourvu de preuve: les conséquences défavorables de cette lacune retombent alors

10 PONTES DE MIIlANDA, *Comentários ao Código de Processo Civil,* t. IV, 2e. éd., Rio de Janeiro, 1979, p. 364, et AMARAL SANTOS, *Comentários ao Código de Processo Civil,* v. IV, 3e. éd., Rio de Janeiro, 1982, p. 51, appliquent au droit étranger le principe fondamental relatif à la charge de la preuve en matiere de faits. Plus réservé l'avis d' ERNANE FIDÉLIS DOS SANTOS, *op. et loc. cit.*

sur la partie à laquelle incombait la charge [11]. Or, si l'on voulait appliquer ce mécanisme à notre sujet, on se heurterait à certaines difficultés.

Supposons, en effet, que, venu pour le juge le moment de statuer, on n'ait pas réussi, malgré tous les efforts faits par lui-même et par les plaideurs, à prendre connaissance du texte de la loi étrangere compétente. Il faut cependant décider l'affaire. Dans ces circonstances, à quoi bon dire que la partie supportera les conséquences défavorables de cet échec? S'il s'agit du demandeur, par exemple, cela pourrait signifier que le juge doit rejeter sa prétention, pour manque de fondement juridique. Mais la doctrine brésilienne cantemporaine – et l'on ne saurait certes lui en donner tort – n'approuve pas une telle solution[12], pas plus qu'elle ne prêche l'application de n'importe quelle autre loi pour la seule raison que celle-ci serait mains favorable au demandeur [13]. Or, si l'on refuse, à l'égard du droit étranger, le plus important corollaire de la conception de *l'onus probandi,* il devient malaisé de comprendre pourquoi on devrait continuer à rendre ici à cette conception un hommage purement nominal. Mieux vaut reconnattre franchement son inaptitude à donner une base solide à la réglementation de la matière.

6. Nous n'avons fait jusqu'ici que de tres légeres allusions à l'adversaire de la partie qui allegue le droit étranger. Il faut se demander si son attitude peut exercer quelque influence sur le mécanisme précédemment décrit.

Plusieurs hypotheses sont concevables. Les parties peuvent être d'accord sur le droit estimé compétent et pourtant diverger quant au

---

11 Cf. PONTES DE MIRANDA, *op. cit.,* p. 346-7. Dans la doctrine de langue allemande on parle à ce propos d' *"objektive* (ou *materielle) Beweislast"* ou encore de *"Feststeilungslast":* V. pour tous ROSENBERG-SCHWAB, *Zivilprozessrecht,* 13e. éd., München, 1981, p. 682, et FASCHING, *Zivilprozessrecht,* Wien, 1984, p. 419.

12 HAROLDO VALLADÃO, *op. cit.,* p. 477; OSCAR TENÓRIO, *op. cit.,* p. 155; CAMPOS BATALHA, *op. cit.,* v. II, p. 427; SERPA LOPES, *op. cit.,* p. 190; AMÍLCAR DE CASTRO, *op. cit.,* p. 256-7; PEREIRA DE ANDRADE, *Manual de Direito Internacional Privado,* São Paulo, 1975, p. 127; ARAÚJO CINTRA, *op. cit.,* p. 9 (sauf pour les cas d'application "indirecte"). Plus nuancée l'opinion de MONIZ DE ARAGÃO, *Exegese do Código de Processo Civil,* v. IV, t. I, Rio de Janeiro, 1985, p. 129-30.

13 À vrai dire, la conformité des avis s'arrête là: ils sont notoirement partagés quant à la meilleure façon de défaire le noeud. Nous n'avons pas à prendre position ici sur cette question, qui releve du droit intemational privé plutôt que du droit processuel. Pour un exposé et une critique succincts des principales thèses soutenues au Brésil et ailleurs, v. ARAÚJO CINTRA, *op. cit.,* p. 25 et s.

contenu de celui-ci. Elles peuvent s'accorder sur les deux questions, ou ne s'accorder sur aucune. Il n'est pas impossible que l'une se taise tout simplement sur l'allégation du droit étranger faite par l'autre.

L'accord des plaideurs dans l'indication du droit compétent, nous l'avons déjà remarqué, ne peut avoir d'effet que dans la mesure ou l'on reconnait un rôle, dans ce domaine, à l'autonomie de la volonté: c'est une question discutée (v. ci-dessus, n. 2). Il est mains dauteux que l'accord sur la teneur du droit étranger, quelle que sait la matière, ne lie pas le juge. D'où l'inclination de la doctrine brésilienne à ne pas reconnaitre ici à l'aveu sa force probatoire normale[14]. La tendance prédominante est de soustraire cette question à la libre disponibilité des parties.

Cette même raison explique le refus d'appliquer la disposition de l'art. 319, qui impose au juge, dans la procédure par défaut, d'accepter comme vrais (quelques exceptions mises à part: art. 320) les faits allégués par le demandeur[15]. Nous pouvons étendre ce raisonnement à l'art. 302, selon lequel sont aussi présumés vrais les faits affirmés par le demandeur et non contestés spécifiquement par le défendeur qui comparait.

II faut souligner qu'aucun plaideur ne peut se voir enlever la possibilité de participer d'une façon effective aux efforts pour établir le droit étranger compétent. Toute allégation de l'une des parties doit être soumise au contradictoire. S'il est vrai que'le seul silence de la partie adverse serait inconcluant, il n'est pas moins vrai qu'elle aura toujours l'occasion de collaborer activement aux recherches et d'apporter des éléments de preuve, soit pour renforcer cette allégation, soit pour la réfuter. En outre, les plaideurs ont le droit. de prendre position à l'égard des preuves dues à l'initiative personnelle du juge. Par conséquent, celui-ci ne doit pas statuer sans les soumettre au débat des parties.

7. En ce qui concerne les moyens de preuve utilisables, l' art. 409 du Code Bustamante fait allusion à un "certificat de coutume" délivré par

14 AMÍLCAR DE CASTRO, *op. cit.*, p. 254; SERPA LOPES, *op. cit.*, p. 187; JOSÉ FREDERICO MARQUES, *Instituições de Direito Processual Civil,* v. III, 2e. éd., Rio de Janeiro-São Paulo, 1962, p. 372; AMARAL SANTOS, *Prova judiciária no cível e comercial,* v. 11, p. 43 et s.

15 OSCAR TENÓRIO, *op, cit.*, p, 156. Plus généralement, contre l'admissibilité des présomptions, AMÍLCAR DE CASTRO, *op. cit.*, p. 254; CAMPOS BATALHA, *op. cit.*, v. II, p. 424.

deux avocats exerçant la profession dans le pays étranger cocontractant, lesquels attesteront la teneur, la vigueur et le sens de la loi. Aux termes de l'art. 410, si aucune preuve n'existe, ou si le juge estime insuffisantes celles qui ont été produites, il peut demander d'office, par voie diplomatique, que les autorités de l'autre État lui foumissent un rapport contenant les données nécessaires. Chaque État contractant est tenu de délivrer ce rapport, dans le plus court délai possible, à celui qui en aurait besoin (art. 411).

Il ne faut pas voir dans ces dispositions des limites à la recherche d'éléments de preuve, par le juge ou par les plaideurs. On peut douter qu'elles jouent un tel rôle même dans le cas où il s'agirait d'un pays signataire de la convention de la Havane, étant donné que l'art. 408 du Code Bustamante autorise le juge à appliquer d'office le droit de n'importe quel autre État cocontractant, et par là il admet, au moins d'une façon implicite, que celui-là ait recours à ses propres moyens pour se renseigner. Sur le plan interne, nuHe hésitation ne se justifierait. En effet, l'art. 332 du code de procédure civile établit que "tous les moyens légaux, ainsi que ceux moralement légítimes, quoique non spécifiés dans ce code, sont aptes à prouver la vérité des faits sur lesquels se fonde la prétention ou la défense". Or cette règle est évidemment susceptible d'application analogique au droit étranger.

Les documents restent bien sur les preuves par excellence. La meilleure serait un document officiel certifiant la teneur, la vigueur et la signification de la règle à appliquer. Malheureusement, les autorités publiques (y compris les consulats) ne témoignent pas d'ordinaire d'une grande promptitude à répondre aux consultations de ce genre[16]. Les publications courantes de textes légaux, d'un emploi assez fréquent, peuvent laisser subsister quelque doute sur la vigueur de la loi, surtout si elles ne sont pas tres récentes. On utilise aussi les oeuvres réputées de la doctrine étrangere ou de droit comparé, ou bien encore les recueils de jurisprudence, contenant des arrêts qui ont apliqué la règle en question[17].

16 Cf. HAROLDO VALLADÃO, *op. cit.*, p. 476.

17 Les cours brésiliennes se sont quelquefois contentées de citations d'oeuvres juridiques *nationales* concernant le droit étranger compétent: v. les arrêts de la Cour d'Appel de l'ancien *Distrito Federal*, 25-6-1936, *Agravo de petição* n. 1.330, *in Arquivo Judiciário*, v. 39, p. 122, et de la Cour d'Appel de São Paulo, 8-5-1939, Appel n. 5.314, *in Revista Forense*, v. 79, p. 110.

La preuve testimoniale est parfois regardé avec méfiance[18]. On est enclin également, nous l'avons déjà noté, à refuser à l'aveu son effet normal (v. ci-dessus, n. 6). Quant à l'expertise, les avis sont partagés[19]. Il faut ajouter les informations écrites d'associations qui se consacrent à I'étude et à la diffusion du droit étranger et comparé. Enfin, on ne saurait nier la possibilité, pour le juge, de se faire renseigner par des juristes étrangers de sa connaissance personnelle[20], pourvu naturellement que toutes les pieces d'information soient soumises au contradictoire des parties.

Il convient de reconnaître que la plupart de ces moyens de preuve, sinon tous, offrent des dangers nullement négligeabIes. Si l'appréciation des preuves *des faits* est presque toujours une opération assezdélicate, les difficultés peuvent dépasser toutes les bomes lorsqu'il s'agit des preuves d'un droit étranger. La seule transcríptlon d'un texte légal, par exemple, même si elle est d'une fidélité parfaite, risque maintes fois de donner au juge une fausse impression sur la vraie portée de la règle juridique. Il faut loujours se méfier des données isolées de leur contexte.

8. À ce point-là, on glisse insensiblement vers le problème de l'interprétation du droit étranger. Bien que la connaissance des textes étrangers tende à se montrer de pIus en pIus facile, au fur et à mesure que s'intensifient les rapports culturels entre les différents pays, elle se heurtera toujours à des obstacles, dont l'un des plus fâcheux est sans doute le cout encore assez élevé de l'obtention de certaines preuves. Or, à ces difficultés s'ajoute, pour le juge, celles qui ont trait à l'interprétation de la loi *(lato sensu)* étrangere.

La doctrine souligne que le droit compétent doit être appliqué, autant que possible, tel qu'il l'est dans son ambiance d'origine. C'est à dire qu'il ne suffit pas au juge d'avoir un texte sous ses yeux, ce qui d'ailleu-

---

18 PONTES DE MIRANDA, *op. cit.*, p. 365; JOSÉ FREDERICO MARQUES, *op. et loc. cit.;* OSCAR TENÓRIO, *op. cit.*, p. 149; ARAÚJO CINTIIA, *op. cit.*, p. 22; CAMPOS BATALHA, *op. cit.*, v. II, p. 424 (sauf s'il s'agit de témoins "spécialement qualifiés"). Certains auteurs, cependant, l'admettent sans réserve: HAROLDO VALLADÃO, *op. cit.*, p. 475; SERPA LOPES, *op. cit.*, p. 187.

19 Pour I'admissibilité: HAROLDO VALLADÃO, *op. cit.*, p. 475; SERPA LOPES, *op. cit.*, p. 187 (cet auteur inclut sous le concept d'expertise les opinions des jurisconsultes); *contra*, ARAÚJO CINTRA, *op. cit.*, p. 22.

20 Cf., dans la République Féderale d'Allemagne, l'avis du maitre auquel sont dédiées ces pages: NAGEL, *Internationales Zivilprozessrecht*, 2e. éd., Munster, 1984, p. 174.

rs est vrai même pour le droit national. Il s'efforcera de vérifier le sens qu'on lui donne dans l'autre pays. S'il y existe des règles légales d'interprétation, elles doivent être scrupuleusement observées. Si le juge est à même de consulter la jurisprudence de l'État étranger, surtout celle de sa cour suprême, cela lui prêtera un secours inestimable[21].

Il faut cependant avouer que l'acces à toutes ces données est une hypothese-limite, qui ne se présentera que tres rarement dans la pratique du *forum.* Le juge devra normalement se contenter d'une recolte beaucoup plus maigre. Faute de mieux, il appliquera les príncipes d'herméneutique plus adéquats à la matière, en tenant compte surtout de l'esprit et du caractere du systeme juridique étranger, dans la mesure ou ses connaissances de droit comparé le lui permettront.

Des remarques analogues à celles que nous avons faites quant à l›interprétation du droit étranger ne seraient pas déplacées en ce qui concerne les questions de l›application de la loi dans le temps et dans l›espace, ainsi que celles posées par la hiérarchie des règles juridiques. La doctrine brésilienne, avec quelques restrictions, admet le contrôle, par le juge national, de la constitutionnalité d›une loi étrangere[22]. Inutile d'observer qu'il s'agit d'une démarche extrêmement dangereuse, à entreprendre avec circonspection et déférence pour les vues de la juridiction compétente de l'État étranger.

9. Sous réserve des particularités précédemment signalées, les questions relatives à l'application du droit étranger par le juge brésilien se soumettent en généraI, selon l'avis de la doctrine, à la réglementation processuelle des *quaestiones iuris.* Certaines applications de ce principe ont une importance indiscutable.

En premier lieu, de telles questions se dérobent aux effets ordinaires de la forclusion. Si la partie n'a pas allégué le droit étranger devant le juge du premier degré, elle n'en reste pas moins libre de le faire devant la juridiction d'appel. Cette possibilité ne se subordonne pas à l'existence d'un motif de force majeure, habile à justifier le retard de l'allégation, comme ce serait le cas pour les *quaestiones facti,* aux termes de l'art.

21 Sur tous ces points, v. HAROLDO VALLADÃO, *op. cit.,* p. 480-1; AMÍLCAR DE CASTRO, *op. cit.,* p. 259-60; CAMPOS BATALHA, *op. cit.,* v. I, p. 230-1.

22 HAROLDO VALLADÃO, *op. cit.,* p. 480; CAMPOS BATALHA, *op. cit.,* v. I, p. 232-3.

517 du Code de procédure civile[23]. On admettra aussi bien entendu que la partie produise en deuxieme instance la preuve de son allégation[24] et que l'adversaire la critique et essaie de la réfuter par la preuve du contraire.

L'art. 330, I, du Code de procédure civile prévoit le "jugement anticipé du litige", dans la procédure ordinaire, si la discussion porte seulement sur des questions de droit. Cela signifie que l'affaire peut être décidée sans qu'il soit nécessaire de tenir une audience de plaidoiries. Cette disposition s'applique, en príncipe, aux cas ou les seules questions discutées concernent le droit étranger.

Dans la procédure civile brésilienne, les jugements de deuxieme degré (et ceux ou la cour d'appel statue en premier ressort) peuvent donner lieu à un incident appelé "uniformisation de la jurisprudence", lorsque l'on constate une variété d'interprétations d'une règle juridique dans les arrêts des diverses charnbres d'une même cour. Par ce moyen, la *quaestio iuris* est portée devant une sorte d'assemblée générale (formée par la réunion de toutes les chambres civiles de la cour), qui établit l'interprétation à adopter dans la décision de l'affaire[25]. Quoique le cas soit probablement assez rare, il n'est pas ínconcevable que la divergence d'interprétation ait pour objet une règle de droit étranger: cettecirconstance n'écartera pas l'admissibilité de l'incident.

Certaines voies de recours, on le sait bien, ne peuvent porter que sur des questions de droit. Tel est le cas, au Brésil, du *"recurso extraordinário"*, prévu dans l'art. 119, III, de la Constitution de la République. Il est normalement recevable, par exemple, lorsqu'il s'agit de la violation de cette Constitution, d'un traité ou d'une loi fédérale (art. 119, III, *a)*, ou qu'une loi fédérale est inégalement interprétée par deux cours de différents États, ou par la cour d'un État et le *Supremo Tribunal Federal* (la Cour Suprême du pays). Cette voie est évidemment ouverte si la disposition légale dont il s'agit est une règle de conflit: le droit international privé brésilien est un ensemble de règles juridiques contenues dans des traités ou des lois fédérales, et il n'y a aucune raison pour l'exclure du champs d'application du *"recurso extraordinário"*. On pourrait toutefois

23 HAROLDO VALLADÃO, *op. cit.*, p. 475; AMiLCAR DE CASTRO, *op. cit.*, p. 260.

24 PONTES DE MIRANDA, *op. cit.*, p. 365.

25 *Código de Processo Civil*, arts. 476-9. Ce mécanisme ressemble à celui du § 136 de la *Gerichtsverfassungsgesetz* de la République Féderale d'Allemagne.

se demander si cela reste vrai pour le droit étranger appliquable en vertu de la règle brésilienne de conflit.

Aucun doute n'est possible pour les États signataires de la Convention de la Havane: l'art. 412 du Code Bustamante donne expressément une réponse affirmative à cette question. Mais la doctrine consacre la même solution en termes généraux[26]. Et le *Supremo Tribunal Federal,* dans un arrêt encore récent, a réitéré, à propos d'une affaire régie par le Code Civil portugais, la these selon laquelle "la loi étrangere, appliquée en vertu d'une disposition de droit international privé brésilien (dans ce cas, l'art. 9 de la Loi d'Introduction au Code Civil), s'assimile à la loi fédérale brésilienne, à l'effet d'ouvrir la voie du *recurso extraordinário"*[27].

Enfin, dans le sistème juridique brésilien, même les jugements devenus irrévocables peuvent être attaqués, dans certains cas, par un moyen qui n'est pas techniquement une voie de recours, mais une action autonome, exercée dans un autre proces et appelée *"ação rescisória"*[28]. Un des fondements possibles de cette action est la "violation d'une disposition littérale de loi" (Code de procédure civile, art. 485, V). Là aussi on admet qu'il puisse s'agir d'une loi étrangere, déclarée compétente par la règle brésilienne de conflit[29].

Abril de 1986.

---

26 HAROLDO VALLADÃO, *op. cit.,* p. 475; OSCAR TENÓRIO; *op. cit.,* p. 163; AMÍLCAR DE CASTRO, *op. cit.,* p. 260-1; CAMPOS BATALHA, *op. cit.,* v. I, p. 238-9. Déjà dans ce sens, sous la Constitution de 1937, NICOLAU NAZO, *op. cit.,* p. 56-7.

27 Arrêt du 17-12-1981, R.E. n. 93.131, *in Revista Trimestral de Jurisprudência,* v. 101, p. 1.149.

28 Elle a plus d'un point de contact avec la *Wiederaufnahme des Verfahrens* du droit allemand.

29 PONTES DE MIRANDA, *Tratado da ação rescisória,* 5e. éd., Rio de Janeiro, 1976, p. 299; BARBOSA MOREIRA, *Comentários ao Código de Processo Civil;* v. V, 5e. éd., Rio de Janeiro, 1985, p. 132.

COMENTÁRIOS DOS ATUALIZADORES

LE JUGE BRÉSILIEN ET LE DROIT ÉTRANGER

Luiz Paulo da Silva Araújo Filho / Guilherme Jales Sokal

Permanecem no Decreto-Lei nº 4.657/42, hoje Lei de Introdução às Normas do Direito Brasileiro (LINDB)[30], as principais regras de definição da lei aplicável aos conflitos com elementos de estraneidade, notadamente nos arts. 7º e segs. Não alteraram esse quadro as reformas que atingiram aquele diploma na década passada, em especial pela Lei nº 13.655/18, voltada mais à tutela da segurança jurídica na interpretação e aplicação do direito nacional do que ao estrangeiro (arts. 20 e segs). Segue também vigente no Brasil, no ponto, o Código Bustamante.

Entende-se ainda hoje, na doutrina brasileira, que a aplicação do direito estrangeiro constitui questão de direito[31], embora, como lapidarmente exposto no texto, equiparável a questão de fato para determinados fins. Por um lado, a iniciativa das partes continua a não ser condição para que o juiz proceda àquela aplicação, primeira projeção da máxima *iura novit curiae*[32]. Por outro, quanto aos papéis do juiz e das partes na busca por informações sobre o teor e a vigência do direito estrangeiro aplicável, segundo aspecto daquela máxima, nenhuma modificação sofreu o atual art. 376 do CPC/15, correspondente ao revogado art. 337[33].

Como ressai da lição do Mestre, a comunhão de esforços para

30 A alteração da ementa do diploma se deve à Lei nº 12.376/2010.

31 Na literatura recente, por todos, DOLINGER, Jacob; TIBURCIO, Carmen. *Direito internacional privado*, Rio de Janeiro: Forense, 2020, p. 377-9.

32 Na jurisprudência, dispensando a alegação das partes para a aplicação pelo juiz brasileiro, de ofício, do direito estrangeiro incidente, STJ, REsp nº 1.729.549/SP, Rel. Min. Luis Felipe Salomão, Quarta Turma, j. em 09/03/2021, DJe 28/04/2021; e STJ, REsp nº 254.544/MG, Rel. Min. Eduardo Ribeiro, Terceira Turma, j. em 18/05/2000, DJ 14/08/2000. Na doutrina, DOLINGER, Jacob; TIBURCIO, Carmen. *Direito internacional privado*, Rio de Janeiro: Forense, 2020, p. 379.

33 Na Regra 26(2), segunda parte, das Regras-Modelo de Processo Civil para a Europa ELI/UNIDROIT o dever do juiz de investigar o direito nacional ou estrangeiro aplicável é tratado sem distinção ("*Rule 26: Applicable law (...) (2) The court must determine the correct legal basis for its decision. This includes matters determined on the basis of foreign law. (...)*").

encontrar informações sobre o direito estrangeiro guarda sintonia com o princípio da cooperação, que o art. 6º do CPC/15 arvora a norma fundamental do processo civil[34]. Se, intimadas, as partes faltam em aportar tais elementos, valem hoje as mesmas observações lançadas no texto agora quanto à insuficiência do art. 379, III, do CPC/15, correspondente ao revogado art. 340, III, para precisar as consequências[35].

Obtendo o juiz sucesso na investigação por meios próprios, os dois alertas constantes do texto para a preservação do contraditório agora são reforçados pelo Código de 2015. A primeira hipótese, mais ampla, de o juiz ter tomado como razão de decidir informações sem franquear às partes oportunidade de debate, é agora proscrita pelo art. 10[36]. Se ao fazê-lo o juiz ainda contradiz o próprio comportamento no processo, ignorando intimação anterior às partes para produzirem prova sobre o direito estrangeiro, a nulidade encontra apoio também no art. 5º do Código, que impõe a boa-fé como padrão de conduta para todos os sujeitos processuais[37].

O papel da vontade das partes na escolha da lei aplicável tem progressivamente ganhado espaço no direito brasileiro, em especial

---

34 Em tese, no art. 376 se poderia inclusive enxergar um *dever de auxílio* das partes para com o órgão judicial. Sobre a análise do princípio da cooperação a partir dos quatro poderes-deveres de esclarecimento, prevenção, consulta e auxílio, remete-se, nesta obra, às Notas de Atualização ao texto *Dimensiones sociales del proceso civil*.

35 Decidiu o STJ que "não sendo viável produzir-se essa prova, como não pode o litígio ficar sem solução, o Juiz aplicará o direito nacional" (STJ, REsp nº 254.544/MG, Rel. Min. Eduardo Ribeiro, Terceira Turma, j. em 18/05/2000, DJ 14/08/2000). Apontando ser essa a orientação vigente em Itália, Inglaterra, Portugal, Suíça, França e Alemanha, v. DOLINGER, Jacob; TIBURCIO, Carmen. *Direito internacional privado*, Rio de Janeiro: Forense, 2020, p. 374 e 383. Quanto ao dever de cooperação das partes na atividade de instrução de modo geral, remete-se, nesta obra, às Notas de Atualização ao texto *Alguns problemas atuais da prova civil*.

36 A Regra 26(2), parte final, das Regras-Modelo de Processo Civil para a Europa ELI/UNIDROIT segue a mesma diretriz na matéria (*"Rule 26: Applicable law (...) (2). (...) It may only do so having provided the parties a reasonable opportunity to present their arguments on the applicable law"*).

37 Aplicando a boa-fé objetiva como vedação a comportamentos contraditórios do juiz na atividade de instrução, STJ, REsp nº 1.229.905/MS, Rel. Min. Luis Felipe Salomão, Quarta Turma, j. em 05/08/2014, DJe 02/09/2014.

em contratos internacionais[38], e alhures[39]. A tônica de autonomia se harmoniza com o art. 357, § 2º, do CPC/15, que permite que autor e réu delimitem consensualmente as questões de direito relevantes para a decisão de mérito, em acordo que, se homologado, vincula também o juiz[40]. No que toca à falta de impugnação do teor do direito estrangeiro demonstrado pelo adversário, ao revogado art. 319 corresponde, sem alteração significativa, o atual art. 344, figurando no art. 345 as exceções ao chamado efeito material da revelia, de cujo rol ressai o acréscimo do inc. IV na comparação com o revogado art. 320, apenas consolidando a interpretação já antes dominante[41]. Por fim, ao revogado art. 302 corresponde, hoje, o art. 341 do CPC/15, sem modificação na disciplina do ônus de impugnação especificada dos fatos.

---

38 Reconhecendo-o, na jurisprudência, STJ, AgInt no REsp nº 1.343.290/SP, Rel. Mini. Luis Felipe Salomão, Quarta Turma, j. em 20/08/2019, DJe 23/08/2019; e STJ, REsp nº 1.280.218/MG, Rel. Min. Paulo de Tarso Sanseverino, Rel. p/ Acórdão Min. Marco Aurélio Bellizze, Terceira Turma, j. em 21/06/2016, DJe 12/08/2016. Na doutrina, defendendo a autonomia da vontade sobre a escolha da lei aplicável a contratos internacionais, DOLINGER, Jacob; TIBURCIO, Carmen. *Direito internacional privado*, Rio de Janeiro: Forense, 2020, p. 662-5.

39 A Regra 26(3) das Regras-Modelo de Processo Civil para a Europa ELI/UNIDROIT acolhe o acordo sobre o direito aplicável desde que o conflito diga respeito a direitos disponíveis, que o acordo seja explícito e que seja apresentado ao órgão judicial na fase inicial do processo (*"Rule 26: Applicable law (...) (3) Where parties are free to dispose of their rights, they may agree on the legal basis of the claim or on specific issues in the claim. Such an agreement must be explicit and must, even if it was made before commencement of the proceedings, be set out in the pleadings. The agreement binds the court")*.

40 Sobre o tema, remete-se, nesta obra, às Notas de Atualização ao texto *Saneamento do processo e audiência preliminar*. Frisando, com base no art. 357, § 2º, que as partes podem "negociar o Direito aplicável ao caso (*choice of law*), à semelhança e nos mesmos casos em que podem fazer isso no processo arbitral (art. 2º, § 1º, da Lei nº 9.307/96)", DIDIER JÚNIOR, Fredie. *Curso de direito processual civil: introdução ao direito processual civil, parte geral e processo de conhecimento*, v. 1, Salvador: ed. Juspodivm, 2021, p. 862. Na mesma linha, GRECO, Leonardo. Saneamento do processo, estabilidade e coisa julgada, In: *Coisa julgada e outras estabilidades processuais*, Fredie Didier Jr. e Antônio do Passo Cabral (Coords.), Salvador: Ed. Juspodivm, 2018, p. 623.

41 Afirmando, ainda sob o CPC/73, que o juiz não se encontrava vinculado "à aceitação de fatos inverossímeis, notoriamente inverídicos ou incompatíveis com os próprios elementos ministrados pela inicial, só porque ocorreu a revelia", BARBOSA MOREIRA, José Carlos. *O novo processo civil brasileiro: exposição sistemática do procedimento*, Rio de Janeiro: Forense, 2012, p. 97.

Aos meios de prova do direito estrangeiro seguem aplicáveis os arts. 409 a 411 do Código Bustamante[42]. Em 1996, ademais, o Brasil promulgou, por meio do Decreto nº 1.925, a Convenção Interamericana sobre Prova e Informação Acerca de Direito Estrangeiro, de Montevidéu, que tem o propósito de "estabelecer normas sobre a cooperação internacional entre os Estados Partes para a obtenção de elementos de prova e informação a respeito do direito de cada um deles". No CPC/15, além dos meios típicos de prova[43] e da abertura à atipicidade (art. 369, correspondente ao revogado art. 332)[44], presta-se também a esse fim o auxílio direto solicitado pela autoridade judiciária brasileira (auxílio ativo) para "obtenção (...) de informações sobre o ordenamento jurídico (...)" estrangeiro (art. 30, I), no âmbito da cooperação internacional, observado o disposto nos arts. 37 a 41.

Quanto às repercussões por se tratar de questão de direito, para as alegações tardias em grau de recurso nada se altera com o atual art. 1.014, correspondente, sem modificação, ao revogado art. 517. Do julgamento antecipado do mérito agora cuida o art. 355, cujo inciso I aprimora, do ponto de vista técnico, a redação do revogado art. 330, I, mas sem lhe alterar a substância[45].

O Código de 2015 não reproduz a disciplina do incidente de uniformização de jurisprudência que constava dos arts. 476 a 479 do CPC/73. A serviço do dever de uniformização imposto aos Tribunais (art. 926) agora preveem-se as técnicas listadas no art. 927. Dentre elas, a que mais se aproxima do revogado instituto consiste no Incidente de Assunção de Competência (arts. 927, III, e 947), mas na verdade guardando ainda mais similitude com a previsão do art. 555, § 1º, do

---

42 Reputando-o "o melhor sistema", DOLINGER, Jacob; TIBURCIO, Carmen. *Direito internacional privado*, Rio de Janeiro: Forense, 2020, p. 381-2.

43 Menção à prova pericial para esse propósito consta da Regra 120(1), parte final, das Regras-Modelo de Processo Civil para a Europa ELI/UNIDROIT (*"Rule 120. Court-appointed Experts (1) The court may appoint one or more experts to give evidence on any relevant issue for which expert evidence is appropriate, including foreign law"*).

44 Sobre o tema, remete-se, nesta obra, às Notas de Atualização ao texto *Alguns problemas atuais da prova civil*.

45 O tema foi abordado mais longamente, inclusive quanto ao julgamento antecipado parcial do mérito (art. 356), nas Notas de Atualização ao texto *Saneamento do processo e audiência preliminar*, nesta obra.

CPC/73, na redação então dada pela Lei nº 10.352/01[46]. Em teoria, e apesar de ainda hoje remota a probabilidade prática, nada impede que o direito estrangeiro seja objeto inclusive dos demais padrões decisórios vinculantes arrolados nos incs. II a V do art. 927.

Por fim, com a entrada em vigor da Constituição de 1988 passou a competir ao STJ o julgamento de recurso especial quando a decisão recorrida "contrariar tratado ou lei federal, ou negar-lhes vigência" (art. 105, III, 'a', substituindo, nessa parte, o art. 119, III, 'a', da CF/69). Mantém-se, para o cabimento dessa espécie recursal, a equiparação entre o direito estrangeiro e o nacional federal[47]. A mesma equiparação segue afirmada, hoje, para a rescindibilidade de decisões judiciais com apoio no inc. V do art. 966 do CPC/15[48].

---

46 Reputando o IAC uma "reformulação do incidente previsto no § 1º do art. 555 do CPC/73", DIDIER JÚNIOR, Fredie; CUNHA, Leonardo Carneiro da. *Curso de direito processual civil: meios de impugnação às decisões judiciais e processo nos tribunais*, v. 3, Salvador: ed. Juspodivm, 2021, p. 829. Sobre o instituto na legislação revogada, BARBOSA MOREIRA, José Carlos. *Comentários ao Código de Processo Civil – vol. V: arts. 476 a 565*, Rio de Janeiro: ed. Forense, 2009, p. 675-6.

47 Na jurisprudência recente do STJ, REsp nº 1.729.549/SP, Rel. Min. Luis Felipe Salomão, Quarta Turma, j. em 09/03/2021, DJe 28/04/2021. Na doutrina, v. DOLINGER, Jacob; TIBURCIO, Carmen. *Direito internacional privado*, Rio de Janeiro: Forense, 2020, p. 379 e 388.

48 Afirmando expressamente o ponto, TALAMINI, Eduardo; WAMBIER, Luiz Rodrigues. *Curso Avançado de processo civil – cognição jurisdicional (processo comum de conhecimento e tutela provisória)*, v. 2, São Paulo: Ed. RT, 2016, p. 833; e DOLINGER, Jacob; TIBURCIO, Carmen. *Direito internacional privado*, Rio de Janeiro: Forense, 2020, p. 379.

APÊNDICE

PRESENÇA DE COUTURE[1]

Una invitación como la que recibí de esta ilustrísima Facultad, por media del eminente Profesor Luis Alberto Viera, constituye, por supuesto, fuente de altísimo honor. Pero a veces puede constituir asimismo, y en mi caso seguramente constituye, motivo de temor. Se pide a un procesalista brasileño que hable de COUTURE, a un auditorio predominantemente uruguayo, en Montevideo, aquí mismo donde el inolvidable Maestro vivió y ejercitó en forma constante su actividad docente – y éso ya arroja sobre los ombros del invitado, un extranjero que ni siquiera comparte con el homenajeado y con los promotores del homenaje su lengua materna, una responsabilidad que inevitablemente lo preocupa. Más aún: se le pide que diserte sobre la influencia del Maestro en la América Latina – y su preocupación no puede dejar de aumentar, en tanto y en cuanto él se da cuenta de la enorme deficiencia de sus conocimientos acerca de la literatura jurídica de los otros países latinoamericanos.

Sin embargo, se trata de una invitación, por muchas razones, irrecusable. El invitado tiene que explotar su propia imaginación para salir del apuro con dignidad. Y he que lo socorre la contemplación de las obras del Maestro, enfiladas en una estante de su escritorio. Su mirada se detiene en el lama de aquel encantador relato de viajes más espirituales que físicos, titulado *La comarca* y *el mundo;* y una inspiración súbita le permite entrever el modo más adecuado de superar su perplejidad.

"La comarca", en efecto, era y es, para COUTURE, mucho más que su territorialmente pequeo Uruguay. La integran, merced a la comunión no sólo del idioma, sino también y sobre todo de la tradición jurídica, todos los países hispánicos. No es de extrañar, por consiguiente, que Guatemala y Ecuador, Panamá y Chile, Costa Rica y Perú tuvieran siempre abiertas, de par en par, a las enseanzas del Maestro, las puertas de sus fronteras intelectuales.

Si, por ejemplo, en México, lo exalta FIX-ZAMUDIO, como el fundador del Derecho Constitucional Procesal y subraya que él "fue uno de los primeros juristas no sólo latinoamericanos, sino en el ámbito mundial, que advirtió la necesidad de analizar cientificamente las normas consti-

---

1 Texto de conferência pronunciada na Faculdade de Direito de Montevidéu, em 12-5-1986, por ocasião das comemorações do 30º aniversário do falecimento de EDUARDO COUTURE. Publicado na *Revista Uruguaya de Derecho Procesal*, n. 3/86.

tucionales que regulan las instituciones procesales"[2], la observación, sin perjuicio de la autoridad científica del escritor que la hace, puede sanar como algo que va de suyo. Tampoco sorprende que, en Colombia, DEVIS ECHANDIA ponga de resalto el acierto con que COUTURE "recalcó (...) el contenido constitucional de la tutela que el derecho procesal consagra y reglamenta en la práctica del mecanismo jurisdiccional del Estado, tanto para la sociedad como para cada uno de los individuos que la componen, frente a los otros particulares, a los funcionarios encargados de aquella función y a las autoridades de las *otras* ramas del poder público"[3]. Es igualmente natural que, en Argentina, los estudios críticos de la teoría de la acción, como el que emprendió, entre otros, REIMUNDÍN, en su bien conocida monografía[4], se ocupen largamente de la concepción couturiana de la acción como un "derecho cívico", como una "forma típica del derecho constitucional de petición", a la cual, inclusive, dedicó SENTÍS MELENDO un ensayo específico[5]. Y si uno lee (o relee) el conmovedor "discurso de orden" pronunciado por LORETO, hace ya casi treinta años, en ocasión del homenaje rendido al Maestro, en el tercer aniversario de su fallecimiento, por la Universidad de Carabobo[6], ciertamente se llenará de admiración, aún después de la primera lectura, y acaso de la segunda, con la belleza del estilo y con la agudeza de los conceptos; pero aceptará sin asombro, casi como una verdad de Perogrullo, que la personalidad y la otra de COUTURE sean tán bien conocidas y celebradas con tanta devoción en Venezuela.

Mas el caso del Brasil es distinto; y quizás sea tal diferencia lo que justifica, en último análisis, mi presencia en esta tribuna. El Brasil es un país donde, ante todo, se habla otro idioma; y, aunque la tradición jurídica brasileña hunda sus raíces más remotas en el mismo suelo ibérico

---

2 FIX-ZAMUDIO, Eduardo *J.* Couture y el derecho constitucional procesal, *in Estudios en honor de Eduardo J. Couture (Rev. de la Fac. de Derecho* y *Ciencias Saciales,* año XXIV, n. 1), Montevideo, 1980, t. I, p. 78-9.

3 DEVIS ECHANDÍA, El derecho procesal como instrumento para la tutela de la dignidad y la libertad humanas, *ibid.,* p. 131-2.

4 REIMUNDÍN, *Los conceptos de pretensión y acción en la doctrina actual.* Buenos Aires, 1966, p. 26, 54-5, 69.

5 SENTÍS MELENDO, De la acción a la pretensión en la doctrina de Couture, *in Rev. Del Colegio de Abogados de La Plata,* ano IV, 1. 4, n. 7.

6 LORETO, Semblanza de Couture: un americano eminente, *in Estudios.* cit., t. I, p. 33 y s.

del cual se ha nutrido el gran árbol de los ordenamientos hispanoamericanos, la verdad es que allá el legislador procesal, a diferencia de cuanto ocurrió en la generalidad de las otras naciones de América Latina, se mantuvo ajeno a la influencia de las codificaciones espaolas del siglo XIX; y, en consecuencia, los caminos de nuestro proceso civil se apartaron, en cierta medida, de las trillas comunes a la mayor parte del continente. No digo que la distancia sea muy grande; pera sí digo que existe, y éso basta. Por ende, si el Brasil no es todavía "el mundo", en contrapartida ya no es, rigurosamente, "la comarca".

Ahora bien: que en los límites de la comarca el Maestro sea y siga siendo, a lo largo de los anos, estudiado, admirado, citado, es sin duda un hecho importante; pero aún más importante será tal vez el hecho de que también nosotros, más allá de aquellos límites, lo estudiemos, lo admiremos, lo citemos. Porque ahí está la prueba de una singular resistencia de la obra couturiana a los obstáculos inherentes a la travesía de fronteras intelectuales cuyas puertas no habría las mismas razones para suponer que le estuvieran abiertas de manera igualmente obvia. Es aquí, señores, donde el testimonio de un procesalista brasileño puede cobrar una significación no totalmente despreciable.

Hablando de fronteras, hay una circunstancia que conviene desde luego señalar. COUTURE es uno de los poquísimos juristas de habla castellana que tienen más de una obra traducida al portugués. ¿ Que quiere decir ésto? Quiere decir que los lectores de sus escritos no pertenecen exclusivamente a los círculos especializados. Los especialistas brasileños – y, por supuesto, también los portugueses – por regla son capaces de leer en el original los trabajos científicos redactados en castellano. Para éllos, sólo para éllos, las traducciones no serían indispensables. Si las editoras se animaron a encomendarlas y a publicarlas, es evidente que las obras del Maestro despiertan un interés más amplio. Y en verdad basta con recordar sus sabias y hermosos *Mandamientos del Abogado,* que se traen a colación muy a menudo, en toda suerte de ceremonias profesionales.

Demás está decir que no se puede expresar adecuadamente en números la influencia de un autor. Sin embargo, hay datos que hablan de por sí, con inequívoca elocuencia. Por ejemplo: en una obra tan importante en la historia reciente de la doctrina brasileña como son las *Instituições de Direito Processual Civil* de JOSÉ FREDERICO MARQUES, cincuenta y cinco citas hacen de COUTURE el autor más citado de su idioma, a una distancia considerable de los dos siguientes, que no alcanzan más de quince citas cada uno. En la más conocida serie de comentarios a nuestro vigente *Código de Processo Civil,* de los once tomos publicados, nueve citan el Maestro, y varios de ellos más de uno de sus libras. Eso pone de relieve que el influjo del pensamiento couturiano no se restringe a dos o tres temas específicos, sino que se manifiesta en los más diversos sectores de la problemática procesal.

Un episodio interesante ilustra el desvelo con que se seguía, desde el Brasil, la trayectoria intelectual de COUTURE. Habiéndolo incluído algunos autores, al exponer las principales concepciones del proceso, entre los partidarios de la llamada teoría institucional, se dió prisa JACY DE ASSIS en publicar un artículo destinado a demonstrar que la adhesión del Maestro a la doctrina guaspiana había sido temporaria y no implicaba el abandono de la idea de relación procesal[7]. Ese trabajo resonó en los círculos doctrinales y ocasionó, por ejemplo, una rectificación por parte de JOSÉ FREDERICO MARQUES[8].

Sin embargo, hay que reconocer a la enseanza de COUTURE una trascendencia singular en lo que atane a las relaciones entre el proceso civil y el ordenamiento constitucional. El Maestro dedicó lo mejor de su energía intelectual a la difusión de una tesis que, en aquel entonces, mucho tenía de original: que el proceso representa o debe representar el desenvolvimiento y la realización práctica de los derechos fundamentales y de las garantías previstas en la Constitución. Los lineamientos más característicos de su sistema son como ramificaciones de esa idea básica: así, en efecto, la consideración de la acción y también de la excepción como derechos cívicos, el relieve dado a la garantía del "debido proceso legal", y en términos más generales el enfoque limpidamente publicístico con que se analizan, a lo largo de su producción científica, los institutos del proceso civil, "aun aquellos aparentemente más pequeos" – por decirlo con sus propias palabras –, imprimiendo "una coloración política, institucional" en una rama del derecho "que por tanto tiempo fue considerada el simple menester de la rutina forense"[9].

7 JACY DE ASSIS, *Couture e a teoria institucional do processo.* Uberlândia, 1961.

8 JOSÉ FREDERICO MARQUES, *Instituições de Direito Processual Civil,* v. II, 2ª ed., São Paulo, 1962, p. 94-5.

9 COUTURE, Las garantías constitucionales del proceso civil, *in Estudios de Derecho Procesal Civil,* 2ª ed., Buenos Aires, 1978, t. I, p. 94.

Por tal cauce, más que por cualquier otro, logró el pensamiento de COUTURE llevar a cabo una obra de fecundación. La doctrina brasilea - si aquí también se me permite particularizar - estuvo siempre muy atenta a las posiciones couturianas en esta materia. Hasta los manuales didáticos se refieren, por ejemplo, ai modelo que el Maestro propuso de la acción como una especie del género de los derechos de petición[10]. Es oportuno señalar que la tesis obtuvo la adhesión explícita de uno de los más eminentes procesalistas de mi país, ALFREDO BUZAID, autor del anteproyecto del *Código de Processo Civil* de 1973[11]; y, en 1978, la acogió la VII Conferencia Nacional de la *Ordem dos Advogados do Brasil,* al aprobar una proposición de SERGIO BERMUDES, que invocaba expresamente la predicación de COUTURE[12].

Pero en verdad la influencia del Maestro tuvo, desde ese punto de vista, una significación más profunda. Ella concurrió eficazmente para producir una auténtica revolución metodológica. Si, en la literatura de las dos últimas décadas, se generaliz el hábito de estudiar los temas procesales básicos a la luz de los principios constitucionales, mucho se debe, en ese cambio de perspectiva, a las sugerencias couturianas. Lo reconoce, en términos expresos, uno de los escritores que más fuertemente han contribuído para el triunfo de la nueva metodología: en su obra, todavía no concluída, sobre la reforma del Poder Judicial, trás recordar las ideas precursoras que predicara, en su tiempo, JOÃO MENDES JÚNIOR, acerca de la función del proceso como instrumento de la "seguridad constitucional de los derechos", y de notar que tal enseanza no había encontrado eco en la doctrina ni en la jurisprudencia, subraya JOSÉ FREDERICO MARQUES que solo en tiempos más recientes, "bajo la influencia inicial de COUTURE, y luego de CAPPELLETTI y de otros procesalistas italianos de la actualidad, se han elaborado en el Brasil estudios sobre las garantías constitucionales del proceso"[13]. Y basta con leer, por ejemplo, los

---

10 *V.g.:* AMARAL SANTOS, *Primeiras linhas de Direito Processual Civil,* v. I, 9ª ed., São Paulo, 1981, p. 158; ARAÚJO CINTRA-PELLEGRINI GRINOVER-DINAMARCO, *Teoria Geral do Processo,* 6ª ed., São Paulo, 1986, p. 216.

11 ALFREDO BUZAID, *Da ação direta de declaração de inconstitucionalidade no direito brasileiro,* São Paulo, 1958, p. 104.

12 V. *Anais da VII Conferência Nacional da Ordem dos Advogados do Brasil,* p. 74, 104, 223 y s.

13 JOSÉ FREDERICO MARQUES, *A reforma do Poder Judiciário,* v. I, São Paulo, 1979, p. 99. Cf. ALFREDO BUZAID, *Grandes Processualistas,* São Paulo, 1982, p. 123-4.

trabajos de ADA PELLEGRINI GRINOVER, *As garantias constitucionais do direito de ação* y Os *princípios constitucionais e o Código de Processo Civil,* tan característicos de semejante movimiento, para advertir cuan valiosa fue, en todo eso, la inspiración couturiana.

En este punto no me es posible observar una fidelidad total a la limitación que me impuse. No me atrevería, en efecto, a callar por lo menos una breve referencia a la repercusión que tuvo en otros países latinoamericanos la exhortación del Maestro a la ciencia del proceso, para que abriera sus ventanas al soplo del oxígeno constitucional. Pemítaseme, entonces, poner de relieve la energía con que correspondió al llamamiento couturiano, en. México, FIX-ZAMUDIO, con su *Constitución y proceso civil en Latinoamérica,* además de numerosos ensayos, artículos y ponencias, como la que presentó, el afio pasado, en Madrid, a las IX Jornadas del Instituto Iberoamericano de Derecho Procesal, sobre el tema *Ejercicio de las garantías constítucionales sobre la eficacia del proceso.* No hay que olvidar tampoco, en Argentina, la proficua labor de MORELLO y de su grupo de procesalistas de La Plata, tan atento a los desafíos de modernizacin que la problemática de nuestros días dirige a los mecanismos de la Justicia[14]. Y, si no prosigo, es por temer que se me atribuya el propósito de una enumeración completa, lo cual me haría seguramente incurrir en la tacha de injusticia por omisión.

Empero debo expresar una convicción que se refiere indiscriminadamente al Brasil y a una parte importante de la América hispánica. Estoy firmemente persuadido de que el influjo del pensamiento del Maestro, tocante a la "constitucionalización" de los temas procesales, no dejará de crecer con el andar del tiempo. La normalización de la dinámica institucional estimula naturalmente una actitud mental propicia a reflexiones de ese género. El estímulo será quizás particularmente intenso allí donde se haya cumplido o sea inminente una reforma radical de las estructuras político-jurídicas, acaso - como ocurre en mi país - mediante la elaboración de una nueva Constitución. Mas no creo que se manifieste con intensidad mucho menor en aquéllos que simplemente hayan restaurado o logren restaurar en su vida cívica, tras intervalos de anormalidad, las sanas tradiciones del Estado de derecho. Y no creo tampoco

14 V., en MORELLO-SOSA-BERIZONCE, *Códigos Procesales en lo Civil* y *Comercial de la Provincia de Buenos Aires y de la Nación,* t. I, 2ª ed., La Plata-Buenos Aires, 1982, p. 9, nota 4, la alusión a *las garantías constitucionales del proceso civil* como "la obra básica e iniciadora del derecho constitucional procesal".

que se mantengan totalmente inmunes a la irradiación de tales ideas los otros pueblos de nuestro continente que, por desgracia, no alcanzaron todavía una etapa análoga en su caminar histórico.

En efecto, la trascendencia de un ensayo como *Las garantías constitucionales del proceso civil* no podría restringirse a su ambiente de orígen, ni al momento em que fue redactado. Es cierto que su autor no veía en el sino "una elemental apreciación dogmática del derecho vigente y una observación directa de la realidad actual" y le negaba la significación de "un plan político a desenvolver en el futuro"[15]. Semejante opinión, a mi juicio demasiado modesta, no impidió que el pensamiento fundamental del trabajo haya inspirado y siga inspirando, en más de un lugar, movimientos intelectuales estrechamente relacionados con el avance de la idea constitucional. La lucha por la constitucionalizacin del proceso puede perfectamente acompaar, reforzar y hasta anticipar (la paradoja es solo aparente) la lucha por la constitucionalización de un país. En tal perspectiva, la enseanza del Maestro es un faro cuya luz se proyecta, en el espacio y en el tiempo, a distancias considerables.

Vuelvo al derecho brasileño, para señalar una evolución en que no es despropósito detectar otra manifestación de la influencia de COUTURE. Las modernas exposiciones de la teoría general del proceso en el Brasil solían fundar su estructura en una "trilogía" de conceptos básicos: jurisdicción, acción, proceso. Sin embargo, en las obras más recientes se nota un cambio: la añadidura de un cuarto tema fundamental, el de la defensa, o de la excepción en sentido lato. Esa ya era la construcción couturiana, tal cual la refleja la primera parte de los *Fundamentos*[16]. No se trata de una coincidencia, si la adoptan hoy en mi país obras tan significativas como el *Manual de Direito Processual Civil* de José FREDERICO MARQUES[17] y la *Teoria Geral do Processo* de ARAÚJO CINTRA, ADA PELLEGRINI GRINOVER y CÂNDIDO DINAMARCO[18].

15 COUTURE, Las garantias constitucionales del proceso civil, *in Estudios,* cit., p. 94.

16 COUTURE, *Fundamentos del Derecho Procesal Civil,* 3ª ed., Buenos Aires, 1972, p. 25 y s.

17 En el v. I deI *Manual* se estudia la defensa en nivel análogo al de la acción: v. los §§ 20 y 21 (p. 163 y s., 183 y s. de la 8ª ed., São Paulo, 1981).

18 Uno de los autores, en otro libro, indica expresamente el modelo: v. CÂNDIDO DINAMARCO, Os institutos fundamentais do Direito Processual, *in Fundamentos do processo civil moderno,* São Paulo, 1986, p. 73: *"A meu ver, a colocação* mais *nítida nesse sentido ainda é a de Eduardo Couture, cuja obra clássica estuda, numa ordem,*

Antes de terminar, no resisto la tentación de huir por un instante del tema que se me asignó, mas en sentido inverso a este en que me he movido hasta ahora. Se me encomendó una disertación sobre la influencia de COUTURE en América Latina, y me ceñí casi exclusivamente al Brasil. Pero en este momento me complazco en hacer lo contrario: transpongo los lindes continentales para anotar la marca de su pensamiento en la producción jurídica europea. Así es que en Italia, por ejemplo, de la concepción de la acción como especie del género "derechos de petición" se ha ocupado COMOGLIO en una obra importante, cuyo título mismo hace eco al del fundamental ensayo couturiano[19]. Y hace pocos días, leyendo una reciente monografía alemana sobre el derecho de las partes a un proceso justo[20], tuve el gusto de encontrar, en la primera página de la introducción, una cita de COUTURE. Ahora bien: si el Brasil no es todavía el mundo, Italia y Alemania indudablemente ya lo son, las fronteras de la comarca se han quedado lejos. El espíritu del Maestro tiene pasaporte válido para todos los cuadrantes del planeta.

No quiero concluir sin un voto solemne, que a juicio está directamente relacionado no solo con el tema de esta conferencia, sino también, en términos generales, con el sentido de este homenaje que rendimos a COUTURE, en el trigésimo aniversario de su fallecimiento. Varios países latinoamericanos han sufrido, inclusive en los últimos años, la plaga de regímenes autoritarios, bajo los cuales valían poco o nada las garantías constitucionales - las del proceso y las otras... Algunos hermanos nuestros yacen aun bajo la opresión. Los uruguayos y los brasileños, por no hablar de otros, tenemos en común la alegría de haber reconquistado la dignidad de pueblos libres. Quienes nos acordamos de la vehemente exhortación del Maestro a que se respetaran siempre "las libertades esenciales de la condición humana" y "la voluntad de la soberanía expuesta en los comicios", a que se mantuviera "la tolerancia a todas las

os quatro institutos básicos. Seu plano de trabalho serviu de modelo ao livro didático ('Teoria geral do processo') de cuja elaboração participei, em cooperação com os colegas na docência do direito processual no Largo de São Francisco, Ada P. Grinover e Araújo Cintra".

19 COMOGLIO, *La garanzia costituzionale dell'azione ed il processo civile,* Padova, 1970, p. 75.

20 KARWACKI, *Der Anspruch der Parteien aul einen* fairen *Zivilprocess,* Köln-Berlin-Bonn-München. 1984, p. 3.

creencias y a toda ideología"[21], estamos seguros de que nada le podría complacer más que semejante reconquista.

Dejemos constancia de nuestra inquebrantable voluntad de preservar y perfeccionar la democracia en nuestros países, y de nuestro ardiente deseo de verla instaurada o restaurada en todos los otros miembros de la gran comunidad latinoamericana. No hay manera más adecuada de expresar nuestra fidelidad a los ideales que guiaron la vida y la obra de EDUARDO COUTURE.

Abril de 1986.

21 COUTURE, *La comarca y el mundo,* Montevideo, 1953, p. 138.

ÍNDICE ONOMÁSTICO

ÍNDICE ALFABÉTICO-REMISSIVO